Les impôts sur les salaires 2015

OCDE

DES POLITIQUES MEILLEURES
POUR UNE VIE MEILLEURE

Cet ouvrage est publié sous la responsabilité du Secrétaire général de l'OCDE. Les opinions et les interprétations exprimées ne reflètent pas nécessairement les vues officielles des pays membres de l'OCDE.

Ce document et toute carte qu'il peut comprendre sont sans préjudice du statut de tout territoire, de la souveraineté s'exerçant sur ce dernier, du tracé des frontières et limites internationales, et du nom de tout territoire, ville ou région.

Merci de citer cet ouvrage comme suit :
OCDE (2015), *Les impôts sur les salaires 2015*, Éditions OCDE, Paris.
http://dx.doi.org/10.1787/tax_wages-2015-fr

ISBN 978-92-64-23055-2 (imprimé)
ISBN 978-92-64-23060-6 (PDF)

Série : Les impôts sur les salaires
ISSN 1995-3852 (imprimé)
ISSN 2072-5132 (en ligne)

Les données statistiques concernant Israël sont fournies par et sous la responsabilité des autorités israéliennes compétentes. L'utilisation de ces données par l'OCDE est sans préjudice du statut des hauteurs du Golan, de Jérusalem-Est et des colonies de peuplement israéliennes en Cisjordanie aux termes du droit international.

Les corrigenda des publications de l'OCDE sont disponibles sur : *www.oecd.org/about/publishing/corrigenda.htm.*

Avant-propos

Cette publication annuelle fournit des informations détaillées sur la situation des salariés au regard de l'impôt et des transferts sociaux dans l'ensemble des trente-quatre pays membres de l'OCDE. Les informations contenues dans ce rapport couvrent l'impôt sur le revenu des personnes physiques et les cotisations de sécurité sociale payés par les salariés, les cotisations de sécurité sociale et les taxes sur les salaires payées par les employeurs ainsi que les allocations reçues par les familles. L'objectif de ce rapport est de montrer comment sont calculés les impôts sur le revenu des personnes physiques, les cotisations de sécurité sociale et les taxes sur les salaires, et d'examiner l'impact de ces prélèvements et des allocations familiales sur les revenus nets des ménages. Les résultats permettent également des comparaisons quantitatives entre pays sur les niveaux des coûts du travail et la situation globale des salariés célibataires et des familles au regard de l'impôt et des transferts sociaux.*

Le rapport montre les montants des impôts, des cotisations de sécurité sociale, des taxes sur les salaires et des prestations en espèces pour huit catégories de ménages qui diffèrent selon le niveau des revenus et la composition familiale. Il présente également les taux d'imposition moyens et marginaux qui en résultent. Les taux moyens d'imposition indiquent la part des salaires bruts ou des coûts totaux de main-d'œuvre qui est prélevée sous forme d'impôts sur le revenu des personnes physiques (avant et après les prestations), de cotisations de sécurité sociale et de taxes sur les salaires. Les taux marginaux indiquent la part de l'augmentation des salaires bruts ou des coûts totaux de main-d'œuvre qui fait l'objet de ces prélèvements.

Le rapport met l'accent sur la présentation d'estimations exactes de la situation des salariés au regard de l'impôt et des prestations sociales pour 2014. En outre, le rapport contient des données définitives sur la situation des salariés au regard de l'impôt et des prestations sociales pour l'année 2013. Il importe de noter que le salarié moyen est un salarié employé à plein temps (en tant que travailleur manuel ou non manuel) dans l'un des secteurs B-N de la classification internationale type, par industrie, de toutes les branches d'activité économique, Révision 4 (CITI, Rév. 4) ou des secteurs C-K de la classification internationale type, par industrie, de toutes les branches d'activité économique, Révision 3 (CITI, Rév. 3).

Le rapport est structuré de la manière suivante :

- *Le chapitre 1 contient une synthèse des principaux résultats pour 2014.*
- *La Partie I (comparaisons internationales) examine les principaux résultats pour 2014 et 2013 et est divisée en trois chapitres (3 à 5). Le chapitre 3 examine les principaux résultats pour 2014, qui sont résumés dans des tableaux et graphiques comparatifs (qui figurent à la fin de cette section). Le chapitre 4 présente une explication graphique de la charge fiscale estimée pesant sur les revenus du travail en 2014 pour les gains salariaux bruts compris entre 50 % et 250 % des*

* *Les éditions antérieures de ce rapport étaient publiées sous les titres* La situation des salariés au regard de l'impôt et des transferts sociaux *(éditions 1996 à 1998) et* La situation des ouvriers au regard de l'impôt et des transferts sociaux *(éditions avant 1996).*

salaires moyens. Le chapitre 5 passe en revue les principaux résultats pour 2013, synthétisés dans des tableaux comparatifs présentés à la fin du chapitre et les comparent avec les résultats de 2014.

- *La Partie II (chapitre 6) met l'accent sur l'évolution chronologique de la charge fiscale pendant la période 2000-14.*
- *La Partie III contient des tableaux par pays indiquant les niveaux de salaires considérés et les charges fiscales correspondantes pour huit types de familles ainsi qu'une description de chaque système d'imposition/de prestations.*
- *L'annexe examine les méthodes et limites de l'étude.*

Cette étude a été réalisée sous l'égide du Groupe de travail sur l'analyse des politiques et les statistiques fiscales du Comité des affaires fiscales et elle a bénéficié d'un soutien financier accordé par la Commission européenne. Les vues exprimées ne sauraient refléter l'opinion officielle de l'Union européenne.

Table des matières

Partie III

Informations detaillées par pays, pour 2014

Tableaux

Graphiques

Résumé

La charge fiscale pesant sur les salaires a continué de s'accroître en 2014 dans les pays de l'OCDE, progressant de 0.1 point de pourcentage pour atteindre 36.0 % en moyenne. Le rythme de progression est plus faible qu'en 2013 et a ralenti depuis la forte augmentation constatée en 2011. La charge fiscale ou le coin fiscal correspond au montant total des impôts et des cotisations sociales versées par les salariés et les employeurs, diminué des prestations familiales reçues et divisé par les coûts totaux de main-d'œuvre pour l'employeur. Cette mesure permet d'étudier comment ces prélèvements et prestations en espèces affectent le revenu net des ménages.

Les principaux facteurs ayant contribué à la hausse observée en 2014 ont été les variations des impôts sur le revenu des personnes physiques, bien qu'aucun pays n'ait relevé les taux légaux au niveau du salaire moyen. Les augmentations des cotisations salariales de sécurité sociale ont également joué un rôle dans certains pays. À l'inverse, les baisses des cotisations patronales de sécurité sociale et de l'impôt sur le revenu des personnes physiques ont été un paramètre essentiel dans les pays où le niveau d'imposition a diminué en 2014.

Ces quatre dernières années, la charge fiscale s'est alourdie dans 23 pays de l'OCDE et allégée dans 10 pays. Sur cette période, le niveau d'imposition des personnes physiques a progressé dans 24 pays sur 34, en grande partie à cause de l'augmentation de la proportion des revenus soumis à imposition, elle-même due à une baisse du montant des abattements fiscaux et crédits d'impôt rapporté aux revenus. En 2014, 7 pays seulement ont appliqué aux revenus salariaux moyens des taux d'imposition ordinaires supérieurs à ce qu'ils étaient en 2010, tandis qu'ils étaient inférieurs dans 6 pays.

Le présent rapport vise à analyser les effets de ces évolutions sur diverses catégories de ménages : ménages à revenu unique, familles avec ou sans enfants ou parents isolés notamment. Dans la plupart des pays de l'OCDE, on observe par exemple que le coin fiscal est plus faible pour les familles avec enfants que pour les ménages sans enfant disposant d'un seul revenu.

Le rapport comprend également une étude spéciale consacrée aux charges fiscales pesant sur les revenus du travail en Afrique du Sud, au Brésil, en Chine, en Inde et en Indonésie. L'analyse montre qu'il existe d'amples variations entre ces cinq pays. En 2013, les coins fiscaux au Brésil et en Chine étaient similaires à ceux observés dans de nombreux pays de l'OCDE. En revanche, les salariés en Afrique du Sud, Inde et Indonésie étaient confrontés à des coins fiscaux bien inférieurs à la grande majorité des pays de l'OCDE. La composition des impôts sur le travail varie elle aussi entre ces pays, et les cotisations de sécurité sociale représentent la majeure partie de la charge fiscale dans tous les pays sauf l'Afrique du Sud pour les catégories de ménages étudiées.

Principales conclusions

La charge fiscale a continué d'augmenter en 2014

- Dans les pays de l'OCDE, les prélèvements fiscaux et sociaux moyens sur les revenus du travail ont progressé de 0.1 point de pourcentage en 2014 pour atteindre 36.0 %. Cette évolution s'inscrit dans le prolongement des augmentations de 0.2, 0.1 et 0.5 point enregistrées au cours des trois années depuis 2011. Cette hausse marque un renversement de la tendance observée entre 2007 et 2010 avec un chiffre ramené de 36.1 % à 35.1 %.
- En 2014, le coin fiscal était en hausse dans 23 pays sur 34, en recul dans 9 pays et inchangé dans 2 pays.
- Les variations de l'impôt sur le revenu des personnes physiques (IRPP) ont été le principal facteur explicatif de la hausse du coin fiscal total dans 18 des 23 pays. L'augmentation la plus marquée a été enregistrée en Irlande (+1.1 point) où une fraction supérieure du salaire a été assujettie à l'impôt.
- Les variations de l'IRPP et des cotisations patronales de sécurité sociale ont été le principal facteur explicatif dans les pays où la charge fiscale a diminué. Le seul pays où le mouvement de repli a dépassé un point de pourcentage (-1.2 point) était la Grèce.
- C'est en Belgique (55.6 %), en Autriche (49.4 %), en Allemagne (49.3 %) et en Hongrie (49.0 %) que les travailleurs célibataires sans enfant rémunérés au salaire moyen ont supporté la charge fiscale la plus lourde en moyenne, et au Chili (7 %), en Nouvelle-Zélande (17.2 %), au Mexique (19.5 %) et en Israël (20.5 %) qu'ils ont subi la pression fiscale la plus faible.

Charge fiscale pesant sur les familles avec enfants

- Les coins fiscaux les plus élevés pour les familles comptant deux enfants et un seul apporteur de revenu rémunéré au salaire moyen ont été enregistrés en Grèce (43.4 %), en Belgique (40.6 %) et en France (40.5 %). C'est la Nouvelle-Zélande qui affiche le coin fiscal le plus bas pour ces familles (3.8 %), suivie du Chili (7 %), de la Suisse (9.8 %) et de l'Irlande (9.9 %). La moyenne pour les pays de l'OCDE s'est établie à 26.9 %.
- Les plus fortes augmentations de la charge fiscale pesant sur les familles comptant des enfants et un seul apporteur de revenu ont été constatées en Irlande (1.5 point), en Nouvelle-Zélande (1.3 point) et en Israël (1.1 point), et la plus forte baisse concernait la Grèce (-1.1 point). En Nouvelle-Zélande, la hausse de la charge fiscale pour les familles avec enfants et un seul salaire était plus marquée que pour le travailleur célibataire sans enfant rémunéré au salaire moyen (+0.4 point) parce que les montants de base du crédit d'impôt pour les familles et du crédit d'impôt sur les revenus du travail pour les familles ayant des enfants à charge ont été gelés.
- Dans tous les pays de l'OCDE, à l'exception du Mexique et du Chili, le coin fiscal est plus faible pour les familles avec enfants que pour les célibataires sans enfant. Les différences sont particulièrement nettes en Allemagne, en Irlande, au Luxembourg, en République tchèque et en Slovénie.

Charge fiscale sur les revenus du travail en Afrique du Sud, au Brésil, en Chine, en Inde et en Indonésie

- Les coins fiscaux pour un salarié moyen célibataire en 2013 au Brésil et en Chine (où l'exercice de modélisation porte sur Shanghai) étaient compris entre 33 % et 34 %, soit un peu moins que la moyenne de l'OCDE de 35.9 %. Les moyennes correspondantes en

Indonésie et en Afrique du Sud sont de 8.2 % et 14.3 %, soit un niveau bien inférieur à la grande majorité des pays de l'OCDE.

- Deux scénarios de modélisation sont décrits pour l'Inde. Dans le scénario standard, le salarié moyen n'est pas soumis à l'impôt et son coin fiscal est donc nul. Le deuxième scénario concerne le cas de figure dans lequel le salarié travaille dans une entreprise qui emploie plus de 20 personnes. Son coin fiscal était de 6.2 % en 2013.
- Au Brésil, en Chine, en Inde et en Indonésie, le salarié moyen paie un impôt sur le revenu faible ou nul, tandis que les cotisations patronales de sécurité sociale constituent 70 % à 80 % du coin fiscal. En Afrique du Sud, la situation est différente : l'impôt sur le revenu en pourcentage des coûts totaux de main-d'œuvre (11.4 %) est inférieur de 2 points seulement à la moyenne de l'OCDE et représente près de 80 % du coin fiscal total.
- Contrairement à la moyenne de l'OCDE, la présence d'enfants n'a que peu ou pas d'effet sur la charge fiscale dans les cinq pays. Dans la plupart des cas, les familles avec enfants ont le même coin fiscal que celles sans enfant ayant le même niveau de revenu, à l'exception du Brésil, où le second apporteur de revenu qui perçoit 33 % du salaire moyen bénéficie du « salário família » qui réduit légèrement son coin fiscal.

Chapitre 1

Synthèse

Ce chapitre présente les principaux résultats de l'analyse de l'imposition des revenus du travail dans les pays membres de l'OCDE en 2014. L'accent est mis sur le coin fiscal – mesure de la différence entre les coûts de la main-d'œuvre pour l'employeur et la part correspondante de la rémunération nette disponible du salarié – qui est calculé en additionnant l'impôt sur le revenu des personnes physiques, les cotisations salariales et patronales de sécurité sociale et les éventuels prélèvements sur salaires, et en retranchant les prestations en pourcentage des coûts de main-d'œuvre. Les calculs portent aussi sur le taux moyen net de l'impôt sur le revenu des particuliers. C'est le terme utilisé lorsque l'impôt sur le revenu des personnes physiques et les cotisations salariales de sécurité sociale, après déduction des prestations en espèces, sont exprimés en pourcentage du salaire brut. L'analyse concerne un célibataire sans enfant rémunéré au salaire moyen, qu'elle compare avec un couple marié disposant d'un seul salaire et ayant deux enfants.

Cette publication contient, pour chacun des 34 pays de l'OCDE, des renseignements sans équivalent sur les impôts sur le revenu versés par les salariés, leurs cotisations de sécurité sociale, les prestations familiales qu'ils perçoivent sous forme de transferts en espèces ainsi que les cotisations de sécurité sociale et taxes sur les salaires versées par leurs employeurs. Les résultats communiqués comprennent la charge fiscale marginale et moyenne pour les ménages disposant d'un seul et de deux salaires et les coûts totaux de main-d'œuvre qui en résultent pour les employeurs. Ces données sont largement utilisées dans les recherches universitaires et dans la formulation et l'évaluation des politiques sociales et économiques. Les données spécifiques sur les contribuables figurant dans cette étude permettent de compléter les renseignements donnés chaque année dans les *Statistiques des recettes publiques*, publication qui contient des données comparatives internationales sur les niveaux d'imposition et les structures fiscales dans les pays de l'OCDE. La méthodologie utilisée dans cette étude est décrite brièvement dans la section d'introduction ci-dessous et plus en détail à l'Annexe.

Les tableaux et graphiques présentent des estimations de la charge fiscale et du « coin fiscal » entre les coûts de main-d'œuvre et le revenu net disponible pour huit types de familles ayant des niveaux comparables de revenus. Les principaux résultats pour 2014 sont résumés dans la section 2 ci-dessous. La Partie I du rapport présente des résultats plus détaillés pour 2014, accompagnés de résultats définitifs pour 2013, et examine les changements intervenus entre les deux années. La Partie II du rapport retrace l'évolution chronologique de la charge fiscale entre 2000 et 2014.

Introduction

Cette section expose brièvement la méthodologie utilisée dans la présente étude, consacrée exclusivement aux salariés à plein temps. Par hypothèse, leur revenu annuel d'activité est égal à un pourcentage donné du salaire brut moyen des travailleurs adultes travaillant à temps plein, pour chaque économie de l'OCDE, également désigné sous le nom de *salaire moyen* (SM). Cela couvre les travailleurs manuels et non manuels, soit dans les secteurs C à K inclus, conformément à la classification internationale type par industrie de toutes les branches d'activité, Révision 3 (CITI Rév. 3), soit dans les secteurs B à N inclus, conformément à la classification internationale type par industrie de toutes les branches d'activité, Révision 4 (CITI Rév. 4)[1]. Le tableau 1.6 et l'Annexe à ce Rapport contiennent des précisions supplémentaires. Des hypothèses complémentaires sont formulées concernant d'autres éléments de la situation personnelle de ces salariés, afin de pouvoir déterminer leur positionnement au regard du système de prélèvements et de prestations. Les impôts pris en compte dans le présent rapport se limitent à l'impôt sur le revenu des personnes physiques, aux cotisations de sécurité sociale et aux taxes sur les salaires (regroupées avec les cotisations patronales de sécurité sociale pour le calcul des taux d'imposition) payables sur le salaire brut. Par conséquent, aucun impôt sur le revenu pouvant être dû au titre de revenus non salariaux, de même qu'aucun autre type d'impôt – par exemple, l'impôt sur les sociétés, l'impôt sur le patrimoine net et les impôts sur la consommation – n'est pris en compte. Les prestations prises en compte sont celles versées par les administrations publiques sous la forme de transferts en espèces, généralement au titre des enfants à charge.

Pour la plupart des pays de l'OCDE, l'année fiscale correspond à l'année civile. Toutefois, l'Australie, la Nouvelle-Zélande et le Royaume-Uni font exception. Dans le cas de la Nouvelle-Zélande et du Royaume-Uni, ou l'année fiscale débute en avril, une approche « prospective » a été suivie pour les calculs. De ce fait, par exemple, les taux d'imposition indiqués pour 2014 sont ceux de l'année fiscale 2014-15. Toutefois, en Australie, où l'année fiscale débute en juillet, il a été décidé d'adopter une approche « rétrospective » afin d'obtenir des résultats plus fiables. Par conséquent, pour l'Australie, l'année 2014 a été considérée comme correspondant à l'année fiscale 2013-14.

Ce rapport contient divers indicateurs de l'imposition de la main-d'œuvre. Il met surtout l'accent sur le coin fiscal – indicateur de la différence entre les coûts de main-d'œuvre pour l'employeur et la part correspondante de la rémunération nette après impôt du salarié – qui est calculé en additionnant l'impôt sur le revenu des personnes physiques, les cotisations de sécurité sociale à la charge des salariés et des employeurs et les taxes sur les salaires éventuelles, et en retranchant les prestations en pourcentage des coûts de main-d'œuvre. Les cotisations patronales de sécurité sociale et – dans certains pays – les taxes sur les salaires sont ajoutées au revenu brut des salariés pour obtenir un indicateur des coûts totaux de main-d'œuvre. Bien entendu, il faut reconnaître que cet indicateur peut être inférieur aux coûts réels de main-d'œuvre supportés par les employeurs, par exemple parce que les employeurs peuvent aussi devoir procéder à des paiements obligatoires non fiscaux. Le coin fiscal moyen indique la part des coûts totaux de main-d'œuvre qui est prélevée sous forme d'impôts et de cotisations de sécurité sociale après déduction des prestations versées en espèces. Au contraire, le coin fiscal marginal indique la part de l'augmentation des coûts totaux de main-d'œuvre qui est ainsi prélevée.

Les calculs s'intéressent aussi au taux net moyen de l'impôt sur le revenu des particuliers. Ce terme désigne la somme de l'impôt sur le revenu des personnes physiques et des cotisations salariales de sécurité sociale nette des prestations en espèces, en pourcentage du salaire brut. Le taux net marginal de l'impôt sur le revenu des particuliers fait ressortir la part d'une augmentation du salaire brut qui est reversée sous forme d'impôt sur le revenu des personnes physiques et de cotisations de sécurité sociale, après déduction des prestations en espèces.

Examen des résultats pour 2014

Coin fiscal

Le tableau 1.1 montre que le coin fiscal entre les coûts totaux du travail à la charge de l'employeur et la rémunération nette disponible correspondante des salariés célibataires sans enfant, rémunérés au salaire moyen, différait fortement selon les pays de l'OCDE en 2014 (voir colonne 1). Si en Allemagne, en Autriche, en Belgique, en France, en Hongrie et en Italie, le coin fiscal est de 50 % ou plus, il est inférieur à 20 % au Chili, au Mexique et en Nouvelle-Zélande. C'est en Belgique que l'on observe le coin fiscal le plus élevé (55.6 %) et au Chili qu'il est le plus bas (7 %).

Les variations du coin fiscal entre 2013 et 2014 pour un salarié moyen sans enfant sont indiquées à la colonne 2 du tableau 1.1. Les coins fiscaux ont augmenté dans 23 pays et ont baissé dans 9. L'Irlande est le seul pays qui a enregistré une augmentation de plus d'un point de pourcentage (1.13 point). À l'autre extrême, la Grèce (-1.25 point) est le seul pays

Tableau 1.1. **Comparaison du coin fiscal total**

En % des coûts de main-d'œuvre

Pays[1]	Coin fiscal total 2014	Variation annuelle 2014-13 (en points de pourcentage)[2]			
		Coin fiscal	Impôts sur le revenu	CSS salariés	CSS employeur[3]
	(1)	(2)	(3)	(4)	(5)
Belgique	55.6	-0.08	-0.04	0.01	-0.05
Austriche	49.4	0.17	0.17	0.00	0.00
Allemagne	49.3	0.09	0.09	0.00	0.00
Hongrie	49.0	0.00	0.00	0.00	0.00
France	48.4	-0.43	0.22	0.31	-0.96
Italie	48.2	0.37	0.37	0.00	0.00
Finlande	43.9	0.84	0.02	0.30	0.53
République tchèque	42.6	0.19	0.19	0.00	0.00
Suède	42.5	-0.55	-0.55	0.00	0.00
Slovénie	42.5	0.09	0.09	0.00	0.00
Portugal	41.2	-0.15	-0.15	0.00	0.00
République slovaque	41.2	0.08	0.08	0.00	0.00
Espagne	40.7	0.05	0.05	0.00	0.00
Grèce	40.4	-1.22	-0.06	-0.25	-0.90
Estonie	40.0	0.13	0.13	0.00	0.00
Turquie	38.2	0.59	-0.03	-0.11	0.73
Danemark	38.1	-0.14	-0.16	0.02	0.00
Pays-Bas	37.7	0.69	0.09	-0.23	0.83
Luxembourg	37.6	0.34	0.35	0.00	-0.01
Norvège	37.0	-0.32	-0.68	0.35	0.00
Pologne	35.6	0.03	0.03	0.00	0.00
Islande	33.5	-0.61	-0.49	-0.03	-0.09
Japon	31.9	0.29	0.02	0.14	0.13
États-Unis	31.5	0.11	0.15	0.00	-0.05
Canada	31.5	0.52	0.29	0.24	-0.01
Royaume-Uni	31.1	-0.27	-0.20	-0.02	-0.04
Irlande	28.2	1.13	1.13	0.00	0.00
Australie	27.7	0.29	0.28	0.00	0.01
Suisse	22.2	0.10	0.10	0.00	0.00
Corée	21.5	0.14	0.05	0.04	0.04
Israël	20.5	0.20	0.17	-0.06	0.09
Mexique	19.5	0.23	0.21	0.00	0.01
Nouvelle-Zélande	17.2	0.36	0.36	0.00	0.00
Chili	7.0	0.00	0.00	0.00	0.00

Note : Célibataire sans enfant ayant un salaire égal à celui d'un salarié moyen.

1. Les pays sont classés par ordre décroissant du coin fiscal total.
2. À cause des arrondis, les variations du coin fiscal colonne (2) peuvent être différentes d'un dixième de point de pourcentage de la somme des colonnes (3) à (5). Pour le Danemark, le « Chèque Vert » (prestation en espèces) contribue à la différence car il n'est pas inclus dans les colonnes (3) à (5).
3. Les taxes sur les salaires sont incluses si elles s'appliquent.

Source : Contributions des pays et *Perspectives économiques de l'OCDE* n° 96, volume 2014

StatLink http://dx.doi.org/10.1787/888933211349

où le coin fiscal a baissé de plus d'un point de pourcentage. Le coin fiscal du Chili et de la Hongrie est resté identique.

En général, les augmentations du coin fiscal sont induites par le relèvement des impôts sur le revenu (voir colonne 3). C'est le principal facteur à l'œuvre dans 18 des pays qui ont enregistré une augmentation globale. L'augmentation la plus forte des impôts sur le revenu en pourcentage des coûts du travail a été observée en Irlande (1.13 point). En revanche, l'augmentation des cotisations de sécurité sociale représente la quasi-totalité de l'augmentation du coin fiscal en Finlande, au Japon, aux Pays-Bas et en Turquie, et une fraction substantielle en Corée. La hausse des cotisations patronales de sécurité sociale constitue l'essentiel de l'augmentation des coins fiscaux aux Pays-Bas (0.83 point), en Turquie (0.73 point) et en Finlande (0.53 point).

Tableau 1.2. **Impôt sur le revenu et cotisations de sécurité sociale des salariés et des employeurs**

En % des coûts de main-d'œuvre, 2014

Pays[1]	Coin fiscal total[2]	Impôt sur le revenu	Cotisations de sécurité sociale		Coûts de main-d'oeuvre[4]
			Salarié	Employeur[3]	
	(1)	(2)	(3)	(4)	(5)
Belgique	55.6	21.8	10.8	23.0	71 686
Suisse	22.2	10.5	5.9	5.9	70 663
Allemagne	49.3	16.0	17.1	16.2	68 735
Luxembourg	37.6	15.7	11.0	11.0	67 557
Norvège	37.0	18.3	7.3	11.5	67 072
Pays-Bas	37.7	14.6	13.9	9.2	65 303
Autriche	49.4	12.8	14.0	22.6	65 046
France	48.4	10.6	10.2	27.7	61 040
Suède	42.5	13.2	5.3	23.9	60 951
Finlande	43.9	18.3	6.5	19.1	57 061
Australie	27.7	22.1	0.0	5.6	56 335
Royaume-Uni	31.1	13.0	8.4	9.7	56 317
États-Unis	31.5	15.7	7.0	8.9	54 977
Japon	31.9	6.6	12.3	12.9	53 855
Islande	33.5	26.1	0.4	7.1	53 796
Italie	48.2	16.7	7.2	24.3	53 395
Danemark	38.1	35.6	2.8	0.0	52 161
Corée	21.5	4.6	7.6	9.3	51 466
Espagne	40.7	12.8	4.9	23.0	50 699
Irlande	28.2	14.9	3.6	9.7	46 468
Canada	31.5	13.9	6.8	10.8	44 188
Grèce	40.4	7.1	12.7	20.6	40 912
Nouvelle-Zélande	17.2	17.2	0.0	0.0	37 226
Portugal	41.2	13.1	8.9	19.2	36 884
Slovénie	42.5	9.6	19.0	13.9	34 549
Israël	20.5	8.3	7.4	4.8	34 540
République tchèque	42.6	9.1	8.2	25.4	30 898
Estonie	40.0	13.2	1.5	25.4	30 199
Hongrie	49.0	12.5	14.4	22.2	29 726
Turquie	38.2	10.6	12.8	14.9	28 264
Pologne	35.6	6.0	15.3	14.4	27 331
République slovaque	41.2	7.2	10.2	23.8	26 974
Chili	7.0	0.0	7.0	0.0	19 071
Mexique	19.5	7.8	1.2	10.5	13 821

Note : Célibataire sans enfant ayant un salaire égal à celui d'un salarié moyen.

1. Les pays sont classés par ordre décroissant des coûts de main-d'œuvre.
2. À cause des arrondis, le total de la colonne (1) peut être différent d'un point de pourcentage ou plus de la somme des colonnes (2) à (4). Pour le Danemark, le « Chèque Vert » (prestation en espèces) contribue àla différence car il n'est pas inclus dans les colonnes (2) à (4).
3. Les taxes sur les salaires sont incluses si elles s'appliquent.
4. Exprimés en dollars US convertis à l'aide de PPA.

Source : Contributions des pays et *Perspectives économiques de l'OCDE* n° 96, volume 2014

StatLink http://dx.doi.org/10.1787/888933211354

Le tableau 1.2 et le graphique 1.1 indiquent les éléments constitutifs du coin fiscal en 2014, c'est-à-dire l'impôt sur le revenu ainsi que les cotisations salariales et patronales de sécurité sociale (y compris les taxes sur les salaires lorsqu'elles sont applicables), en pourcentage des coûts de main-d'œuvre pour un salarié moyen sans enfant. Les coûts de main-d'œuvre indiqués dans le tableau 1.2 sont exprimés en dollars à parité de pouvoir

Graphique 1.1. **Impôt sur le revenu et cotisations de sécurité sociale des salariés et des employeurs, 2014**

En % des coûts de main-d'œuvre

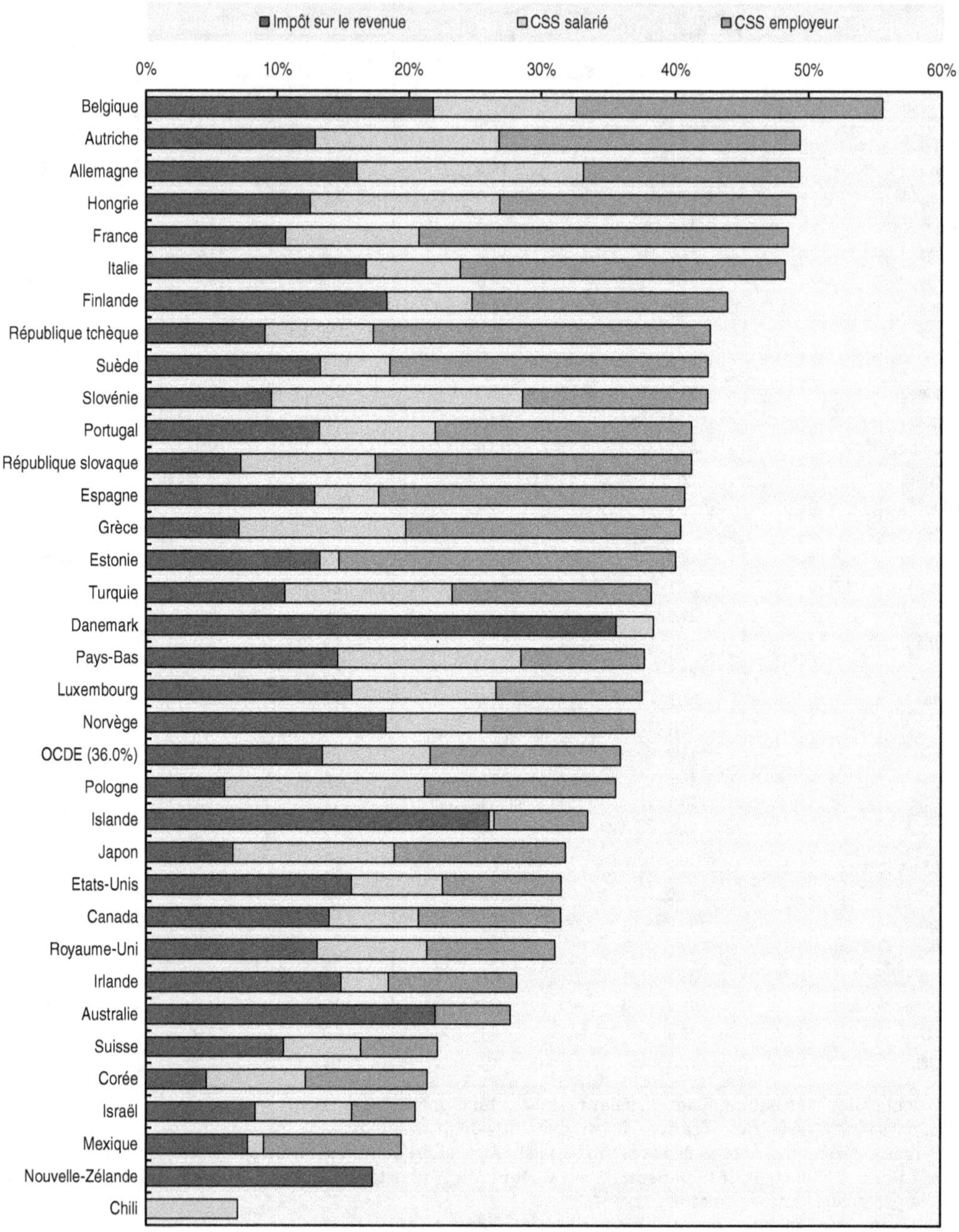

Notes : Célibataire sans enfant ayant un salaire égal à celui d'un salarié moyen.
Note : Les taxes sur les salaires sont incluses si elles s'appliquent.

StatLink http://dx.doi.org/10.1787/888933210552

d'achat. Le graphique 1.1 indique que le coin fiscal moyen dans les pays de l'OCDE est de 36.0 % en 2014.

Le pourcentage des coûts de main-d'œuvre payés en impôt sur le revenu varie considérablement dans les pays de l'OCDE. Les chiffres les plus bas sont au Chili (zéro) et en Corée (4.6 %). Les plus hauts sont au Danemark (35.6 %), et l'Australie, la Belgique et l'Islande dépassent toutes 20 %. La part que représentent les cotisations salariales de sécurité sociale varie également beaucoup, entre 0 % en Australie et en Nouvelle-Zélande à 17.1 % en Allemagne et 19.0 % en Slovénie. Les employeurs en France paient 27.7 % des coûts totaux de main-d'œuvre sous forme de cotisations de sécurité sociale, soit le niveau le plus élevé parmi les pays de l'OCDE. Les chiffres correspondants dépassent également 20 % dans dix autres pays – l'Autriche, la Belgique, l'Espagne, l'Estonie, la Grèce, la Hongrie, l'Italie, la République slovaque, la République tchèque et la Suède.

En pourcentage des coûts de main-d'œuvre, le montant total des cotisations salariales et patronales de sécurité sociale dépasse 20 % dans plus de la moitié des pays de l'OCDE. Il représente un tiers ou plus des coûts totaux de main-d'œuvre dans huit pays de l'OCDE : l'Allemagne, l'Autriche, la Belgique, la France, la Grèce, la Hongrie, la République slovaque et la République tchèque.

Taux moyens d'imposition des personnes physiques

Le taux moyen d'imposition des personnes physiques est défini comme l'impôt sur le revenu plus les cotisations salariales de sécurité sociale en pourcentage du salaire moyen[2]. Le tableau 1.3 et le graphique 1.2 indiquent les taux moyens d'imposition en 2014 pour un salarié célibataire sans enfant rémunéré au salaire moyen. Les chiffres correspondant au salaire moyen dans le tableau 1.3 sont exprimés en dollars à parité de pouvoir d'achat. Le graphique 1.2 donne une représentation graphique du taux moyen d'imposition des personnes physiques décomposé entre l'impôt sur le revenu et les cotisations salariales de sécurité sociale.

Le graphique 1.2 indique qu'en moyenne, le taux moyen d'imposition des personnes physiques dans les pays de l'OCDE est de 25.5 %. La Belgique, avec 42.3 % des rémunérations brutes, affiche le taux le plus élevé tandis que l'Allemagne et le Danemark sont les seuls autres pays dont les taux sont supérieurs à 35 %. Le Chili et le Mexique enregistrent les taux moyens d'imposition des personnes physiques les plus bas, respectivement de 7.0 % et 10.0 % des rémunérations brutes. La Corée est le seul autre pays dont le taux est inférieur à 15 %.

Il est clair que l'incidence de l'impôt et des prestations sociales sur le revenu net disponible du salarié varie beaucoup d'un pays à l'autre de l'OCDE. Ces fortes variations dans le montant et la composition du coin fiscal reflètent en partie les différences dans :

- le rapport global entre le total des recettes fiscales et le produit intérieur brut ; et
- la part de l'impôt sur le revenu des personnes physiques et des cotisations de sécurité sociale dans l'ensemble des prélèvements nationaux.

La composition des impôts payés sur le salaire brut varie fortement entre les pays, comme le montre le graphique 1.2.

En 2014, la part de l'impôt sur le revenu dans le taux moyen d'imposition des personnes physiques est supérieure à celle des cotisations salariales de sécurité sociale pour 23 des 34 pays membres de l'OCDE. Aucune cotisation salariale de sécurité sociale

Tableau 1.3. **Impôt sur le revenu et cotisations salariales de sécurité sociale**

En % du salaire brut, 2014

Pays[1]	Paiement total[2]	Impôt sur le revenu	Cotisations de sécurité sociale de l'employé	Salaires bruts[3]
	(1)	(2)	(3)	(4)
Suisse	17.4	11.1	6.3	66 506
Luxembourg	29.9	17.6	12.3	60 158
Norvège	28.8	20.6	8.2	59 355
Pays-Bas	31.4	16.1	15.3	59 280
Allemagne	39.5	19.1	20.4	57 628
Belgique	42.3	28.3	14.0	55 225
Australie	23.4	23.4	0.0	53 170
Danemark	38.4	35.6	2.8	52 161
Royaume-Uni	23.7	14.4	9.3	50 865
Autriche	34.6	16.5	18.1	50 373
Etats-Unis	24.8	17.2	7.7	50 075
Islande	28.5	28.1	0.4	50 001
Japon	21.7	7.6	14.1	46 884
Corée	13.4	5.0	8.3	46 664
Suède	24.4	17.4	7.0	46 379
Finlande	30.7	22.6	8.0	46 165
France	28.7	14.6	14.1	44 136
Irlande	20.5	16.5	4.0	41 958
Italie	31.6	22.1	9.5	40 426
Canada	23.3	15.6	7.7	39 438
Espagne	23.0	16.6	6.4	39 029
Nouvelle-Zélande	17.2	17.2	0.0	37 226
Israël	16.5	8.8	7.7	32 865
Grèce	24.9	8.9	16.0	32 467
Portugal	27.3	16.3	11.0	29 805
Slovénie	33.2	11.1	22.1	29 758
Turquie	27.4	12.4	15.0	24 054
Pologne	24.8	7.0	17.8	23 403
Hongrie	34.5	16.0	18.5	23 133
République tchèque	23.1	12.1	11.0	23 058
Estonie	19.7	17.7	2.0	22 537
République slovaque	22.9	9.5	13.4	20 559
Chili	7.0	0.0	7.0	19 071
Mexique	10.0	8.7	1.4	12 373

Note : Célibataire sans enfant ayant un salaire égal à celui d'un salarié moyen.

1. Les pays sont classés par ordre décroissant des salaires bruts.
2. À cause des arrondis, le total peut être différent d'un point de la somme des colonnes de l'impôt sur le revenu et des cotisations de sécurité sociale.
3. Exprimés en dollars US convertis à l'aide de la PPA.

Source : Contributions des pays et *Perspectives économiques de l'OCDE* n° 96, volume 2014

StatLink http://dx.doi.org/10.1787/888933211368

n'est prélevée en Australie et en Nouvelle-Zélande et les taux applicables sont relativement faibles au Danemark, en Estonie, en Islande, en Irlande et au Mexique. En revanche, le salarié célibataire percevant le revenu moyen versait sensiblement plus de cotisations salariales de sécurité sociale que d'impôts sur le revenu des personnes physiques dans sept pays – Corée, Grèce, Japon, Pologne, République slovaque et Slovénie, plus le Chili, où le salarié moyen ne payait pas d'impôt sur le revenu des personnes physiques en 2014. Dans huit pays – Allemagne, Autriche, France, Hongrie, Israël, Pays-Bas, République tchèque et Turquie, le montant de l'impôt sur le revenu et celui des cotisations salariales de sécurité sociale, en pourcentage des revenus bruts, sont à peu près équivalents (les différences étant inférieures à 3 points).

Graphique 1.2. **Pourcentage des salaires bruts payés en impôts sur le revenu et en cotisations salariales de sécurité sociale, 2014**

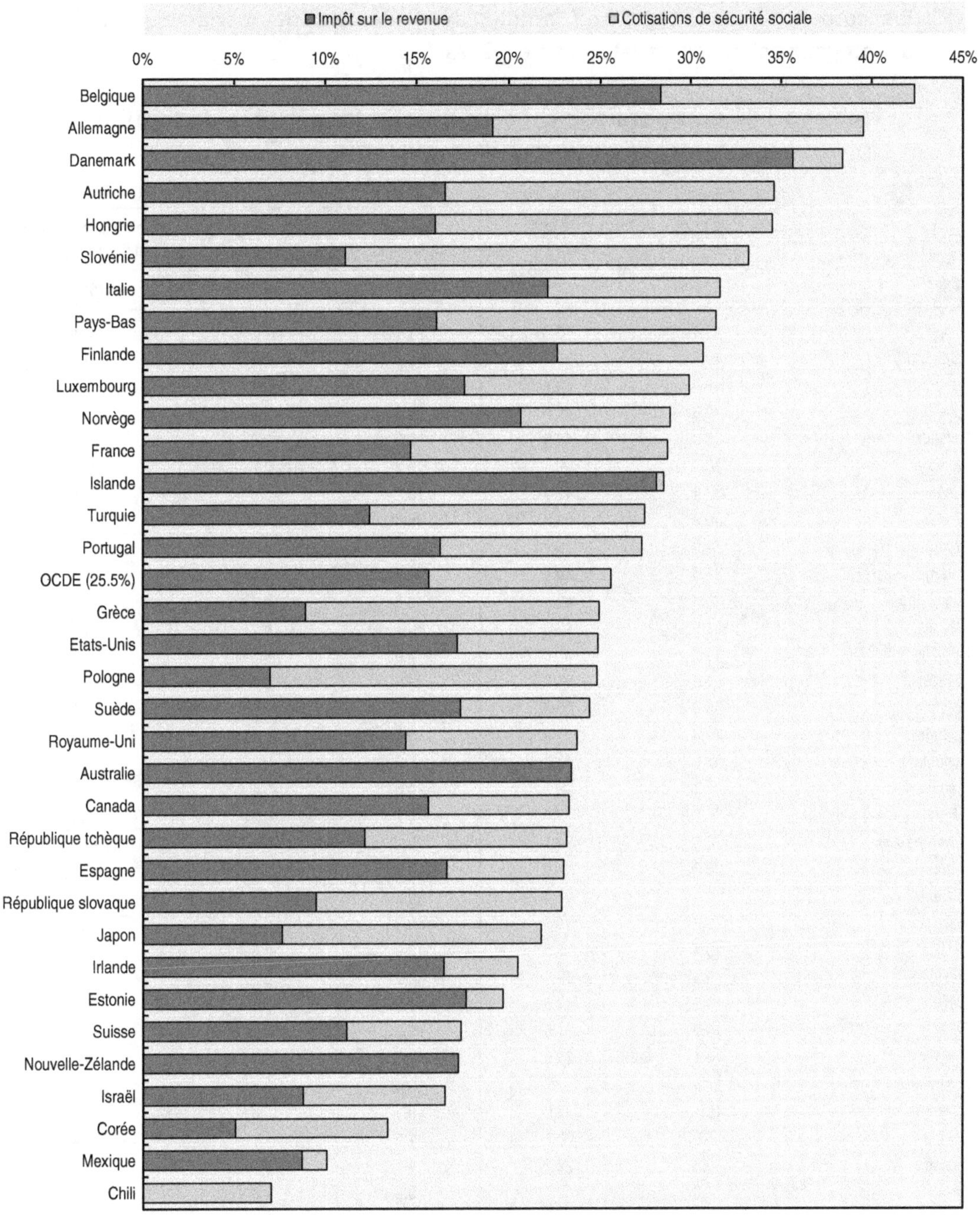

Notes : Les pays sont classés par ordre décroissant des charges fiscales.
Note : Célibataire sans enfant ayant un salaire égal à celui d'un salarié moyen.

StatLink http://dx.doi.org/10.1787/888933210565

Taux d'imposition des familles

Le tableau 1.4 compare les coins fiscaux d'un couple marié disposant d'un seul salaire et ayant deux enfants et ceux d'un célibataire sans enfant pour un niveau de rémunération moyen. Ces coins fiscaux ont fortement varié selon les pays de l'OCDE en 2014 (voir colonnes 1 et 2). Le montant du coin fiscal pour une famille est généralement inférieur à celui observé pour un célibataire sans enfant, dans la mesure où de nombreux pays de l'OCDE accordent des avantages aux familles ayant des enfants à charge par un régime fiscal avantageux et/ou des transferts en espèces.

Tableau 1.4. **Comparaison du coin fiscal total par type de famille**

En % des coûts de main-d'œuvre

Pays[1]	Famille[2] Coin fiscal total 2014	Célibataire[3] Coin fiscal total 2014	Variation annuelle 2014-13 (en points de pourcentage)		
			Famille Coin fiscal	Célibataire Coin fiscal	Différence entre célibataire et famille (4)-(3)
	(1)	(2)	(3)	(4)	(5)
Grèce	43.4	40.4	-1.1	-1.2	-0.1
Belgique	40.6	55.6	-0.1	-0.1	0.0
France	40.5	48.4	-0.6	-0.4	0.2
Italie	39.0	48.2	0.5	0.4	-0.1
Finlande	38.9	43.9	0.9	0.8	-0.1
Autriche	38.8	49.4	0.2	0.2	0.0
Suède	37.4	42.5	-0.4	-0.5	-0.1
Turquie	36.8	38.2	0.6	0.6	0.0
Espagne	34.9	40.7	0.1	0.0	-0.1
Hongrie	34.6	49.0	0.4	0.0	-0.4
Allemagne	33.8	49.3	0.3	0.1	-0.2
Estonie	32.9	40.0	0.6	0.1	-0.5
Norvège	32.2	37.0	1.0	-0.3	-1.3
Pays-Bas	31.9	37.7	0.9	0.7	-0.2
Pologne	30.0	35.6	0.1	0.0	-0.1
Portugal	29.8	41.2	-0.4	-0.1	0.3
République slovaque	27.9	41.2	0.3	0.1	-0.2
Danemark	27.2	38.1	-0.3	-0.1	0.2
République tchèque	26.8	42.6	0.7	0.2	-0.5
Royaume-Uni	26.6	31.1	-0.2	-0.3	-0.1
Japon	26.3	31.9	0.4	0.3	-0.1
Slovénie	23.4	42.5	0.2	0.1	-0.1
Etats-Unis	20.6	31.5	0.2	0.1	-0.1
Islande	20.4	33.5	-0.9	-0.6	0.3
Mexique	19.5	19.5	0.2	0.2	0.0
Canada	19.2	31.5	0.6	0.5	-0.1
Corée	19.0	21.5	0.2	0.1	-0.1
Israël	18.1	20.5	1.1	0.2	-0.9
Australie	17.5	27.7	0.6	0.3	-0.3
Luxembourg	15.1	37.6	0.5	0.3	-0.2
Irlande	9.9	28.2	1.5	1.1	-0.4
Suisse	9.8	22.2	0.1	0.1	0.0
Chili	7.0	7.0	0.0	0.0	0.0
Nouvelle-Zélande	3.8	17.2	1.3	0.4	-0.9

1. Les pays sont classés par ordre décroissant du coin fiscal de la famille.
2. Couple marié avec un seul salaire égal à celui d'un salarié moyen et ayant deux enfants.
3. Célibataire sans enfant ayant un salaire égal à celui d'un salarié moyen.

Source : Contributions des pays et *Perspectives économiques de l'OCDE* n° 96, volume 2014

StatLink http://dx.doi.org/10.1787/888933211370

Les économies réalisées par un couple marié disposant d'un seul salaire par comparaison avec la situation d'un célibataire sont supérieures à 20 % des coûts de main-d'œuvre au Luxembourg et supérieures à 15 % de ces coûts dans quatre autres pays – Allemagne, Irlande, République tchèque et Slovénie. Les charges fiscales sont les mêmes au Chili et au Mexique et diffèrent de moins de trois points en Corée, en Israël et en Turquie (voir colonnes 1 et 2).

Dans 29 des 34 pays de l'OCDE, la variation, entre 2013 et 2014, du coin fiscal d'un couple marié disposant d'un seul salaire de niveau moyen et ayant deux enfants n'excède pas un point en plus ou en moins (voir colonne 3). On n'observe aucune variation au Chili. On constate des augmentations supérieures à un point dans trois pays – l'Irlande (1.5), la Nouvelle-Zélande (1.3) et Israël (1.1). Le coin fiscal a baissé de 1.1 point en Grèce. En 2014, le coin fiscal des familles a également diminué de moins d'un point dans sept autres pays : Belgique, Danemark, France, Islande, Portugal, Royaume-Uni et Suède. En comparaison, la variation du coin fiscal d'un contribuable célibataire sans enfant rémunéré au salaire moyen était supérieure à 1 point dans deux pays de l'OCDE (Grèce et Irlande). Des explications détaillées sur ce dernier point figurent à la section sur le *coin fiscal* ci-dessus.

La colonne 5 du tableau 1.4 contient une comparaison des variations, entre 2013 et 2014, des coins fiscaux de couples mariés disposant d'un seul revenu et ayant deux enfants et de ceux de célibataires sans enfant rémunérés au salaire moyen. Les dispositions préférentielles en faveur des familles ont été renforcées dans quatre pays membres de l'OCDE : Danemark, France, Islande et Portugal. En outre, les effets des modifications des dispositions fiscales sur le coin fiscal étaient indépendants du type de famille en Autriche, en Belgique, au Chili, au Mexique, en Suisse et en Turquie.

Le graphique 1.3 compare le taux moyen net de l'impôt sur le revenu des particuliers, pour un travailleur moyen, entre un célibataire et un couple marié ayant deux enfants et disposant d'un seul revenu. Ces résultats font apparaître les mêmes caractéristiques que pour le coin fiscal. Cela s'explique par le fait que les cotisations patronales de sécurité sociale qui ne sont pas prises en compte dans le premier cas, mais qui le sont dans le second, sont indépendantes du type de famille. Les économies réalisées par un couple marié disposant d'un seul revenu sont égales ou supérieures à 20 % de la rémunération dans quatre pays – le Luxembourg (25.3 %), la Slovénie (22.2 %), la République tchèque (21.2 %) et l'Irlande (20.2 %). En revanche, les économies réalisées en pourcentage des rémunérations brutes sont inférieures à 10 % de celles-ci dans 12 pays – Estonie (9.5 %), Espagne (7.6 %), Pologne et Suède (6.6 % dans les deux cas), Japon et Pays-Bas (6.4 % dans les deux cas), Finlande (6.1 %), Norvège (5.4 %), Royaume-Uni (5.0 %), Corée (2.7 %), Israël (2.6 %) et Turquie (1.7 %). La charge est la même au Chili et au Mexique. Il est également intéressant de noter que si l'on prend en compte les prestations en espèces, le taux net moyen de l'impôt sur le revenu pour les couples mariés ayant deux enfants et disposant d'un seul revenu moyen est proche de zéro (0.2 %) en Irlande du fait que les prestations en espèces compensent substantiellement les paiements effectués au titre de l'impôt sur le revenu et des cotisations de sécurité sociale.

Graphique 1.3. **Impôt sur le revenu et cotisations salariales de sécurité sociale diminués des prestations en espèces, 2014**

En % du salaire brut, par type de famille

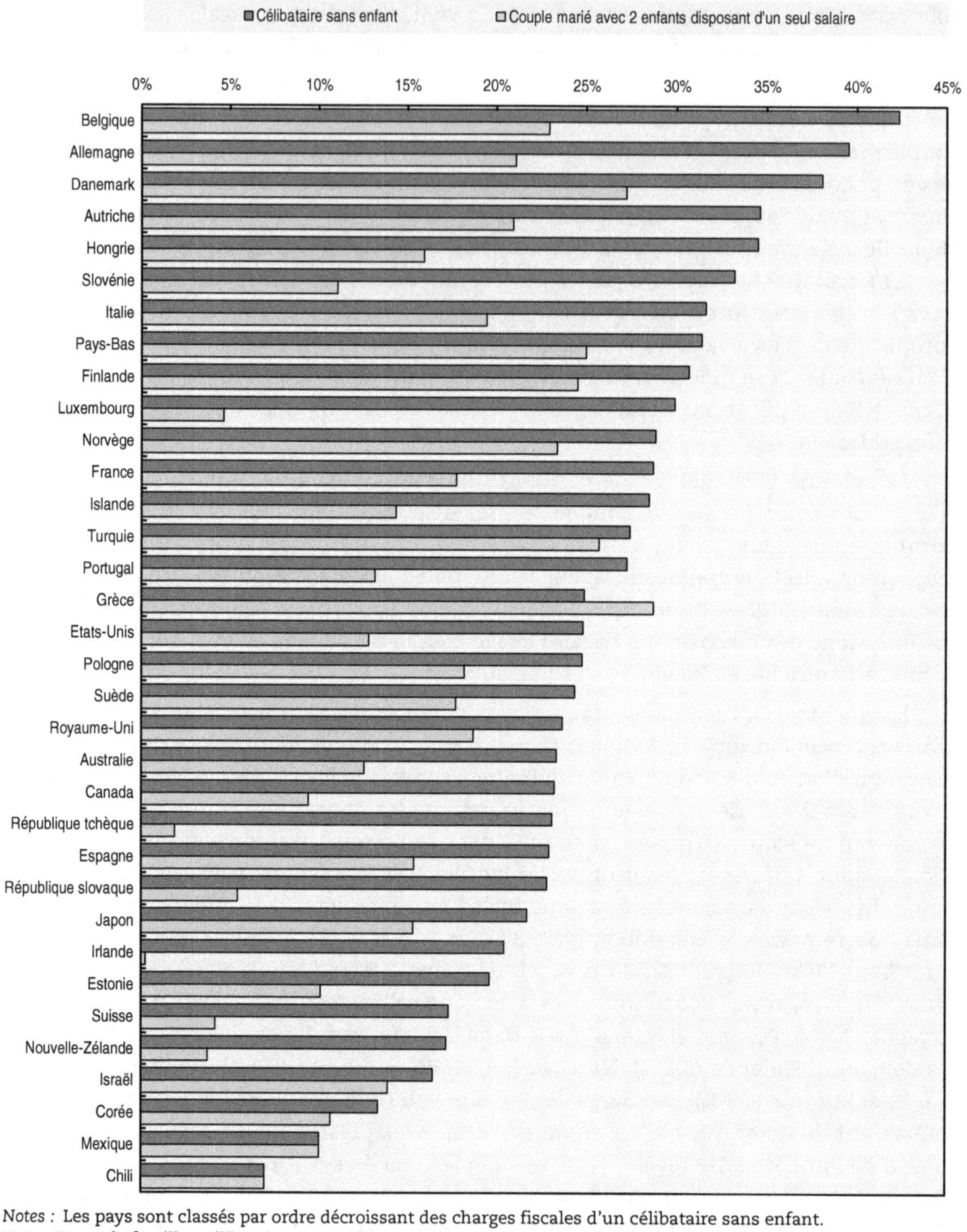

Notes : Les pays sont classés par ordre décroissant des charges fiscales d'un célibataire sans enfant.
Note : Types de famille : célibataire sans enfant ayant un salaire égal à celui d'un salarié moyen et couple marié avec un seul salaire égal à celui d'un salarié moyen et ayant deux enfants.

StatLink http://dx.doi.org/10.1787/888933210577

Salaires

Le tableau 1.5 indique la rémunération brute en monnaie nationale du travailleur moyen dans chaque pays membre de l'OCDE pour les années 2013 et 2014. Les chiffres

Tableau 1.5. **Comparaison des niveaux de salaires**

Pays	Salaire brut en monnaie nationale		Variation annuelle 2014-13 (en pourcentage)			
	2013	2014	Salaire brut	Inflation[1]	Salaire réel avant impôt	Variation du taux moyen d'imposition des personnes physiques[2]
	(1)	(2)	(3)	(4)	(5)	(6)
Australie	77 530	79 689	2.8	2.6	0.2	0.3
Autriche	41 940	42 573	1.5	1.5	0.0	0.2
Belgique	46 197	46 464	0.6	0.6	0.0	-0.1
Canada	47 946	49 481	3.2	2.0	1.2	0.6
Chili	6 604 419	7 018 884	6.3	4.8	1.4	0.0
République tchèque	302 403	312 084	3.2	0.3	2.9	0.3
Danemark	393 463	397 484	1.0	0.5	0.5	-0.1
Estonie	11 732	12 436	6.0	0.5	5.4	0.2
Finlande	42 257	42 910	1.5	1.3	0.3	0.6
France	36 808	37 427	1.7	0.6	1.1	0.4
Allemagne	44 700	45 952	2.8	0.9	1.9	0.1
Grèce	20 766	20 168	-2.9	-1.0	-1.9	-0.7
Hongrie	2 933 520	3 009 284	2.6	-0.1	2.7	0.0
Islande	6 672 000	6 856 100	2.8	2.2	0.6	-0.6
Irlande	33 154	34 466	4.0	0.2	3.7	1.2
Israël	128 664	130 605	1.5	0.4	1.1	0.1
Italie	30 039	30 463	1.4	0.1	1.3	0.5
Japon	4 835 595	4 881 994	1.0	2.9	-1.9	0.2
Corée	39 360 890	39 781 075	1.1	1.4	-0.3	0.1
Luxembourg	53 485	54 560	2.0	0.9	1.1	0.4
Mexique	98 491	101 904	3.5	4.0	-0.5	0.2
Pays-Bas	48 421	48 856	0.9	0.4	0.5	0.1
Nouvelle-Zélande	53 234	54 733	2.8	1.2	1.5	0.4
Norvège	524 330	542 386	3.4	2.1	1.3	-0.4
Pologne	41 652	42 360	1.7	0.1	1.6	0.0
Portugal	17 640	17 436	-1.2	-0.2	-1.0	-0.2
République slovaque	10 001	10 342	3.4	0.0	3.4	0.1
Slovénie	17 673	17 851	1.0	0.4	0.6	0.1
Espagne	26 027	26 162	0.5	-0.1	0.6	0.1
Suède	398 220	407 974	2.4	-0.1	2.5	-0.7
Suisse	89 743	90 522	0.9	0.0	0.9	0.1
Turquie	26 206	28 370	8.3	9.0	-0.7	0.1
Royaume-Uni	35 081	35 633	1.6	1.6	0.0	-0.3
Etats-Unis	48 774	50 075	2.7	1.7	1.0	0.2

1. Estimation du pourcentage de variation de l'indice total des prix à la consommation.
2. Différence de taux moyen d'imposition d'un salarié moyen, célibataire sans enfant, entre 2014 et 2013.
Source : Contributions des pays et *Perspectives économiques de l'OCDE n° 96*, volume 2014

StatLink http://dx.doi.org/10.1787/888933211384

pour 2014 sont estimés par le Secrétariat de l'OCDE en appliquant la variation de la rémunération par salarié dans l'ensemble de l'économie telle qu'elle est présentée dans la base de données des Perspectives économiques de l'OCDE n° 96 aux valeurs finales du salaire moyen indiquées par les pays membres de l'OCDE. On trouvera plus d'informations sur les valeurs du salaire moyen et la méthodologie utilisée pour les estimations dans l'Annexe de ce rapport.

La variation annuelle en 2014 – indiquée à la colonne 3 – allait d'une baisse de 2.9 % en Grèce à une hausse de 8.3 % en Turquie. Dans une large mesure, les variations reflètent les différences de taux d'inflation entre les pays de l'OCDE – voir la colonne 4 du tableau 1.5. La variation annuelle des niveaux de salaires réels (avant impôt sur le revenu des personnes physiques et cotisations salariales de sécurité sociale) se situe dans un intervalle compris entre -2 % et +2 % pour la plupart des pays ; voir la colonne 5 du tableau 1.5. La Suède (2.5 %), la Hongrie (2.7 %), la République tchèque (2.9 %), la République slovaque (3.4 %), l'Irlande (3.7 %) et l'Estonie (5.4 %) enregistrent des variations qui se situent en dehors de cet intervalle.

Lorsque l'on compare les niveaux de salaires, il est important de souligner que la définition du salaire moyen peut varier d'un pays à l'autre en raison de limitations tenant aux données disponibles. Par exemple, certains pays n'incluent pas les salaires perçus par les dirigeants et les superviseurs, et tous les pays n'excluent pas les salaires perçus par les travailleurs à temps partiel (voir le tableau A.4 à l'Annexe).

Le tableau 1.6 donne davantage de précisions sur la question de savoir si les salaires moyens pour les années 2000 à 2014 sont basés sur les secteurs C à K inclus en se référant à la Classification internationale type par industrie de toutes les branches d'activité économique, révision 3 (CITI Rév. 3) ou sur les secteurs B à N inclus en se référant à la Classification internationale type par industrie de toutes les branches d'activité économique, révision 4 (CITI Rév. 4).

La plupart des pays de l'OCDE calculent les salaires moyens sur la base des secteurs B à N de la Classification par industrie (CITI Rév. 4) au moins depuis 2008. Certains pays ont révisé les valeurs du salaire moyen en utilisant la Classification CITI Rév. 4 ou l'une de ses variantes pour les années précédentes. C'est le cas par exemple pour l'Australie, le Canada, le République tchèque, l'Estonie, l'Espagne, la Finlande, la Hongrie, l'Islande, l'Italie, le Japon, la République slovaque, la Slovénie, la Suède et la Suisse. L'Australie (pour toutes les années) et la Nouvelle-Zélande (pour les années 2004 à 2014) ont communiqué des valeurs fondées sur les divisions B à N de la Classification type par industrie ANZSIC de 2006, qui recoupe sensiblement les secteurs B à N de la CITI Rév. 4. En ce qui concerne la Nouvelle-Zélande, les années antérieures à 2004 continuent d'être fondées sur les secteurs C à K de la Classification ANZSIC. En général, le changement de classification par industrie n'a eu qu'un faible impact sur le niveau du salaire moyen mais les résultats mentionnés dans ce rapport pour les années antérieures à 2014 pourraient s'écarter légèrement des valeurs signalées dans l'édition de l'an dernier pour cette raison.

Tableau 1.6. **Classification du salaire moyen par secteur**

	Les années pour lesquelles la CITI REV. 3.1 ou une classification équivalente (Secteurs C-K) a été utilisée pour calculer le salaire moyen	Les années pour lesquelles la CITI REV. 4 ou une classification équivalente (Secteurs B-N) a été utilisée pour calculer le salaire moyen
Allemagne	2000-05	2006-14
Australie[1]		2000-14
Autriche[2]	2004-07	2008-14
Belgique	2000-07	2008-14
Canada		2000-14
Chili[3]	2000-14	
Corée[4]	2000-07	2008-14
Danemark	2000-07	2008-14
Espagne		2000-14
Estonie		2000-14
Etats-Unis	2000-06	2007-14
Finlande		2000-14
France	2000-07	2008-14
Grèce[5]	2000-07	2008-14
Hongrie		2000-14
Irlande[6]	2000-07	2008-14
Islande[7]		2000-14
Israël	2000-12	2013-14
Italie		2000-14
Japon		2000-14
Luxembourg	2000-04	2005-14
Mexique[8]		
Norvège	2000-08	2009-14
Nouvelle-Zélande[9]	2000-03	2004-14
Pays-Bas	2000-07	2008-14
Pologne	2000-07	2008-14
Portugal	2000-05	2006-14
République slovaque[10]		2000-14
République tchèque		2000-14
Royaume-Uni	2000-06	2007-14
Slovénie		2000-14
Suède		2000-14
Suisse		2000-14
Turquie[11]		2010-14

1. Australie : basées sur la classification ANZSIC06 de sorte que les catégories correspondent dans l'ensemble aux secteurs B-N de la CITI Rév. 4.
2. Autriche : les valeurs du salaire moyen pour 2000-03 ne sont pas basées sur la classification NACE (CITI).
3. Chili : les valeurs du SM sont basées sur les secteurs C à O de 2006 à 2014. À partir de 2010, les Secteurs L (7522) et L (7523) sont exclus.
4. Corée : Les valeurs du SM sont basées sur la 6ème version de la Classification sectorielle standard de Corée (KSIC), Secteurs C à K pour 2000 et 2001, 8ème version de KSIC pour 2002 à 2007 et 9ème version de KSIC Secteurs B à N (E exclu) à partir de 2008.
5. Grèce : les gains annuels moyens correspondent aux salariés à temps plein des Secteurs B à N du NACE Rév. 2, incluant la Division 95 et excluant les Divisions 37, 39 et 75 à partir de 2008.
6. Irlande : les valeurs de 2000 à 2007 sont basées sur les Secteurs C-E (NACE). À partir de 2008, elles sont basées sur les Secteurs B-E (NACE Rév. 2).
7. Islande : utilisation du système national de classification qui correspond au système NACE Rév. 2.
8. Mexique : les valeurs du salaire moyen pour 2000-14 sont basées sur la Classification des Activités Économiques du Mexique (CMAE) qui correspond à l'une des premières versions de la CITI.
9. Nouvelle-Zélande : voir la note relative à l'Australie qui s'applique à compter de 2004.
10. République slovaque : les valeurs du salaire moyen sont basées sur la classification de la CITI Rév. 4 (B à N) et comprennent toujours les données sur le travail indépendant.
11. Turquie : le salaire moyen est basé sur le salaire de l'ouvrier moyen CITI Rév. 3.1 Secteur D pour les années 2000 à 2009.

StatLink http://dx.doi.org/10.1787/888933211393

Notes

1. Tous les organismes statistiques nationaux n'utilisent pas la CITI Rév. 3 ou Rév. 4 pour classer leurs secteurs. Toutefois, la Nomenclature générale des activités économiques dans les Communautés européennes (NACE Rév. 1 our Rév. 2), le système de classification des industries de l'Amérique du Nord (SCIAN 2002), la Standard Industrial Classification d'Australie et de Nouvelle-Zélande (ANZSIC 2006) et la classification sectorielle standard de Corée (6e à 9e KISC) comportent une classification qui est conforme pour l'essentiel à celle des secteurs C à K de la CITI Rév. 3 ou des secteurs B-N de la CITI Rév. 4.
2. Aux Pays-Bas, la division entre les impôts sur le revenu des personnes physiques et les cotisations salariales de sécurité sociale est légèrement différente par comparaison avec la méthodologie utilisée dans ce rapport.

Chapitre 2

Étude spéciale : modélisation de la charge fiscale sur les revenus du travail en Afrique du Sud, au Bresil, en Chine, en Inde et en Indonesie

Cette Étude spéciale examine la charge fiscale pesant sur les revenus du travail dans cinq grandes économies non membres de l'OCDE : Afrique du Sud, Brésil, Chine, Inde et Indonésie. Elle présente les principales caractéristiques des prélèvements sur les revenus du travail dans chacun de ces cinq pays en 2013, puis utilise ces informations ainsi que les données correspondantes portant sur des années antérieures pour modéliser les évolutions de la charge fiscale intervenues entre 2010 et 2013. L'analyse suit le modèle du rapport principal de la publication Les impôts sur les salaires. *Elle calcule le coin fiscal et le taux d'imposition moyen net des personnes physiques pour un célibataire rémunéré au salaire moyen. Ces résultats sont ensuite comparés à ceux obtenus pour un couple marié ayant deux enfants et disposant d'un seul salaire, puis étendus pour couvrir les huit catégories de familles.*

Introduction

Cette Étude spéciale examine la charge fiscale pesant sur les revenus du travail dans cinq grandes économies non membres de l'OCDE : Afrique du Sud, Brésil, Chine, Inde et Indonésie. Elle présente les principales caractéristiques des prélèvements sur les revenus du travail dans chacun de ces cinq pays en 2013, puis utilise ces informations ainsi que les données correspondantes portant sur des années antérieures pour modéliser les évolutions de la charge fiscale intervenues entre 2010 et 2013.

La section suivante décrit les résultats de la modélisation du coin fiscal et du taux d'imposition moyen net des personnes physiques en s'inspirant de la méthodologie utilisée dans la publication *Les impôts sur les salaires* et en procédant par quatre étapes :

- L'accent est mis au départ sur la situation du célibataire sans enfant rémunéré au salaire moyen ;
- La situation du célibataire est ensuite comparée à celle d'un couple marié ayant deux enfants et disposant d'un seul salaire équivalent au salaire moyen ;
- La modélisation est alors étendue à l'ensemble des huit catégories de familles couvertes par la publication *Les impôts sur les salaires* ;
- Enfin, l'évolution des charges fiscales entre 2010 et 2013 est examinée.

L'Annexe contient des informations détaillées par pays pour 2013 qui sous-tendent l'analyse comparative. Dans chaque cas, le tableau des résultats du pays est suivi d'une description du système de prélèvements et de prestations liées à l'exercice d'un emploi.

Résultats de la modélisation

Coins fiscaux pour le salarié moyen célibataire

Le tableau 2.1 indique le coin fiscal pour un salarié moyen célibataire en 2013. Au Brésil et en Chine (où l'exercice de modélisation porte sur Shanghai), les coins fiscaux moyens (colonne 1) sont compris entre 33 % et 34 %, soit un peu moins que la moyenne de l'OCDE de 35.9 %. Les moyennes correspondantes en Indonésie et en Afrique du Sud sont de 8.2 % et 14.3 %, soit un niveau bien inférieur à la grande majorité des pays de l'OCDE. Il en va de même pour l'Inde, où deux scénarios sont envisagés. Dans le scénario de modélisation standard, le salarié moyen n'est pas soumis à l'impôt et son coin fiscal est donc nul. Le deuxième scénario concerne le cas de figure dans lequel le salarié travaille dans une entreprise qui emploie plus de 20 personnes. Son coin fiscal est alors de 6.2 %.

Le tableau 2.1 montre également la décomposition du coin fiscal en impôt sur le revenu et en cotisations de sécurité sociale des salariés et des employeurs en 2013. Le graphique 2.1 donne une illustration graphique des éléments constitutifs du coin fiscal. Les coûts de main-d'œuvre indiqués dans le tableau sont exprimés en dollars à parité de pouvoir d'achat. Au Brésil, en Chine, en Inde et en Indonésie, le salarié moyen paie un impôt sur le revenu faible ou nul, tandis que les cotisations patronales de sécurité sociale constituent 70 % à 80 % du coin fiscal. En Afrique du Sud, la situation est différente :

Tableau 2.1. **Impôt sur le revenu plus cotisations de sécurité sociale des salariés et des employeurs, 2013**

En % des coûts de main-d'œuvre

	Coin fiscal total[1]	Impôt sur le revenu	Cotisations de sécurité sociale		Coûts de main-d'oeuvre[3]
			Salarié	Employeur[2]	
	(1)	(2)	(3)	(4)	(5)
Afrique du Sud	14.3	11.4	1.0	2.0	35 311
Brésil	33.5	0.0	6.6	26.9	19 230
Chine	33.7	0.0	7.8	25.9	18 400
Inde	0.0	0.0	0.0	0.0	4 768
Inde (CSS)[4]	6.2	0.0	1.7	4.5	4 994
Indonésie	8.2	0.0	1.9	6.3	6 185
Moyenne de l'OCDE	**35.9**	**13.3**	**8.3**	**14.3**	**46 506**

Note : Célibataire sans enfant ayant un salaire égal à celui d'un salarié moyen.
1. À cause des arrondis, le total de la colonne (1) peut être différent d'un point de pourcentage ou plus de la somme des colonnes (2) et (4).
2. Les taxes sur les salaires sont incluses si en vigueur.
3. Exprimés en dollars US convertis à l'aide de PPA.
4. Les résultats concernent uniquement le cas minoritaire où le salarié travaille dans une entreprise qui emploie plus de 20 personnes.

Source : Modèles des *Impôts sur les salaires*.

StatLink http://dx.doi.org/10.1787/888933211400

Graphique 2.1. **Impôt sur le revenu plus cotisations de sécurité sociale des salariés et des employeurs, 2013**

En % des coûts de main-d'œuvre

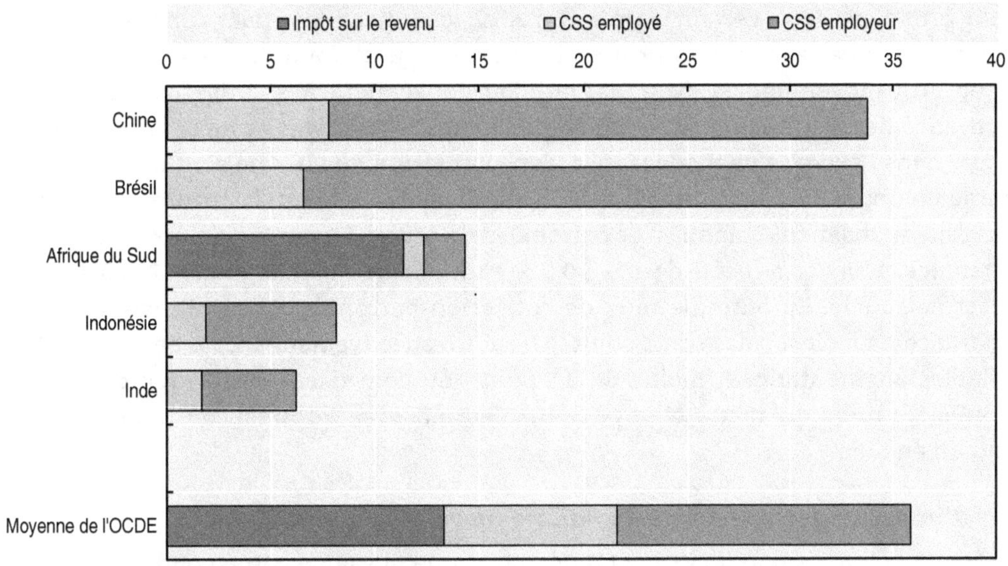

Notes : Célibataire sans enfant ayant un salaire égal à celui d'un salarié moyen.
Les taxes sur les salaires sont incluses si en vigueur.

StatLink http://dx.doi.org/10.1787/888933210588

l'élément du coin fiscal représenté par l'impôt sur le revenu (11.4 %) est inférieur de 2 points seulement à la moyenne de l'OCDE et représente près de 80 % du coin fiscal total.

Le tableau 2.2 contient des informations détaillées sur les variations du coin fiscal entre 2012 et 2013. Le coin fiscal a baissé de 19.9 points en Inde (passant de 26.1 % à 6.2 %) pour un salarié travaillant dans une entreprise employant plus de 20 personnes. En Inde,

Tableau 2.2. **Comparaison du coin fiscal total, 2013**

En % des coûts de main-d'œuvre

	Coin fiscal total 2013	Variation annuelle 2013/12 (en points de pourcentage)[1]			
		Coin fiscal	Impôts sur le revenu	CSS salariés	CSS employeur[2]
	(1)	(2)	(3)	(4)	(5)
Afrique du Sud	14.3	0.21	0.15	0.03	0.03
Brésil	33.5	0.00	0.00	0.00	0.00
Chine	33.7	-1.29	0.04	-0.25	-1.08
Inde	0.0	0.00	0.00	0.00	0.00
Inde (CSS)[3]	6.2	-19.92	0.00	-10.11	-9.81
Indonésie	8.2	0.47	-0.52	-0.02	1.01
Moyenne de l'OCDE	**35.9**	**0.16**	**0.15**	**0.08**	**-0.06**

Note : Célibataire sans enfant ayant un salaire égal à celui d'un salarié moyen.

1. À cause des arrondis, les variations du coin fiscal à la colonne (2) peuvent être différentes d'un dixième de point de pourcentage de la somme des colonnes (3) à (5).
2. Les taxes sur les salaires sont incluses si en vigueur.
3. Les résultats concernent uniquement le cas minoritaire où le salarié travaille dans une entreprise qui emploie plus de 20 personnes.

Source : Modèles des *Impôts sur les salaires.*

StatLink http://dx.doi.org/10.1787/888933211410

les salariés et les employeurs doivent cotiser à l'Organisme d'assurance sociale des travailleurs salariés (*Employees' State Insurance Corporation*) aux taux respectifs de 1.75 % et 4.75 %. Ils cotisent également au Fonds de prévoyance des travailleurs salariés (*Employees Provident Fund*) au taux de 12 %, mais ces cotisations deviennent facultatives lorsque le salaire brut dépasse un certain plafond. En 2012, les cotisations étaient obligatoires pour le salarié moyen car son revenu brut était inférieur au plafond. En revanche, en 2013, le revenu brut moyen dépassait le plafond. Par conséquent, les cotisations au Fonds de prévoyance des travailleurs salariés sont devenues facultatives et ne sont plus prises en compte dans l'exercice de modélisation dans la mesure où elles ne sont plus considérées comme un impôt. En Chine, le coin fiscal a diminué de 1.3 point, là encore sous l'effet des baisses des cotisations salariales et patronales de sécurité sociale. Le taux de cotisation à l'assurance chômage a reculé de 1 % à 0.5 % pour la part salariale et de 1.7 % à 1.5 % pour la part patronale. En outre, le taux de cotisation patronale à l'assurance retraite et à l'assurance maladie a baissé de 1 point, passant respectivement à 21 % et 11 %. On relève de faibles augmentations [moins de 0.5 point] du coin fiscal en Afrique du Sud et en Indonésie, tandis qu'aucun changement n'est observé au Brésil ou pour le scénario standard en Inde.

Taux d'imposition moyens nets du salarié moyen célibataire

Le taux d'imposition moyen net d'une personne physique correspond à l'impôt sur le revenu plus les cotisations salariales de sécurité sociale, en pourcentage du salaire brut. Le tableau 2.3 indique les résultats pour un salarié moyen en 2013, accompagnés d'une ventilation du total entre les deux éléments constitutifs. Comme dans le tableau 2.2, les coûts de main-d'œuvre sont exprimés en dollars à parité de pouvoir d'achat. Le taux d'imposition moyen net d'une personne physique est le plus élevé en Afrique du Sud, soit 12.6 %, ce qui représente environ la moitié de la valeur de la zone OCDE (25.4 %). La Chine arrive en deuxième position (10.6 %), suivie du Brésil (9 %). Les chiffres correspondants pour l'Inde et l'Indonésie sont compris entre 0 % et 2 %.

Tableau 2.3. **Impôt sur le revenu plus cotisations de sécurité sociale des salariés, 2013**

En % du salaire brut

	Paiement total	Impôt sur le revenu	Cotisations de sécurité sociale de l'employé	Salaires bruts[1]
	(1)	(2)	(3)	(4)
Afrique du Sud	12.6	11.6	1.0	34 618
Brésil	9.0	0.0	9.0	14 057
Chine	10.6	0.1	10.5	13 630
Inde	0.0	0.0	0.0	4 768
Inde (CSS)[2]	1.8	0.0	1.8	4 768
Indonésie	2.0	0.0	2.0	5 797
Moyenne de l'OCDE	**25.4**	**15.6**	**9.9**	**39 806**

Note : Célibataire sans enfant ayant un salaire égal à celui d'un salarié moyen.
1. Exprimés en dollars US convertis à l'aide de PPA.
2. Les résultats concernent uniquement le cas minoritaire où le salarié travaille dans une entreprise qui emploie plus de 20 personnes.

Source : Modèles des *Impôts sur les salaires.*

StatLink http://dx.doi.org/10.1787/888933211425

Le tableau 2.3 révèle également que l'impôt sur le revenu représentait plus de 90 % du taux d'imposition moyen net d'une personne physique en Afrique du Sud. Dans les autres pays, la part de l'impôt sur le revenu était nulle ou négligeable.

Taux d'imposition applicables aux familles

Le tableau 2.4 compare les coins fiscaux en 2013 pour un couple marié ayant deux enfants et disposant d'un seul salaire égal au salaire moyen et pour un célibataire sans enfant ayant un revenu identique. L'Indonésie est le seul pays où le coin fiscal d'un ménage avec enfants diffère de celui d'un célibataire ; à 10.7 %, il est supérieur de 2.5 % en pourcentage des coûts de main-d'œuvre parce que les salariés dont le conjoint n'exerce

Tableau 2.4. **Comparaison du coin fiscal total par catégorie de famille, 2013**

En % des coûts de main-d'œuvre

	Famille[1] coin fiscal total 2013	Célibataire[2] coin fiscal total 2013	Variation annuelle 2013-12 (en points de pourcentage)		
			Famille coin fiscal	Célibataire coin fiscal	Différence entre célibataire et famille (4)-(3)[3]
	(1)	(2)	(3)	(4)	(5)
Afrique du Sud	14.3	14.3	0.2	0.2	0.0
Brésil	33.5	33.5	0.0	0.0	0.0
Chine	33.7	33.7	-1.3	-1.3	0.0
Inde	0.0	0.0	0.0	0.0	0.0
Inde (CSS)[4]	6.2	6.2	-19.9	-19.9	0.0
Indonésie	10.7	8.2	1.9	0.5	-1.4
Moyenne de l'OCDE	**26.6**	**35.9**	**0.3**	**0.2**	**-0.2**

1. Couple marié ayant deux enfants et disposant d'un seul salaire égal au salaire moyen.
2. Célibataire sans enfant ayant un salaire égal à celui d'un salarié moyen.
3. À cause des arrondis, le total peut être différent d'un point de pourcentage des résultats de la soustraction des colonnes 4 et 3.
4. Les résultats concernent uniquement le cas minoritaire où le salarié travaille dans une entreprise qui emploie plus de 20 personnes.

Source : Modèles des *Impôts sur les salaires.*

StatLink http://dx.doi.org/10.1787/888933211435

pas d'emploi sont soumis à une cotisation d'assurance maladie plus élevée. On ne constate aucune différence en Afrique du Sud, au Brésil, en Chine et en Inde. Ce résultat contraste avec la moyenne de l'OCDE, puisque les économies réalisées par le couple marié avec deux enfants disposant d'un seul revenu par rapport au célibataire sans enfant équivalent à près de 10 % des coûts de main-d'œuvre. Ce résultat reflète le fait que la grande majorité des pays de l'OCDE versent des prestations en espèces aux familles qui travaillent, qui sont soit universelles, soit basées sur le niveau de revenu.

La Chine, l'Inde et l'Indonésie n'accordent pas de prestations en espèces aux familles qui travaillent. Néanmoins, il existe des transferts en espèces liés au revenu au Brésil (le « salário família ») et en Afrique du Sud (le « Child Support Grant »). Dans le cas du Brésil, cette prestation est versée uniquement aux couples ayant deux enfants et disposant de deux salaires, l'un égal à 100 % et l'autre à 33 % du salaire moyen, à l'exclusion de toutes les autres catégories de ménages étudiées dans les modèles des *Impôts sur les salaires*. Le montant du versement dépend du niveau du revenu perçu par le conjoint. En Afrique du Sud, tous les ménages couverts par le modèle dépassent le plafond de revenu et aucun ne perçoit de prestations en espèces.

Le tableau 2.4 indique également la variation des économies réalisées par le couple marié ayant deux enfants et disposant d'un seul salaire entre 2012 et 2013. En Indonésie, ces économies ont été réduites de 1.4 % des coûts de main-d'œuvre, car le coin fiscal du couple marié a augmenté de 1.9 point, contre seulement 0.5 point pour le salarié moyen célibataire. Le niveau des économies n'a pas varié dans les autres pays. La moyenne des économies réalisées dans la zone OCDE a également baissé, mais de seulement 0.2 point.

Modélisation des huit catégories de familles

Le tableau 2.5 compare les coins fiscaux moyens pour les huit catégories de familles couvertes par les modèles des *Impôts sur les salaires*, en tenant compte des transferts en espèces. La comparaison des résultats pour les trois premiers types de familles (célibataire dont le salaire est égal à 67 %, 100 % et 167 % du salaire moyen) révèle que l'augmentation du coin fiscal suit la progression du revenu dans quatre des cinq pays, à l'exception de l'Inde.

Tableau 2.5. **Impôt sur le revenu plus cotisations de sécurité sociale des salariés et des employeurs diminués des prestations versées, 2013**

Par catégorie de famille et niveau de salaire (en % des coûts de main-d'œuvre)

Type de famille : Niveau de salairel (% of SM):	Célibataire	Célibataire	Célibataire	Célibataire	Couple marié	Couple marié	Couple marié	Couple marié
	Sans enf	Sans enf	Sans enf	2 enf	2 enf	2 enf	2 enf	Sans enf
	67	100	167	67	100-0	100-33[1]	100-67[1]	100-33[1]
	(1)	(2)	(3)	(4)	(5)	(6)	(7)	(8)
Afrique du Sud	10.6	14.3	19.5	10.6	14.3	11.5	12.8	11.5
Brésil	33.5	33.5	36.3	33.5	33.5	31.4	33.5	33.3
Chine	34.1	33.7	35.3	34.1	33.7	35.9	33.9	35.9
Inde	0.0	0.0	0.0	0.0	0.0	0.0	0.0	0.0
Inde (CSS)[2]	26.1	6.2	6.2	26.1	6.2	11.6	14.7	11.6
Indonésie	8.2	8.2	9.4	8.2	10.7	8.2	8.2	8.2
Moyenne de l'OCDE	**32.3**	**35.9**	**40.3**	**17.7**	**26.6**	**28.3**	**31.2**	**32.9**

Note : enf = enfant.

1. Famille disposant de deux revenus.
2. Les résultats concernent uniquement le cas minoritaire où le salarié travaille dans une entreprise qui emploie plus de 20 personnes.

StatLink http://dx.doi.org/10.1787/888933211443

Cette tendance est la plus marquée en Afrique du Sud, où l'impôt sur le revenu constitue l'essentiel du coin fiscal. Au Brésil, en Chine et en Indonésie, la mesure de la charge fiscale pesant sur un célibataire dont la rémunération équivaut à 167 % du salaire moyen révèle une augmentation par rapport au célibataire qui gagne 67 % du salaire moyen, car le salarié mieux rémunéré devient assujetti à l'impôt sur le revenu. En Inde en revanche (lorsqu'on examine la situation des salariés travaillant dans une entreprise qui emploie plus de 20 personnes), le coin fiscal moyen diminue à mesure que l'on s'élève dans l'échelle des revenus car les cotisations au Fonds de prévoyance des travailleurs salariés sont obligatoires uniquement pour les travailleurs dont le salaire ne dépasse pas un certain plafond.

Les résultats confirment également les conclusions du paragraphe 9, selon lesquelles la présence d'enfants n'a que peu ou pas d'effet sur les coins fiscaux dans les cinq pays. Dans tous les cas, le célibataire sans enfant dont le salaire est égal à 67 % du salaire moyen a le même coin fiscal que le parent isolé ayant deux enfants et le même niveau de revenu. À l'exception du Brésil, le résultat est le même lorsque l'on compare une famille sans enfant ayant deux salaires, l'un égal à 100 % et à l'autre à 33 % du salaire moyen, avec des familles au même niveau de revenu mais ayant deux enfants. Au Brésil, le second apporteur de revenu qui perçoit 33 % du salaire moyen bénéficie du « salário família » qui réduit légèrement son coin fiscal. Aucune des autres catégories de famille ayant des enfants au Brésil ne peut prétendre à cette prestation qui cible des niveaux de revenu relativement bas.

D'après le tableau 2.5, qui compare les tendances présentées aux paragraphes 12 et 13 avec les résultats correspondants pour l'OCDE, les résultats concernant les trois premières catégories de familles en Afrique du Sud révèlent un niveau de progressivité plus marqué que la moyenne de l'OCDE. En revanche, les niveaux de progressivité au Brésil, en Chine et en Indonésie sont plus faibles que la moyenne de l'OCDE. Dans la zone OCDE, la présence d'enfants entraîne généralement une diminution des coins fiscaux. En 2013, le coin fiscal moyen de l'OCDE pour un parent isolé ayant deux enfants et gagnant 67 % du salaire moyen était inférieur de 15 points à celui du célibataire sans enfant ayant le même revenu. L'économie correspondante pour le couple marié ayant deux salaires (l'un égal à 100 %, l'autre à 33 % du salaire moyen) et deux enfants, par rapport à un couple équivalent sans enfant, était de 4.5 points.

Les coins fiscaux en Brésil et en Chine dépassent la moyenne de l'OCDE pour les quatre catégories de familles avec enfants, le célibataire gagnant 67 % du salaire moyen et le couple marié ayant deux salaires (l'un égal à 100 %, l'autre à 33 % du salaire moyen) et pas d'enfant. Ils sont inférieurs à cette moyenne pour les célibataires sans enfant gagnant 100 % et 167 % du salaire moyen. Pour toutes les autres combinaisons de pays et de catégorie de famille, la moyenne de l'OCDE affiche des coins fiscaux supérieurs, à l'exception du parent isolé ayant deux enfants, gagnant 67 % du salaire moyen et travaillant dans une entreprise qui emploie plus de 20 personnes en Inde.

Le tableau 2.6 compare les coins fiscaux marginaux des huit catégories de familles, après augmentation d'une unité monétaire nationale du salaire brut du principal apporteur de revenu. Les taux d'imposition marginaux affichent une tendance similaire à celle des taux d'imposition moyens dans les cinq pays. Ils augmentent avec le revenu, à l'exception du cas minoritaire de l'Inde. La présence d'enfants ne fait aucune différence. Comme pour les coins fiscaux moyens, la seule différence entre le salarié moyen célibataire sans enfant et le couple marié disposant d'un seul salaire concerne l'Indonésie, où les salariés mariés dont le conjoint n'exerce pas d'emploi acquittent des cotisations d'assurance maladie plus élevées, comme indiqué précédemment.

Tableau 2.6. Taux marginal de l'impôt sur le revenu plus cotisations de sécurité sociale des salariés et des employeurs diminués des prestations versées, 2013

Par catégorie de famille et niveau de salaire (en % des coûts de main-d'œuvre)

Type de famille :	Célibataire	Célibataire	Célibataire	Célibataire	Couple marié	Couple marié	Couple marié	Couple marié
	Sans enf	Sans enf	Sans enf	2 enf	2 enf	2 enf	2 enf	Sans enf
Niveau de salaire (% of SM):	67	100	167	67	100-0	100-33[1]	100-67[1]	100-33[1]
	(1)	(2)	(3)	(4)	(5)	(6)	(7)	(8)
Afrique du Sud	20.6	27.5	30.7	20.6	27.5	27.5	27.5	27.5
Brésil	33.5	33.5	39.3	33.5	33.5	33.5	33.5	33.5
Chine	25.9	35.7	40.3	25.9	35.7	35.7	35.7	35.7
Inde	0.0	0.0	0.0	0.0	0.0	0.0	0.0	0.0
Inde (CSS)[2]	26.1	6.2	6.2	26.1	6.2	6.2	6.2	6.2
Indonésie	8.2	8.2	12.5	8.2	10.7	8.2	8.2	8.2
Moyenne de l'OCDE	**41.4**	**44.9**	**46.9**	**44.3**	**45.2**	**45.5**	**44.2**	**43.2**

Note : On suppose que le revenu brut principal du ménage augmente. Le résultat peut être différent si le salaire du conjoint augmente, surtout si les deux conjoints sont imposés séparément.
enf = enfant.
1. Famille disposant de deux revenus.
2. Les résultats concernent uniquement le cas minoritaire où le salarié travaille dans une entreprise qui emploie plus de 20 personnes.

StatLink http://dx.doi.org/10.1787/888933211457

On constate des écarts substantiels entre les coins fiscaux marginaux des cinq pays et les moyennes de l'OCDE pour toutes les huit catégories de familles. Ces écarts sont les plus marqués pour l'Inde et l'Indonésie, suivies de l'Afrique du Sud.

Évolution de la charge fiscale entre 2010 et 2013

Le tableau 2.7a révèle que le coin fiscal moyen de l'OCDE pour un salarié moyen célibataire sans enfant a augmenté de façon minime mais constante entre 2010 et 2013, passant de 35.1 % à 35.9 %. L'Afrique du Sud et l'Indonésie ont elles aussi enregistré des hausses au cours de la même période. En revanche, le coin fiscal moyen n'a cessé de baisser en Chine. À l'exception de la baisse sensible en 2013 concernant le cas minoritaire en Inde, aucune autre variation n'a été constatée au Brésil ou en Inde entre 2010 et 2013.

Le tableau 2.7b répertorie les résultats correspondants pour un couple marié ayant deux enfants et disposant d'un seul salaire égal au salaire moyen. Dans ce cas, le coin fiscal moyen de l'OCDE a également connu une augmentation constante au cours de la période, mais plus lentement que celui du célibataire sans enfant. Les résultats pour les cinq pays sont identiques à ceux du célibataire, à l'exception de l'Indonésie. Dans ce dernier pays, l'évolution pour les deux types de famille suit une tendance similaire, mais le couple marié supporte un coin fiscal plus élevé en raison des cotisations de sécurité sociale supplémentaires payées au titre du conjoint qui n'exerce pas d'emploi.

Conclusions

Les résultats de la modélisation révèlent que la charge fiscale qui grève les revenus du travail varie beaucoup entre les cinq pays étudiés. Pour un salarié moyen célibataire sans enfant, le coin fiscal s'échelonne de zéro en Inde à 33.7 % en Chine (Shanghai), tandis que le coin fiscal marginal est compris entre zéro et 35.7 %. Les résultats pour les autres catégories de familles montrent que le coin fiscal augmente avec le revenu. Néanmoins, la

Tableau 2.7. **Impôt sur le revenu plus cotisations de sécurité sociale des salariés et des employeurs diminués des prestations versées, en pourcentage des coûts de main-d'œuvre, 2010-13**

	2010	2011	2012	2013
a) Célibataire sans enfant ayant un revenu égal à 100 % du salaire moyen				
Afrique du Sud	13.8	13.9	14.1	14.3
Brésil	33.5	33.5	33.5	33.5
Chine	36.1	35.0	35.0	33.7
Inde	0.0	0.0	0.0	0.0
Inde (CSS)[1]	26.1	26.1	26.1	6.2
Indonésie	7.6	7.5	7.7	8.2
Moyenne de l'OCDE	**35.1**	**35.6**	**35.7**	**35.9**
b) Couple marié avec deux enfants ayant un revenu égal à 100 % du salaire moyen				
Afrique du Sud	13.8	13.9	14.1	14.3
Brésil	33.5	33.5	33.5	33.5
Chine	36.1	35.0	35.0	33.7
Inde	0.0	0.0	0.0	0.0
Inde (CSS)[1]	26.1	26.1	26.1	6.2
Indonésie	9.5	9.4	8.8	10.7
Moyenne de l'OCDE	**25.1**	**25.9**	**26.3**	**26.6**

1. Les résultats concernent uniquement le cas minoritaire où le salarié travaille dans une entreprise qui emploie plus de 20 personnes.

StatLink http://dx.doi.org/10.1787/888933211462

présence d'enfants n'a pas le même effet de réduction du coin fiscal moyen que dans la majorité des pays de l'OCDE.

Les coins fiscaux au Brésil et en Chine sont similaires à ceux observés dans de nombreux pays de l'OCDE. En revanche, les salariés en Afrique du Sud, Inde et Indonésie supportent un coin fiscal bien inférieur à la grande majorité des pays de l'OCDE. La composition des impôts sur le travail varie elle aussi entre ces pays, et les cotisations de sécurité sociale représentent la majeure partie de la charge fiscale dans tous les pays sauf l'Afrique du Sud. Néanmoins, en Inde et en Indonésie (ainsi qu'en Afrique du Sud), les cotisations de sécurité sociale contribuent toujours moins au coin fiscal que la moyenne des pays de l'OCDE. La modélisation révèle que le Brésil et la Chine appliquent des cotisations de sécurité sociale d'un montant plus élevé que la moyenne de l'OCDE. En Chine, ces chiffres reflètent la situation des salariés en zone urbaine. En effet, les salariés en zone rurale sont exonérés de ces cotisations.

Supplément à l'Étude spéciale : Afrique du Sud, Brésil, Chine, Inde et Indonésie, 2013

Ce supplément à l'Étude Spéciale de la publication *Les Impôts sur les Salaires, 2015* examine la charge fiscale pesant sur les revenus du travail dans cinq grandes économies non membres de l'OCDE : Afrique du Sud, Brésil, Chine, Inde et Indonésie. Elle présente les principales caractéristiques des prélèvements sur les revenus du travail dans chacun de ces cinq pays en 2013. Elle calcule le coin fiscal et le taux d'imposition moyen net des personnes physiques ainsi que leurs mesures marginales correspondantes pour les huit catégories de familles. La présentation est calquée au schéma de la Partie III du rapport principal des *Impôts sur les Salaires*. Ce supplément est disponible en ligne seulement.

Ce supplément est disponible en ligne
http://dx.doi.org/10.1787/tax_wages-2015-5-fr

PARTIE I

Comparaisons internationales

Cette section fournit, pour chacun des pays de l'OCDE, des informations sans équivalent concernant les impôts sur le revenu acquittés par les salariés, leurs cotisations de sécurité sociale et les prestations familiales qu'ils perçoivent sous forme de transferts en espèces, ainsi que les cotisations de sécurité sociale et les taxes sur les salaires versées par leurs employeurs. Elle présente les résultats détaillés pour 2014, les résultats définitifs pour 2013, et commente l'évolution intervenue entre les deux années. Les résultats communiqués comprennent la charge fiscale marginale et moyenne pour huit catégories différentes de familles.

PARTIE I

Chapitre 3

Charges fiscales, estimations 2014

Les estimations de la charge fiscale pour 2014 basées sur les huit catégories de familles sont présentées dans les tableaux 3.1 à 3.11 et les graphiques 3.1 à 3.6. Les catégories types de familles varient selon la situation de famille, le nombre d'enfants et le statut économique : des célibataires sans enfant gagnant 67 %, 100 % et 167 % du salaire moyen (SM) ; un parent isolé gagnant 67 % du SM avec deux enfants ; un couple avec deux enfants et un seul apporteur de revenu gagnant le SM ; des couples avec deux enfants et deux salaires gagnant au total 133 % et 167 % du SM ; un couple avec deux salaires gagnant au total 133 % du SM et sans enfant.

Ce chapitre présente différentes mesures de la charge fiscale moyenne (coin fiscal, taux de l'impôt et taux net de l'impôt sur les personnes physiques, taux de l'impôt sur le revenu des personnes physiques et taux des cotisations salariales de sécurité sociale) et marginale (coin fiscal et taux net de l'impôt sur les personnes physiques). Les résultats de deux indicateurs de la progressivité de l'impôt sont également examinés : mesures de l'élasticité de l'impôt basée sur le salaire brut et les coûts de main-d'œuvre.

Charges fiscales moyennes

Le tableau 3.1 et le graphique 3.1 font apparaître le coin fiscal moyen (charge combinée de l'impôt sur le revenu et des cotisations salariales et patronales de sécurité sociale) en tenant compte du montant des prestations en espèces auquel a droit chaque catégorie de famille spécifique. Le montant total des impôts à verser diminués des transferts reçus est exprimé en pourcentage des coûts totaux de main-d'œuvre, définis comme le salaire brut plus les cotisations patronales de sécurité sociale (y compris les taxes sur les salaires). Dans le cas d'un célibataire disposant d'un salaire moyen, le coin fiscal va de 7.0 % au Chili et 17.2 % au Nouvelle-Zélande à 49.4 % en Autriche et 55.6 % en Belgique. Pour un couple marié disposant d'un seul revenu du même niveau et ayant deux enfants, le coin fiscal est le plus faible en Nouvelle-Zélande (3.8 %) et au Chili (7.0 %) et le plus élevé en Grèce (43.4 %) et en Belgique (40.6 %). Comme l'explique le chapitre 1, le coin fiscal est généralement plus faible pour les couples mariés ayant deux enfants et disposant de ce niveau de salaire que pour les célibataires sans enfant en raison de la perception de prestations en espèces et/ou d'un traitement fiscal plus avantageux. Il est également intéressant de noter que le coin fiscal pour un parent isolé ayant deux enfants et gagnant 67 % du salaire moyen est négatif en Australie (-1.6 %), au Canada (-4.9 %), en Nouvelle-Zélande (-15.8 %) et en Irlande (-18.9 %). Ce résultat est dû au fait que la somme des transferts en espèces reçus par ces familles et des crédits d'impôt récupérables éventuels excède la somme de l'impôt dû et de l'ensemble des cotisations de sécurité sociale.

Le tableau 3.2 et le graphique 3.2 indiquent la charge combinée de l'impôt sur le revenu des personnes physiques et des cotisations salariales de sécurité sociale exprimée en pourcentage du salaire brut (les indicateurs correspondants faisant apparaître séparément l'impôt sur le revenu et les cotisations salariales de sécurité sociale figurent dans les tableaux 3.4 et 3.5). Un célibataire sans enfant percevant le salaire moyen est soumis à une charge moyenne au titre de l'impôt et des cotisations sociales supérieure à 40 % uniquement en Belgique (42.3 %). On observe les taux moyens les plus bas (moins de 20 %) en Estonie (19.7 %), en Suisse (17.4 %), en Nouvelle-Zélande (17.2 %), en Israël (16.5 %), en Corée (13.4 %), au Mexique (10.0 %) et au Chili (7.0 %).

Le tableau 3.3 indique la charge combinée de l'impôt sur le revenu et des cotisations salariales de sécurité sociale, déduction faite des droits aux prestations en espèces, pour chaque catégorie de famille. Le graphique 3.3 fait apparaître cette charge respectivement pour les célibataires sans enfant et les couples mariés ayant deux enfants et rémunérés au salaire moyen. Si l'on compare les tableaux 3.2 et 3.3, les taux moyens d'imposition pour les familles avec enfants (colonnes 4 à 7) sont moindres dans le tableau 3.3 car la plupart des pays de l'OCDE aident les familles ayant des enfants à charge au moyen de prestations en espèces.

On observe également une charge plus faible pour les célibataires *sans enfant* et rémunérés à 67 % du salaire moyen au Canada, du fait qu'une prestation en espèces est versée pour atténuer la charge imposée par l'impôt fédéral sur la consommation (on trouvera plus de précisions dans le chapitre par pays qui se trouve dans la troisième Partie de cette étude). Il en va de même au Danemark pour les célibataires rémunérés à 67 % et 100 % du salaire moyen et les couples mariés sans enfant disposant de deux revenus équivalents à 133 % du salaire moyen, qui perçoivent un chèque « vert » pour compenser la hausse des taxes environnementales.

Dans le cas des parents isolés ayant deux enfants et gagnant 67 % du salaire moyen, 26 pays accordent des prestations qui vont jusqu'à 39.7 % du revenu (Irlande). Les prestations représentent au moins 25 % du revenu dans quatre autres pays : l'Australie (25.5 %), le Canada (26.0 %), le Danemark (26.2 %) et la Nouvelle-Zélande (30.6 %). 25 pays accordent des prestations à un couple marié ayant deux enfants et disposant d'un seul revenu égal au salaire moyen, bien que ces prestations soient moins généreuses par rapport au revenu, atteignant 13.9 % (Slovénie) et 13.8 % (Luxembourg). Le niveau plus faible des prestations en espèces pour les couples mariés peut être imputé à trois raisons : les parents isolés peuvent avoir droit à un régime plus avantageux ; les prestations elles-mêmes peuvent être fixées en montant absolu ; ou l'octroi des prestations peut dépendre d'un critère de revenu.

Le tableau 3.4 indique le montant de l'impôt sur le revenu des personnes physiques dû en pourcentage du salaire brut. Pour les célibataires sans enfant percevant le salaire moyen (colonne 2 du tableau), la charge de l'impôt sur le revenu varie entre 0 % (Chile) et 35.6 % (Danemark). Dans la plupart des pays Membres de l'OCDE, pour un niveau de salaire moyen, la charge de l'impôt sur le revenu qui pèse sur un couple marié disposant d'un seul revenu et ayant deux enfants est sensiblement moindre que celle supportée par un célibataire (comparer les colonnes 2 et 5). Le graphique 3.4 fait apparaître clairement cette différence. Dans 10 pays de l'OCDE, l'impôt sur le revenu à la charge d'un couple marié disposant d'un seul salaire et ayant deux enfants est inférieur de plus de la moitié à celle supportée par un célibataire (Allemagne, Corée, États-Unis, Luxembourg, Pologne, Portugal, République slovaque, République tchèque, Slovénie et Suisse). En revanche, on ne relève aucune différence dans 8 pays : Australie, Chili, Finlande, Israël, Mexique, Nouvelle-Zélande, Royaume-Uni et Suède.

Un salarié moyen marié avec deux enfants supporte une charge d'impôt sur le revenu inférieure à zéro dans deux pays Membres de l'OCDE seulement. Ce résultat est dû à l'existence de crédits d'impôt récupérables en vertu desquels des crédits dépassent le montant d'impôts dus. Cette situation aboutit à des charges fiscales de -4.4 % en République tchèque et -2.5 % en République slovaque. De même, dans cinq pays – Allemagne, États-Unis, République slovaque, République tchèque et Royaume-Uni –, les parents isolés ayant deux enfants et gagnant 67 % du salaire moyen ont une charge d'impôt négative. Dans cinq autres pays – Chili, Corée, Israël, Pologne et Slovénie –, ce type de famille ne paie pas d'impôt sur le revenu.

Une comparaison des colonnes 5 et 6 du tableau 3.4 montre que si le conjoint qui ne travaillait pas trouve un emploi rémunéré à 33 % du salaire moyen, la charge d'impôt sur le revenu de la famille (désormais exprimée à 133 % du salaire moyen) est légèrement plus élevée dans 18 pays, l'augmentation la plus forte concernant la République tchèque (7.1 points), la République slovaque et l'Allemagne (5.7 points pour les deux). Toutefois, la charge d'impôt sur le revenu est inférieure dans 15 pays, les différences les plus marquées concernant l'Australie, la Finlande et le Mexique (-4.4 points pour les trois). Il n'y a aucun impact sur la charge fiscale au Chili.

Un élément important à prendre en compte dans la conception de l'impôt sur le revenu est sa progressivité – rythme auquel la charge de l'impôt s'accroît avec le revenu. Une comparaison des colonnes 1 à 3 du tableau 3.4 donne un aperçu des niveaux de progressivité des systèmes d'impôt sur le revenu des pays de l'OCDE. Si l'on compare la charge d'impôt sur le revenu de célibataires rémunérés au salaire moyen à celle de célibataires gagnant 167 % du salaire moyen (colonnes 2 et 3), le salarié le moins rémunéré supporte une charge fiscale moindre sauf en Hongrie, où un taux forfaitaire s'applique aux revenus du travail et où les ménages sans enfant paient le même pourcentage d'impôt sur le revenu. Il en va de même pour les célibataires qui gagnent 67% du salaire moyen, sauf au Chili où ces travailleurs ne paient pas d'impôt sur le revenu. Enfin, la charge à laquelle doivent faire face les célibataires gagnant 67 % du salaire moyen représente moins d'un quart de celle supportée par leurs homologues gagnant 167 % de ce salaire dans seulement quatre pays de l'OCDE : aux Pays-Bas (19 %), en Grèce (16 %), au Mexique (12 %) et au Chili (0 %).

L'addition des cotisations de sécurité sociale et du taux moyen d'imposition réduit cette progressivité ainsi que l'économie d'impôt proportionnelle dont bénéficient les familles (comparer le tableau 3.2 et le tableau 3.4). La charge fiscale moyenne des célibataires gagnant 67 % du salaire moyen n'est inférieure que de 32 % à celle de leurs homologues gagnant 167 % de ce salaire, alors que l'économie moyenne pour les seuls impôts sur le revenu des personnes physiques était de 50 % pour l'ensemble des pays de l'OCDE. L'économie d'impôt moyenne observée pour les couples mariés disposant d'un seul revenu égal au salaire moyen et ayant deux enfants par rapport à celle des célibataires baisse de 36 % à 20 %. Ces diminutions reflètent la quasi-absence de variation entre les taux des cotisations de sécurité sociale entre les catégories de familles, comme le montre le tableau 3.5.

Le tableau 3.5 illustre les cotisations salariales de sécurité sociale en pourcentage des salaires bruts. Pour un célibataire sans enfant disposant du salaire moyen (colonne 2), le taux de cotisation varie entre zéro (Australie et Nouvelle-Zélande) et 22.1 % (Slovénie). L'Australie et la Nouvelle-Zélande ne prélèvent aucune cotisation salariale de sécurité sociale en faveur des administrations publiques, et quatre autres pays appliquent des taux très faibles – Islande (0.4 %), Mexique (1.4 %), Estonie (2.0 %) et Danemark (2.8 %). Ces cotisations de sécurité sociale sont généralement prélevées à un taux uniforme sur la totalité du salaire, c'est-à-dire sans seuil d'exonération. Dans un certain nombre de pays Membres de l'OCDE, un plafond s'applique. Toutefois, ce « plafonnement » concerne généralement les niveaux de salaire supérieurs à 167 % du salaire moyen. Ces structures de taux reflètent une charge moyenne des cotisations salariales de sécurité sociale à peu près constante dans la plupart des pays sur toute la fourchette des rémunérations comprises entre 33 % et 167 % du salaire moyen. Voici des exemples de charge proportionnelle constante des cotisations salariales de sécurité sociale pour les huit catégories de familles dans les pays suivants (par ordre décroissant) : Slovénie (22.1 %), Hongrie (18.5 %), Pologne (17.8 %), Grèce (16.0 %), Turquie (15.0 %), République slovaque (13.4 %), République tchèque et Portugal (11 %), Norvège (8.2 %), États-Unis (7.7 %), Chili (7.0 %) et Estonie (2.0 %).

Par ailleurs, seuls les Pays-Bas et l'Allemagne appliquent au niveau du salaire moyen des cotisations de sécurité sociale différentes aux salariés en fonction de leur situation de famille (voir graphique 3.5).

Charges fiscales marginales

Le tableau 3.6 et le graphique 3.6 indiquent le pourcentage d'augmentation des coûts de main-d'œuvre qui est absorbé par l'impôt sur le revenu des personnes physiques et par les cotisations salariales et patronales de sécurité sociale (y compris les taxes sur les salaires) en cas d'augmentation marginale des coûts de main-d'œuvre. Il s'agit du coin fiscal marginal. Le plus souvent, le coin fiscal marginal absorbe 25 % à 55 % d'une augmentation des coûts de main-d'œuvre pour les célibataires sans enfant rémunérés au niveau du salaire moyen. Cependant, dans huit pays de l'OCDE, ces contribuables sont soumis à des coins fiscaux marginaux plus élevés – Belgique (66.3 %), Autriche (60.6 %), Allemagne (60.0 %), France (59.3 %), Irlande (56.7 %), Finlande (55.4 %), Italie (55.3 %) et Luxembourg (55.1 %). Ce sont le Mexique (23.4 %) et le Chili (7 %) qui ont les taux marginaux les plus bas.

Dans 22 pays de l'OCDE, le coin fiscal marginal pour les couples mariés avec deux enfants disposant d'un seul revenu égal au salaire moyen est le même que pour les célibataires sans enfant rémunérés au salaire moyen, ou la différence est inférieure à 5 points. Le coin fiscal marginal est inférieur de plus de 5 points pour les couples mariés disposant d'un seul revenu dans 8 pays : Irlande (19.0 points), Luxembourg (16.1 points), France (15.8 points), Portugal (14.1 points), États-Unis (9.3 points), Allemagne (7.8 points), Suisse (7.5 points) et Slovénie (7.4 points). En revanche, le coin fiscal marginal pour les couples mariés avec deux enfants et disposant d'un seul revenu est supérieur de plus de 5 points à celui des célibataires sans enfant en Islande (8.9 points), en Australie (16.5 points), au Canada (20.9 points) et en Nouvelle-Zélande (21.2 points).

Le tableau 3.7 et le graphique 3.7 illustrent la variation progressive de l'impôt sur le revenu des personnes physiques et des cotisations salariales de sécurité sociale diminués des prestations en espèces en cas d'augmentation marginale du salaire brut. Comme pour le coin fiscal, dans la plupart des cas, l'impôt sur le revenu des personnes physiques et les cotisations salariales de sécurité sociale absorbent 25 % à 55 % de l'augmentation du salaire pour les célibataires sans enfant rémunérés au salaire moyen. Le taux marginal d'imposition est inférieur à 25 % uniquement au Chile (7.0 %), au Mexique (17.6 %), en Corée (21.0 %) et en Estonie (22.6 %).

Comme pour le coin fiscal, dans 22 pays de l'OCDE, le taux marginal net d'imposition applicable aux couples mariés avec deux enfants disposant d'un seul revenu égal au salaire moyen est le même que pour les célibataires sans enfant, ou la différence est inférieure à 5 points. Le taux marginal est inférieur de plus de 5 points pour les couples mariés disposant d'un seul salaire dans 8 pays : France (21.9 points), Irlande (21.0 points), Luxembourg (18.1 points), Portugal (17.5 points), États-Unis (10.0 points), Allemagne (9.3 points), Slovénie (8.5 points) et Suisse (7.9 points).

En revanche, le taux marginal applicable aux couples mariés disposant d'un seul revenu et ayant deux enfants est supérieur de plus de 5 points à celui qui s'applique aux célibataires sans enfant en Islande (9.6 points), en Australie (17.5 points), en Nouvelle-Zélande (21.2 points) et au Canada (22.9 points). Ces taux marginaux plus élevés sont dus à la suppression progressive des allégements fiscaux et/ou prestations en espèces accordés sous condition de ressources. Lorsqu'une disposition assortie d'un plafond de ressources est supprimée, la réduction de l'allégement fiscal ou de la prestation s'ajoute à l'accroissement de l'impôt dû par ailleurs. Ces programmes sont décrits de manière plus détaillée dans les chapitres par pays qui figurent dans la troisième Partie du rapport.

Le tableau 3.8 indique l'augmentation en pourcentage du revenu net lorsque le salaire brut augmente d'une unité monétaire, c'est-à-dire l'élasticité du revenu après impôt[1]. Dans un système fiscal proportionnel, le revenu net augmenterait du même pourcentage que l'augmentation du salaire brut, auquel cas l'élasticité serait égale à 1. L'élasticité est de 0.8 lorsqu'une augmentation du salaire brut d'une unité monétaire entraîne une hausse correspondante de la rémunération nette de seulement 0.8 unité. Plus le système est progressif – au niveau de revenu considéré – plus cette élasticité est faible. Par exemple, dans le cas d'un couple marié avec deux enfants disposant d'un seul revenu égal au salaire moyen, la colonne 5 du tableau 3.8 montre que, de tous les pays Membres de l'OCDE, le Canada (0.46), la Nouvelle-Zélande (0.51), l'Australie (0.55) et la Belgique (0.58) ont, selon cet indicateur, le système le plus progressif d'impôt sur le revenu et de cotisations salariales de sécurité sociale en tenant compte des dispositions fiscales et des prestations en espèces pour les enfants, à ce niveau de revenu. En revanche, le Chili (1.00), la France (0.95), le Mexique (0.92), la Turquie (0.91), la Grèce et la Pologne (0.90 toutes les deux) appliquent ou se rapprochent d'un système proportionnel d'impôt sur le revenu et de cotisations salariales de sécurité sociale – du moins pour ce type de famille.

Il est également intéressant de noter que l'élasticité est supérieure à 1 pour un célibataire dont le salaire est égal à 167 % du salaire moyen en Autriche (1.02), ce qui indique que le système d'impôt sur le revenu est régressif à ce point de l'échelle des revenus. En d'autres termes, une augmentation en pourcentage de la rémunération brute se traduit par un accroissement du revenu net supérieur à cette hausse du salaire brut.

Le tableau 3.9 propose une autre mesure de l'élasticité du revenu après impôt : le pourcentage d'augmentation du revenu net lorsque les coûts de main-d'œuvre (salaire brut, plus cotisations patronales de sécurité sociale et taxes sur les salaires) augmentent d'une unité monétaire[2]. Dans ce cas, les impôts et les cotisations patronales de sécurité sociale sont compris dans l'analyse. Dans la plupart des pays Membres de l'OCDE, l'élasticité se situe entre 0.5 et 0.97 pour les huit types de ménages. Cette élasticité est inférieure à 0.5 pour les parents isolés gagnant l'équivalent de 67 % du salaire moyen en Australie (0.41), au Canada (0.37), en Irlande (0.27) et au Royaume-Uni (0.25), pour les couples mariés avec deux enfants disposant d'un seul salaire égal au salaire moyen au Canada (0.47) et pour les couples mariés avec deux enfants et deux salaires dont un conjoint gagne le salaire moyen et l'autre 33 % du salaire moyen en Australie (0.43) et en Israël (0.35). Elle est en revanche comprise entre 0.97 et 1.0 pour certaines catégories de familles au Chili, en Corée, en Espagne, en Estonie, en Hongrie, au Japon, au Mexique et en Pologne. Il est intéressant de signaler qu'avec cette mesure de l'élasticité, le système d'impôt sur le revenu est régressif pour un célibataire dont le salaire est égal à 167 % du salaire moyen en Espagne (1.09), en Allemagne (1.14) et en Autriche (1.20).

Le tableau 3.10 renseigne sur le salaire brut et le revenu net pour les huit catégories de familles, après conversion de tous les montants en dollars des États-Unis à parité de pouvoir d'achat. Les travailleurs célibataires rémunérés au salaire moyen ont un salaire net disponible (voir tableau 3.10, colonne 4) supérieur à 37 000 USD dans 8 pays : Suisse (54 944 USD), Norvège (42 243 USD), Luxembourg (42 178 USD), Australie (40 732 USD), Pays-Bas (40 678 USD), Corée (40 421 USD), Royaume-Uni (38 806 USD) et États-Unis (37 367 USD). Les niveaux correspondants les plus bas concernent le Mexique (11 131 USD), la Hongrie (15 152 USD) et la République slovaque (15 858 USD). Dans le cas d'un couple marié avec deux enfants disposant d'un seul salaire égal au salaire moyen, son revenu net est supérieur à 50 000 USD au Luxembourg et en Suisse, tandis que c'est de nouveau au

Mexique qu'on enregistre le niveau le plus bas. Il est intéressant d'observer que, sauf dans le cas du Chili et du Mexique, le revenu net disponible du couple marié disposant d'un seul salaire est supérieur à celui du célibataire rémunéré au salaire moyen. Cela s'explique par le régime fiscal favorable applicable à cette catégorie de famille et/ou par les prestations en espèces auxquelles elle a droit.

Le tableau 3.11 contient les mêmes chiffres que le tableau 3.10 pour les coûts de main-d'œuvre et le revenu net. Les colonnes « net » des tableaux 3.10 et 3.11 sont donc identiques. Généralement, les coûts de main-d'œuvre sont bien supérieurs aux salaires bruts, parce que les cotisations patronales de sécurité sociale (y compris les taxes sur les salaires) sont désormais prises en compte. En dollars à parité de pouvoir d'achat, les coûts de main-d'œuvre pour un célibataire percevant le salaire moyen sont les plus élevés en Belgique (71 686 USD) et en Suisse (70 663 USD), et les plus faibles au Mexique (13 821 USD) et au Chili (19 071 USD). Il est intéressant de noter que les coûts annuels de main-d'œuvre sont égaux au salaire annuel brut au Chili, au Danemark et en Nouvelle-Zélande. Ces pays ne prélèvent aucune cotisation patronale de sécurité sociale obligatoire ni taxe sur les salaires. Cependant, les employeurs du Chili et du Danemark sont soumis à des prélèvements obligatoires non fiscaux liés notamment aux régimes de retraite.

Notes

1. Les élasticités indiquées dans le tableau 3.8 sont calculées de la manière suivante : (100 – METR)/(100 – AETR), où METR désigne le taux marginal de l'impôt sur le revenu, augmenté des cotisations salariales de sécurité sociale et diminué des transferts en espèces, figurant dans le tableau 3.7, et AETR désigne le taux moyen augmenté des cotisations salariales de sécurité sociale et diminué des transferts en espèces, figurant dans le tableau 3.3.
2. Les élasticités indiquées dans le tableau 3.9 sont calculées de la manière suivante : (100 – METR)/(100 – AETR), où METR désigne le taux marginal de l'impôt sur le revenu, augmenté des cotisations salariales et patronales de sécurité sociale et diminué des transferts en espèces, figurant dans le tableau 3.6, et AETR désigne le taux moyen augmenté des cotisations salariales et patronales de sécurité sociale et diminué des transferts en espèces, figurant dans le tableau 3.1.

Tableau 3.1. **Impôt sur le revenu et cotisations sociales des salariés et employeurs diminués des prestations versées, 2014**

En % des coûts de main-d'oeuvre, par catégorie de famille et niveau de salaire

	Célibataire sans enf 67 (% SM)	Célibataire sans enf 100 (% SM)	Célibataire sans enf 167 (% SM)	Célibataire 2 enf 67 (% SM)	Couple marié 2 enf 100-0 (% SM)	Couple marié 2 enf 100-33 (% SM)[2]	Couple marié 2 enf 100-67 (% SM)[2]	Couple marié sans enf 100-33 (% SM)[2]
Allemagne	45.1	49.3	51.3	31.3	33.8	38.6	42.2	45.1
Australie	22.4	27.7	33.4	-1.6	17.5	21.0	25.6	23.5
Autriche	44.8	49.4	52.0	29.1	38.8	38.4	41.9	45.4
Belgique	49.9	55.6	60.8	36.1	40.6	41.8	48.4	48.1
Canada	26.5	31.5	33.3	-4.9	19.2	24.1	27.3	28.4
Chili	7.0	7.0	7.9	6.1	7.0	4.7	6.6	7.0
Corée	18.9	21.5	23.2	16.9	19.0	18.9	19.2	20.3
Danemark	36.4	38.1	43.6	9.1	27.2	31.8	33.6	36.7
Espagne	37.3	40.7	45.0	30.5	34.9	36.5	37.6	37.5
Estonie	39.0	40.0	40.9	27.5	32.9	35.2	36.7	38.9
États-Unis	29.4	31.5	36.3	12.1	20.6	25.1	26.9	29.9
Finlande	38.4	43.9	49.7	27.7	38.9	36.5	38.7	40.2
France	45.2	48.4	54.3	36.7	40.5	37.6	43.7	44.4
Grèce	35.7	40.4	48.0	37.5	43.4	40.9	41.4	39.5
Hongrie	49.0	49.0	49.0	26.1	34.6	38.2	40.4	49.0
Irlande	22.1	28.2	39.6	-18.9	9.9	14.8	20.3	21.0
Islande	29.1	33.5	38.0	17.6	20.4	27.4	31.3	29.3
Israël[1]	13.7	20.5	29.5	2.4	18.1	13.7	14.7	17.2
Italie	42.4	48.2	53.8	26.7	39.0	39.7	42.4	44.1
Japon	30.5	31.9	34.7	24.1	26.3	27.8	28.8	31.0
Luxembourg	30.4	37.6	44.6	5.9	15.1	19.5	25.2	28.7
Mexique	14.7	19.5	22.5	14.7	19.5	17.3	17.5	17.3
Norvège	33.9	37.0	42.6	22.2	32.2	31.4	33.5	34.3
Nouvelle-Zélande	13.4	17.2	23.1	-15.8	3.8	11.1	16.3	16.0
Pays-Bas	32.1	37.7	43.1	11.6	31.9	28.9	31.0	33.6
Pologne	34.8	35.6	36.2	29.6	30.0	31.4	32.6	34.8
Portugal	35.0	41.2	47.5	25.2	29.8	30.9	36.8	34.8
République slovaque	38.6	41.2	43.3	26.7	27.9	33.3	35.4	39.3
République tchèque	39.7	42.6	45.0	24.9	26.8	32.9	35.5	40.4
Royaume-Uni	26.4	31.1	37.5	5.6	26.6	22.9	26.5	26.3
Slovénie	38.5	42.5	46.3	13.3	23.4	30.6	34.5	40.1
Suède	40.5	42.5	50.6	33.0	37.4	36.9	38.7	40.7
Suisse	19.5	22.2	26.8	4.7	9.8	12.9	16.1	20.0
Turquie	36.0	38.2	41.7	34.7	36.8	35.6	36.8	36.3
Moyenne non pondérée								
OCDE-Moyenne	**32.2**	**36.0**	**40.4**	**17.9**	**26.9**	**28.5**	**31.3**	**32.9**
OCDE-UE 21	**38.2**	**42.1**	**46.8**	**22.6**	**31.6**	**33.2**	**36.3**	**38.5**

Note : enf = enfant

Responsabilité : http://oe.cd/disclaimer

1. Informations sur les données concernant Israël : http://oe.cd/israel-disclaimer.
2. Famille disposant de deux revenus.

StatLink http://dx.doi.org/10.1787/888933211476

Graphique 3.1. **Impôt sur le revenu plus cotisations sociales des salariés et des employeurs diminués des prestations versées, 2014**

En % des coûts de main-d'œuvre, par catégorie de famille

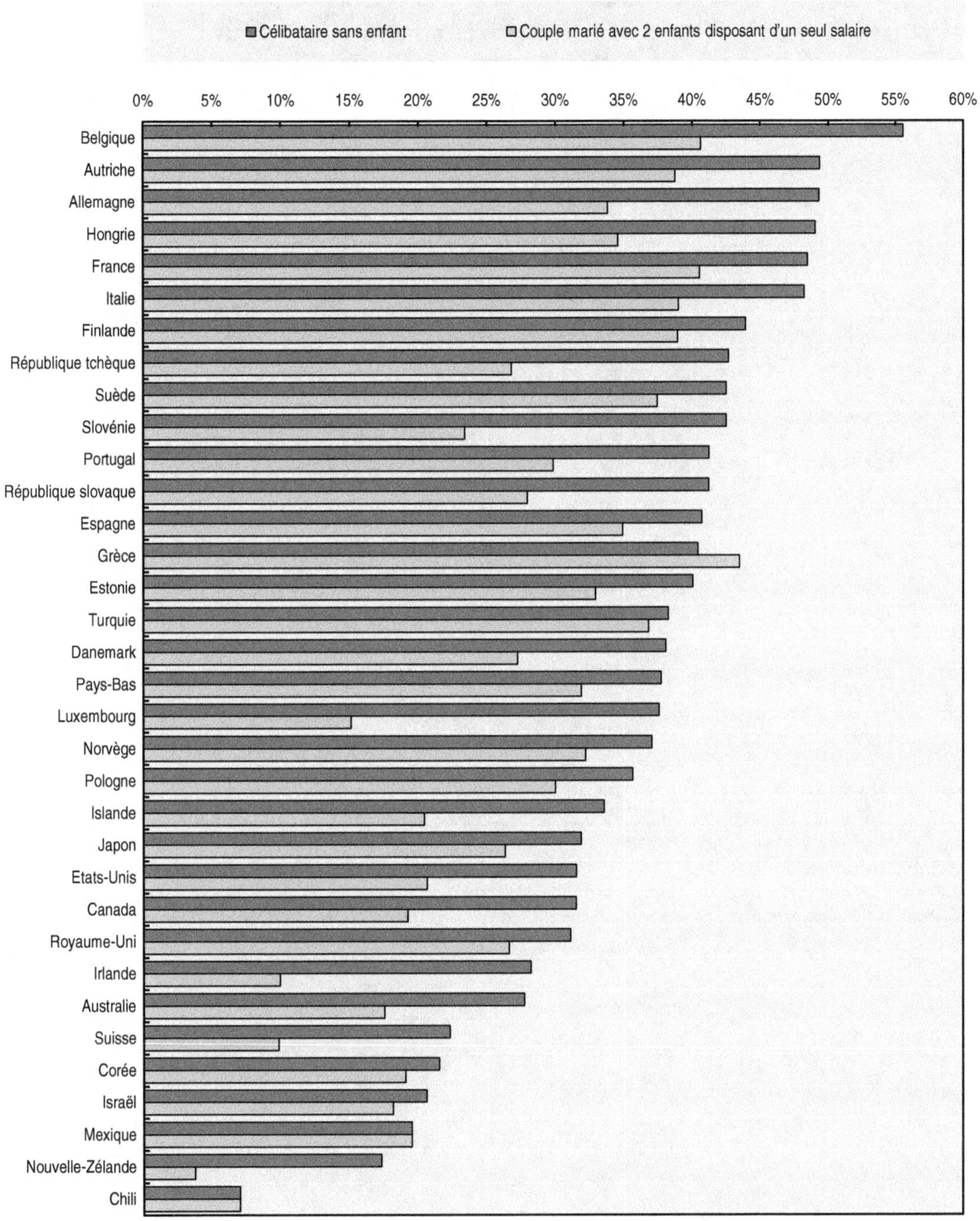

Note : Le type de ménage « célibataire sans enfant » correspond à un niveau de salaire de 100 % du salaire moyen. Le type de ménage « couple marié avec 2 enfants disposant d'un seul salaire » correspond à un niveau de salaire combiné de 100 %-0 % du salaire moyen

Source : Calculs de l'OCDE basés sur les contributions des pays et sur les *Perspectives économiques de l'OCDE*, volume 2014 (n° 96).

StatLink http://dx.doi.org/10.1787/888933210599

Tableau 3.2. **Impôt sur le revenu et cotisations sociales des salariés, 2014**

En % du salaire brut, par catégorie de famille et niveau de salaire

	Célibataire sans enf 67 (% SM)	Célibataire sans enf 100 (% SM)	Célibataire sans enf 167 (% SM)	Célibataire 2 enf 67 (% SM)	Couple marié 2 enf 100-0 (% SM)	Couple marié 2 enf 100-33 (% SM)[2]	Couple marié 2 enf 100-67 (% SM)[2]	Couple marié sans enf 100-33 (% SM)[2]
Allemagne	34.6	39.5	43.8	18.1	21.1	26.7	31.1	34.5
Australie	17.8	23.4	29.4	17.8	23.4	19.0	21.1	19.0
Autriche	28.7	34.6	39.2	25.8	32.6	29.2	31.9	29.6
Belgique	35.9	42.3	49.2	30.4	31.0	32.8	38.3	34.7
Canada	19.0	23.3	27.1	8.6	16.3	18.2	20.3	19.8
Chili	7.0	7.0	7.9	7.0	7.0	7.0	7.0	7.0
Corée	10.6	13.4	16.2	8.3	10.7	10.6	10.9	12.1
Danemark	36.9	38.4	43.6	35.3	34.4	37.2	37.8	37.2
Espagne	18.5	23.0	28.7	9.8	15.4	17.5	19.0	18.9
Estonie	18.2	19.7	20.8	13.9	13.8	16.0	17.3	18.2
États-Unis	21.7	24.8	30.6	2.5	12.8	16.9	19.4	22.3
Finlande	23.8	30.7	37.8	23.8	30.7	26.1	27.9	26.1
France	26.7	28.7	34.2	21.6	21.9	20.8	25.6	26.7
Grèce	18.9	24.9	34.5	21.2	28.7	25.6	26.2	23.7
Hongrie	34.5	34.5	34.5	22.6	26.5	28.5	29.7	34.5
Irlande	13.8	20.5	33.1	8.1	12.3	12.9	17.2	12.9
Islande	23.7	28.5	33.3	23.7	19.6	24.0	26.6	24.0
Israël[1]	10.0	16.5	25.4	5.6	16.5	11.6	12.1	13.3
Italie	23.9	31.6	39.0	16.1	24.7	22.6	25.6	26.1
Japon	20.2	21.7	25.5	20.2	20.3	20.8	21.1	20.8
Luxembourg	21.8	29.9	37.8	14.8	18.4	19.9	24.2	19.9
Mexique	2.9	10.0	14.7	2.9	10.0	5.6	7.2	5.6
Norvège	25.3	28.8	35.2	21.7	27.7	25.7	27.4	25.7
Nouvelle-Zélande	13.4	17.2	23.1	14.8	17.2	16.0	16.3	16.0
Pays-Bas	25.4	31.4	39.3	12.0	28.8	24.7	26.4	27.0
Pologne	23.9	24.8	25.5	17.8	18.2	19.9	21.3	23.8
Portugal	19.5	27.3	35.0	14.6	17.2	17.3	21.8	19.3
République slovaque	19.4	22.9	25.7	12.0	10.9	16.6	18.5	20.3
République tchèque	19.2	23.1	26.3	6.4	6.6	13.7	16.4	20.1
Royaume-Uni	19.6	23.7	30.0	4.4	23.7	19.5	22.1	19.5
Slovénie	28.7	33.2	37.6	22.1	24.9	25.8	27.7	30.4
Suède	21.8	24.4	35.1	21.8	24.4	22.1	23.4	22.1
Suisse	14.4	17.4	22.3	8.6	10.8	12.4	14.8	15.0
Turquie	24.8	27.4	31.5	23.3	25.7	24.4	25.8	25.1
Moyenne non pondérée								
OCDE-Moyenne	**21.3**	**25.5**	**31.0**	**15.8**	**20.1**	**20.2**	**22.3**	**22.1**
OCDE-UE 21	**24.5**	**29.0**	**34.8**	**17.7**	**22.2**	**22.6**	**25.2**	**25.0**

Note : enf = enfant

Responsabilité : http://oe.cd/disclaimer

1. Informations sur les données concernant Israël : http://oe.cd/israel-disclaimer.
2. Famille disposant de deux revenus.

StatLink http://dx.doi.org/10.1787/888933211489

Graphique 3.2. **Impôt sur le revenu et cotisations sociales des salariés, 2014**

En % du salaire brut, par catégorie de famille et niveau de salaire

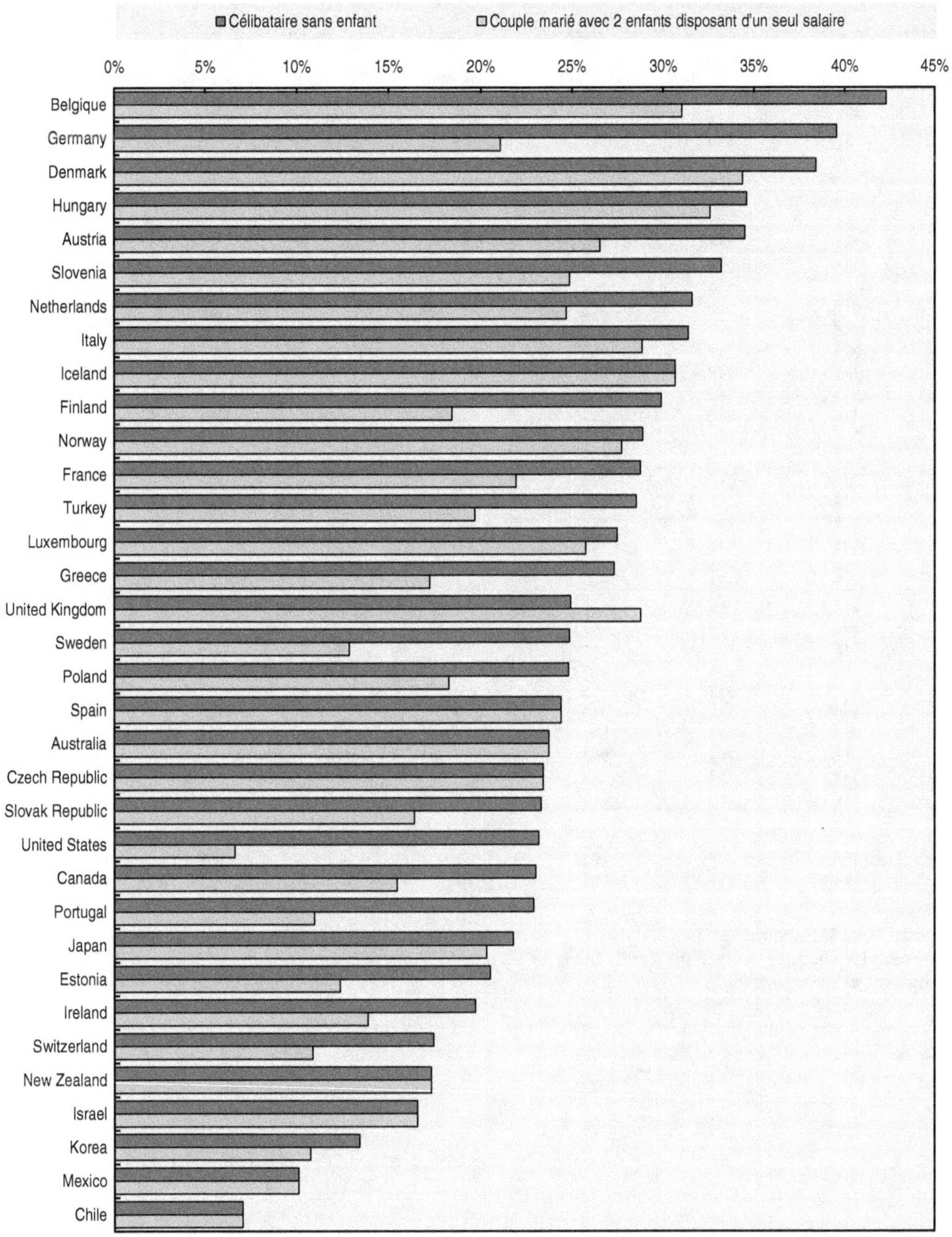

Note : Le type de ménage « célibataire sans enfant » correspond à un niveau de salaire de 100 % du salaire moyen. Le type de ménage « 'couple marié avec 2 enfants disposant d'un seul salaire » correspond à un niveau de salaire combiné de 100 %-0 % du salaire moyen

Source : Contributions des pays et *Perspectives économiques de l'OCDE*, volume 2014 (n° 96).

StatLink http://dx.doi.org/10.1787/888933210609

Tableau 3.3. Impôt sur le revenu et cotisations sociales des salariés diminués des prestations versées, 2014

En % du salaire brut, par catégorie de famille et niveau de salaire

	Célibataire sans enf 67 (% SM)	Célibataire sans enf 100 (% SM)	Célibataire sans enf 167 (% SM)	Célibataire 2 enf 67 (% SM)	Couple marié 2 enf 100-0 (% SM)	Couple marié 2 enf 100-33 (% SM)[2]	Couple marié 2 enf 100-67 (% SM)[2]	Couple marié sans enf 100-33 (% SM)[2]
Allemagne	34.6	39.5	43.8	18.1	21.1	26.7	31.1	34.5
Australie	17.8	23.4	29.4	-7.7	12.6	16.3	21.1	19.0
Autriche	28.7	34.6	39.2	8.4	20.9	20.5	25.0	29.6
Belgique	35.9	42.3	49.2	18.3	22.9	26.7	33.4	34.7
Canada	17.7	23.3	27.1	-17.4	9.4	15.0	18.5	19.8
Chili	7.0	7.0	7.9	6.1	7.0	4.7	6.6	7.0
Corée	10.6	13.4	16.2	8.3	10.7	10.6	10.9	12.1
Danemark	36.4	38.1	43.6	9.1	27.2	31.8	33.6	36.7
Espagne	18.5	23.0	28.7	9.8	15.4	17.5	19.0	18.9
Estonie	18.2	19.7	20.8	2.8	10.1	13.2	15.1	18.2
États-Unis	21.7	24.8	30.6	2.5	12.8	16.9	19.4	22.3
Finlande	23.8	30.7	37.8	10.6	24.5	21.5	24.3	26.1
France	26.7	28.7	34.2	15.4	17.8	17.7	23.1	26.7
Grèce	18.9	24.9	34.5	21.2	28.7	25.6	26.2	23.7
Hongrie	34.5	34.5	34.5	5.0	15.9	20.5	23.4	34.5
Irlande	13.8	20.5	33.1	-31.6	0.2	6.1	11.7	12.9
Islande	23.7	28.5	33.3	11.3	14.4	21.9	26.1	24.0
Israël[1]	10.0	16.5	25.4	-1.8	13.9	9.7	10.6	13.3
Italie	23.9	31.6	39.0	3.2	19.4	20.3	23.9	26.1
Japon	20.2	21.7	25.5	12.9	15.4	17.1	18.2	20.8
Luxembourg	21.8	29.9	37.8	-5.7	4.6	9.6	16.0	19.9
Mexique	2.9	10.0	14.7	2.9	10.0	5.6	7.2	5.6
Norvège	25.3	28.8	35.2	12.1	23.4	22.5	24.9	25.7
Nouvelle-Zélande	13.4	17.2	23.1	-15.8	3.8	11.1	16.3	16.0
Pays-Bas	25.4	31.4	39.3	2.9	25.0	21.9	24.1	27.0
Pologne	23.9	24.8	25.5	17.8	18.2	19.9	21.3	23.8
Portugal	19.5	27.3	35.0	7.4	13.2	14.5	21.8	19.3
République slovaque	19.4	22.9	25.7	3.9	5.5	12.5	15.2	20.3
République tchèque	19.2	23.1	26.3	-0.6	1.9	10.1	13.6	20.1
Royaume-Uni	19.6	23.7	30.0	-3.0	18.7	15.8	19.1	19.5
Slovénie	28.7	33.2	37.6	-0.6	11.0	19.5	23.9	30.4
Suède	21.8	24.4	35.1	11.9	17.8	17.1	19.4	22.1
Suisse	14.4	17.4	22.3	-1.2	4.2	7.5	10.8	15.0
Turquie	24.8	27.4	31.5	23.3	25.7	24.4	25.8	25.1
Moyenne non pondérée								
OCDE-Moyenne	**21.3**	**25.5**	**31.0**	**4.7**	**14.8**	**16.8**	**20.0**	**22.1**
OCDE-UE 21	**24.4**	**29.0**	**34.8**	**5.9**	**16.2**	**18.5**	**22.1**	**25.0**

Note : enf = enfant

Responsabilité : http://oe.cd/disclaimer

1. Informations sur les données concernant Israël : http://oe.cd/israel-disclaimer.
2. Famille disposant de deux revenus.

StatLink http://dx.doi.org/10.1787/888933211490

Graphique 3.3. **Impôt sur le revenu et cotisations sociales des salariés diminués des prestations versées, 2014**

En % du salaire brut, par catégorie de famille et niveau de salaire

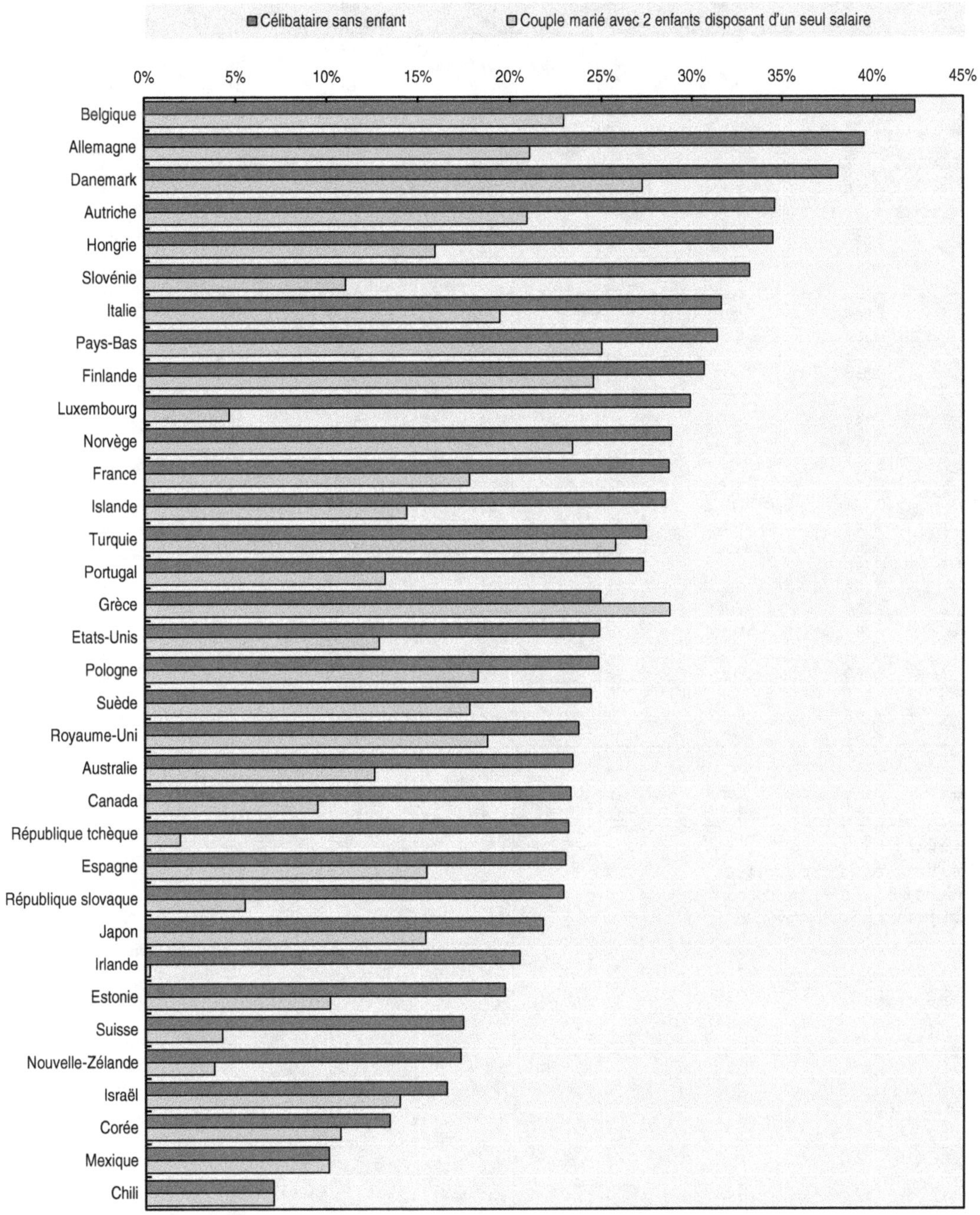

Note : Le type de ménage 'célibataire sans enfant' correspond à un niveau de salaire de 100 % du salaire moyen. Le type de ménage 'couple marié avec 2 enfants disposant d'un seul salaire' correspond à un niveau de salaire combiné de 100 %-0 % du salaire moyen

Source : Calculs de l'OCDE basés sur les contributions des pays et sur les Perspectives économiques de l'OCDE, volume 2014 (n° 96)

StatLink http://dx.doi.org/10.1787/888933210610

Tableau 3.4. **Impôt sur le revenu, par catégorie de famille et niveau de salaire, 2014**

En % du salaire brut

	Célibataire sans enf 67 (% SM)	Célibataire sans enf 100 (% SM)	Célibataire sans enf 167 (% SM)	Célibataire 2 enf 67 (% SM)	Couple marié 2 enf 100-0 (% SM)	Couple marié 2 enf 100-33 (% SM)[2]	Couple marié 2 enf 100-67 (% SM)[2]	Couple marié sans enf 100-33 (% SM)[2]
Allemagne	14.1	19.1	27.6	-2.1	0.9	6.6	10.9	14.1
Australie	17.8	23.4	29.4	17.8	23.4	19.0	21.1	19.0
Autriche	10.6	16.5	23.1	7.7	14.5	11.9	13.9	12.2
Belgique	22.0	28.3	35.2	16.5	17.0	22.0	24.3	23.9
Canada	11.8	15.6	22.1	1.4	8.7	11.0	12.8	12.6
Chili	0.0	0.0	0.9	0.0	0.0	0.0	0.0	0.0
Corée	2.2	5.0	9.0	0.0	2.3	2.2	2.6	3.8
Danemark	32.8	35.6	42.0	31.1	31.6	33.1	34.5	33.1
Espagne	12.2	16.6	22.5	3.4	9.1	11.1	12.6	12.5
Estonie	16.2	17.7	18.8	11.9	11.8	14.0	15.3	16.2
États-Unis	14.1	17.2	23.0	-5.1	5.2	9.3	11.8	14.6
Finlande	15.9	22.6	29.8	15.9	22.6	18.3	19.9	18.3
France	12.6	14.6	20.9	7.6	7.9	6.7	11.5	12.6
Grèce	2.9	8.9	18.5	5.2	12.7	9.6	10.2	7.7
Hongrie	16.0	16.0	16.0	4.1	8.0	10.0	11.2	16.0
Irlande	9.8	16.5	29.1	4.1	8.3	9.9	13.2	9.9
Islande	23.1	28.1	33.0	23.1	19.2	23.3	26.1	23.3
Israël[1]	4.4	8.8	16.0	0.0	8.8	4.9	5.2	6.6
Italie	14.4	22.1	29.4	6.6	15.2	13.1	16.1	16.6
Japon	6.1	7.6	12.2	6.1	6.2	6.7	7.0	6.7
Luxembourg	9.6	17.6	25.4	2.6	6.1	7.7	11.9	7.7
Mexique	1.6	8.7	13.2	1.6	8.7	4.2	5.9	4.2
Norvège	17.1	20.6	27.0	13.5	19.5	17.5	19.2	17.5
Nouvelle-Zélande	13.4	17.2	23.1	14.8	17.2	16.0	16.3	16.0
Pays-Bas	5.4	16.1	28.6	3.1	15.7	12.2	11.4	12.6
Pologne	6.0	7.0	7.7	0.0	0.4	2.1	3.4	6.0
Portugal	8.5	16.3	24.0	3.6	6.2	6.3	10.8	8.3
République slovaque	6.0	9.5	12.3	-1.4	-2.5	3.2	5.1	6.9
République tchèque	8.2	12.1	15.3	-4.6	-4.4	2.7	5.4	9.1
Royaume-Uni	11.6	14.4	22.6	-3.6	14.4	11.6	13.3	11.6
Slovénie	6.6	11.1	15.5	0.0	2.8	3.7	5.6	8.3
Suède	14.8	17.4	30.4	14.8	17.4	15.1	16.3	15.1
Suisse	8.2	11.1	16.1	2.4	4.6	6.2	8.5	8.7
Turquie	9.8	12.4	16.5	8.3	10.7	9.4	10.8	10.1
Moyenne non pondérée								
OCDE-Moyenne	**11.4**	**15.6**	**21.7**	**6.2**	**10.3**	**10.6**	**12.5**	**12.4**
OCDE-UE 21	**12.2**	**17.0**	**23.6**	**6.0**	**10.3**	**11.0**	**13.2**	**13.3**

Note : enf = enfant

Responsabilité : http://oe.cd/disclaimer

1. Informations sur les données concernant Israël : http://oe.cd/israel-disclaimer.
2. Famille disposant de deux revenus.

StatLink http://dx.doi.org/10.1787/888933211508

Graphique 3.4. **Impôt sur le revenu, par catégorie de famille, 2014**

En % du salaire brut

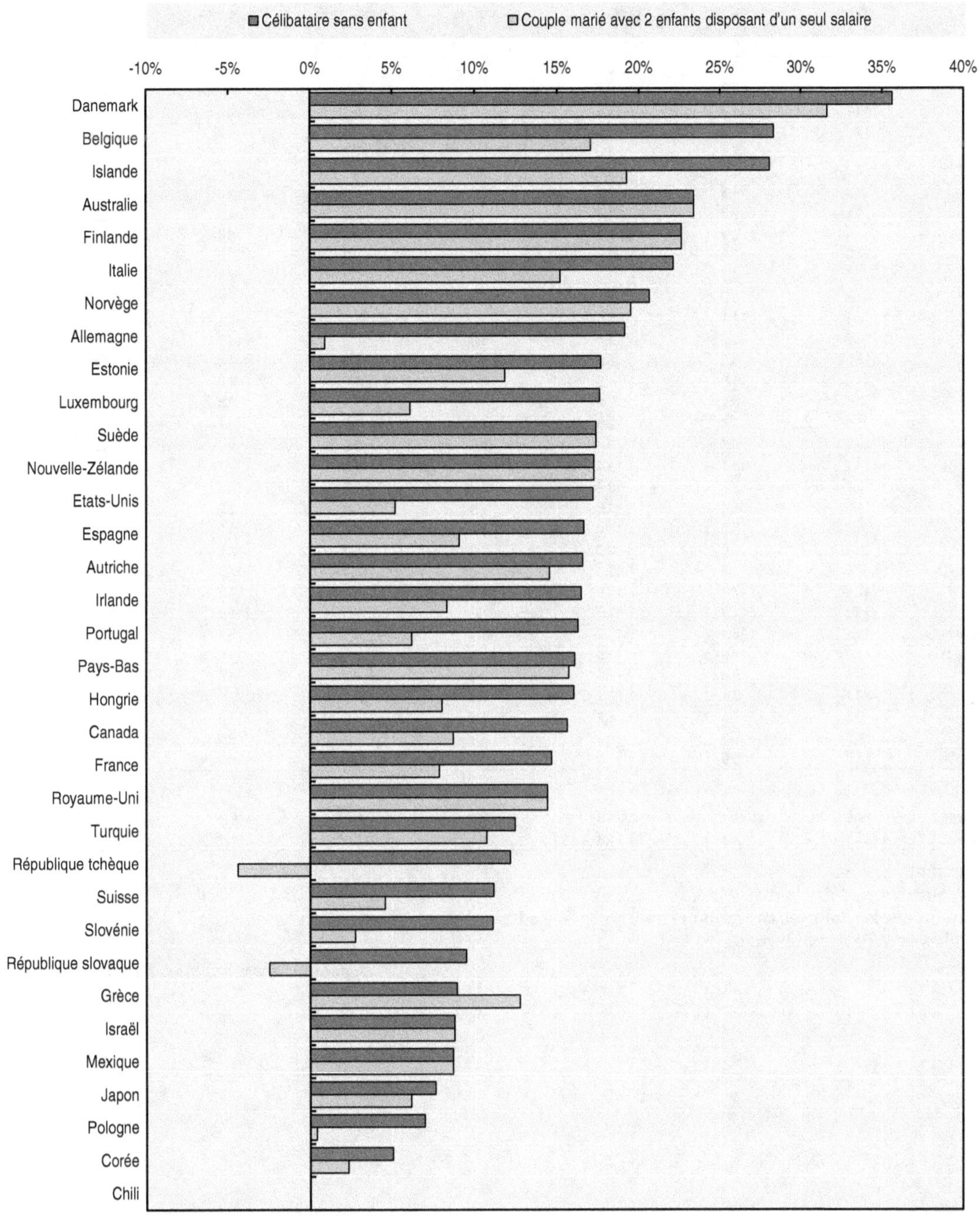

Note : Le type de ménage 'célibataire sans enfant' correspond à un niveau de salaire de 100 % du salaire moyen. Le type de ménage 'couple marié avec 2 enfants disposant d'un seul salaire correspond à un niveau de salaire combiné de 100 %-0 % du salaire moyen.

Source : Calculs de l'OCDE basés sur les contributions des pays et sur les Perspectives économiques de l'OCDE, volume 2014 (n° 96)

StatLink http://dx.doi.org/10.1787/888933210621

Tableau 3.5. **Cotisations sociales des salariés, 2014**

En % du salaire brut, par catégorie de famille et niveau de salaire

	Célibataire sans enf 67 (% SM)	Célibataire sans enf 100 (% SM)	Célibataire sans enf 167 (% SM)	Célibataire 2 enf 67 (% SM)	Couple marié 2 enf 100-0 (% SM)	Couple marié 2 enf 100-33 (% SM)[2]	Couple marié 2 enf 100-67 (% SM)[2]	Couple marié sans enf 100-33 (% SM)[2]
Allemagne	20.4	20.4	16.2	20.2	20.2	20.2	20.2	20.4
Australie	0.0	0.0	0.0	0.0	0.0	0.0	0.0	0.0
Autriche	18.1	18.1	16.1	18.1	18.1	17.3	18.1	17.3
Belgique	13.9	14.0	14.0	13.9	14.0	10.8	14.0	10.8
Canada	7.2	7.7	4.9	7.2	7.7	7.2	7.5	7.2
Chili	7.0	7.0	7.0	7.0	7.0	7.0	7.0	7.0
Corée	8.3	8.3	7.2	8.3	8.3	8.3	8.3	8.3
Danemark	4.1	2.8	1.7	4.1	2.8	4.2	3.3	4.2
Espagne	6.4	6.4	6.3	6.4	6.4	6.4	6.4	6.4
Estonie	2.0	2.0	2.0	2.0	2.0	2.0	2.0	2.0
États-Unis	7.7	7.7	7.7	7.7	7.7	7.7	7.7	7.7
Finlande	7.9	8.0	8.1	7.9	8.0	7.8	8.0	7.8
France	14.1	14.1	13.4	14.1	14.1	14.1	14.1	14.1
Grèce	16.0	16.0	16.0	16.0	16.0	16.0	16.0	16.0
Hongrie	18.5	18.5	18.5	18.5	18.5	18.5	18.5	18.5
Irlande	4.0	4.0	4.0	4.0	4.0	3.0	4.0	3.0
Islande	0.6	0.4	0.2	0.6	0.4	0.6	0.5	0.6
Israël[1]	5.6	7.7	9.5	5.6	7.7	6.7	6.9	6.7
Italie	9.5	9.5	9.6	9.5	9.5	9.5	9.5	9.5
Japon	14.1	14.1	13.4	14.1	14.1	14.1	14.1	14.1
Luxembourg	12.2	12.3	12.4	12.2	12.3	12.2	12.3	12.2
Mexique	1.3	1.4	1.5	1.3	1.4	1.3	1.3	1.3
Norvège	8.2	8.2	8.2	8.2	8.2	8.2	8.2	8.2
Nouvelle-Zélande	0.0	0.0	0.0	0.0	0.0	0.0	0.0	0.0
Pays-Bas	20.0	15.3	10.7	8.9	13.1	12.5	15.0	14.4
Pologne	17.8	17.8	17.8	17.8	17.8	17.8	17.8	17.8
Portugal	11.0	11.0	11.0	11.0	11.0	11.0	11.0	11.0
République slovaque	13.4	13.4	13.4	13.4	13.4	13.4	13.4	13.4
République tchèque	11.0	11.0	11.0	11.0	11.0	11.0	11.0	11.0
Royaume-Uni	8.0	9.3	7.4	8.0	9.3	8.0	8.8	8.0
Slovénie	22.1	22.1	22.1	22.1	22.1	22.1	22.1	22.1
Suède	7.0	7.0	4.7	7.0	7.0	7.0	7.0	7.0
Suisse	6.3	6.3	6.2	6.3	6.3	6.3	6.3	6.3
Turquie	15.0	15.0	15.0	15.0	15.0	15.0	15.0	15.0
Moyenne non pondérée								
OCDE-Moyenne	**10.0**	**9.9**	**9.3**	**9.6**	**9.8**	**9.6**	**9.9**	**9.7**
OCDE-UE 21	**12.3**	**12.0**	**11.3**	**11.7**	**11.9**	**11.7**	**12.0**	**11.8**

Note : enf = enfant

Responsabilité : http://oe.cd/disclaimer

1. Informations sur les données concernant Israël : http://oe.cd/israel-disclaimer.
2. Famille disposant de deux revenus.

StatLink http://dx.doi.org/10.1787/888933211512

Graphique 3.5. **Cotisations sociales des salariés, 2014**

En % du salaire brut, par catégorie de famille

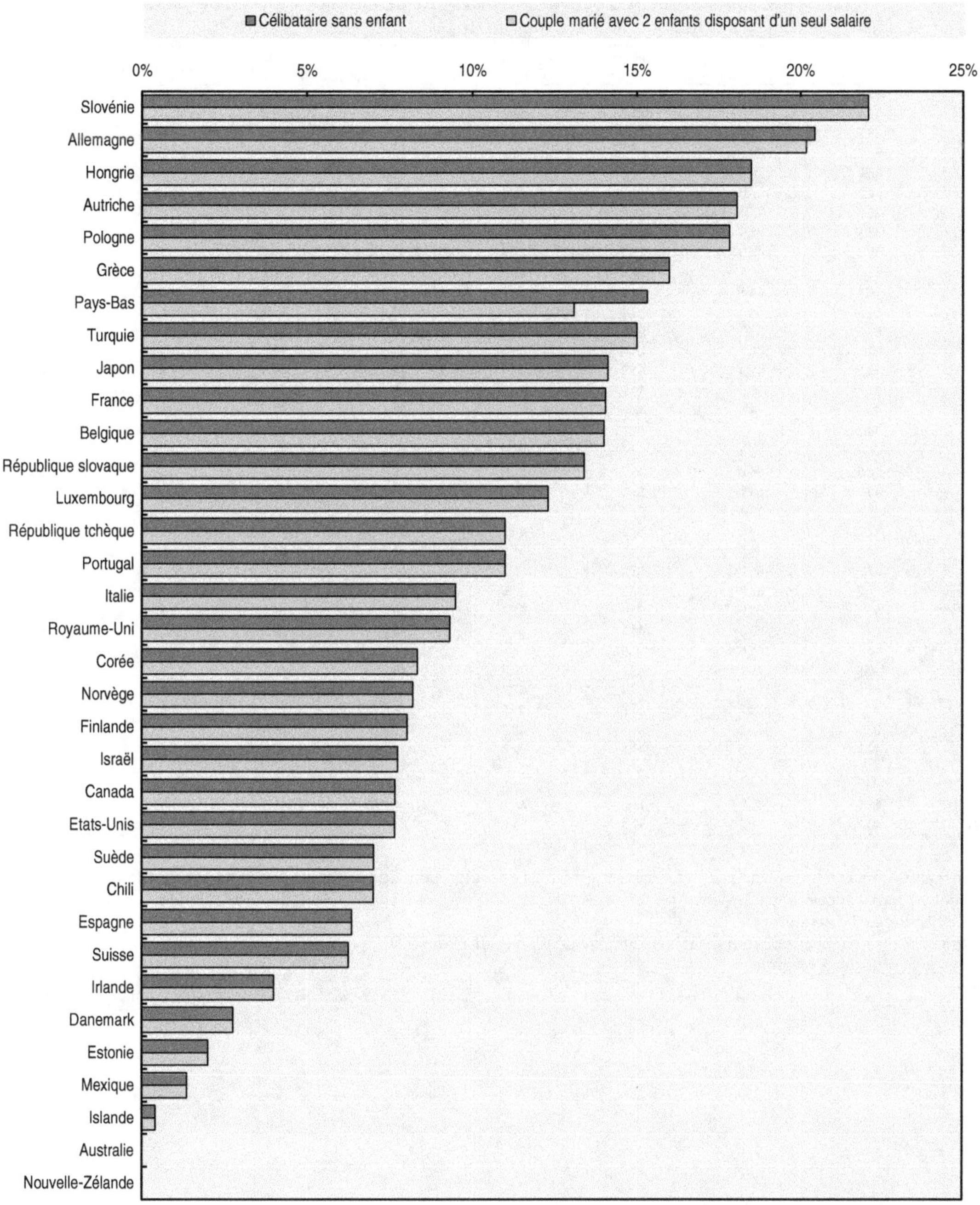

Note : Le type de ménage « célibataire sans enfant » correspond à un niveau de salaire de 100 % du salaire moyen. Le type de ménage « couple marié avec 2 enfants disposant d'un seul salaire » correspond à un niveau de salaire combiné de 100 %-0 % du salaire moyen.
Source : Calculs de l'OCDE basés sur les contributions des pays et sur les *Perspectives économiques de l'OCDE*, volume 2014 (n° 96)

StatLink http://dx.doi.org/10.1787/888933210638

Tableau 3.6. **Taux marginal applicable à l'impôt sur le revenu et aux cotisations sociales des salariés et employeurs diminués des prestations versées, 2014**

En % des coûts de main-d'oeuvre, par catégorie de famille et niveau de salaire

	Célibataire sans enf 67 (% SM)	Célibataire sans enf 100 (% SM)	Célibataire sans enf 167 (% SM)	Célibataire 2 enf 67 (% SM)	Couple marié 2 enf 100-0 (% SM)	Couple marié 2 enf 100-33 (% SM)[2]	Couple marié 2 enf 100-67 (% SM)[2]	Couple marié sans enf 100-33 (% SM)[2]
Allemagne	55.5	60.0	44.3	53.8	52.2	55.2	57.5	55.5
Australie	39.1	37.7	42.0	58.0	54.2	66.0	37.7	37.7
Autriche	56.9	60.6	42.2	56.9	60.6	60.6	60.6	60.6
Belgique	66.3	66.3	68.5	66.3	66.3	66.3	65.5	66.3
Canada	33.8	40.9	38.4	60.7	61.8	38.2	38.2	40.9
Chili	7.0	7.0	10.2	7.0	7.0	7.0	7.0	7.0
Corée	25.3	28.4	31.9	16.9	28.4	28.4	28.4	28.4
Danemark	40.1	42.5	56.2	38.5	42.5	42.5	42.5	42.5
Espagne	45.7	49.5	40.0	53.0	49.5	49.5	49.5	49.5
Estonie	42.2	42.2	42.2	42.2	42.2	42.2	42.2	42.2
États-Unis	34.3	43.6	43.6	50.4	34.3	34.3	34.3	34.3
Finlande	54.5	55.4	58.4	54.5	55.4	55.4	55.4	55.4
France	62.6	59.3	59.9	57.0	43.5	58.3	50.9	50.9
Grèce	48.0	48.7	56.0	48.7	49.3	49.3	49.3	48.7
Hongrie	49.0	49.0	49.0	49.0	49.0	49.0	49.0	49.0
Irlande	37.7	56.7	56.7	67.9	37.7	37.7	37.7	37.7
Islande	42.5	42.5	48.3	51.4	51.4	47.9	47.9	42.5
Israël[1]	30.7	37.2	46.6	17.6	37.2	69.6	37.2	37.2
Italie	55.3	55.3	62.6	56.5	56.5	56.5	55.9	55.3
Japon	32.6	36.8	35.3	32.6	36.8	36.8	36.8	36.8
Luxembourg	45.8	55.1	55.1	50.0	39.0	44.1	50.9	44.1
Mexique	17.4	23.4	28.4	17.4	23.4	23.4	23.4	23.4
Norvège	42.7	50.6	53.3	42.7	50.6	50.6	50.6	50.6
Nouvelle-Zélande	17.5	30.0	33.0	38.8	51.3	51.3	30.0	30.0
Pays-Bas	47.6	51.1	53.4	50.7	51.1	51.1	51.1	51.1
Pologne	37.2	37.2	37.2	29.6	37.2	37.2	37.2	37.2
Portugal	53.9	53.9	60.8	51.1	39.8	51.1	51.1	53.9
République slovaque	46.5	46.5	46.5	46.5	46.5	46.5	46.5	46.5
République tchèque	48.6	48.6	48.6	48.6	48.6	48.6	48.6	48.6
Royaume-Uni	40.2	40.2	49.0	76.3	40.2	40.2	40.2	40.2
Slovénie	43.6	51.0	60.4	32.9	43.6	43.6	43.6	51.0
Suède	45.5	48.2	67.2	45.5	48.2	48.2	48.2	48.2
Suisse	26.3	31.9	35.9	18.9	24.4	26.9	29.4	26.9
Turquie	42.8	42.8	47.8	42.8	42.8	42.8	42.8	42.8
Moyenne non pondérée								
OCDE-Moyenne	**41.6**	**45.0**	**47.3**	**45.0**	**44.2**	**45.8**	**43.4**	**43.3**
OCDE-UE 21	**48.7**	**51.3**	**53.1**	**51.2**	**47.6**	**49.2**	**49.2**	**49.3**

Note : enf = enfant

On suppose que le revenu brut principal du ménage augmente. Le résultat peut être différent si le salaire du conjoint augmente, surtout si les deux conjoints sont imposés séparément.

Responsabilité : http://oe.cd/disclaimer

1. Informations sur les données concernant Israël : http://oe.cd/israel-disclaimer.
2. Famille disposant de deux revenus.

StatLink http://dx.doi.org/10.1787/888933211522

Graphique 3.6. **Taux marginal applicable à l'impôt sur le revenu et aux cotisations sociales des salariés et des employeurs diminués des prestations versées, 2014**

En % des coûts de main-d'œuvre, par catégorie de famille

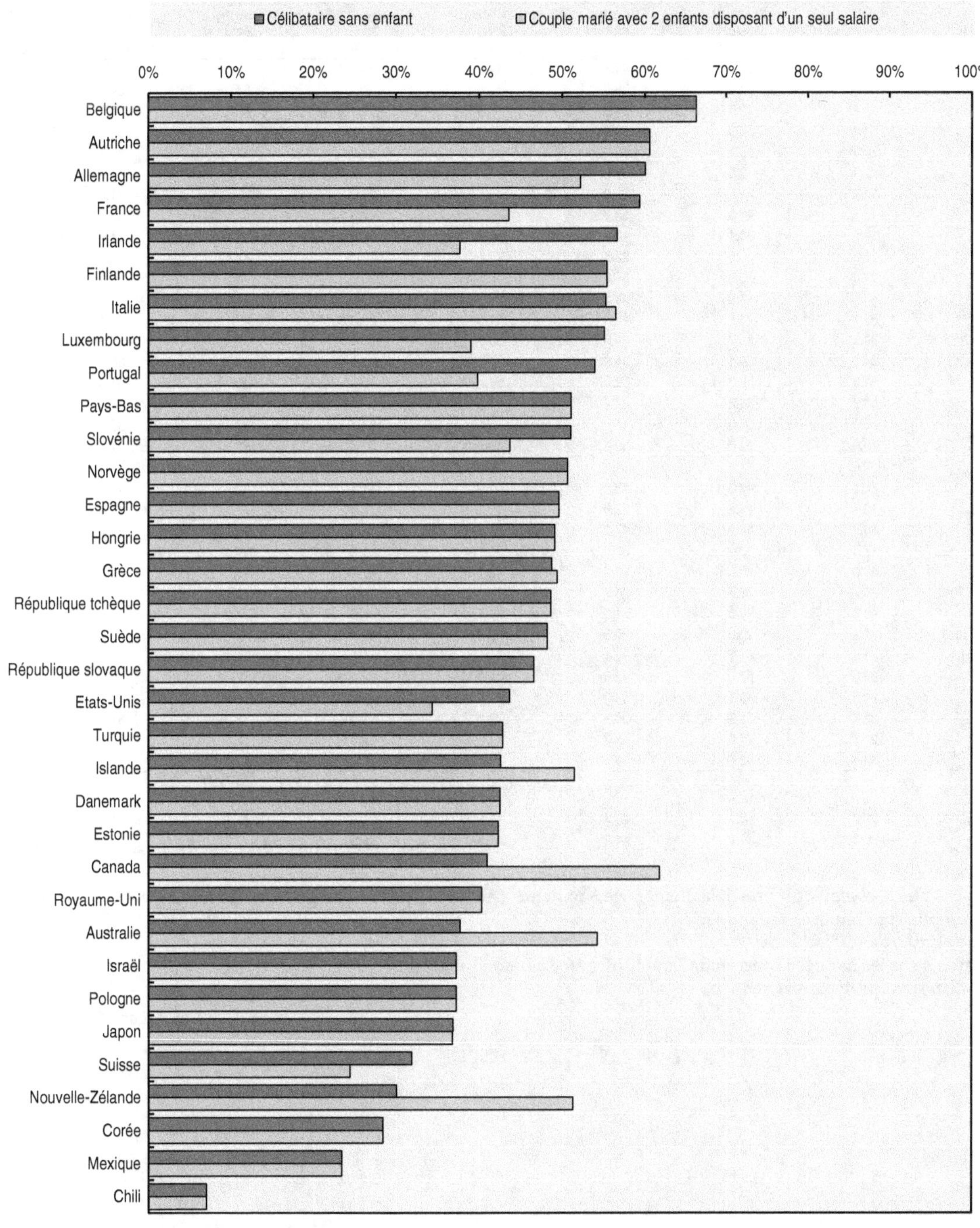

Note : Le type de ménage « célibataire sans enfant » correspond à un niveau de salaire de 100 % du salaire moyen. Le type de ménage « couple marié avec 2 enfants disposant d'un seul salaire » correspond à un niveau de salaire combiné de 100 %-0 % du salaire moyen

Source : Calculs de l'OCDE basés sur les contributions des pays et sur les *Perspectives économiques de l'OCDE*, volume 2014 (n° 96)

StatLink http://dx.doi.org/10.1787/888933210643

Tableau 3.7. **Taux marginal applicable à l'impôt sur le revenu et aux cotisations sociales des salariés diminués des prestations versées, 2014**

En % du salaire brut, par catégorie de famille et niveau de salaire

	Célibataire sans enf 67 (% SM)	Célibataire sans enf 100 (% SM)	Célibataire sans enf 167 (% SM)	Célibataire 2 enf 67 (% SM)	Couple marié 2 enf 100-0 (% SM)	Couple marié 2 enf 100-33 (% SM)[2]	Couple marié 2 enf 100-67 (% SM)[2]	Couple marié sans enf 100-33 (% SM)[2]
Allemagne	47.0	52.3	44.3	44.9	43.0	46.6	49.4	46.9
Australie	35.5	34.0	38.5	55.5	51.5	64.0	34.0	34.0
Autriche	44.4	49.1	37.9	44.4	49.1	49.1	49.1	49.1
Belgique	54.9	54.9	59.8	54.9	54.9	54.9	53.8	54.9
Canada	25.5	35.1	35.4	55.8	58.0	32.1	32.1	35.1
Chili	7.0	7.0	10.2	7.0	7.0	7.0	7.0	7.0
Corée	17.6	21.0	27.9	8.3	21.0	21.0	21.0	21.0
Danemark	40.1	42.5	56.2	38.5	42.5	42.5	42.5	42.5
Espagne	29.5	34.4	40.0	38.9	34.4	34.4	34.4	34.4
Estonie	22.6	22.6	22.6	22.6	22.6	22.6	22.6	22.6
États-Unis	29.3	39.3	39.3	46.6	29.3	29.3	29.3	29.3
Finlande	43.7	44.9	48.6	43.7	44.9	44.9	44.9	44.9
France	32.1	43.8	42.5	21.9	21.9	42.3	32.1	32.1
Grèce	34.5	35.3	44.6	35.3	36.2	36.2	36.2	35.3
Hongrie	34.5	34.5	34.5	34.5	34.5	34.5	34.5	34.5
Irlande	31.0	52.0	52.0	64.4	31.0	31.0	31.0	31.0
Islande	38.2	38.2	44.4	47.8	47.8	43.9	43.9	38.2
Israël[1]	26.0	33.0	43.0	12.0	33.0	67.5	33.0	33.0
Italie	40.9	40.9	50.6	42.5	42.5	42.5	41.7	40.9
Japon	22.6	27.4	31.2	22.6	27.4	27.4	27.4	27.4
Luxembourg	39.1	49.6	49.6	43.9	31.5	37.2	44.8	37.2
Mexique	12.1	17.6	22.9	12.1	17.6	17.6	17.6	17.6
Norvège	35.2	44.2	47.2	35.2	44.2	44.2	44.2	44.2
Nouvelle-Zélande	17.5	30.0	33.0	38.8	51.3	51.3	30.0	30.0
Pays-Bas	42.0	45.8	53.4	45.4	45.8	45.8	45.8	45.8
Pologne	26.7	26.7	26.7	17.8	26.7	26.7	26.7	26.7
Portugal	43.0	43.0	51.5	39.5	25.5	39.5	39.5	43.0
République slovaque	29.9	29.9	29.9	29.9	29.9	29.9	29.9	29.9
République tchèque	31.1	31.1	31.1	31.1	31.1	31.1	31.1	31.1
Royaume-Uni	32.0	32.0	42.0	73.0	32.0	32.0	32.0	32.0
Slovénie	34.6	43.1	54.0	22.1	34.6	34.6	34.6	43.1
Suède	28.3	31.9	56.9	28.3	31.9	31.9	31.9	31.9
Suisse	21.7	27.6	32.2	13.8	19.7	22.3	25.0	22.3
Turquie	32.8	32.8	38.7	32.8	32.8	32.8	32.8	32.8
Moyenne non pondérée								
OCDE-Moyenne	**31.8**	**36.1**	**40.4**	**35.5**	**34.9**	**36.8**	**34.3**	**34.2**
OCDE-UE 21	**36.3**	**40.0**	**44.2**	**38.9**	**35.5**	**37.6**	**37.5**	**37.6**

Note : enf = enfant

On suppose que le revenu brut principal du ménage augmente. Le résultat peut être différent si le salaire du conjoint augmente, surtc deux conjoints sont imposés séparément.

Responsabilité : http://oe.cd/disclaimer

1. Informations sur les données concernant Israël : http://oe.cd/israel-disclaimer.
2. Famille disposant de deux revenus.

StatLink http://dx.doi.org/10.1787/888933211530

Graphique 3.7. **Taux marginal applicable à l'impôt sur le revenu et aux cotisations sociales des salariés diminués des prestations versées, 2014**

En % du salaire brut, par catégorie de famille

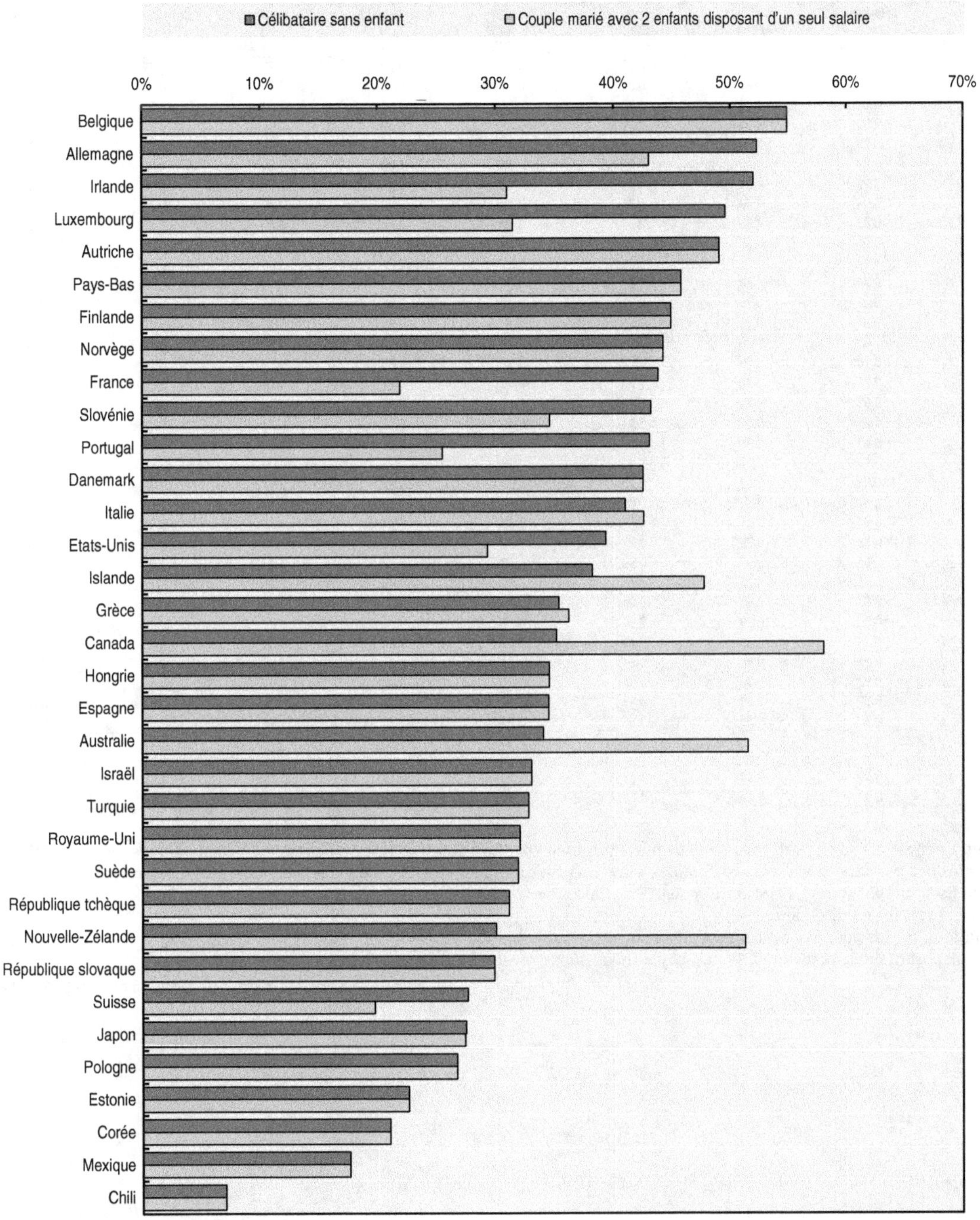

Note : Le type de ménage « célibataire sans enfant » correspond à un niveau de salaire de 100 % du salaire moyen. Le type de ménage « couple marié avec 2 enfants disposant d'un seul salaire » correspond à un niveau de salaire combiné de 100 %-0 % du salaire moyen

Source : Calculs de l'OCDE basés sur les contributions des pays et sur les *Perspectives économiques de l'OCDE*, volume 2014 (n° 96)

StatLink http://dx.doi.org/10.1787/888933210656

Tableau 3.8. **Augmentation du revenu net après augmentation d'une unité monétaire du salaire brut, 2014**

Par catégorie de famille et niveau de salaire (%)

	Célibataire sans enf 67 (% SM)	Célibataire sans enf 100 (% SM)	Célibataire sans enf 167 (% SM)	Célibataire 2 enf 67 (% SM)	Couple marié 2 enf 100-0 (% SM)	Couple marié 2 enf 100-33 (% SM)[2]	Couple marié 2 enf 100-67 (% SM)[2]	Couple marié sans enf 100-33 (% SM)[2]
Allemagne	0.81	0.79	0.99	0.67	0.72	0.73	0.74	0.81
Australie	0.79	0.86	0.87	0.41	0.56	0.43	0.84	0.82
Autriche	0.78	0.78	1.02	0.61	0.64	0.64	0.68	0.72
Belgique	0.70	0.78	0.79	0.55	0.59	0.62	0.69	0.69
Canada	0.91	0.85	0.89	0.38	0.46	0.80	0.83	0.81
Chili	1.00	1.00	0.97	0.99	1.00	0.98	1.00	1.00
Corée	0.92	0.91	0.86	1.00	0.89	0.88	0.89	0.90
Danemark	0.94	0.93	0.78	0.68	0.79	0.84	0.87	0.91
Espagne	0.87	0.85	0.84	0.68	0.78	0.79	0.81	0.81
Estonie	0.95	0.96	0.98	0.80	0.86	0.89	0.91	0.95
États-Unis	0.90	0.81	0.88	0.55	0.81	0.85	0.88	0.91
Finlande	0.74	0.80	0.83	0.63	0.73	0.70	0.73	0.75
France	0.93	0.79	0.87	0.92	0.95	0.70	0.88	0.93
Grèce	0.81	0.86	0.85	0.82	0.90	0.86	0.87	0.85
Hongrie	1.00	1.00	1.00	0.69	0.78	0.82	0.86	1.00
Irlande	0.80	0.60	0.72	0.27	0.69	0.74	0.78	0.79
Islande	0.81	0.87	0.83	0.59	0.61	0.72	0.76	0.81
Israël[1]	0.82	0.80	0.76	0.87	0.78	0.36	0.75	0.77
Italie	0.78	0.86	0.81	0.59	0.71	0.72	0.77	0.80
Japon	0.97	0.93	0.92	0.89	0.86	0.88	0.89	0.92
Luxembourg	0.78	0.72	0.81	0.53	0.72	0.70	0.66	0.78
Mexique	0.91	0.92	0.90	0.91	0.92	0.87	0.89	0.87
Norvège	0.87	0.78	0.81	0.74	0.73	0.72	0.74	0.75
Nouvelle-Zélande	0.95	0.85	0.87	0.53	0.51	0.55	0.84	0.83
Pays-Bas	0.78	0.79	0.77	0.56	0.72	0.69	0.71	0.74
Pologne	0.96	0.98	0.99	1.00	0.90	0.92	0.93	0.96
Portugal	0.71	0.78	0.75	0.65	0.86	0.71	0.77	0.71
République slovaque	0.87	0.91	0.94	0.73	0.74	0.80	0.83	0.88
République tchèque	0.85	0.90	0.94	0.69	0.70	0.77	0.80	0.86
Royaume-Uni	0.85	0.89	0.83	0.26	0.84	0.81	0.84	0.85
Slovénie	0.92	0.85	0.74	0.77	0.74	0.81	0.86	0.82
Suède	0.92	0.90	0.67	0.81	0.83	0.82	0.85	0.87
Suisse	0.92	0.88	0.87	0.85	0.84	0.84	0.84	0.91
Turquie	0.89	0.93	0.90	0.88	0.91	0.89	0.91	0.90
Moyenne non pondérée								
OCDE-Moyenne	**0.86**	**0.86**	**0.86**	**0.69**	**0.77**	**0.76**	**0.82**	**0.84**
OCDE-UE 21	**0.84**	**0.84**	**0.85**	**0.66**	**0.77**	**0.77**	**0.80**	**0.83**

Note : enf = enfant

Le revenu net est calculé à partir des revenus bruts diminués de l'impôt sur le revenu des personnes physiques, des cotisations sociales et augmentés des prestations versées aux familles. L'augmentation qui est rapportée dans le tableau représente une sorte d'élasticité. Dans un système fiscal proportionnel, l'élasticité est égale à 1. A ce niveau de revenu, plus les système est progressif plus l'élasticité est faible.

Responsabilité : http://oe.cd/disclaimer

1. Informations sur les données concernant Israël : http://oe.cd/israel-disclaimer.
2. Famille disposant de deux revenus. On fait l'hypothèse que le revenu brut principal du ménage augmente.

StatLink http://dx.doi.org/10.1787/888933211540

Tableau 3.9. **Augmentation du revenu net après augmentation d'une unité monétaire des coûts bruts de main d'oeuvre, 2014**

Par catégorie de famille et niveau de salaire (%)

	Célibataire sans enf 67 (% SM)	Célibataire sans enf 100 (% SM)	Célibataire sans enf 167 (% SM)	Célibataire 2 enf 67 (% SM)	Couple marié 2 enf 100-0 (% SM)	Couple marié 2 enf 100-33 (% SM)[2]	Couple marié 2 enf 100-67 (% SM)[2]	Couple marié sans enf 100-33 (% SM)[2]
Allemagne	0.81	0.79	1.15	0.67	0.72	0.73	0.74	0.81
Australie	0.79	0.86	0.87	0.41	0.56	0.43	0.84	0.82
Autriche	0.78	0.78	1.21	0.61	0.64	0.64	0.68	0.72
Belgique	0.67	0.76	0.80	0.53	0.57	0.58	0.67	0.65
Canada	0.90	0.86	0.92	0.38	0.47	0.81	0.85	0.83
Chili	1.00	1.00	0.97	0.99	1.00	0.98	1.00	1.00
Corée	0.92	0.91	0.89	1.00	0.89	0.88	0.89	0.90
Danemark	0.94	0.93	0.78	0.68	0.79	0.84	0.87	0.91
Espagne	0.87	0.85	1.09	0.68	0.78	0.79	0.81	0.81
Estonie	0.95	0.96	0.98	0.80	0.86	0.89	0.91	0.95
États-Unis	0.93	0.82	0.89	0.56	0.83	0.88	0.90	0.94
Finlande	0.74	0.80	0.83	0.63	0.73	0.70	0.73	0.75
France	0.68	0.79	0.88	0.68	0.95	0.67	0.87	0.88
Grèce	0.81	0.86	0.85	0.82	0.90	0.86	0.87	0.85
Hongrie	1.00	1.00	1.00	0.69	0.78	0.82	0.86	1.00
Irlande	0.80	0.60	0.72	0.27	0.69	0.73	0.78	0.79
Islande	0.81	0.87	0.83	0.59	0.61	0.72	0.76	0.81
Israël[1]	0.80	0.79	0.76	0.85	0.77	0.35	0.74	0.76
Italie	0.78	0.86	0.81	0.59	0.71	0.72	0.77	0.80
Japon	0.97	0.93	0.99	0.89	0.86	0.88	0.89	0.92
Luxembourg	0.78	0.72	0.81	0.53	0.72	0.70	0.66	0.78
Mexique	0.97	0.95	0.92	0.97	0.95	0.93	0.93	0.93
Norvège	0.87	0.78	0.81	0.74	0.73	0.72	0.74	0.75
Nouvelle-Zélande	0.95	0.85	0.87	0.53	0.51	0.55	0.84	0.83
Pays-Bas	0.77	0.79	0.82	0.56	0.72	0.69	0.71	0.74
Pologne	0.96	0.98	0.99	1.00	0.90	0.92	0.93	0.96
Portugal	0.71	0.78	0.75	0.65	0.86	0.71	0.77	0.71
République slovaque	0.87	0.91	0.94	0.73	0.74	0.80	0.83	0.88
République tchèque	0.85	0.90	0.94	0.69	0.70	0.77	0.80	0.86
Royaume-Uni	0.81	0.87	0.82	0.25	0.81	0.78	0.81	0.81
Slovénie	0.92	0.85	0.74	0.77	0.74	0.81	0.86	0.82
Suède	0.92	0.90	0.67	0.81	0.83	0.82	0.85	0.87
Suisse	0.92	0.88	0.88	0.85	0.84	0.84	0.84	0.91
Turquie	0.89	0.93	0.90	0.88	0.91	0.89	0.91	0.90
Moyenne non pondérée								
OCDE-Moyenne	**0.86**	**0.86**	**0.88**	**0.68**	**0.77**	**0.76**	**0.82**	**0.84**
OCDE-UE 21	**0.83**	**0.84**	**0.88**	**0.65**	**0.77**	**0.76**	**0.80**	**0.83**

Note : enf = enfant

Le revenu net est calculé à partir des revenus bruts diminués de l'impôt sur le revenu des personnes physiques, des cotisations sociales et augmentés des prestations versées aux familles. L'augmentation qui est rapportée dans le tableau représente une sorte d'élasticité. Dans un système fiscal proportionnel, l'élasticité est égale à 1. A ce niveau de revenu, plus les système est progressif plus l'élasticité est faible.

Responsabilité : http://oe.cd/disclaimer

1. Informations sur les données concernant Israël : http://oe.cd/israel-disclaimer.
2. Famille disposant de deux revenus. On fait l'hypothèse que le revenu brut principal du ménage augmente.

StatLink http://dx.doi.org/10.1787/888933211551

Tableau 3.10a. **Salaire brut annuel et revenu net, célibataire, 2014**

En dollars US convertis sur la base des PPA, par catégorie de famille et niveau de salaire

	Célibataire sans enf 67 (% SM)		Célibataire sans enf 100 (% SM)		Célibataire sans enf 167 (% SM)		Célibataire 2 enf 67 (% SM)	
	Total des revenus bruts avant impôts	Revenus nets après impôts	Total des revenus bruts avant impôts	Revenus nets après impôts	Total des revenus bruts avant impôts	Revenus nets après impôts	Total des revenus bruts avant impôts	Revenus nets après impôts
Allemagne	38 611	25 263	57 628	34 841	96 238	54 062	38 611	31 631
Australie	35 624	29 284	53 170	40 732	88 793	62 650	35 624	38 349
Autriche	33 750	24 065	50 373	32 944	84 123	51 148	33 750	30 920
Belgique	37 001	23 720	55 225	31 846	92 225	46 883	37 001	30 222
Canada	26 423	21 740	39 438	30 261	65 861	48 045	26 423	31 024
Chili	12 777	11 883	19 071	17 736	31 848	29 347	12 777	11 996
Corée	31 265	27 956	46 664	40 421	77 928	65 311	31 265	28 657
Danemark	34 948	22 212	52 161	32 303	87 110	49 092	34 948	31 770
Espagne	26 149	21 309	39 029	30 061	65 179	46 449	26 149	23 592
Estonie	15 100	12 348	22 537	18 106	37 637	29 796	15 100	14 674
États-Unis	33 550	26 257	50 075	37 637	83 625	58 002	33 550	32 696
Finlande	30 931	23 556	46 165	32 012	77 096	47 922	30 931	27 642
France	29 571	21 676	44 136	31 470	73 707	48 465	29 571	25 004
Grèce	21 753	17 633	32 467	24 381	54 221	35 533	23 928	18 858
Hongrie	15 499	10 152	23 133	15 152	38 633	25 304	15 499	14 728
Irlande	28 112	24 244	41 958	33 371	70 069	46 865	28 112	37 003
Islande	33 501	25 555	50 001	35 760	83 501	55 733	33 501	29 709
Israël[1]	22 019	19 813	32 865	27 442	54 884	40 934	22 019	22 406
Italie	27 085	20 618	40 426	27 648	67 511	41 190	27 085	26 209
Japon	31 412	25 066	46 884	36 691	78 296	58 314	31 412	27 371
Luxembourg	40 306	31 516	60 158	42 178	100 463	62 512	40 306	42 615
Mexique	8 290	8 051	12 373	11 131	20 663	17 630	8 290	8 051
Norvège	39 768	29 698	59 355	42 243	99 124	64 275	39 768	34 962
Nouvelle-Zélande	24 942	21 597	37 226	30 806	62 168	47 828	24 942	28 878
Pays-Bas	39 718	29 642	59 280	40 678	98 998	60 083	39 718	38 563
Pologne	15 680	11 938	23 403	17 602	39 084	29 100	15 680	12 885
Portugal	19 969	16 074	29 805	21 681	49 774	32 335	19 969	18 492
République slovaque	13 775	11 099	20 559	15 858	34 334	25 521	13 775	13 243
République tchèque	15 449	12 480	23 058	17 723	38 508	28 367	15 449	15 542
Royaume-Uni	34 080	27 392	50 865	38 806	84 944	59 462	34 080	35 113
Slovénie	19 938	14 225	29 758	19 880	49 695	30 993	19 938	20 059
Suède	31 074	24 297	46 379	35 071	77 453	50 245	31 074	27 366
Suisse	44 559	38 133	66 506	54 944	111 065	86 312	44 559	45 114
Turquie	16 116	12 120	24 054	17 458	40 171	27 507	16 116	12 366
Moyenne non pondérée								
OCDE-Moyenne	**27 316**	**21 253**	**40 770**	**29 908**	**68 086**	**45 977**	**27 380**	**26 109**
OCDE-UE 21	**27 071**	**20 260**	**40 405**	**28 267**	**67 476**	**42 920**	**27 175**	**25 530**

Note : enf = enfant

Responsabilité : http://oe.cd/disclaimer

1. Informations sur les données concernant Israël : http://oe.cd/israel-disclaimer.

StatLink http://dx.doi.org/10.1787/888933211562

Tableau 3.10b. **Salaire brut annuel et revenu net, couple marié, 2014**

En dollars US convertis sur la base des PPA, par catégorie de famille et niveau de salaire

	Couple marié 2 enf 100-0 (% SM)		Couple marié 2 enf 100-33 (% SM)[2]		Couple marié 2 enf 100-67 (% SM)[2]		Couple marié sans enf 100-33 (% SM)[2]	
	Total des revenus bruts avant impôts	Revenus nets après impôts	Total des revenus bruts avant impôts	Revenus nets après impôts	Total des revenus bruts avant impôts	Revenus nets après impôts	Total des revenus bruts avant impôts	Revenus nets après impôts
Allemagne	57 628	45 485	76 645	56 157	96 238	66 352	76 645	50 218
Australie	53 170	46 482	70 715	59 193	88 793	70 016	70 715	57 285
Autriche	50 373	39 834	66 996	53 292	84 123	63 131	66 996	47 194
Belgique	55 225	42 562	73 449	53 846	92 225	61 388	73 449	47 982
Canada	39 438	35 712	52 452	44 569	65 861	53 656	52 452	42 047
Chili	19 071	17 736	25 364	24 171	31 848	29 732	25 364	23 589
Corée	46 664	41 679	62 063	55 503	77 928	69 412	62 063	54 535
Danemark	52 161	37 964	69 375	47 280	87 110	57 865	69 375	43 930
Espagne	39 029	33 014	51 909	42 839	65 179	52 801	51 909	42 123
Estonie	22 537	20 255	29 974	26 013	37 637	31 945	29 974	24 521
États-Unis	50 075	43 648	66 600	55 331	83 625	67 368	66 600	51 781
Finlande	46 165	34 844	61 400	48 223	77 096	58 400	61 400	45 391
France	44 136	36 293	58 701	48 326	73 707	56 668	58 701	43 052
Grèce	38 961	27 770	51 818	38 570	65 065	48 035	47 500	36 220
Hongrie	23 133	19 451	30 767	24 451	38 633	29 603	30 767	20 153
Irlande	41 958	41 856	55 804	52 380	70 069	61 839	55 804	48 582
Islande	50 001	42 825	66 501	51 937	83 501	61 706	66 501	50 567
Israël[1]	32 865	28 288	43 710	39 479	54 884	49 064	43 710	37 908
Italie	40 426	32 566	53 767	42 844	67 511	51 392	53 767	39 723
Japon	46 884	39 685	62 355	51 698	78 296	64 062	62 355	49 394
Luxembourg	60 158	57 380	80 010	72 353	100 463	84 436	80 010	64 060
Mexique	12 373	11 131	16 456	15 538	20 663	19 181	16 456	15 538
Norvège	59 355	45 476	78 943	61 199	99 124	74 489	78 943	58 652
Nouvelle-Zélande	37 226	35 830	49 511	44 021	62 168	52 049	49 511	41 607
Pays-Bas	59 280	44 468	78 843	61 599	98 998	75 136	78 843	57 553
Pologne	23 403	19 138	31 127	24 934	39 084	30 769	31 127	23 705
Portugal	29 805	25 881	39 641	33 882	49 774	38 924	39 641	31 979
République slovaque	20 559	19 438	27 344	23 932	34 334	29 101	27 344	21 789
République tchèque	23 058	22 620	30 668	27 557	38 508	33 265	30 668	24 495
Royaume-Uni	50 865	41 340	67 650	56 972	84 944	68 732	67 650	54 438
Slovénie	29 758	26 476	39 578	31 876	49 695	37 809	39 578	27 529
Suède	46 379	38 140	61 684	51 134	77 453	62 437	61 684	48 065
Suisse	66 506	63 721	88 453	81 863	111 065	99 043	88 453	75 194
Turquie	24 054	17 867	31 992	24 195	40 171	29 824	31 992	23 950
Moyenne non pondérée								
OCDE-Moyenne	**40 961**	**34 613**	**54 478**	**44 916**	**68 405**	**54 107**	**54 351**	**41 904**
OCDE-UE 21	**40 714**	**33 656**	**54 150**	**43 736**	**67 993**	**52 382**	**53 944**	**40 129**

Note : enf = enfant

Responsabilité : http://oe.cd/disclaimer

1. Informations sur les données concernant Israël : http://oe.cd/israel-disclaimer.
2. Famille disposant de deux revenus.

StatLink http://dx.doi.org/10.1787/888933211576

Tableau 3.11a. **Coûts annuels de main-d'oeuvre et revenu net, célibataire, 2014**

En dollars US convertis sur la base des PPA, par catégorie de famille et niveau de salaire

	Célibataire sans enf 67 (% SM)		Célibataire sans enf 100 (% SM)		Célibataire sans enf 167 (% SM)		Célibataire 2 enf 67 (% SM)	
	Coûts bruts de main d'oeuvre avant impôts	Revenus nets après impôts	Coûts bruts de main d'oeuvre avant impôts	Revenus nets après impôts	Coûts bruts de main d'oeuvre avant impôts	Revenus nets après impôts	Coûts bruts de main d'oeuvre avant impôts	Revenus nets après impôts
Allemagne	46 053	25 263	68 735	34 841	111 117	54 062	46 053	31 631
Australie	37 745	29 284	56 335	40 732	94 080	62 650	37 745	38 349
Autriche	43 581	24 065	65 046	32 944	106 662	51 148	43 581	30 920
Belgique	47 304	23 720	71 686	31 846	119 478	46 883	47 304	30 222
Canada	29 573	21 740	44 188	30 261	72 015	48 045	29 573	31 024
Chili	12 777	11 883	19 071	17 736	31 848	29 347	12 777	11 996
Corée	34 482	27 956	51 466	40 421	85 026	65 311	34 482	28 657
Danemark	34 948	22 212	52 161	32 303	87 110	49 092	34 948	31 770
Espagne	33 968	21 309	50 699	30 061	84 432	46 449	33 968	23 592
Estonie	20 234	12 348	30 199	18 106	50 433	29 796	20 234	14 674
États-Unis	37 188	26 257	54 977	37 637	91 094	58 002	37 188	32 696
Finlande	38 231	23 556	57 061	32 012	95 291	47 922	38 231	27 642
France	39 530	21 676	61 040	31 470	106 109	48 465	39 530	25 004
Grèce	27 411	17 633	40 912	24 381	68 323	35 533	30 152	18 858
Hongrie	19 917	10 152	29 726	15 152	49 643	25 304	19 917	14 728
Irlande	31 134	24 244	46 468	33 371	77 602	46 865	31 134	37 003
Islande	36 043	25 555	53 796	35 760	89 839	55 733	36 043	29 709
Israël[1]	22 962	19 813	34 540	27 442	58 045	40 934	22 962	22 406
Italie	35 774	20 618	53 395	27 648	89 169	41 190	35 774	26 209
Japon	36 083	25 066	53 855	36 691	89 347	58 314	36 083	27 371
Luxembourg	45 263	31 516	67 557	42 178	112 820	62 512	45 263	42 615
Mexique	9 436	8 051	13 821	11 131	22 739	17 630	9 436	8 051
Norvège	44 938	29 698	67 072	42 243	112 010	64 275	44 938	34 962
Nouvelle-Zélande	24 942	21 597	37 226	30 806	62 168	47 828	24 942	28 878
Pays-Bas	43 631	29 642	65 303	40 678	105 592	60 083	43 631	38 563
Pologne	18 311	11 938	27 331	17 602	45 642	29 100	18 311	12 885
Portugal	24 712	16 074	36 884	21 681	61 596	32 335	24 712	18 492
République slovaque	18 073	11 099	26 974	15 858	45 047	25 521	18 073	13 243
République tchèque	20 702	12 480	30 898	17 723	51 600	28 367	20 702	15 542
Royaume-Uni	37 215	27 392	56 317	38 806	95 099	59 462	37 215	35 113
Slovénie	23 148	14 225	34 549	19 880	57 696	30 993	23 148	20 059
Suède	40 837	24 297	60 951	35 071	101 789	50 245	40 837	27 366
Suisse	47 344	38 133	70 663	54 944	117 896	86 312	47 344	45 114
Turquie	18 937	12 120	28 264	17 458	47 201	27 507	18 937	12 366
Moyenne non pondérée								
OCDE-Moyenne	**31 836**	**21 253**	**47 622**	**29 908**	**79 281**	**45 977**	**31 917**	**26 109**
OCDE-UE 21	**32 856**	**20 260**	**49 233**	**28 267**	**82 012**	**42 920**	**32 986**	**25 530**

Note : enf = enfant

Responsabilité : http://oe.cd/disclaimer

1. Informations sur les données concernant Israël : http://oe.cd/israel-disclaimer.

StatLink http://dx.doi.org/10.1787/888933211580

Tableau 3.11b. **Coûts annuels de main-d'oeuvre et revenu net, couple marié, 2014**

En dollars US convertis sur la base des PPA, par catégorie de famille et niveau de salaire

	Couple marié 2 enf 100-0 (% SM)		Couple marié 2 enf 100-33 (% SM)[2]		Couple marié 2 enf 100-67 (% SM)[2]		Couple marié sans enf 100-33 (% SM)[2]	
	Coûts bruts de main d'oeuvre avant impôts	Revenus nets après impôts	Coûts bruts de main d'oeuvre avant impôts	Revenus nets après impôts	Coûts bruts de main d'oeuvre avant impôts	Revenus nets après impôts	Coûts bruts de main d'oeuvre avant impôts	Revenus nets après impôts
Allemagne	68 735	45 485	91 418	56 157	114 788	66 352	91 418	50 218
Australie	56 335	46 482	74 926	59 193	94 080	70 016	74 926	57 285
Autriche	65 046	39 834	86 511	53 292	108 626	63 131	86 511	47 194
Belgique	71 686	42 562	92 538	53 846	118 989	61 388	92 538	47 982
Canada	44 188	35 712	58 684	44 569	73 761	53 656	58 684	42 047
Chili	19 071	17 736	25 364	24 171	31 848	29 732	25 364	23 589
Corée	51 466	41 679	68 450	55 503	85 948	69 412	68 450	54 535
Danemark	52 161	37 964	69 375	47 280	87 110	57 865	69 375	43 930
Espagne	50 699	33 014	67 429	42 839	84 667	52 801	67 429	42 123
Estonie	30 199	20 255	40 165	26 013	50 433	31 945	40 165	24 521
États-Unis	54 977	43 648	73 836	55 331	92 164	67 368	73 836	51 781
Finlande	57 061	34 844	75 891	48 223	95 291	58 400	75 891	45 391
France	61 040	36 293	77 396	48 326	100 570	56 668	77 396	43 052
Grèce	49 095	27 770	65 296	38 570	81 988	48 035	59 855	36 220
Hongrie	29 726	19 451	39 536	24 451	49 643	29 603	39 536	20 153
Irlande	46 468	41 856	61 491	52 380	77 602	61 839	61 491	48 582
Islande	53 796	42 825	71 549	51 937	89 839	61 706	71 549	50 567
Israël[1]	34 540	28 288	45 759	39 479	57 502	49 064	45 759	37 908
Italie	53 395	32 566	71 015	42 844	89 169	51 392	71 015	39 723
Japon	53 855	39 685	71 627	51 698	89 937	64 062	71 627	49 394
Luxembourg	67 557	57 380	89 851	72 353	112 820	84 436	89 851	64 060
Mexique	13 821	11 131	18 777	15 538	23 257	19 181	18 777	15 538
Norvège	67 072	45 476	89 205	61 199	112 010	74 489	89 205	58 652
Nouvelle-Zélande	37 226	35 830	49 511	44 021	62 168	52 049	49 511	41 607
Pays-Bas	65 303	44 468	86 648	61 599	108 934	75 136	86 648	57 553
Pologne	27 331	19 138	36 350	24 934	45 642	30 769	36 350	23 705
Portugal	36 884	25 881	49 055	33 882	61 596	38 924	49 055	31 979
République slovaque	26 974	19 438	35 875	23 932	45 047	29 101	35 875	21 789
République tchèque	30 898	22 620	41 095	27 557	51 600	33 265	41 095	24 495
Royaume-Uni	56 317	41 340	73 852	56 972	93 532	68 732	73 852	54 438
Slovénie	34 549	26 476	45 950	31 876	57 696	37 809	45 950	27 529
Suède	60 951	38 140	81 065	51 134	101 789	62 437	81 065	48 065
Suisse	70 663	63 721	93 981	81 863	118 007	99 043	93 981	75 194
Turquie	28 264	17 867	37 591	24 195	47 201	29 824	37 591	23 950
Moyenne non pondérée								
OCDE-Moyenne	**47 863**	**34 613**	**63 443**	**44 916**	**79 860**	**54 107**	**63 283**	**41 904**
OCDE-UE 21	**49 623**	**33 656**	**65 610**	**43 736**	**82 740**	**52 382**	**65 350**	**40 129**

Note : enf = enfant

Responsabilité : http://oe.cd/disclaimer

1. Informations sur les données concernant Israël : http://oe.cd/israel-disclaimer.
2. Famille disposant de deux revenus.

StatLink http://dx.doi.org/10.1787/888933211597

PARTIE I

Chapitre 4

Illustration graphique de la charge fiscale estimée pour 2014

Ce chapitre présente les données relatives à la pression fiscale estimée sur les revenus d'activité en 2014 pour des salaires bruts compris entre 50 % et 250 % du salaire moyen. Elles sont illustrées dans des graphiques séparés pour chaque pays Membre de l'OCDE et pour quatre catégories de familles : contribuables sans enfant ; parents isolés avec deux enfants ; couples mariés sans enfant disposant d'un seul salaire ; couples mariés avec deux enfants disposant d'un seul salaire.

Les graphiques se divisent en deux séries qui indiquent la décomposition du coin fiscal moyen et marginal en pourcentage des coûts totaux de main-d'œuvre (les impôts sur le revenu centraux et locaux ; les cotisations de sécurité sociale salariales et patronales et les prestations familiales). Les graphiques montrent également les taux moyens et marginaux nets de l'impôt sur le revenu des personnes physiques.

Les graphiques présentés dans cette section indiquent la pression fiscale estimée sur les revenus d'activité en 2014 pour des salaires bruts compris entre 50 % et 250 % du salaire moyen (SM). Pour chaque pays Membre de l'OCDE, des graphiques séparés portent sur quatre catégories de familles : célibataires sans enfant, parents isolés avec deux enfants, couples mariés sans enfant disposant d'un seul salaire et couples mariés avec deux enfants disposant d'un seul salaire. En outre, le taux moyen et le taux marginal net d'imposition des personnes ((la variation de) l'impôt sur le revenu des personnes physiques et des cotisations salariales de sécurité sociale nets des prestations en espèces en pourcentage des (de la variation des) salaires bruts) figurent dans les graphiques montrant respectivement le coin fiscal moyen et marginal*.

Les graphiques illustrent l'importance relative des divers éléments constitutifs des coins fiscaux : impôts nationaux sur le revenu, impôts locaux sur le revenu, cotisations salariales de sécurité sociale, cotisations patronales de sécurité sociale (y compris les taxes sur les salaires éventuellement applicables) et prestations familiales en pourcentage des coûts totaux de main-d'œuvre. Il y a lieu de noter que si leur part des coûts totaux de main-d'œuvre diminue, cela signifie que les prélèvements et prestations correspondants n'augmentent pas aussi vite que le total des coûts de main-d'œuvre. Cela n'implique pas nécessairement que les prélèvements correspondants diminuent ou que les prestations en espèces correspondantes augmentent en valeur nominale.

Les ménages à faibles revenus bénéficient d'un traitement fiscal favorable dans de nombreux pays de l'OCDE. Les impôts sur le revenu prélevés par les administrations centrales sont négatifs en Allemagne, en République slovaque, en République tchèque et au Royaume-Uni, en raison des crédits d'impôt récupérables pour enfant à charge ; au Canada en raison de la prestation fiscale récupérable pour le revenu de travail ; au Mexique sous l'effet des crédits d'impôt récupérables au titre des subventions à l'emploi ; en Israël du fait du crédit d'impôt récupérable au titre des revenus du travail pour les familles avec enfants ; en Suède en raison du crédit d'impôt récupérable au titre des revenus du travail et aux États-Unis du fait du crédit d'impôt récupérable au titre des revenus du travail et du crédit d'impôt pour enfant à charge.

* Les coins fiscaux marginaux figurant dans les graphiques sont calculés d'une manière légèrement différente de celle adoptée pour les taux d'imposition marginaux figurant dans le reste de la publication *Les Impôts sur les salaires*. Dans cette publication, les taux marginaux sont généralement calculés en majorant les salaires bruts d'une unité monétaire (excepté pour le conjoint d'un couple marié disposant d'un seul salaire dont les gains augmentent de 33 % du salaire moyen). Cependant la démarche fondée sur l'ajout d'une unité monétaire exige que l'on calcule les taux marginaux pour chaque unité monétaire à l'intérieur de la tranche de revenu représentée dans les graphiques ; à défaut, il ne serait pas correct de relier les différents points de données dans la mesure où on ne disposerait pas des données pour les niveaux de revenu situés entre les différents points. Pour réduire le nombre de calculs à effectuer, les taux marginaux qui sont présentés dans les graphiques sont calculés en majorant les salaires bruts d'un point de pourcentage, au lieu d'une unité monétaire, si bien que chaque ligne du graphique se compose de 200 points de données.

Lorsque les prestations versées en espèces sont prises en compte, les parents isolés et les couples mariés ayant deux enfants qui disposent d'un seul salaire ne paient pas d'impôt sur le revenu et de cotisations salariales de sécurité sociale lorsque leur niveau de rémunération se situe entre 50 % et 85 % du SM dans 14 pays de l'OCDE. Le taux moyen net d'imposition du revenu applicable aux parents isolés avec deux enfants devient positif à partir d'un revenu équivalant à 93 % du SM en Nouvelle-Zélande et à 97 % du SM en Irlande. La mesure correspondante pour les couples mariés avec deux enfants et un seul salaire devient positive à partir d'un revenu équivalant à 93 % du SM en Nouvelle-Zélande, 94 % du SM en République tchèque et au SM en Irlande.

On observe des écarts marqués entre les pays de l'OCDE en ce qui concerne le niveau des prestations en espèces. Elles représentent environ un quart ou plus des coûts totaux de main-d'œuvre pour les parents isolés à bas revenu et/ou les couples mariés avec deux enfants et un seul salaire en Australie, au Canada, au Danemark, en Irlande, au Luxembourg, en Nouvelle-Zélande et en Slovénie.

Le coin fiscal marginal est relativement uniforme sur toute l'échelle des revenus dans certains pays en raison de l'uniformité des taux des cotisations de sécurité sociale et de l'impôt sur le revenu des personnes physiques. Les célibataires sans enfant sont soumis à un coin fiscal marginal uniforme de 42.2 % en Estonie (dans l'intervalle de revenu compris entre 50 % et 250 % du SM), 48.6 % en République tchèque et 49.0 % en Hongrie. Le coin fiscal est aussi relativement uniforme au Chili, en Pologne, en République slovaque, au Royaume-Uni et en Turquie. Au Chili, il s'établit à 7.0 % sur les gains inférieurs à 122 % du SM, puis à 10.2 % sur les gains supérieurs jusqu'à 250 % du SM. En Pologne, il est de 37.2 % sur les gains inférieurs à 237 % du SM et de 47.6 % sur les gains compris entre 238 % et 250 % du SM. En République slovaque, il est de 46.5 % sur les gains inférieurs à 221 % du SM et de 49.7 % sur les gains compris entre 222 % et 250 % du SM. En Turquie, il est de 42.8 % sur les gains inférieurs à 111 % du SM et de 47.8 % sur les gains compris entre 112 % et 250 % du SM. Au Royaume-Uni, il est de 40.2 % sur les gains inférieurs à 117 % du SM, puis de 49.0 % sur les gains compris entre 118 % et 250 % du SM.

En Norvège, les célibataires sans enfant sont soumis à un coin fiscal marginal uniforme de 42.7 % dans l'intervalle de revenu compris entre 50 % et 97 % du SM, et de 50.6 % sur les gains compris entre 98 % et 158 % du SM. Il passe ensuite à 53.3 % sur les gains compris entre 159 % et 250 % du SM. En Islande, le coin fiscal marginal est de 42.5 % sur les gains compris entre 53 % et 143 % du SM, puis de 48.3 % sur les gains compris entre 144 % et 250 % du SM. En Irlande, il est de 37.7 % sur les gains compris entre 54 % et 95 % du SM, puis de 56.7 % sur les gains compris entre 96 % et 250 % du SM.

Les cotisations de sécurité sociale sont prélevées à des taux forfaitaires dans de nombreux pays de l'OCDE. Certains d'entre eux appliquent un plafond de rémunération au-dessus duquel les cotisations de sécurité sociale n'augmentent pas. Dans l'intervalle de revenu allant de 50 % à 250 % du SM, les taux marginaux des cotisations patronales de sécurité sociale deviennent nuls en raison du plafond de rémunération en Allemagne, en Espagne, au Luxembourg et aux Pays-Bas, et dans une large mesure aux États-Unis (où ils sont passés de 7.65 % à 1.45 % des gains excédant 117 000 USD). Les taux marginaux des cotisations salariales de sécurité sociale deviennent nuls en Allemagne, en Autriche, au Canada, en Espagne, aux Pays-Bas et en Suède. Ils enregistrent également une baisse considérable au Luxembourg (où ce taux passe à 1.4 % pour les salaires supérieurs à 115 261.80 EUR) ; au Royaume-Uni (où il chute à 2 % pour les salaires supérieurs à

41 865 GBP) et aux États-Unis (où il recule de 6.2 % à 1.45 % pour les salaires supérieurs à 117 000 USD).

Dans certains pays de l'OCDE, les taux marginaux des cotisations de sécurité sociale diminuent en pourcentage des coûts totaux de main-d'œuvre à certains niveaux de l'échelle des salaires à mesure que le revenu augmente. C'est ce qu'on observe pour les contribuables célibataires sans enfant en Allemagne, en Autriche, en Belgique, au Canada, en Corée, en France, au Japon, aux Pays-Bas et en Suisse.

Les contribuables supportent des taux d'imposition et des coins fiscaux marginaux d'environ 80 % ou plus dans plusieurs pays de l'OCDE. Tel est le cas des contribuables à bas revenu sans enfant en France, en Grèce, en Irlande, au Mexique, au Portugal et en Slovénie. Ces taux s'appliquent aussi aux familles avec enfants (à certains niveaux de revenus) en Australie, en Autriche, en Belgique, au Canada, au Chile, en Espagne, en France, en Grèce, en Irlande, en Israël, en Italie, au Japon, au Luxembourg, au Mexique, en Pologne, au Portugal, en République slovaque, en République tchèque et en Slovénie. Dans de nombreux pays, ces taux d'imposition marginaux élevés résultent en partie d'une réduction, à mesure que le revenu augmente, des prestations, abattements ou crédits d'impôt ciblant les contribuables à bas revenu.

Le mouvement de zigzag des pressions fiscales marginales qui transparaît de certains graphiques se produit lorsque les modifications des impôts, des cotisations de sécurité sociale et/ou des prestations consécutives à de faibles augmentations du revenu varient de manière discontinue sur l'échelle des revenus. Tel est le cas en Allemagne, au Luxembourg, en Suède et en Suisse à cause des règles d'arrondi ; en raison des caractéristiques discrètes du crédit d'impôt sur les revenus du travail en Grèce ; et à cause du crédit d'impôt dans le cadre du système PAYE (prélèvement à la source), du crédit d'impôt pour conjoint à charge et des allocations familiales en Italie ; et à cause de l'arrondissement à la décimale inférieure des salaires bruts dans le calcul du crédit d'impôt pour enfant à charge aux États-Unis.

Allemagne 2014 : décomposition du coin fiscal moyen

En fonction du salaire brut exprimé en % du salaire moyen

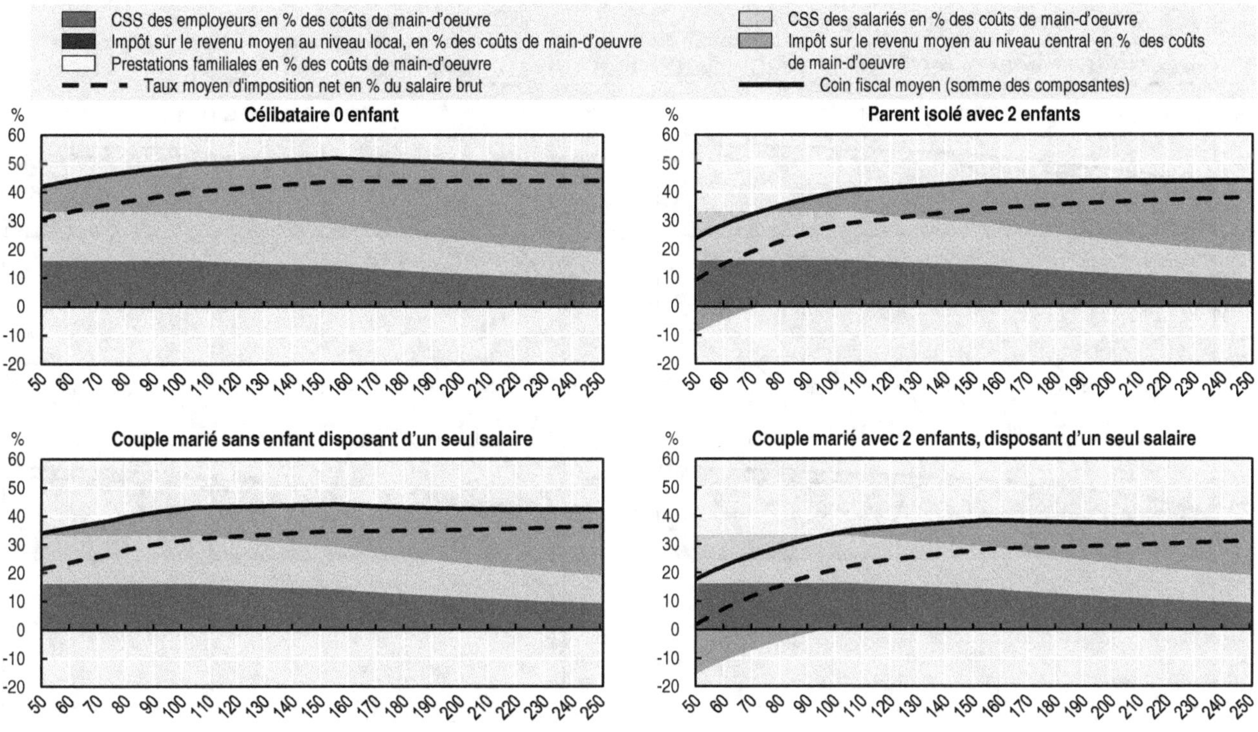

StatLink http://dx.doi.org/10.1787/888933210737

Allemagne 2014 : décomposition du coin fiscal marginal

En fonction du salaire brut exprimé en % du salaire moyen

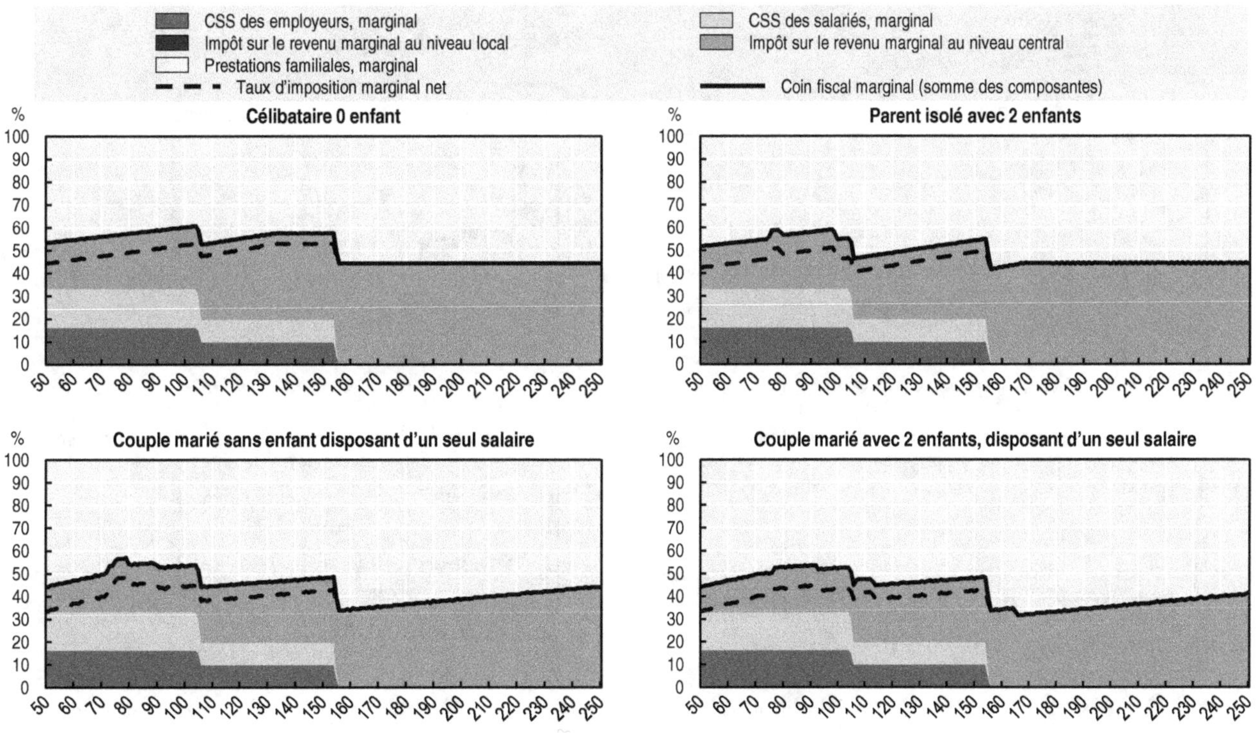

StatLink http://dx.doi.org/10.1787/888933211072

Australie 2014 : décomposition du coin fiscal moyen

En fonction du salaire brut exprimé en % du salaire moyen

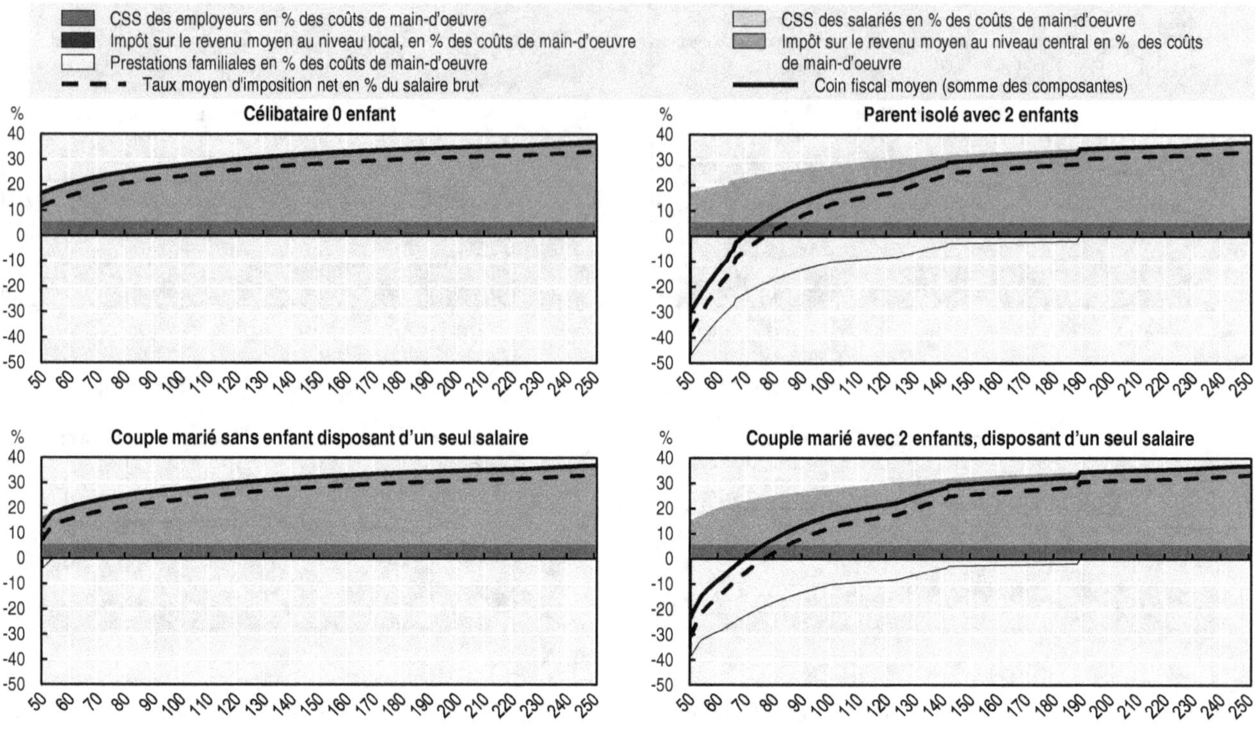

StatLink http://dx.doi.org/10.1787/888933210666

Australie 2014 : décomposition du coin fiscal marginal

En fonction du salaire brut exprimé en % du salaire moyen

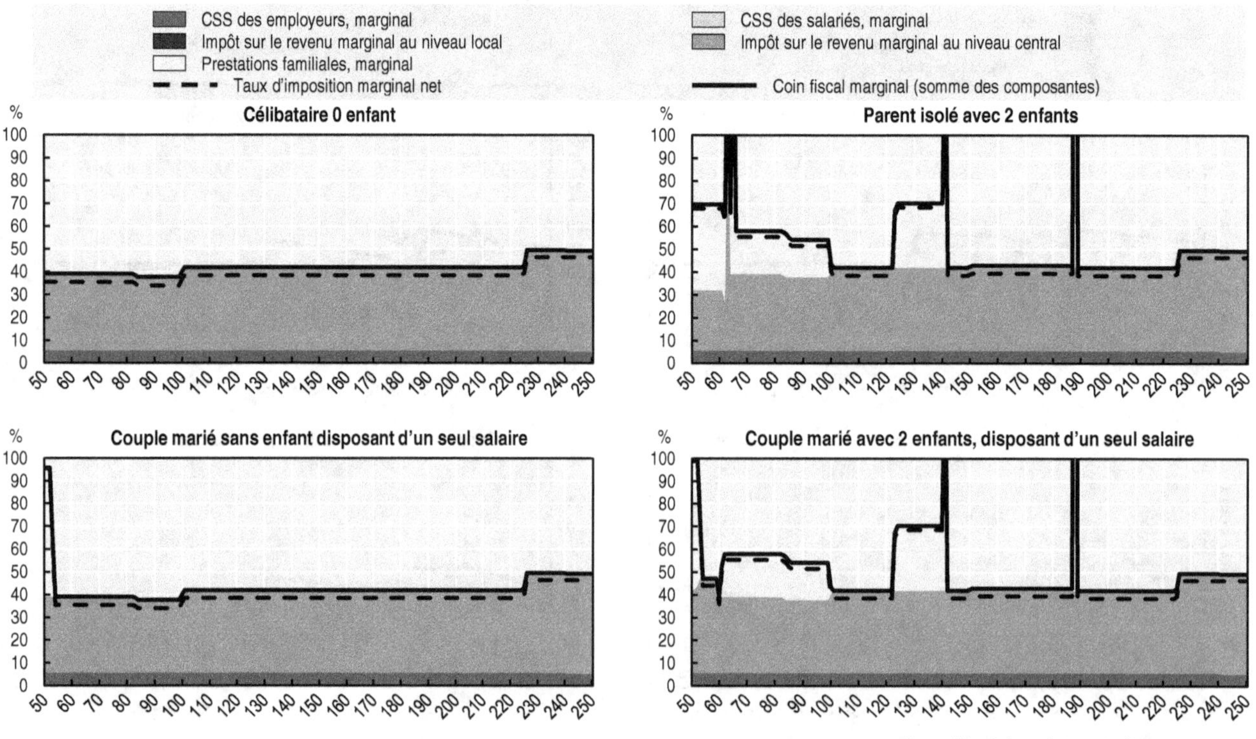

StatLink http://dx.doi.org/10.1787/888933211008

Autriche 2014 : décomposition du coin fiscal moyen

En fonction du salaire brut exprimé en % du salaire moyen

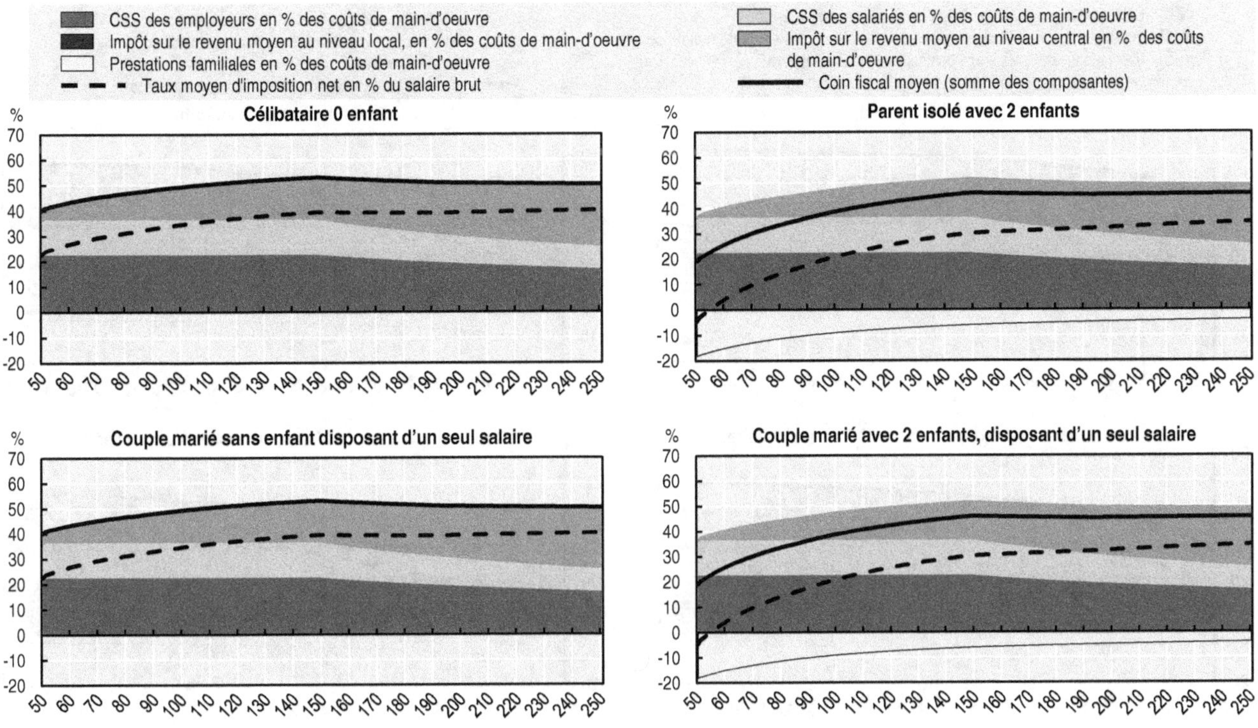

StatLink http://dx.doi.org/10.1787/888933210679

Autriche 2014 : décomposition du coin fiscal marginal

En fonction du salaire brut exprimé en % du salaire moyen

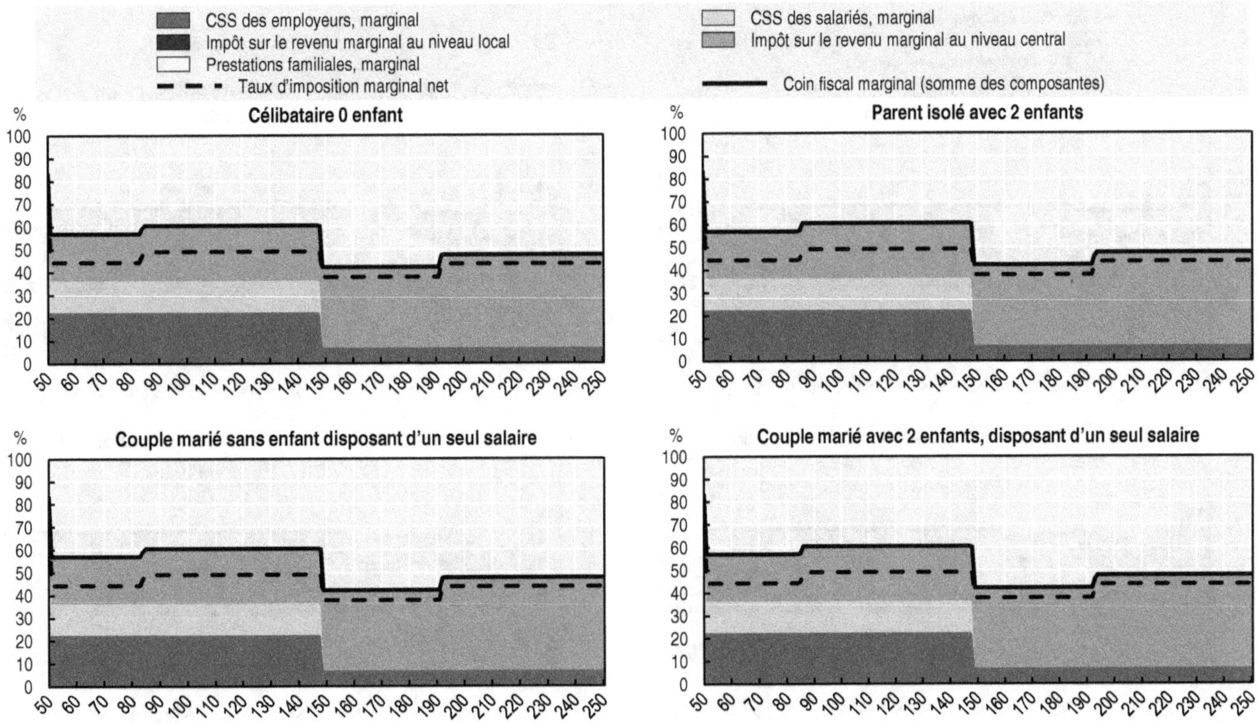

StatLink http://dx.doi.org/10.1787/888933211016

Belgique 2014 : décomposition du coin fiscal moyen

En fonction du salaire brut exprimé en % du salaire moyen

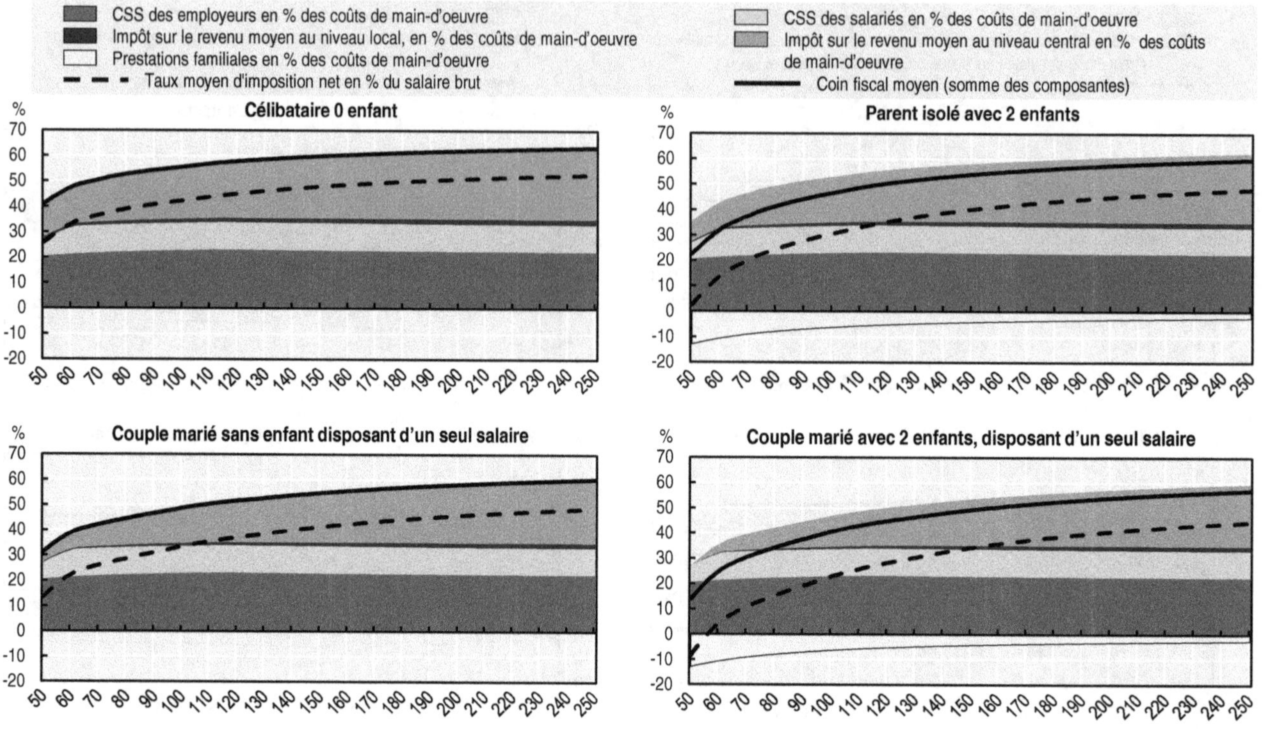

StatLink http://dx.doi.org/10.1787/888933210680

Belgique 2014 : décomposition du coin fiscal marginal

En fonction du salaire brut exprimé en % du salaire moyen

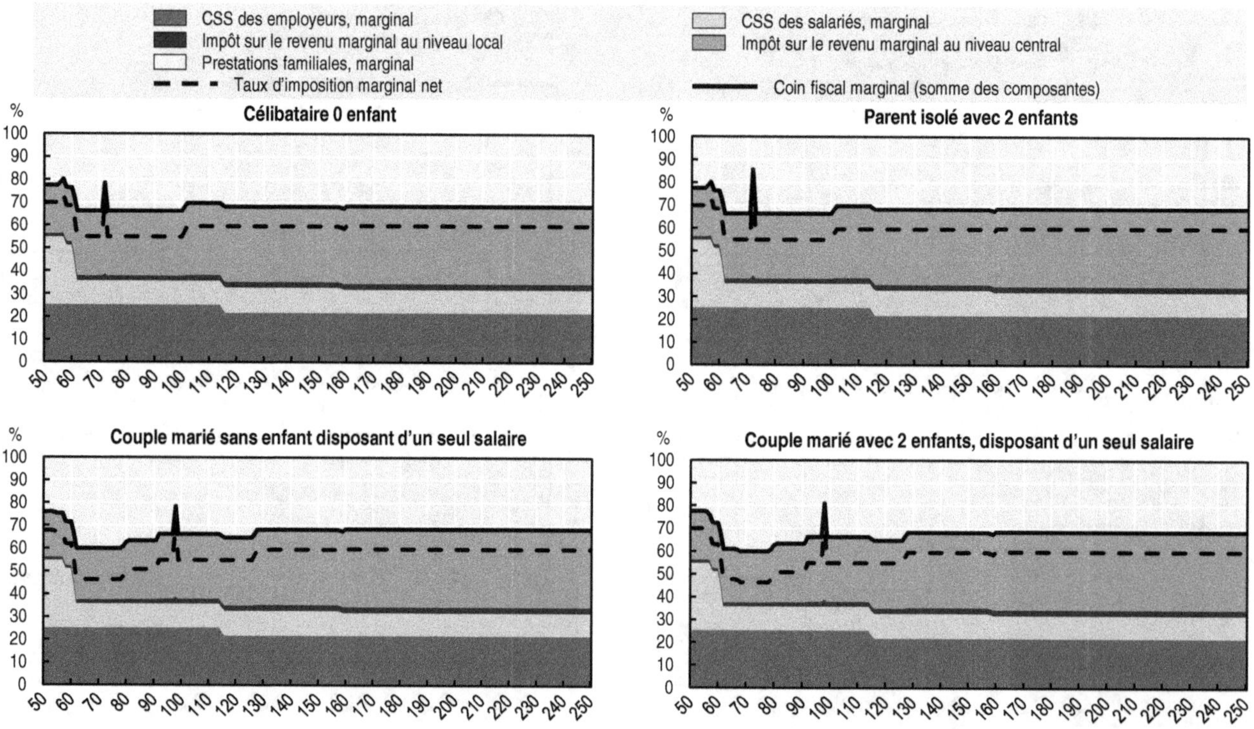

StatLink http://dx.doi.org/10.1787/888933211026

Canada 2014 : décomposition du coin fiscal moyen

En fonction du salaire brut exprimé en % du salaire moyen

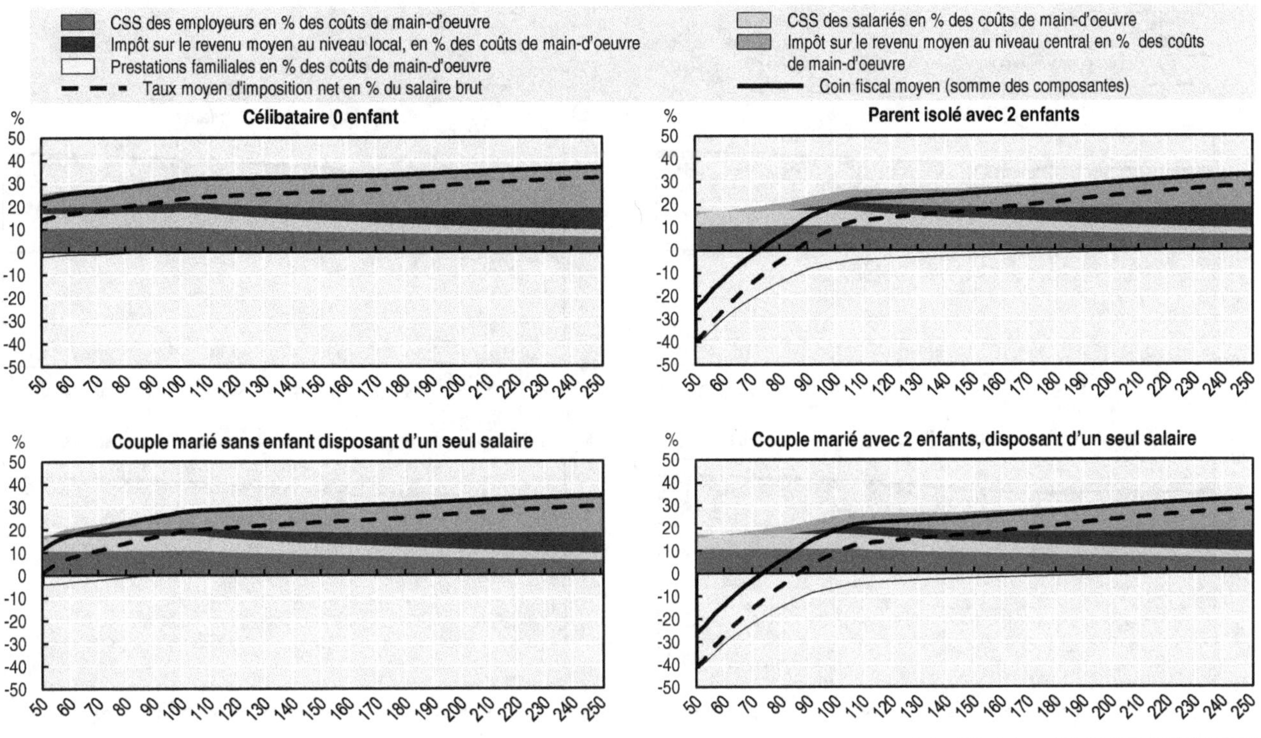

StatLink http://dx.doi.org/10.1787/888933210694

Canada 2014 : décomposition du coin fiscal marginal

En fonction du salaire brut exprimé en % du salaire moyen

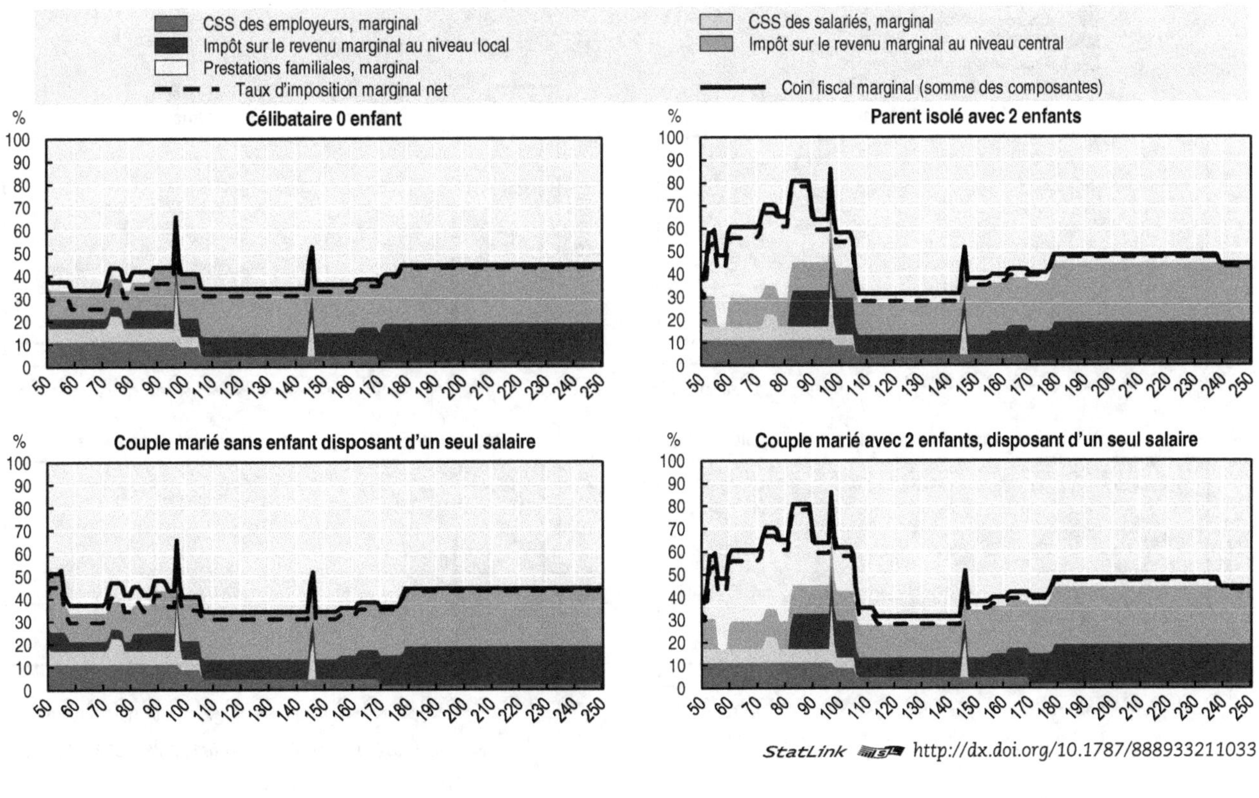

StatLink http://dx.doi.org/10.1787/888933211033

Chili 2014 : décomposition du coin fiscal moyen

En fonction du salaire brut exprimé en % du salaire moyen

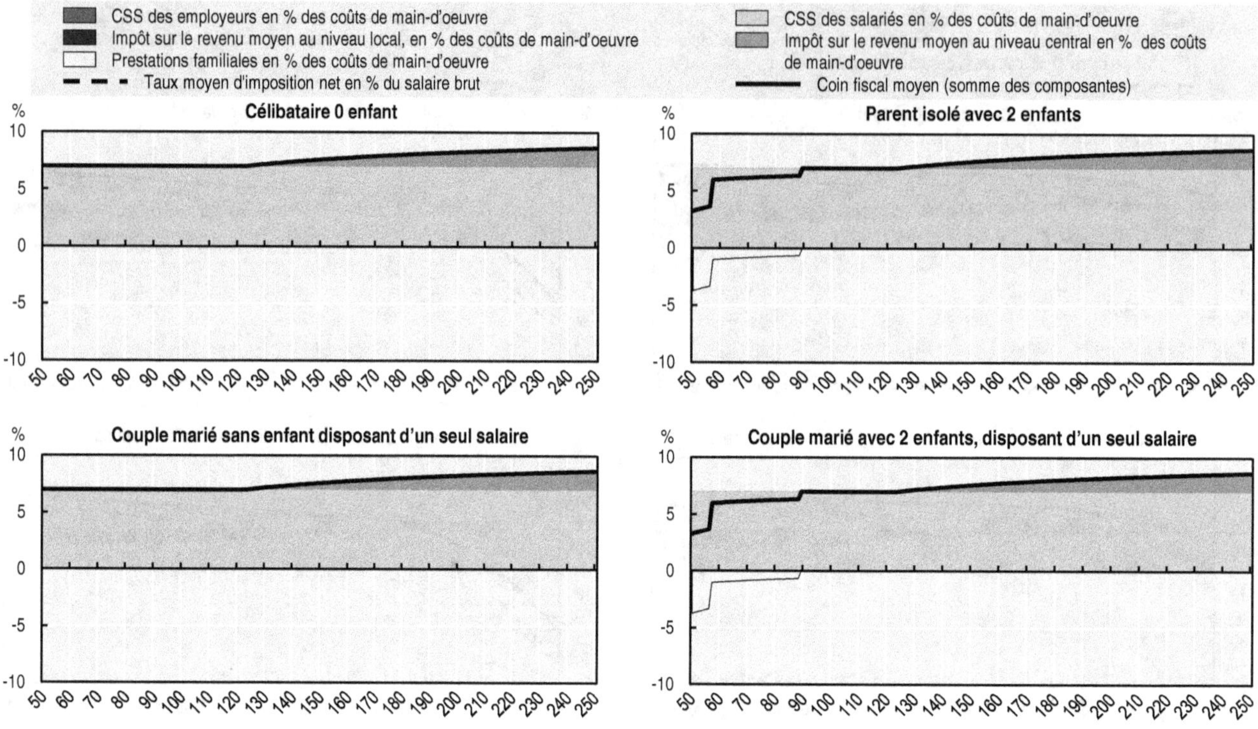

StatLink http://dx.doi.org/10.1787/888933210716

Chili 2014 : décomposition du coin fiscal marginal

En fonction du salaire brut exprimé en % du salaire moyen

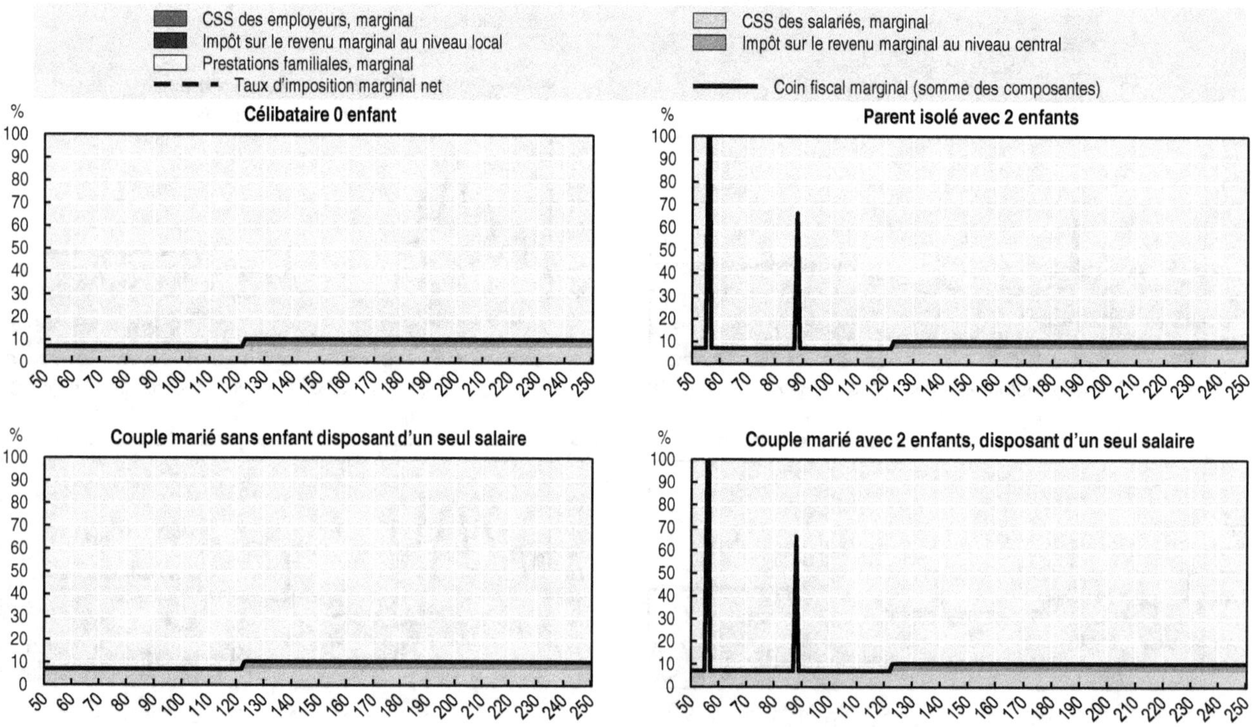

StatLink http://dx.doi.org/10.1787/888933211059

Corée 2014 : décomposition du coin fiscal moyen

En fonction du salaire brut exprimé en % du salaire moyen

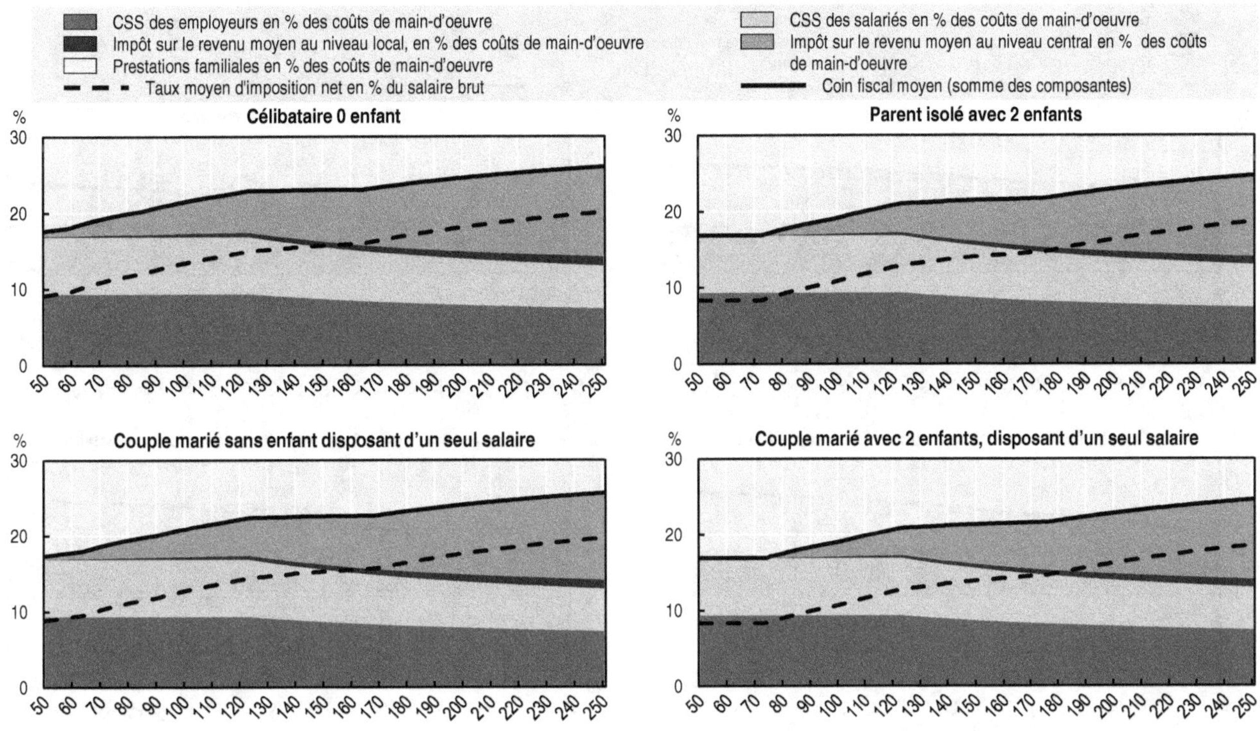

StatLink http://dx.doi.org/10.1787/888933210871

Corée 2014 : décomposition du coin fiscal marginal

En fonction du salaire brut exprimé en % du salaire moyen

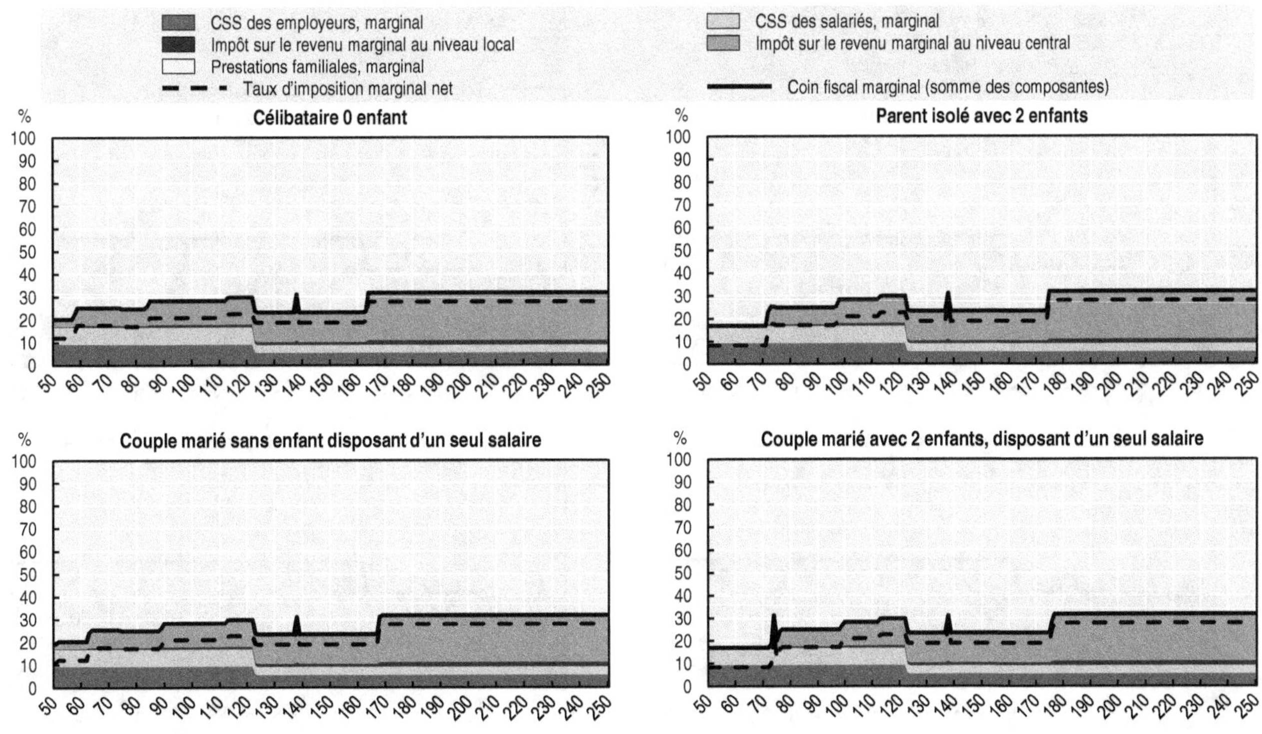

StatLink http://dx.doi.org/10.1787/888933211218

Danemark 2014 : décomposition du coin fiscal moyen

En fonction du salaire brut exprimé en % du salaire moyen

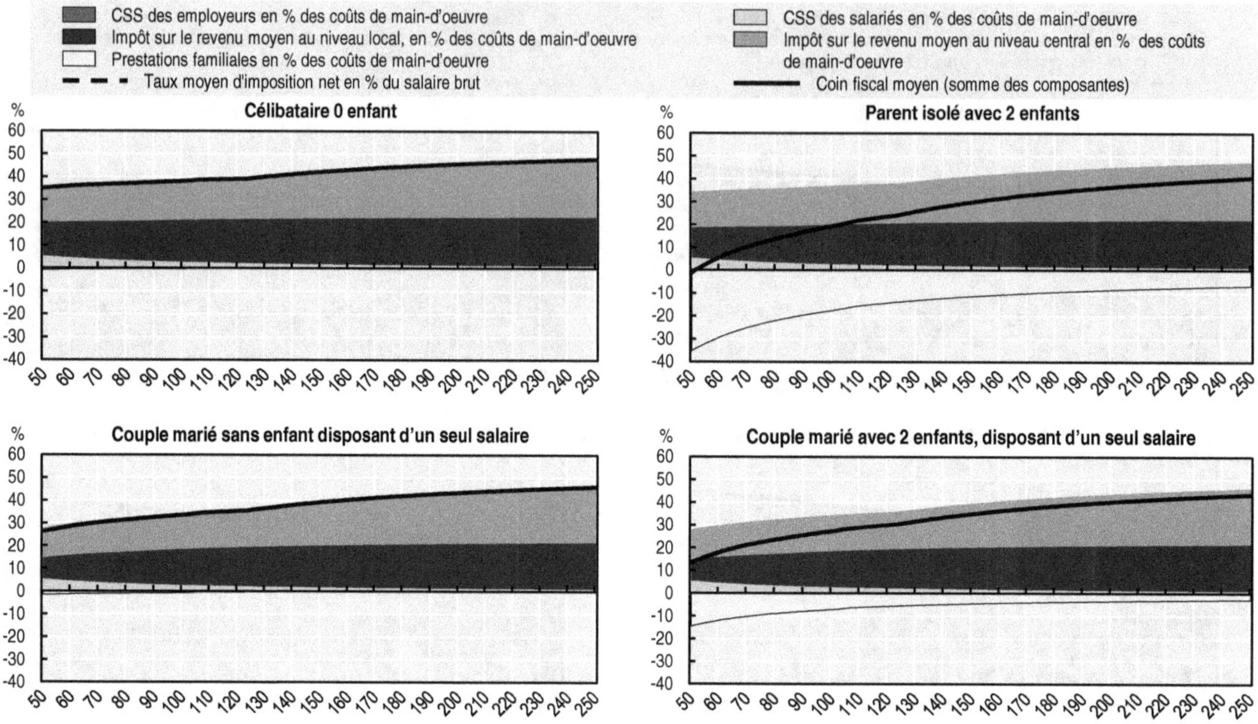

StatLink http://dx.doi.org/10.1787/888933210741

Danemark 2014 : décomposition du coin fiscal marginal

En fonction du salaire brut exprimé en % du salaire moyen

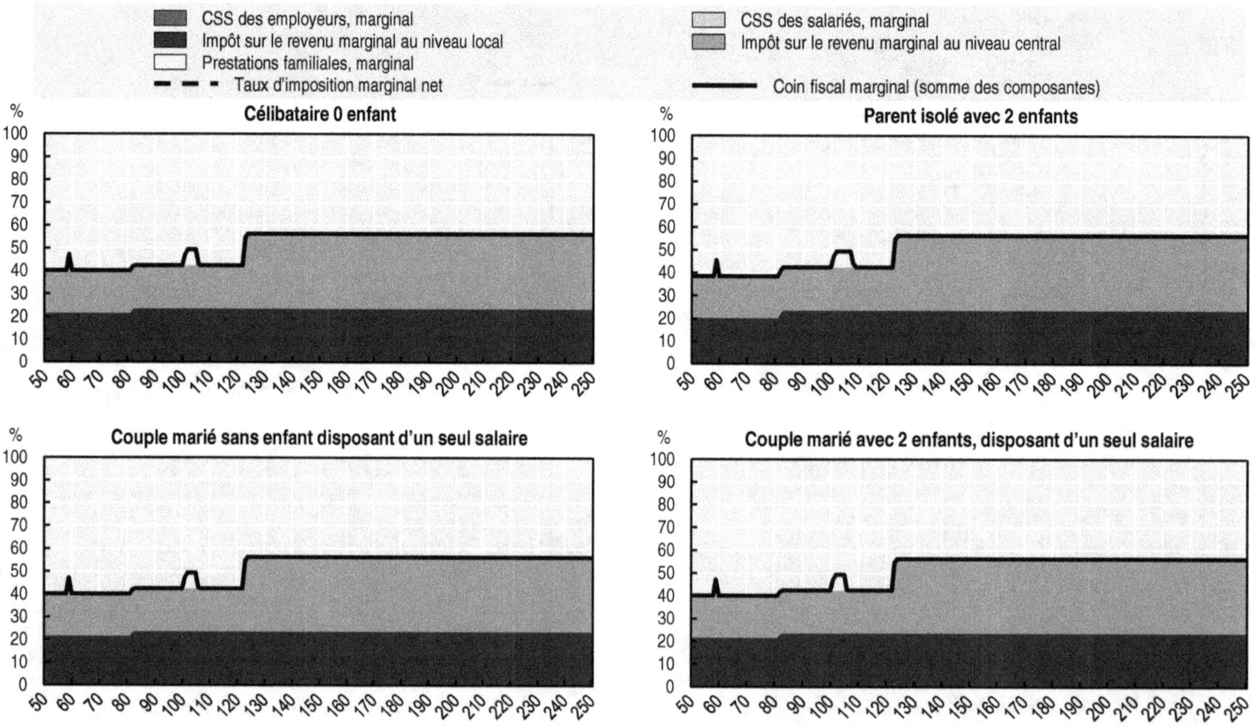

StatLink http://dx.doi.org/10.1787/888933211088

Espagne 2014 : décomposition du coin fiscal moyen

En fonction du salaire brut exprimé en % du salaire moyen

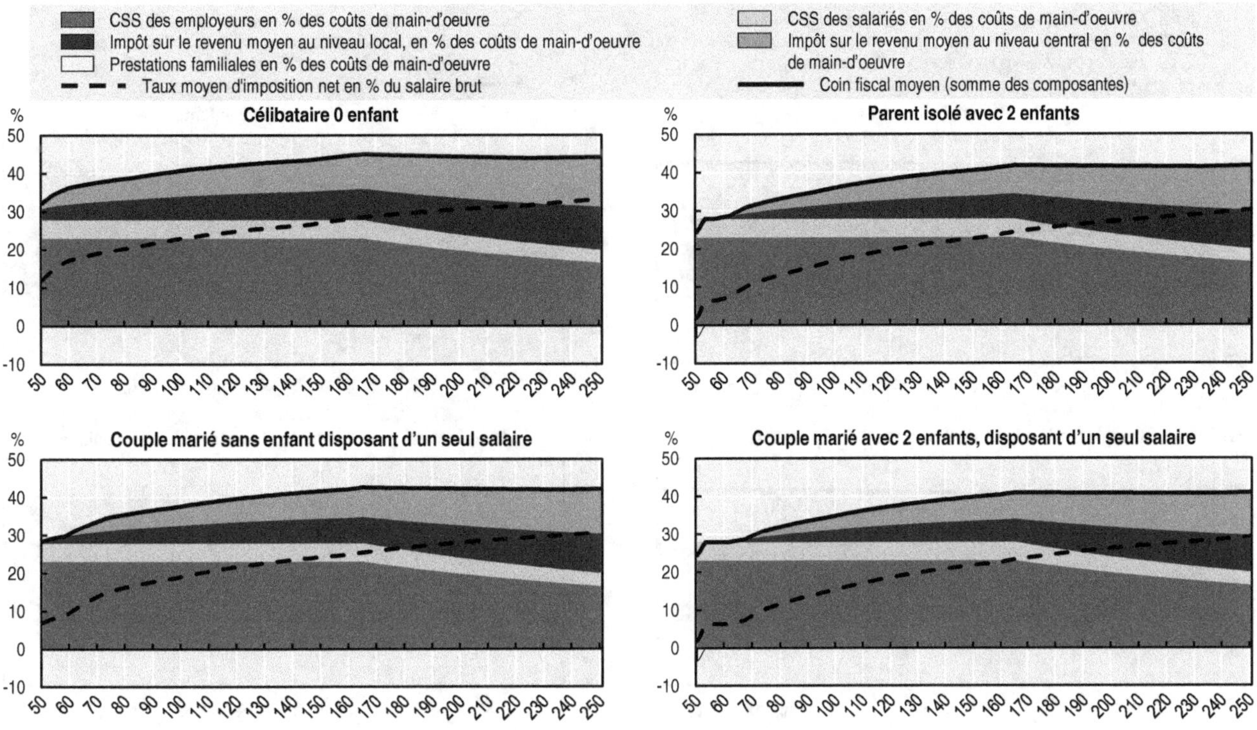

StatLink http://dx.doi.org/10.1787/888933210750

Espagne 2014 : décomposition du coin fiscal marginal

En fonction du salaire brut exprimé en % du salaire moyen

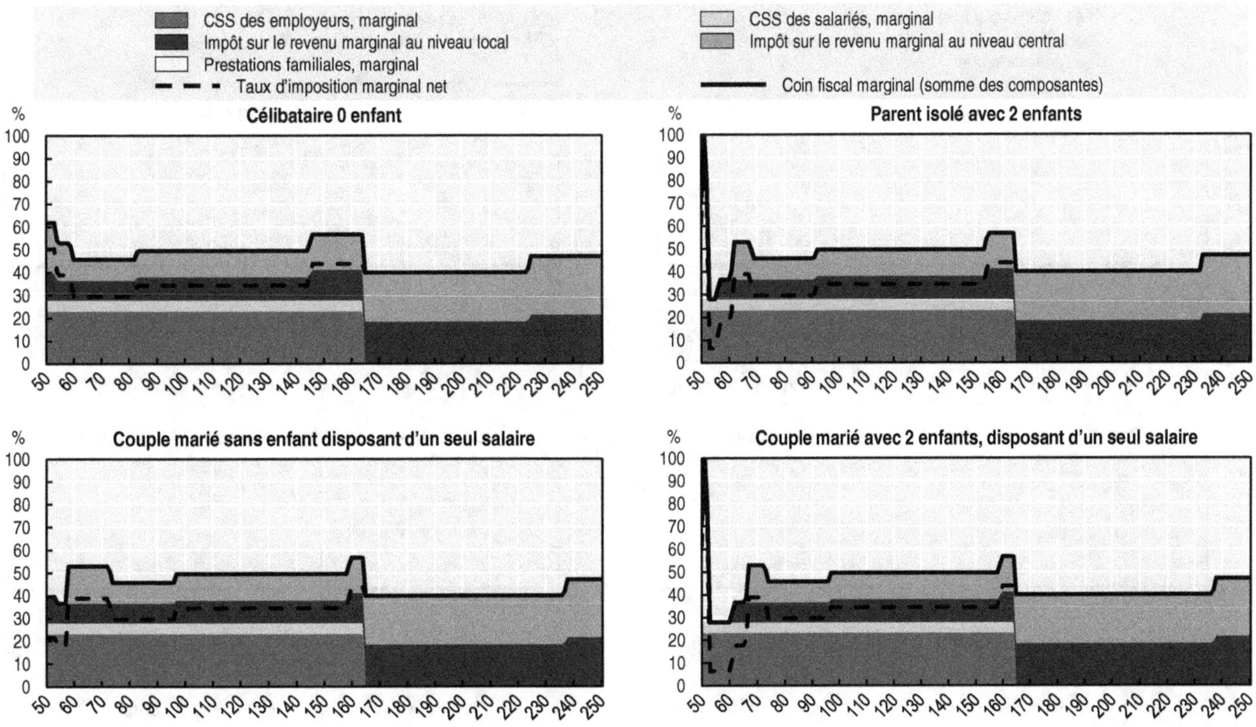

StatLink http://dx.doi.org/10.1787/888933211099

Estonie 2014 : décomposition du coin fiscal moyen

En fonction du salaire brut exprimé en % du salaire moyen

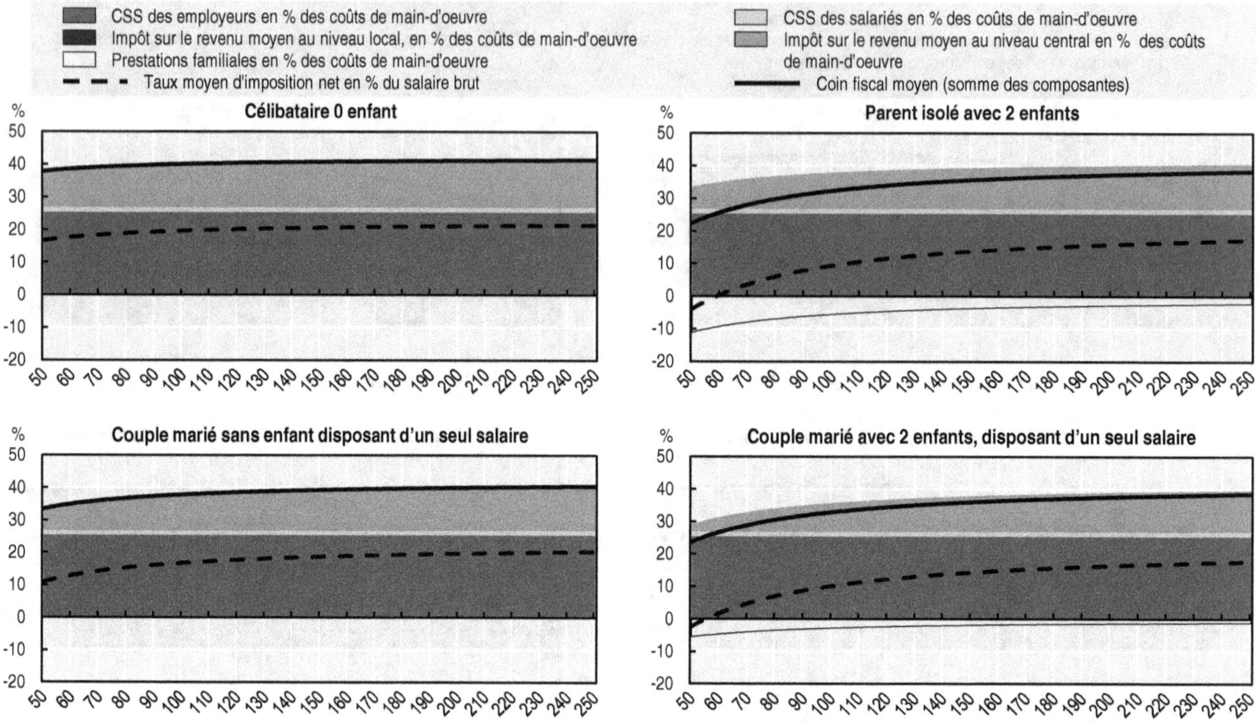

StatLink http://dx.doi.org/10.1787/888933210767

Estonie 2014 : décomposition du coin fiscal marginal

En fonction du salaire brut exprimé en % du salaire moyen

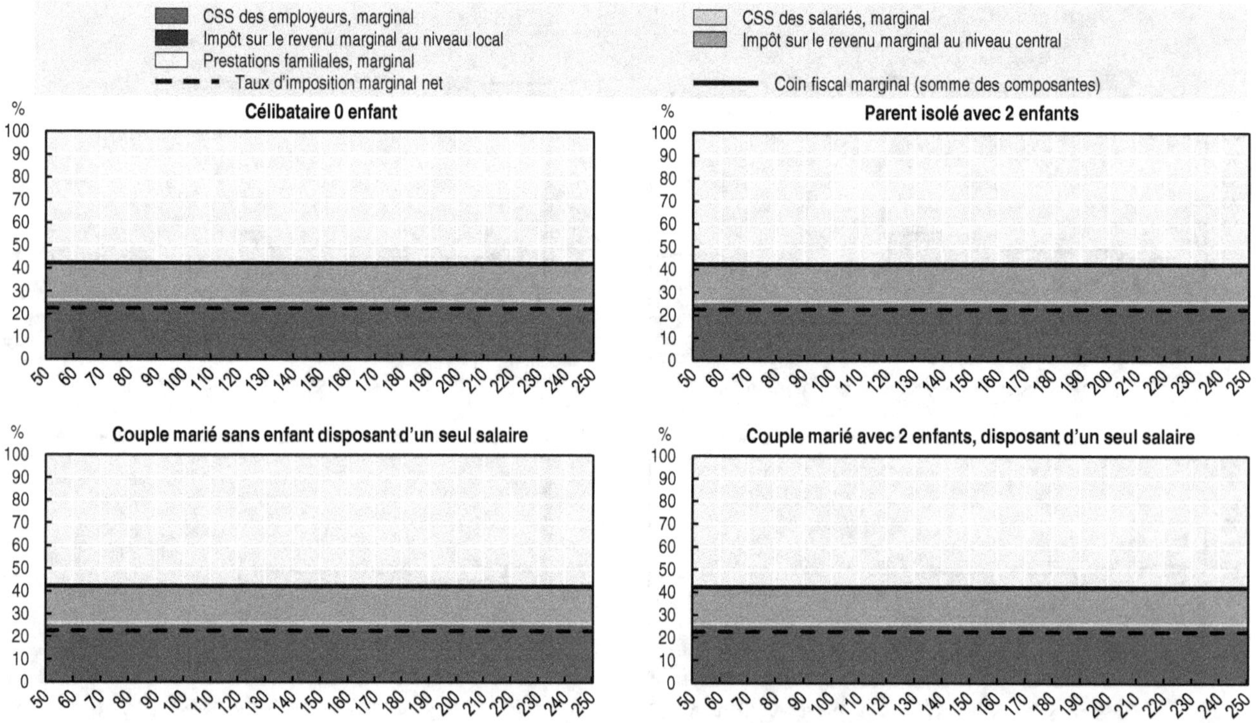

StatLink http://dx.doi.org/10.1787/888933211106

États-Unis 2014 : décomposition du coin fiscal moyen

En fonction du salaire brut exprimé en % du salaire moyen

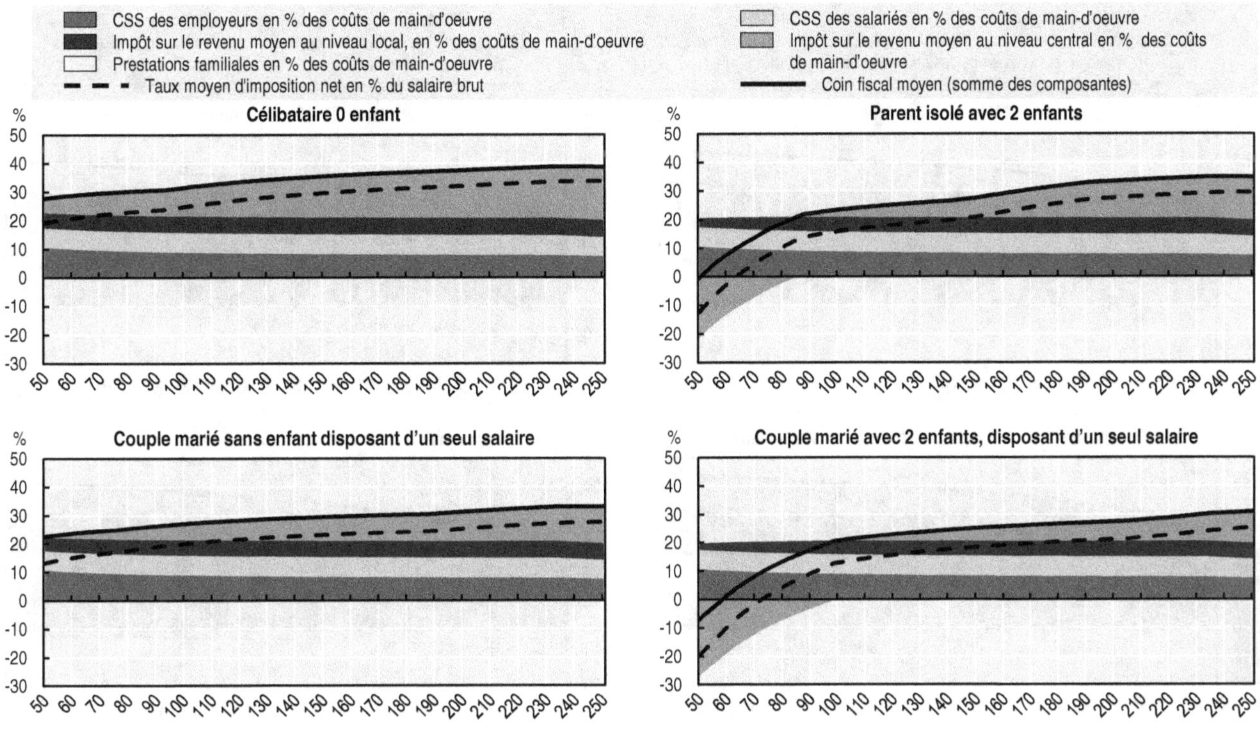

StatLink http://dx.doi.org/10.1787/888933210993

États-Unis 2014 : décomposition du coin fiscal marginal

En fonction du salaire brut exprimé en % du salaire moyen

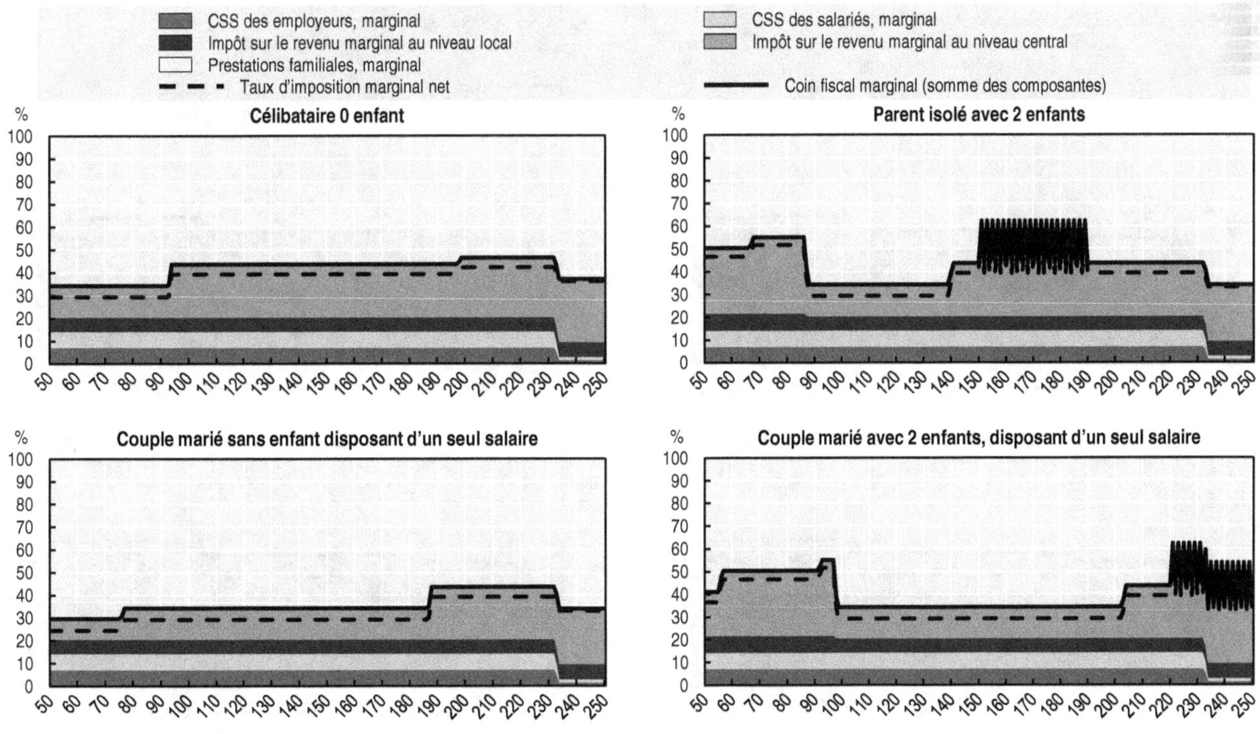

StatLink http://dx.doi.org/10.1787/888933211335

Finlande 2014 : décomposition du coin fiscal moyen

En fonction du salaire brut exprimé en % du salaire moyen

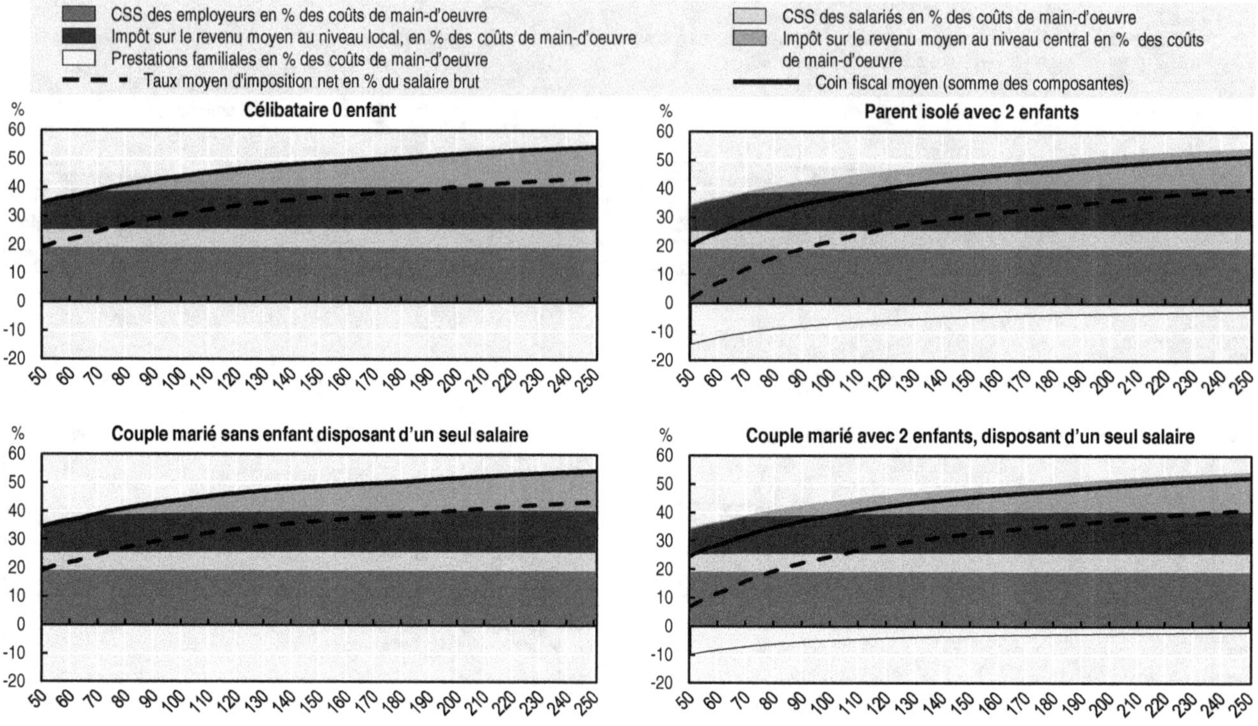

StatLink http://dx.doi.org/10.1787/888933210775

Finlande 2014 : décomposition du coin fiscal marginal

En fonction du salaire brut exprimé en % du salaire moyen

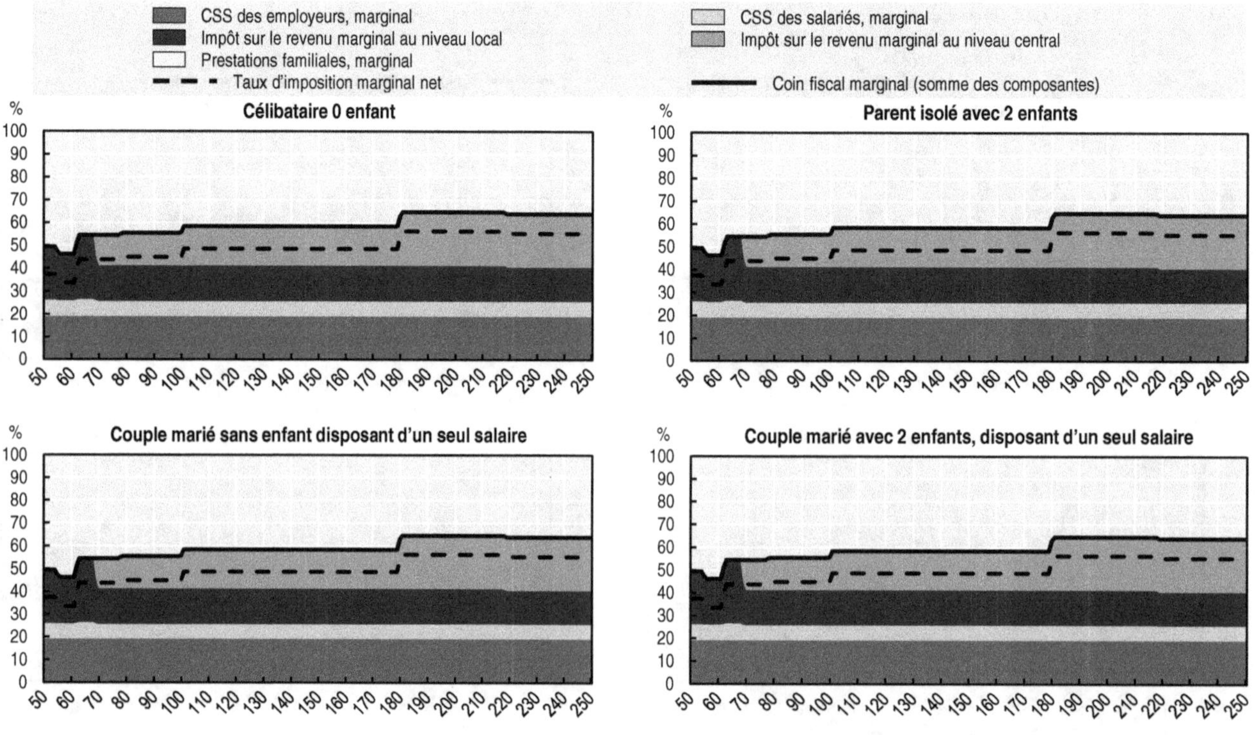

StatLink http://dx.doi.org/10.1787/888933211116

France 2014 : décomposition du coin fiscal moyen

En fonction du salaire brut exprimé en % du salaire moyen

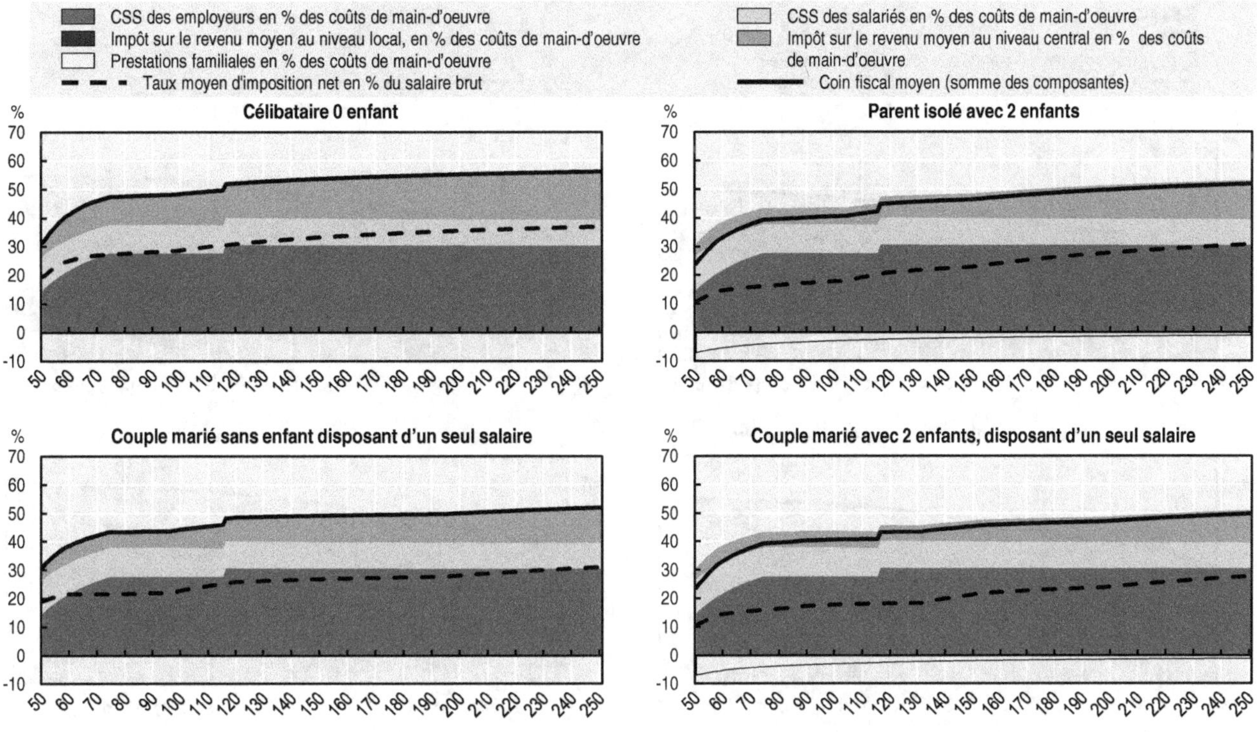

StatLink http://dx.doi.org/10.1787/888933210784

France 2014 : décomposition du coin fiscal marginal

En fonction du salaire brut exprimé en % du salaire moyen

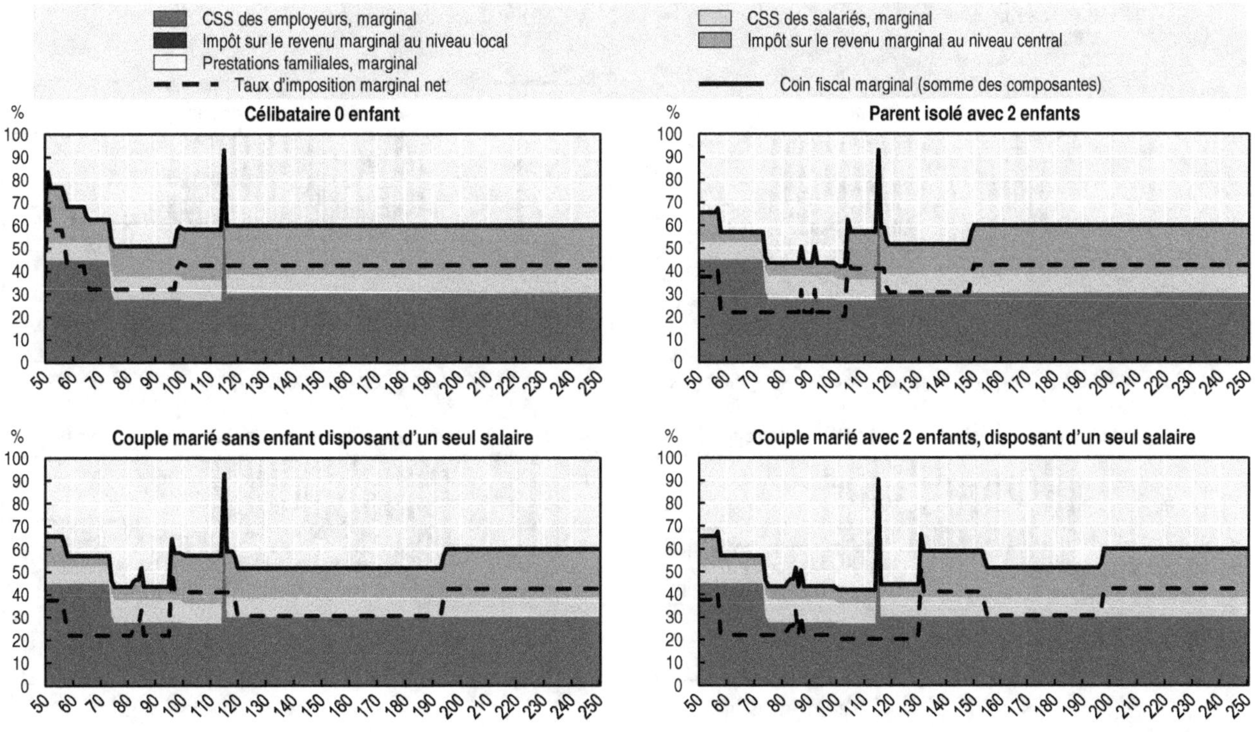

StatLink http://dx.doi.org/10.1787/888933211123

Grèce 2014 : décomposition du coin fiscal moyen

En fonction du salaire brut exprimé en % du salaire moyen

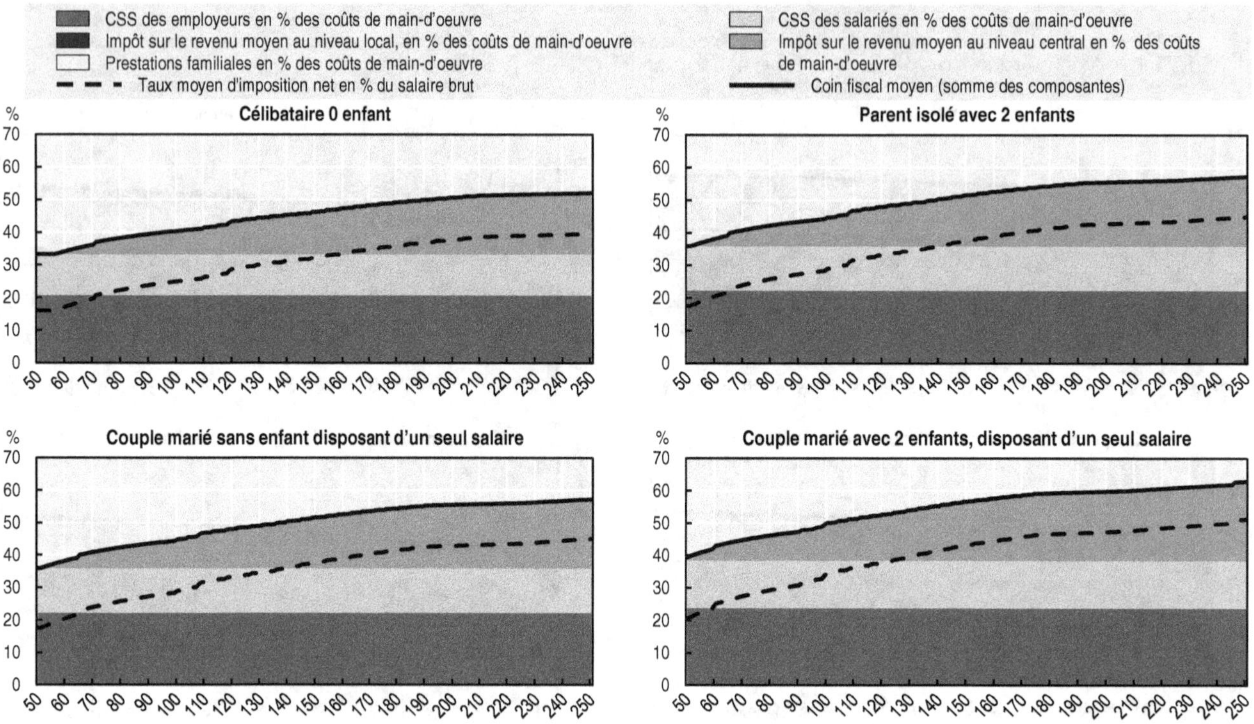

StatLink http://dx.doi.org/10.1787/888933210800

Grèce 2014 : décomposition du coin fiscal marginal

En fonction du salaire brut exprimé en % du salaire moyen

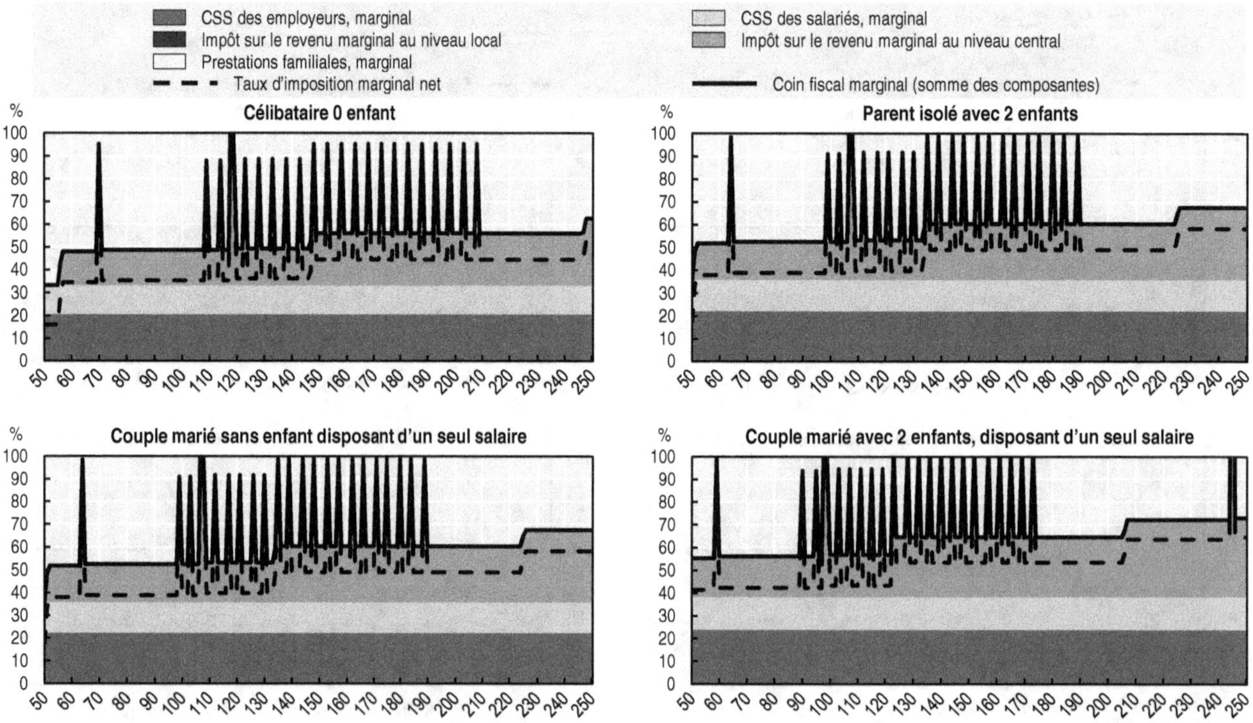

StatLink http://dx.doi.org/10.1787/888933211146

Hongrie 2014 : décomposition du coin fiscal moyen

En fonction du salaire brut exprimé en % du salaire moyen

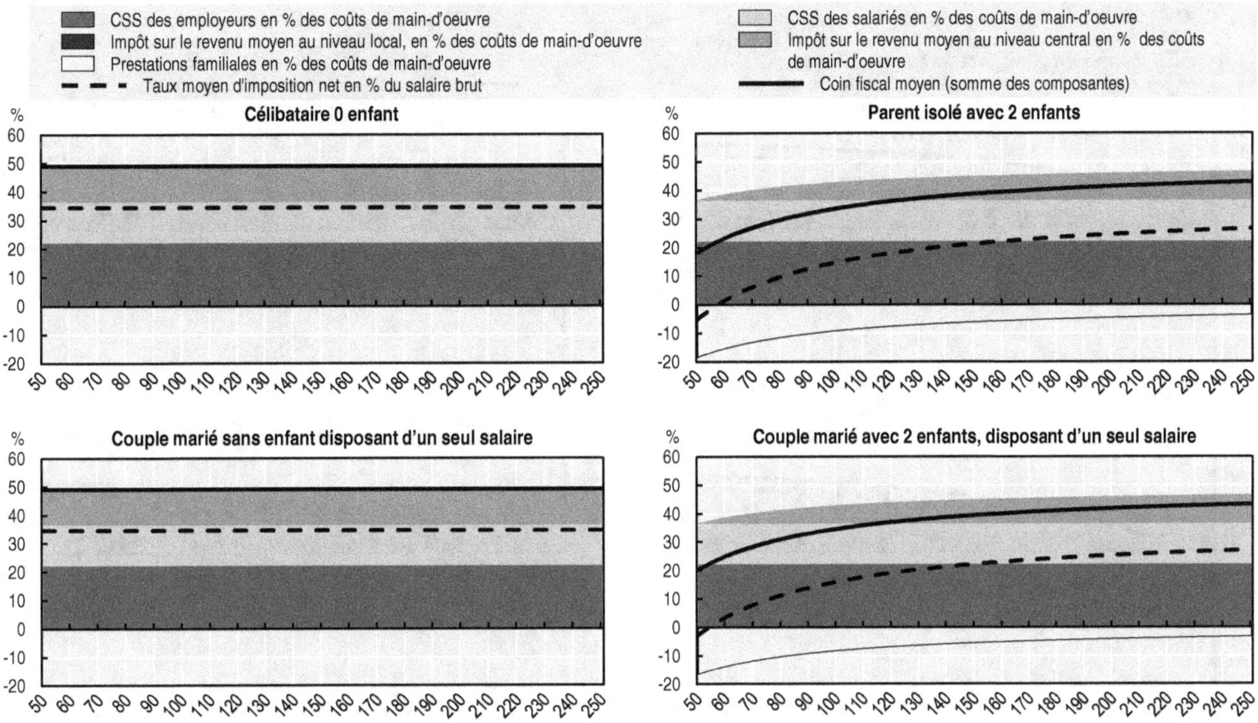

StatLink http://dx.doi.org/10.1787/888933210817

Hongrie 2014 : décomposition du coin fiscal marginal

En fonction du salaire brut exprimé en % du salaire moyen

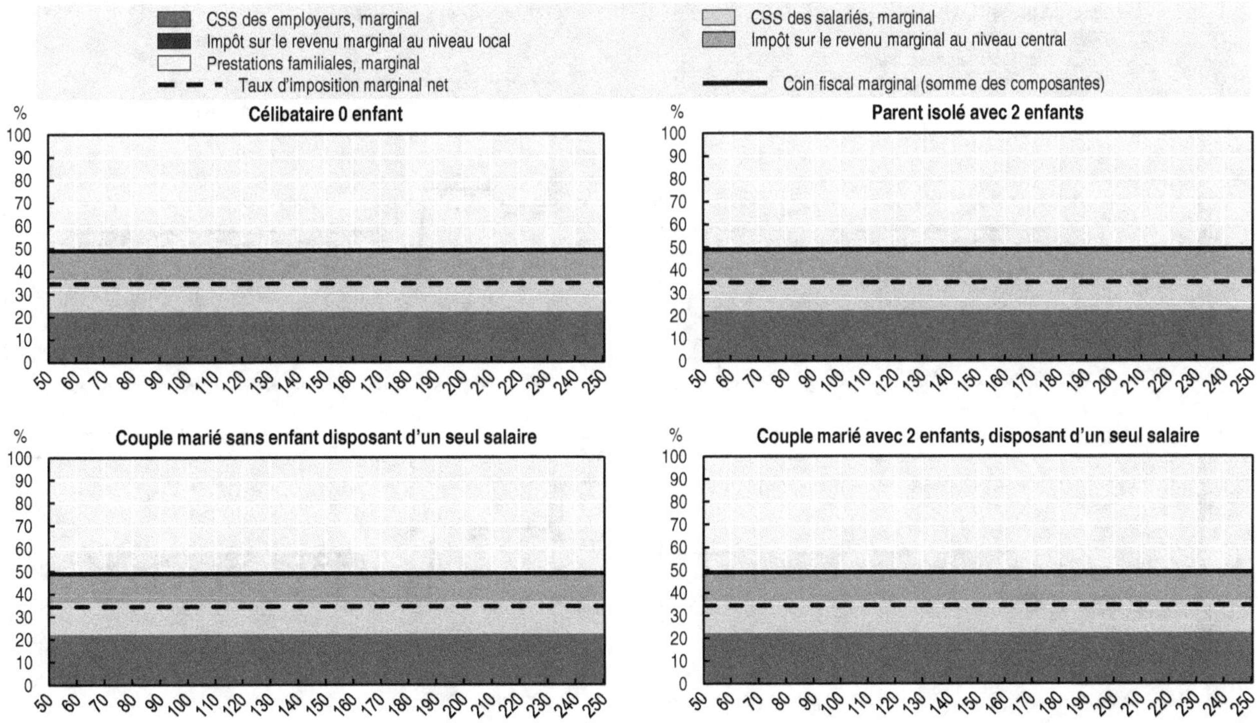

StatLink http://dx.doi.org/10.1787/888933211151

Irlande 2014 : décomposition du coin fiscal moyen

En fonction du salaire brut exprimé en % du salaire moyen

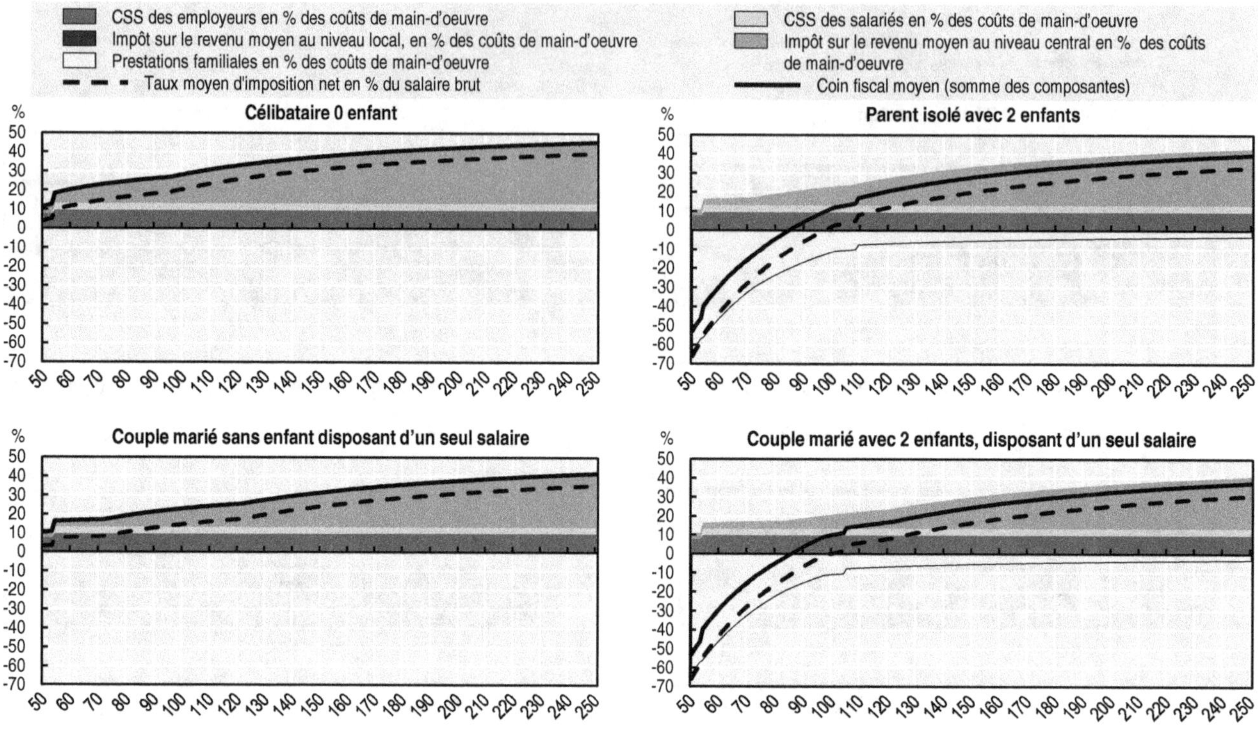

StatLink http://dx.doi.org/10.1787/888933210821

Irlande 2014 : décomposition du coin fiscal marginal

En fonction du salaire brut exprimé en % du salaire moyen

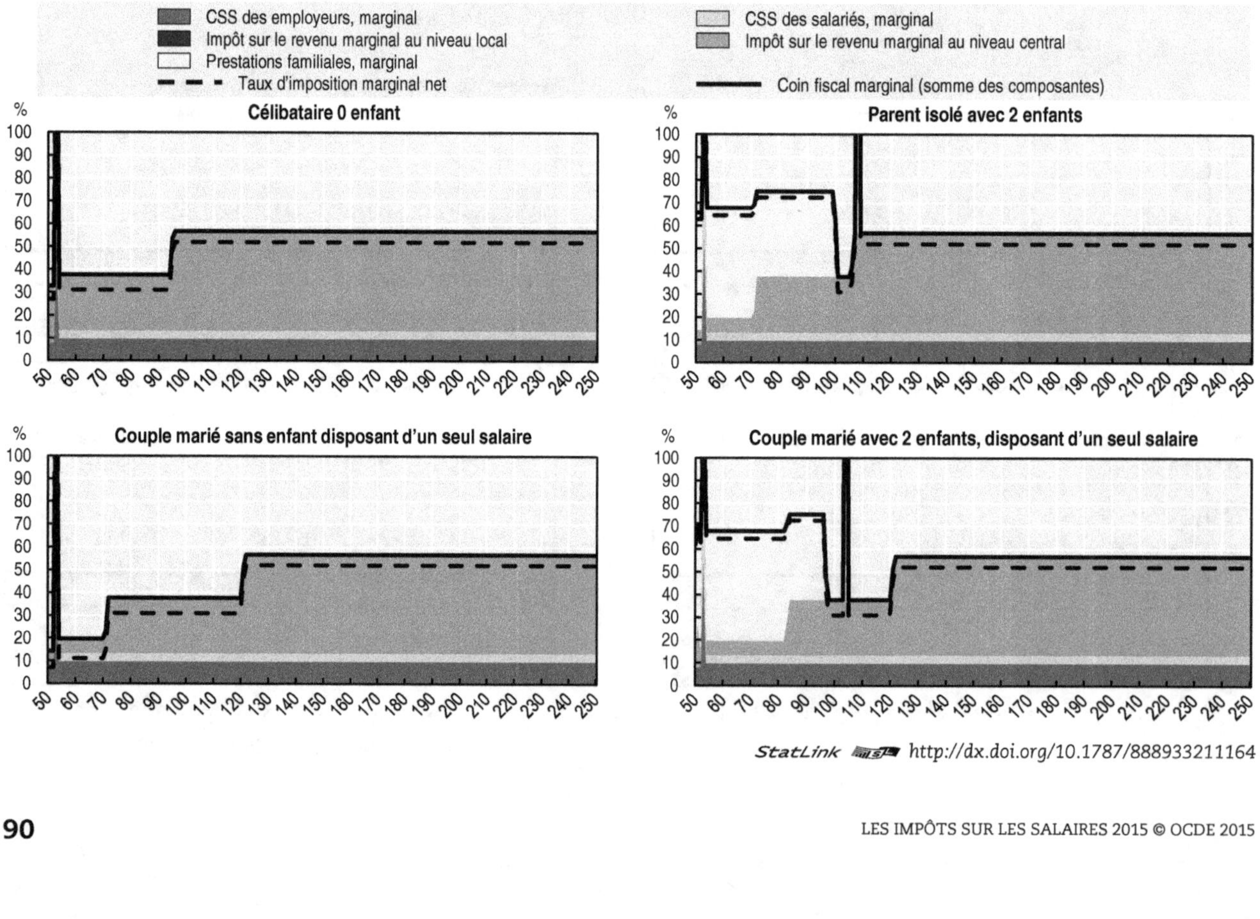

StatLink http://dx.doi.org/10.1787/888933211164

Islande 2014 : décomposition du coin fiscal moyen

En fonction du salaire brut exprimé en % du salaire moyen

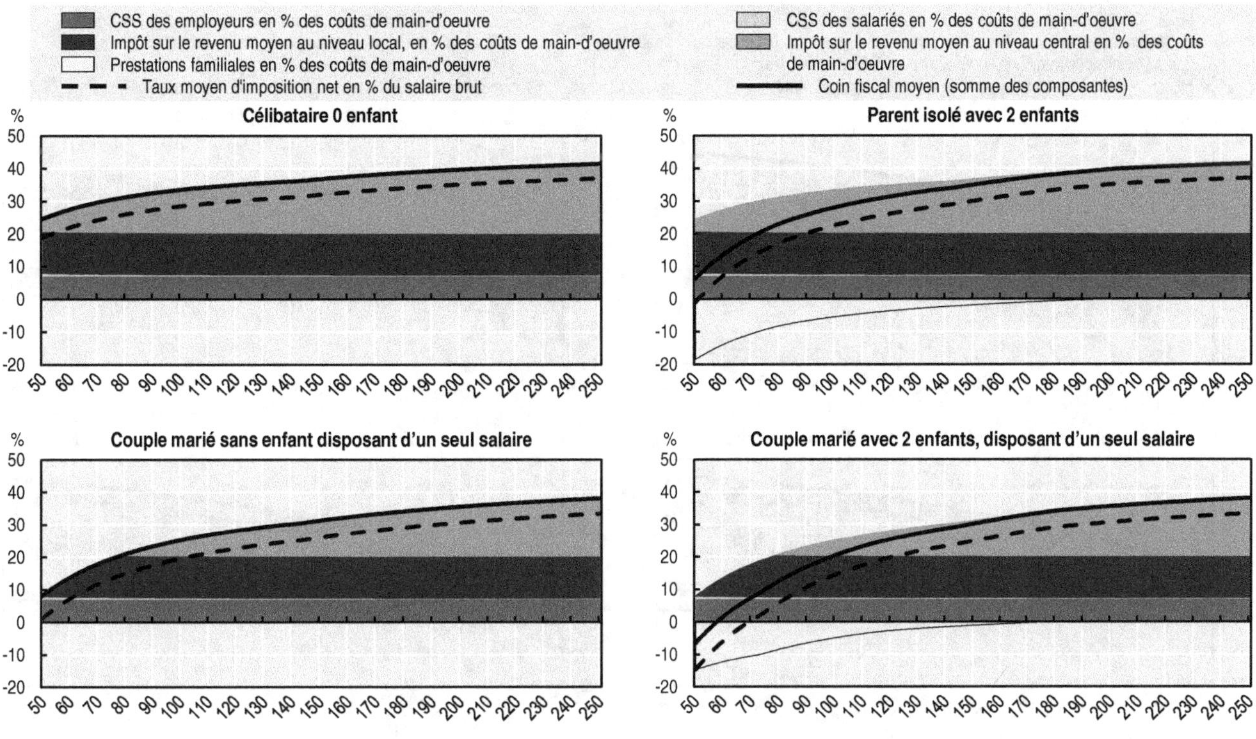

StatLink http://dx.doi.org/10.1787/888933210838

Islande 2014 : décomposition du coin fiscal marginal

En fonction du salaire brut exprimé en % du salaire moyen

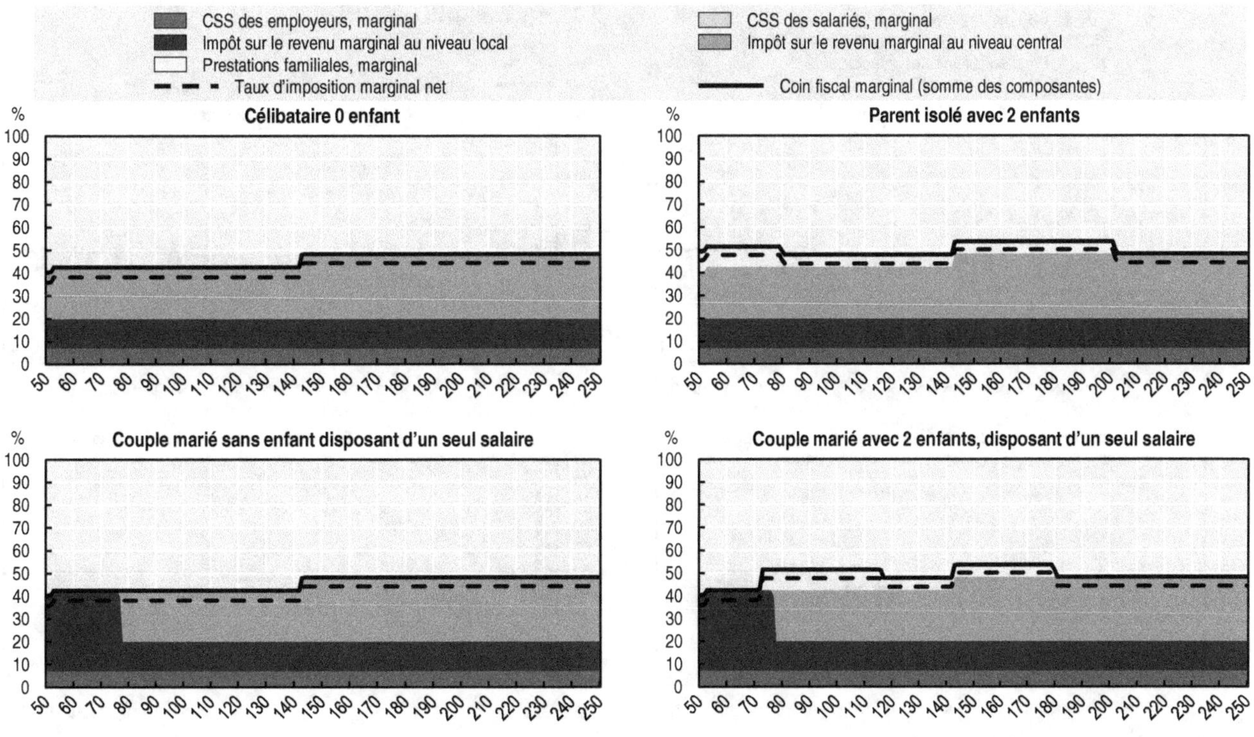

StatLink http://dx.doi.org/10.1787/888933211170

Israël 2014 : décomposition du coin fiscal moyen

En fonction du salaire brut exprimé en % du salaire moyen

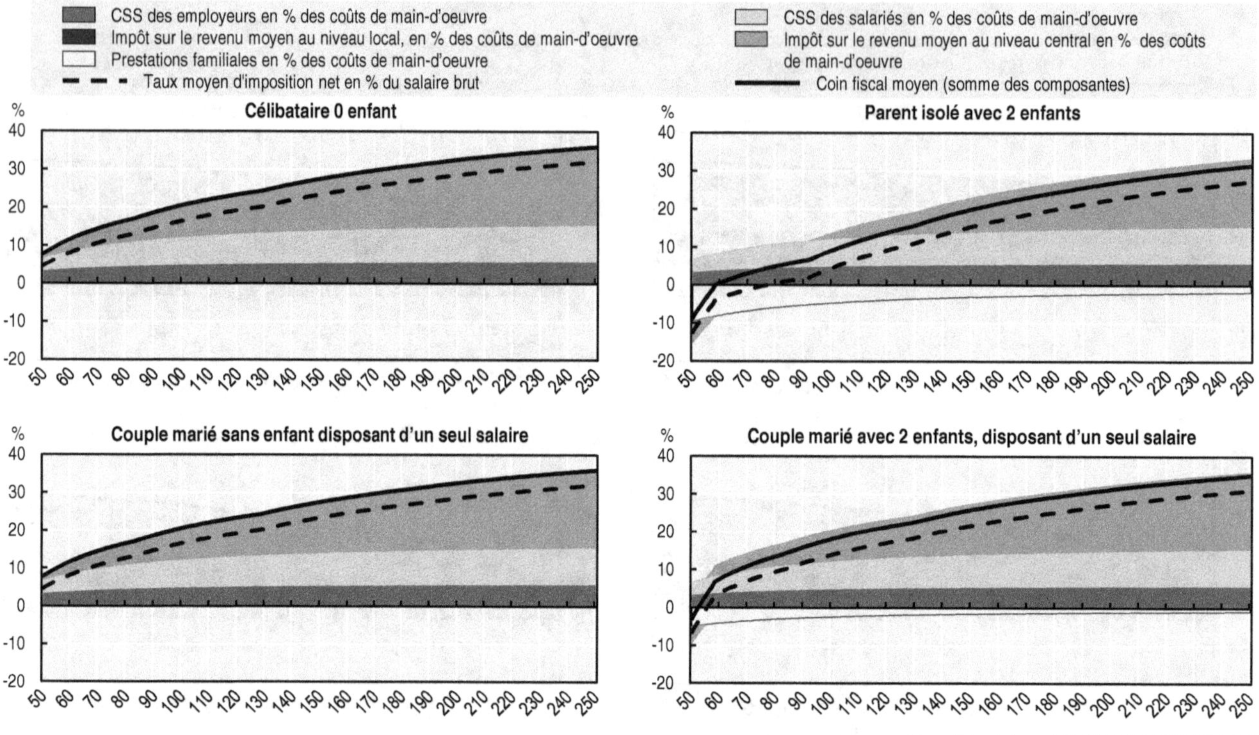

StatLink http://dx.doi.org/10.1787/888933210840

Israël 2014 : décomposition du coin fiscal marginal

En fonction du salaire brut exprimé en % du salaire moyen

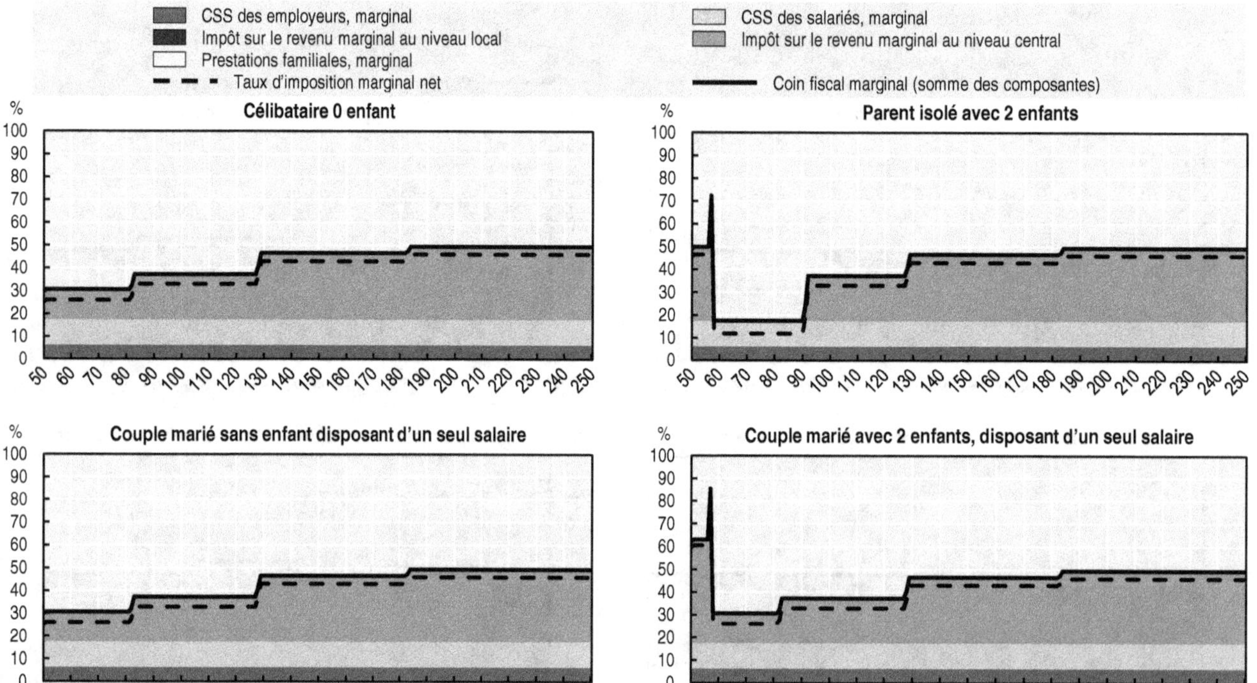

StatLink http://dx.doi.org/10.1787/888933211188

Italie 2014 : décomposition du coin fiscal moyen

En fonction du salaire brut exprimé en % du salaire moyen

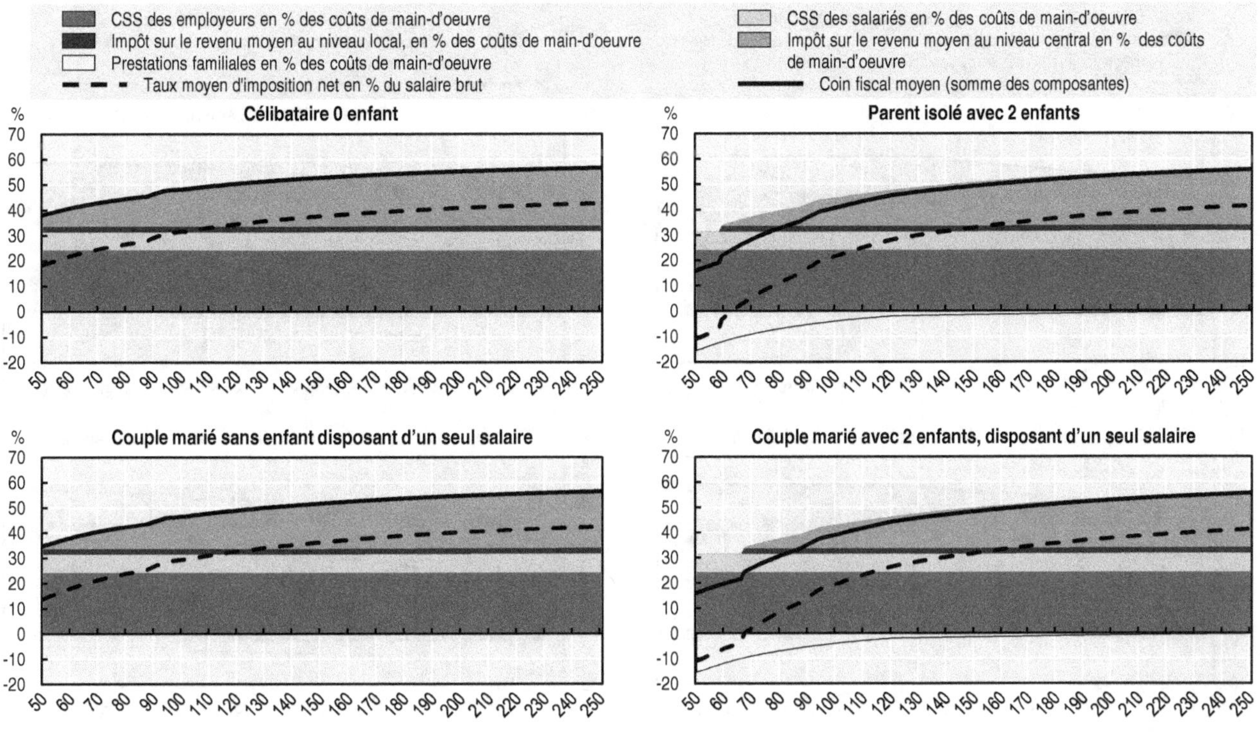

StatLink http://dx.doi.org/10.1787/888933210851

Italie 2014 : décomposition du coin fiscal marginal

En fonction du salaire brut exprimé en % du salaire moyen

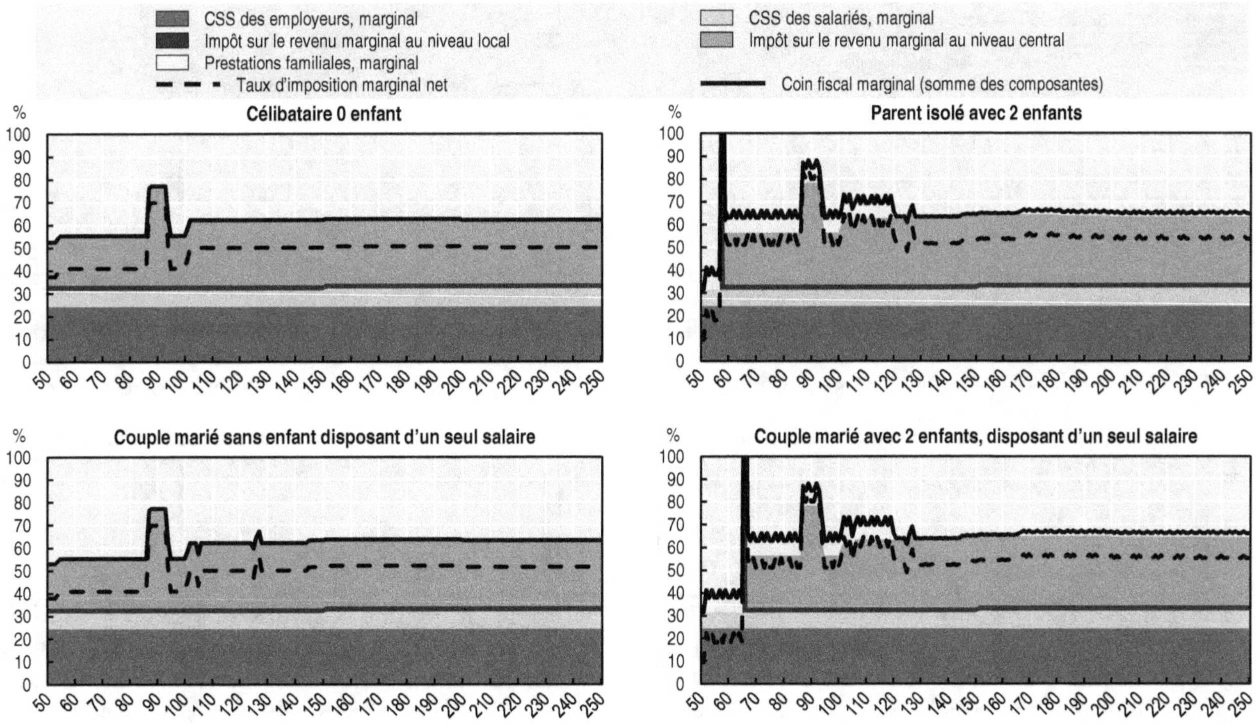

StatLink http://dx.doi.org/10.1787/888933211190

Japon 2014 : décomposition du coin fiscal moyen

En fonction du salaire brut exprimé en % du salaire moyen

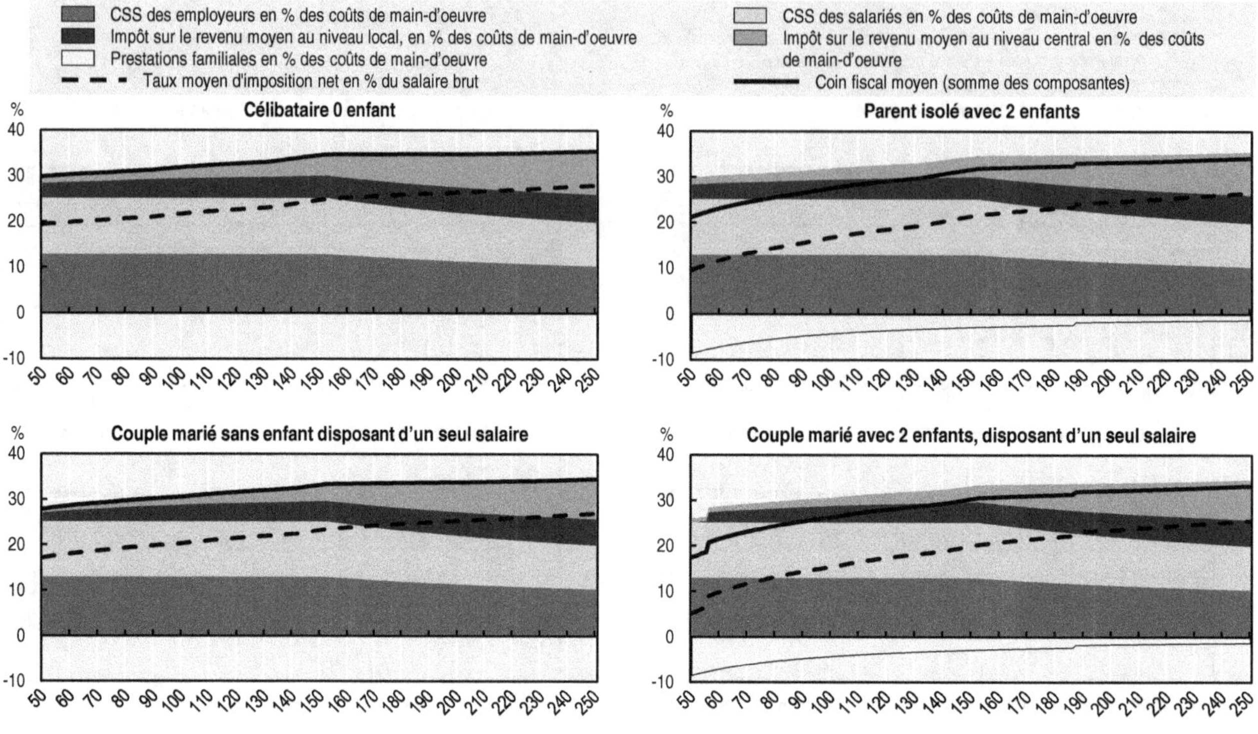

StatLink http://dx.doi.org/10.1787/888933210868

Japon 2014 : décomposition du coin fiscal marginal

En fonction du salaire brut exprimé en % du salaire moyen

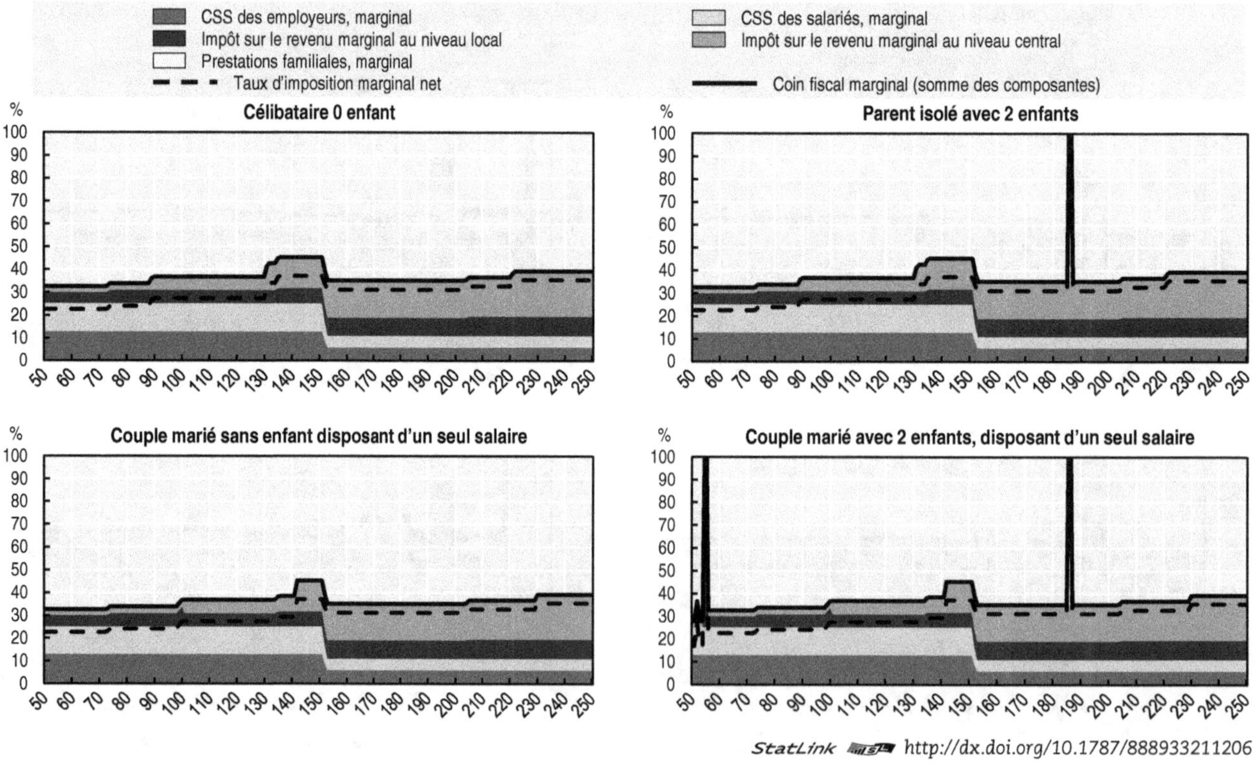

StatLink http://dx.doi.org/10.1787/888933211206

Luxembourg 2014 : décomposition du coin fiscal moyen

En fonction du salaire brut exprimé en % du salaire moyen

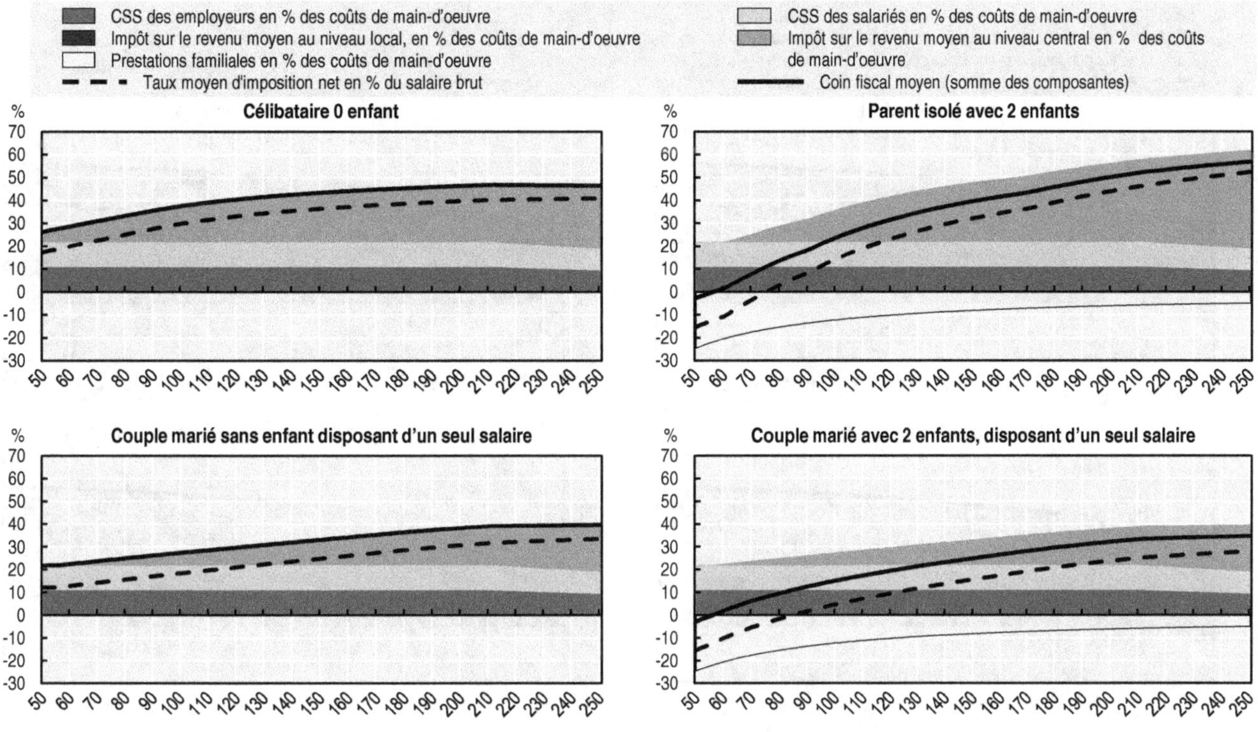

StatLink http://dx.doi.org/10.1787/888933210885

Luxembourg 2014 : décomposition du coin fiscal marginal

En fonction du salaire brut exprimé en % du salaire moyen

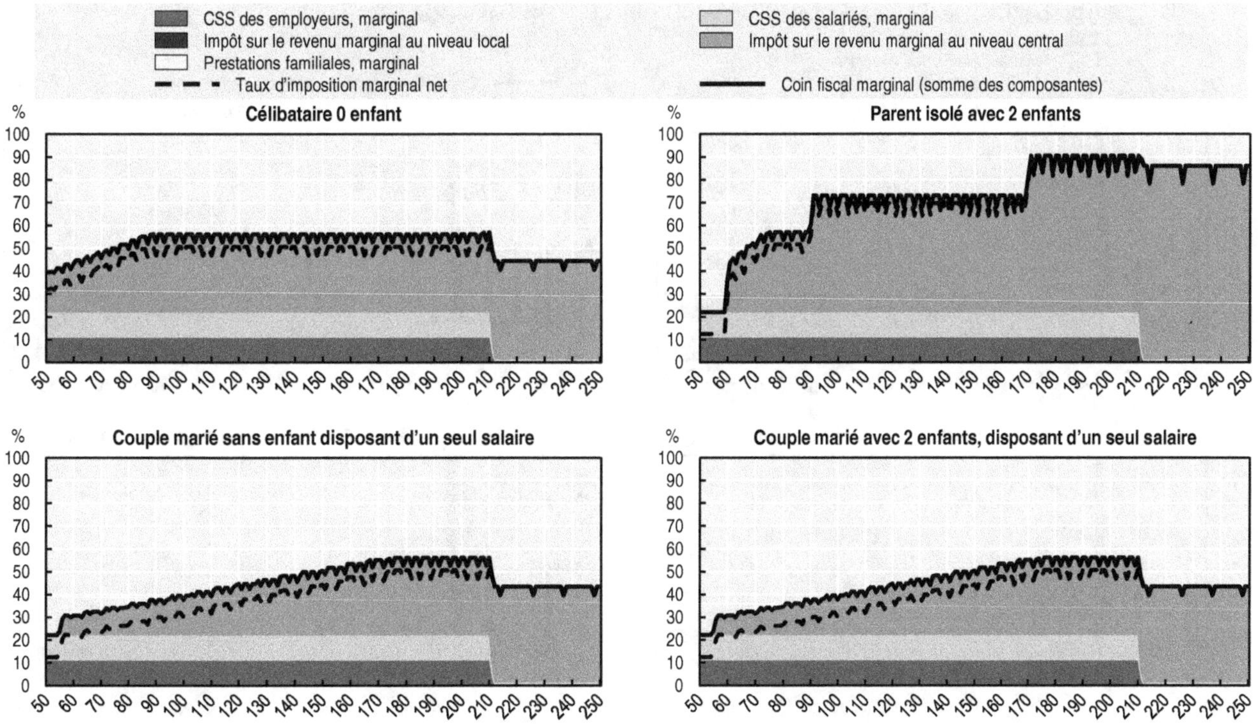

StatLink http://dx.doi.org/10.1787/888933211222

Mexique 2014 : décomposition du coin fiscal moyen

En fonction du salaire brut exprimé en % du salaire moyen

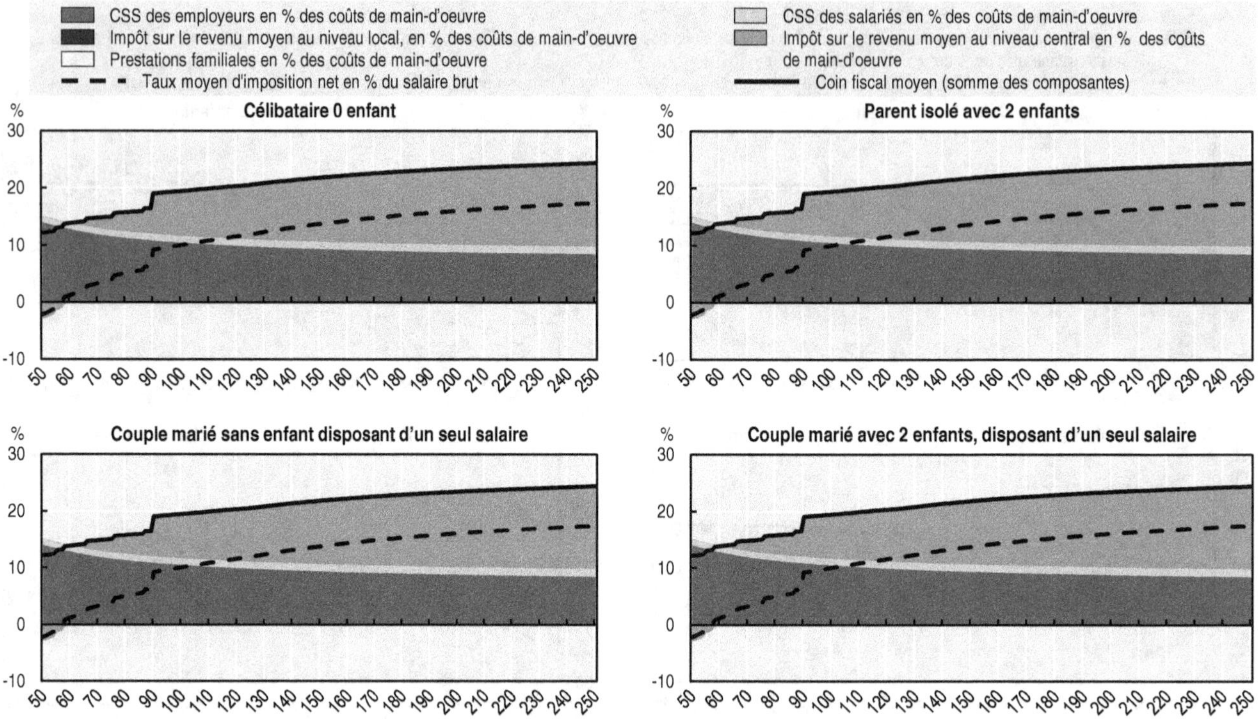

StatLink http://dx.doi.org/10.1787/888933210899

Mexique 2014 : décomposition du coin fiscal marginal

En fonction du salaire brut exprimé en % du salaire moyen

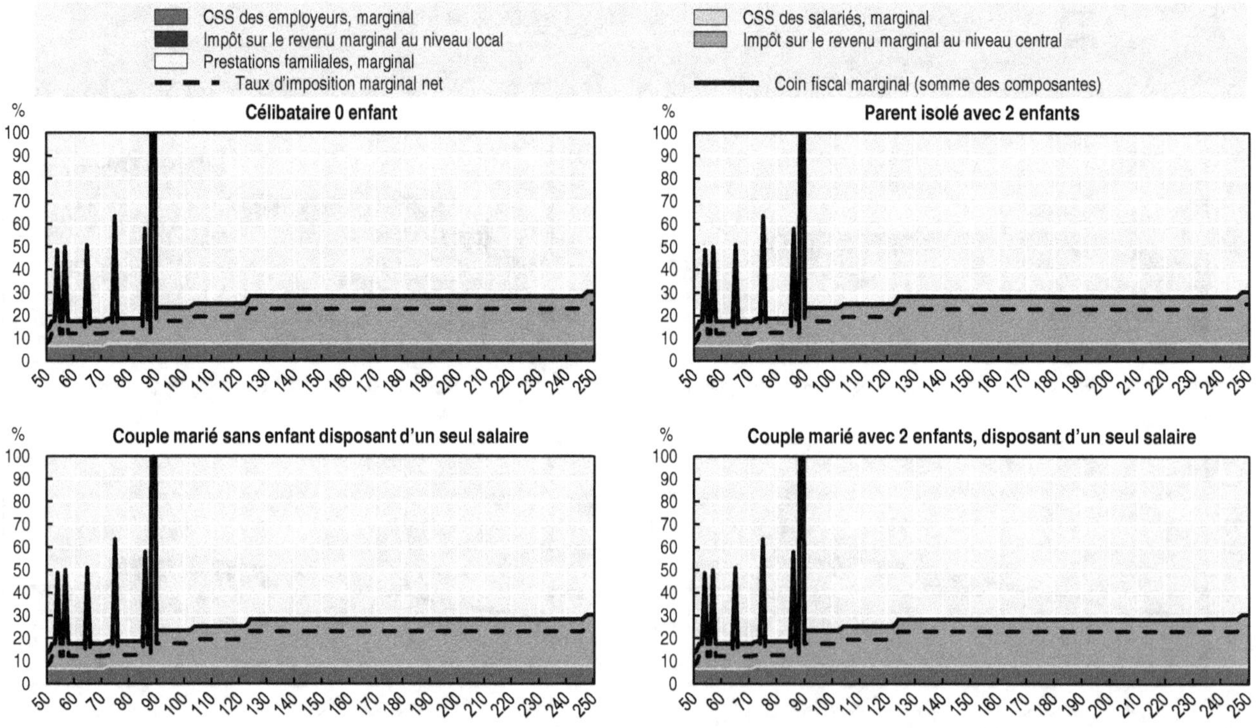

StatLink http://dx.doi.org/10.1787/888933211237

Norvège 2014 : décomposition du coin fiscal moyen

En fonction du salaire brut exprimé en % du salaire moyen

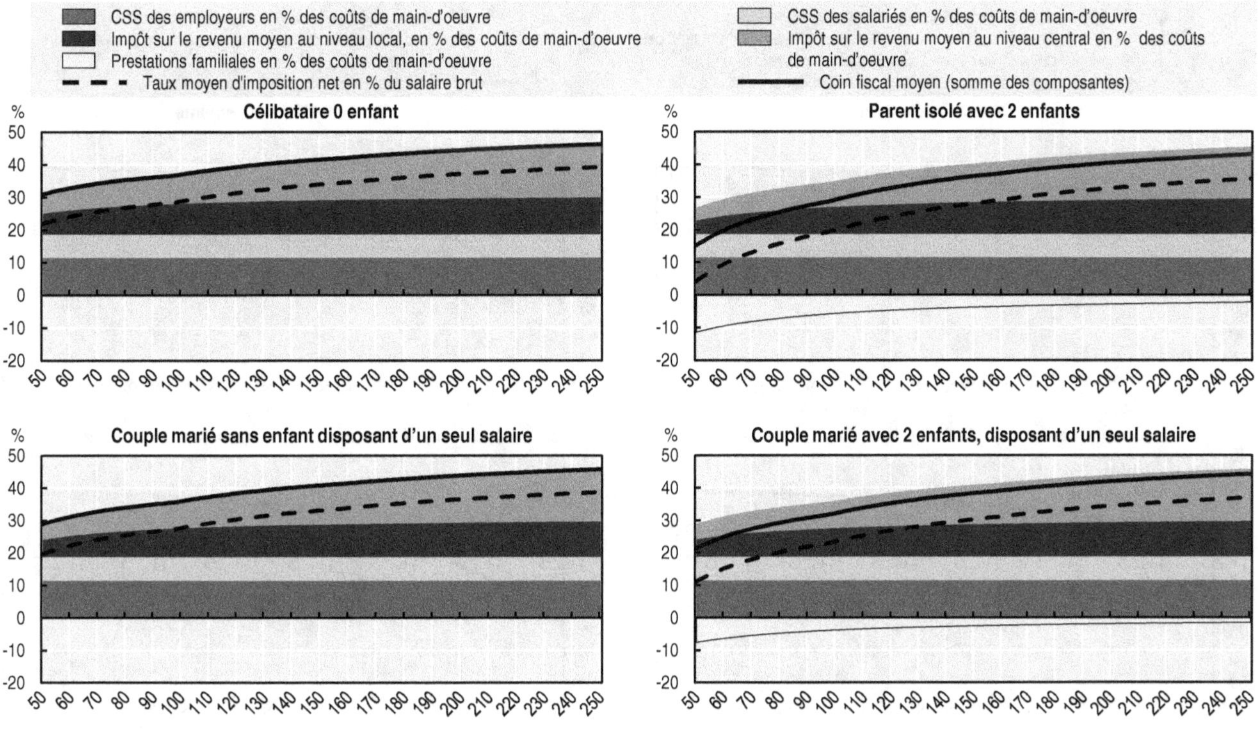

StatLink http://dx.doi.org/10.1787/888933210919

Norvège 2014 : décomposition du coin fiscal marginal

En fonction du salaire brut exprimé en % du salaire moyen

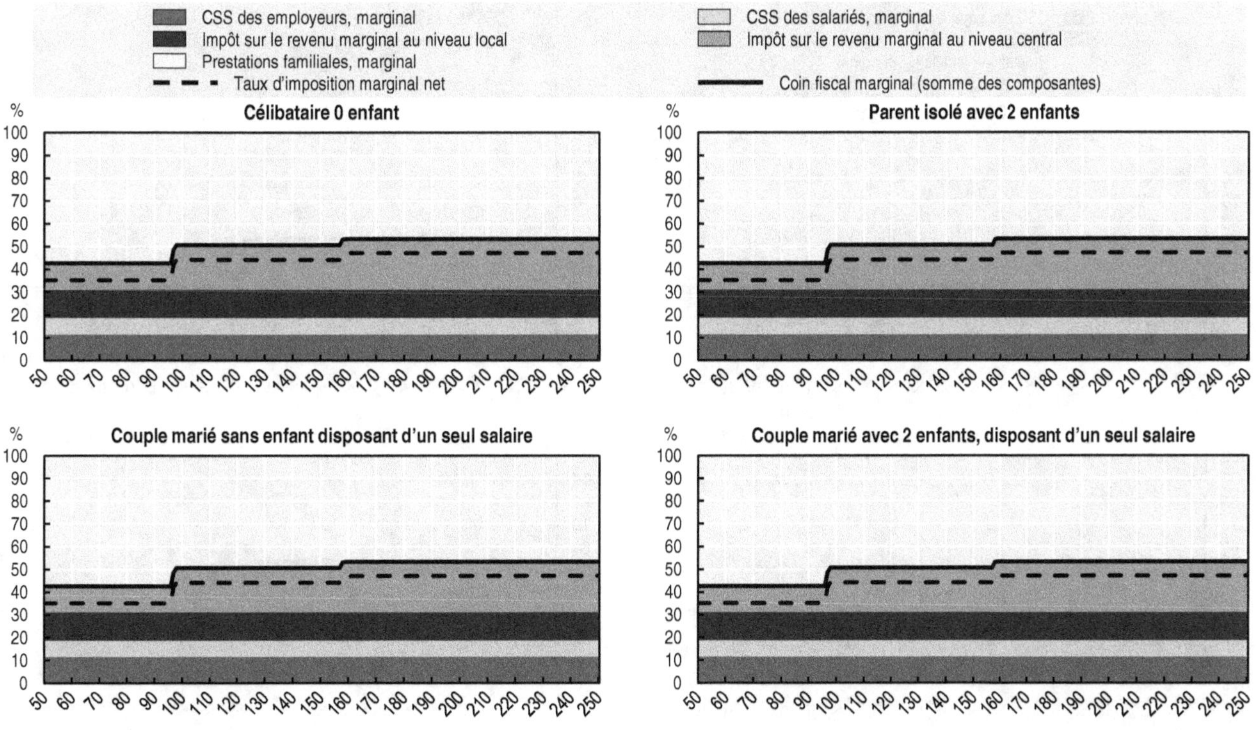

StatLink http://dx.doi.org/10.1787/888933211250

Nouvelle-Zélande 2014 : décomposition du coin fiscal moyen

En fonction du salaire brut exprimé en % du salaire moyen

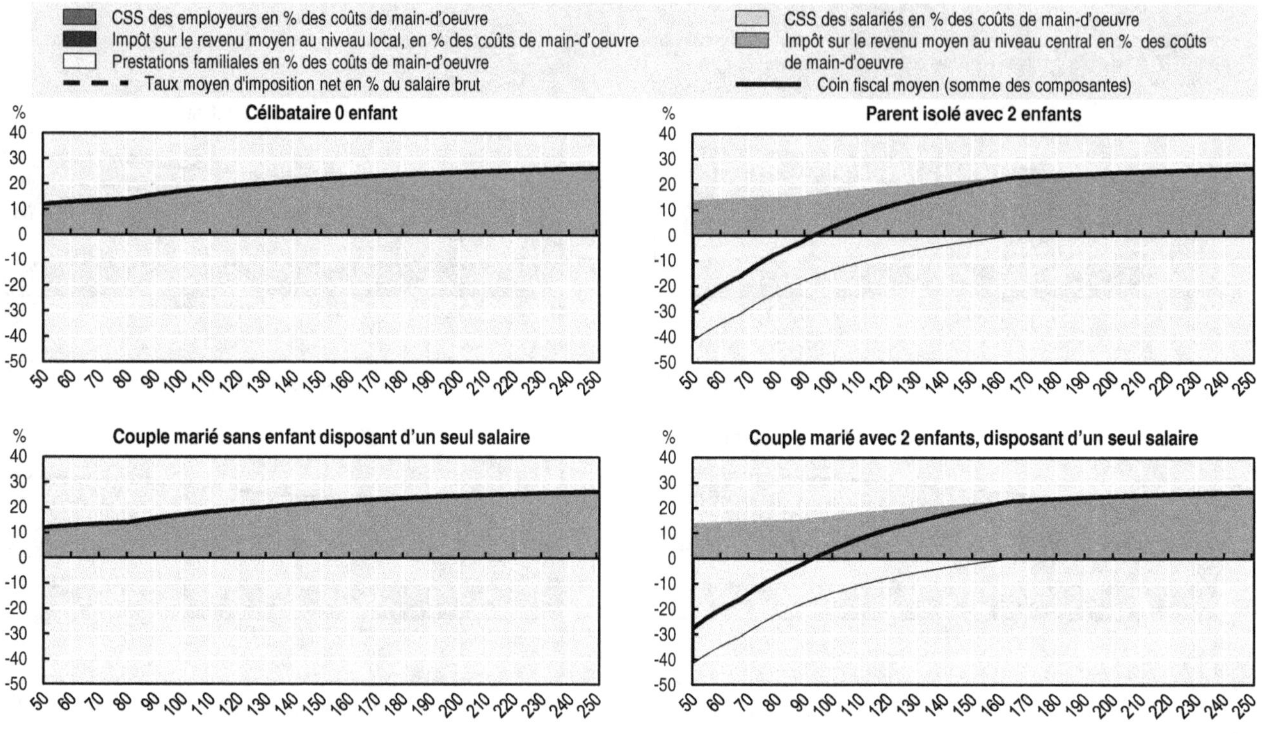

StatLink http://dx.doi.org/10.1787/888933210921

Nouvelle-Zélande 2014 : décomposition du coin fiscal marginal

En fonction du salaire brut exprimé en % du salaire moyen

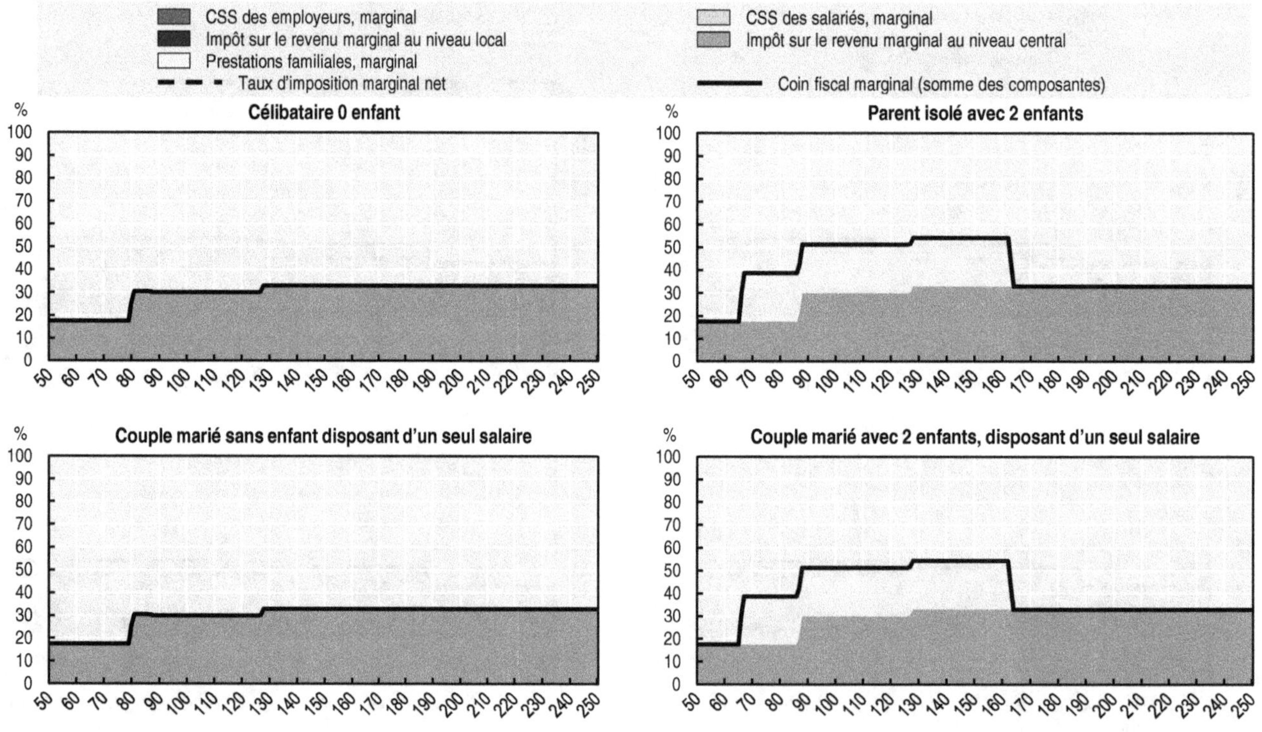

StatLink http://dx.doi.org/10.1787/888933211269

Pays-Bas 2014 : décomposition du coin fiscal moyen

En fonction du salaire brut exprimé en % du salaire moyen

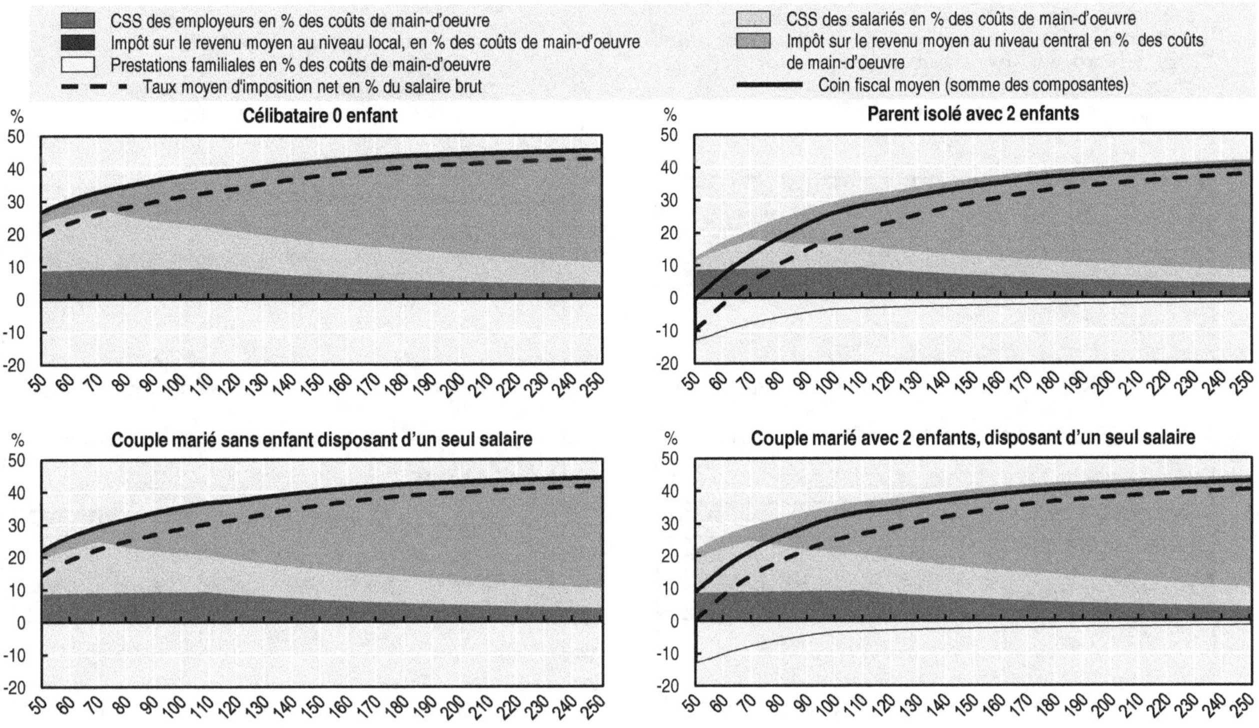

StatLink http://dx.doi.org/10.1787/888933210906

Pays-Bas 2014 : décomposition du coin fiscal marginal

En fonction du salaire brut exprimé en % du salaire moyen

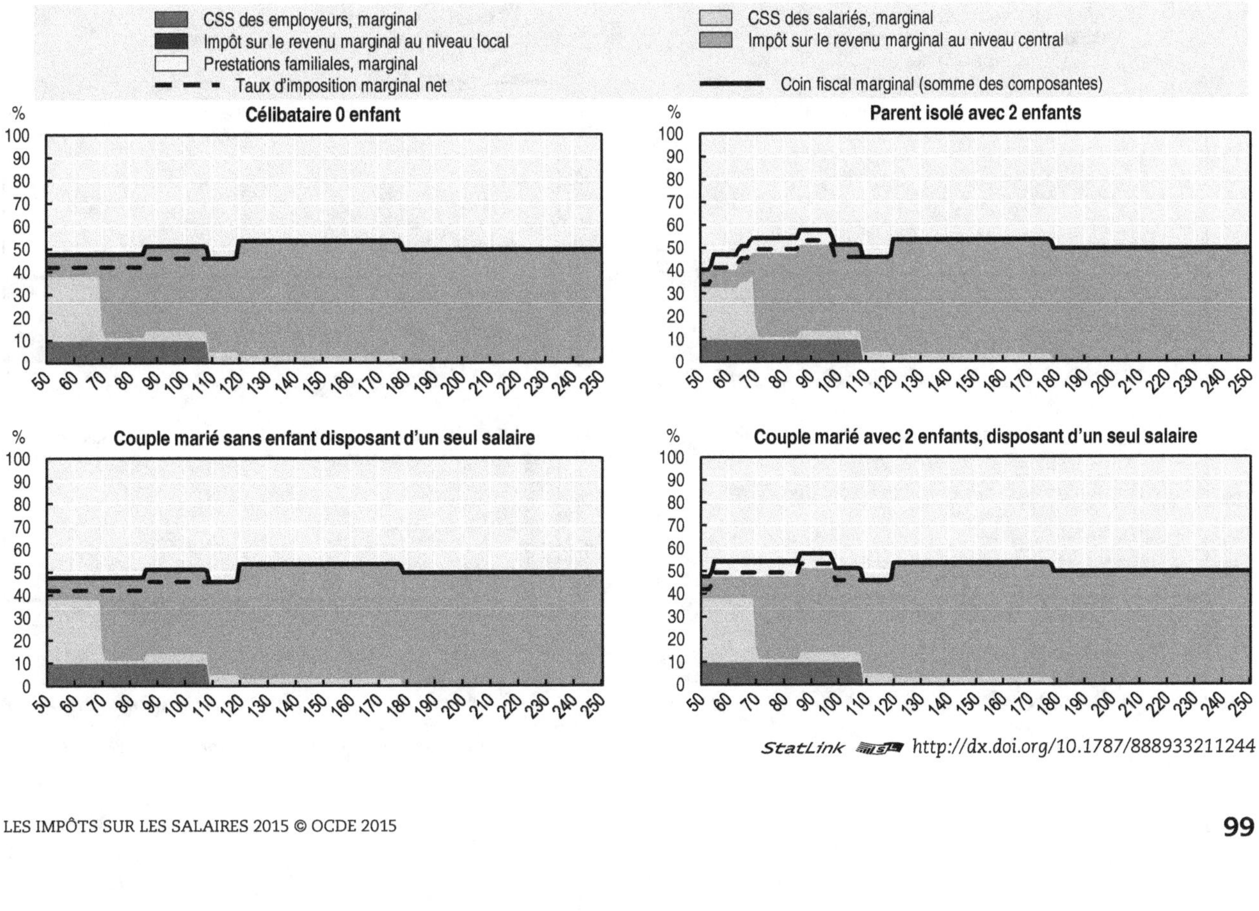

StatLink http://dx.doi.org/10.1787/888933211244

Pologne 2014 : décomposition du coin fiscal moyen

En fonction du salaire brut exprimé en % du salaire moyen

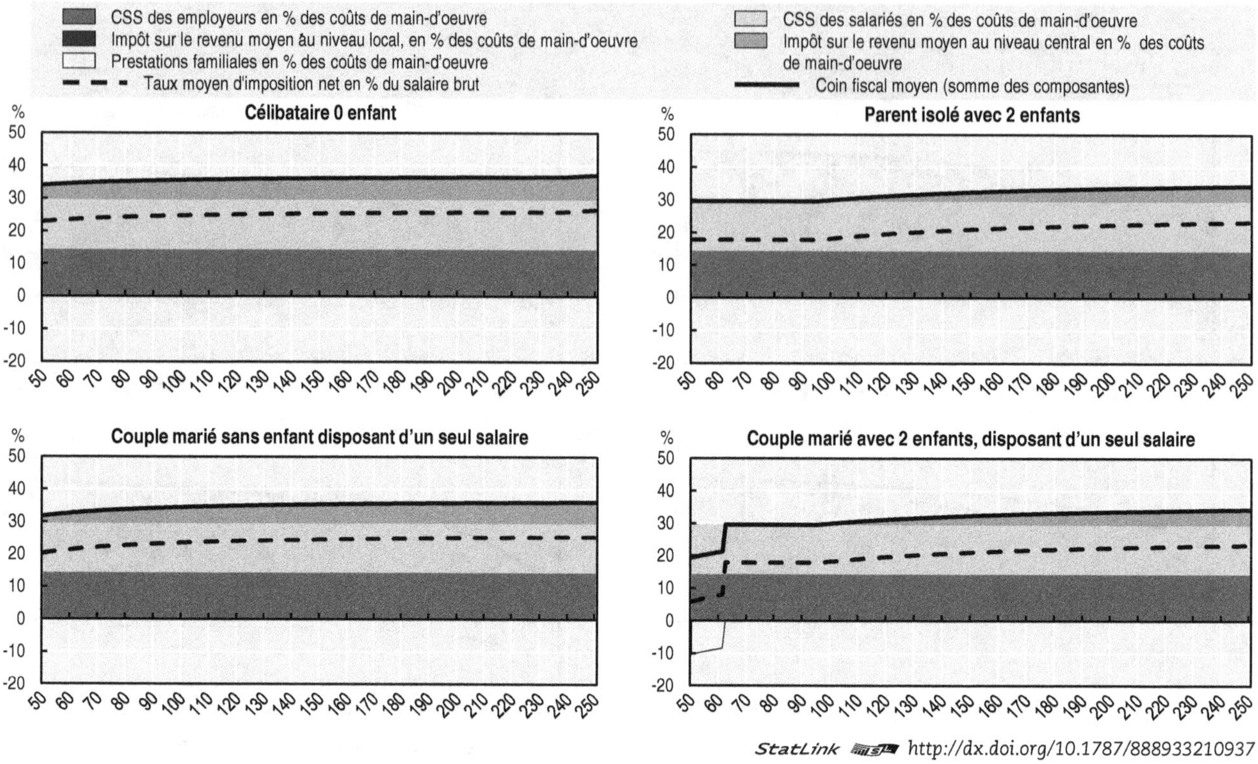

StatLink http://dx.doi.org/10.1787/888933210937

Pologne 2014 : décomposition du coin fiscal marginal

En fonction du salaire brut exprimé en % du salaire moyen

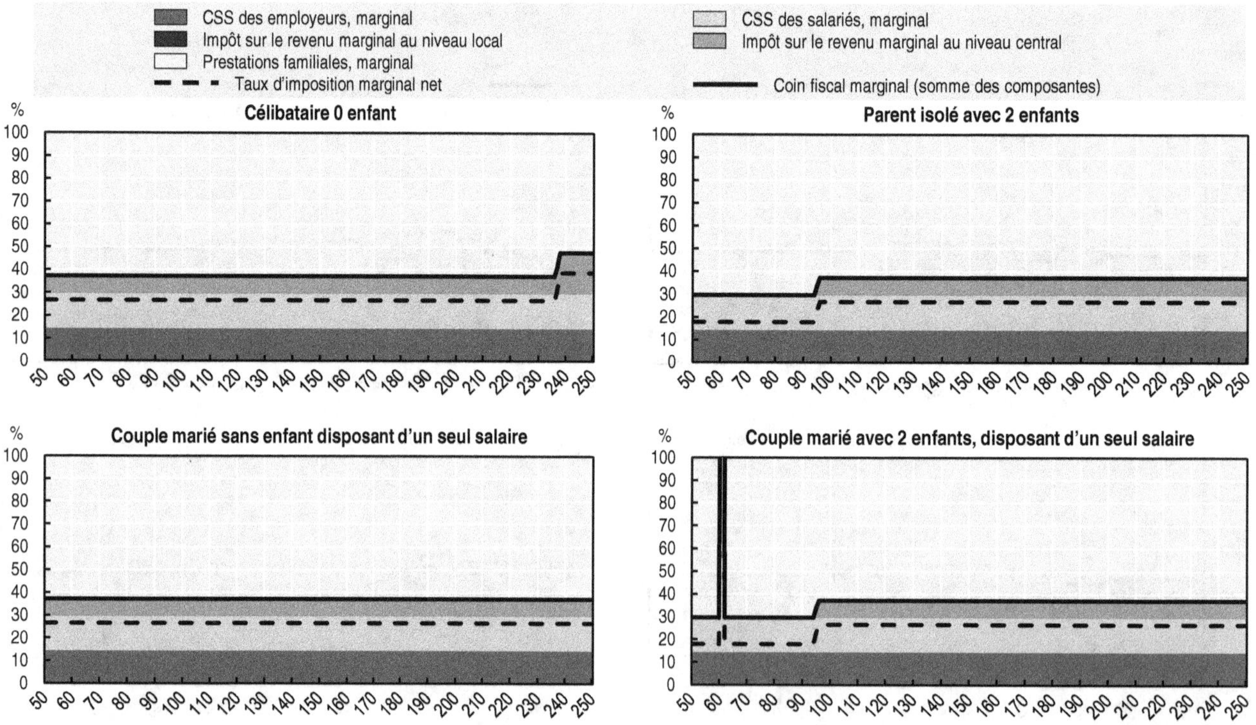

StatLink http://dx.doi.org/10.1787/888933211279

Portugal 2014 : décomposition du coin fiscal moyen

En fonction du salaire brut exprimé en % du salaire moyen

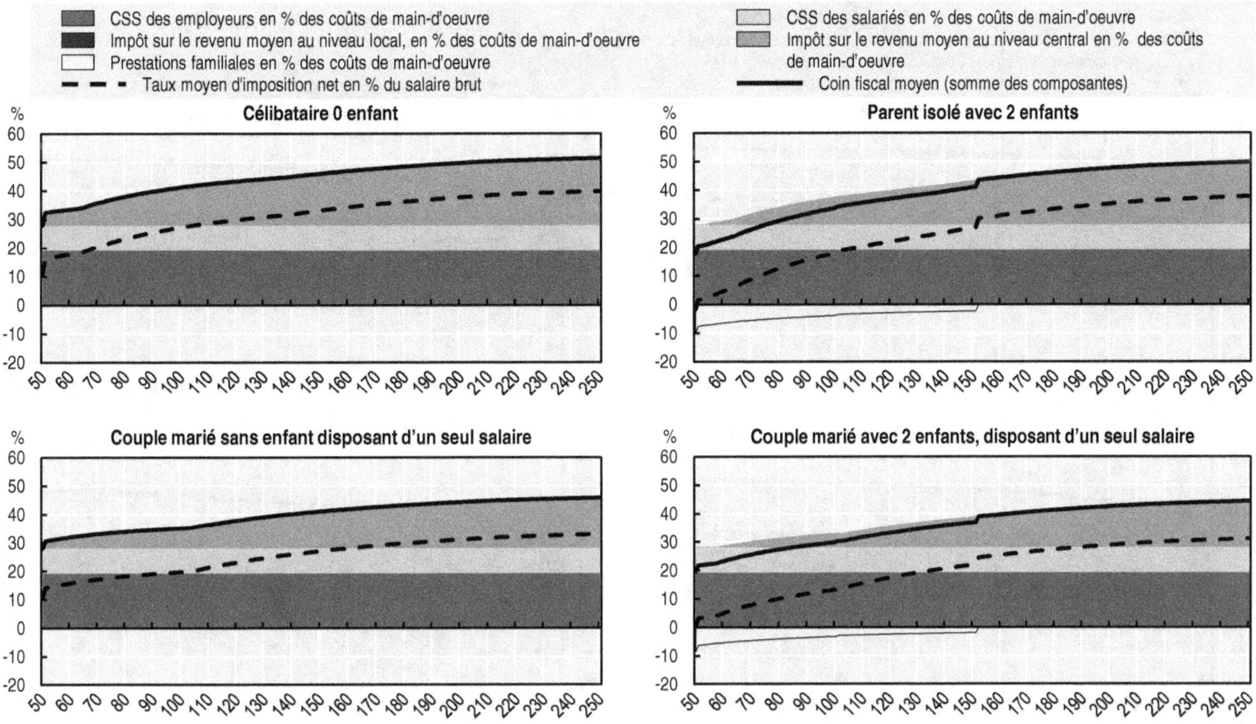

StatLink http://dx.doi.org/10.1787/888933210948

Portugal 2014 : décomposition du coin fiscal marginal

En fonction du salaire brut exprimé en % du salaire moyen

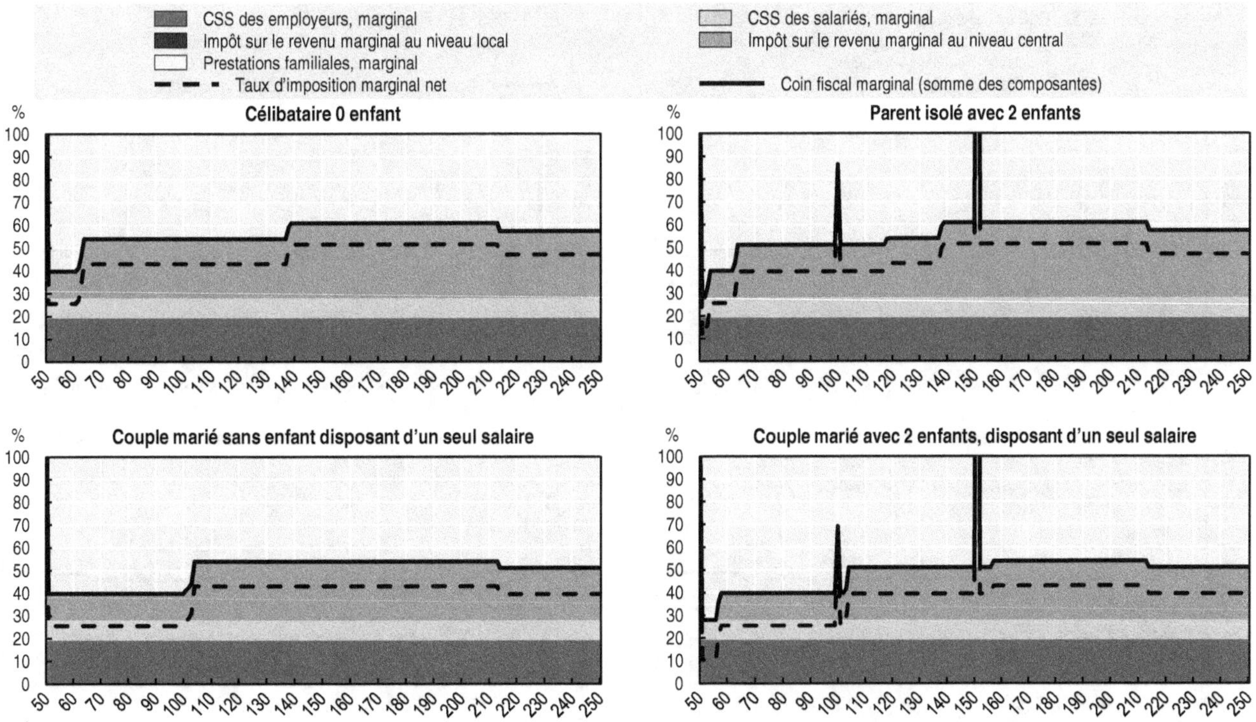

StatLink http://dx.doi.org/10.1787/888933211281

République slovaque 2014 : décomposition du coin fiscal moyen

En fonction du salaire brut exprimé en % du salaire moyen

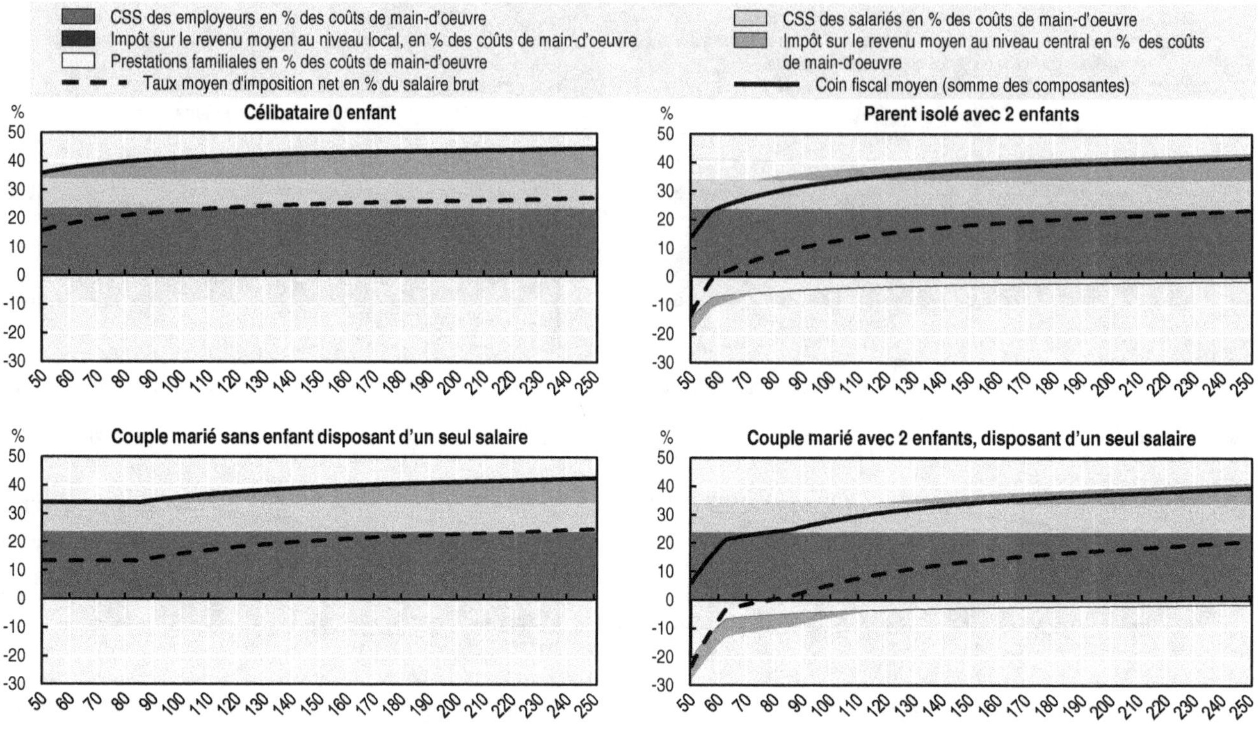

StatLink http://dx.doi.org/10.1787/888933210958

République slovaque 2014 : décomposition du coin fiscal marginal

En fonction du salaire brut exprimé en % du salaire moyen

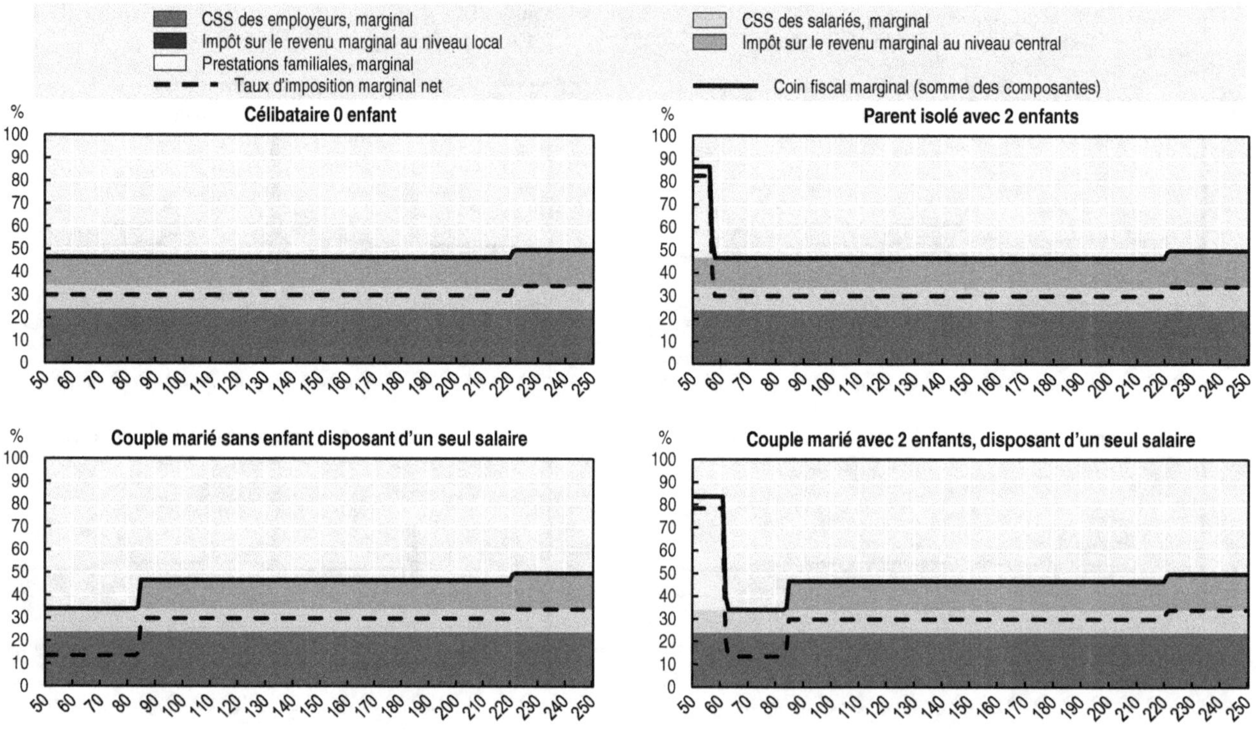

StatLink http://dx.doi.org/10.1787/888933211294

République tchèque 2014 : décomposition du coin fiscal moyen

En fonction du salaire brut exprimé en % du salaire moyen

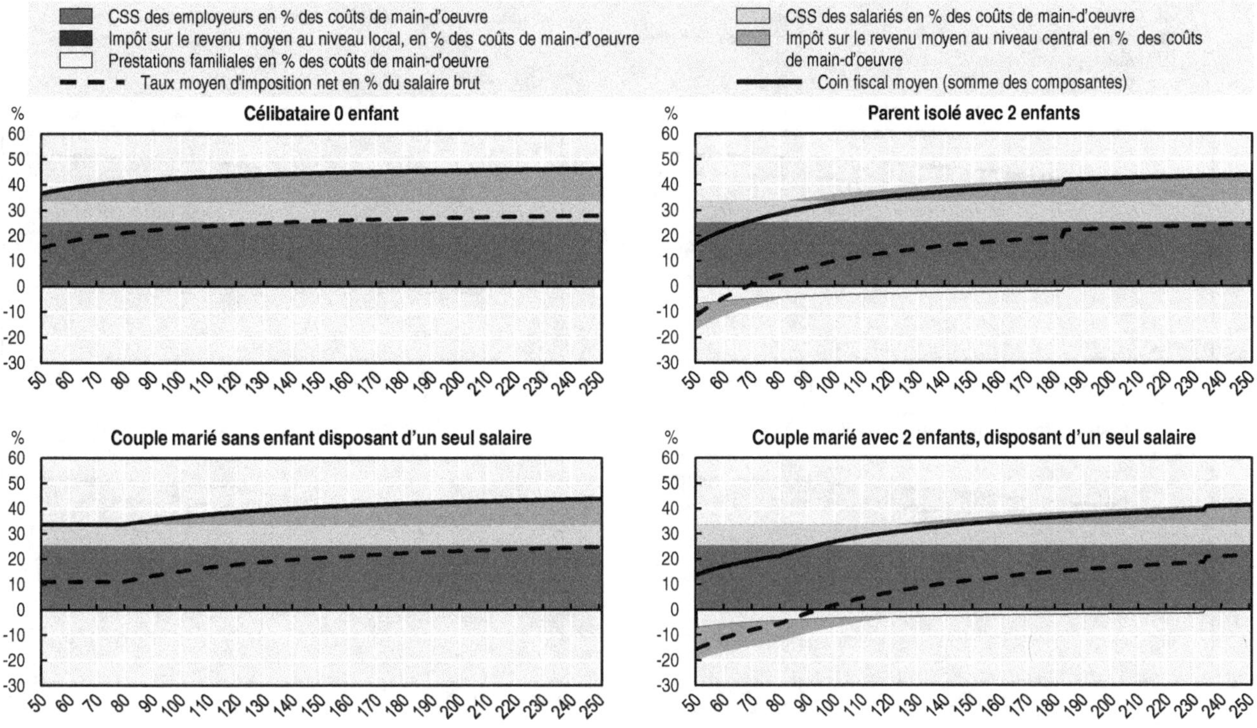

StatLink http://dx.doi.org/10.1787/888933210729

République tchèque 2014 : décomposition du coin fiscal marginal

En fonction du salaire brut exprimé en % du salaire moyen

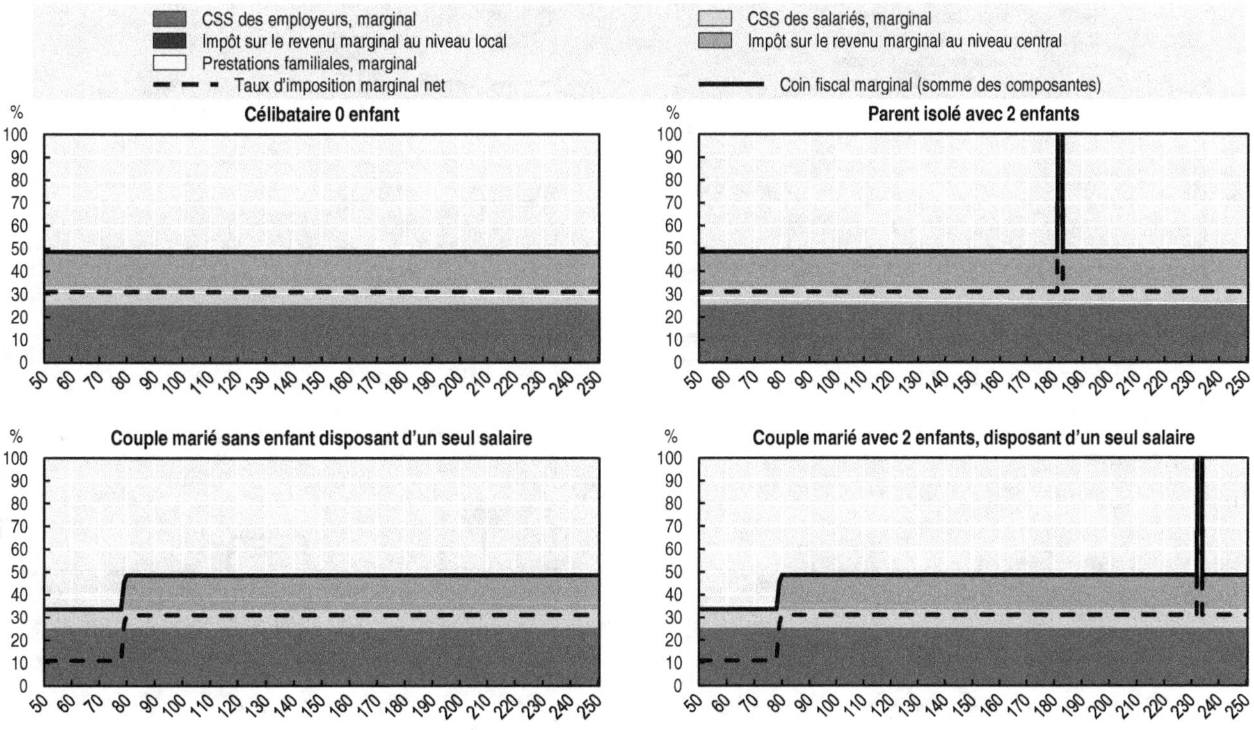

StatLink http://dx.doi.org/10.1787/888933211060

Royaume-Uni 2014 : décomposition du coin fiscal moyen

En fonction du salaire brut exprimé en % du salaire moyen

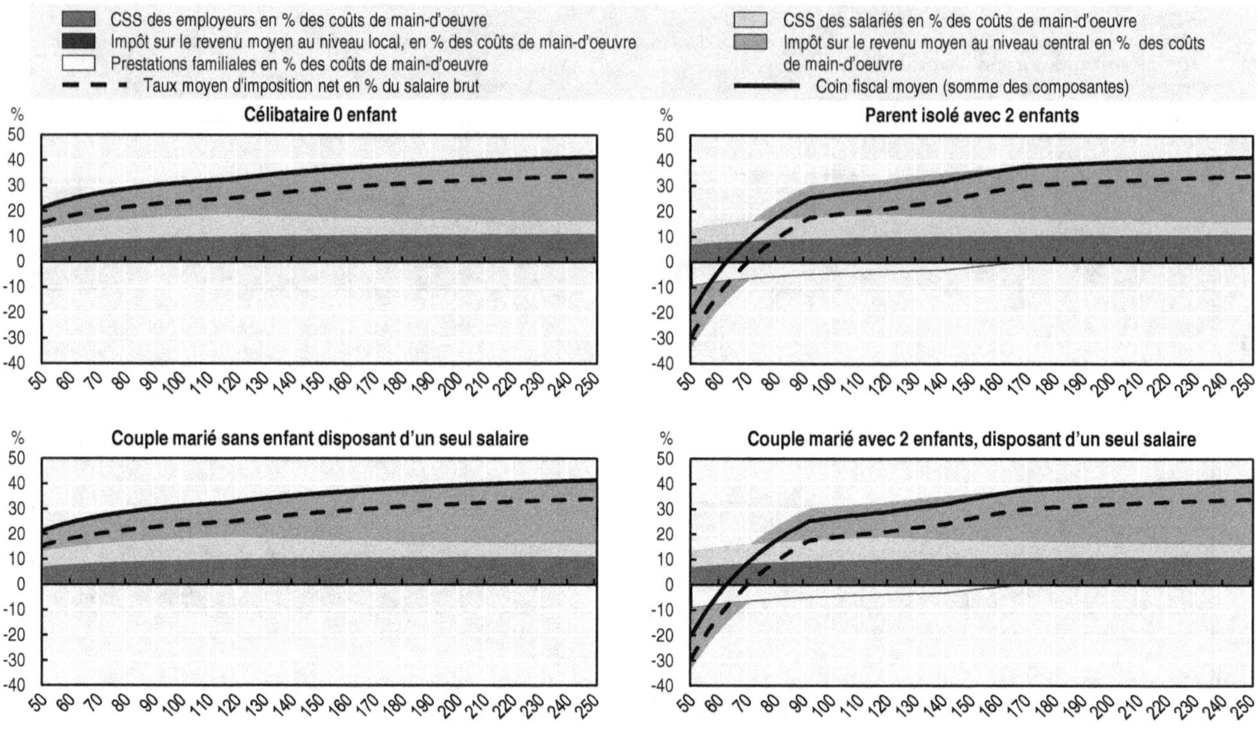

StatLink http://dx.doi.org/10.1787/888933210798

Royaume-Uni 2014 : décomposition du coin fiscal marginal

En fonction du salaire brut exprimé en % du salaire moyen

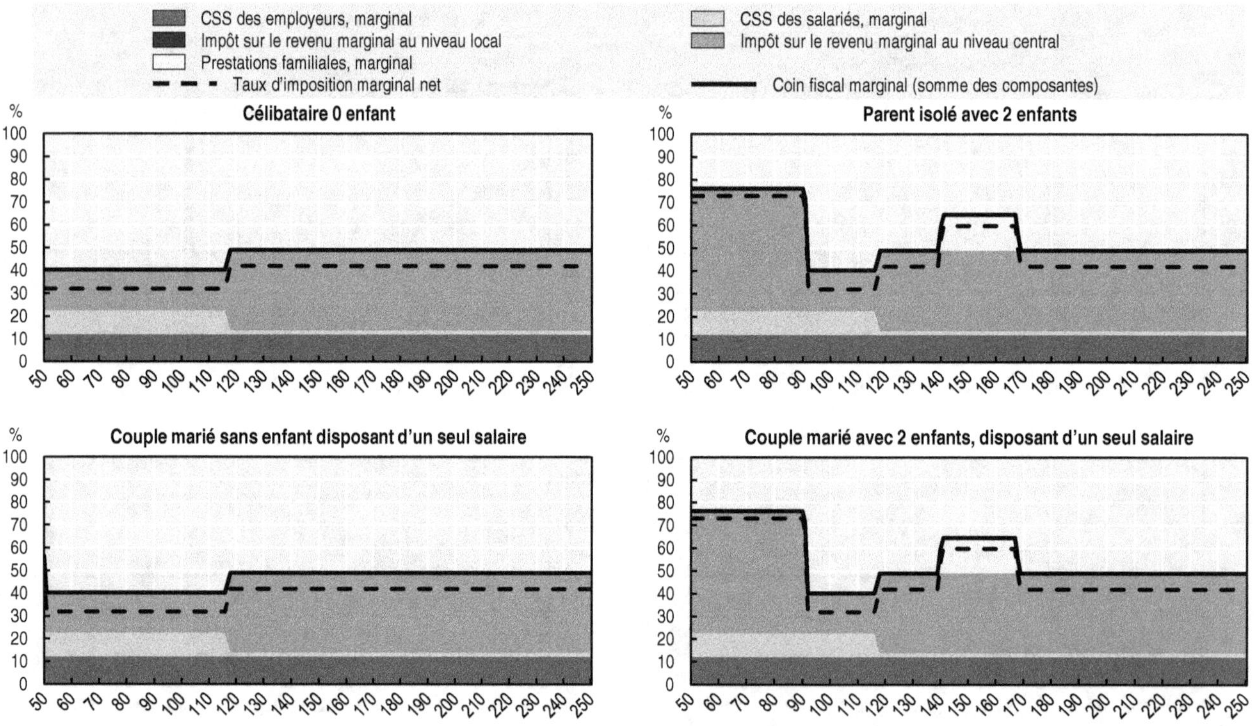

StatLink http://dx.doi.org/10.1787/888933211130

Slovénie 2014 : décomposition du coin fiscal moyen

En fonction du salaire brut exprimé en % du salaire moyen

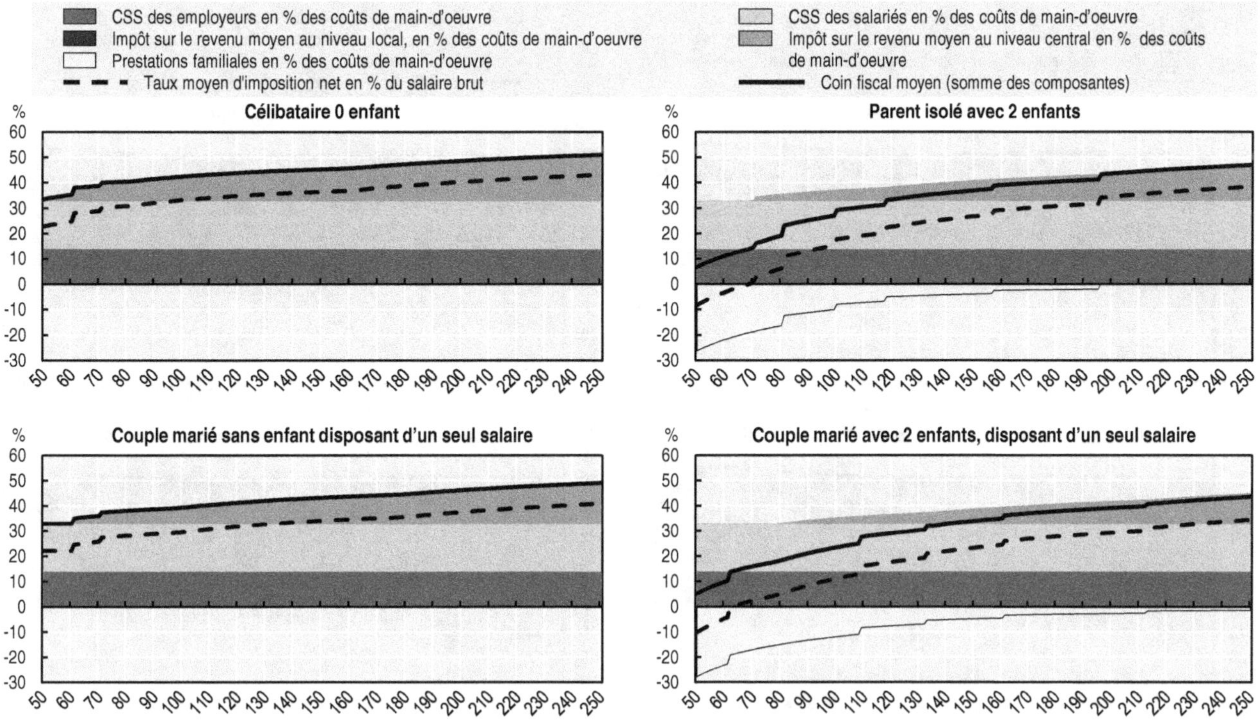

StatLink http://dx.doi.org/10.1787/888933210963

Slovénie 2014 : décomposition du coin fiscal marginal

En fonction du salaire brut exprimé en % du salaire moyen

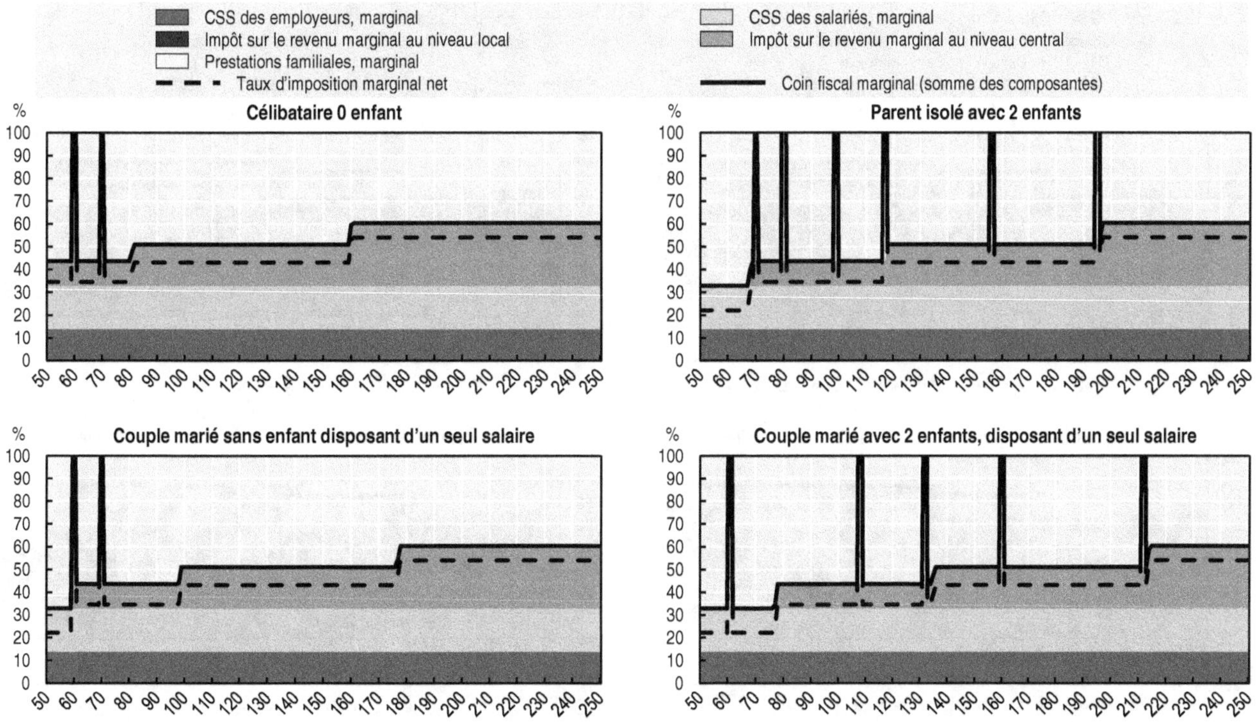

StatLink http://dx.doi.org/10.1787/888933211300

Suède 2014 : décomposition du coin fiscal moyen

En fonction du salaire brut exprimé en % du salaire moyen

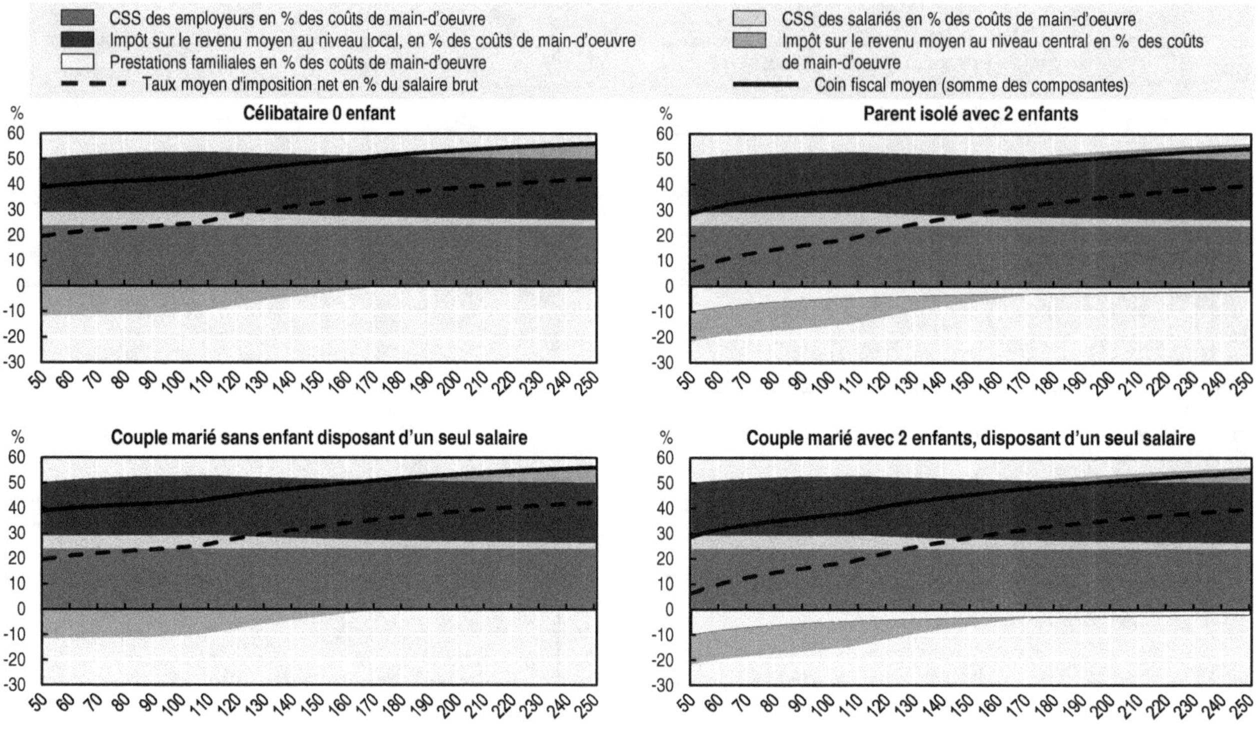

StatLink http://dx.doi.org/10.1787/888933210975

Suède 2014 : décomposition du coin fiscal marginal

En fonction du salaire brut exprimé en % du salaire moyen

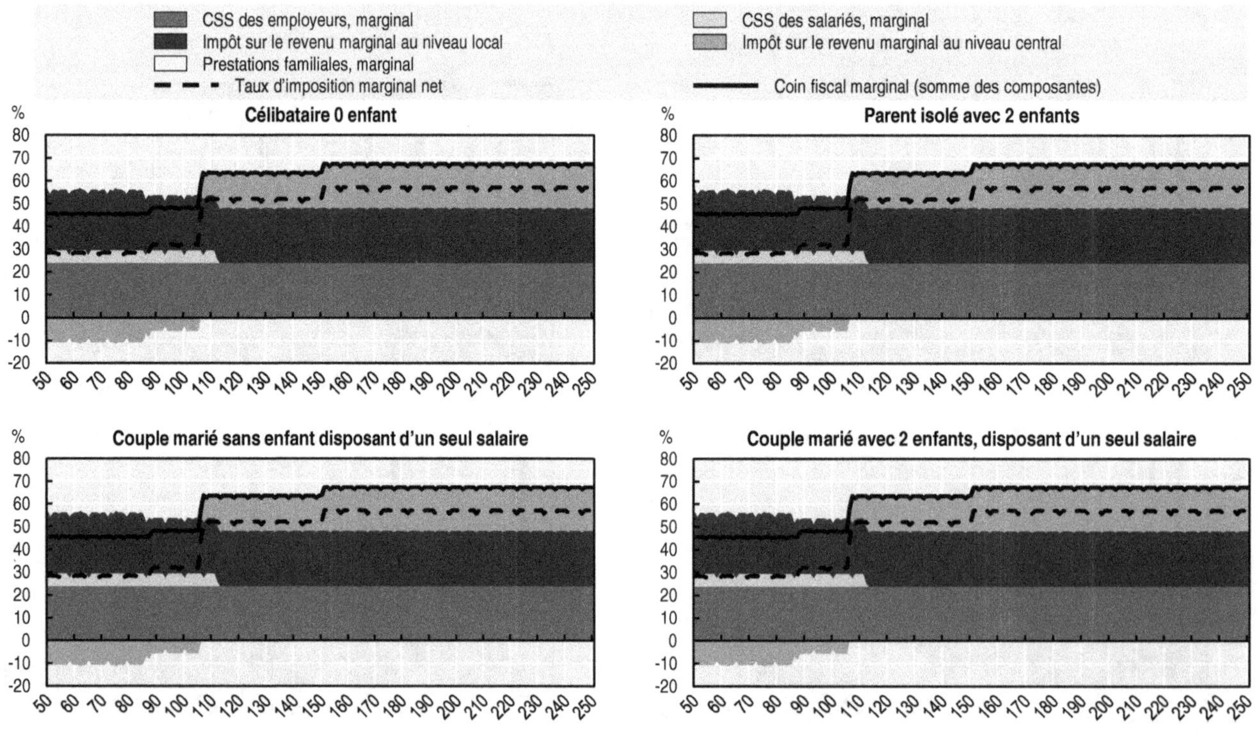

StatLink http://dx.doi.org/10.1787/888933211311

Suisse 2014 : décomposition du coin fiscal moyen

En fonction du salaire brut exprimé en % du salaire moyen

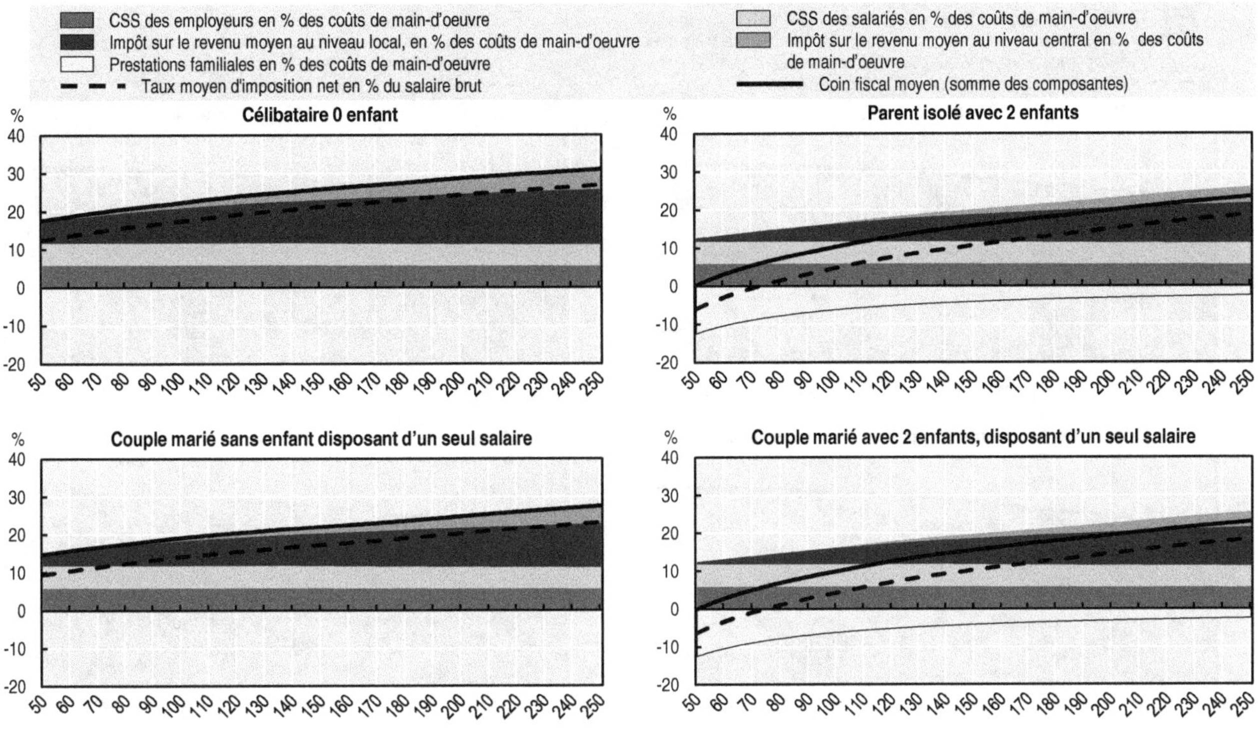

StatLink http://dx.doi.org/10.1787/888933210709

Suisse 2014 : décomposition du coin fiscal marginal

En fonction du salaire brut exprimé en % du salaire moyen

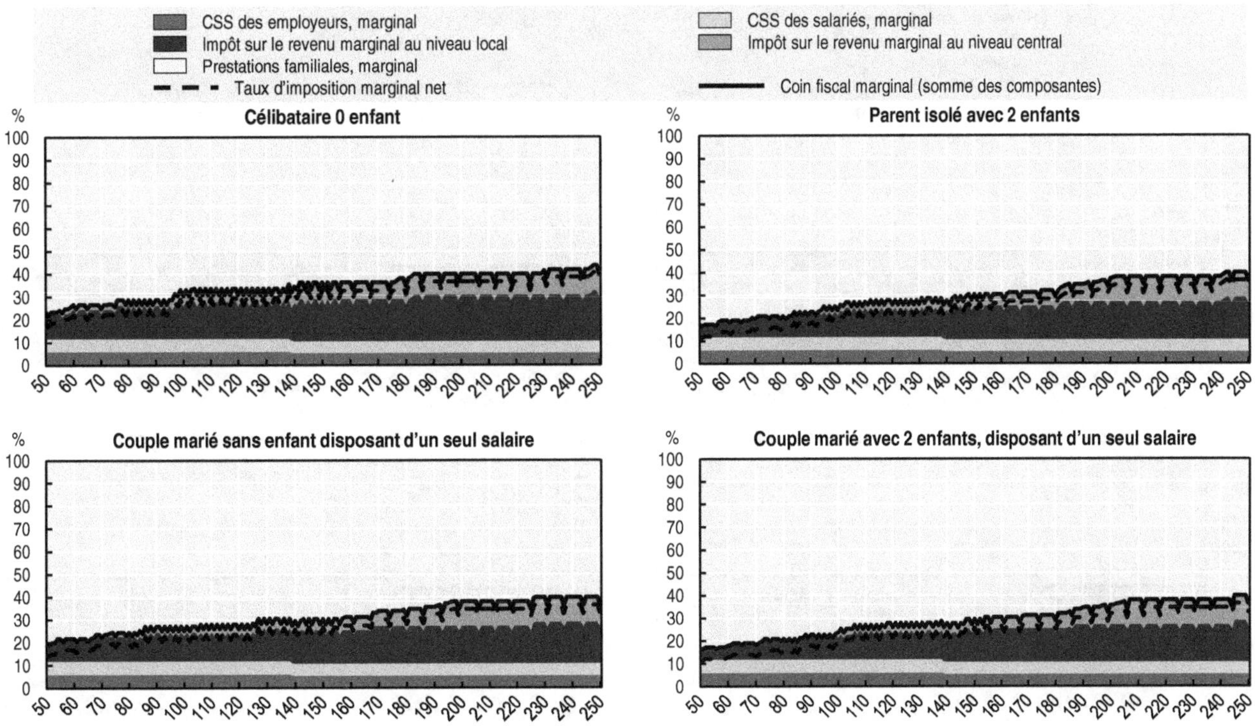

StatLink http://dx.doi.org/10.1787/888933211047

Turquie 2014 : décomposition du coin fiscal moyen

En fonction du salaire brut exprimé en % du salaire moyen

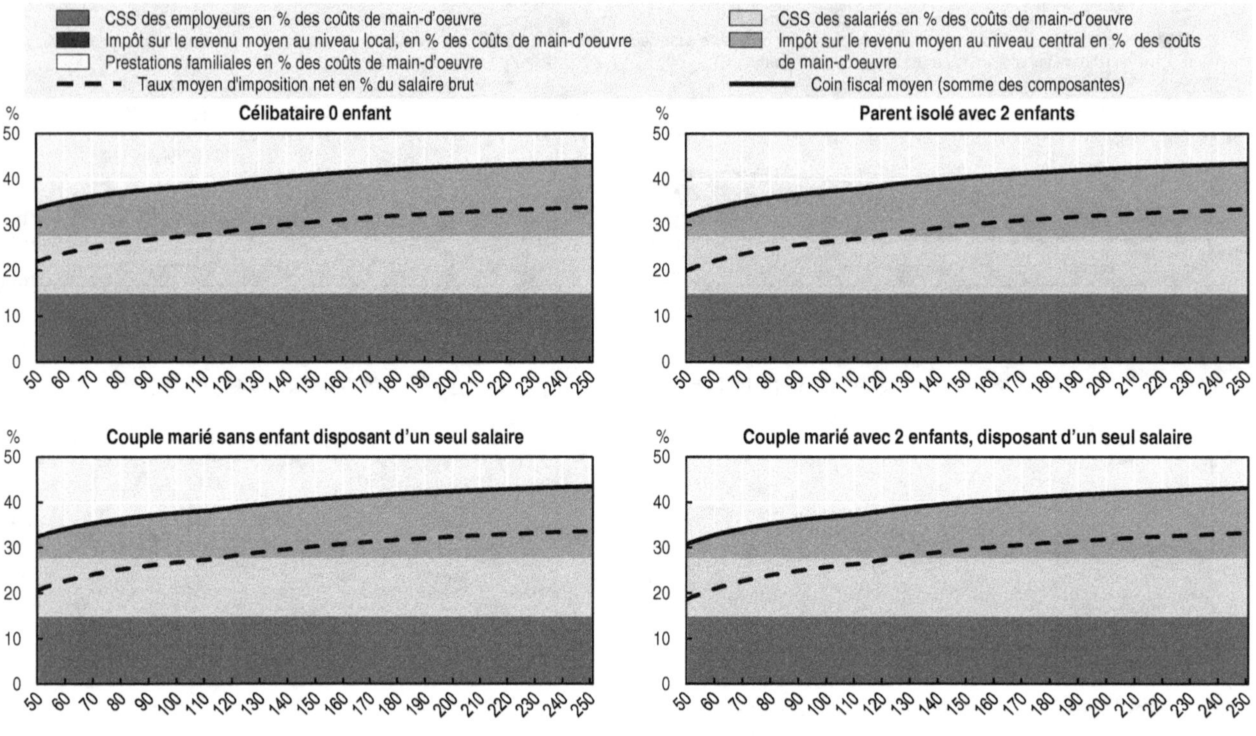

StatLink http://dx.doi.org/10.1787/888933210984

Turquie 2014 : décomposition du coin fiscal marginal

En fonction du salaire brut exprimé en % du salaire moyen

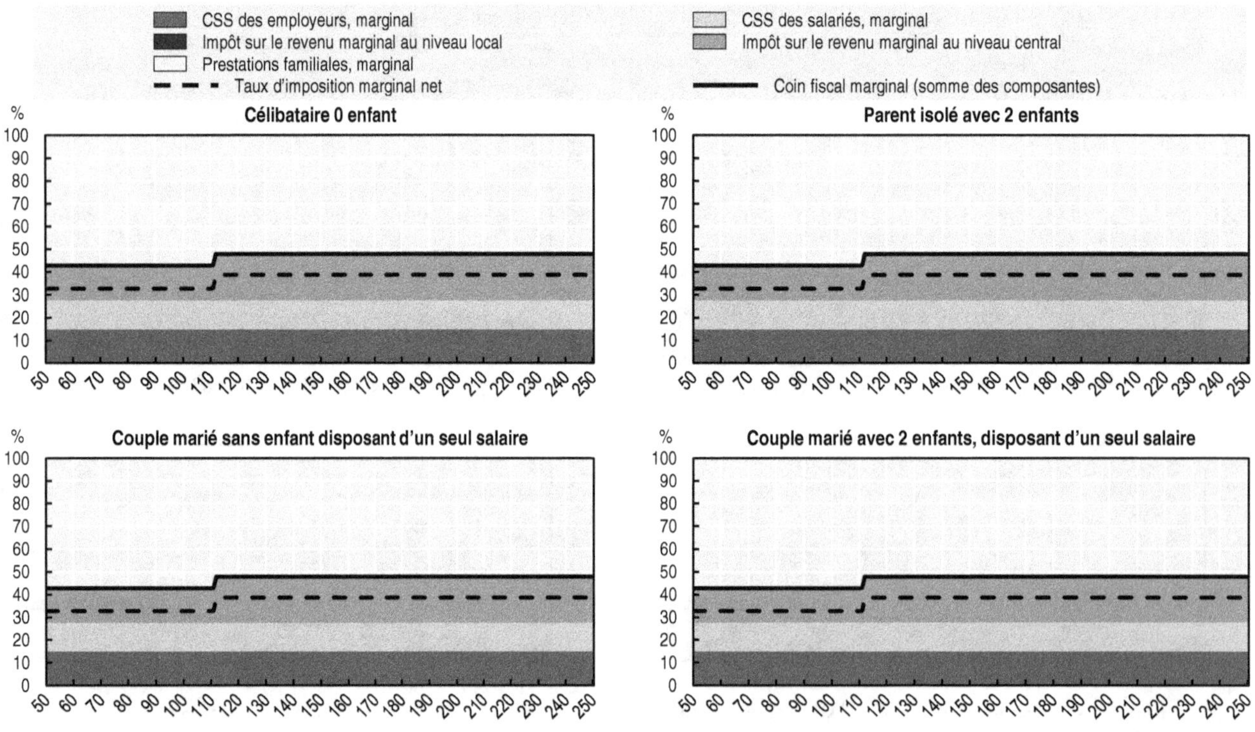

StatLink http://dx.doi.org/10.1787/888933211323

PARTIE I

Chapitre 5

Charges fiscales, résultats définitifs pour 2013 (et variations par rapport à 2014)

Ce chapitre présente les résultats définitifs des mesures de la charge fiscale pesant sur les revenus du travail en 2013 pour les huit catégories de famille étudiées. Il contient les tableaux 5.1 à 5.11 qui présentent un certain nombre de mesures de la charge fiscale moyenne (coin fiscal, taux de l'impôt et taux net de l'impôt sur les personnes physiques, taux de l'impôt sur le revenu des personnes physiques et taux des cotisations salariales de sécurité sociale) et marginale (coin fiscal et taux net de l'impôt sur les personnes physiques). Les résultats de deux indicateurs de la progressivité de l'impôt sont également examinés : mesures de l'élasticité de l'impôt basée sur le salaire brut et les coûts de main-d'œuvre.

Les formats des tableaux sont identiques aux tableaux 3.1 à 3.11 examinés dans le chapitre 3 portant sur les estimations de la charge fiscale pesant sur les revenus du travail en 2014. Ce chapitre compare les deux séries de tableaux et analyse les changements de la charge fiscale qui se sont produits entre 2013 et 2014.

Les commentaires qui suivent relatifs à l'évolution de la charge fiscale et du taux marginal d'imposition entre 2013 et 2014 concernent deux des huit catégories de familles, les célibataires sans enfant percevant le salaire moyen (colonne 2 des tableaux) et les couples mariés avec deux enfants et un seul salaire égal au salaire moyen (colonne 5). En comparant les colonnes, 1, 3 à 4 et 6 à 8 des tableaux, on obtiendra les résultats pour les six autres catégories de familles. En général, on ne signalera que les changements dépassant 1 point (pour les taux effectifs moyens) et 5 points (pour les taux effectifs marginaux).

Le tableau 5.1 indique le coin fiscal total, constitué de l'impôt sur le revenu majoré des cotisations salariales et patronales de sécurité sociale et diminué des prestations en espèces versées, par catégorie de famille et en pourcentage des coûts totaux de main-d'œuvre – salaire brut plus cotisations patronales de sécurité sociale (y compris les taxes sur les salaires). Dans la majorité des pays, les variations entre 2013 et 2014 de l'écart entre les coûts totaux de main-d'œuvre et le salaire net disponible correspondant étaient comprises entre plus ou moins 1 point.

Si l'on compare la colonne 2 des tableaux 3.1 et 5.1, le coin fiscal moyen dans la zone OCDE a augmenté de 0.1 point entre 2013 et 2014 pour un célibataire percevant le salaire moyen. Il a augmenté de plus d'un point en Irlande (1.1 point) et a diminué de plus d'un point en Grèce (-1.2 point).

Pour les couples mariés disposant d'un seul revenu (comparaison de la colonne 5 des tableaux 3.1 et 5.1), le coin fiscal moyen dans la zone OCDE s'est accru de 0.3 point. Le coin fiscal a augmenté de plus d'un point dans trois pays : Irlande (1.5 point), Nouvelle-Zélande (1.4 point) et Israël (1.1 point), et a diminué de plus d'un point en Grèce (-1.1 point).

Le tableau 5.2 indique la charge cumulée de l'impôt sur le revenu et des cotisations salariales de sécurité sociale sous la forme de taux moyens d'imposition des personnes physiques en pourcentage du salaire brut. Pour les célibataires rémunérés au salaire moyen, cette charge a augmenté de plus d'un point entre 2013 et 2014 uniquement en Irlande (+1.2 point). Pour les couples avec deux enfants et un seul salaire, elle n'a augmenté de plus d'un point dans aucun pays de l'OCDE.

Le tableau 5.3 indique la charge cumulée de l'impôt sur le revenu et des cotisations salariales de sécurité sociale diminués du montant des prestations familiales (taux moyen net d'imposition des personnes physiques). Si l'on compare la colonne 2 des tableaux 3.3 et 5.3, pour les célibataires disposant d'un salaire moyen, on constate une augmentation de plus d'un point entre 2013 et 2014 uniquement en Irlande (+1.3 point). Si l'on compare la colonne 5 des tableaux 3.3 et 5.3, des augmentations de plus d'un point du taux moyen net d'imposition pour les couples mariés disposant d'un seul salaire se sont produites en Irlande (1.6 point), en Nouvelle-Zélande (1.4 point) et en Norvège (1.2 point).

Le tableau 5.4 donne des informations sur le montant de l'impôt sur le revenu dû en pourcentage du salaire brut. Dans la plupart des pays de l'OCDE, l'impôt sur le revenu des célibataires rémunérés au salaire moyen n'a que légèrement évolué entre 2013 et 2014 et le taux moyen d'imposition dans la zone OCDE a augmenté de 0.1 point. Si l'on compare la colonne 2 des tableaux 3.4 et 5.4, le taux de l'impôt sur le revenu a augmenté de plus d'un point uniquement en Irlande (+1.3 point). Le taux moyen d'imposition dans la zone OCDE applicable au couple marié avec deux enfants et un seul salaire a également progressé de 0.1 point sur la période considérée. Aucune hausse de plus d'un point n'a été observée pour ce type de ménage dans les pays de l'OCDE.

Le tableau 5.5 donne des informations sur les cotisations salariales de sécurité sociale en pourcentage du salaire brut. Si l'on compare les colonnes 2 et 5 des tableaux 3.5 et 5.5, aucun changement de plus d'un point ne s'est produit dans les pays de l'OCDE entre 2013 et 2014. La moyenne de l'OCDE est restée inchangée pour les deux types de ménages au cours de cette période.

Le tableau 5.6 indique le coin fiscal marginal (taux de l'impôt sur le revenu majoré des cotisations salariales et patronales de sécurité sociale et des taxes sur les salaires lorsqu'elles s'appliquent et diminué des transferts) en 2013. Si l'on compare les colonnes 2 et 5 respectivement dans les tableaux 3.6 et 5.6, les variations du coin marginal observées entre 2013 et 2014 restent généralement comprises dans l'intervalle de plus ou moins cinq points. On observe un changement supérieur à cinq points dans deux pays de l'OCDE pour les couples mariés avec deux enfants et un salaire égal au salaire moyen. En Irlande, la charge fiscale marginale a baissé de 37.4 points. En 2014, ce ménage a perçu le montant minimum de la prestation sous condition de ressources (« complément au revenu familial ») qui n'est pas minoré à mesure que le salaire augmente. Au Canada, le coin fiscal marginal a baissé de 6.4 points du fait de l'introduction de la « Baisse d'impôt pour les familles » en 2014. Elle prévoit le transfert d'une partie du revenu imposable du conjoint ayant le revenu le plus élevé vers le conjoint dont le taux d'imposition est plus faible.

Le tableau 5.7 indique le taux marginal de l'impôt sur le revenu majoré des cotisations salariales de sécurité sociale et diminué des transferts par catégorie de famille et niveau de salaire. Si l'on compare respectivement les colonnes 2 et 5 des tableaux 3.7 et 5.7, la trajectoire d'évolution du taux marginal intervenue entre 2013 et 2014 est similaire à celle du coin fiscal examinée ci-dessus. Des variations au-delà de l'intervalle de plus ou moins cinq points sont observées en Irlande (-41.4 points) et au Canada (-7.0 point) pour les couples avec deux enfants percevant un seul salaire égal au salaire moyen, pour les raisons évoquées dans le paragraphe précédent.

Le tableau 5.8 indique l'augmentation du revenu net (en pourcentage) après une augmentation d'une unité monétaire du salaire brut pour 2013[1]. Le tableau 5.9 indique le pourcentage d'augmentation du revenu net en cas d'augmentation d'une unité monétaire des coûts de main-d'œuvre au cours de cette même année[2]. Les résultats indiqués dans ces deux tableaux dépendent directement des taux marginaux et moyens d'imposition qui ont été examinés dans les paragraphes ci-dessus. Les tableaux 5.10 et 5.11 donnent des informations générales sur les niveaux des coûts de main-d'œuvre, les salaires bruts et les salaires nets en 2013.

Notes

1. Les élasticités indiquées dans le tableau 5.8 sont calculées de la manière suivante : (100 – METR)/(100 – AETR), où METR désigne le taux marginal de l'impôt sur le revenu, augmenté des cotisations salariales de sécurité sociale et diminué des transferts en espèces, figurant dans le tableau 5.7, et AETR désigne le taux moyen augmenté des cotisations salariales de sécurité sociale et diminué des transferts en espèces, figurant dans le tableau 5.3.
2. Les élasticités indiquées dans le tableau 5.9 sont calculées de la manière suivante : (100 – METR)/(100 – AETR), où METR désigne le taux marginal de l'impôt sur le revenu, augmenté des cotisations salariales et patronales de sécurité sociale et diminué des transferts en espèces, figurant dans le tableau 5.6, et AETR désigne le taux moyen augmenté des cotisations salariales et patronales de sécurité sociale et diminué des transferts en espèces, figurant dans le tableau 5.1.

Tableau 5.1. **Impôt sur le revenu et cotisations sociales des salariés et employeurs diminués des prestations versées, 2013**

En % des coûts de main d'œuvre, par catégorie de famille et niveau de salaire

	Célibataire sans enf 67 (% SM)	Célibataire sans enf 100 (% SM)	Célibataire sans enf 167 (% SM)	Célibataire 2 enf 67 (% SM)	Couple marié 2 enf 100-0 (% SM)	Couple marié 2 enf 100-33 (% SM)[2]	Couple marié 2 enf 100-67 (% SM)[2]	Couple marié sans enf 100-33 (% SM)[2]
Allemagne	45.1	49.2	51.3	30.9	33.6	38.3	42.0	45.0
Australie	21.9	27.4	33.2	-2.6	16.9	19.9	25.2	23.2
Autriche	44.6	49.2	51.9	28.8	38.6	38.3	41.7	45.3
Belgique	50.0	55.7	60.8	36.2	40.7	41.9	48.5	48.2
Canada	26.3	31.0	33.1	-6.1	18.6	24.0	27.2	27.9
Chili	7.0	7.0	7.8	6.1	7.0	4.8	6.6	7.0
Corée	18.2	21.3	22.9	17.4	18.9	18.8	18.9	20.3
Danemark	36.6	38.2	44.3	11.1	27.5	32.1	33.8	36.8
Espagne	37.2	40.7	44.3	30.4	34.8	36.4	37.6	37.5
Estonie	38.8	39.9	40.8	26.6	32.4	34.8	36.3	38.8
États-Unis	29.3	31.4	36.3	11.6	20.4	24.9	26.8	29.8
Finlande	37.6	43.1	48.9	26.6	38.0	35.5	37.8	39.4
France	45.6	48.9	54.1	37.2	41.1	39.4	44.1	44.9
Grèce	37.1	41.6	49.3	38.8	44.5	42.1	42.6	40.7
Hongrie	49.0	49.0	49.0	25.5	34.2	36.2	40.1	47.7
Irlande	21.5	27.1	38.9	-22.3	8.4	14.0	19.6	20.4
Islande	29.8	34.1	38.6	19.1	21.3	28.0	31.8	29.9
Israël[1]	13.6	20.4	29.2	1.2	17.0	13.2	14.1	17.0
Italie	44.9	47.9	53.3	29.0	38.5	40.3	43.1	44.8
Japon	30.2	31.6	34.5	23.8	26.0	27.5	28.5	30.7
Luxembourg	30.1	37.2	44.4	5.1	14.6	19.0	24.7	28.4
Mexique	13.9	19.2	22.2	13.9	19.2	17.0	17.1	17.0
Norvège	34.1	37.3	43.0	22.0	31.2	31.7	33.7	34.7
Nouvelle-Zélande	13.3	16.9	22.8	-16.9	2.4	10.0	15.9	15.7
Pays-Bas	32.3	37.0	42.0	11.5	31.0	28.8	30.6	33.5
Pologne	34.8	35.6	36.2	29.6	29.9	31.3	32.5	34.7
Portugal	35.2	41.4	47.7	25.5	30.2	31.2	37.0	35.0
République slovaque	38.5	41.1	43.3	26.4	27.6	33.0	35.2	39.1
République tchèque	39.4	42.5	44.9	24.2	26.1	32.6	35.1	40.3
Royaume-Uni	26.8	31.4	37.6	5.7	26.8	23.2	26.8	26.7
Slovénie	38.5	42.4	46.1	13.1	23.2	30.5	34.4	40.0
Suède	40.9	43.0	50.8	33.2	37.9	37.4	39.1	41.3
Suisse	19.4	22.1	26.7	4.6	9.7	12.8	16.0	19.9
Turquie	35.4	37.6	41.0	34.1	36.2	35.1	36.2	35.7
Moyenne non pondérée								
OCDE-Moyenne	**32.3**	**35.9**	**40.3**	**17.7**	**26.6**	**28.3**	**31.2**	**32.9**
OCDE-UE 21	**38.3**	**42.0**	**46.7**	**22.5**	**31.4**	**33.2**	**36.3**	**38.5**

Note : enf = enfant.

Responsabilité : *http://oe.cd/disclaimer*.

1. Informations sur les données concernant Israël : *http://oe.cd/israel-disclaimer*.
2. Famille disposant de deux revenus.

StatLink http://dx.doi.org/10.1787/888933211604

Tableau 5.2. **Impôt sur le revenu et cotisations sociales des salariés, 2013**

En % du salaire brut, par catégorie de famille et niveau de salaire

	Célibataire sans enf 67 (% SM)	Célibataire sans enf 100 (% SM)	Célibataire sans enf 167 (% SM)	Célibataire 2 enf 67 (% SM)	Couple marié 2 enf 100-0 (% SM)	Couple marié 2 enf 100-33 (% SM)[2]	Couple marié 2 enf 100-67 (% SM)[2]	Couple marié sans enf 100-33 (% SM)[2]
Allemagne	34.5	39.4	43.7	17.6	20.8	26.4	30.8	34.4
Australie	17.3	23.1	29.2	17.3	23.1	18.7	20.8	18.7
Autriche	28.5	34.4	39.0	25.5	32.3	29.0	31.7	29.4
Belgique	36.0	42.4	49.2	30.6	31.2	32.9	38.4	34.8
Canada	18.8	22.7	26.8	8.4	16.2	18.2	20.3	19.3
Chili	7.0	7.0	7.8	7.0	7.0	7.0	7.0	7.0
Corée	9.9	13.3	15.9	9.0	10.5	10.5	10.6	12.1
Danemark	37.1	38.5	44.3	37.1	34.5	37.4	38.0	37.4
Espagne	18.5	22.9	28.5	9.6	15.3	17.4	18.9	18.8
Estonie	18.0	19.5	20.7	13.3	13.3	15.6	17.0	17.9
États-Unis	21.6	24.7	30.5	2.0	12.6	16.7	19.3	22.2
Finlande	23.3	30.1	37.2	23.3	30.1	25.5	27.4	25.5
France	26.4	28.3	34.0	21.4	21.7	22.1	25.3	26.4
Grèce	19.8	25.6	35.4	22.0	29.3	26.1	26.8	24.4
Hongrie	34.5	34.5	34.5	22.3	26.3	28.3	29.6	34.5
Irlande	13.1	19.2	32.4	7.9	11.6	12.3	16.6	12.3
Islande	24.4	29.1	33.9	24.4	20.4	24.5	27.2	24.5
Israël[1]	10.0	16.4	25.2	5.7	16.4	11.8	12.1	13.2
Italie	27.2	31.1	38.3	19.3	24.1	23.5	26.5	27.1
Japon	20.0	21.5	25.3	20.0	20.0	20.5	20.9	20.5
Luxembourg	21.5	29.5	37.5	14.4	18.1	19.6	23.8	19.6
Mexique	2.0	9.8	14.4	2.0	9.8	5.3	6.7	5.3
Norvège	25.6	29.2	35.6	21.8	26.7	26.2	27.7	26.2
Nouvelle-Zélande	13.3	16.9	22.8	14.8	16.9	15.7	16.0	15.7
Pays-Bas	26.2	31.2	38.5	12.8	28.5	25.3	26.7	27.6
Pologne	23.8	24.8	25.5	17.8	18.1	19.8	21.2	23.8
Portugal	19.8	27.4	35.2	14.9	17.3	17.5	22.0	19.6
République slovaque	19.3	22.8	25.6	11.7	10.6	16.3	18.3	20.1
République tchèque	18.8	22.9	26.2	5.6	5.8	13.3	16.0	19.9
Royaume-Uni	20.0	24.0	30.1	4.4	24.0	19.9	22.4	19.9
Slovénie	28.6	33.1	37.5	22.1	24.8	25.8	27.6	30.4
Suède	22.4	25.1	35.4	22.4	25.1	22.8	24.0	22.8
Suisse	14.4	17.3	22.2	8.6	10.8	12.4	14.7	14.9
Turquie	24.7	27.4	31.3	23.2	25.7	24.4	25.7	25.1
Moyenne non pondérée								
OCDE-Moyenne	**21.4**	**25.4**	**30.9**	**15.9**	**20.0**	**20.3**	**22.3**	**22.1**
OCDE-UE 21	**24.6**	**28.9**	**34.7**	**17.9**	**22.0**	**22.7**	**25.2**	**25.1**

Note : enf = enfant.

Responsabilité : http://oe.cd/disclaimer.

1. Informations sur les données concernant Israël : *http://oe.cd/israel-disclaimer.*
2. Famille disposant de deux revenus.

StatLink http://dx.doi.org/10.1787/888933211613

Tableau 5.3. Impôt sur le revenu et cotisations sociales des salariés diminués des prestations versées, 2013

En % du salaire brut, par catégorie de famille et niveau de salaire

	Célibataire sans enf 67 (% SM)	Célibataire sans enf 100 (% SM)	Célibataire sans enf 167 (% SM)	Célibataire 2 enf 67 (% SM)	Couple marié 2 enf 100-0 (% SM)	Couple marié 2 enf 100-33 (% SM)[2]	Couple marié 2 enf 100-67 (% SM)[2]	Couple marié sans enf 100-33 (% SM)[2]
Allemagne	34.5	39.4	43.7	17.6	20.8	26.4	30.8	34.4
Australie	17.3	23.1	29.2	-8.7	12.0	15.1	20.8	18.7
Autriche	28.5	34.4	39.0	8.1	20.7	20.3	24.7	29.4
Belgique	36.0	42.4	49.2	18.4	23.0	26.8	33.5	34.8
Canada	17.6	22.7	26.8	-18.8	8.8	14.9	18.5	19.3
Chili	7.0	7.0	7.8	6.1	7.0	4.8	6.6	7.0
Corée	9.9	13.3	15.9	9.0	10.5	10.5	10.6	12.1
Danemark	36.6	38.2	44.3	11.1	27.5	32.1	33.8	36.8
Espagne	18.5	22.9	28.5	9.6	15.3	17.4	18.9	18.8
Estonie	18.0	19.5	20.7	1.6	9.4	12.7	14.7	17.9
États-Unis	21.6	24.7	30.5	2.0	12.6	16.7	19.3	22.2
Finlande	23.3	30.1	37.2	9.9	23.8	20.9	23.6	25.5
France	26.4	28.3	34.0	15.1	17.5	19.0	22.8	26.4
Grèce	19.8	25.6	35.4	22.0	29.3	26.1	26.8	24.4
Hongrie	34.5	34.5	34.5	4.2	15.4	20.2	23.1	34.5
Irlande	13.1	19.2	32.4	-35.4	-1.4	5.2	11.0	12.3
Islande	24.4	29.1	33.9	12.9	15.3	22.5	26.5	24.5
Israël[1]	10.0	16.4	25.2	-3.0	12.9	9.2	10.0	13.2
Italie	27.2	31.1	38.3	6.3	18.7	21.2	24.8	27.1
Japon	20.0	21.5	25.3	12.6	15.1	16.8	17.9	20.5
Luxembourg	21.5	29.5	37.5	-6.6	4.1	9.0	15.4	19.6
Mexique	2.0	9.8	14.4	2.0	9.8	5.3	6.7	5.3
Norvège	25.6	29.2	35.6	11.9	22.2	22.8	25.1	26.2
Nouvelle-Zélande	13.3	16.9	22.8	-16.9	2.4	10.0	15.9	15.7
Pays-Bas	26.2	31.2	38.5	3.5	24.7	22.4	24.4	27.6
Pologne	23.8	24.8	25.5	17.8	18.1	19.8	21.2	23.8
Portugal	19.8	27.4	35.2	7.8	13.7	14.8	22.0	19.6
République slovaque	19.3	22.8	25.6	3.4	5.0	12.1	15.0	20.1
République tchèque	18.8	22.9	26.2	-1.6	1.0	9.6	13.1	19.9
Royaume-Uni	20.0	24.0	30.1	-3.1	19.0	16.2	19.4	19.9
Slovénie	28.6	33.1	37.5	-0.8	10.8	19.3	23.8	30.4
Suède	22.4	25.1	35.4	12.2	18.3	17.7	19.9	22.8
Suisse	14.4	17.3	22.2	-1.4	4.1	7.3	10.7	14.9
Turquie	24.7	27.4	31.3	23.2	25.7	24.4	25.7	25.1
Moyenne non pondérée								
OCDE-Moyenne	**21.3**	**25.4**	**30.9**	**4.5**	**14.5**	**16.7**	**19.9**	**22.1**
OCDE-UE 21	**24.6**	**28.9**	**34.7**	**5.8**	**15.9**	**18.5**	**22.0**	**25.0**

Note : enf = enfant.

Responsabilité : *http://oe.cd/disclaimer*.

1. Informations sur les données concernant Israël : *http://oe.cd/israel-disclaimer*.
2. Famille disposant de deux revenus.

StatLink http://dx.doi.org/10.1787/888933211625

Tableau 5.4. **Impôt sur le revenu, 2013**

En % du salaire brut, par catégorie de famille et niveau de salaire

	Célibataire sans enf 67 (% SM)	Célibataire sans enf 100 (% SM)	Célibataire sans enf 167 (% SM)	Célibataire 2 enf 67 (% SM)	Couple marié 2 enf 100-0 (% SM)	Couple marié 2 enf 100-33 (% SM)[2]	Couple marié 2 enf 100-67 (% SM)[2]	Couple marié sans enf 100-33 (% SM)[2]
Allemagne	14.1	19.0	27.5	-2.6	0.6	6.3	10.6	14.0
Australie	17.3	23.1	29.2	17.3	23.1	18.7	20.8	18.7
Autriche	10.4	16.3	23.0	7.5	14.3	11.7	13.6	12.1
Belgique	22.1	28.4	35.2	16.7	17.2	22.1	24.4	24.0
Canada	11.6	15.3	21.8	1.1	8.8	11.2	13.0	12.3
Chili	0.0	0.0	0.8	0.0	0.0	0.0	0.0	0.0
Corée	1.6	5.0	8.9	0.7	2.3	2.2	2.3	3.8
Danemark	33.0	35.8	42.6	33.0	31.8	33.2	34.7	33.2
Espagne	12.1	16.6	22.5	3.3	9.0	11.1	12.6	12.5
Estonie	16.0	17.5	18.7	11.3	11.3	13.6	15.0	15.9
États-Unis	14.0	17.0	22.9	-5.7	4.9	9.1	11.6	14.5
Finlande	15.8	22.5	29.6	15.8	22.5	18.1	19.8	18.1
France	12.6	14.5	20.8	7.6	7.9	8.3	11.5	12.6
Grèce	3.3	9.1	18.9	5.5	12.8	9.6	10.3	7.9
Hongrie	16.0	16.0	16.0	3.8	7.8	9.8	11.1	16.0
Irlande	9.1	15.2	28.4	3.9	7.6	9.3	12.6	9.3
Islande	23.7	28.6	33.6	23.7	19.9	23.9	26.7	23.9
Israël[1]	4.2	8.6	15.7	0.0	8.6	5.0	5.1	6.4
Italie	17.7	21.6	28.8	9.8	14.6	14.0	17.1	17.6
Japon	6.1	7.6	12.1	6.1	6.1	6.6	7.0	6.6
Luxembourg	9.3	17.2	25.2	2.1	5.8	7.4	11.5	7.4
Mexique	0.8	8.4	12.9	0.8	8.4	3.9	5.4	3.9
Norvège	17.8	21.4	27.8	14.0	18.9	18.4	19.9	18.4
Nouvelle-Zélande	13.3	16.9	22.8	14.8	16.9	15.7	16.0	15.7
Pays-Bas	5.7	15.8	28.3	3.3	15.4	12.2	11.3	12.5
Pologne	6.0	6.9	7.7	0.0	0.3	2.0	3.4	6.0
Portugal	8.8	16.4	24.2	3.9	6.3	6.5	11.0	8.6
République slovaque	5.9	9.4	12.2	-1.7	-2.8	2.9	4.9	6.7
République tchèque	7.8	11.9	15.2	-5.4	-5.2	2.3	5.0	8.9
Royaume-Uni	12.0	14.6	22.6	-3.7	14.6	11.9	13.6	11.9
Slovénie	6.5	11.0	15.4	0.0	2.7	3.7	5.5	8.3
Suède	15.3	18.1	30.6	15.3	18.1	15.8	17.0	15.8
Suisse	8.1	11.0	16.0	2.4	4.5	6.1	8.5	8.7
Turquie	9.7	12.4	16.3	8.2	10.7	9.4	10.7	10.1
Moyenne non pondérée								
OCDE-Moyenne	**11.4**	**15.6**	**21.6**	**6.3**	**10.2**	**10.6**	**12.5**	**12.4**
OCDE-UE 21	**12.3**	**16.9**	**23.5**	**6.2**	**10.1**	**11.0**	**13.2**	**13.3**

Note : enf = enfant.

Responsabilité : *http://oe.cd/disclaimer*.

1. Informations sur les données concernant Israël : *http://oe.cd/israel-disclaimer*.
2. Famille disposant de deux revenus.

StatLink http://dx.doi.org/10.1787/888933211632

Tableau 5.5. **Cotisations sociales des salariés, 2013**

En % du salaire brut, par catégorie de famille et niveau de salaire

	Célibataire sans enf 67 (% SM)	Célibataire sans enf 100 (% SM)	Célibataire sans enf 167 (% SM)	Célibataire 2 enf 67 (% SM)	Couple marié 2 enf 100-0 (% SM)	Couple marié 2 enf 100-33 (% SM)[2]	Couple marié 2 enf 100-67 (% SM)[2]	Couple marié sans enf 100-33 (% SM)[2]
Allemagne	20.4	20.4	16.2	20.2	20.2	20.2	20.2	20.4
Australie	0.0	0.0	0.0	0.0	0.0	0.0	0.0	0.0
Autriche	18.1	18.1	16.0	18.1	18.1	17.3	18.1	17.3
Belgique	13.9	14.0	14.0	13.9	14.0	10.8	14.0	10.8
Canada	7.2	7.4	5.0	7.2	7.4	7.0	7.3	7.0
Chili	7.0	7.0	7.0	7.0	7.0	7.0	7.0	7.0
Corée	8.3	8.3	7.1	8.3	8.3	8.3	8.3	8.3
Danemark	4.1	2.8	1.6	4.1	2.8	4.1	3.3	4.1
Espagne	6.4	6.4	6.0	6.4	6.4	6.4	6.4	6.4
Estonie	2.0	2.0	2.0	2.0	2.0	2.0	2.0	2.0
États-Unis	7.7	7.7	7.7	7.7	7.7	7.7	7.7	7.7
Finlande	7.5	7.6	7.7	7.5	7.6	7.4	7.6	7.4
France	13.8	13.8	13.1	13.8	13.8	13.8	13.8	13.8
Grèce	16.5	16.5	16.5	16.5	16.5	16.5	16.5	16.5
Hongrie	18.5	18.5	18.5	18.5	18.5	18.5	18.5	18.5
Irlande	4.0	4.0	4.0	4.0	4.0	3.0	4.0	3.0
Islande	0.7	0.4	0.3	0.7	0.4	0.7	0.5	0.7
Israël[1]	5.7	7.8	9.5	5.7	7.8	6.7	7.0	6.7
Italie	9.5	9.5	9.6	9.5	9.5	9.5	9.5	9.5
Japon	13.9	13.9	13.3	13.9	13.9	13.9	13.9	13.9
Luxembourg	12.2	12.3	12.4	12.2	12.3	12.2	12.3	12.2
Mexique	1.3	1.4	1.5	1.3	1.4	1.3	1.3	1.3
Norvège	7.8	7.8	7.8	7.8	7.8	7.8	7.8	7.8
Nouvelle-Zélande	0.0	0.0	0.0	0.0	0.0	0.0	0.0	0.0
Pays-Bas	20.6	15.4	10.2	9.5	13.1	13.1	15.3	15.0
Pologne	17.8	17.8	17.8	17.8	17.8	17.8	17.8	17.8
Portugal	11.0	11.0	11.0	11.0	11.0	11.0	11.0	11.0
République slovaque	13.4	13.4	13.4	13.4	13.4	13.4	13.4	13.4
République tchèque	11.0	11.0	11.0	11.0	11.0	11.0	11.0	11.0
Royaume-Uni	8.0	9.3	7.5	8.0	9.3	8.0	8.8	8.0
Slovénie	22.1	22.1	22.1	22.1	22.1	22.1	22.1	22.1
Suède	7.0	7.0	4.8	7.0	7.0	7.0	7.0	7.0
Suisse	6.3	6.3	6.2	6.3	6.3	6.3	6.3	6.3
Turquie	15.0	15.0	15.0	15.0	15.0	15.0	15.0	15.0
Moyenne non pondérée								
OCDE-Moyenne	**10.0**	**9.9**	**9.3**	**9.6**	**9.8**	**9.6**	**9.8**	**9.7**
OCDE-UE 21	**12.3**	**12.0**	**11.2**	**11.7**	**11.9**	**11.7**	**12.0**	**11.8**

Note : enf = enfant.

Responsabilité : *http://oe.cd/disclaimer*.

1. Informations sur les données concernant Israël : *http://oe.cd/israel-disclaimer*.
2. Famille disposant de deux revenus.

StatLink http://dx.doi.org/10.1787/888933211649

Tableau 5.6. Taux marginal applicable à l'impôt sur le revenu et aux cotisations sociales des salariés et employeurs diminués des prestations versées, 2013

En % du salaire brut, par catégorie de famille et niveau de salaire

	Célibataire sans enf 67 (% SM)	Célibataire sans enf 100 (% SM)	Célibataire sans enf 167 (% SM)	Célibataire 2 enf 67 (% SM)	Couple marié 2 enf 100-0 (% SM)	Couple marié 2 enf 100-33 (% SM)[2]	Couple marié 2 enf 100-67 (% SM)[2]	Couple marié sans enf 100-33 (% SM)[2]
Allemagne	55.4	59.8	44.3	53.7	52.1	55.1	57.4	55.3
Australie	39.1	37.7	41.9	58.0	54.2	66.0	37.7	37.7
Autriche	56.9	60.6	42.2	56.9	60.6	60.6	60.6	60.6
Belgique	66.3	66.3	68.5	66.3	66.3	66.3	65.5	66.3
Canada	33.8	40.9	38.4	60.7	68.1	44.6	44.6	40.9
Chili	7.0	7.0	10.2	7.0	7.0	7.0	7.0	7.0
Corée	20.2	29.0	23.2	19.0	29.0	29.0	29.0	29.0
Danemark	40.3	42.5	56.2	40.3	42.5	42.5	42.5	42.5
Espagne	45.7	49.5	40.0	53.0	49.5	49.5	49.5	49.5
Estonie	42.2	42.2	42.2	42.2	42.2	42.2	42.2	42.2
États-Unis	34.3	43.6	43.6	50.4	34.3	34.3	34.3	34.3
Finlande	53.7	54.6	57.6	53.7	54.6	54.6	54.6	54.6
France	62.9	59.7	59.8	57.3	44.1	48.4	51.4	51.4
Grèce	48.9	49.6	56.8	49.6	50.2	50.2	50.2	49.6
Hongrie	49.0	49.0	49.0	49.0	49.0	49.0	49.0	49.0
Irlande	37.7	56.7	56.7	67.9	75.1	37.7	37.7	37.7
Islande	43.0	43.0	48.3	50.1	50.1	47.5	47.5	43.0
Israël[1]	30.5	37.1	46.5	17.4	37.1	69.5	37.1	37.1
Italie	54.1	54.1	62.0	55.3	55.3	55.3	54.7	54.1
Japon	32.3	36.6	35.3	32.3	33.7	36.6	36.6	36.6
Luxembourg	45.8	55.1	55.1	47.5	39.0	42.4	50.9	42.4
Mexique	17.4	23.4	28.4	17.4	23.4	23.4	23.4	23.4
Norvège	43.2	51.2	53.8	43.2	51.2	51.2	51.2	51.2
Nouvelle-Zélande	17.5	30.0	33.0	17.5	51.3	51.3	51.3	30.0
Pays-Bas	45.1	48.5	49.3	48.2	48.5	48.5	48.5	48.5
Pologne	37.2	37.2	37.2	29.6	37.2	37.2	37.2	37.2
Portugal	53.9	53.9	60.8	51.1	39.8	51.1	51.1	53.9
République slovaque	46.5	46.5	46.5	46.5	46.5	46.5	46.5	46.5
République tchèque	48.6	48.6	48.6	48.6	48.6	48.6	48.6	48.6
Royaume-Uni	40.2	40.2	49.0	76.3	40.2	40.2	40.2	40.2
Slovénie	43.6	51.0	60.4	32.9	43.6	43.6	43.6	51.0
Suède	45.8	48.1	67.1	45.8	48.1	48.1	48.1	48.1
Suisse	26.3	31.9	35.9	18.9	22.1	26.1	29.4	26.9
Turquie	42.3	42.3	47.4	42.3	42.3	42.3	42.3	42.3
Moyenne non pondérée								
OCDE-Moyenne	**41.4**	**44.9**	**46.9**	**44.3**	**45.2**	**45.5**	**44.2**	**43.2**
OCDE-UE 21	**48.6**	**51.1**	**52.8**	**51.0**	**49.2**	**48.5**	**49.1**	**49.0**

Note : enf = enfant.

On suppose que le revenu brut principal du ménage augmente. Le résultat peut être différent si le salaire du conjoint augmente, surtout si les deux conjoints sont imposés séparément.

Responsabilité : http://oe.cd/disclaimer.

1. Informations sur les données concernant Israël : *http://oe.cd/israel-disclaimer.*
2. Famille disposant de deux revenus.

StatLink http://dx.doi.org/10.1787/888933211659

Tableau 5.7. Taux marginal applicable à l'impôt sur le revenu et aux cotisations sociales des salariés diminués des prestations versées, 2013

En % du salaire brut, par catégorie de famille et niveau de salaire

	Célibataire sans enf 67 (% SM)	Célibataire sans enf 100 (% SM)	Célibataire sans enf 167 (% SM)	Célibataire 2 enf 67 (% SM)	Couple marié 2 enf 100-0 (% SM)	Couple marié 2 enf 100-33 (% SM)[2]	Couple marié 2 enf 100-67 (% SM)[2]	Couple marié sans enf 100-33 (% SM)[2]
Allemagne	46.8	52.1	44.3	44.8	42.9	46.4	49.2	46.7
Australie	35.5	34.0	38.5	55.5	51.5	64.0	34.0	34.0
Autriche	44.4	49.1	37.9	44.4	49.1	49.1	49.1	49.1
Belgique	54.9	54.9	59.8	54.9	54.9	54.9	53.8	54.9
Canada	25.5	35.1	35.4	55.8	65.0	39.1	39.1	35.1
Chili	7.0	7.0	10.2	7.0	7.0	7.0	7.0	7.0
Corée	12.0	21.8	18.8	10.7	21.8	21.8	21.8	21.8
Danemark	40.3	42.5	56.2	40.3	42.5	42.5	42.5	42.5
Espagne	29.5	34.4	40.0	38.9	34.4	34.4	34.4	34.4
Estonie	22.6	22.6	22.6	22.6	22.6	22.6	22.6	22.6
États-Unis	29.3	39.3	39.3	46.6	29.3	29.3	29.3	29.3
Finlande	43.1	44.2	48.0	43.1	44.2	44.2	44.2	44.2
France	31.9	43.6	42.4	21.7	21.7	27.7	31.9	31.9
Grèce	34.9	35.7	44.9	35.7	36.5	36.5	36.5	35.7
Hongrie	34.5	34.5	34.5	34.5	34.5	34.5	34.5	34.5
Irlande	31.0	52.0	52.0	64.4	72.4	31.0	31.0	31.0
Islande	38.6	38.6	44.4	46.3	46.3	43.4	43.4	38.6
Israël[1]	26.0	33.0	43.0	12.0	33.0	67.5	33.0	33.0
Italie	39.3	39.4	49.9	40.9	41.0	41.0	40.2	39.4
Japon	22.4	27.3	31.2	22.4	23.9	27.3	27.3	27.3
Luxembourg	39.1	49.6	49.6	41.0	31.5	35.3	44.8	35.3
Mexique	12.1	17.6	22.9	12.1	17.6	17.6	17.6	17.6
Norvège	35.8	44.8	47.8	35.8	44.8	44.8	44.8	44.8
Nouvelle-Zélande	17.5	30.0	33.0	17.5	51.3	51.3	51.3	30.0
Pays-Bas	39.8	43.6	49.3	43.2	43.6	43.6	43.6	43.6
Pologne	26.7	26.7	26.7	17.8	26.7	26.7	26.7	26.7
Portugal	43.0	43.0	51.5	39.5	25.5	39.5	39.5	43.0
République slovaque	29.9	29.9	29.9	29.9	29.9	29.9	29.9	29.9
République tchèque	31.1	31.1	31.1	31.1	31.1	31.1	31.1	31.1
Royaume-Uni	32.0	32.0	42.0	73.0	32.0	32.0	32.0	32.0
Slovénie	34.6	43.1	54.0	22.1	34.6	34.6	34.6	43.1
Suède	28.7	31.7	56.7	28.7	31.7	31.7	31.7	31.7
Suisse	21.7	27.6	32.2	13.8	17.2	21.5	25.0	22.3
Turquie	32.8	32.8	38.7	32.8	32.8	32.8	32.8	32.8
Moyenne non pondérée								
OCDE-Moyenne	**31.6**	**36.0**	**40.0**	**34.7**	**36.0**	**36.4**	**35.0**	**34.0**
OCDE-UE 21	**36.1**	**39.8**	**44.0**	**38.7**	**37.3**	**36.6**	**37.3**	**37.3**

Note : enf = enfant.

On suppose que le revenu brut principal du ménage augmente. Le résultat peut être différent si le salaire du conjoint augmente, surtout si les deux conjoints sont imposés séparément.

Responsabilité : http://oe.cd/disclaimer.

1. Informations sur les données concernant Israël : *http://oe.cd/israel-disclaimer.*
2. Famille disposant de deux revenus.

StatLink http://dx.doi.org/10.1787/888933211661

Tableau 5.8. **Augmentation du revenu net après augmentation d'une unité monétaire du salaire brut, 2013**

Par catégorie de famille et niveau de salaire (%)

	Célibataire sans enf 67 (% SM)	Célibataire sans enf 100 (% SM)	Célibataire sans enf 167 (% SM)	Célibataire 2 enf 67 (% SM)	Couple marié 2 enf 100-0 (% SM)	Couple marié 2 enf 100-33 (% SM)[2]	Couple marié 2 enf 100-67 (% SM)[2]	Couple marié sans enf 100-33 (% SM)[2]
Allemagne	0.81	0.79	0.99	0.67	0.72	0.73	0.74	0.81
Australie	0.78	0.86	0.87	0.41	0.55	0.42	0.83	0.81
Autriche	0.78	0.78	1.02	0.61	0.64	0.64	0.68	0.72
Belgique	0.70	0.78	0.79	0.55	0.59	0.62	0.69	0.69
Canada	0.90	0.84	0.88	0.37	0.38	0.72	0.75	0.80
Chili	1.00	1.00	0.97	0.99	1.00	0.98	1.00	1.00
Corée	0.98	0.90	0.97	0.98	0.87	0.87	0.88	0.89
Danemark	0.94	0.93	0.79	0.67	0.79	0.85	0.87	0.91
Espagne	0.86	0.85	0.84	0.68	0.77	0.79	0.81	0.81
Estonie	0.94	0.96	0.98	0.79	0.85	0.89	0.91	0.94
États-Unis	0.90	0.81	0.87	0.54	0.81	0.85	0.88	0.91
Finlande	0.74	0.80	0.83	0.63	0.73	0.71	0.73	0.75
France	0.93	0.79	0.87	0.92	0.95	0.89	0.88	0.93
Grèce	0.81	0.86	0.85	0.82	0.90	0.86	0.87	0.85
Hongrie	1.00	1.00	1.00	0.68	0.78	0.82	0.85	1.00
Irlande	0.79	0.59	0.71	0.26	0.27	0.73	0.78	0.79
Islande	0.81	0.87	0.84	0.62	0.63	0.73	0.77	0.81
Israël[1]	0.82	0.80	0.76	0.85	0.77	0.36	0.75	0.77
Italie	0.83	0.88	0.81	0.63	0.73	0.75	0.80	0.83
Japon	0.97	0.93	0.92	0.89	0.90	0.87	0.89	0.92
Luxembourg	0.78	0.72	0.81	0.55	0.71	0.71	0.65	0.81
Mexique	0.90	0.91	0.90	0.90	0.91	0.87	0.88	0.87
Norvège	0.86	0.78	0.81	0.73	0.71	0.72	0.74	0.75
Nouvelle-Zélande	0.95	0.84	0.87	0.71	0.50	0.54	0.58	0.83
Pays-Bas	0.82	0.82	0.82	0.59	0.75	0.73	0.75	0.78
Pologne	0.96	0.98	0.99	1.00	0.90	0.91	0.93	0.96
Portugal	0.71	0.79	0.75	0.66	0.86	0.71	0.78	0.71
République slovaque	0.87	0.91	0.94	0.73	0.74	0.80	0.83	0.88
République tchèque	0.85	0.89	0.93	0.68	0.70	0.76	0.79	0.86
Royaume-Uni	0.85	0.89	0.83	0.26	0.84	0.81	0.84	0.85
Slovénie	0.92	0.85	0.74	0.77	0.73	0.81	0.86	0.82
Suède	0.92	0.91	0.67	0.81	0.84	0.83	0.85	0.88
Suisse	0.91	0.88	0.87	0.85	0.86	0.85	0.84	0.91
Turquie	0.89	0.93	0.89	0.88	0.91	0.89	0.91	0.90
Moyenne non pondérée								
OCDE-Moyenne	**0.87**	**0.86**	**0.86**	**0.70**	**0.75**	**0.77**	**0.81**	**0.85**
OCDE-UE 21	**0.85**	**0.85**	**0.86**	**0.67**	**0.75**	**0.78**	**0.80**	**0.84**

Note : enf = enfant.

Le revenu net est calculé à partir des revenus bruts diminués de l'impôt sur le revenu des personnes physiques, des cotisations sociales et augmentés des prestations versées aux familles. L'augmentation qui est rapportée dans le tableau représente une sorte d'élasticité. Dans un système fiscal proportionnel, l'élasticité est égale à 1. A ce niveau de revenu, plus les sytème est progressif plus l'élasticité est faible.

Responsabilité : *http://oe.cd/disclaimer.*

1. Informations sur les données concernant Israël : *http://oe.cd/israel-disclaimer.*
2. Famille disposant de deux revenus. On fait l'hypothèse que le revenu brut principal du ménage augmente.

StatLink http://dx.doi.org/10.1787/888933211674

Tableau 5.9. **Augmentation du revenu net après augmentation d'une unité monétaire des coûts bruts de main d'oeuvre, 2013**

Par catégorie de famille et niveau de salaire (%)

	Célibataire sans enf 67 (% SM)	Célibataire sans enf 100 (% SM)	Célibataire sans enf 167 (% SM)	Célibataire 2 enf 67 (% SM)	Couple marié 2 enf 100-0 (% SM)	Couple marié 2 enf 100-33 (% SM)[2]	Couple marié 2 enf 100-67 (% SM)[2]	Couple marié sans enf 100-33 (% SM)[2]
Allemagne	0.81	0.79	1.14	0.67	0.72	0.73	0.74	0.81
Australie	0.78	0.86	0.87	0.41	0.55	0.42	0.83	0.81
Autriche	0.78	0.78	1.20	0.61	0.64	0.64	0.68	0.72
Belgique	0.67	0.76	0.80	0.53	0.57	0.58	0.67	0.65
Canada	0.90	0.86	0.92	0.37	0.39	0.73	0.76	0.82
Chili	1.00	1.00	0.97	0.99	1.00	0.98	1.00	1.00
Corée	0.98	0.90	1.00	0.98	0.87	0.87	0.88	0.89
Danemark	0.94	0.93	0.79	0.67	0.79	0.85	0.87	0.91
Espagne	0.86	0.85	1.08	0.68	0.77	0.79	0.81	0.81
Estonie	0.94	0.96	0.98	0.79	0.85	0.89	0.91	0.94
États-Unis	0.93	0.82	0.89	0.56	0.83	0.88	0.90	0.94
Finlande	0.74	0.80	0.83	0.63	0.73	0.71	0.73	0.75
France	0.68	0.79	0.88	0.68	0.95	0.85	0.87	0.88
Grèce	0.81	0.86	0.85	0.82	0.90	0.86	0.87	0.85
Hongrie	1.00	1.00	1.00	0.68	0.78	0.80	0.85	0.97
Irlande	0.79	0.59	0.71	0.26	0.27	0.72	0.78	0.78
Islande	0.81	0.87	0.84	0.62	0.63	0.73	0.77	0.81
Israël[1]	0.81	0.79	0.76	0.84	0.76	0.35	0.73	0.76
Italie	0.83	0.88	0.81	0.63	0.73	0.75	0.80	0.83
Japon	0.97	0.93	0.99	0.89	0.90	0.87	0.89	0.92
Luxembourg	0.78	0.72	0.81	0.55	0.71	0.71	0.65	0.81
Mexique	0.96	0.95	0.92	0.96	0.95	0.92	0.92	0.92
Norvège	0.86	0.78	0.81	0.73	0.71	0.72	0.74	0.75
Nouvelle-Zélande	0.95	0.84	0.87	0.71	0.50	0.54	0.58	0.83
Pays-Bas	0.81	0.82	0.87	0.59	0.75	0.72	0.74	0.77
Pologne	0.96	0.98	0.99	1.00	0.90	0.91	0.93	0.96
Portugal	0.71	0.79	0.75	0.66	0.86	0.71	0.78	0.71
République slovaque	0.87	0.91	0.94	0.73	0.74	0.80	0.83	0.88
République tchèque	0.85	0.89	0.93	0.68	0.70	0.76	0.79	0.86
Royaume-Uni	0.82	0.87	0.82	0.25	0.82	0.78	0.82	0.82
Slovénie	0.92	0.85	0.74	0.77	0.73	0.81	0.86	0.82
Suède	0.92	0.91	0.67	0.81	0.84	0.83	0.85	0.88
Suisse	0.91	0.88	0.88	0.85	0.86	0.85	0.84	0.91
Turquie	0.89	0.93	0.89	0.88	0.91	0.89	0.91	0.90
Moyenne non pondérée								
OCDE-Moyenne	**0.86**	**0.86**	**0.89**	**0.69**	**0.75**	**0.76**	**0.81**	**0.84**
OCDE-UE 21	**0.83**	**0.84**	**0.89**	**0.65**	**0.75**	**0.77**	**0.80**	**0.83**

Note : enf = enfant.

Le revenu net est calculé à partir des revenus bruts diminués de l'impôt sur le revenu des personnes physiques, des cotisations sociales et augmentés des prestations versées aux familles. L'augmentation qui est rapportée dans le tableau représente une sorte d'élasticité. Dans un système fiscal proportionnel, l'élasticité est égale à 1. A ce niveau de revenu, plus les sytème est progressif plus l'élasticité est faible.

Responsabilité : *http://oe.cd/disclaimer*.

1. Informations sur les données concernant Israël : *http://oe.cd/israel-disclaimer*.
2. Famille disposant de deux revenus. On fait l'hypothèse que le revenu brut principal du ménage augmente.

StatLink http://dx.doi.org/10.1787/888933211686

Tableau 5.10a. **Salaire brut annuel et revenu net, célibataire, 2013**

En dollars US convertis sur la base des PPA, par catégorie de famille et niveau de salaire

	Célibataire sans enf 67 (% SM)		Célibataire sans enf 100 (% SM)		Célibataire sans enf 167 (% SM)		Célibataire 2 enf 67 (% SM)	
	Total des revenus bruts avant impôts	Revenus nets après impôts	Total des revenus bruts avant impôts	Revenus nets après impôts	Total des revenus bruts avant impôts	Revenus nets après impôts	Total des revenus bruts avant impôts	Revenus nets après impôts
Allemagne	37 729	24 715	56 312	34 109	94 041	52 925	37 729	31 096
Australie	34 127	28 223	50 936	39 171	85 063	60 233	34 127	37 091
Autriche	33 298	23 821	49 698	32 611	82 995	50 613	33 298	30 606
Belgique	36 407	23 304	54 339	31 299	90 746	46 066	36 407	29 716
Canada	25 665	21 158	38 305	29 619	63 970	46 816	25 665	30 483
Chili	12 468	11 595	18 609	17 306	31 077	28 640	12 468	11 708
Corée	30 657	27 633	45 757	39 686	76 414	64 255	30 657	27 910
Danemark	34 355	21 784	51 276	31 684	85 631	47 724	34 355	30 525
Espagne	25 642	20 910	38 271	29 500	63 912	45 699	25 642	23 172
Estonie	14 277	11 712	21 309	17 156	35 585	28 209	14 277	14 043
États-Unis	32 679	25 610	48 774	36 737	81 453	56 573	32 679	32 040
Finlande	30 394	23 308	45 364	31 721	75 759	47 546	30 394	27 385
France	28 875	21 247	43 097	30 885	71 973	47 520	28 875	24 506
Grèce	21 585	17 317	32 217	23 972	53 802	34 770	23 744	18 524
Hongrie	15 203	9 958	22 691	14 863	37 895	24 821	15 203	14 562
Irlande	26 692	23 201	39 839	32 184	66 531	44 996	26 692	36 149
Islande	32 345	24 462	48 276	34 242	80 622	53 307	32 345	28 182
Israël[1]	21 517	19 373	32 115	26 856	53 631	40 103	21 517	22 161
Italie	26 419	19 230	39 432	27 160	65 851	40 603	26 419	24 766
Japon	31 126	24 901	46 456	36 457	77 581	57 922	31 126	27 206
Luxembourg	39 145	30 729	58 426	41 190	97 571	60 943	39 145	41 740
Mexique	8 206	8 039	12 247	11 046	20 453	17 505	8 206	8 039
Norvège	38 169	28 412	56 969	40 338	95 138	61 253	38 169	33 641
Nouvelle-Zélande	24 289	21 060	36 252	30 130	60 541	46 746	24 289	28 396
Pays-Bas	39 148	28 873	58 429	40 171	97 577	60 047	39 148	37 761
Pologne	15 320	11 671	22 865	17 204	38 185	28 438	15 320	12 589
Portugal	20 071	16 102	29 957	21 737	50 028	32 404	20 071	18 512
République slovaque	13 060	10 545	19 492	15 057	32 552	24 218	13 060	12 618
République tchèque	15 128	12 278	22 579	17 412	37 707	27 835	15 128	15 373
Royaume-Uni	33 647	26 915	50 220	38 185	83 868	58 612	33 647	34 692
Slovénie	19 475	13 907	29 068	19 448	48 543	30 355	19 475	19 639
Suède	30 294	23 523	45 215	33 863	75 508	48 783	30 294	26 589
Suisse	43 591	37 326	65 062	53 818	108 653	84 548	43 591	44 188
Turquie	15 789	11 889	23 565	17 118	39 354	27 030	15 789	12 127
Moyenne non pondérée								
OCDE-Moyenne	**26 670**	**20 727**	**39 806**	**29 233**	**66 477**	**44 943**	**26 734**	**25 522**
OCDE-UE 21	**26 484**	**19 764**	**39 528**	**27 686**	**66 012**	**42 054**	**26 587**	**24 979**

Note : enf = enfant.

Responsabilité : *http://oe.cd/disclaimer.*

1. Informations sur les données concernant Israël : *http://oe.cd/israel-disclaimer.*

StatLink http://dx.doi.org/10.1787/888933211695

Tableau 5.10b. **Salaire brut annuel et revenu net, couple marié, 2013**

En dollars US convertis sur la base des PPA, par catégorie de famille et niveau de salaire

	Couple marié 2 enf 100-0 (% SM)		Couple marié 2 enf 100-33 (% SM)[2]		Couple marié 2 enf 100-67 (% SM)[2]		Couple marié sans enf 100-33 (% SM)[2]	
	Total des revenus bruts avant impôts	Revenus nets après impôts	Total des revenus bruts avant impôts	Revenus nets après impôts	Total des revenus bruts avant impôts	Revenus nets après impôts	Total des revenus bruts avant impôts	Revenus nets après impôts
Allemagne	56 312	44 626	74 895	55 088	94 041	65 082	74 895	49 127
Australie	50 936	44 834	67 745	57 515	85 063	67 394	67 745	55 099
Autriche	49 698	39 431	66 098	52 700	82 995	62 483	66 098	46 672
Belgique	54 339	41 834	72 270	52 930	90 746	60 341	72 270	47 145
Canada	38 305	34 952	50 946	43 339	63 970	52 142	50 946	41 127
Chili	18 609	17 306	24 750	23 571	31 077	29 014	24 750	23 017
Corée	45 757	40 933	60 857	54 445	76 414	68 305	60 857	53 486
Danemark	51 276	37 188	68 197	46 339	85 631	56 716	68 197	43 091
Espagne	38 271	32 410	50 900	42 033	63 912	51 820	50 900	41 327
Estonie	21 309	19 310	28 340	24 754	35 585	30 363	28 340	23 259
États-Unis	48 774	42 653	64 869	54 032	81 453	65 757	64 869	50 498
Finlande	45 364	34 546	60 335	47 754	75 759	57 855	60 335	44 929
France	43 097	35 564	57 319	46 431	71 973	55 563	57 319	42 201
Grèce	38 660	27 326	51 418	37 979	64 563	47 238	47 133	35 653
Hongrie	22 691	19 188	30 180	24 093	37 895	29 147	30 180	19 768
Irlande	39 839	40 410	52 986	50 220	66 531	59 223	52 986	46 471
Islande	48 276	40 902	64 208	49 774	80 622	59 227	64 208	48 464
Israël[1]	32 115	27 971	42 712	38 803	53 631	48 254	42 712	37 083
Italie	39 432	32 050	52 444	41 340	65 851	49 492	52 444	38 243
Japon	46 456	39 449	61 786	51 395	77 581	63 664	61 786	49 090
Luxembourg	58 426	56 040	77 706	70 702	97 571	82 567	77 706	62 485
Mexique	12 247	11 046	16 289	15 431	20 453	19 085	16 289	15 431
Norvège	56 969	44 301	75 769	58 476	95 138	71 279	75 769	55 947
Nouvelle-Zélande	36 252	35 377	48 216	43 372	60 541	50 922	48 216	40 667
Pays-Bas	58 429	44 027	77 711	60 290	97 577	73 812	77 711	56 275
Pologne	22 865	18 730	30 411	24 395	38 185	30 096	30 411	23 174
Portugal	29 957	25 862	39 843	33 940	50 028	39 020	39 843	32 033
République slovaque	19 492	18 513	25 925	22 784	32 552	27 674	25 925	20 711
République tchèque	22 579	22 361	30 030	27 138	37 707	32 784	30 030	24 043
Royaume-Uni	50 220	40 700	66 793	56 004	83 868	67 615	66 793	53 489
Slovénie	29 068	25 931	38 660	31 183	48 543	36 984	38 660	26 920
Suède	45 215	36 929	60 135	49 494	75 508	60 452	60 135	46 428
Suisse	65 062	62 418	86 532	80 193	108 653	97 029	86 532	73 619
Turquie	23 565	17 514	31 342	23 708	39 354	29 246	31 342	23 470
Moyenne non pondérée								
OCDE-Moyenne	**39 996**	**33 901**	**53 195**	**43 872**	**66 793**	**52 872**	**53 069**	**40 895**
OCDE-UE 21	**39 835**	**32 999**	**52 981**	**42 742**	**66 525**	**51 254**	**52 777**	**39 212**

Note : enf = enfant.

Responsabilité : *http://oe.cd/disclaimer*.

1. Informations sur les données concernant Israël : *http://oe.cd/israel-disclaimer*.
2. Famille disposant de deux revenus.

StatLink http://dx.doi.org/10.1787/888933211709

Tableau 5.11a. **Coûts annuels de main-d'œuvre et revenu net, célibataire, 2013**

En dollars US convertis sur la base des PPA, par catégorie de famille et niveau de salaire

	Célibataire sans enf 67 (% SM)		Célibataire sans enf 100 (% SM)		Célibataire sans enf 167 (% SM)		Célibataire 2 enf 67 (% SM)	
	Coûts bruts de main d'oeuvre avant impôts	Revenus nets après impôts	Coûts bruts de main d'oeuvre avant impôts	Revenus nets après impôts	Coûts bruts de main d'oeuvre avant impôts	Revenus nets après impôts	Coûts bruts de main d'oeuvre avant impôts	Revenus nets après impôts
Allemagne	45 001	24 715	67 166	34 109	108 598	52 925	45 001	31 096
Australie	36 155	28 223	53 962	39 171	90 117	60 233	36 155	37 091
Autriche	42 997	23 821	64 174	32 611	105 151	50 613	42 997	30 606
Belgique	46 609	23 304	70 584	31 299	117 525	46 066	46 609	29 716
Canada	28 722	21 158	42 925	29 619	69 964	46 816	28 722	30 483
Chili	12 468	11 595	18 609	17 306	31 077	28 640	12 468	11 708
Corée	33 796	27 633	50 441	39 686	83 297	64 255	33 796	27 910
Danemark	34 355	21 784	51 276	31 684	85 631	47 724	34 355	30 525
Espagne	33 308	20 910	49 714	29 500	81 986	45 699	33 308	23 172
Estonie	19 131	11 712	28 553	17 156	47 684	28 209	19 131	14 043
États-Unis	36 249	25 610	53 576	36 737	88 754	56 573	36 249	32 040
Finlande	37 324	23 308	55 708	31 721	93 032	47 546	37 324	27 385
France	39 051	21 247	60 405	30 885	103 527	47 520	39 051	24 506
Grèce	27 513	17 317	41 064	23 972	68 576	34 770	30 264	18 524
Hongrie	19 536	9 958	29 158	14 863	48 695	24 821	19 536	14 562
Irlande	29 561	23 201	44 122	32 184	73 683	44 996	29 561	36 149
Islande	34 833	24 462	51 989	34 242	86 821	53 307	34 833	28 182
Israël[1]	22 431	19 373	33 718	26 856	56 634	40 103	22 431	22 161
Italie	34 894	19 230	52 081	27 160	86 975	40 603	34 894	24 766
Japon	35 698	24 901	53 281	36 457	88 464	57 922	35 698	27 206
Luxembourg	43 964	30 729	65 618	41 190	109 582	60 943	43 964	41 740
Mexique	9 337	8 039	13 678	11 046	22 506	17 505	9 337	8 039
Norvège	43 131	28 412	64 375	40 338	107 506	61 253	43 131	33 641
Nouvelle-Zélande	24 289	21 060	36 252	30 130	60 541	46 746	24 289	28 396
Pays-Bas	42 644	28 873	63 781	40 171	103 447	60 047	42 644	37 761
Pologne	17 890	11 671	26 702	17 204	44 593	28 438	17 890	12 589
Portugal	24 838	16 102	37 072	21 737	61 910	32 404	24 838	18 512
République slovaque	17 135	10 545	25 574	15 057	42 709	24 218	17 135	12 618
République tchèque	20 271	12 278	30 256	17 412	50 527	27 835	20 271	15 373
Royaume-Uni	36 770	26 915	55 630	38 185	93 921	58 612	36 770	34 692
Slovénie	22 611	13 907	33 747	19 448	56 358	30 355	22 611	19 639
Suède	39 812	23 523	59 421	33 863	99 233	48 783	39 812	26 589
Suisse	46 316	37 326	69 128	53 818	115 340	84 548	46 316	44 188
Turquie	18 394	11 889	27 453	17 118	45 847	27 030	18 394	12 127
Moyenne non pondérée								
OCDE-Moyenne	**31 089**	**20 727**	**46 506**	**29 233**	**77 359**	**44 943**	**31 170**	**25 522**
OCDE-UE 21	**32 153**	**19 764**	**48 181**	**27 686**	**80 159**	**42 054**	**32 284**	**24 979**

Note : enf = enfant.

Responsabilité : *http://oe.cd/disclaimer.*

1. Informations sur les données concernant Israël : *http://oe.cd/israel-disclaimer.*

StatLink http://dx.doi.org/10.1787/888933211713

Tableau 5.11b. **Coûts annuels de main-d'œuvre et revenu net, couple marié, 2013**

En dollars US convertis sur la base des PPA, par catégorie de famille et niveau de salaire

	Couple marié 2 enf 100-0 (% SM)		Couple marié 2 enf 100-33 (% SM)[2]		Couple marié 2 enf 100-67 (% SM)[2]		Couple marié sans enf 100-33 (% SM)[2]	
	Coûts bruts de main d'oeuvre avant impôts	Revenus nets après impôts	Coûts bruts de main d'oeuvre avant impôts	Revenus nets après impôts	Coûts bruts de main d'oeuvre avant impôts	Revenus nets après impôts	Coûts bruts de main d'oeuvre avant impôts	Revenus nets après impôts
Allemagne	67 166	44 626	89 331	55 088	112 168	65 082	89 331	49 127
Australie	53 962	44 834	71 770	57 515	90 117	67 394	71 770	55 099
Autriche	64 174	39 431	85 351	52 700	107 171	62 483	85 351	46 672
Belgique	70 584	41 834	91 084	52 930	117 192	60 341	91 084	47 145
Canada	42 925	34 952	57 002	43 339	71 647	52 142	57 002	41 127
Chili	18 609	17 306	24 750	23 571	31 077	29 014	24 750	23 017
Corée	50 441	40 933	67 087	54 445	84 237	68 305	67 087	53 486
Danemark	51 276	37 188	68 197	46 339	85 631	56 716	68 197	43 091
Espagne	49 714	32 410	66 120	42 033	83 022	51 820	66 120	41 327
Estonie	28 553	19 310	37 976	24 754	47 684	30 363	37 976	23 259
États-Unis	53 576	42 653	71 973	54 032	89 825	65 757	71 973	50 498
Finlande	55 708	34 546	74 091	47 754	93 032	57 855	74 091	44 929
France	60 405	35 564	76 641	46 431	99 456	55 563	76 641	42 201
Grèce	49 276	27 326	65 538	37 979	82 292	47 238	60 076	35 653
Hongrie	29 158	19 188	37 772	24 093	48 695	29 147	37 772	19 768
Irlande	44 122	40 410	58 386	50 220	73 683	59 223	58 386	46 471
Islande	51 989	40 902	69 145	49 774	86 821	59 227	69 145	48 464
Israël[1]	33 718	27 971	44 682	38 803	56 150	48 254	44 682	37 083
Italie	52 081	32 050	69 268	41 340	86 975	49 492	69 268	38 243
Japon	53 281	39 449	70 864	51 395	88 980	63 664	70 864	49 090
Luxembourg	65 618	56 040	87 272	70 702	109 582	82 567	87 272	62 485
Mexique	13 678	11 046	18 581	15 431	23 015	19 085	18 581	15 431
Norvège	64 375	44 301	85 618	58 476	107 506	71 279	85 618	55 947
Nouvelle-Zélande	36 252	35 377	48 216	43 372	60 541	50 922	48 216	40 667
Pays-Bas	63 781	44 027	84 681	60 290	106 425	73 812	84 681	56 275
Pologne	26 702	18 730	35 514	24 395	44 593	30 096	35 514	23 174
Portugal	37 072	25 862	49 306	33 940	61 910	39 020	49 306	32 033
République slovaque	25 574	18 513	34 014	22 784	42 709	27 674	34 014	20 711
République tchèque	30 256	22 361	40 240	27 138	50 527	32 784	40 240	24 043
Royaume-Uni	55 630	40 700	72 969	56 004	92 400	67 615	72 969	53 489
Slovénie	33 747	25 931	44 884	31 183	56 358	36 984	44 884	26 920
Suède	59 421	36 929	79 030	49 494	99 233	60 452	79 030	46 428
Suisse	69 128	62 418	91 941	80 193	115 444	97 029	91 941	73 619
Turquie	27 453	17 514	36 513	23 708	45 847	29 246	36 513	23 470
Moyenne non pondérée								
OCDE-Moyenne	**46 747**	**33 901**	**61 935**	**43 872**	**77 998**	**52 872**	**61 775**	**40 895**
OCDE-UE 21	**48 572**	**32 999**	**64 175**	**42 742**	**80 988**	**51 254**	**63 914**	**39 212**

Note : enf = enfant.

Responsabilité : *http://oe.cd/disclaimer*.

1. Informations sur les données concernant Israël : *http://oe.cd/israel-disclaimer*.
2. Famille disposant de deux revenus.

StatLink http://dx.doi.org/10.1787/888933211720

PARTIE II

Évolution de la charge fiscale 2000-14

Cette section donne les résultats détaillés de l'évolution de la charge fiscale entre 2000 et 2014. Elle fournit, pour chacun des pays de l'OCDE, des informations concernant les impôts sur le revenu acquittés par les salariés, leurs cotisations de sécurité sociale et les prestations familiales qu'ils perçoivent sous forme de transferts en espèces, ainsi que les cotisations de sécurité sociale et les taxes sur les salaires versées par leurs employeurs au cours de cette période.

PARTIE II

Chapitre 6

Évolution de la charge fiscale (2000-14)

Ce chapitre présente l'évolution de la charge fiscale pesant sur les revenus du travail entre 2000 et 2014. Le chapitre contient les tableaux 6.1 à 6.8, chacun correspondant à une catégorie particulière de famille et est divisé en trois parties : la partie a) : tableaux indiquant le coin fiscal (moyen), qui est constitué des impôts sur le revenu majorés des cotisations salariales et patronales de sécurité sociale (y compris les taxes sur les salaires éventuellement applicables) et diminués des prestations en espèces ; la partie b) : tableaux contenant des données liées à la charge (moyenne) des impôts sur le revenu ; et la partie c) : tableaux indiquant la charge (moyenne) des impôts sur le revenu majorée des cotisations salariales de sécurité sociale et diminuée des prestations en espèces (taux moyens nets d'imposition des personnes physiques).

Évolution chronologique

L'évolution de la charge fiscale pour les huit catégories de familles étudiées au cours de la période 2000 à 2014 ressort des tableaux 6.1 à 6.8 dans la dernière section de ce chapitre intitulée « Tableaux indiquant les impôts sur le revenu, les cotisations de sécurité sociale et les prestations en espèces ». Chacun des tableaux 1 à 8 correspond à une catégorie particulière de famille et est divisé en trois parties.

L'examen est centré sur les principales tendances observables au cours de cette période et met en lumière certaines variations importantes d'une année sur l'autre.

Faits marquants

Le coin fiscal moyen pour l'ensemble des pays de l'OCDE, la charge de l'impôt sur le revenu et la charge fiscale nette (impôt sur le revenu des personnes physiques plus cotisations de sécurité sociale moins prestations en espèces) ont tous baissé entre 2000 et 2014 pour chacune des catégories de familles étudiées.

Sur la période considérée, les baisses du coin fiscal moyen constatées dans les pays de la zone OCDE se sont échelonnées entre 0.8 point de pourcentage (pour les salariés célibataires et les couples mariés avec deux enfants et un salaire égal au salaire moyen) et 1.3 point (pour les couples mariés avec deux enfants et deux salaires, dont un conjoint gagne le salaire moyen et l'autre 33 % du salaire moyen).

La baisse de la charge fiscale moyenne nette pesant sur les personnes physiques dans les pays de l'OCDE varie entre 0.2 point (pour les parents isolés gagnant 67 % du salaire moyen) et 0.9 point (pour les couples mariés avec deux enfants et deux salaires, dont un conjoint gagne le salaire moyen et l'autre 33 % du salaire moyen).

La charge fiscale moyenne au titre de l'impôt sur le revenu a également reculé dans les pays de l'OCDE pour toutes les catégories de familles pendant la période étudiée. Ce repli varie entre 0.4 point (pour les salariés célibataires gagnant le salaire moyen) et 1.3 point (pour les parents isolés gagnant 67 % du salaire moyen).

Coin fiscal

Si l'on examine plus particulièrement le coin fiscal moyen total (Partie (a) des tableaux), on observe une réduction de plus de cinq points entre 2000 et 2014 pour au moins une des catégories de famille dans 10 pays membres de l'OCDE : Australie, Danemark, Hongrie, Irlande, Israël, Nouvelle-Zélande, Pays-Bas, Pologne, Royaume-Uni et Suède.

La diminution la plus importante est observée en Irlande où les parents isolés ont bénéficié d'une réduction du coin fiscal de 18.1 points. En Irlande, les couples mariés avec deux enfants percevant le salaire moyen et 133 % du salaire moyen ont également bénéficié de réductions respectives de 5.6 et 5.5 points. Aux Pays-Bas, les parents isolés gagnant 67 % du salaire moyen ont vu leur coin fiscal baisser de 14.8 points.

On observe une réduction du coin fiscal d'au moins 7 points pour au moins une catégorie de famille dans six autres pays – Danemark, Hongrie, Israël, Nouvelle-Zélande, Royaume-Uni et Suède. Au Danemark, c'est pour les célibataires rémunérés à 167 % du salaire moyen que la baisse est la plus importante (-7.8 points). En Hongrie, les baisses varient entre 2.4 et 10.1 points selon le type de ménage. Les plus fortes réductions concernent les salariés célibataires rémunérés à 167 % du salaire moyen (-10.1 points) et les couples mariés ayant deux enfants et disposant d'un seul revenu égal au salaire moyen (-9.4 points). En Israël, le coin fiscal a diminué de plus de 7 points pour toutes les catégories de familles à l'exception des parents isolés rémunérés à 67 % du salaire moyen (-0.8 point) et les couples mariés gagnant 167 % du salaire moyen (-6.9 points). En Nouvelle-Zélande, les parents isolés gagnant 67 % du salaire moyen (-12.7 points) ont le plus bénéficié de la réduction du coin fiscal. En Suède, toutes les catégories de familles sauf une ont bénéficié d'une réduction du coin fiscal de 6 à 8 points, à l'exception des salariés célibataires gagnant 167 % du salaire moyen (-5.1 points). Il est intéressant de noter qu'en Islande, le salarié célibataire gagnant 167 % du salaire moyen a vu son coin fiscal s'alléger (-1.6 point) alors que la charge fiscale a augmenté de plus de 4 points pour toutes les autres catégories de familles et notamment de 11.7 points pour les parents isolés rémunérés à 67 % du salaire moyen.

Le coin fiscal a diminué pour toutes les catégories de familles dans 13 pays membres de l'OCDE (Allemagne, Australie, Belgique Canada, Danemark, Finlande, Hongrie, Israël, Nouvelle-Zélande, Pologne, Slovénie, Suède et Suisse), alors qu'il a augmenté pour toutes les catégories de familles dans 5 pays (Autriche, Corée, Espagne, Japon et Mexique).

Taux moyen de l'impôt sur le revenu

Entre 2000 et 2014, la charge fiscale moyenne sur le revenu (Partie (b) des tableaux) a baissé pour toutes les catégories de familles dans 13 pays membres de l'OCDE : Belgique, Canada, Estonie, États-Unis, Finlande, Hongrie, Israël, Nouvelle-Zélande, Royaume-Uni, Slovénie, Suède, Suisse et Turquie. Les réductions les plus importantes touchant toutes les catégories de familles sont observées en Suède où toutes ces catégories ont bénéficié de diminutions d'environ 9 à 10 points sauf le contribuable célibataire gagnant 167 % du salaire moyen. Pour ce dernier, la baisse a été de -5.9 points. En Estonie, la charge moyenne de l'impôt sur le revenu a diminué de plus de 5 points pour toutes les catégories de familles ayant des enfants, les parents isolés rémunérés à 67 % du salaire moyen bénéficiant d'une réduction d'impôt sur le revenu de 8.1 points. En Hongrie, on enregistre des baisses considérables, dépassant 10 points, pour les célibataires rémunérés à 167 % du salaire moyen et pour les couples mariés ayant des enfants et disposant d'un seul revenu égal au salaire moyen. En Israël, le taux moyen de l'impôt sur le revenu a reculé de 6 à 10 points pour tous les types de ménages sauf pour les parents isolés rémunérés à 67 % du salaire moyen pour qui la diminution était de 1.1 point. D'autres réductions de plus de 5 points ont été observées au Canada (entre -5.2 et -6.3 points pour les familles ayant des enfants dont la rémunération est comprise entre 67 % et 133 % du salaire moyen), en Finlande (de -5.1 points pour les couples mariés gagnant 133 % du salaire moyen), en Nouvelle-Zélande (-5.2 points pour les salariés célibataires sans enfant rémunérés à 67 % du salaire moyen) et le Royaume-Uni où la baisse atteint 12.2 points pour les parents isolés gagnant 67 % du salaire moyen. Des baisses inférieures à 5 points des taux moyens de l'impôt sur le revenu sont observées pour toutes les catégories de familles en Belgique, aux États-Unis, en Slovénie, en Suisse et en Turquie.

Douze autres pays membres de l'OCDE font apparaître des réductions de l'impôt sur le revenu des personnes physiques pour certaines catégories de familles : Allemagne, Australie, Corée, France, Irlande, Islande, Italie, Luxembourg, Norvège, Pologne, République slovaque et République tchèque. Dans trois de ces pays, les réductions des taux moyens de l'impôt sur le revenu ont dépassé six points, y compris en République tchèque (-8.4 points pour les couples mariés ayant des enfants et disposant d'un seul revenu égal au salaire moyen et -6.9 points pour les parents isolés gagnant 67 % du salaire moyen) et en République slovaque (-7.2 points pour les couples mariés ayant des enfants et disposant d'un seul revenu égal au salaire moyen).

À l'autre extrême, la charge de l'impôt sur le revenu des personnes physiques a augmenté pour toutes les catégories de familles dans huit pays membres de l'OCDE : Autriche, Danemark, Espagne, Grèce, Japon, Mexique, Portugal et Pays-Bas. Au Mexique, les augmentations se sont échelonnées entre 5 et 8 points pour chaque catégorie de famille. Aux Pays-Bas, on a enregistré des augmentations de 10.9 points pour les couples mariés mono-actifs ayant deux enfants et de 6.5 points pour les célibataires rémunérés au salaire moyen. En revanche, au Chili, la charge moyenne de l'impôt sur le revenu n'a légèrement augmenté que pour le salarié célibataire percevant 167 % du salaire moyen (+0.4 point). Les taux moyens de l'impôt sur le revenu sont restés constants pour les autres catégories de familles, dans la mesure où celles-ci ne paient pas d'impôt sur le revenu.

Taux moyen net d'imposition des personnes physiques

La charge fiscale *nette* tient compte de la somme de l'impôt sur le revenu des personnes physiques, des cotisations salariales de sécurité sociale et des prestations en espèces (Partie (c) des tableaux). Elle a diminué entre 2000 et 2014 pour toutes les catégories de familles dans 9 pays de l'OCDE : Australie, Canada, Danemark, États-Unis, Israël, Nouvelle-Zélande, Pologne, Suède et Suisse. Parmi ces pays, c'est la Suède qui connaît les réductions les plus importantes, comprises entre -10.2 points (pour les couples mariés sans enfant disposant de deux revenus et dont le conjoint gagne 33 % du salaire moyen) et -6.0 points (pour les célibataires gagnant 167 % du salaire moyen). Des réductions notables ont également été observées en Israël pour toutes les catégories de familles sauf une (réductions s'échelonnant entre 7.1 et 9.6 points), l'exception étant les parents isolés gagnant 67 % du salaire moyen, pour qui la baisse n'a été que de 0.3 point. En Nouvelle-Zélande, le taux net moyen d'imposition des personnes physiques a fortement diminué pour la moitié des catégories de familles, notamment de 12.7 points pour les parents isolés et de 9.8 points pour les couples mariés ayant deux enfants et un seul salaire égal au salaire moyen. Au Danemark, la charge fiscale a également beaucoup baissé pour la moitié des catégories de familles, de 5.3 à 7.9 points. La plus forte baisse concerne les célibataires rémunérés à 167 % du salaire moyen.

Le taux moyen net d'imposition des personnes physiques a également enregistré une baisse sensible en Irlande pour la plupart des familles ayant des enfants, et notamment pour les parents isolés rémunérés à 67 % du salaire moyen (-22.3 points). On constate une diminution d'ampleur comparable pour cette dernière catégorie de famille aux Pays-Bas et au Royaume-Uni (respectivement -11.6 points et -10.7 points).

Dans quatre autres pays membres de l'OCDE, les réductions du taux moyen net d'imposition des personnes physiques excèdent cinq points pour certaines catégories de familles : Australie, Canada, Hongrie et Pologne. En Australie, les diminutions étaient de

5.9 points pour les couples mariés mono-actifs ayant deux enfants, 5.5 points pour les parents isolés et 5.4 points pour les célibataires gagnant 167 % du salaire moyen. Pour cette dernière catégorie, on constate une réduction significative en Hongrie (-8.3 points). En Pologne, les couples mariés avec deux salaires rémunérés à 167 % du salaire moyen ont également vu leur taux moyen net d'imposition baisser de 6.0 points. Au Canada, les parents isolés ont bénéficié d'un allégement de plus de 5 points (-5.6 points) de leur taux moyen net.

Entre 2000 et 2014, la charge fiscale nette augmente de 5 points ou plus pour une ou plusieurs catégories de familles dans huit pays seulement. Dans la plupart de ces pays (Autriche, Estonie, Islande, Mexique, Norvège, République slovaque et République tchèque), les parents isolés gagnant 67 % du salaire moyen ont subi des augmentations comprises entre 6 et 17 points. On constate des hausses d'importance similaire pour d'autres catégories de familles dans quatre pays. Au Mexique, les augmentations varient entre 4 et 8 points pour chacune des autres catégories de familles. Le taux moyen net de l'impôt sur le revenu des personnes physiques a augmenté de 7.2 points pour les couples mariés ayant des enfants et un seul salaire en République tchèque et de 6.4 points pour les célibataires percevant 167 % du salaire moyen au Portugal.

Progressivité

L'examen des résultats pour 2014 présentés dans la première Partie de cette publication a notamment porté sur la manière dont ils pourraient être utilisés pour évaluer la progressivité des impôts sur le revenu des personnes physiques, et les résultats qui figurent dans la deuxième Partie peuvent également servir à examiner l'évolution de cet indicateur.

Le degré de progressivité de l'impôt sur le revenu des personnes physiques peut être évalué en comparant la charge supportée par des célibataires gagnant 67 % du salaire moyen à celle des célibataires gagnant 167 % du salaire moyen. Le tableau 6.1b est donc comparé au tableau 6.3b. Pour tous les pays de l'OCDE et toutes les années, les salariés les moins bien payés reversent presque toujours un pourcentage plus faible de leurs revenus au titre de l'IRPP que ceux mieux rémunérés. En Hongrie, les niveaux sont les mêmes en 2013 et 2014.

La progressivité des impôts sur le revenu des personnes physiques n'a pas beaucoup évolué, en moyenne, dans les pays de l'OCDE. En moyenne (à l'exclusion du Mexique), la charge fiscale pesant sur un salarié célibataire gagnant 67 % du salaire moyen représentait 52 % de celle grevant un salarié gagnant 167 % du salaire moyen en 2000 et 51 % en 2014.

Si l'on compare la situation dans chaque pays de l'OCDE, on constate que les impôts sur le revenu des personnes physiques sont devenus plus progressifs dans 16 pays. Les réductions les plus importantes sont observées en Israël, où la charge fiscale du salarié le moins bien payé a été ramenée entre 2000 et 2014 de 46 % à 27 % de celle du salarié le mieux payé ; en Nouvelle-Zélande, la réduction correspondante était de 77 % à 58 % et d'environ 68 % à 49 % en Suède.

Les impôts sur le revenu des personnes physiques sont devenus légèrement moins progressifs (sur la base de cet indicateur) dans 12 pays de l'OCDE : Autriche, Corée, Danemark, Espagne, Estonie, France, Hongrie, Islande, Japon, Norvège, Pologne et République slovaque. La variation la plus importante est intervenue en Hongrie, où la charge fiscale du salarié le moins bien payé est passée, entre 2000 et 2014, de 58 % à 100 % de celle du salarié le mieux payé.

Familles

Les résultats présentés dans les tableaux 6.5 et 6.2 peuvent être utilisés pour comparer les charges fiscales auxquelles doit faire face un couple marié ayant deux enfants et disposant d'un seul revenu égal au salaire moyen et un célibataire sans enfant disposant du même niveau de revenu. Si l'on s'intéresse à la charge fiscale nette (impôt sur le revenu des personnes physiques plus cotisations salariales de sécurité sociale moins prestations en espèces, voir la Partie (c) des tableaux), on constate que l'économie moyenne d'impôt pour le couple marié comparé au salarié célibataire a légèrement diminué entre 2000 et 2014 (d'environ 0.1 point).

L'économie d'impôt dont bénéficie le couple marié disposant d'un seul revenu a augmenté dans 15 pays et diminué dans 18 autres. Elle a augmenté de plus de 5 points dans trois pays : en Nouvelle-Zélande de 7.6 points, passant de 5.8 % à 13.4 % du revenu, et en Irlande et au Portugal où les augmentations atteignaient 5 points.

Tableaux indiquant les impôts sur le revenu, les cotisations de sécurité sociale et les prestations en espèces

L'évolution des impôts sur le revenu, cotisations de sécurité sociale et prestations en espèces pour les huit catégories de familles dans les pays de l'OCDE étudiées au cours de la période 2000 à 2014 ressort des tableaux 6.1 à 6.8. Chacun des tableaux 1 à 8 correspond à une catégorie particulière de famille et est divisé en trois parties :

- Partie a) : tableaux indiquant le coin fiscal (moyen), qui est constitué des impôts sur le revenu majorés des cotisations salariales et patronales de sécurité sociale (y compris les taxes sur les salaires éventuellement applicables) et diminués des prestations en espèces,
- Partie b) : tableaux contenant des données liées à la charge (moyenne) des impôts sur le revenu,
- Partie c) : tableaux indiquant la charge (moyenne) des impôts sur le revenu majorée des cotisations salariales de sécurité sociale et diminuée des prestations en espèces (taux moyens *nets* d'imposition des personnes physiques).

Les tableaux 6.9 et 6.10 indiquent le salaire brut et le salaire net moyen d'un célibataire entre 2000 et 2014, exprimés en dollars US à parité de pouvoir d'achat des monnaies nationales et en monnaies nationales.

Tableau 6.1a. **Impôt sur le revenu et cotisations sociales des salariés et employeurs diminués des prestations versées, célibataire, salaire égal à 67 % du salaire moyen**

Pression fiscale en % des coûts de main-d'œuvre, célibataire sans enfant

	2000	2006	2007	2008	2009	2010	2011	2012	2013	2014
Allemagne	47.6	47.5	47.0	46.5	45.9	44.9	45.6	45.5	45.1	45.1
Australie	25.9	24.8	23.7	22.0	20.8	21.0	20.7	21.6	21.9	22.4
Autriche	43.2	43.8	44.2	44.5	43.3	43.5	43.9	44.2	44.6	44.8
Belgique	51.4	49.5	49.7	50.3	50.0	50.4	50.6	50.5	50.0	49.9
Canada	27.7	27.3	26.6	26.6	26.1	25.8	26.0	26.2	26.3	26.5
Chili	7.0	7.0	7.0	7.0	7.0	7.0	7.0	7.0	7.0	7.0
Corée	15.0	16.0	16.8	17.4	16.9	17.4	17.8	18.0	18.2	18.9
Danemark	40.8	38.9	38.9	38.6	38.0	36.7	36.9	37.0	36.6	36.4
Espagne	34.9	36.0	35.7	34.1	34.4	36.5	36.8	37.2	37.2	37.3
Estonie	39.8	37.3	37.6	37.1	37.8	38.7	39.0	39.2	38.8	39.0
États-Unis	28.3	27.8	28.0	27.1	27.7	27.9	27.5	27.7	29.3	29.4
Finlande	42.7	38.9	38.6	38.7	37.2	36.8	36.8	36.8	37.6	38.4
France	43.9	46.3	46.5	46.6	46.6	46.8	47.0	47.0	45.6	45.2
Grèce	36.0	36.5	36.5	36.3	36.6	35.8	40.0	39.8	37.1	35.7
Hongrie	51.4	43.3	46.1	46.8	46.2	43.8	45.2	47.9	49.0	49.0
Irlande	18.2	16.1	15.0	15.1	16.2	16.8	20.0	20.1	21.5	22.1
Islande	23.8	28.3	27.1	27.6	26.1	28.4	29.4	29.3	29.8	29.1
Israël[1]	23.2	16.4	16.9	15.5	14.5	14.1	13.9	13.8	13.6	13.7
Italie	43.6	42.8	42.9	43.3	43.5	44.0	44.5	44.7	44.9	42.4
Japon	23.4	27.5	27.8	28.0	27.8	28.9	29.5	29.9	30.2	30.5
Luxembourg	31.2	29.2	30.0	28.2	27.4	27.7	29.5	29.2	30.1	30.4
Mexique	7.5	10.6	11.1	10.9	11.9	12.3	13.2	13.6	13.9	14.7
Norvège	35.1	34.4	34.2	34.2	34.1	34.1	34.3	34.2	34.1	33.9
Nouvelle-Zélande	18.6	18.9	19.0	18.1	15.5	14.3	13.0	13.1	13.3	13.4
Pays-Bas	42.3	33.2	33.4	34.1	33.3	33.6	33.5	33.6	32.3	32.1
Pologne	37.0	37.9	37.1	33.6	33.1	33.3	33.4	34.7	34.8	34.8
Portugal	33.2	32.8	32.5	32.2	31.9	32.2	32.3	32.6	35.2	35.0
République slovaque	40.6	35.3	35.5	36.1	34.4	34.7	36.1	36.9	38.5	38.6
République tchèque	41.3	40.1	40.6	40.1	38.8	39.0	39.7	39.4	39.4	39.7
Royaume-Uni	29.1	30.6	30.8	29.7	29.1	29.4	28.5	27.9	26.8	26.4
Slovénie	42.6	41.4	40.9	40.3	39.7	38.6	38.7	38.6	38.5	38.5
Suède	48.6	46.0	43.3	42.6	41.3	40.7	40.7	40.8	40.9	40.5
Suisse	20.2	19.4	19.7	19.1	19.1	19.3	19.6	19.4	19.4	19.5
Turquie[2]	39.1	41.8	41.9	37.8	35.1	35.0	35.0	35.1	35.4	36.0
Moyenne non pondérée										
OCDE-Moyenne	**33.4**	**32.5**	**32.4**	**31.9**	**31.4**	**31.4**	**31.9**	**32.1**	**32.3**	**32.2**
OCDE-UE 21	**40.0**	**38.3**	**38.2**	**37.8**	**37.4**	**37.3**	**38.0**	**38.3**	**38.3**	**38.2**

Responsabilité : *http://oe.cd/disclaimer*.

1. Informations sur les données concernant Israël : *http://oe.cd/israel-disclaimer*.
2. Les données sur les salaires sont basées sur l'ancienne définition de l'ouvrier moyen (CITI D, Rév. 3) pour les années 2000 à 2009.

StatLink http://dx.doi.org/10.1787/888933211735

Tableau 6.1b. **Impôt sur le revenu, célibataire, salaire égal à 67 % du salaire moyen**

Pression fiscale en % du salaire brut, célibataire sans enfant

	2000	2006	2007	2008	2009	2010	2011	2012	2013	2014
Allemagne	16.3	15.0	15.2	15.4	14.8	13.8	13.9	14.1	14.1	14.1
Australie	21.1	20.3	19.2	17.3	15.8	16.0	16.0	16.9	17.3	17.8
Autriche	7.6	9.4	9.9	10.4	8.7	9.0	9.5	9.9	10.4	10.6
Belgique	22.8	21.7	21.8	22.2	21.9	22.5	22.6	22.5	22.1	22.0
Canada	15.0	13.0	12.2	12.4	11.9	11.5	11.6	11.6	11.6	11.8
Chili	0.0	0.0	0.0	0.0	0.0	0.0	0.0	0.0	0.0	0.0
Corée	0.8	1.1	1.6	1.7	1.3	1.4	1.4	1.5	1.6	2.2
Danemark	27.7	26.7	26.9	26.6	26.0	25.2	33.3	33.4	33.0	32.8
Espagne	8.6	10.0	10.0	7.9	8.4	11.2	11.5	12.0	12.1	12.2
Estonie	19.9	15.8	16.2	15.5	14.9	14.8	15.2	15.5	16.0	16.2
États-Unis	15.0	14.4	14.7	13.8	12.4	12.6	14.0	14.1	14.0	14.1
Finlande	20.9	17.6	17.3	17.8	16.5	15.7	15.5	14.9	15.8	15.9
France	12.5	12.0	12.1	12.2	12.2	12.2	12.4	12.6	12.6	12.6
Grèce	2.3	2.6	2.6	2.4	2.8	1.8	6.6	6.1	3.3	2.9
Hongrie	17.6	9.0	10.1	11.1	11.8	10.8	12.1	16.0	16.0	16.0
Irlande	11.2	4.4	3.2	3.2	4.5	5.1	8.6	8.7	9.1	9.8
Islande	20.0	23.9	22.9	23.1	20.8	21.5	22.6	23.1	23.7	23.1
Israël[1]	12.1	6.5	7.2	5.7	5.0	4.4	4.4	4.4	4.2	4.4
Italie	15.2	15.2	15.1	15.6	15.9	16.6	17.2	17.5	17.7	14.4
Japon	5.5	5.7	6.4	6.3	6.3	6.1	6.1	6.1	6.1	6.1
Luxembourg	10.3	7.8	8.4	8.2	6.9	7.3	7.8	8.2	9.3	9.6
Mexique	-6.0	-2.8	-2.3	-2.5	-1.4	-1.1	-0.0	0.4	0.8	1.6
Norvège	19.0	17.9	18.0	18.0	17.8	17.8	17.9	17.8	17.8	17.1
Nouvelle-Zélande	18.6	18.9	19.0	18.1	15.5	14.3	13.0	13.1	13.3	13.4
Pays-Bas	5.3	4.4	4.8	5.2	5.4	5.3	5.3	5.3	5.7	5.4
Pologne	5.3	5.3	5.5	6.0	5.4	5.6	5.8	5.9	6.0	6.0
Portugal	6.4	5.9	5.5	5.1	4.7	5.1	5.2	5.6	8.8	8.5
République slovaque	6.0	4.9	5.2	5.9	3.8	4.2	5.9	5.9	5.9	6.0
République tchèque	8.3	6.6	7.3	6.7	6.9	7.2	8.2	7.8	7.8	8.2
Royaume-Uni	15.1	15.5	15.6	14.6	14.2	14.4	13.5	13.1	12.0	11.6
Slovénie	10.2	8.1	7.9	8.0	7.9	6.6	6.7	6.6	6.5	6.6
Suède	24.7	21.5	17.9	17.0	15.9	15.0	15.1	15.2	15.3	14.8
Suisse	8.4	8.5	8.7	8.2	8.2	8.3	8.3	8.1	8.1	8.2
Turquie[2]	13.2	14.3	14.4	10.3	9.3	9.2	9.3	9.4	9.7	9.8
Moyenne non pondérée										
OCDE-Moyenne	**12.3**	**11.2**	**11.2**	**10.9**	**10.4**	**10.3**	**11.1**	**11.3**	**11.4**	**11.4**
OCDE-UE 21	**13.1**	**11.4**	**11.4**	**11.3**	**10.9**	**10.9**	**12.0**	**12.2**	**12.3**	**12.2**

Responsabilité : *http://oe.cd/disclaimer.*

1. Informations sur les données concernant Israël : *http://oe.cd/israel-disclaimer.*
2. Les données sur les salaires sont basées sur l'ancienne définition de l'ouvrier moyen (CITI D, Rév. 3) pour les années 2000 à 2009.

StatLink http://dx.doi.org/10.1787/888933211747

Tableau 6.1c. **Impôt sur le revenu et cotisations sociales des salariés diminués des prestations versées, célibataire, salaire égal à 67 % du salaire moyen**

Pression fiscale en % du salaire brut, célibataire sans enfant

	2000	2006	2007	2008	2009	2010	2011	2012	2013	2014
Allemagne	36.8	36.7	36.4	36.1	35.4	34.3	34.8	34.9	34.5	34.6
Australie	21.1	20.3	19.2	17.3	15.8	16.0	16.0	16.9	17.3	17.8
Autriche	25.6	27.4	28.0	28.5	26.7	27.0	27.6	28.0	28.5	28.7
Belgique	35.8	35.2	35.5	36.1	35.8	36.4	36.5	36.4	36.0	35.9
Canada	19.5	18.9	18.1	18.2	17.7	17.4	17.4	17.5	17.6	17.7
Chili	7.0	7.0	7.0	7.0	7.0	7.0	7.0	7.0	7.0	7.0
Corée	7.5	8.3	8.9	9.3	8.9	9.2	9.5	9.7	9.9	10.6
Danemark	41.0	38.9	38.9	38.6	38.0	36.7	36.9	37.0	36.6	36.4
Espagne	15.0	16.4	16.4	14.2	14.8	17.5	17.9	18.4	18.5	18.5
Estonie	19.9	16.4	16.8	16.1	16.7	17.6	18.0	18.3	18.0	18.2
États-Unis	22.6	22.1	22.3	19.4	20.0	20.3	19.7	19.8	21.6	21.7
Finlande	27.8	24.3	23.9	23.9	22.7	22.7	22.6	22.4	23.3	23.8
France	25.9	25.7	25.8	25.9	25.9	25.9	26.1	26.3	26.4	26.7
Grèce	18.2	18.6	18.6	18.4	18.8	17.8	22.8	22.6	19.8	18.9
Hongrie	30.1	23.3	27.1	28.1	28.8	27.8	29.6	34.5	34.5	34.5
Irlande	11.2	7.1	5.9	6.0	7.2	7.9	11.4	11.5	13.1	13.8
Islande	20.2	24.1	23.2	23.8	21.6	22.2	23.3	23.8	24.4	23.7
Israël[1]	19.4	12.1	13.1	11.8	10.9	10.4	10.3	10.2	10.0	10.0
Italie	24.4	24.4	24.6	25.1	25.4	26.1	26.7	27.0	27.2	23.9
Japon	15.5	17.9	18.4	18.5	18.5	19.1	19.5	19.8	20.0	20.2
Luxembourg	21.8	19.5	20.4	20.2	19.1	19.4	20.8	20.4	21.5	21.8
Mexique	-4.8	-1.5	-1.0	-1.3	-0.2	0.2	1.2	1.7	2.0	2.9
Norvège	26.8	25.7	25.8	25.8	25.6	25.6	25.7	25.6	25.6	25.3
Nouvelle-Zélande	18.6	18.9	19.0	18.1	15.5	14.3	13.0	13.1	13.3	13.4
Pays-Bas	32.9	27.2	27.2	27.7	27.1	27.1	27.1	26.9	26.2	25.4
Pologne	26.5	27.4	26.5	23.8	23.3	23.4	23.6	23.7	23.8	23.9
Portugal	17.4	16.9	16.5	16.1	15.7	16.1	16.2	16.6	19.8	19.5
République slovaque	18.0	18.3	18.6	19.3	17.2	17.6	19.3	19.3	19.3	19.4
République tchèque	20.8	19.1	19.8	19.2	17.9	18.2	19.2	18.8	18.8	19.2
Royaume-Uni	22.8	23.9	24.1	22.9	22.4	22.6	21.7	21.2	20.0	19.6
Slovénie	32.3	30.2	30.0	30.1	30.0	28.7	28.8	28.7	28.6	28.7
Suède	31.7	28.5	24.9	23.9	22.9	22.0	22.1	22.2	22.4	21.8
Suisse	14.9	14.6	14.8	14.2	14.3	14.4	14.6	14.3	14.4	14.4
Turquie[2]	27.2	29.3	29.4	25.3	24.3	24.2	24.3	24.4	24.7	24.8
Moyenne non pondérée										
OCDE-Moyenne	**22.1**	**21.3**	**21.3**	**20.8**	**20.3**	**20.4**	**20.9**	**21.1**	**21.3**	**21.3**
OCDE-UE 21	**25.5**	**24.1**	**24.1**	**23.8**	**23.4**	**23.5**	**24.3**	**24.5**	**24.6**	**24.4**

Responsabilité : *http://oe.cd/disclaimer*.

1. Informations sur les données concernant Israël : *http://oe.cd/israel-disclaimer*.
2. Les données sur les salaires sont basées sur l'ancienne définition de l'ouvrier moyen (CITI D, Rév. 3) pour les années 2000 à 2009.

StatLink http://dx.doi.org/10.1787/888933211759

Tableau 6.2a. **Impôt sur le revenu et cotisations sociales des salariés et employeurs diminués des prestations versées, célibataire, salaire égal à 100 % du salaire moyen**

Pression fiscale en % des coûts de main-d'œuvre, célibataire sans enfant

	2000	2006	2007	2008	2009	2010	2011	2012	2013	2014
Allemagne	52.9	52.3	51.8	51.3	50.8	49.1	49.7	49.6	49.2	49.3
Australie	31.0	28.3	27.7	26.9	26.7	26.8	26.7	27.2	27.4	27.7
Autriche	47.3	48.5	48.8	49.0	47.9	48.2	48.5	48.8	49.2	49.4
Belgique	57.1	55.5	55.6	55.9	55.7	55.9	56.1	56.0	55.7	55.6
Canada	32.9	31.8	31.3	31.3	30.5	30.4	30.7	30.8	31.0	31.5
Chili	7.0	7.0	7.0	7.0	7.0	7.0	7.0	7.0	7.0	7.0
Corée	16.4	18.2	19.7	20.0	19.5	20.1	20.5	21.0	21.3	21.5
Danemark	44.1	41.0	41.1	40.9	39.5	38.3	38.4	38.5	38.2	38.1
Espagne	38.6	39.1	39.0	38.0	38.3	39.7	40.0	40.6	40.7	40.7
Estonie	41.3	39.0	39.0	38.4	39.2	40.1	40.3	40.4	39.9	40.0
États-Unis	30.4	29.9	30.3	29.8	30.1	30.5	29.7	29.8	31.4	31.5
Finlande	47.5	44.0	43.9	43.8	42.5	42.3	42.3	42.5	43.1	43.9
France	50.4	49.7	49.7	49.8	49.8	49.9	50.0	50.1	48.9	48.4
Grèce	39.1	42.3	42.1	41.5	41.3	40.1	43.2	42.9	41.6	40.4
Hongrie	54.7	51.9	54.5	54.1	53.1	46.6	49.5	49.5	49.0	49.0
Irlande	28.9	23.0	22.2	22.3	24.7	25.8	25.8	25.9	27.1	28.2
Islande	28.8	31.8	30.5	30.9	30.5	33.4	34.1	33.8	34.1	33.5
Israël[1]	29.6	24.3	24.9	22.9	21.3	20.7	20.8	20.4	20.4	20.5
Italie	47.1	46.1	46.4	46.6	46.8	47.2	47.6	47.7	47.9	48.2
Japon	24.7	28.8	29.3	29.5	29.2	30.2	30.8	31.3	31.6	31.9
Luxembourg	37.1	35.3	36.3	34.7	33.9	34.3	36.3	36.0	37.2	37.6
Mexique	12.4	15.0	15.9	15.1	15.3	15.5	18.7	19.0	19.2	19.5
Norvège	38.6	37.4	37.5	37.6	37.3	37.3	37.6	37.4	37.3	37.0
Nouvelle-Zélande	19.4	20.4	21.1	20.5	18.1	17.0	15.9	16.4	16.9	17.2
Pays-Bas	40.0	38.4	38.7	39.2	38.0	38.1	38.0	38.8	37.0	37.7
Pologne	38.2	39.0	38.2	34.7	34.1	34.2	34.3	35.5	35.6	35.6
Portugal	37.3	37.5	37.3	36.9	36.5	37.1	38.0	37.6	41.4	41.2
République slovaque	41.9	38.3	38.4	38.8	37.7	37.9	38.8	39.6	41.1	41.2
République tchèque	42.6	42.5	42.9	43.4	42.0	42.1	42.6	42.5	42.5	42.6
Royaume-Uni	32.6	34.0	34.1	32.8	32.4	32.6	32.5	32.1	31.4	31.1
Slovénie	46.3	45.3	43.3	42.9	42.2	42.5	42.6	42.5	42.4	42.5
Suède	50.1	47.8	45.3	44.8	43.2	42.8	42.8	42.9	43.0	42.5
Suisse	22.9	22.1	22.4	21.9	22.0	22.1	22.3	22.1	22.1	22.2
Turquie[2]	40.4	42.7	42.7	39.9	37.4	37.4	37.4	37.4	37.6	38.2
Moyenne non pondérée										
OCDE-Moyenne	**36.7**	**36.1**	**36.1**	**35.7**	**35.1**	**35.1**	**35.6**	**35.7**	**35.9**	**36.0**
OCDE-UE 21	**43.6**	**42.4**	**42.3**	**41.9**	**41.4**	**41.2**	**41.8**	**41.9**	**42.0**	**42.1**

Responsabilité : *http://oe.cd/disclaimer.*

1. Informations sur les données concernant Israël : *http://oe.cd/israel-disclaimer.*
2. Les données sur les salaires sont basées sur l'ancienne définition de l'ouvrier moyen (CITI D, Rév. 3) pour les années 2000 à 2009.

StatLink http://dx.doi.org/10.1787/888933211761

Tableau 6.2b. **Impôt sur le revenu, célibataire, salaire égal à 100 % du salaire moyen**

Pression fiscale en % du salaire brut, célibataire sans enfant

	2000	2006	2007	2008	2009	2010	2011	2012	2013	2014
Allemagne	22.7	20.8	21.0	21.2	20.6	18.7	18.9	19.0	19.0	19.1
Australie	26.6	24.0	23.4	22.5	22.1	22.3	22.3	22.9	23.1	23.4
Autriche	12.9	15.4	15.8	16.2	14.7	15.0	15.5	15.9	16.3	16.5
Belgique	29.0	27.9	28.1	28.5	28.3	28.7	28.8	28.7	28.4	28.3
Canada	19.2	16.3	16.0	16.1	15.2	15.1	15.3	15.3	15.3	15.6
Chili	0.0	0.0	0.0	0.0	0.0	0.0	0.0	0.0	0.0	0.0
Corée	2.3	3.4	4.7	4.6	4.1	4.5	4.4	4.9	5.0	5.0
Danemark	32.3	30.2	30.4	30.2	28.8	27.9	36.1	36.2	35.8	35.6
Espagne	13.5	14.1	14.2	12.9	13.4	15.4	15.7	16.5	16.6	16.6
Estonie	21.9	18.1	18.1	17.3	16.8	16.7	16.9	17.1	17.5	17.7
États-Unis	17.3	16.8	17.2	16.8	15.7	16.1	17.2	17.2	17.0	17.2
Finlande	26.9	23.8	23.7	24.2	23.0	22.3	22.2	21.8	22.5	22.6
France	15.7	14.0	14.1	14.1	14.1	14.2	14.2	14.4	14.5	14.6
Grèce	6.1	10.1	9.8	9.1	8.8	7.2	10.8	10.1	9.1	8.9
Hongrie	23.2	20.9	21.8	21.3	20.8	14.4	17.6	16.6	16.0	16.0
Irlande	15.2	9.6	8.7	8.8	10.2	10.7	14.7	14.7	15.2	16.5
Islande	25.3	27.7	26.7	26.8	25.7	27.1	27.9	28.2	28.6	28.1
Israël[1]	18.0	12.6	13.3	11.2	9.7	9.0	9.1	8.7	8.6	8.8
Italie	19.9	19.6	19.7	20.0	20.2	20.7	21.3	21.5	21.6	22.1
Japon	7.0	7.2	8.1	8.0	7.9	7.6	7.6	7.6	7.6	7.6
Luxembourg	17.0	14.9	15.6	15.3	14.0	14.6	15.3	15.8	17.2	17.6
Mexique	0.7	3.5	4.6	3.8	4.1	4.2	7.9	8.2	8.4	8.7
Norvège	22.9	21.3	21.7	21.8	21.5	21.5	21.6	21.4	21.4	20.6
Nouvelle-Zélande	19.4	20.4	21.1	20.5	18.1	17.0	15.9	16.4	16.9	17.2
Pays-Bas	9.6	13.2	14.6	15.5	16.6	16.2	16.4	17.1	15.8	16.1
Pologne	6.6	6.5	6.8	7.2	6.6	6.7	6.8	6.9	6.9	7.0
Portugal	11.4	11.7	11.4	11.0	10.5	11.2	12.3	11.8	16.4	16.3
République slovaque	7.8	8.7	8.9	9.4	8.0	8.3	9.4	9.4	9.4	9.5
République tchèque	10.0	9.9	10.4	11.1	11.3	11.5	12.1	11.9	11.9	12.1
Royaume-Uni	17.4	17.7	17.7	16.4	16.1	16.2	15.6	15.4	14.6	14.4
Slovénie	13.5	12.7	10.7	11.0	10.8	11.2	11.3	11.1	11.0	11.1
Suède	26.7	23.9	20.6	19.9	18.4	17.8	17.9	17.9	18.1	17.4
Suisse	11.3	11.3	11.7	11.1	11.2	11.3	11.2	11.0	11.0	11.1
Turquie[2]	14.7	15.4	15.4	12.7	12.1	12.0	12.1	12.1	12.4	12.4
Moyenne non pondérée										
OCDE-Moyenne	**16.0**	**15.4**	**15.5**	**15.2**	**14.7**	**14.5**	**15.4**	**15.4**	**15.6**	**15.6**
OCDE-UE 21	**17.1**	**16.4**	**16.3**	**16.2**	**15.8**	**15.5**	**16.7**	**16.7**	**16.9**	**17.0**

Responsabilité : *http://oe.cd/disclaimer.*

1. Informations sur les données concernant Israël : *http://oe.cd/israel-disclaimer.*
2. Les données sur les salaires sont basées sur l'ancienne définition de l'ouvrier moyen (CITI D, Rév. 3) pour les années 2000 à 2009.

StatLink http://dx.doi.org/10.1787/888933211776

Tableau 6.2c. **Impôt sur le revenu et cotisations sociales des salariés diminués des prestations versées, célibataire, salaire égal à 100 % du salaire moyen**

Pression fiscale en % du salaire brut, célibataire sans enfant

	2000	2006	2007	2008	2009	2010	2011	2012	2013	2014
Allemagne	43.2	42.5	42.2	41.9	41.2	39.2	39.8	39.8	39.4	39.5
Australie	26.6	24.0	23.4	22.5	22.1	22.3	22.3	22.9	23.1	23.4
Autriche	31.0	33.4	33.8	34.3	32.8	33.1	33.6	33.9	34.4	34.6
Belgique	43.0	41.9	42.1	42.5	42.3	42.7	42.8	42.7	42.4	42.3
Canada	25.1	23.8	23.3	23.4	22.5	22.4	22.5	22.6	22.7	23.3
Chili	7.0	7.0	7.0	7.0	7.0	7.0	7.0	7.0	7.0	7.0
Corée	9.0	10.6	12.1	12.1	11.7	12.3	12.5	13.0	13.3	13.4
Danemark	44.2	41.0	41.1	40.9	39.5	38.3	38.4	38.5	38.2	38.1
Espagne	19.8	20.5	20.6	19.3	19.8	21.7	22.0	22.9	22.9	23.0
Estonie	21.9	18.7	18.7	17.9	18.6	19.5	19.7	19.9	19.5	19.7
États-Unis	24.9	24.4	24.8	23.1	23.3	23.8	22.8	22.8	24.7	24.8
Finlande	33.9	30.6	30.4	30.4	29.3	29.4	29.4	29.4	30.1	30.7
France	29.2	27.7	27.8	27.8	27.8	27.8	27.9	28.2	28.3	28.7
Grèce	22.0	26.1	25.8	25.1	24.8	23.2	27.0	26.6	25.6	24.9
Hongrie	35.7	35.2	38.8	38.3	37.8	31.4	35.1	35.1	34.5	34.5
Irlande	20.3	14.7	13.9	13.9	16.7	17.9	17.8	17.9	19.2	20.5
Islande	25.4	27.8	26.8	27.2	26.2	27.6	28.4	28.7	29.1	28.5
Israël[1]	26.1	20.3	21.2	19.3	17.7	17.0	17.0	16.6	16.4	16.5
Italie	29.0	28.7	29.2	29.5	29.7	30.2	30.8	31.0	31.1	31.6
Japon	17.0	19.4	20.2	20.2	20.0	20.6	21.0	21.3	21.5	21.7
Luxembourg	28.7	26.6	27.7	27.4	26.2	26.8	28.4	28.1	29.5	29.9
Mexique	2.2	5.0	6.0	5.1	5.4	5.6	9.2	9.5	9.8	10.0
Norvège	30.7	29.1	29.5	29.6	29.3	29.3	29.4	29.2	29.2	28.8
Nouvelle-Zélande	19.4	20.4	21.1	20.5	18.1	17.0	15.9	16.4	16.9	17.2
Pays-Bas	33.6	32.5	32.5	32.8	31.8	31.7	31.7	32.2	31.2	31.4
Pologne	27.8	28.7	27.8	25.0	24.4	24.5	24.6	24.7	24.8	24.8
Portugal	22.4	22.7	22.4	22.0	21.5	22.2	23.3	22.8	27.4	27.3
République slovaque	19.8	22.1	22.3	22.8	21.4	21.7	22.8	22.8	22.8	22.9
République tchèque	22.5	22.4	22.9	23.6	22.3	22.5	23.1	22.9	22.9	23.1
Royaume-Uni	25.8	26.9	27.0	25.6	25.2	25.4	25.1	24.7	24.0	23.7
Slovénie	35.6	34.8	32.8	33.1	32.9	33.3	33.4	33.2	33.1	33.2
Suède	33.7	30.9	27.6	26.9	25.4	24.8	24.8	24.9	25.1	24.4
Suisse	17.8	17.4	17.7	17.1	17.3	17.4	17.5	17.2	17.3	17.4
Turquie[2]	28.7	30.4	30.4	27.7	27.1	27.0	27.1	27.1	27.4	27.4
Moyenne non pondérée										
OCDE-Moyenne	**26.0**	**25.5**	**25.6**	**25.2**	**24.7**	**24.6**	**25.1**	**25.2**	**25.4**	**25.5**
OCDE-UE 21	**29.7**	**29.0**	**28.9**	**28.6**	**28.2**	**28.0**	**28.6**	**28.7**	**28.9**	**29.0**

Responsabilité : *http://oe.cd/disclaimer*.

1. Informations sur les données concernant Israël : *http://oe.cd/israel-disclaimer*.
2. Les données sur les salaires sont basées sur l'ancienne définition de l'ouvrier moyen (CITI D, Rév. 3) pour les années 2000 à 2009.

StatLink http://dx.doi.org/10.1787/888933211787

Tableau 6.3a. **Impôt sur le revenu et cotisations sociales des salariés et employeurs diminués des prestations versées, célibataire, salaire égal à 167 % du salaire moyen**

Pression fiscale en % des coûts de main-d'œuvre, célibataire sans enfant

	2000	2006	2007	2008	2009	2010	2011	2012	2013	2014
Allemagne	56.2	55.0	53.8	53.1	53.1	51.5	51.3	51.3	51.3	51.3
Australie	38.8	34.7	32.8	32.7	32.6	32.4	32.2	33.0	33.2	33.4
Autriche	50.4	51.6	51.7	51.8	51.2	51.4	51.5	51.4	51.9	52.0
Belgique	62.6	60.8	60.9	61.1	60.9	61.0	61.1	61.0	60.8	60.8
Canada	35.2	33.2	32.9	32.9	32.6	32.7	32.8	33.0	33.1	33.3
Chili	7.5	7.0	7.0	7.0	7.0	7.6	7.7	7.9	7.8	7.9
Corée	20.5	21.8	22.5	22.6	21.8	21.7	22.2	22.6	22.9	23.2
Danemark	51.5	49.4	49.6	49.6	48.5	44.6	44.9	45.1	44.3	43.6
Espagne	41.0	42.6	42.3	41.4	41.6	42.4	42.5	43.5	44.3	45.0
Estonie	42.5	40.5	40.1	39.5	40.3	41.2	41.3	41.4	40.8	40.9
États-Unis	36.8	35.2	35.5	35.3	35.5	35.7	34.5	34.6	36.3	36.3
Finlande	53.2	49.9	49.7	49.5	48.3	48.2	48.3	48.5	48.9	49.7
France	52.5	53.3	53.4	53.4	53.6	53.6	53.8	54.0	54.1	54.3
Grèce	45.1	49.1	47.3	46.4	46.0	45.6	48.6	48.2	49.3	48.0
Hongrie	59.2	56.7	58.6	59.1	58.3	53.1	51.6	50.7	49.0	49.0
Irlande	39.4	34.0	33.0	33.1	35.2	36.4	38.0	38.1	38.9	39.6
Islande	39.6	34.6	33.4	33.6	34.1	37.8	38.4	38.3	38.6	38.0
Israël[1]	38.1	33.8	34.2	32.2	30.0	29.5	29.2	28.6	29.2	29.5
Italie	51.1	50.9	51.4	51.8	52.0	52.5	53.0	53.2	53.3	53.8
Japon	28.5	31.6	32.4	32.5	32.3	33.3	33.8	34.2	34.5	34.7
Luxembourg	45.2	42.3	43.0	41.7	41.4	41.6	43.7	43.3	44.4	44.6
Mexique	19.3	21.9	22.0	20.6	20.9	21.3	21.6	21.9	22.2	22.5
Norvège	45.2	43.0	43.2	43.2	43.0	43.0	43.2	43.1	43.0	42.6
Nouvelle-Zélande	24.2	26.2	26.8	26.3	24.6	23.3	22.0	22.4	22.8	23.1
Pays-Bas	44.9	41.4	42.0	42.5	41.8	41.8	41.8	42.5	42.0	43.1
Pologne	39.1	40.1	39.0	36.0	34.9	35.0	35.0	36.2	36.2	36.2
Portugal	42.3	43.3	43.0	42.6	42.2	43.1	44.6	43.6	47.7	47.5
République slovaque	45.2	40.4	40.5	40.7	40.1	40.3	40.8	41.6	43.3	43.3
République tchèque	44.8	46.1	46.7	46.1	44.6	44.7	45.0	44.9	44.9	45.0
Royaume-Uni	35.8	37.8	38.0	37.5	36.9	37.2	37.9	37.8	37.6	37.5
Slovénie	51.0	51.7	49.1	48.3	47.1	47.6	47.7	47.5	46.1	46.3
Suède	55.7	54.5	53.1	52.8	51.2	51.0	50.9	50.7	50.8	50.6
Suisse	27.4	26.4	26.7	26.4	26.5	26.6	26.8	26.7	26.7	26.8
Turquie[2]	35.0	44.4	44.5	42.8	40.2	40.3	40.5	40.6	41.0	41.7
Moyenne non pondérée										
OCDE-Moyenne	**41.3**	**40.7**	**40.6**	**40.2**	**39.7**	**39.7**	**40.0**	**40.0**	**40.3**	**40.4**
OCDE-UE 21	**48.0**	**47.2**	**47.0**	**46.6**	**46.2**	**45.9**	**46.3**	**46.4**	**46.7**	**46.8**

Responsabilité : *http://oe.cd/disclaimer*.

1. Informations sur les données concernant Israël : *http://oe.cd/israel-disclaimer*.
2. Les données sur les salaires sont basées sur l'ancienne définition de l'ouvrier moyen (CITI D, Rév. 3) pour les années 2000 à 2009.

StatLink http://dx.doi.org/10.1787/888933211795

Tableau 6.3b. **Impôt sur le revenu, célibataire, salaire égal à 167 % du salaire moyen**

Pression fiscale en % du salaire brut, célibataire sans enfant

	2000	2006	2007	2008	2009	2010	2011	2012	2013	2014
Allemagne	31.7	28.9	29.1	29.2	28.6	27.1	27.5	27.6	27.5	27.6
Australie	34.9	30.8	28.8	28.7	28.3	28.2	28.2	29.1	29.2	29.4
Autriche	20.4	22.5	22.8	23.1	22.0	22.2	22.5	22.8	23.0	23.1
Belgique	36.0	34.7	34.9	35.3	35.2	35.5	35.5	35.5	35.2	35.2
Canada	25.6	22.3	22.2	22.3	21.6	21.7	21.8	21.8	21.8	22.1
Chili	0.5	0.0	0.0	0.0	0.0	0.6	0.7	0.9	0.8	0.9
Corée	6.7	8.6	9.4	9.3	8.6	8.6	8.5	8.8	8.9	9.0
Danemark	40.8	39.7	40.0	40.0	38.9	34.9	43.3	43.4	42.6	42.0
Espagne	18.5	19.1	19.1	18.6	19.2	20.6	21.0	22.5	22.5	22.5
Estonie	23.6	20.0	19.6	18.7	18.3	18.2	18.3	18.4	18.7	18.8
États-Unis	24.3	22.6	22.8	22.8	22.1	22.4	23.0	23.0	22.9	23.0
Finlande	34.0	31.0	30.9	31.2	30.0	29.5	29.4	29.0	29.6	29.8
France	21.2	19.9	20.1	20.2	20.3	20.3	20.5	20.8	20.8	20.9
Grèce	13.8	18.8	16.5	15.4	14.8	14.4	17.7	16.9	18.9	18.5
Hongrie	30.3	27.6	27.5	28.2	27.6	22.8	20.3	18.1	16.0	16.0
Irlande	26.7	21.7	20.5	20.6	21.4	22.0	27.8	28.0	28.4	29.1
Islande	36.6	30.7	29.7	29.8	29.7	32.1	32.7	33.2	33.6	33.0
Israël[1]	26.3	20.7	21.2	19.2	16.9	16.4	16.0	15.4	15.7	16.0
Italie	25.3	25.9	26.3	26.8	27.1	27.7	28.3	28.5	28.8	29.4
Japon	11.1	11.7	12.9	12.8	12.4	12.0	12.0	12.2	12.1	12.2
Luxembourg	26.2	22.8	23.3	23.1	22.3	22.6	23.6	23.9	25.2	25.4
Mexique	7.8	12.0	12.4	11.1	11.5	11.9	12.3	12.6	12.9	13.2
Norvège	30.4	27.6	28.1	28.1	27.9	27.9	28.0	27.8	27.8	27.0
Nouvelle-Zélande	24.2	26.2	26.8	26.3	24.6	23.3	22.0	22.4	22.8	23.1
Pays-Bas	25.4	25.7	27.2	27.9	28.8	28.4	28.6	29.3	28.3	28.6
Pologne	7.7	7.9	7.8	8.8	7.5	7.5	7.6	7.7	7.7	7.7
Portugal	17.6	18.8	18.5	18.0	17.4	18.5	20.4	19.2	24.2	24.0
République slovaque	12.4	11.9	12.0	12.3	11.4	11.6	12.3	12.3	12.2	12.3
République tchèque	13.0	14.7	15.6	14.8	14.8	14.9	15.3	15.2	15.2	15.3
Royaume-Uni	23.1	24.2	24.5	23.2	21.9	22.4	22.4	22.6	22.6	22.6
Slovénie	19.1	18.7	16.4	16.7	16.5	17.0	17.2	17.0	15.4	15.5
Suède	36.3	35.2	33.3	32.8	31.1	30.9	30.8	30.5	30.6	30.4
Suisse	16.2	16.3	16.6	16.0	16.1	16.3	16.1	16.0	16.0	16.1
Turquie[2]	18.0	17.4	17.6	16.3	15.3	15.5	15.7	15.8	16.3	16.5
Moyenne non pondérée										
OCDE-Moyenne	**22.5**	**21.7**	**21.6**	**21.4**	**20.9**	**20.8**	**21.4**	**21.4**	**21.6**	**21.7**
OCDE-UE 21	**24.0**	**23.3**	**23.1**	**23.1**	**22.6**	**22.3**	**23.4**	**23.3**	**23.5**	**23.6**

Responsabilité : *http://oe.cd/disclaimer.*

1. Informations sur les données concernant Israël : *http://oe.cd/israel-disclaimer.*
2. Les données sur les salaires sont basées sur l'ancienne définition de l'ouvrier moyen (CITI D, Rév. 3) pour les années 2000 à 2009.

StatLink http://dx.doi.org/10.1787/888933211808

Tableau 6.3c. **Impôt sur le revenu et cotisations sociales des salariés diminués des prestations versées, célibataire, salaire égal à 167 % du salaire moyen**

Pression fiscale en % du salaire brut, célibataire sans enfant

	2000	2006	2007	2008	2009	2010	2011	2012	2013	2014
Allemagne	48.8	47.1	46.2	45.7	45.5	43.8	43.8	43.8	43.7	43.8
Australie	34.9	30.8	28.8	28.7	28.3	28.2	28.2	29.1	29.2	29.4
Autriche	36.3	38.6	38.8	39.0	38.1	38.3	38.5	38.6	39.0	39.2
Belgique	50.1	48.8	48.9	49.3	49.2	49.5	49.6	49.5	49.2	49.2
Canada	29.3	27.2	26.9	27.0	26.5	26.6	26.7	26.8	26.8	27.1
Chili	7.5	7.0	7.0	7.0	7.0	7.6	7.7	7.9	7.8	7.9
Corée	13.4	15.1	15.8	15.8	15.1	15.0	15.3	15.7	15.9	16.2
Danemark	51.5	49.4	49.6	49.6	48.5	44.6	44.9	45.1	44.3	43.6
Espagne	24.4	25.3	25.3	24.6	25.2	26.5	26.8	28.3	28.5	28.7
Estonie	23.6	20.6	20.2	19.3	20.1	21.0	21.1	21.2	20.7	20.8
États-Unis	31.9	30.2	30.5	29.6	29.8	30.1	28.7	28.7	30.5	30.6
Finlande	41.1	37.8	37.7	37.4	36.4	36.6	36.6	36.7	37.2	37.8
France	33.1	33.0	33.2	33.2	33.4	33.4	33.6	33.9	34.0	34.2
Grèce	29.7	34.8	32.5	31.4	30.8	30.4	34.0	33.4	35.4	34.5
Hongrie	42.8	41.9	44.5	45.2	44.6	39.8	37.8	36.6	34.5	34.5
Irlande	32.1	26.9	25.8	25.9	28.2	29.6	31.3	31.5	32.4	33.1
Islande	36.7	30.8	29.8	30.1	30.0	32.4	33.0	33.5	33.9	33.3
Israël[1]	35.0	30.1	30.8	28.8	26.5	26.0	25.6	24.9	25.2	25.4
Italie	34.5	35.2	35.9	36.4	36.6	37.3	37.9	38.1	38.3	39.0
Japon	21.1	23.1	24.2	24.2	24.0	24.5	24.8	25.1	25.3	25.5
Luxembourg	37.9	34.6	35.4	35.3	34.6	34.9	36.8	36.3	37.5	37.8
Mexique	9.8	13.7	13.9	12.6	12.9	13.4	13.7	14.1	14.4	14.7
Norvège	38.2	35.4	35.9	35.9	35.7	35.7	35.8	35.6	35.6	35.2
Nouvelle-Zélande	24.2	26.2	26.8	26.3	24.6	23.3	22.0	22.4	22.8	23.1
Pays-Bas	40.6	37.5	38.1	38.5	37.9	37.7	37.8	38.4	38.5	39.3
Pologne	28.9	30.1	28.8	26.6	25.3	25.4	25.4	25.5	25.5	25.5
Portugal	28.6	29.8	29.5	29.0	28.4	29.5	31.4	30.2	35.2	35.0
République slovaque	24.4	25.0	25.1	25.4	24.6	24.8	25.4	25.5	25.6	25.7
République tchèque	25.5	27.2	28.1	27.3	25.8	25.9	26.3	26.2	26.2	26.3
Royaume-Uni	28.8	30.6	30.8	30.3	29.7	30.0	30.4	30.4	30.1	30.0
Slovénie	41.2	40.8	38.5	38.8	38.6	39.1	39.3	39.1	37.5	37.6
Suède	41.1	39.8	37.9	37.5	35.8	35.6	35.5	35.3	35.4	35.1
Suisse	22.7	22.1	22.4	22.0	22.1	22.2	22.3	22.2	22.2	22.3
Turquie[2]	26.9	32.4	32.6	31.3	30.3	30.5	30.7	30.8	31.3	31.5
Moyenne non pondérée										
OCDE-Moyenne	**31.7**	**31.1**	**31.1**	**30.7**	**30.3**	**30.3**	**30.6**	**30.6**	**30.9**	**31.0**
OCDE-UE 21	**35.5**	**35.0**	**34.8**	**34.6**	**34.2**	**34.0**	**34.5**	**34.4**	**34.7**	**34.8**

Responsabilité : http://oe.cd/disclaimer.

1. Informations sur les données concernant Israël : *http://oe.cd/israel-disclaimer.*
2. Les données sur les salaires sont basées sur l'ancienne définition de l'ouvrier moyen (CITI D, Rév. 3) pour les années 2000 à 2009.

StatLink http://dx.doi.org/10.1787/888933211813

Tableau 6.4a. Impôt sur le revenu et cotisations sociales des salariés et employeurs diminués des prestations versées, parent isolé, salaire égal à 67 % du salaire moyen

Pression fiscale en % des coûts de main-d'œuvre, parent isolé ayant deux enfants

	2000	2006	2007	2008	2009	2010	2011	2012	2013	2014
Allemagne	31.8	33.8	33.5	33.2	31.2	29.8	31.0	31.2	30.9	31.3
Australie	4.0	-1.2	-4.3	-4.9	-7.2	-6.5	-5.7	-3.7	-2.6	-1.6
Autriche	25.2	26.7	27.7	28.4	25.5	26.1	27.2	28.0	28.8	29.1
Belgique	36.4	35.6	35.6	35.9	35.7	36.8	37.0	36.9	36.2	36.1
Canada	-0.4	-0.2	-2.4	-6.1	-9.7	-7.4	-7.0	-6.5	-6.1	-4.9
Chili	2.8	3.0	3.1	3.2	3.3	6.0	6.0	6.1	6.1	6.1
Corée	14.4	15.7	16.1	16.6	16.3	16.7	17.1	17.3	17.4	16.9
Danemark	14.8	13.1	13.7	13.7	13.0	11.2	11.8	11.8	11.1	9.1
Espagne	28.6	30.3	28.3	28.4	28.4	29.2	29.9	30.3	30.4	30.5
Estonie	18.5	18.2	21.9	18.7	22.7	24.1	25.2	26.3	26.6	27.5
États-Unis	9.8	7.2	8.7	7.6	7.4	8.7	8.8	9.9	11.6	12.1
Finlande	28.3	26.7	27.1	26.9	25.6	25.5	25.7	25.6	26.6	27.7
France	34.5	38.1	38.3	38.6	38.5	38.8	38.9	38.8	37.2	36.7
Grèce	35.4	36.7	35.4	35.3	35.7	34.4	38.8	38.6	38.8	37.5
Hongrie	34.0	26.0	29.1	29.9	29.8	27.4	20.2	23.0	25.5	26.1
Irlande	-0.7	-30.5	-25.6	-25.1	-29.4	-27.8	-26.2	-25.6	-22.3	-18.9
Islande	5.9	15.5	15.3	14.9	12.2	16.7	19.0	17.0	19.1	17.6
Israël[1]	3.3	2.2	2.4	2.5	1.8	1.6	0.8	0.5	1.2	2.4
Italie	29.5	28.0	25.1	26.4	26.9	28.1	29.0	29.4	29.0	26.7
Japon	21.0	21.7	21.7	21.9	21.5	18.6	19.8	23.5	23.8	24.1
Luxembourg	6.3	5.2	6.1	2.2	0.3	0.8	3.1	3.5	5.1	5.9
Mexique	7.5	10.6	11.1	10.9	11.9	12.3	13.2	13.6	13.9	14.7
Norvège	16.4	19.5	20.0	20.6	20.6	20.9	21.6	21.7	22.0	22.2
Nouvelle-Zélande	-3.0	-15.1	-16.9	-17.3	-17.1	-17.7	-18.3	-18.2	-16.9	-15.8
Pays-Bas	26.4	13.0	12.9	13.8	11.4	12.2	12.1	12.4	11.5	11.6
Pologne	29.8	35.5	32.4	28.4	28.4	28.4	28.4	29.6	29.6	29.6
Portugal	26.6	24.9	24.2	22.8	19.5	20.6	22.3	23.1	25.5	25.2
République slovaque	25.3	21.6	22.8	24.2	21.6	21.9	23.6	24.5	26.4	26.7
République tchèque	12.7	19.2	16.5	15.1	15.6	15.8	25.4	24.2	24.2	24.9
Royaume-Uni	15.3	14.4	15.9	11.6	8.5	9.3	7.1	6.8	5.7	5.6
Slovénie	13.4	15.1	15.6	13.7	12.5	12.4	12.8	13.0	13.1	13.3
Suède	39.9	36.8	34.5	34.1	33.0	32.3	32.6	32.9	33.2	33.0
Suisse	6.5	5.7	6.1	3.1	4.4	4.7	5.0	5.0	4.6	4.7
Turquie[2]	39.1	41.8	41.9	36.8	33.8	33.7	33.7	33.8	34.1	34.7
Moyenne non pondérée										
OCDE-Moyenne	**18.8**	**17.5**	**17.5**	**16.7**	**15.7**	**16.1**	**16.8**	**17.2**	**17.7**	**17.9**
OCDE-UE 21	**24.4**	**22.3**	**22.4**	**21.7**	**20.7**	**20.8**	**21.7**	**22.1**	**22.5**	**22.6**

Responsabilité : *http://oe.cd/disclaimer*.

1. Informations sur les données concernant Israël : *http://oe.cd/israel-disclaimer*.
2. Les données sur les salaires sont basées sur l'ancienne définition de l'ouvrier moyen (CITI D, Rév. 3) pour les années 2000 à 2009.

StatLink http://dx.doi.org/10.1787/888933211826

Tableau 6.4b. **Impôt sur le revenu, parent isolé, salaire égal à 67 % du salaire moyen**

Pression fiscale en % du salaire brut, parent isolé ayant deux enfants

	2000	2006	2007	2008	2009	2010	2011	2012	2013	2014
Allemagne	-2.6	-1.3	-0.7	-0.2	-2.6	-4.0	-3.2	-2.7	-2.6	-2.1
Australie	15.5	20.3	18.9	17.3	14.0	14.3	14.3	15.3	17.3	17.8
Autriche	5.8	6.5	7.2	7.7	5.4	5.8	6.4	6.9	7.5	7.7
Belgique	16.7	16.2	16.4	16.8	16.4	17.2	17.3	17.2	16.7	16.5
Canada	6.6	4.9	1.1	1.4	0.5	1.0	1.1	1.1	1.1	1.4
Chili	0.0	0.0	0.0	0.0	0.0	0.0	0.0	0.0	0.0	0.0
Corée	0.1	0.7	0.8	0.9	0.6	0.7	0.7	0.8	0.7	0.0
Danemark	27.7	26.7	26.9	26.6	26.0	25.2	33.3	33.4	33.0	31.1
Espagne	0.4	2.6	0.3	0.4	0.7	1.7	2.6	3.1	3.3	3.4
Estonie	19.9	8.7	10.6	4.7	9.2	9.3	10.0	10.6	11.3	11.9
États-Unis	-5.0	-7.7	-6.2	-6.8	-10.1	-8.7	-6.7	-5.6	-5.7	-5.1
Finlande	20.9	17.6	17.3	17.8	16.5	15.7	15.5	14.9	15.8	15.9
France	7.1	7.2	7.4	7.4	7.4	7.5	7.5	7.6	7.6	7.6
Grèce	1.4	3.0	1.3	1.2	1.7	0.0	5.1	4.5	5.5	5.2
Hongrie	10.3	9.0	10.1	11.1	11.8	10.8	0.0	3.4	3.8	4.1
Irlande	2.3	0.0	0.0	0.0	1.7	2.0	3.8	3.9	3.9	4.1
Islande	20.0	23.9	22.9	23.1	20.8	21.5	22.6	23.1	23.7	23.1
Israël[1]	1.1	0.0	0.0	0.0	0.0	0.0	0.0	0.0	0.0	0.0
Italie	10.0	7.4	7.1	8.0	8.5	9.3	10.2	10.6	9.8	6.6
Japon	2.8	2.8	3.1	3.1	2.9	2.7	4.1	6.1	6.1	6.1
Luxembourg	0.0	0.0	0.0	3.1	0.0	0.0	0.3	0.9	2.1	2.6
Mexique	-6.0	-2.8	-2.3	-2.5	-1.4	-1.1	-0.0	0.4	0.8	1.6
Norvège	13.3	14.1	14.3	14.4	14.1	14.1	14.2	14.0	14.0	13.5
Nouvelle-Zélande	18.6	18.9	19.0	18.1	17.2	15.9	14.5	14.6	14.8	14.8
Pays-Bas	3.0	2.2	2.4	3.5	3.5	3.5	3.5	3.4	3.3	3.1
Pologne	2.5	2.6	0.0	0.0	0.0	0.0	0.0	0.0	0.0	0.0
Portugal	3.4	2.2	1.4	0.8	0.1	0.6	0.6	1.2	3.9	3.6
République slovaque	3.3	-3.7	-2.8	-1.7	-4.0	-3.5	-1.6	-1.7	-1.7	-1.4
République tchèque	2.3	-1.1	0.1	-5.0	-4.4	-4.9	-3.6	-5.4	-5.4	-4.6
Royaume-Uni	8.6	5.0	6.3	2.0	-0.7	-0.0	-2.3	-2.5	-3.7	-3.6
Slovénie	3.4	0.7	0.9	1.1	1.0	0.0	0.0	0.0	0.0	0.0
Suède	24.7	21.5	17.9	17.0	15.9	15.0	15.1	15.2	15.3	14.8
Suisse	4.0	3.7	3.9	3.4	3.3	3.4	3.2	2.8	2.4	2.4
Turquie[2]	13.2	14.3	14.4	9.0	7.9	7.7	7.8	7.8	8.2	8.3
Moyenne non pondérée										
OCDE-Moyenne	**7.5**	**6.7**	**6.5**	**6.0**	**5.4**	**5.4**	**5.8**	**6.0**	**6.3**	**6.2**
OCDE-UE 21	**8.1**	**6.3**	**6.2**	**5.8**	**5.4**	**5.3**	**5.7**	**5.9**	**6.2**	**6.0**

Responsabilité : *http://oe.cd/disclaimer*.

1. Informations sur les données concernant Israël : *http://oe.cd/israel-disclaimer*.
2. Les données sur les salaires sont basées sur l'ancienne définition de l'ouvrier moyen (CITI D, Rév. 3) pour les années 2000 à 2009.

StatLink http://dx.doi.org/10.1787/888933211838

Tableau 6.4c. **Impôt sur le revenu et cotisations sociales des salariés diminués des prestations versées, parent isolé, salaire égal à 67 % du salaire moyen**

Pression fiscale en % du salaire brut, parent isolé ayant deux enfants

	2000	2006	2007	2008	2009	2010	2011	2012	2013	2014
Allemagne	17.9	20.2	20.2	20.2	17.8	16.2	17.4	17.8	17.6	18.1
Australie	-2.1	-7.2	-10.6	-11.2	-14.0	-13.2	-12.0	-9.8	-8.7	-7.7
Autriche	2.0	5.4	6.6	7.7	3.8	4.6	6.0	7.0	8.1	8.4
Belgique	16.1	17.3	17.4	17.7	17.6	18.9	19.1	19.0	18.4	18.3
Canada	-11.8	-11.8	-14.2	-18.2	-22.2	-19.6	-19.5	-19.1	-18.8	-17.4
Chili	2.8	3.0	3.1	3.2	3.3	6.0	6.0	6.1	6.1	6.1
Corée	6.8	7.9	8.1	8.5	8.2	8.5	8.7	8.9	9.0	8.3
Danemark	15.0	13.1	13.7	13.7	13.0	11.2	11.8	11.8	11.1	9.1
Espagne	6.8	8.9	6.7	6.8	7.0	8.1	8.9	9.5	9.6	9.8
Estonie	-8.5	-9.1	-4.2	-8.4	-3.5	-2.1	-0.5	0.9	1.6	2.8
États-Unis	2.6	-0.1	1.5	-2.3	-2.4	-1.0	-1.0	0.1	2.0	2.5
Finlande	9.7	9.1	9.6	9.4	8.5	8.9	9.0	8.7	9.9	10.6
France	13.5	14.4	14.5	14.8	14.6	14.8	14.8	15.0	15.1	15.4
Grèce	17.3	19.0	17.3	17.2	17.7	16.0	21.3	21.0	22.0	21.2
Hongrie	5.0	-0.1	4.2	5.4	7.0	6.7	-2.5	3.2	4.2	5.0
Irlande	-9.3	-44.5	-39.1	-38.5	-43.3	-41.5	-39.8	-39.1	-35.4	-31.6
Islande	1.4	10.6	10.8	10.4	6.8	9.5	12.0	10.5	12.9	11.3
Israël[1]	-1.5	-2.9	-2.1	-1.8	-2.2	-2.6	-3.4	-3.6	-3.0	-1.8
Italie	5.5	4.9	1.1	2.9	3.5	5.1	6.2	6.8	6.3	3.2
Japon	12.8	11.4	11.6	11.7	11.4	7.5	8.4	12.5	12.6	12.9
Luxembourg	-6.4	-7.8	-6.7	-8.8	-11.2	-10.6	-8.8	-8.4	-6.6	-5.7
Mexique	-4.8	-1.5	-1.0	-1.3	-0.2	0.2	1.2	1.7	2.0	2.9
Norvège	5.7	8.8	9.7	10.4	10.5	10.8	11.4	11.5	11.9	12.1
Nouvelle-Zélande	-3.0	-15.1	-16.9	-17.3	-17.1	-17.7	-18.3	-18.2	-16.9	-15.8
Pays-Bas	14.5	5.1	4.8	5.4	3.1	3.6	3.8	3.5	3.5	2.9
Pologne	18.0	24.7	21.0	17.8	17.8	17.8	17.8	17.8	17.8	17.8
Portugal	9.1	7.1	6.2	4.5	0.3	1.7	3.8	4.9	7.8	7.4
République slovaque	-3.1	1.0	2.5	4.4	1.0	1.5	3.5	3.5	3.4	3.9
République tchèque	-17.9	-9.0	-12.7	-14.6	-13.1	-12.9	0.0	-1.6	-1.6	-0.6
Royaume-Uni	7.7	6.1	7.6	3.0	-0.2	0.6	-1.8	-2.0	-3.1	-3.0
Slovénie	-2.1	-1.1	0.0	-1.2	-1.6	-1.7	-1.3	-1.0	-0.8	-0.6
Suède	20.1	16.4	13.2	12.8	12.0	11.1	11.4	11.8	12.2	11.9
Suisse	0.3	0.0	0.4	-2.7	-1.3	-1.1	-0.9	-0.9	-1.4	-1.2
Turquie[2]	27.2	29.3	29.4	24.0	22.9	22.7	22.8	22.8	23.2	23.3
Moyenne non pondérée										
OCDE-Moyenne	**4.9**	**3.9**	**3.9**	**3.1**	**2.2**	**2.6**	**3.4**	**3.9**	**4.5**	**4.7**
OCDE-UE 21	**6.2**	**4.8**	**5.0**	**4.4**	**3.4**	**3.7**	**4.8**	**5.2**	**5.8**	**5.9**

Responsabilité : http://oe.cd/disclaimer.

1. Informations sur les données concernant Israël : *http://oe.cd/israel-disclaimer.*
2. Les données sur les salaires sont basées sur l'ancienne définition de l'ouvrier moyen (CITI D, Rév. 3) pour les années 2000 à 2009.

StatLink http://dx.doi.org/10.1787/888933211847

Tableau 6.5a. **Impôt sur le revenu et cotisations sociales des salariés et employeurs diminués des prestations versées, couple marié, salaire égal à 100 % du salaire moyen**

Pression fiscale en % des coûts de main-d'œuvre, couple marié ayant deux enfants et un seul salaire

	2000	2006	2007	2008	2009	2010	2011	2012	2013	2014
Allemagne	35.3	35.8	35.5	35.1	33.5	32.6	33.8	34.0	33.6	33.8
Australie	23.4	17.1	14.9	14.9	14.2	14.6	15.2	16.5	16.9	17.5
Autriche	35.2	37.0	37.7	38.2	36.0	36.4	37.3	37.9	38.6	38.8
Belgique	42.6	40.3	40.3	40.6	40.4	41.2	41.4	41.3	40.7	40.6
Canada	23.1	21.5	19.7	19.0	16.6	17.7	18.1	18.4	18.6	19.2
Chili	6.1	6.1	6.1	6.2	6.2	6.3	7.0	7.0	7.0	7.0
Corée	15.7	16.8	17.5	17.8	17.1	17.8	18.0	18.5	18.9	19.0
Danemark	30.7	29.1	29.4	29.3	28.7	27.2	27.6	27.8	27.5	27.2
Espagne	32.3	33.6	32.9	32.0	32.4	34.0	34.3	34.7	34.8	34.9
Estonie	32.8	27.3	29.5	26.8	29.8	31.0	31.8	32.4	32.4	32.9
États-Unis	20.6	17.8	18.5	17.0	17.2	18.2	18.3	18.6	20.4	20.6
Finlande	40.3	37.9	38.2	38.4	37.2	37.1	37.2	37.3	38.0	38.9
France	41.3	42.4	42.5	42.5	42.7	42.9	43.0	43.1	41.1	40.5
Grèce	40.7	43.7	42.4	41.8	41.6	40.4	44.2	43.9	44.5	43.4
Hongrie	43.9	41.1	44.0	43.9	43.2	36.7	33.0	34.2	34.2	34.6
Irlande	15.5	1.9	4.0	3.8	2.8	4.7	5.6	6.1	8.4	9.9
Islande	13.1	19.8	19.1	18.4	15.0	19.2	21.3	19.6	21.3	20.4
Israël[1]	25.5	21.1	21.9	20.0	18.3	17.5	17.1	16.6	17.0	18.1
Italie	39.3	36.6	35.7	36.6	36.9	37.8	38.5	38.8	38.5	39.0
Japon	21.0	23.6	23.8	24.0	23.6	22.1	23.1	25.7	26.0	26.3
Luxembourg	13.5	11.4	12.7	11.2	11.1	11.6	13.7	13.6	14.6	15.1
Mexique	12.4	15.0	15.9	15.1	15.3	15.5	18.7	19.0	19.2	19.5
Norvège	28.4	30.0	30.5	30.8	30.6	30.7	31.2	31.1	31.2	32.2
Nouvelle-Zélande	13.6	0.5	0.8	0.7	-0.3	-0.9	-1.1	0.6	2.4	3.8
Pays-Bas	29.9	29.1	29.6	30.3	29.7	30.8	31.1	32.4	31.0	31.9
Pologne	33.3	37.4	32.4	28.4	28.4	28.4	28.4	29.6	29.9	30.0
Portugal	30.2	28.3	27.7	26.3	25.4	26.3	27.3	27.9	30.2	29.8
République slovaque	30.8	23.0	23.9	25.3	22.8	22.9	24.9	25.8	27.6	27.9
République tchèque	22.0	26.0	21.3	20.8	20.9	21.1	26.8	26.1	26.1	26.8
Royaume-Uni	27.8	28.0	28.4	26.9	26.2	26.5	26.4	27.5	26.8	26.6
Slovénie	25.0	24.2	24.5	23.1	22.1	22.9	23.2	23.2	23.2	23.4
Suède	44.3	41.6	39.4	39.2	37.7	37.2	37.4	37.6	37.9	37.4
Suisse	11.7	11.0	11.4	9.2	10.1	10.3	10.3	10.1	9.7	9.8
Turquie[2]	40.4	42.7	42.7	38.7	36.0	35.9	35.9	36.0	36.2	36.8
Moyenne non pondérée										
OCDE-Moyenne	**27.7**	**26.4**	**26.3**	**25.7**	**25.0**	**25.1**	**25.9**	**26.3**	**26.6**	**26.9**
OCDE-UE 21	**32.7**	**31.2**	**31.0**	**30.5**	**30.0**	**30.0**	**30.8**	**31.2**	**31.4**	**31.6**

Responsabilité : *http://oe.cd/disclaimer*.

1. Informations sur les données concernant Israël : *http://oe.cd/israel-disclaimer*.
2. Les données sur les salaires sont basées sur l'ancienne définition de l'ouvrier moyen (CITI D, Rév. 3) pour les années 2000 à 2009.

StatLink http://dx.doi.org/10.1787/888933211851

Tableau 6.5b. **Impôt sur le revenu, couple marié, salaire égal à 100 % du salaire moyen**

Pression fiscale en % du salaire brut, couple marié ayant deux enfants et un seul salaire

	2000	2006	2007	2008	2009	2010	2011	2012	2013	2014
Allemagne	1.5	1.1	1.7	2.1	0.2	-0.6	0.1	0.6	0.6	0.9
Australie	25.6	24.0	23.4	22.5	20.9	21.1	21.1	21.8	23.1	23.4
Autriche	11.7	13.5	13.9	14.4	12.5	12.8	13.3	13.8	14.3	14.5
Belgique	18.9	16.5	16.7	17.3	17.0	17.7	17.8	17.7	17.2	17.0
Canada	15.0	11.6	9.5	9.8	8.2	8.5	8.7	8.8	8.8	8.7
Chili	0.0	0.0	0.0	0.0	0.0	0.0	0.0	0.0	0.0	0.0
Corée	1.5	1.9	2.3	2.2	1.4	1.9	1.7	2.1	2.3	2.3
Danemark	25.6	25.0	25.2	24.9	24.3	23.7	31.9	32.1	31.8	31.6
Espagne	5.2	7.0	6.3	5.2	5.8	7.9	8.3	8.9	9.0	9.1
Estonie	17.9	8.7	10.5	6.4	9.2	9.2	9.9	10.5	11.3	11.8
États-Unis	6.8	3.7	4.5	4.1	1.6	2.7	4.8	5.0	4.9	5.2
Finlande	26.9	23.8	23.7	24.2	23.0	22.3	22.2	21.8	22.5	22.6
France	7.3	7.8	8.1	7.9	8.3	8.3	8.4	8.5	7.9	7.9
Grèce	8.2	11.9	10.2	9.5	9.2	7.7	12.0	11.4	12.8	12.7
Hongrie	18.4	20.9	21.8	21.3	20.8	14.4	8.5	8.2	7.8	8.0
Irlande	5.0	1.6	0.6	0.4	1.7	2.2	7.0	7.2	7.6	8.3
Islande	16.1	20.1	19.1	19.3	15.8	17.0	18.5	19.1	19.9	19.2
Israël[1]	18.0	12.6	13.3	11.2	9.7	9.0	9.1	8.7	8.6	8.8
Italie	15.6	12.4	12.1	12.8	13.2	13.9	14.7	15.0	14.6	15.2
Japon	2.9	3.8	4.3	4.3	4.1	3.9	4.9	6.2	6.1	6.2
Luxembourg	2.3	0.8	1.4	5.3	4.2	4.5	4.9	5.2	5.8	6.1
Mexique	0.7	3.5	4.6	3.8	4.1	4.2	7.9	8.2	8.4	8.7
Norvège	18.1	18.8	19.3	19.3	19.0	19.0	19.1	18.9	18.9	19.5
Nouvelle-Zélande	19.4	20.4	21.1	20.5	18.4	17.0	15.9	16.4	16.9	17.2
Pays-Bas	4.8	12.8	14.2	15.1	16.3	15.9	16.2	16.9	15.4	15.7
Pologne	4.8	4.7	0.0	0.0	0.0	0.0	0.0	0.0	0.3	0.4
Portugal	6.2	4.3	3.7	3.2	2.8	3.3	3.4	3.9	6.3	6.2
République slovaque	4.8	-4.8	-4.0	-2.8	-5.2	-5.1	-2.7	-2.7	-2.8	-2.5
République tchèque	4.0	-2.6	-1.7	-5.8	-5.1	-5.3	-4.2	-5.2	-5.2	-4.4
Royaume-Uni	17.4	15.9	16.1	14.7	14.5	14.6	14.0	15.4	14.6	14.4
Slovénie	4.8	2.2	2.4	2.6	2.5	2.9	3.0	2.8	2.7	2.8
Suède	26.7	23.9	20.6	19.9	18.4	17.8	17.9	17.9	18.1	17.4
Suisse	6.2	6.0	6.3	5.8	5.8	5.9	5.4	4.9	4.5	4.6
Turquie[2]	14.7	15.4	15.4	11.2	10.5	10.3	10.4	10.4	10.7	10.7
Moyenne non pondérée										
OCDE-Moyenne	**11.3**	**10.3**	**10.2**	**9.8**	**9.2**	**9.1**	**9.8**	**10.0**	**10.2**	**10.3**
OCDE-UE 21	**11.3**	**9.9**	**9.7**	**9.5**	**9.2**	**9.0**	**9.8**	**10.0**	**10.1**	**10.3**

Responsabilité : *http://oe.cd/disclaimer*.

1. Informations sur les données concernant Israël : *http://oe.cd/israel-disclaimer*.
2. Les données sur les salaires sont basées sur l'ancienne définition de l'ouvrier moyen (CITI D, Rév. 3) pour les années 2000 à 2009.

StatLink http://dx.doi.org/10.1787/888933211868

Tableau 6.5c. **Impôt sur le revenu et cotisations sociales des salariés diminués des prestations versées, couple marié, salaire égal à 100 % du salaire moyen**

Pression fiscale en % du salaire brut, couple marié ayant deux enfants et un seul salaire

	2000	2006	2007	2008	2009	2010	2011	2012	2013	2014
Allemagne	22.0	22.6	22.6	22.5	20.6	19.6	20.8	21.0	20.8	21.1
Australie	18.4	12.1	9.8	9.8	8.7	9.3	10.1	11.6	12.0	12.6
Autriche	15.1	18.7	19.5	20.3	17.4	17.9	19.0	19.8	20.7	20.9
Belgique	23.7	22.1	22.1	22.6	22.4	23.6	23.7	23.6	23.0	22.9
Canada	14.2	12.3	10.4	9.7	7.0	8.2	8.5	8.7	8.8	9.4
Chili	6.1	6.1	6.1	6.2	6.2	6.3	7.0	7.0	7.0	7.0
Corée	8.2	9.1	9.6	9.8	9.0	9.7	9.8	10.3	10.5	10.7
Danemark	30.8	29.1	29.4	29.3	28.7	27.2	27.6	27.8	27.5	27.2
Espagne	11.5	13.3	12.6	11.5	12.2	14.2	14.7	15.2	15.3	15.4
Estonie	10.6	3.1	6.0	2.5	6.1	7.3	8.3	9.1	9.4	10.1
États-Unis	14.4	11.4	12.1	9.0	9.3	10.4	10.4	10.6	12.6	12.8
Finlande	24.8	23.1	23.3	23.6	22.7	23.0	23.1	23.0	23.8	24.5
France	16.1	17.1	17.3	17.4	17.6	17.7	17.8	18.0	17.5	17.8
Grèce	24.1	27.9	26.2	25.5	25.2	23.7	28.2	27.9	29.3	28.7
Hongrie	20.5	20.7	24.7	24.6	24.7	18.7	14.0	15.4	15.4	15.9
Irlande	5.4	-8.7	-6.4	-6.6	-7.6	-5.5	-4.5	-4.0	-1.4	0.2
Islande	8.9	15.2	14.8	14.0	9.7	12.2	14.5	13.3	15.3	14.4
Israël[1]	21.8	16.9	18.1	16.2	14.5	13.6	13.2	12.6	12.9	13.9
Italie	18.6	16.2	15.1	16.3	16.7	17.8	18.8	19.1	18.7	19.4
Japon	12.9	13.6	13.9	14.0	13.8	11.3	12.2	15.0	15.1	15.4
Luxembourg	1.9	-0.6	0.9	1.3	0.8	1.5	3.1	3.0	4.1	4.6
Mexique	2.2	5.0	6.0	5.1	5.4	5.6	9.2	9.5	9.8	10.0
Norvège	19.3	20.7	21.6	21.9	21.7	21.8	22.2	22.1	22.2	23.4
Nouvelle-Zélande	13.6	0.5	0.8	0.7	-0.3	-0.9	-1.1	0.6	2.4	3.8
Pays-Bas	22.4	22.3	22.4	23.0	22.6	23.6	24.0	25.1	24.7	25.0
Pologne	22.1	26.9	21.0	17.8	17.8	17.8	17.8	17.8	18.1	18.2
Portugal	13.6	11.2	10.5	8.8	7.7	8.8	10.1	10.8	13.7	13.2
République slovaque	4.4	2.8	4.0	5.8	2.5	2.6	5.2	5.1	5.0	5.5
République tchèque	-5.3	0.0	-6.2	-6.9	-6.0	-5.7	1.9	1.0	1.0	1.9
Royaume-Uni	20.6	20.3	20.6	19.0	18.4	18.7	18.3	19.7	19.0	18.7
Slovénie	10.1	9.8	10.6	9.9	9.6	10.4	10.8	10.8	10.8	11.0
Suède	26.0	22.8	19.8	19.4	18.1	17.4	17.7	17.9	18.3	17.8
Suisse	5.9	5.6	6.0	3.7	4.7	4.9	4.7	4.5	4.1	4.2
Turquie[2]	28.7	30.4	30.4	26.2	25.5	25.3	25.4	25.4	25.7	25.7
Moyenne non pondérée										
OCDE-Moyenne	**15.1**	**14.1**	**14.0**	**13.4**	**12.7**	**12.9**	**13.7**	**14.1**	**14.5**	**14.8**
OCDE-UE 21	**16.1**	**15.3**	**15.1**	**14.6**	**14.2**	**14.3**	**15.2**	**15.6**	**15.9**	**16.2**

Responsabilité : *http://oe.cd/disclaimer.*

1. Informations sur les données concernant Israël : *http://oe.cd/israel-disclaimer.*
2. Les données sur les salaires sont basées sur l'ancienne définition de l'ouvrier moyen (CITI D, Rév. 3) pour les années 2000 à 2009.

StatLink http://dx.doi.org/10.1787/888933211879

Tableau 6.6a. Impôt sur le revenu et cotisations sociales des salariés et employeurs diminués des prestations versées, couple marié, deux enfants, deux salaires égaux à 100 % et 33 % du salaire moyen

Pression fiscale en % des coûts de main-d'œuvre

	2000	2006	2007	2008	2009	2010	2011	2012	2013	2014
Allemagne	41.2	41.0	40.6	40.3	39.0	37.7	38.6	38.7	38.3	38.6
Australie	24.6	20.5	19.6	19.1	18.0	18.0	17.9	18.6	19.9	21.0
Autriche	36.3	37.8	38.3	38.7	36.4	36.7	37.4	37.8	38.3	38.4
Belgique	44.3	41.2	41.2	41.6	41.5	42.2	42.4	42.4	41.9	41.8
Canada	26.9	25.4	24.0	23.9	23.0	23.2	23.4	23.7	24.0	24.1
Chili	4.8	4.9	4.5	4.5	4.5	4.8	4.8	4.8	4.8	4.7
Corée	15.3	16.6	17.3	17.6	17.1	17.8	18.0	18.6	18.8	18.9
Danemark	35.7	33.9	34.1	33.9	33.3	31.9	32.2	32.4	32.1	31.8
Espagne	35.0	35.5	35.1	34.4	34.6	35.7	35.9	36.4	36.4	36.5
Estonie	35.6	31.1	32.5	30.4	33.1	34.1	34.5	35.0	34.8	35.2
États-Unis	24.2	21.9	22.4	21.4	22.9	23.2	22.9	23.2	24.9	25.1
Finlande	39.3	36.4	36.4	36.4	35.2	35.0	35.0	34.9	35.5	36.5
France	40.5	40.0	40.0	39.4	40.4	40.6	40.7	41.0	39.4	37.6
Grèce	39.1	41.4	40.4	40.0	39.8	38.9	42.4	42.2	42.1	40.9
Hongrie	44.8	40.2	42.8	42.8	42.1	36.4	34.4	35.4	36.2	38.2
Irlande	20.3	8.6	7.2	7.3	8.7	10.6	12.3	12.5	14.0	14.8
Islande	20.2	26.0	25.1	24.6	22.5	26.2	27.7	26.9	28.0	27.4
Israël[1]	21.7	17.9	18.3	16.8	15.5	14.9	13.5	13.0	13.2	13.7
Italie	41.1	39.1	37.8	38.6	38.9	39.6	40.2	40.5	40.3	39.7
Japon	22.4	24.8	25.0	25.2	24.9	24.0	25.1	27.2	27.5	27.8
Luxembourg	17.5	16.0	17.2	15.8	15.4	15.9	18.0	17.9	19.0	19.5
Mexique	9.5	12.7	13.7	13.1	13.5	13.8	16.3	16.6	17.0	17.3
Norvège	30.8	31.3	31.4	31.6	31.5	31.6	32.0	31.8	31.7	31.4
Nouvelle-Zélande	18.5	9.5	9.7	9.2	8.0	7.4	7.0	8.6	10.0	11.1
Pays-Bas	34.3	29.6	29.6	30.2	29.2	29.5	29.5	29.9	28.8	28.9
Pologne	34.6	37.8	32.5	29.0	28.9	29.3	29.7	31.1	31.3	31.4
Portugal	30.6	29.5	28.8	28.4	27.7	28.2	28.4	28.9	31.2	30.9
République slovaque	35.1	28.8	29.0	30.1	26.7	27.2	29.4	30.3	33.0	33.3
République tchèque	31.0	33.5	29.4	30.5	30.2	30.3	33.2	32.6	32.6	32.9
Royaume-Uni	25.5	26.0	26.4	25.2	24.4	24.7	24.8	24.4	23.2	22.9
Slovénie	33.7	32.2	32.1	30.7	30.0	30.4	30.6	30.6	30.5	30.6
Suède	44.7	41.6	39.1	38.8	37.3	36.8	36.9	37.1	37.4	36.9
Suisse	14.6	13.7	14.1	12.4	13.1	13.3	13.3	13.1	12.8	12.9
Turquie[2]	39.7	42.3	42.3	37.7	35.0	34.8	34.8	34.8	35.1	35.6
Moyenne non pondérée										
OCDE-Moyenne	**29.8**	**28.5**	**28.2**	**27.6**	**27.1**	**27.2**	**27.7**	**28.0**	**28.3**	**28.5**
OCDE-UE 21	**35.2**	**33.4**	**32.9**	**32.5**	**32.0**	**32.0**	**32.7**	**32.9**	**33.2**	**33.2**

Responsabilité : *http://oe.cd/disclaimer*.

1. Informations sur les données concernant Israël : *http://oe.cd/israel-disclaimer*.
2. Les données sur les salaires sont basées sur l'ancienne définition de l'ouvrier moyen (CITI D, Rév. 3) pour les années 2000 à 2009.

StatLink http://dx.doi.org/10.1787/888933211888

Tableau 6.6b. **Impôt sur le revenu, couple marié, deux enfants, deux salaires égaux à 100 % et 33 % du salaire moyen**

Pression fiscale en % du salaire brut

	2000	2006	2007	2008	2009	2010	2011	2012	2013	2014
Allemagne	8.6	7.5	7.9	8.2	6.7	5.4	5.9	6.3	6.3	6.6
Australie	22.0	20.6	19.6	18.9	17.3	17.4	17.4	18.0	18.7	19.0
Autriche	9.4	11.3	11.6	12.0	10.5	10.7	11.1	11.4	11.7	11.9
Belgique	24.0	21.9	22.1	22.6	22.3	22.9	22.8	22.6	22.1	22.0
Canada	16.3	13.5	11.9	12.1	11.0	11.1	11.2	11.2	11.2	11.0
Chili	0.0	0.0	0.0	0.0	0.0	0.0	0.0	0.0	0.0	0.0
Corée	1.1	1.8	2.0	2.0	1.5	1.9	1.7	2.2	2.2	2.2
Danemark	27.6	26.7	26.9	26.6	26.0	25.3	33.5	33.6	33.2	33.1
Espagne	8.7	9.4	9.1	8.2	8.7	10.2	10.4	11.0	11.1	11.1
Estonie	19.9	12.2	13.4	10.0	12.0	12.0	12.5	13.0	13.6	14.0
États-Unis	10.5	8.1	8.6	8.5	7.0	7.5	9.0	9.1	9.1	9.3
Finlande	23.4	20.1	19.8	20.2	19.1	18.4	18.2	17.4	18.1	18.3
France	8.9	7.2	7.3	6.3	7.7	7.8	7.9	8.3	8.3	6.7
Grèce	6.2	8.9	7.7	7.1	6.9	5.8	9.8	9.2	9.6	9.6
Hongrie	15.8	15.7	16.4	16.1	15.9	10.8	7.3	10.1	9.8	10.0
Irlande	11.1	4.3	3.0	3.1	3.9	4.5	8.8	8.9	9.3	9.9
Islande	19.9	23.9	22.9	23.0	20.7	21.7	22.8	23.2	23.9	23.3
Israël[1]	13.5	9.4	10.0	8.4	7.3	6.8	5.8	5.4	5.0	4.9
Italie	14.2	11.8	11.1	12.0	12.4	13.2	13.9	14.2	14.0	13.1
Japon	4.4	4.5	5.1	5.0	4.9	4.7	5.6	6.7	6.6	6.7
Luxembourg	3.8	2.7	3.4	6.4	5.2	5.6	6.0	6.4	7.4	7.7
Mexique	-4.4	-0.9	0.2	-0.4	-0.0	0.3	3.2	3.6	3.9	4.2
Norvège	19.1	18.7	18.9	19.0	18.7	18.7	18.8	18.5	18.4	17.5
Nouvelle-Zélande	18.5	19.5	20.1	19.1	17.2	15.9	14.8	15.2	15.7	16.0
Pays-Bas	7.8	10.1	11.1	11.8	12.6	12.3	12.4	12.9	12.2	12.2
Pologne	5.3	5.2	0.2	0.7	0.6	1.0	1.4	1.7	2.0	2.1
Portugal	5.7	4.6	3.8	3.4	2.9	3.3	3.3	3.9	6.5	6.3
République slovaque	4.6	1.1	1.1	2.0	-1.7	-1.0	1.6	1.7	2.9	3.2
République tchèque	5.2	2.7	3.6	2.5	2.8	2.5	3.2	2.3	2.3	2.7
Royaume-Uni	15.1	14.2	14.4	13.3	12.9	13.1	13.4	13.0	11.9	11.6
Slovénie	6.8	4.3	4.3	3.6	3.6	3.8	3.8	3.7	3.7	3.7
Suède	25.3	21.8	18.2	17.5	16.1	15.4	15.5	15.6	15.8	15.1
Suisse	7.6	7.3	7.6	7.2	7.2	7.3	6.8	6.5	6.1	6.2
Turquie[2]	14.0	14.9	14.9	10.0	9.3	9.1	9.1	9.1	9.4	9.4
Moyenne non pondérée										
OCDE-Moyenne	**11.8**	**10.7**	**10.5**	**10.2**	**9.7**	**9.6**	**10.3**	**10.5**	**10.6**	**10.6**
OCDE-UE 21	**12.3**	**10.7**	**10.3**	**10.2**	**9.9**	**9.7**	**10.6**	**10.8**	**11.0**	**11.0**

Responsabilité : *http://oe.cd/disclaimer*.

1. Informations sur les données concernant Israël : *http://oe.cd/israel-disclaimer*.
2. Les données sur les salaires sont basées sur l'ancienne définition de l'ouvrier moyen (CITI D, Rév. 3) pour les années 2000 à 2009.

StatLink http://dx.doi.org/10.1787/888933211890

Tableau 6.6c. **Impôt sur le revenu et cotisations sociales des salariés diminués des prestations versées, couple marié, deux enfants, deux salaires égaux à 100 % et 33 % du salaire moyen**

Pression fiscale en % du salaire brut

	2000	2006	2007	2008	2009	2010	2011	2012	2013	2014
Allemagne	29.1	28.9	28.8	28.6	27.1	25.7	26.5	26.7	26.4	26.7
Australie	19.8	15.7	14.8	14.2	12.7	12.9	13.0	13.7	15.1	16.3
Autriche	16.5	19.7	20.3	20.9	17.9	18.3	19.1	19.7	20.3	20.5
Belgique	29.3	26.5	26.5	26.8	26.6	27.5	27.5	27.4	26.8	26.7
Canada	18.6	16.8	15.3	15.3	14.2	14.4	14.6	14.8	14.9	15.0
Chili	4.8	4.9	4.5	4.5	4.5	4.8	4.8	4.8	4.8	4.7
Corée	7.8	9.0	9.4	9.6	9.1	9.7	9.8	10.3	10.5	10.6
Danemark	35.8	33.9	34.1	33.9	33.3	31.9	32.2	32.4	32.1	31.8
Espagne	15.1	15.7	15.5	14.6	15.0	16.5	16.8	17.4	17.4	17.5
Estonie	14.4	8.1	10.1	7.2	10.1	11.2	12.0	12.6	12.7	13.2
États-Unis	18.2	15.7	16.3	13.0	14.7	15.1	14.6	14.8	16.7	16.9
Finlande	23.5	21.1	21.1	21.2	20.3	20.4	20.4	20.1	20.9	21.5
France	18.8	17.6	17.7	16.8	18.1	18.2	18.4	18.8	19.0	17.7
Grèce	22.1	24.9	23.7	23.1	22.9	21.8	26.0	25.7	26.1	25.6
Hongrie	20.5	19.1	22.8	22.8	23.0	18.3	15.8	20.2	20.2	20.5
Irlande	11.4	-0.7	-2.2	-2.1	-0.6	1.5	3.4	3.6	5.2	6.1
Islande	16.4	21.7	21.2	20.6	17.8	19.9	21.4	21.2	22.5	21.9
Israël[1]	17.8	13.6	14.5	13.1	11.8	11.1	9.7	9.2	9.2	9.7
Italie	21.0	19.6	17.9	18.9	19.3	20.2	21.0	21.4	21.2	20.3
Japon	14.4	14.9	15.3	15.4	15.2	13.5	14.5	16.7	16.8	17.1
Luxembourg	6.3	4.6	5.9	6.3	5.6	6.3	7.9	7.7	9.0	9.6
Mexique	-3.0	0.5	1.5	0.9	1.3	1.6	4.5	4.9	5.3	5.6
Norvège	21.9	22.1	22.6	22.8	22.7	22.8	23.0	22.8	22.8	22.5
Nouvelle-Zélande	18.5	9.5	9.7	9.2	8.0	7.4	7.0	8.6	10.0	11.1
Pays-Bas	26.6	23.2	22.9	23.3	22.5	22.6	22.7	22.7	22.4	21.9
Pologne	23.6	27.4	21.2	18.5	18.4	18.8	19.3	19.5	19.8	19.9
Portugal	14.1	12.8	11.9	11.4	10.5	11.2	11.4	12.1	14.8	14.5
République slovaque	10.4	10.2	10.4	11.7	7.5	8.1	10.9	10.9	12.1	12.5
République tchèque	6.9	10.2	4.7	6.2	6.5	6.6	10.5	9.6	9.6	10.1
Royaume-Uni	18.8	18.9	19.2	17.9	17.2	17.5	17.7	17.3	16.2	15.8
Slovénie	21.2	19.7	20.0	18.9	18.8	19.2	19.4	19.4	19.3	19.5
Suède	26.5	22.7	19.3	18.9	17.6	16.9	17.1	17.3	17.7	17.1
Suisse	9.0	8.5	8.9	7.1	7.8	8.0	7.9	7.7	7.3	7.5
Turquie[2]	28.0	29.9	29.9	25.0	24.3	24.1	24.1	24.1	24.4	24.4
Moyenne non pondérée										
OCDE-Moyenne	**17.8**	**16.7**	**16.3**	**15.8**	**15.3**	**15.4**	**16.0**	**16.4**	**16.7**	**16.8**
OCDE-UE 21	**19.6**	**18.3**	**17.7**	**17.4**	**17.0**	**17.1**	**17.9**	**18.2**	**18.5**	**18.5**

Responsabilité : *http://oe.cd/disclaimer*.

1. Informations sur les données concernant Israël : *http://oe.cd/israel-disclaimer*.
2. Les données sur les salaires sont basées sur l'ancienne définition de l'ouvrier moyen (CITI D, Rév. 3) pour les années 2000 à 2009.

StatLink http://dx.doi.org/10.1787/888933211904

Tableau 6.7a. **Impôt sur le revenu et cotisations sociales des salariés et employeurs diminués des prestations versées, couple marié, deux salaires égaux à 100 % et 67 % du salaire moyen**

Pression fiscale en % des coûts de main-d'œuvre, couple marié ayant deux enfants et deux salaires

	2000	2006	2007	2008	2009	2010	2011	2012	2013	2014
Allemagne	45.4	45.0	44.6	44.2	43.0	41.5	42.3	42.4	42.0	42.2
Australie	26.7	23.9	23.5	23.0	22.4	23.8	24.3	24.9	25.2	25.6
Autriche	39.0	40.6	41.2	41.6	39.7	40.1	40.7	41.2	41.7	41.9
Belgique	50.9	48.3	48.3	48.5	48.3	48.9	49.1	49.0	48.5	48.4
Canada	29.7	28.6	27.4	27.3	26.6	26.5	26.8	27.0	27.2	27.3
Chili	5.3	5.4	5.4	5.5	5.5	6.6	6.6	6.6	6.6	6.6
Corée	15.5	16.7	17.4	17.8	17.3	17.9	18.2	18.6	18.9	19.2
Danemark	38.7	35.8	35.9	35.7	35.1	33.7	34.0	34.2	33.8	33.6
Espagne	35.4	36.3	35.8	34.6	34.9	36.7	37.0	37.5	37.6	37.6
Estonie	37.4	33.4	34.4	32.6	34.7	35.8	36.2	36.6	36.3	36.7
États-Unis	26.3	24.3	24.7	24.0	25.2	25.5	24.8	25.1	26.8	26.9
Finlande	41.3	38.3	38.4	38.5	37.2	37.0	37.0	37.1	37.8	38.7
France	43.3	44.7	44.9	45.1	45.1	45.3	45.4	45.5	44.1	43.7
Grèce	39.4	42.0	41.1	40.6	40.5	39.3	43.0	42.8	42.6	41.4
Hongrie	47.0	42.0	44.8	45.1	44.4	39.6	37.9	39.6	40.1	40.4
Irlande	21.8	13.8	12.8	12.9	14.6	16.2	17.8	18.0	19.6	20.3
Islande	25.4	29.7	28.8	28.2	26.9	30.4	31.6	30.9	31.8	31.3
Israël[1]	21.6	16.8	17.2	16.0	14.8	14.4	14.1	13.8	14.1	14.7
Italie	44.2	41.9	41.2	41.7	41.9	42.5	43.0	43.2	43.1	42.4
Japon	22.9	25.7	26.0	26.2	25.9	25.4	26.4	28.2	28.5	28.8
Luxembourg	23.0	21.4	22.7	21.2	20.8	21.4	23.4	23.4	24.7	25.2
Mexique	10.4	13.2	14.0	13.4	13.9	14.2	16.5	16.8	17.1	17.5
Norvège	33.0	33.1	33.3	33.5	33.3	33.4	33.7	33.7	33.7	33.5
Nouvelle-Zélande	19.0	15.9	16.1	15.7	14.7	13.9	13.2	14.7	15.9	16.3
Pays-Bas	38.1	32.8	32.9	33.6	31.7	31.9	31.8	32.2	30.6	31.0
Pologne	37.7	38.5	34.1	30.6	30.4	30.7	31.0	32.3	32.5	32.6
Portugal	33.0	33.3	32.8	32.2	31.2	32.5	34.3	34.5	37.0	36.8
République slovaque	36.9	31.6	32.2	33.0	31.2	31.5	32.7	33.6	35.2	35.4
République tchèque	36.3	37.8	34.1	34.5	34.2	34.3	35.5	35.1	35.1	35.5
Royaume-Uni	28.4	29.4	29.9	28.6	28.0	28.4	28.1	27.7	26.8	26.5
Slovénie	37.1	35.9	35.7	34.9	34.2	34.0	34.1	34.3	34.4	34.5
Suède	46.0	43.3	41.0	40.5	39.1	38.6	38.7	38.8	39.1	38.7
Suisse	17.7	16.8	17.2	15.7	16.2	16.4	16.4	16.3	16.0	16.1
Turquie[2]	39.9	42.3	42.4	38.6	36.0	35.9	35.9	36.0	36.2	36.8
Moyenne non pondérée										
OCDE-Moyenne	**32.2**	**31.1**	**30.9**	**30.4**	**30.0**	**30.1**	**30.6**	**30.9**	**31.2**	**31.3**
OCDE-UE 21	**38.1**	**36.5**	**36.1**	**35.7**	**35.3**	**35.2**	**35.9**	**36.1**	**36.3**	**36.3**

Responsabilité : *http://oe.cd/disclaimer*.

1. Informations sur les données concernant Israël : *http://oe.cd/israel-disclaimer*.
2. Les données sur les salaires sont basées sur l'ancienne définition de l'ouvrier moyen (CITI D, Rév. 3) pour les années 2000 à 2009.

StatLink http://dx.doi.org/10.1787/888933211913

Tableau 6.7b. **Impôt sur le revenu, couple marié, deux salaires égaux à 100 % et 67 % du salaire moyen**

Pression fiscale en % du salaire brut, couple marié ayant deux enfants et deux salaires

	2000	2006	2007	2008	2009	2010	2011	2012	2013	2014
Allemagne	13.8	12.3	12.6	12.9	11.6	9.9	10.3	10.6	10.6	10.9
Australie	23.8	22.5	21.7	20.4	18.8	19.1	19.7	20.5	20.8	21.1
Autriche	10.8	13.0	13.4	13.9	12.0	12.3	12.8	13.2	13.6	13.9
Belgique	26.4	23.9	24.0	24.5	24.2	24.8	24.9	24.7	24.4	24.3
Canada	17.5	15.0	13.6	13.8	13.0	12.8	12.9	13.0	13.0	12.8
Chili	0.0	0.0	0.0	0.0	0.0	0.0	0.0	0.0	0.0	0.0
Corée	1.3	1.8	2.2	2.2	1.6	2.0	1.9	2.2	2.3	2.6
Danemark	30.4	28.4	28.5	28.3	27.7	26.8	35.0	35.1	34.7	34.5
Espagne	9.3	10.5	10.1	8.5	9.1	11.5	11.8	12.5	12.6	12.6
Estonie	21.1	14.4	15.1	12.2	13.8	13.7	14.1	14.5	15.0	15.3
États-Unis	12.8	10.8	11.2	11.2	10.0	10.4	11.6	11.7	11.6	11.8
Finlande	24.5	21.3	21.1	21.6	20.4	19.7	19.5	19.0	19.8	19.9
France	10.8	10.7	10.9	11.0	11.1	11.1	11.2	11.5	11.5	11.5
Grèce	6.5	9.7	8.6	8.0	7.8	6.3	10.5	9.9	10.3	10.2
Hongrie	18.0	16.1	17.1	17.2	17.2	13.0	10.0	11.3	11.1	11.2
Irlande	13.3	7.5	6.5	6.5	7.9	8.4	12.2	12.3	12.6	13.2
Islande	23.2	26.2	25.2	25.3	23.8	24.8	25.8	26.1	26.7	26.1
Israël[1]	12.5	7.5	8.0	6.7	5.8	5.4	5.5	5.2	5.1	5.2
Italie	16.8	14.8	14.8	15.4	15.7	16.3	17.0	17.3	17.1	16.1
Japon	4.9	5.2	5.8	5.7	5.6	5.5	6.2	7.0	7.0	7.0
Luxembourg	8.2	6.9	7.7	10.0	8.8	9.3	9.8	10.3	11.5	11.9
Mexique	-2.0	1.0	1.8	1.2	1.9	2.1	4.7	5.1	5.4	5.9
Norvège	20.6	19.9	20.2	20.3	20.0	20.0	20.1	19.9	19.9	19.2
Nouvelle-Zélande	19.0	19.8	20.3	19.5	17.9	16.5	15.3	15.7	16.0	16.3
Pays-Bas	7.9	9.6	10.6	11.2	11.9	11.7	11.8	12.2	11.3	11.4
Pologne	6.1	6.0	2.0	2.6	2.3	2.6	2.9	3.2	3.4	3.4
Portugal	8.1	8.5	7.8	7.2	6.5	7.3	7.7	7.9	11.0	10.8
République slovaque	5.8	3.7	4.2	4.9	3.2	3.5	5.0	5.0	4.9	5.1
République tchèque	6.8	5.5	6.3	4.6	5.0	4.9	5.6	5.0	5.0	5.4
Royaume-Uni	16.5	16.1	16.6	15.4	15.1	15.4	14.7	14.4	13.6	13.3
Slovénie	8.1	6.0	6.0	6.1	6.0	5.7	5.7	5.6	5.5	5.6
Suède	25.9	22.9	19.5	18.7	17.4	16.7	16.8	16.8	17.0	16.3
Suisse	9.8	9.6	9.9	9.4	9.4	9.5	9.1	8.8	8.5	8.5
Turquie[2]	14.1	14.9	15.0	11.2	10.4	10.3	10.3	10.4	10.7	10.8
Moyenne non pondérée										
OCDE-Moyenne	**13.3**	**12.4**	**12.3**	**12.0**	**11.6**	**11.4**	**12.1**	**12.3**	**12.5**	**12.5**
OCDE-UE 21	**14.1**	**12.7**	**12.5**	**12.4**	**12.1**	**11.9**	**12.8**	**13.0**	**13.2**	**13.2**

Responsabilité : *http://oe.cd/disclaimer*.

1. Informations sur les données concernant Israël : *http://oe.cd/israel-disclaimer*.
2. Les données sur les salaires sont basées sur l'ancienne définition de l'ouvrier moyen (CITI D, Rév. 3) pour les années 2000 à 2009.

StatLink http://dx.doi.org/10.1787/888933211921

Tableau 6.7c. **Impôt sur le revenu et cotisations sociales des salariés diminués des prestations versées, couple marié, deux salaires égaux à 100 % et 67 % du salaire moyen**

Pression fiscale en % du salaire brut, couple marié ayant deux enfants et deux salaires

	2000	2006	2007	2008	2009	2010	2011	2012	2013	2014
Allemagne	34.3	33.7	33.5	33.3	31.9	30.1	30.9	31.1	30.8	31.1
Australie	22.0	19.4	18.9	18.3	17.4	19.0	19.7	20.5	20.8	21.1
Autriche	20.1	23.3	24.0	24.7	22.2	22.6	23.4	24.0	24.7	25.0
Belgique	35.0	32.9	33.0	33.3	33.1	33.9	34.1	33.9	33.5	33.4
Canada	21.6	20.3	19.0	19.0	18.1	18.1	18.2	18.4	18.5	18.5
Chili	5.3	5.4	5.4	5.5	5.5	6.6	6.6	6.6	6.6	6.6
Corée	8.0	9.0	9.5	9.8	9.3	9.8	9.9	10.4	10.6	10.9
Danemark	38.9	35.8	35.9	35.7	35.1	33.7	34.0	34.2	33.8	33.6
Espagne	15.6	16.9	16.4	14.9	15.5	17.8	18.2	18.9	18.9	19.0
Estonie	16.8	11.3	12.6	10.1	12.6	13.7	14.3	14.8	14.7	15.1
États-Unis	20.5	18.4	18.9	16.3	17.7	18.0	17.2	17.4	19.3	19.4
Finlande	26.0	23.5	23.6	23.7	22.7	22.9	22.9	22.8	23.6	24.3
France	21.4	21.7	22.0	22.1	22.2	22.2	22.4	22.7	22.8	23.1
Grèce	22.4	25.7	24.6	24.0	23.8	22.3	26.7	26.4	26.8	26.2
Hongrie	24.3	21.8	25.7	26.0	26.3	22.3	20.2	23.1	23.1	23.4
Irlande	13.6	4.6	3.4	3.5	5.4	7.2	9.0	9.2	11.0	11.7
Islande	21.9	25.6	25.0	24.3	22.4	24.4	25.7	25.6	26.5	26.1
Israël[1]	17.7	12.4	13.3	12.2	11.1	10.5	10.3	9.9	10.0	10.6
Italie	25.2	23.3	22.3	22.9	23.3	24.0	24.7	25.0	24.8	23.9
Japon	14.9	15.9	16.4	16.5	16.3	15.1	16.0	17.8	17.9	18.2
Luxembourg	12.6	10.8	12.2	12.4	11.6	12.3	14.0	13.9	15.4	16.0
Mexique	-0.6	2.4	3.2	2.6	3.2	3.4	6.0	6.4	6.7	7.2
Norvège	24.4	24.2	24.7	24.9	24.8	24.8	25.1	25.0	25.1	24.9
Nouvelle-Zélande	19.0	15.9	16.1	15.7	14.7	13.9	13.2	14.7	15.9	16.3
Pays-Bas	30.1	26.5	26.3	26.8	25.0	24.9	25.0	25.0	24.4	24.1
Pologne	27.3	28.2	23.0	20.4	20.1	20.4	20.8	21.0	21.2	21.3
Portugal	17.0	17.5	16.8	16.2	14.9	16.5	18.7	18.9	22.0	21.8
République slovaque	12.9	13.7	14.4	15.4	13.2	13.6	15.1	15.1	15.0	15.2
République tchèque	14.0	16.0	11.0	11.6	11.8	12.0	13.6	13.1	13.1	13.6
Royaume-Uni	21.5	22.1	22.7	21.3	20.7	21.1	20.6	20.3	19.4	19.1
Slovénie	25.1	23.7	23.8	23.7	23.6	23.4	23.5	23.7	23.8	23.9
Suède	28.3	25.1	21.8	21.2	20.0	19.3	19.5	19.6	19.9	19.4
Suisse	12.3	11.7	12.2	10.6	11.2	11.3	11.2	11.0	10.7	10.8
Turquie[2]	28.1	29.9	30.0	26.2	25.4	25.3	25.3	25.4	25.7	25.8
Moyenne non pondérée										
OCDE-Moyenne	**20.5**	**19.7**	**19.5**	**19.0**	**18.6**	**18.7**	**19.3**	**19.6**	**19.9**	**20.0**
OCDE-UE 21	**23.0**	**21.8**	**21.4**	**21.1**	**20.7**	**20.8**	**21.5**	**21.7**	**22.0**	**22.1**

Responsabilité : http://oe.cd/disclaimer.

1. Informations sur les données concernant Israël : *http://oe.cd/israel-disclaimer.*
2. Les données sur les salaires sont basées sur l'ancienne définition de l'ouvrier moyen (CITI D, Rév. 3) pour les années 2000 à 2009.

StatLink http://dx.doi.org/10.1787/888933211933

Tableau 6.8a. **Impôt sur le revenu et cotisations sociales des salariés et employeurs diminués des prestations versées, couple marié, sans enfant, deux salaires égaux à 100 % et 33 % du salaire moyen**

Pression fiscale en % des coûts de main-d'œuvre

	2000	2006	2007	2008	2009	2010	2011	2012	2013	2014
Allemagne	47.5	47.4	46.9	46.4	45.9	44.8	45.5	45.4	45.0	45.1
Australie	27.4	25.1	24.1	23.5	23.1	23.1	22.9	23.4	23.2	23.5
Autriche	44.7	45.3	45.6	45.7	44.4	44.5	44.8	45.1	45.3	45.4
Belgique	51.2	47.8	47.8	48.3	48.1	48.5	48.7	48.7	48.2	48.1
Canada	30.0	28.7	28.0	28.1	27.3	27.2	27.5	27.7	27.9	28.4
Chili	7.0	7.0	7.0	7.0	7.0	7.0	7.0	7.0	7.0	7.0
Corée	15.8	17.4	18.6	19.0	18.6	19.2	19.6	20.0	20.3	20.3
Danemark	40.8	38.9	39.0	38.7	38.1	36.8	37.0	37.2	36.8	36.7
Espagne	36.1	36.4	36.3	35.5	35.7	36.8	37.0	37.5	37.5	37.5
Estonie	39.8	37.2	37.6	37.0	38.0	38.8	39.0	39.2	38.8	38.9
États-Unis	28.7	27.7	27.9	27.7	28.2	28.4	28.0	28.2	29.8	29.9
Finlande	44.7	41.0	40.7	40.5	39.2	38.9	38.9	38.8	39.4	40.2
France	45.3	44.4	44.4	46.0	46.1	46.1	46.2	46.4	44.9	44.4
Grèce	38.9	41.1	40.9	40.5	40.2	39.4	42.7	42.5	40.7	39.5
Hongrie	52.7	48.3	50.7	50.4	49.5	43.8	46.8	47.4	47.7	49.0
Irlande	23.5	16.7	15.5	15.6	17.3	18.2	19.4	19.5	20.4	21.0
Islande	23.7	28.2	27.0	27.6	26.0	28.6	29.6	29.4	29.9	29.3
Israël[1]	24.8	20.3	20.6	19.0	17.7	17.4	17.3	17.0	17.0	17.2
Italie	44.0	42.7	42.7	43.2	43.4	43.9	44.4	44.6	44.8	44.1
Japon	24.0	28.0	28.4	28.6	28.3	29.4	30.0	30.4	30.7	31.0
Luxembourg	28.8	27.5	28.2	26.6	25.9	26.2	27.9	27.5	28.4	28.7
Mexique	9.5	12.7	13.7	13.1	13.5	13.8	16.3	16.6	17.0	17.3
Norvège	36.0	35.1	35.1	35.1	34.9	34.8	35.1	34.8	34.7	34.3
Nouvelle-Zélande	18.5	19.5	20.1	19.1	16.9	15.9	14.8	15.2	15.7	16.0
Pays-Bas	38.0	34.1	34.2	34.7	33.9	34.2	34.1	34.7	33.5	33.6
Pologne	37.0	37.8	37.1	33.6	33.1	33.3	33.4	34.7	34.7	34.8
Portugal	33.8	33.0	32.4	32.1	31.8	32.2	32.2	32.6	35.0	34.8
République slovaque	40.7	35.7	35.4	36.0	33.1	33.6	35.7	36.6	39.1	39.3
République tchèque	41.3	40.9	41.3	41.4	39.9	40.0	40.4	40.3	40.3	40.4
Royaume-Uni	29.1	30.6	30.8	29.6	29.1	29.3	28.4	27.8	26.7	26.3
Slovénie	44.5	43.0	41.4	40.4	39.9	40.1	40.2	40.1	40.0	40.1
Suède	49.1	46.2	43.5	43.0	41.5	41.0	41.0	41.1	41.3	40.7
Suisse	20.8	20.1	20.4	19.6	19.7	19.8	20.2	19.9	19.9	20.0
Turquie[2]	39.7	42.3	42.3	38.2	35.6	35.5	35.5	35.5	35.7	36.3
Moyenne non pondérée										
OCDE-Moyenne	**34.0**	**33.2**	**33.1**	**32.7**	**32.1**	**32.1**	**32.6**	**32.7**	**32.9**	**32.9**
OCDE-UE 21	**40.5**	**38.9**	**38.7**	**38.4**	**37.8**	**37.7**	**38.3**	**38.5**	**38.5**	**38.5**

Responsabilité : *http://oe.cd/disclaimer*.

1. Informations sur les données concernant Israël : *http://oe.cd/israel-disclaimer*.
2. Les données sur les salaires sont basées sur l'ancienne définition de l'ouvrier moyen (CITI D, Rév. 3) pour les années 2000 à 2009.

StatLink http://dx.doi.org/10.1787/888933211940

Tableau 6.8b. **Impôt sur le revenu, couple marié, sans enfant, deux salaires égaux à 100 % et 33 % du salaire moyen**

Pression fiscale en % du salaire brut

	2000	2006	2007	2008	2009	2010	2011	2012	2013	2014
Allemagne	16.2	14.9	15.1	15.3	14.7	13.7	13.9	14.0	14.0	14.1
Australie	22.8	20.6	19.6	18.9	18.2	18.3	18.3	18.8	18.7	19.0
Autriche	9.4	11.3	11.6	12.0	10.9	11.1	11.4	11.7	12.1	12.2
Belgique	25.9	23.9	24.0	24.4	24.2	24.7	24.6	24.5	24.0	23.9
Canada	16.3	13.5	12.9	13.1	12.1	12.1	12.3	12.3	12.3	12.6
Chili	0.0	0.0	0.0	0.0	0.0	0.0	0.0	0.0	0.0	0.0
Corée	1.7	2.6	3.6	3.4	3.1	3.4	3.4	3.7	3.8	3.8
Danemark	27.6	26.7	26.9	26.6	26.0	25.3	33.5	33.6	33.2	33.1
Espagne	10.1	10.6	10.7	9.7	10.1	11.6	11.8	12.4	12.5	12.5
Estonie	19.9	15.7	16.2	15.4	14.9	14.8	15.1	15.5	15.9	16.2
États-Unis	15.5	14.4	14.6	14.4	13.0	13.2	14.6	14.6	14.5	14.6
Finlande	23.4	20.1	19.8	20.2	19.1	18.4	18.2	17.4	18.1	18.3
France	11.9	9.8	10.0	12.1	12.2	12.2	12.3	12.5	12.6	12.6
Grèce	5.9	8.6	8.4	7.8	7.5	6.3	10.1	9.6	7.9	7.7
Hongrie	19.4	15.7	16.4	16.1	15.9	10.8	14.1	16.5	16.0	16.0
Irlande	11.1	4.3	3.0	3.1	3.9	4.5	8.8	8.9	9.3	9.9
Islande	19.9	23.9	22.9	23.0	20.7	21.7	22.8	23.2	23.9	23.3
Israël[1]	13.5	9.4	10.0	8.4	7.3	6.8	6.8	6.6	6.4	6.6
Italie	15.7	15.1	14.8	15.5	15.8	16.4	17.1	17.3	17.6	16.6
Japon	6.1	6.3	7.1	7.1	6.9	6.7	6.6	6.7	6.6	6.7
Luxembourg	7.7	5.9	6.5	6.4	5.2	5.6	6.0	6.4	7.4	7.7
Mexique	-4.4	-0.9	0.2	-0.4	-0.0	0.3	3.2	3.6	3.9	4.2
Norvège	20.1	18.7	18.9	19.0	18.7	18.7	18.8	18.5	18.4	17.5
Nouvelle-Zélande	18.5	19.5	20.1	19.1	16.9	15.9	14.8	15.2	15.7	16.0
Pays-Bas	7.8	10.2	11.3	11.9	12.7	12.4	12.5	13.1	12.5	12.6
Pologne	5.3	5.2	5.5	6.0	5.4	5.6	5.8	5.9	6.0	6.0
Portugal	7.1	6.1	5.4	5.0	4.6	5.0	5.1	5.5	8.6	8.3
République slovaque	6.2	5.5	5.1	5.9	2.2	2.9	5.5	5.5	6.7	6.9
République tchèque	8.3	7.7	8.3	8.4	8.5	8.6	9.1	8.9	8.9	9.1
Royaume-Uni	15.1	15.5	15.6	14.6	14.2	14.3	13.4	13.0	11.9	11.6
Slovénie	11.9	10.5	8.9	8.2	8.2	8.4	8.5	8.4	8.3	8.3
Suède	25.3	21.8	18.2	17.5	16.1	15.4	15.5	15.6	15.8	15.1
Suisse	9.1	9.2	9.5	8.7	8.8	8.9	8.9	8.6	8.7	8.7
Turquie[2]	14.0	14.9	14.9	10.7	10.0	9.8	9.8	9.9	10.1	10.1
Moyenne non pondérée										
OCDE-Moyenne	**13.1**	**12.3**	**12.2**	**12.0**	**11.4**	**11.3**	**12.1**	**12.3**	**12.4**	**12.4**
OCDE-UE 21	**13.9**	**12.6**	**12.5**	**12.5**	**12.0**	**11.8**	**13.0**	**13.2**	**13.3**	**13.3**

Responsabilité : *http://oe.cd/disclaimer*.

1. Informations sur les données concernant Israël : *http://oe.cd/israel-disclaimer*.
2. Les données sur les salaires sont basées sur l'ancienne définition de l'ouvrier moyen (CITI D, Rév. 3) pour les années 2000 à 2009.

StatLink http://dx.doi.org/10.1787/888933211951

Tableau 6.8c. **Impôt sur le revenu et cotisations sociales des salariés diminués des prestations versées, couple marié, sans enfant, deux salaires égaux à 100 % et 33 % du salaire moyen**

Pression fiscale en % du salaire brut

	2000	2006	2007	2008	2009	2010	2011	2012	2013	2014
Allemagne	36.7	36.6	36.3	36.0	35.3	34.2	34.7	34.8	34.4	34.5
Australie	22.8	20.6	19.6	18.9	18.2	18.3	18.3	18.8	18.7	19.0
Autriche	27.5	29.4	29.7	30.0	28.2	28.4	28.8	29.1	29.4	29.6
Belgique	38.1	34.7	34.8	35.2	34.9	35.5	35.4	35.3	34.8	34.7
Canada	22.0	20.4	19.8	20.0	19.0	19.0	19.1	19.2	19.3	19.8
Chili	7.0	7.0	7.0	7.0	7.0	7.0	7.0	7.0	7.0	7.0
Corée	8.4	9.8	10.9	11.0	10.7	11.2	11.4	11.9	12.1	12.1
Danemark	40.9	38.9	39.0	38.7	38.1	36.8	37.0	37.2	36.8	36.7
Espagne	16.5	17.0	17.1	16.1	16.5	17.9	18.1	18.8	18.8	18.9
Estonie	19.9	16.3	16.8	16.0	16.6	17.6	17.9	18.3	17.9	18.2
États-Unis	23.1	22.1	22.3	20.0	20.6	20.8	20.2	20.3	22.2	22.3
Finlande	30.4	26.8	26.4	26.3	25.2	25.3	25.2	24.8	25.5	26.1
France	25.3	23.6	23.7	25.8	25.9	25.9	26.0	26.3	26.4	26.7
Grèce	21.8	24.6	24.4	23.8	23.5	22.3	26.3	26.1	24.4	23.7
Hongrie	31.9	30.1	33.4	33.1	32.9	27.8	31.6	35.0	34.5	34.5
Irlande	15.0	8.2	6.9	7.0	8.8	9.9	11.2	11.3	12.3	12.9
Islande	20.1	24.1	23.1	23.7	21.5	22.4	23.5	23.9	24.5	24.0
Israël[1]	21.1	16.1	16.8	15.4	14.2	13.7	13.7	13.4	13.2	13.3
Italie	24.9	24.3	24.3	25.0	25.3	25.9	26.6	26.8	27.1	26.1
Japon	16.1	18.6	19.2	19.3	19.1	19.6	20.1	20.4	20.5	20.8
Luxembourg	19.2	17.6	18.4	18.4	17.3	17.7	19.1	18.6	19.6	19.9
Mexique	-3.0	0.5	1.5	0.9	1.3	1.6	4.5	4.9	5.3	5.6
Norvège	27.9	26.5	26.7	26.8	26.5	26.5	26.6	26.3	26.2	25.7
Nouvelle-Zélande	18.5	19.5	20.1	19.1	16.9	15.9	14.8	15.2	15.7	16.0
Pays-Bas	30.8	28.1	27.9	28.3	27.7	27.7	27.7	28.0	27.6	27.0
Pologne	26.4	27.4	26.5	23.8	23.2	23.4	23.6	23.7	23.8	23.8
Portugal	18.1	17.1	16.4	16.0	15.6	16.0	16.1	16.5	19.6	19.3
République slovaque	18.2	18.9	18.5	19.3	15.6	16.3	18.9	18.9	20.1	20.3
République tchèque	20.8	20.2	20.8	20.9	19.5	19.6	20.1	19.9	19.9	20.1
Royaume-Uni	22.7	23.8	24.0	22.9	22.3	22.6	21.6	21.1	19.9	19.5
Slovénie	34.0	32.6	31.0	30.3	30.3	30.5	30.6	30.5	30.4	30.4
Suède	32.3	28.8	25.2	24.5	23.1	22.4	22.5	22.6	22.8	22.1
Suisse	15.6	15.3	15.6	14.8	14.9	15.0	15.2	14.9	14.9	15.0
Turquie[2]	28.0	29.9	29.9	25.7	25.0	24.8	24.8	24.9	25.1	25.1
Moyenne non pondérée										
OCDE-Moyenne	**22.9**	**22.2**	**22.2**	**21.8**	**21.2**	**21.2**	**21.7**	**21.9**	**22.1**	**22.1**
OCDE-UE 21	**26.3**	**25.0**	**24.8**	**24.6**	**24.1**	**24.0**	**24.7**	**24.9**	**25.0**	**25.0**

Responsabilité : *http://oe.cd/disclaimer*.

1. Informations sur les données concernant Israël : *http://oe.cd/israel-disclaimer*.
2. Les données sur les salaires sont basées sur l'ancienne définition de l'ouvrier moyen (CITI D, Rév. 3) pour les années 2000 à 2009.

StatLink http://dx.doi.org/10.1787/888933211965

Tableau 6.9. **Salaire brut et net annuel moyen, célibataire sans enfant, 2000-2014**

Dollars US convertis à l'aide du PPA

	2000		2006		2007		2008		2009		2010		2011		2012		2013		2014	
	brut	net	brut	net	brut	net	brut	net	brut	net	brut	net	brut	net	brut	net	brut	net	brut	net
Allemagne	35 594	20 217	46 775	26 889	48 280	27 926	50 514	29 374	50 177	29 501	52 401	31 858	55 218	33 269	56 389	33 963	56 312	34 109	57 628	34 841
Australie	31 541	23 152	39 184	29 789	40 008	30 662	40 783	31 587	44 037	34 324	44 345	34 464	46 261	35 957	48 283	37 234	50 936	39 171	53 170	40 732
Autriche	33 043	22 811	41 055	27 327	41 765	27 634	43 705	28 730	44 815	30 122	45 756	30 624	47 511	31 571	48 545	32 070	49 698	32 611	50 373	32 944
Belgique	35 534	20 252	42 691	24 794	43 595	25 256	46 592	26 795	49 112	28 342	50 837	29 121	53 148	30 386	54 457	31 198	54 339	31 299	55 225	31 846
Canada	29 360	21 990	33 298	25 388	34 507	26 470	34 760	26 634	35 319	27 376	36 371	28 228	36 671	28 406	37 666	29 152	38 305	29 619	39 438	30 261
Chili	9 672	8 995	11 159	10 377	11 826	10 998	12 303	11 442	12 685	11 797	15 414	14 335	16 678	15 510	17 753	16 510	18 609	17 306	19 071	17 736
Corée	26 577	24 198	39 492	35 299	42 017	36 948	42 837	37 635	41 722	36 844	43 934	38 534	43 081	37 703	45 117	39 241	45 757	39 686	46 664	40 421
Danemark	33 516	18 708	39 764	23 464	42 067	24 767	44 844	26 502	46 861	28 339	48 494	29 919	50 859	31 314	51 140	31 428	51 276	31 684	52 161	32 303
Espagne	23 604	18 919	28 791	22 895	30 187	23 971	32 288	26 058	34 063	27 319	34 551	27 043	36 245	28 256	37 614	29 016	38 271	29 500	39 029	30 061
Estonie	8 640	6 744	14 340	11 654	16 110	13 099	18 302	15 032	18 099	14 739	18 537	14 926	19 780	15 881	20 413	16 348	21 309	17 156	22 537	18 106
Etats-Unis	33 129	24 877	39 377	29 765	42 064	31 615	43 196	33 235	44 295	33 966	45 665	34 807	46 895	36 189	47 746	36 838	48 774	36 737	50 075	37 637
Finlande	26 511	17 529	35 330	24 523	37 806	26 308	40 727	28 362	42 570	30 110	43 248	30 523	44 335	31 312	45 123	31 867	45 364	31 721	46 165	32 012
France	28 459	20 161	34 769	25 133	36 300	26 223	38 062	27 487	39 648	28 608	40 488	29 213	42 041	30 298	42 457	30 501	43 097	30 885	44 136	31 470
Grèce	23 159	18 057	34 059	25 178	33 249	24 673	34 001	25 471	35 297	26 539	34 422	26 421	33 408	24 400	32 346	23 739	32 217	23 972	32 467	24 381
Hongrie	10 073	6 475	15 461	10 012	16 419	10 047	18 049	11 144	19 405	12 078	20 022	13 738	21 196	13 756	22 199	14 400	22 691	14 863	23 133	15 152
Irlande	22 891	18 236	30 429	25 958	32 539	28 027	34 208	29 438	35 652	29 715	38 322	31 480	38 774	31 856	39 015	32 020	39 839	32 184	41 958	33 371
Islande	32 182	23 996	42 904	30 973	44 881	32 839	46 397	33 754	40 611	29 955	39 865	28 863	41 766	29 913	44 770	31 938	48 276	34 242	50 001	35 760
Israël[1]	27 740	20 499	27 884	22 228	30 403	23 952	30 832	24 889	30 283	24 921	30 614	25 407	31 790	26 371	32 430	27 035	32 115	26 856	32 865	27 442
Italie	26 386	18 722	30 304	21 592	31 588	22 368	34 030	23 981	35 184	24 726	36 197	25 254	37 556	26 005	38 554	26 621	39 432	27 160	40 426	27 648
Japon	32 181	26 721	39 942	32 177	41 467	33 111	42 654	34 021	41 802	33 423	42 757	33 936	44 869	35 433	46 769	36 787	46 456	36 457	46 884	36 691
Luxembourg	38 191	27 243	47 642	34 982	48 962	35 401	51 910	37 691	53 125	39 185	53 545	39 212	56 651	40 557	57 842	41 573	58 426	41 190	60 158	42 178
Mexique	7 790	7 621	10 187	9 681	10 499	9 870	10 885	10 325	11 401	10 783	11 386	10 747	11 862	10 769	11 966	10 825	12 247	11 046	12 373	11 131
Norvège	32 703	22 664	45 795	32 472	47 965	33 795	50 687	35 684	50 942	36 027	52 328	37 015	54 648	38 586	56 652	40 109	56 969	40 338	59 355	42 243
Nouvelle-Zélande	24 246	19 550	27 518	21 894	28 494	22 489	29 866	23 740	31 743	26 006	32 141	26 680	33 242	27 967	34 633	28 957	36 252	30 130	37 226	30 806
Pays-Bas	35 758	23 737	47 025	31 746	48 986	33 079	51 222	34 401	52 785	36 002	53 228	36 377	55 749	38 075	57 101	38 719	58 429	40 171	59 280	40 678
Pologne	12 532	9 047	15 882	11 322	17 522	12 653	18 158	13 611	18 707	14 145	20 043	15 135	21 193	15 976	21 926	16 512	22 865	17 204	23 403	17 602
Portugal	15 617	12 111	23 460	18 138	23 566	18 278	24 000	18 727	24 656	19 364	26 172	20 362	26 160	20 071	28 728	22 183	29 957	21 737	29 805	21 681
République slovaque	9 608	7 708	13 371	10 412	14 655	11 385	16 559	12 781	17 692	13 907	18 277	14 320	18 500	14 281	18 900	14 592	19 492	15 057	20 559	15 858
République tchèque	11 328	8 780	16 650	12 919	17 980	13 864	19 117	14 598	20 281	15 761	20 591	15 967	22 039	16 949	22 524	17 369	22 579	17 412	23 058	17 723
Royaume-Uni	39 187	29 073	50 163	36 676	51 471	37 568	51 290	38 168	50 909	38 061	49 619	37 020	48 713	36 501	50 175	37 764	50 220	38 185	50 865	38 806
Slovénie	16 735	10 785	22 528	14 678	23 242	15 607	24 858	16 642	24 951	16 732	26 370	17 592	27 561	18 352	28 507	19 030	29 068	19 448	29 758	19 880
Suède	28 868	19 132	35 758	24 714	37 910	27 448	40 175	29 361	40 638	30 317	40 934	30 795	42 505	31 944	43 969	33 020	45 215	33 863	46 379	35 071
Suisse	39 400	32 379	48 700	40 227	52 052	42 837	53 651	44 461	55 295	45 753	56 360	46 562	60 246	49 705	63 976	52 945	65 062	53 818	66 506	54 944
Turquie[2]	19 618	13 981	18 474	12 865	19 948	13 879	21 431	15 498	20 513	14 960	20 640	15 065	21 352	15 575	22 246	16 216	23 565	17 118	24 054	17 458
Moyenne non pondérée																				
OCDE	25 334	18 384	32 064	23 475	33 539	24 560	35 085	25 802	35 743	26 463	36 585	27 104	37 897	27 915	39 057	28 756	39 806	29 233	40 770	29 908

1. Informations sur les données concernant Israël : *http://dx.doi.org/10.1787/888932315602*.
2. Les données sur les salaries de 2000 à 2009 sont basées sur l'ancienne définition de l'ouvrier moyen (CITI D, rév3.).

StatLink http://dx.doi.org/10.1787/888933211970

Tableau 6.10. **Salaire brut et net annuel moyen, célibataire sans enfant, 2000-2014 (en monnaie nationale)**

	2000		2006		2007		2008		2009		2010		2011		2012		2013		2014	
	brut	net	brut	net	brut	net	brut	net	brut	net	brut	net	brut	net	brut	net	brut	net	brut	net
Allemagne	34 400	19 539	39 149	22 505	40 100	23 195	41 000	23 842	40 600	23 871	41 736	25 374	43 300	26 088	44 300	26 682	44 700	27 075	45 952	27 782
Australie	41 322	30 332	55 042	41 844	57 120	43 777	60 321	46 720	63 546	49 529	66 724	51 856	69 903	54 334	73 494	56 676	77 530	59 623	79 689	61 048
Autriche	29 732	20 526	35 143	23 391	36 228	23 970	37 258	24 492	37 832	25 428	38 504	25 770	39 693	26 376	40 708	26 893	41 940	27 521	42 573	27 843
Belgique	31 644	18 035	37 674	21 880	38 659	22 397	40 698	23 405	42 149	24 324	43 423	24 873	44 636	25 520	45 886	26 288	46 197	26 609	46 464	26 794
Canada	36 038	26 992	40 191	30 644	41 885	32 129	42 907	32 877	42 516	32 955	44 400	34 459	45 469	35 221	46 940	36 329	47 946	37 074	49 481	37 967
Chili	2 770 353	2 576 428	3 594 042	3 342 459	3 856 095	3 586 168	4 218 584	3 923 283	4 478 647	4 165 142	5 508 104	5 122 537	5 804 093	5 397 806	6 218 613	5 783 310	6 604 419	6 142 110	7 018 884	6 527 562
Corée	19 849 729	18 073 190	30 495 639	27 257 957	32 361 506	28 457 420	33 658 172	29 570 496	34 410 564	30 387 885	36 929 183	32 390 144	36 816 740	32 220 027	38 811 570	33 756 834	39 360 890	34 138 619	39 781 075	34 458 883
Danemark	281 700	157 242	330 900	195 259	346 400	203 947	359 300	212 344	367 051	221 974	376 073	232 025	386 457	237 944	391 951	240 873	393 463	243 126	397 484	246 161
Espagne	17 319	13 882	21 168	16 833	21 989	17 461	23 252	18 765	24 164	19 380	24 786	19 400	25 515	19 892	25 894	19 975	26 027	20 062	26 162	20 150
Estonie	3 931	3 068	7 456	6 059	8 939	7 268	10 045	8 250	9 492	7 729	9 712	7 820	10 368	8 324	11 004	8 813	11 732	9 446	12 436	9 991
Etats-Unis	33 129	24 877	39 377	29 765	42 064	31 615	43 196	33 235	44 295	33 966	45 665	34 807	46 895	36 189	47 746	36 838	48 774	36 737	50 075	37 637
Finlande	26 362	17 431	33 543	23 283	35 559	24 744	37 372	26 026	38 444	27 191	39 395	27 804	40 243	28 422	41 413	29 247	42 257	29 548	42 910	29 755
France	26 712	18 923	31 369	22 675	32 413	23 415	33 580	24 250	34 132	24 628	34 693	25 032	35 497	25 582	36 232	26 029	36 808	26 377	37 427	26 687
Grèce	15 693	12 236	23 800	17 594	23 893	17 730	23 835	17 856	24 619	18 510	24 156	18 541	23 391	17 084	22 240	16 322	20 766	15 451	20 168	15 145
Hongrie	1 086 240	698 166	1 985 412	1 285 714	2 156 184	1 319 406	2 336 124	1 442 307	2 436 408	1 516 415	2 512 020	1 723 560	2 645 712	1 717 097	2 840 112	1 842 297	2 933 520	1 921 456	3 009 284	1 971 081
Irlande	22 008	17 532	29 931	25 533	31 185	26 861	32 550	28 011	31 802	26 507	32 308	26 540	32 264	26 508	32 479	26 656	33 154	26 783	34 466	27 413
Islande	2 712 000	2 022 102	4 596 000	3 317 884	5 076 000	3 714 076	5 448 000	3 963 490	5 076 000	3 744 125	5 256 000	3 805 407	5 628 000	4 030 857	6 120 000	4 365 845	6 672 000	4 732 414	6 856 100	4 903 399
Israël[1]	95 664	70 691	105 652	84 223	112 986	89 013	119 233	96 250	120 028	98 777	121 581	100 905	125 405	104 026	128 550	107 163	128 664	107 597	130 605	109 056
Italie	21 550	15 291	25 241	17 985	25 805	18 273	26 845	18 918	27 419	19 270	28 243	19 705	28 872	19 991	29 440	20 328	30 039	20 691	30 463	20 834
Japon	4 987 116	4 140 942	4 979 155	4 011 225	4 988 400	3 983 177	4 983 948	3 975 163	4 828 001	3 860 274	4 773 076	3 788 423	4 821 385	3 807 417	4 893 341	3 848 998	4 835 595	3 794 828	4 881 994	3 820 669
Luxembourg	35 875	25 591	43 539	31 969	45 265	32 728	47 043	34 156	48 183	35 540	49 387	36 167	50 674	36 278	51 964	37 348	53 485	37 707	54 560	38 254
Mexique	47 469	46 441	73 208	69 572	77 145	72 518	81 306	77 124	84 727	80 135	87 324	82 428	91 014	82 627	94 875	85 832	98 491	88 835	101 904	91 671
Norvège	298 385	206 788	397 765	282 046	420 917	296 570	443 613	312 312	456 214	322 642	471 669	333 640	491 011	346 696	504 381	357 098	524 330	371 260	542 386	386 014
Nouvelle-Zélande	34 923	28 159	40 843	32 495	43 022	33 955	44 521	35 389	46 653	38 221	48 007	39 850	49 395	41 557	51 278	42 875	53 234	44 244	54 733	45 293
Pays-Bas	31 901	21 176	40 800	27 543	42 000	28 362	43 146	28 977	44 412	30 292	45 215	30 901	46 287	31 612	47 408	32 146	48 421	33 290	48 856	33 525
Pologne	23 061	16 649	29 271	20 867	32 292	23 320	33 711	25 270	34 878	26 372	36 482	27 548	38 731	29 198	40 205	30 278	41 652	31 339	42 360	31 859
Portugal	10 922	8 470	15 517	11 997	15 549	12 060	15 581	12 158	15 613	12 262	16 542	12 870	16 208	12 435	17 040	13 158	17 640	12 800	17 436	12 683
République slovaque	5 048	4 050	7 418	5 776	7 997	6 213	8 820	6 808	9 043	7 108	9 325	7 306	9 592	7 405	9 810	7 574	10 001	7 725	10 342	7 977
République tchèque	160 922	124 729	233 580	181 234	250 710	193 316	272 651	208 198	281 887	219 060	287 320	222 803	295 273	227 083	302 500	233 263	302 403	233 196	312 084	239 866
Royaume-Uni	24 910	18 481	31 419	22 971	33 216	24 244	33 382	24 841	33 391	24 964	34 297	25 589	34 083	25 538	34 877	26 250	35 081	26 674	35 633	27 185
Slovénie	8 894	5 732	13 684	8 916	14 625	9 821	15 769	10 557	16 079	10 783	16 915	11 284	17 373	11 568	17 538	11 707	17 673	11 824	17 851	11 926
Suède	263 581	174 686	324 618	224 362	336 818	243 870	352 470	257 589	362 291	270 277	368 208	277 001	376 309	282 810	387 960	291 356	398 220	298 247	407 974	308 501
Suisse	72 910	59 918	80 727	66 682	83 325	68 573	83 088	68 856	83 974	69 483	85 068	70 280	86 305	71 205	89 364	73 955	89 743	74 233	90 522	74 784
Turquie[2]	5 545	3 952	15 645	10 895	17 238	11 993	19 074	13 794	18 709	13 644	19 415	14 170	21 179	15 449	23 376	17 039	26 206	19 037	28 370	20 590

Note : moyennes annuelles des salaires bruts dans les pays de la zone euro sont exprimés en euros pour toutes les années.

1. Informations sur les données concernant Israël : *http://dx.doi.org/10.1787/888932315602*.
2. Les données sur les salaries de 2000 à 2009 sont basées sur l'ancienne définition de l'ouvrier moyen (CITI D, rév3.).

StatLink http://dx.doi.org/10.1787/888933211983

PARTIE III

Informations detaillées par pays, pour 2014

Cette partie de la publication contient les informations détaillées par pays pour 2014 sur lesquelles repose l'analyse comparative. Pour chaque pays, un tableau des résultats détaillés est suivi d'une description du système d'impôt et de transferts sociaux.

Les trente tableaux par pays qui figurent dans cette partie du rapport sont présentés de la même manière. La partie gauche de chaque tableau précise la situation au regard de l'impôt et des transferts sociaux des célibataires dans quatre cas, qui diffèrent selon le niveau de revenu et la présence éventuelle d'enfants (0/2). La partie droite du tableau précise la situation au regard de l'impôt et des transferts sociaux des couples mariés, en distinguant là encore quatre cas, qui diffèrent à présent selon le niveau de revenu, la présence ou l'absence d'enfants (0/2) et le nombre d'apporteurs de revenu (un ou deux).

Tous les tableaux commencent par les salaires bruts (ligne 1) et en déduisent le revenu imposable au titre de l'impôt sur le revenu des personnes physiques perçu par l'administration centrale (ligne 4) compte tenu d'un certain nombre d'abattements fiscaux forfaitaires (ligne 2) et de transferts en espèces imposables (ligne 3). Le revenu imposable permet de déterminer l'impôt sur le revenu versé à l'administration centrale (ligne 7), en prenant en compte les réductions sous forme de crédits d'impôt (ligne 6). Le montant total des versements aux administrations publiques (ligne 10) inclut également les impôts sur le revenu versés aux administrations infranationales (ligne 8) et les cotisations obligatoires de sécurité sociale (ligne 9). Le revenu net disponible (ligne 12) est déterminé en déduisant du salaire brut l'ensemble des versements effectués aux administrations publiques et en y ajoutant les prestations en espèces de caractère général reçus des administrations publiques (ligne 11).

La ligne 13 indique les cotisations patronales de sécurité sociale obligatoires (y compris les taxes sur les salaires).

Les taux moyens d'imposition suivants (ligne 14) sont ensuite calculés :

- *la part de l'impôt sur le revenu dans le salaire brut ;*
- *la part des cotisations salariales de sécurité sociale dans le salaire brut ;*
- *la part de l'impôt sur le revenu et des cotisations salariales de sécurité sociale, diminués des prestations, dans le salaire brut ; et*
- *la part de l'impôt sur le revenu et de l'ensemble des cotisations de sécurité sociale, diminués des prestations, dans les coûts bruts de main-d'œuvre.*
- *Les taux marginaux d'imposition (ligne 15) sont exprimés de même sous la forme suivante :*
- *l'augmentation de l'impôt sur le revenu et des cotisations de sécurité sociale moins les avantages des salariés en pourcentage de l'augmentation correspondante du salaire brut (pour le titulaire du revenu principal et pour son conjoint) ; et,*
- *l'augmentation des impôts et des cotisations dues moins les avantages en pourcentage de l'augmentation correspondante des coûts bruts de main-d'œuvre (à la fois pour le titulaire du revenu principal et pour son conjoint).*

Australia
(2013-14 income tax year)

This chapter includes data on the income taxes paid by workers, their social security contributions, the family benefits they receive in the form of cash transfers as well as the social security contributions and payroll taxes paid by their employers. Results reported include the marginal and average tax burden for eight different family types.

Methodological information is available for personal income tax systems, compulsory social security contributions to schemes operated within the public sector, universal cash transfers as well as recent changes in the tax/benefit system. The methodology also includes the parameter values and tax equations underlying the data.

Australia 2014

The tax/benefit position of single persons

	Wage level (per cent of average wage)	67	100	167	67
	Number of children	none	none	none	2
1.	**Gross wage earnings**	53 392	79 689	133 081	53 392
	Principal Gross wage earnings	53 392	79 689	133 081	53 392
	Spouse Gross wage earnings	0	0	0	0
2.	**Standard tax allowances**				
	Basic allowance				
	Married or head of family				
	Dependent children				
	Deduction for social security contributions and income taxes				
	Work-related expenses				
	Other				
	Total	0	0	0	0
3.	**Tax credits or cash transfers included in taxable income**	0	0	0	0
4.	**Central government taxable income (1 - 2 + 3)**	53 392	79 689	133 081	53 392
5.	**Central government income tax liability (exclusive of tax credits)**				
	Income tax	8 899	17 446	37 187	8 899
	Medicare Levy	801	1 195	1 996	801
	Total	9 700	18 641	39 183	9 700
6.	**Tax credits**				
	Basic credit	199	0	0	199
	Married or head of family	0	0	0	0
	Children				
	Other				
	Total	199	0	0	199
7.	**Central government income tax finally paid (5-6)**	9 501	18 641	39 183	9 501
8.	**State and local taxes**	0	0	0	0
9.	**Employees' compulsory social security contributions**	0	0	0	0
10.	**Total payments to general government (7 + 8 + 9)**	9 501	18 641	39 183	9 501
11.	**Cash transfers from general government**				
	For head of family	0	0	0	0
	For two children	0	0	0	13 586
	Total	0	0	0	13 586
12.	**Take-home pay (1-10+11)**	43 891	61 048	93 898	57 476
13.	**Employers' payroll tax**	3 179	4 745	7 924	3 179
14.	**Average rates**				
	Income tax	17.8%	23.4%	29.4%	17.8%
	Employees' social security contributions	0.0%	0.0%	0.0%	0.0%
	Total payments less cash transfers	17.8%	23.4%	29.4%	-7.7%
	Total tax wedge including employer payroll taxes	22.4%	27.7%	33.4%	-1.6%
15.	**Marginal rates**				
	Total payments less cash transfers: Principal earner	35.5%	34.0%	38.5%	55.5%
	Total payments less cash transfers: Spouse	n.a.	n.a.	n.a.	n.a.
	Total tax wedge: Principal earner	39.1%	37.7%	42.0%	58.0%
	Total tax wedge: Spouse	n.a.	n.a.	n.a.	n.a.

Australia 2014

The tax/benefit position of married couples

	Wage level (per cent of average wage)		100-0	100-33	100-67	100-33
	Number of children		2	2	2	none
1.	**Gross wage earnings**		79 689	105 986	133 081	105 986
	Principal Gross wage earnings		79 689	79 689	79 689	79 689
	Spouse Gross wage earnings		0	26 297	53 392	26 297
2.	**Standard tax allowances**					
	Basic allowance					
	Married or head of family					
	Dependent children					
	Deduction for social security contributions and income taxes					
	Work-related expenses					
	Other					
		Total	0	0	0	0
3.	**Tax credits or cash transfers included in taxable income**		0	0	0	0
4.	**Central government taxable income (1 - 2 + 3)**		79 689	105 986	133 081	105 986
5.	**Central government income tax liability (exclusive of tax credits)**					
	Income tax		17 446	18 984	26 345	18 984
	Medicare Levy		1 195	1 590	1 996	1 195
		Total	18 641	20 574	28 341	20 180
6.	**Tax credits**					
	Basic credit		0	445	199	445
	Married or head of family		0	0	0	0
	Children					
	Other					
		Total	0	445	199	445
7.	**Central government income tax finally paid (5-6)**		18 641	20 129	28 142	20 129
8.	**State and local taxes**		0	0	0	0
9.	**Employees' compulsory social security contributions**		0	0	0	0
10.	**Total payments to general government (7 + 8 + 9)**		18 641	20 129	28 142	20 129
11.	**Cash transfers from general government**					
	For head of family		0	0	0	0
	For two children		8 618	2 860	0	0
		Total	8 618	2 860	0	0
12.	**Take-home pay (1-10+11)**		69 666	88 717	104 938	85 857
13.	**Employers' payroll tax**		4 745	6 311	7 924	6 311
14.	**Average rates**					
	Income tax		23.4%	19.0%	21.1%	19.0%
	Employees' social security contributions		0.0%	0.0%	0.0%	0.0%
	Total payments less cash transfers		12.6%	16.3%	21.1%	19.0%
	Total tax wedge including employer payroll taxes		17.5%	21.0%	25.6%	23.5%
15.	**Marginal rates**					
	Total payments less cash transfers: Principal earner		51.5%	64.0%	34.0%	34.0%
	Total payments less cash transfers: Spouse		27.6%	50.5%	35.5%	20.5%
	Total tax wedge: Principal earner		54.2%	66.0%	37.7%	37.7%
	Total tax wedge: Spouse		31.6%	53.3%	39.1%	25.0%

The national currency is the Australian dollar (AUD). For the 2013-14 income tax year AUD 1.11 was equal to USD 1. The average worker earned AUD 79 689 in 2013-14.

1. Personal income tax system

1.1. *Federal income tax*

1.1.1. *Tax unit*

Members of the family are taxed separately.

1.1.2. *Tax allowances and credits*

1.1.2.1. Standard tax reliefs

- *Basic reliefs:* Income earned up to AUD 18 200 by resident taxpayers is subject to tax at a zero rate.
- *Standard marital status reliefs:* A taxpayer may claim a tax offset where he or she contributes to the maintenance of a dependent spouse (legal or *de facto*). For the 2013-14 income year eligibility for the Dependent Spouse Tax offset is limited to taxpayers with a dependent spouse who was born before 1 July 1952. For eligible taxpayers during 2013-14, the maximum offset amount was AUD 2 471. The maximum amount reduces by AUD 1 for every AUD 4 by which the spouse's adjusted taxable income exceeds AUD 282. From 1 July 2008, an income test was introduced so that the offset is not available where the primary earner's adjusted taxable income exceeds AUD 150 000.
- *Relief(s) for children:* See Section 4.2 for more detail on the Baby Bonus.
- *Relief for social security contributions* and other taxes: No such contributions are levied.
- *Reliefs for low income earners:* A tax offset worth a maximum of AUD 445 is available for low income earners. Taxpayers whose taxable income was less than AUD 37 000 in 2013-14 are eligible to receive the full amount of the offset. The offset is reduced by AUD 0.015 for every AUD 1 by which a taxpayer's taxable income exceeds AUD 37 000 and is no longer available once a taxpayer's taxable income exceeds AUD 66 667.
- *Relief for mature age workers:* Taxpayers born before 1 July 1957, and who have net income from working, may be eligible for the Mature Age Worker Tax Offset. It is worth a maximum of AUD 500 and is reduced by AUD 0.05 for every AUD 1 of earned income above AUD 53 000.
- *Relief for recipients of certain social security benefits:* The Beneficiary Tax Offset is available for those who receive certain taxable social security benefits called "rebatable benefits". It is calculated to ensure that a person who receives a rebatable benefit does not pay any tax on that income. The amount of the Beneficiary Tax Offset available to an individual is determined by the total amount of the rebatable benefit(s) they receive in an income year.
- *Relief for taxpayers who maintain a dependant who is genuinely unable to work:* A taxpayer who maintains a dependant who is genuinely unable to work due to invalidity or carer

obligations may be eligible for the Dependent (Invalid and Carer) Tax Offset. This tax offset is worth a maximum of AUD 2 471 in 2013-14. To qualify for the offset, the combined adjusted taxable income of the taxpayer and their spouse (where one exists) should not exceed AUD 150 000. The amount of offset that may be received is reduced by AUD 1 for every AUD 4 by which the dependant's adjusted taxable income exceeds AUD 282 and is no longer available once the dependant's adjusted taxable income exceeds AUD 10 166.

- There are also tax rebates to ensure that taxpayers in receipt of a taxable Australian Government pension, as well as Australians who are of Age Pension age and who meet all of the Age Pension eligibility criteria except the income and/or asset tests, pay less tax. The Senior Australian and Pensioner Tax Offset is worth up to AUD 2 230 for a single taxpayer, up to AUD 1 602 for each member of a senior couple not separated by illness and AUD 2 040 for each member of a senior couple separated by illness. The offset is withdrawn at the rate of AUD 0.125 for every dollar that a recipient's income exceeds their effective tax-free threshold. For a single taxpayer, this means that the offset is withdrawn from AUD 32 279 and is no longer available once income reaches AUD 50 119. For members of a couple not separated by illness, the offset is withdrawn from a combined income of AUD 57 948 and is no longer available once combined income reaches AUD 83 580.
- *Other:* No other standard relief available.

1.1.2.2. Main non-standard tax reliefs applicable to an average worker include:

- *Relief for superannuation:* Contributions to a low-income spouse's superannuation attract an 18 per cent rebate up to a maximum rebate of AUD 540. In 2013-14, eligible individuals with incomes not exceeding AUD 37 000 effectively have the tax paid on their concessional contributions refunded, up to a maximum of AUD 500.
- *Relief for private health insurance:* For the 2013-14 income year, there are different rebate amounts depending on age and income. For individuals below 65 years without dependants and with annual income for surcharge purposes below AUD 88 000 the rebate is 30 per cent of the cost of cover for eligible private health care. For families (couples and individuals with at least one dependent child) below 65 years with annual income for surcharge purposes below AUD 176 000, the rebate is 30 per cent of the cost of cover for eligible private health care. The threshold is increased by AUD 1 500 for each dependent child after the first.

  The rebate percentages are reduced for individuals and families with annual incomes above these amounts. The rebate percentages are also higher for individuals and families aged 65 years or more.
- *Relief for medical expenses:* In 2013-14, there is an offset for annual net out-of-pocket medical expenses. Eligibility for the offset is based on annual income. This offset is being phased out, so for the 2013-14 income year, it is only available to individuals who claimed the offset in 2012-13 or who have medical expenses relating to disability aids, attendant care or aged care. Single taxpayers with an adjusted taxable income (ATI) of AUD 88 000 or less, and families with ATI below AUD 176 000 (plus AUD 1 500 for each additional dependent child after the first), are able to claim 20 per cent of medical expenses over AUD 2 162. Single taxpayers and families with incomes above these respective amounts are able to claim 10 per cent of medical expenses over AUD 5 100.

- Other non-standard reliefs provided as deductions are:
  - subscriptions paid in respect of membership of a trade, business or professional association or union;
  - charitable contributions of AUD 2 or more to specified funds, authorities and institutions, including public benevolent institutions, approved research institutes for scientific research, building funds for schools conducted by non-profit organisations, etc.; and
  - work-related expenses including cost of replacement of tools of trade, cost of provision and of cleaning protective clothing and footwear, travelling between jobs or travelling in the course of employment.

1.1.3. *Tax schedule*

General rates of tax – resident individuals

Taxable income (AUD)		Tax at general rates on total taxable income
Not less than	Not more than	
0	18 200	NIL
18 201	37 000	NIL + 19 c for each AUD in excess of AUD 18 200
37 001	80 000	AUD 3 572 + 32.50 c for each AUD in excess of AUD 37 000
80 001	180 000	AUD 17 547 + 37 c for each AUD in excess of AUD 80 000
180 001 and over		AUD 54 547 + 45 c for each AUD in excess of AUD 180 000

To nominally contribute towards the cost of basic medical and hospital care a Medicare Levy is imposed on the taxable incomes of resident taxpayers. In 2013-14 the levy applied at the rate of 1.5 per cent of the taxable income of an individual.

Certain thresholds are applied before the levy is imposed. In 2013-14, an individual taxpayer was not liable for the levy where their taxable income did not exceed AUD 20 542. A taxpayer in a couple or sole parent family who is not receiving Parenting Payment (see Section 4.2), does not pay the levy if the taxable family income does not exceed AUD 34 367. The threshold is increased by AUD 3 156 for each dependent child. Where an individual's taxable income exceeds AUD 20 542, or a family's income exceeds AUD 34 367 (plus AUD 3 156 for each dependent child), the levy shades in at a rate of 10 per cent of the excess of taxable income over the threshold, until the levy is equal to 1.5 per cent of the individual's or family's taxable income.

For 2013-14, individual senior Australians of Age Pension age were not liable to pay the levy where their taxable income did not exceed AUD 32 279. Where taxable income exceeded AUD 32 279 but did not exceed AUD 37 975, the levy liability was equal to 10 per cent of the excess of taxable income over AUD 32 279. Pensioner families (including couples and sole parents on Parenting Payment) and senior Australian families of Age Pension age, did not become liable to pay any Medicare levy until their combined income in 2013-14 exceeded AUD 46 000 (plus AUD 3 156 for each dependent child).

Individual taxpayers who had income for surcharge purposes greater than AUD 88 000 in 2013-14 (or if a couple had a combined income greater than AUD 176 000) but who did not have a complying private health care policy, were liable for the Medicare levy surcharge, which is applied as a flat rate on their taxable income. The surcharge rates are

1 per cent, 1.25 per cent and 1.5 per cent depending on the taxpayer's taxable income above these thresholds. However, affected taxpayers typically purchase a complying policy as the cost of such a policy is generally less than the surcharge. The surcharge is therefore not included in this publication.

1.2. State and local income taxes

In Australia no states or territories levy a tax based on a resident's income.

2. Social security contributions

2.1. Employees' contributions

None. There is, however, a Medicare Levy which is based upon taxable income. See Section 1.1.3.

2.2. Employers' contributions

No contributions are collected from employers or employees specifically for pensions, sickness, unemployment or work injury benefits, family allowances or other benefits.

Part of Australia's retirement income system is the provision of compulsory employer contributions (the Superannuation Guarantee system). In 2013-14, the Superannuation Guarantee required employers to pay 9.25 per cent on top of employees' gross ordinary time earnings to an approved superannuation fund, provided they earn more than AUD 450 per month (they may also choose to make contributions for workers earning less than this threshold). This threshold is not indexed. There is also a limit to the Superannuation Guarantee. In each quarter any earnings beyond a threshold are not covered by the Superannuation Guarantee. This threshold is indexed to a measure of average earnings. In the 2013-14 tax year this threshold was AUD 48 040 per quarter. The Superannuation Guarantee rate will increase to 9.5 per cent in 2014-15 and will remain at that rate until 2020-21.

These contributions are not reflected in the *Taxing Wages* calculations because they are not a form of taxation (they are not an unrequited transfer to general government). While employers are legislatively required to make contributions to approved superannuation funds legislated, superannuation funds are private, although subject to regulation. Employers' contributions are generally made to individual accounts and form part of employees' personal superannuation assets. Some defined benefit schemes for public sector employees and private defined benefit schemes also exist. The employee may take superannuation benefits as either a lump sum payment or pension on retirement. Accordingly, superannuation contributions are reflected in the Non-Tax Compulsory Payment calculations.

3. Other taxes

3.1. Pay-roll tax

Australian State Governments levy pay-roll taxes on wages, cash or in kind, provided by larger employers to their employees. The rates of pay-roll tax, thresholds and deductions differ between States. In New South Wales, the State with the largest population, the pay-roll tax rate in 2013-14 was 5.45 per cent for employers with total Australian wages in excess of AUD 750 000. Employers are entitled to an exemption from tax, or a pro-rated pay-roll tax threshold, on wages paid in New South Wales up to a maximum of AUD 750 000. The exempt amount is reduced based on the proportion of the employer's New South Wales pay-roll to its total Australian pay-roll.

4. Universal cash transfers

4.1. *Transfers related to marital status*

There are no cash transfers made on a universal basis to married couples.

4.2. *Transfers related to dependent children*

- Family Tax Benefit (FTB) Part A is paid to a parent, guardian or an approved care organisation to help families meet the costs of raising children. For 2013-14, the base rate of FTB(A) is payable where the combined "adjusted" taxable income of parents does not exceed AUD 94 316 plus AUD 3 796 for each child after the first. The payment shades out at the rate of AUD 0.30 per AUD 1 of income over the ceiling. The base rate of payment is AUD 2 164.45 for a dependent child aged under 15 and for dependent full time students aged 16 to 19 (Note from 1 May 2014 eligibility was limited to children up to 15 years and 16-19 years and in full time secondary school). The base rate of payment is increased by a Large Family Supplement (LFS) for families with three or more children. The LFS is payable at a rate of AUD 313.90 for the third and each subsequent child.
- A higher FTB(A) benefit is available for lower income earners, and the value of this benefit is dependent on the age and number of children. Families may receive a maximum payment of AUD 5 215.85 for each child aged under 13 years and AUD 6 566.35 for each child aged 13 to 15 years for 2013-14 and from 1 January 2012 for each child aged 16-19 in full time secondary school. Families can receive up to AUD 2 164.45 for children aged 16-17 who have completed a Year 12 or equivalent qualification. The higher benefit is also boosted by the LFS for families with three or more children. For 2013-14, the higher benefit tapers out at the rate of AUD 0.20 for each dollar of income over AUD 48 837 until the base payment is reached. However, people receiving any social security allowances or pensions automatically qualify for the maximum higher benefit. The attached calculations assume each dependant is between 5 and 12 years of age.
- Family Tax Benefit Part B (FTB[B]) is targeted at single income couple and sole parent families. Eligibility for FTB(B) is contingent upon having a FTB child under the age of 15 or a qualifying dependent full-time student up to of the end of the calendar year they turn 18. There are two separate income tests applied to the parent(s). The parent earning the higher amount (or the sole parent, in the case of single parent families) must earn AUD 150 000 or less for the financial year for the family to be eligible. A secondary earner income threshold is also applied to the parent earning the lower amount. For 2013-14, this threshold is AUD 5 183, above which the entitlement is reduced by AUD 0.20 for each dollar of income. There is no secondary earner income test applied to sole parents. For 2013-14, the maximum payment is AUD 3 018.55 if the youngest dependent child is aged between 5 and 15 (or up to 18 years if the dependent child is a full-time student), and AUD 4 171.95 if there is a child under 5 years. The attached calculations assume each dependant is between 5 and 12 years of age.
- Recipients of the Family Tax Benefit may elect to receive the benefit in fortnightly instalments or as an end of year lump sum payment.

- A one-off Baby Bonus is paid to families for each baby born before 1 March 2014. The value of the payment in 2013-14 is AUD 5 000 for the first eligible child (and all multible births) and AUD 3 000 for all eligible second and subsequent children. Baby Bonus is payable to families with a combined income of AUD 75 000 or less in the six months following the birth. For a baby born from 1 March 2014, families may be eligible for the Newborn Supplement and may also be eligible for the Newborn Upfront Payment. Families will need to be eligible for Family Tax Benefit Part A and are not accessing Parental Leave Pay. The Newborn Supplement and Newborn Upfront Payment for eligible families totals up to AUD 2 001.50 for the first child (and all multiple births) and up to AUD 1 000.50 for subsequent children.
- On 1 January 2011 Australia's first Paid Parental Leave (PPL) scheme commenced. PPL provides the primary carer of a child with 18 weeks' pay at the national minimum wage (AUD 622.10 per week before tax in 2013-14), in the year following the child's birth or adoption. The primary carer must have worked for at least 10 of the 13 months prior to the birth or adoption, and for at least 330 hours in that 10 month period. The primary carer's adjusted taxable income must be AUD 150 000 or less in the financial year prior to the date of claim or date of birth or adoption. PPL and Baby Bonus cannot be paid for the same child. A person cannot claim FTB(B) or the dependent spouse, child housekeeper and housekeeper tax offsets while they are receiving PPL.
- Child Care Benefit (CCB) is a means-tested payment which assists families with the cost of approved child care. In 2013-14, CCB is payable to eligible families with incomes up to AUD 145 642 for one child in care, with the income limit rising for each additional child in care. Families with annual incomes under AUD 41 902 receive the maximum rate of CCB, which is AUD 3.99 per hour for a non-school child. CCB is payable for a maximum of 50 hours per week. To receive more than 24 hours of CCB per week both parents must be participating in work, training or study activities for at least 15 hours per week. The attached calculations assume no child care usage.
- Child Care Rebate (CCR) is an additional payment aimed at promoting workforce participation. CCR is not means tested. It pays 50 per cent of out-of-pocket child care expenses (after any CCB), up to an annual cap of AUD 7 500 per child in 2013-14. Families have to participate in work related commitments at some time during a week or have an exemption. No minimum number of hours is required.
- Parenting Payment is a taxable payment payable to partnered and sole parents for low income families with a qualifying child under six and eight years of age respectively. In 2013-14, the maximum annual amount of Parenting Payment (Partnered) (PP(P)) was AUD 11 798. Only one parent in a couple can be entitled to PP(P). The maximum annual amount of Parenting Payment (Single) (PP[S]) was AUD 18 192.20. These payments are subject to income and assets tests. The Parenting Payment (Partnered) tapers out at a rate of AUD 0.50 per AUD 1 of income over AUD 1878 up to AUD 6 500 and reduces at a rate of AUD 0.60 per AUD 1 for income over AUD 6 500. Under the PP(P) income test, a spouse receives a reduced Parenting Payment, tapering at a rate of AUD 0.60, when the higher earning partner's income exceeds AUD 22 312. If the spouse has little or no income (less than AUD 1 878 per annum), he or she would not receive any Parenting Payment when the higher earning partner's income exceeds AUD 41 975. PP(S) reduces by AUD 0.40 for each AUD 1 of income above AUD 4 695.60 plus AUD 639.60 for each child other than the first. A sole parent with two qualifying dependants may be entitled to

some taxable PP(S) in 2013-14 where private income does not exceed AUD 50 815.7. The attached calculations assume dependants are aged six and seven.

- The Newstart allowance is a taxable payment payable to single persons and partnered individuals who are unemployed. It is also payable to a member of a couple if their youngest child is aged six years or more and to single parents if their youngest child is aged eight years or more. It is conditional on recipients fulfilling a personal Employment Pathway Plan, which typically involves taking part in activities such as job seeking and training. In 2013-14, the Newstart allowance for singles without dependants was AUD 13 068 and for partnered individuals was AUD 11 798. These payments taper out at a rate of AUD 0.50 per AUD 1 for incomes between AUD 1 878 and AUD 6 500, and reduce at a rate of AUD 0.60 per AUD for incomes over AUD 6 500. The Newstart allowance for partnered individuals reduces by AUD 0.60 for each AUD 1 of their partner's income above AUD 22 312. For single principal carers with dependent child(ren), it reduces at a rate of AUD 0.40 per AUD 1 for incomes over AUD 1 878.
- A non-taxable supplementary payment called Pharmaceutical Allowance (PA) is payable to eligible persons; for example, persons who receive the PP(S). PA is added to the maximum basic rate of PP(S) before a person's PP(S) entitlement is calculated. Anyone with a PP(S) entitlement, after PA has been added, receives the full amount of PA. For 2013-14, the payment is AUD 161.20.
- A Telephone Allowance is available on a quarterly basis to eligible individuals, including individuals who receive PP(S) or PA if their PP(S) entitlement is reduced to 0. The basic rate of the Telephone Allowance is AUD 104.88 for 2013-14, with a higher rate of AUD 156.68 available for recipients of Disability Support Pension who are under the age of 21 and where a home internet service is connected in the individual's or partner's name. The attached calculations assume the standard rate is applicable.

4.2. Other transfers

Single Income Family Supplement

- The Single Income Family Supplement (SIFS) is a non-taxable payment for households with one main income earner.
- The SIFS phases in at a rate of AUD 0.025 for every AUD 1 above AUD 68 000 until it reaches AUD 300. Once the main earner's income exceeds AUD 120 000 the SIFS reduces by AUD 0.01 for every AUD 1. If there is a secondary earner, every AUD of their income above AUD 16 000, reduces the SIFS by AUD 0.15.

Schoolkids Bonus

- Parents or carers eligible for FTB Part A are eligible to receive Schoolkids Bonus. In 2013-14, the Bonus was worth AUD 410 for each child in primary school and AUD 820 for each child in secondary school.

Income Support Bonus

- The Income Support Bonus is a non-taxable payment made to recipients of eligible social security benefits. In 2013-14, single persons received AUD 213.60 and each member of a couple received AUD 178.10.

5. Recent changes in the tax/benefit system

Energy Supplement

- From 1 July 2013, the Clean Energy Supplement was available for recipients of Family Tax Benefit payments. Previously these recipients were paid the Clean Energy Advance. The Clean Energy Supplement has been renamed to the Energy Supplement.

6. Memorandum items

6.1. Identification of an average worker

The source of the information used in replying to the questionnaire was the Australian Bureau of Statistics publication *Average Weekly Earnings – Australia*, catalogue number 6302.0. The survey is now conducted on a biannual basis (it was previously conducted on a quarterly basis up to the June 2012 quarter) and is based on a representative sample of employers in each industry. As a result of this change in frequency, average weekly earnings for the 2013-14 income tax year have been calculated as the average of the two biannual figures (November 2013 and May 2014 [released in August 2014]).

In August 2009, the Australian Bureau of Statistics redesigned the survey and replaced the industry classification based on the 1993 edition of the Australian and New Zealand Standard Industrial Classification (ANZSIC), which had been in use since 1994, with the 2006 edition of ANZSIC. The 2006 edition of ANZSIC was developed to provide a more contemporary industrial classification system, taking into account issues such as changes in the structure and composition of the economy, changing user demands and compatibility with major international classification standards. Accordingly, the average wage figure for 2010 and later years is inconsistent with that provided for previous years.

All wage and salary earners who received pay for the reference period are represented in the Survey of Average Weekly Earnings (AWE), except:

- members of the Australian permanent defence forces;
- employees of enterprises primarily engaged in agriculture, forestry and fishing;
- employees of private households;
- employees of overseas embassies, consulates, etc.;
- employees based outside Australia; and
- employees on workers' compensation who are not paid through the payroll.

Also excluded are the following persons who are not regarded as employees for the purposes of this survey:

- casual employees who did not receive pay during the reference period;
- employees on leave without pay who did not receive pay during the reference period;
- employees on strike, or stood down, who did not receive pay during the reference period;
- directors who are not paid a salary;
- proprietors/partners of unincorporated businesses;
- self-employed persons such as subcontractors, owner/drivers, consultants;
- persons paid solely by commission without a retainer; and
- employees paid under the Paid Parental Leave Scheme.

The sample for the AWE survey, like most ABS business surveys, is selected from the ABS Business Register which is primarily based on registrations with the Australian Taxation Office's (ATO) Pay As You Go Withholding (PAYGW) scheme (and prior to 1 June 2000 the Group Employer [GE] scheme). The population is updated quarterly to take account of:

- new businesses;
- businesses which have ceased employing;
- changes in employment levels;
- changes in industry; and
- other general business changes.

Earnings comprise weekly ordinary time earnings and weekly overtime earnings.

Weekly ordinary time earnings refers to one week's earnings of employees for the reference period attributable to award, standard or agreed hours of work. It is calculated before taxation and any other deductions (e.g. superannuation, board and lodging) have been made. Included in ordinary time earnings are award, workplace and enterprise bargaining payments, and other agreed base rates of pay, over award and over agreed payments, penalty payments, shift and other allowances; commissions and retainers; bonuses and similar payments related to the reference period; payments under incentive or piecework; payments under profit sharing schemes normally paid each pay period; payment for leave taken during the reference period; all workers' compensation payments made through the payroll; and salary payments made to directors. Excluded are overtime payments, retrospective pay, pay in advance, leave loadings, severance, termination and redundancy payments, and other payments not related to the reference period.

Weekly overtime earnings refers to payment for hours in excess of award, standard or agreed hours of work.

6.2. Employers' contribution to private health and pension scheme

In Australia very few employers make any contributions towards health schemes for their employees, especially where the employee is at a wage level comparable to that of an average production worker.

From a survey of employment benefits conducted by the Australian Bureau of Statistics, the findings of which were published in 2001 as *Superannuation, Australia 2000* (ABS Catalogue No. 6360.0), it was estimated that 98 per cent of all employed persons with leave entitlements were covered by a superannuation scheme.

2014 parameter values

Average earnings/yr	Ave_earn	79 689	
Dependant Spouse Tax Offset	spouse_cr	0	
income limit	sp_lim	282	
withdrawal rate	sp_redn	0.25	
income limit (primary earner)	sp_lim_p	150 000	
Low Income Tax Offset	low_inc_cr	445	
	low_inc_lim	37 000	
	low_inc_redn	0.015	
Tax schedule	tax_sch	0.000	18 200
		0.190	37 000
		0.325	80 000
		0.370	180 000
		0.450	
Medicare levy	medic_rate	0.015	
exemption limits	sing_lim	20 542	
married	m_lim	34 367	
sing parent receiving PPS	SAPTO_lim	46 000	
+ per child	ch_lim	3 156	
shading-in rate	shade_rate	0.1	
Part A FTB max	FTB_A_max	5 215.85	
Part A FTB basic	FTB_A_base	2 164.45	
part A income limit 1	FTB_A_lim1	48 837	
part A income limit 2	FTB_A_lim2	94 316	
reduction rate 1	FTB_A_taper1	0.2	
reduction rate 2	FTB_A_taper2	0.3	
additional limit2 per extra child	FTB_A_child	3 796	
Large family supplement	FTB_A_large	313.9	
Part A FTB Clean Energy Advance (CEA) max	FTB_A_CEA_max	0	
Part A FTB CEA basic	FTB_A_CEA_basic	0	
Part A FTB Clean Energy Suplement (CES) max	FTB_A_CES_max	87.6	
Part A FTB CES basic	FTB_A_CES_basic	36.5	
Part B FTB	FTB_B	3 18.55	
part B partner income limit	FTB_B_lim	5 183	
reduction rate	FTB_B_taper	0.2	
income limit (primary earner)	FTB_B_lim_p	150 000	
Part B FTB CEA no child < 5 years old	FTB_B_CEA_5	0	
Part B FTB CES no child < 5 years old	FTB_B_CES_5	51.1	
Single Income Family Supplement max rate	SIFS_max	300	
Single Income Family Supplement phase-in threshold	SIFS_in_lim_pr	68 000	
Single Income Family Supplement taper in Rate – primary earner	SIFS_in_taper_pr	0.025	
Single Income Family Supplement phase-out threshold (primary earner)	SIFS_out_lim_pr	120 000	
Single Income Family Supplement taper out rate (primary earner)	SIFS_out_taper_pr	0.01	
Single Income Family Supplement phase out threshold (secondary earner)	SIFS_out_lim_sec	16 000	
Single income family supplement phase out taper – secondary earner	SIFS_out_taper_sec	0.15	
Parenting payment single	PPS	18 192.2	
reduction rate	PPS_taper	0.4	
income limit	PPS_lim	4 695.6	
additional limit per child	PPS_ch_lim	639.6	
Parenting payment single CEA	PPS_CEA	0	
Parenting payment single Clean Energy Supplement (CES)	PPS_CES	305.006	
Pharmaceutical allowance	PA	161.2	
State pay-roll tax rate (NSW)	Pay_roll_rate	0.0545	
Additional parameters			
Newstart allowance single rate	NSAS	13 068.38	
Newstart allowance single CEA	NSAS_CEA	0	
Newstart allowance single CES	NSAS_CES	221.806	
Newstart allowance partnered rate	NSAP	11 798.28	
Newstart allowance partnered CEA	NSAP_CEA	0	
Newstart allowance partnered CES	NSAP_CES	200.304	
reduction rate 1	NSA_taper1	0.5	
reduction rate 2	NSA_taper2	0.6	
income limit 1	NSA_lim1	1 878	
income limit 2	NSA_lim2	6 500	
Senior Australian and Pensioner Tax Offset	SAPTO	2 230	
Senior Australian and Pensioner Tax Offset single threshold	SAPTO_thresh	32 279	
Senior Australian and Pensioner Tax Offset taper rate	SAPTO_taper	0.125	
Schoolkids Bonus	SKB	410	
Telephone allowance	Tele_A	104.88	
Flood levy	tax_flo		
Income Support Bonus – Single	ISB_s	213.6	
Income Support Bonus – partnered	ISB_p	178.1	

2014 tax equations

The equations for the Australian system in 2014 are mostly repeated for each individual of a married couple. However, the spouse credit is relevant only to the calculation for the principal earner and the calculation of the Medicare levy uses shading-in rules which depend on the levels of earnings of the spouses. The basis of calculation is shown by the Range indicator in the table below.

The functions which are used in the equations (Taper, MIN, Tax, etc.) are described in the technical note about tax equations. Variable names are defined in the table of parameters above, within the equations table, or are the standard variables "married" and "children". A reference to a variable with the affix "_total" indicates the sum of the relevant variable values for the principal and spouse. And the affixes "_princ" and "_spouse" indicate the value for the principal and spouse respectively. Where the calculation for one earner takes into account variables for the other earner, the affix "_oth" is used. Equations for a single person are as shown for the principal, with "_spouse" values taken as 0.

	Line in country table and intermediate steps	Variable name	Range	Equation
1.	Earnings	earn		
2.	Allowances	tax_al	B	0
3.	Credits in taxable income:			
	Credits in taxable income of principal	taxbl_cr_princ	P	IF(AND(Children>0,Married=0),Taper(PPS,earn_princ,PPS_lim+PPS_ch_lim*(Children-1),PPS_taper),IF(AND(Children=0,Married=0),taper2(NSAS,earn_princ,NSA_lim1,NSA_lim2,NSA_taper1,NSA_taper2),IF(Married>0,taper3(NSAP,earn_princ,earn_spouse,NSA_lim1,NSA_lim2,NSA_taper1,NSA_taper2,0),,0)))
	Credits in taxable income of spouse	taxbl_cr_spouse	S	IF(AND(Children>0,Married=0),0,IF(AND(Children=0,Married=0),0,IF(Married>0,taper3(NSAP,earn_spouse,earn_princ,NSA_lim1,NSA_lim2,NSA_taper1,NSA_taper2,0),0)))
4.	CG taxable income	tax_inc	B	earn+taxbl_cr
5.	CG tax before credits			
	Medicare Levy	med_levy	B	medicare(tax_inc,sing_lim,m_lim,SAPTO_lim,ch_lim,shade_rate,medic_rate,Married,tax_inc_oth,Children)
	Tax liability	liab	P	Tax(tax_inc, tax_sch)
6.	Tax credits:			
	Spouse credit	spouse_cr	P	Taper(IF(Children>0,0,spouse_cr*Married),earn_spouse+taxbl_cr_spouse,sp_lim,sp_redn)
	Low income credit	low_cr	B	Taper(low_inc_cr,tax_inc,low_inc_lim,low_inc_redn)
	Senior Australian and Pensioner Tax Offset	sap_cr	P	IF(AND(taxbl_cr_princ>0,NOT(AND(Children>0,Married=0))),Tax(taxbl_cr_princ,tax_sch),IF(taxbl_cr_princ>0,Taper(SAPTO,tax_inc,SAPTO_thresh,SAPTO_taper),0)
	Beneficiary tax offset	ben_cr	B	IF(AND(taxbl_cr>0, NOT(AND(Children>0, Married=0))), Tax(taxbl_cr, tax_sch), 0)
	Total	tax_cr	B	spouse_cr+low_cr+sap_cr+ben_cr
7.	CG tax	CG_tax	B	Positive(liab-tax_cr) + med_levy
8.	State and local taxes	local_tax	B	0
9.	Employees' soc security	SSC	B	0
11.	Cash transfers:			
	Family Tax Benefit (Part A)	ftbA	P	IF(PA>0,((FTB_A_max+FTB_A_CES_max)*Children+IF(Children>2,(Children-2)*FTB_A_large,0)),MAX(((FTB_A_max+FTB_A_CES_max)*Children+IF(Children>2,(Children-2)*FTB_A_large,0)-Positive((princ_earn+taxbl_cr+spouse_earn+taxbl_cr_spouse)-FTB_A_lim1)*FTB_A_taper1),Positive((FTB_A_base+FTB_A_CES_basic)*Children+IF(Children>2,(Children-2)*FTB_A_large,0)-Positive((princ_earn+taxbl_cr+spouse_earn+taxbl_cr_spouse)-(FTB_A_lim2+(Positive(Children-1))*FTB_A_child))*FTB_A_taper2)))

Line in country table and intermediate steps		Variable name	Range	Equation
	Family Tax Benefit (Part B)	ftbB	J	IF(earn_princ<FTB_B_lim_p,IF(Children>0,Taper(FTB_B+FTB_B_CES_5, earn_spouse+taxbl_cr_spouse,FTB_B_lim,FTB_B_taper),0),0)
	Pharmaceutical Allowance	PA	J	AND(Children>0,Married=0)*IF(Taper(PPS+PA+PPS_CES,earn_princ, PPS_lim+PPS_ch_lim*(Children-1),PPS_taper)>0,PA,0)
	Clean Energy Advance	CEA	J	IF(AND(Children>0,Married=0,Taper(PPS+PPS_CES,earn_princ,PPS_lim+PPS_ch_lim*(Children-1),PPS_taper)>0),PPS_CEA,IF(AND(Children=0,Married=0,taper2(NSAS+NSAS_CES,earn_princ,NSA_lim1,NSA_lim2,NSA_taper1,NSA_taper2)>0),NSAS_CEA,IF(AND(Married>0,taper3(NSAP,earn_spouse,earn_princ,NSA_lim1,NSA_lim2,NSA_taper1,NSA_taper2,NSAP_CES)>0),NSAP_CEA)))+IF(AND(taxbl_cr_princ>0,Married>0,taper2(NSAP+NSAP_CES,earn_princ,NSA_lim1,NSA_lim2,NSA_taper1,NSA_taper2)>0),NSAP_CEA,0)+IF(AND(ftbA>0,ftbA>FTB_A_base*Children+IF(Children>2,(Children-2)*FTB_A_large,0)),FTB_A_CEA_max*Children,0)+IF(AND(ftbA>0,ftbA<=FTB_A_base*Children+IF(Children>2,(Children-2)*FTB_A_large,0)),FTB_A_CEA_basic*Children,0)+IF(ftbB>0,FTB_B_CEA_5,0)
	Clean Energy Supplement	CES	J	IF(AND(Children>0,Married=0,Taper(PPS+PPS_CES,earn_princ,PPS_lim+PPS_ch_lim*(Children-1),PPS_taper)>0), MAX(0,Taper(PPS+PPS_CES,earn_princ,PPS_lim+PPS_ch_lim*(Children-1),PPS_taper)-Taper(PPS, earn_princ,PPS_lim+PPS_ch_lim*(Children-1),PPS_taper)),IF(AND(Children>0,Married=0,Taper(PPS+PPS_CES,earn_princ,PPS_lim+PPS_ch_lim*(Children-1),PPS_taper)=0),0,IF(AND(Children=0,Married=0,taper2(NSAS+NSAS_CES,earn_princ,NSA_lim1,NSA_lim2,NSA_taper1,NSA_taper2)>0),taper2(NSAS+NSAS_CES,earn_princ,NSA_lim1,NSA_lim2,NSA_taper1,NSA_taper2)-taper2(NSAS,earn_princ,NSA_lim1,NSA_lim2,NSA_taper1,NSA_taper2),IF(AND(Married>0,taper3(NSAP,earn_spouse,earn_princ,NSA_lim1,NSA_lim2,NSA_taper1,NSA_taper2,NSAP_CES)>0),taper3(NSAP,earn_spouse,earn_princ,NSA_lim1,NSA_lim2, NSA_taper1,NSA_taper2,NSAP_CES)-taper3(NSAP,earn_spouse,earn_princ,NSA_lim1,NSA_lim2,NSA_taper1,NSA_taper2,NSAP_CES-NSAP_CES)))))+IF(AND(Married>0, ,taper2(NSAP+NSAP_CES,earn_princ,NSA_lim1,NSA_lim2,NSA_taper1,NSA_taper2)>0), max(0, taper2(NSAP+NSAP_CES,earn_princ,NSA_lim1,NSA_lim2,NSA_taper1,NSA_taper2) - taper2(NSAP,earn_princ,NSA_lim1,NSA_lim2,NSA_taper1,NSA_taper2)),0)
	SchoolKids Bonus	SKB	J	IF(ftbA>0,SKB*Children,0)
	Single Income Family Supplement	SIFS	J	sifs(tax_inc_princ,tax_inc_spouse,ftbA+ftbB,SIFS_max,SIFS_in_lim_pr,SIFS_in_taper_pr,SIFS_out_lim_pr,SIFS_out_taper_pr,SIFS_out_lim_sec,SIFS_out_taper_sec)
	Income support bonus	ISB	B	IF(AND(Married=0,(taxbl_cr_princ+earn_princ+PA)>0),ISB_s,IF(AND(Married>0,taper3(NSAP, taxbl_cr_princ, earn_princ,NSA_lim1,NSA_lim2,NSA_taper1,NSA_taper2,NSAP_CES)>0),ISB_p,0)) +IF(AND(Married>0,taper2(NSAP+NSAP_CES,earn_princ,NSA_lim1,NSA_lim2,NSA_taper1,NSA_taper2)>0),ISB_p,0)
	Telephone Allowance	TeleA	P	IF(Married=0,IF(Children>0,IF(Taper(PPS+PA+PPS_CES,earn_princ,PPS_lim+PPS_ch_lim*(Children-1),PPS_taper)>0,Tele_A,0),0),0)
		cash_trans	J	ftbA+ftbB+taxbl_cr_princ+PA+taxbl_cr_spouse+Tele_A +CEA=CES+SKB+SIFS+ISB
13.	Employer's State pay-roll tax	tax_empr	B	earn*Pay_roll_rate

Key to range of equation B calculated separately for both principal earner and spouse P calculated for principal only (value taken as 0 for spouse calculation) J calculated once only on a joint basis. Key refers to an optimisation of benefits i.e. Parenting payment for principal and Newstart allowance for spouse versus Parenting payment for spouse and Newstart allowance for principal.

Austria

This chapter includes data on the income taxes paid by workers, their social security contributions, the family benefits they receive in the form of cash transfers as well as the social security contributions and payroll taxes paid by their employers. Results reported include the marginal and average tax burden for eight different family types.

Methodological information is available for personal income tax systems, compulsory social security contributions to schemes operated within the government sector, universal cash transfers as well as recent changes in the tax/benefit system. The methodology also includes the parameter values and tax equations underlying the data.

Austria 2014

The tax/benefit position of single persons

	Wage level (per cent of average wage)		67	100	167	67
	Number of children		none	none	none	2
1.	**Gross wage earnings**		28 524	42 573	71 097	28 524
2.	**Standard tax allowances**					
	Basic allowance		60	60	60	60
	Married or head of family					
	Dependent children		0	0	0	440
	Deduction for social security contributions and income taxes		5 151	7 688	11 452	5 151
	Work-related expenses		132	132	132	132
	Other		620	620	620	620
		Total	5 963	8 500	12 264	6 403
3.	**Tax credits or cash transfers included in taxable income**		0	0	0	0
4.	**Central government taxable income (1 - 2 + 3)**		22 561	34 074	58 833	22 121
5.	**Central government income tax liability (exclusive of tax credits)**		3 380	7 388	16 762	3 219
6.	**Tax credits**					
	Basic credit		0	0	0	0
	Married or head of family		0	0	0	669
	Children					
	Other		345	345	345	345
		Total	345	345	345	1 014
7.	**Central government income tax finally paid (5 - 6)**		3 035	7 043	16 417	2 205
8.	**State and local taxes**		0	0	0	0
9.	**Employees' compulsory social security contributions**					
	Gross earnings		5 151	7 688	11 452	5 151
	Taxable income					
		Total	5 151	7 688	11 452	5 151
10.	**Total payments to general government (7 + 8 + 9)**		8 186	14 730	27 869	7 356
11.	**Cash transfers from general government**					
	For head of family					
	For two children		0	0	0	4 964
		Total	0	0	0	4 964
12.	**Take-home pay (1-10+11)**		20 338	27 843	43 229	26 132
13.	**Employer's wage dependent contributions and taxes**					
	Employer's compulsory social security contributions		6 169	9 208	13 717	6 169
	payroll taxes		2 139	3 193	5 332	2 139
		Total	8 309	12 401	19 049	8 309
14.	**Average rates**					
	Income tax		10.6%	16.5%	23.1%	7.7%
	Employees' social security contributions		18.1%	18.1%	16.1%	18.1%
	Total payments less cash transfers		28.7%	34.6%	39.2%	8.4%
	Total tax wedge including employer's social security contributions		44.8%	49.4%	52.0%	29.1%
15.	**Marginal rates**					
	Total payments less cash transfers: Principal earner		44.4%	49.1%	37.9%	44.4%
	Total payments less cash transfers: Spouse		n.a.	n.a.	n.a.	n.a.
	Total tax wedge: Principal earner		56.9%	60.6%	42.2%	56.9%
	Total tax wedge: Spouse		n.a.	n.a.	n.a.	n.a.

Austria 2014

The tax/benefit position of married couples

	Wage level (per cent of average wage)		100-0	100-33	100-67	100-33
	Number of children		2	2	2	none
1.	**Gross wage earnings**		42 573	56 622	71 097	56 622
2.	**Standard tax allowances**					
	Basic allowance		60	120	120	120
	Married or head of family					
	Dependent children		440	440	528	0
	Deduction for social security contributions and income taxes		7 688	9 803	12 838	9 803
	Work-related expenses		132	264	264	264
	Other		620	1 240	1 240	1 240
		Total	8 940	11 867	14 990	11 427
3.	**Tax credits or cash transfers included in taxable income**		0	0	0	0
4.	**Central government taxable income (1 - 2 + 3)**		33 634	44 756	56 107	45 196
5.	**Central government income tax liability (exclusive of tax credits)**		7 198	7 198	10 557	7 388
6.	**Tax credits**					
	Basic credit		0	0	0	0
	Married or head of family		669	0	0	0
	Children					
	Other		345	690	690	690
		Total	1 014	690	690	690
7.	**Central government income tax finally paid (5 - 6)**		6 184	6 743	9 867	6 933
8.	**State and local taxes**		0	0	0	0
9.	**Employees' compulsory social security contributions**					
	Gross earnings		7 688	9 803	12 838	9 803
	Taxable income					
		Total	7 688	9 803	12 838	9 803
10.	**Total payments to general government (7 + 8 + 9)**		13 871	16 546	22 706	16 736
11.	**Cash transfers from general government**					
	For head of family					
	For two children		4 964	4 964	4 964	0
		Total	4 964	4 964	4 964	0
12.	**Take-home pay (1-10+11)**		33 666	45 041	53 356	39 887
13.	**Employer's wage dependent contributions and taxes**					
	Employer's compulsory social security contributions		9 208	12 247	15 377	12 247
	Payroll taxes		3 193	4 247	5 332	4 247
		Total	12 401	16 493	20 710	16 493
14.	**Average rates**					
	Income tax		14.5%	11.9%	13.9%	12.2%
	Employees' social security contributions		18.1%	17.3%	18.1%	17.3%
	Total payments less cash transfers		20.9%	20.5%	25.0%	29.6%
	Total tax wedge including employer's social security contributions		38.8%	38.4%	41.9%	45.4%
15.	**Marginal rates**					
	Total payments less cash transfers: Principal earner		49.1%	49.1%	49.1%	49.1%
	Total payments less cash transfers: Spouse		19.0%	15.1%	44.4%	15.1%
	Total tax wedge: Principal earner		60.6%	60.6%	60.6%	60.6%
	Total tax wedge: Spouse		37.3%	34.2%	56.9%	34.2%

The Austrian currency is the euro (EUR). In 2014, EUR 0.75 was equal to USD 1. In that year, the average worker in Austria earned EUR 42 573 (Secretariat estimate).

1. Personal income tax

1.1. *Central government income tax*

1.1.1. *Tax unit*

Each person is taxed separately.

1.1.2. *Tax allowances*

1.1.2.1. Standard tax reliefs

- Work related expenses: a minimum allowance of EUR 132 is available to all employees.
- Minimum allowance for special expenses of EUR 60.
- Social security contributions and connected contributions (see Section 2).
- Children allowance of EUR 220 for one or EUR 132 for both parents per child. The parents have the choice between these opportunities.

1.1.2.2. Non-standard tax reliefs

- Mainly work-related expenses ("Werbungskosten").
- Traffic relief according to the distance between home/address and working place.

  The following allowances are deductible from income (EUR per year):

	Public transport	
	Available	Not available
more than 2 km	0	372
more than 20 km	696	1 476
more than 40 km	1 356	2 568
more than 60 km	2 016	3 672

- Special expenses allowance ("Sonderausgaben"): some personal expenses (for example, life insurance premiums, and expenses for the purchase of residence including repayments of housing loans) are partly deductible from income. The allowance is limited to EUR 2 920 per taxpayer or EUR 5 840 for sole earners or parents. A quarter of "Sonderausgaben" can be deducted up to a taxable income of EUR 36 400, whereas between EUR 36 400 and EUR 60 000 the deductible amount is (linearly) reduced to EUR 60. Unless higher special expenses can be proved, a standard deduction for "Sonderausgaben" of EUR 60 is granted (see Section 1.1.2.1). Grants to non-profit charitable organisations up to 10 per cent of taxable income are deductible. Additionally, contributions to the church are deductible up to an amount of EUR 400.

- Tax-free supplements exist for dirty, hard, dangerous, night, weekend and holiday work and overtime. The supplement for 10 hours of overtime up to EUR 86 per month is tax free, the other supplements are tax free up to EUR 360 (EUR 540 for night workers) per month.

1.1.3. *Rate schedule*

The new tax schedule has a zero-zone up to EUR 11 000 and shows tax formulas for three tax brackets. The effective marginal tax rates resulting from these formulas are:

Income (EUR) up to	Marginal rate %
11 000	0
25 000	36.5
60 000	43.21429
Above	50

There is a special taxation other than the normal tax schedule for Christmas and leave bonus to the extent that their sum does not exceed two average monthly payments (1/6 of current income). If these bonuses before deduction of SSC are below EUR 2 100 p.a., no tax is calculated. Otherwise the tax amount is calculated according to the following formula:

Income from Christmas and leave bonus (EUR) up to	Marginal rate %
620	0
25 000	6
50 000	27
83 333	37.5
Above	50

In case of bonuses up to EUR 25 000 the tax amount is 30% of the bonus (net of SSC) exceeding EUR 2 000 instead of the formula above, if this results to a lower tax amount. So the break-even is at EUR 2 345 a month.

1.1.4. *Tax credits*

Tax credits are available as follows:

- Employee's tax credit of EUR 54. In the overall tax calculation, negative tax is possible where the amount paid to the taxpayer would equal the gross tax minus tax credits but is limited to 10 per cent of social security contributions to a maximum of EUR 110. For employees with a traffic allowance (see 1.1.2.2) the maximum is EUR 400 and the percentage increases to 18 per cent.
- Traffic (commuting) tax credit EUR 291.
- Additional traffic tax credit in case of entitlement to traffic relief according to the distance between home/address and working place (see 1.1.2.2). In this case employees are entitled to an additional traffic tax credit of EUR 2 per km distance from home to working place.

- Sole earner's and sole parent's tax credit for families with children. The sole earner's credit is not given when a spouse's income exceeds EUR 6 000. This tax credit is EUR 494 for one child and increases by EUR 175 for the second and by EUR 220 for the third and every additional child. This tax credit is non-wastable and can be paid out as a negative income tax (in addition to the negative tax permitted in respect of the Employee's tax credit).
- Children's tax credit EUR 700.8 (58.40 per month) per child. As this tax credit is paid together with children allowances and not connected with income tax assessment, it is treated as a transfer in this Report (similar treatment as in *Revenue Statistics*).
- Tax credit for retired persons. The tax credit amounts to EUR 764 for sole earners with income up to EUR 19 930 and if the spouse's income does not exceed EUR 2 200. Otherwise the tax credit is EUR 400. The tax credit is linearly reduced to 0 between EUR 17 000 (EUR 19 930 for sole earners) and EUR 25 000 of income.

1.2. State and local income taxes

None.

2. Compulsory social security contributions to schemes operated within the government sector

2.1. Employee and employer social security contributions

	Ceilings (EUR)		Rates (%)	
	Regular wage per month	Christmas and leave bonus	Employee[2]	Employer[3]
Health insurance	4 530	9 060	3.95	3.70
Unemployment insurance	4 530	9 060	[4]	3.00
Pension insurance	4 530	9 060	10.25	12.55
Accident insurance	4 530	9 060	–	1.40
Contribution to the labour chamber	4 530	[1]	0.50	–
Contribution for the promotion of residential building	4 530	[1]	0.50	0.50
Addition to secure wage payments in the case of bankruptcy	4 530	9 060	–	0.55

1. No contributions on Christmas and leave bonus. In *Revenue Statistics*, the contribution to the labour chamber is accounted under Taxes on Income of Individuals (1110) the total of the contribution for the promotion of residential buildings is included in Taxes on payroll (3000).
2. There is a threshold for employee contributions of EUR 395.31 per month.
3. A new program has been introduced as of 1 January 2004 for severance payments. Employers are required to pay 1.53 per cent of gross wages for those whose employment starts after 1 January 2003 or where the employer and employee opt to participate in the new program. This contribution is seen as a non-tax compulsory wage-related payment.
4. Employees' unemployment insurance rate is reduced for low earnings. In 2014, it is zero for monthly earnings up to EUR 1 246, 1% up to EUR 1 359, 2% up to EUR 1 530 and 3% above.

2.2. Payroll taxes

There are two payroll taxes which are levied on employers for all private sector employees with a monthly gross wage total of more than EUR 1 095: the contribution to the Family Burden Equalisation Fund (4.5 per cent) and the Community Tax (3 per cent). The wage-dependant part of the contribution to the Entrepreneurs' Chamber (listed under heading 1000, taxes on profits, in the *Revenue Statistics*) which is levied, together with the contributions to the Family Burden Equalisation Fund, at different rates depending upon the Länder Chamber (the average rate is approximately 0.4 per cent) is not taken into account. The contribution for the promotion of residential buildings (listed under heading 3000, taxes on payroll, in *Revenue Statistics*) is included in the social security contributions shown above as it is levied by the Health Insurance Companies on monthly income (current) along with the other social security contribution amounts.

3. Universal cash transfers

3.1. *Amount for marriage*

No recurrent payments.

3.2. *Amount for children*

A family allowance is granted for each child. The monthly payment is EUR 105.40 (as of 1 July: 109.70) for the first child, EUR 118.20 (as of 1 July: 123.10) for the second, EUR 140.40 (as of 1 July: 146.10) for the third and EUR 155.40 (as of 1 July: 161.90) for each subsequent child. It is increased by EUR 7.30 (as of 1 July: 7.60) for children above 3 years, EUR 25.50 (as of 1 July: 26.50) for children above 10 years of age and by EUR 47.30 (as of 1 July: 49.20) for students (above 19). In the calculation the weighted average is applied. Parents of children under the age of 3 years are entitled to a childcare transfer, introduced in 2002. Beginning 2010, the flexibility of the childcare transfer was increased significantly. The entitled parent can choose between following alternatives: EUR 14.53 per day until the 36th month of birth, EUR 20.80 (24 months), EUR 26.60 (18 months) or EUR 33.00 (14 months). Additionally instead of the fix amounts the entitled person can opt for 80% of the last net-earning, limited to EUR 2 000 a month (14 months). The children's tax credit (EUR 50.90 monthly, see Section 1.1.4) is paid out together with the family allowance and therefore treated as a transfer.

There is a supplement to the family allowance of EUR 20.00 per month for the third and every additional child, if the family taxable income (i.e. the sum of the tax base for the progressive income tax schedule) of the preceding year did not exceed EUR 55 000. This supplement is paid out on application after an assessment of the very year.

An additional family allowance ("13th allowance") of EUR 100 is given for children in the age between 6 and 16 every September.

4. Main changes in tax/benefit systems since 1994

In 1994, a major tax reform took effect. Most measures concerned the taxation of firms. For employees the following points are important. The general tax credit was increased by ATS 3 840, i.e. ATS 320 per month. For employees with low income a negative income tax option was introduced (the negative income tax is limited to the wage earners tax credit, but it cannot exceed 10 per cent of social security contributions).

In 1995, family allowances were reduced by ATS 100 per month (ATS 1 200 per year).

In 1996, a consolidation package was introduced, some measures of which took effect already in 1996. The deductibility of special expenses was reduced (half to quarter) and abolished for incomes exceeding ATS 700 000. Tax free overtime supplements were limited to ATS 590 per month. The general tax credit was linearly reduced to zero for income between ATS 200 000 and ATS 500 000 and there was a change in the deductibility of social security contributions on non-current wages and salaries.

The family package of 1998 brought an increase of ATS 1 500 in the family allowances and the children's tax credits each in 1999. A supplement of ATS 2 400 in 1999 and ATS 4 800 in 2000 for the 3rd, etc., child for families earning less than ATS 504 000 was introduced. The sole earner's or sole parent's tax credit negative tax limit was abolished. For 2000 and the following years, there was an additional increase in the sum of family allowances and children's tax credits of ATS 3 000, but the differentiation according to the number of children was transferred to the allowances, i.e. from 2000 onwards there is a unique annual tax credit of ATS 8 400 per child.

The tax reform of 1999, effective from the beginning of 2000, brought a reduction in the tax schedule and an increase of the general tax credit leading to a (linearly increasing) tax reduction between ATS 4 000 and 7 000 p.a. The maximum reduction is reached at a gross income near the ceiling for social security contributions. The reform also included a number of other measures which concerned mainly enterprise taxation.

The budget consolidation measures for 2001 included an abolition of the general tax credit for incomes exceeding ATS 487 400, the halving of the employee's tax credit to ATS 750 and a phasing-out of the pensioner's tax credit for income between ATS 230 000 and 300 000. The adaptation of the tax laws to the Euro did not bring any substantive changes. In 2004 (effective), the family allowances for children above three years of age were increased by EUR 7.30 per month.

In 2004, the first step of a comprehensive tax reform came into force. The general tax credit was increased from EUR 887 to EUR 1 264 and the phasing-out rules were considerably simplified and made uniform for all groups of taxpayers.

The tax reform in 2005 brought a new income tax schedule. Apart from the top rate of 50 per cent for income exceeding EUR 51 000, it shows the average rates for two amounts of income. The tax amounts for incomes between these amounts have to be calculated by linear interpolation. The formulas that have to be applied are shown in the tax law. The tax reform included some measures which were made retrospective for 2004. These measures are the increase of the sole earner and the single parent tax credit depending on the number of children (together with a higher earnings limit for the spouse of a single earner) and an increase of the traffic reliefs by about 15 per cent. The maximum deductible amount for church contributions was increased as well. In 2006, the traffic reliefs were again increased by about 10 per cent.

In 2007, the traffic allowances were increased by 10 per cent (effective from 1st July), the maximum negative tax for employees with traffic allowances was increased from EUR 110 to EUR 240 (for 2008 and 2009). For 2008, the family allowances for the third and subsequent children were increased. In 2008, the unemployment insurance contributions of low-earning employees were reduced (effective from 1 July). In 2008 up to monthly earnings of EUR 1 100 the rate was zero, for earnings below EUR 1 200 the contribution was 1 per cent, below EUR 1 350 2 per cent and above the current rate of 3 per cent. These income limits are increased according to the raise of the ceiling levels of social security contributions every year.

In September 2008, the parliament decided some measures to compensate for the strong increase of food and energy prices: inter alia, the tax exemption of overtime supplements was increased and a 13th payment of children allowances introduced.

The tax reform 2009 (effective from 1 January) brought an increase of the zero bracket (from EUR 10 000 to EUR 11 000), a reduction of the income tax rates (except the top rate), an upward shift of the top rate bracket (from EUR 51 000 to EUR 60 000) and several measures for families with children: children allowance (EUR 220 or EUR 132 each parent p.a.), deductibility of cost for child care (up to EUR 2 300 p.a. per child), tax-free payments (up to EUR 500 p.a.) from employers to their employees for child care and an increase of the children tax credit.

Starting with 2013 a progressive rate schedule is applied to Christmas and leave bonus instead of a flat rate regime of 6% (see 1.13).

5. Memorandum items

5.1. *Calculation of earnings data*

- Sector used: All private employees except apprentices employed full-time for the whole year
- Geographical coverage: Whole country
- Sex: Male and female
- Earnings base:
  - Items excluded: Unemployment compensation
Sickness compensation
  - Items included: Vacation payments
Overtime payments
Recurring cash payments
Fringe benefits (taxable value)
- Basic method of calculation used: Average annual earnings
- Income tax year ends: 31 December

  Period to which the earnings calculation refers to: one year.

2014 parameter values

Average earnings/yr	Ave_earn	42 573	Secretariat estimate
Non current income as %	non_cur_pc	14.286%	
Tax free inc on non-current	Bonus	620	
Ceiling for taxing non-current income	nonc_ceil	2 000	
Tax schedule for nci exc. 25000	nci_sch	0	25 000
		0.21	50 000
		0.2975	83 333
		0.44	
Work related	work_rel	132	
Allowance f."Special expenses"	Basic_al	60	
Children allowance for 2 earning parents	Child_al_2	132	
Children allowance for sole earner/parent	Child_al_1	220	
Tax free inc.	tax_free	0%	
Basic tax credit	basic_cr		
Employee's tax credit	wage_cr	54	
Max. neg. employee's tax credit	neg_wage_cr	110	
Traffic (commuting) tax credit	traffic_cr	291	
Sole earner's (parent's) tax credit	sole_cr	0	
Children suppl.to SETC: 1st child	dsole1_cr	494	
2nd child	dsole2_cr	175	
3rd+ child	dsole3_cr	220	
Spouse income not more than	sole_lim0	0	
Spouse with children	sole_lim1	6 000	
Tax on non-current income	non_cur_rate	6%	
Altern.tax on non-current income	alt_nonc_rate	30%	
Income tax schedule	Tax_sch	0	11 000
		0.365	25 000
		0.43214	60 000
		0.5	
Ceiling f. soc. security contributions	SSC_ceil	4 530	
lower limit	SSC_low	395.31	
Employees' contr. rates	health_rate	3.95%	
	unemp_rate	0%	1 246
		1%	1 359
		2%	1 530
		3%	
	Pension_rate	10.25%	
Sum without unempl. and others	empl_14	14.20%	
	others_rate	1%	
Employers' contr.rates	health_empr	3.70%	
	unemp_empr	3%	
	Pension_empr	12.55%	
	accident_empr	1.40%	
	payinsur_empr	0.55%	
Sum without others	empr_14	21.20%	
	others_empr	0.50%	
Payroll taxes	payroll_rate	7.50%	
Child benefit: 1st child	CB_1	1 290.60	
2nd child	CB_2	1 447.80	
3rd child	CB_3	1 719.12	
4th+ child	CB_4	1 903.68	
suppl.>3years	CB03sppl	89.40	
suppl.>10years	CB10sppl	312.00	
suppl >19years	CB19sppl	579.00	
5 years<suppl<17years	CB5to17	100.0	
Child tax credit	child_cr_1	700.8	

2014 tax equations

The equations for the Austrian system are, in principle, on an individual basis. The only variable which is dependent on the marital status is the head of family (sole earner) tax credit which is also given to single people with children. For the Christmas and leave bonus (both amounting to one monthly wage or salary) there are special rules for the calculation of social security contributions (separate ceilings and slightly lower rate) and wage tax (reduced flat rate). The income tax schedule and the tax credits are applied only for "current pays". The children tax credit is in principle given to the mother (as a negative tax together with "family allowances" = transfer for children). The sole earner and the employee tax credit are connected with negative income tax rules. Therefore, the tax finally paid may be different from tax liability minus tax credits.

Bn	Variable	Code for docn equations	Excel-Function
3	earnings (%AW)	percent	0, 1/3, 2/3, 1 or 5/3 in Taxing Wages output tables (but model can be applied to all earnings levels)
4	number of children	child	0 or 2 in Taxing Wages output tables
5	Gross earnings	earn	=Ave_earn*percent
6	Current income	cearn	=(1-non_cur_pc)*earn
7	Basic allowance	allow	=(earn>14*SSC_low)*Basic_al
8	SSC on curr.inc.	SSCc	=(empl_14+unemp(earn,unemp_rate)+others_rate)* MIN(12*SSC_ceil;cearn)*(cearn>12*SSC_low)
9	Work related expenses	work_rel	=work_rel
10	Tax-free income	taxfrinc	=tax_free*earn
11	Child allowance	Child_al_princ Child_al_spouse	IF(cearn_spouse-allow_spouse-SSCc_spouse-work_rel_spouse-taxfrinc_spouse-11945<0,Child_al_1, Child_al_2)*child IF(Child_al_princ=child*Child_al_2, Child_al_2, 0)*Child
12	Tax base for schedule	ctbase	=(earn>14*SSC_low)*(cearn-allow-SSCc-work_rel-taxfrinc-child_al*child)
13	Gross tax on current income	gtaxcur	=Tax(ctbase;tax_sch)
14	Basic tax credit	btaxcr	=0
15	Married or head of family	headcr	=(earn_sp<IF(child>0;sole_lim1;sole_lim0))*(sole_cr+(child>0)*dsole1_cr+(child>1)* dsole2_cr+(child>2)*(child-2)*dsole3_cr
16	Other	othcr	=min(wage_cr;10%*SSC)+traffic_cr
17	Interm. tax on current income	itcur	=gtaxcur-btaxcr-headcr-othcr
18	Net tax on current income	ntaxcur	=IF(itcur>-headcr; itcur;MAX(-0.1*SSC-(child>0)*headcr; -neg_wage_cr-(child>0)*headcr))
19	Non current income	ncearn	=earn-cearn
20	SSC on non-curr. inc.	SSCnc	=(health_rate+unemp(earn,unemp_rate)+pension_rate)* MIN(2*SSC_ceil;ncearn)*(ncearn>2*SSC_low)
21	Non current income-SSC	ncearn_adj1	=ncearn-SSCnc
22	of which tax free	taxfree	=MIN(bonus;ncearn_adj)
23	Non-curr. tax base	ncearn_adj2	=ncearn_adj-taxfree
24	Tax schedule for nci exc. 25000	nci_sch	=Positive(MINA(ncearn_adj1-nonc_ceil)*alt_nonc_rate;ncearn_adj2*non_cur_rate))+MAX(0;Tax(ncearn_adj1;nci_sch))
25	Taxable income	taxinc	=ctbase+ncearn_adj2
26	Tax liability excl. tax credits	inctax_ex	=gtaxcur+taxnc
27	Income tax finally paid	inctax	=ntaxcur+taxnc
28	Employee's SSC	SSC	=SSCc+SSCnc
29	Employer's SSC	SSCf	=((empr_14+others_empr)*MIN(12*SSC_ceil;cearn)+empr_14*MIN(12*SSC_ceil;ncearn))
30	Pay-roll taxes	payroll	=payroll_rate*earn
31	Cash transfers	cash	=IF(child=0;0;IF(child=2;CB_1+CB_2+child*CB10sppl+child*(child_cr_1+CB5to17)))
32	Take-home pay		=earn-inctax-SSC+cash
33	Wage cost		=earn+SSCf+payroll

unemp is a Visual Basic Function which chooses lower unemployment SSC rates for low earnings
Key to range of equation B calculated separately for both principal earner and spouse P calculated for principal only (value taken as 0 for spouse calculation) J calculated once only on a joint basis.

Belgium

This chapter includes data on the income taxes paid by workers, their social security contributions, the family benefits they receive in the form of cash transfers as well as the social security contributions and payroll taxes paid by their employers. Results reported include the marginal and average tax burden for eight different family types.

Methodological information is available for personal income tax systems, compulsory social security contributions to schemes operated within the government sector, universal cash transfers as well as recent changes in the tax/ benefit system. The methodology also includes the parameter values and tax equations underlying the data.

Belgium 2014

The tax/benefit position of single persons

		Wage level (per cent of average wage)	67	100	167	67
		Number of children	none	none	none	2
1.	**Gross wage earnings**		31 131	46 464	77 596	31 131
2.	**Standard tax allowances**					
	Basic allowance					
	Married or head of family					
	Dependent children					
	Deduction for social security contributions and income taxes		4 069	6 073	10 142	4 069
	Work-related expenses		2 824	3 224	3 950	2 824
	Other					
		Total	6 893	9 297	14 092	6 893
3.	**Tax credits or cash transfers included in taxable income**		0	0	0	0
4.	**Central government taxable income (1 - 2 + 3)**		24 238	37 167	63 504	24 238
5.	**Central government income tax liability (exclusive of tax credits)**		8 207	14 025	27 164	8 207
6.	**Tax credits**					
	Basic credit		0	0	0	0
	Married or head of family		1 838	1 768	1 768	2 221
	Children		0	0	0	1 197
	Other					
		Total	1 838	1 768	1 768	3 418
7.	**Central government income tax finally paid (5-6)**		6 370	12 258	25 397	4 789
8.	**State and local taxes**		471	907	1 879	354
9.	**Employees' compulsory social security contributions**					
	Gross earnings		4 069	6 073	10 142	4 069
	Taxable income		264	432	731	264
		Total	4 333	6 505	10 873	4 333
10.	**Total payments to general government (7 + 8 + 9)**		11 174	19 670	38 149	9 477
11.	**Cash transfers from general government**					
	For head of family					
	For two children		0	0	0	3 773
		Total	0	0	0	3 773
12.	**Take-home pay (1-10+11)**		19 957	26 794	39 446	25 428
13.	**Employer's compulsory social security contributions**		8 669	13 850	22 930	8 669
14.	**Average rates**					
	Income tax		22.0%	28.3%	35.2%	16.5%
	Employees' social security contributions		13.9%	14.0%	14.0%	13.9%
	Total payments less cash transfers		35.9%	42.3%	49.2%	18.3%
	Total tax wedge including employer's social security contributions		49.9%	55.6%	60.8%	36.1%
15.	**Marginal rates**					
	Total payments less cash transfers: Principal earner		54.9%	54.9%	59.8%	54.9%
	Total payments less cash transfers: Spouse		n.a.	n.a.	n.a.	n.a.
	Total tax wedge: Principal earner		66.3%	66.3%	68.5%	66.3%
	Total tax wedge: Spouse		n.a.	n.a.	n.a.	n.a.

Belgium 2014

The tax/benefit position of married couples

		Wage level (per cent of average wage)	100-0	100-33	100-67	100-33
		Number of children	2	2	2	none
1.	**Gross wage earnings**		46 464	61 798	77 596	61 798
2.	**Standard tax allowances**					
	Basic allowance					
	Married or head of family					
	Dependent children					
	Deduction for social security contributions and income taxes		6 073	6 073	10 142	6 073
	Work-related expenses		3 224	5 626	6 048	5 626
	Other					
		Total	9 297	11 698	16 190	11 698
3.	**Tax credits or cash transfers included in taxable income**		0	0	0	0
4.	**Central government taxable income (1 - 2 + 3)**		37 167	50 099	61 405	50 099
5.	**Central government income tax liability (exclusive of tax credits)**		12 061	17 528	22 232	17 528
6.	**Tax credits**					
	Basic credit		0	200	0	200
	Married or head of family		3 605	3 605	3 605	3 605
	Children		1 081	1 081	1 081	0
	Other					
		Total	4 686	4 886	4 686	3 805
7.	**Central government income tax finally paid (5-6)**		7 376	12 643	17 547	13 723
8.	**State and local taxes**		546	950	1 298	1 030
9.	**Employees' compulsory social security contributions**					
	Gross earnings		6 073	6 073	10 142	6 073
	Taxable income		432	600	731	600
		Total	6 505	6 673	10 873	6 673
10.	**Total payments to general government (7 + 8 + 9)**		14 427	20 266	29 718	21 427
11.	**Cash transfers from general government**					
	For head of family					
	For two children		3 773	3 773	3 773	0
		Total	3 773	3 773	3 773	0
12.	**Take-home pay (1-10+11)**		35 811	45 304	51 650	40 371
13.	**Employer's compulsory social security contributions**		13 850	16 061	22 519	16 061
14.	**Average rates**					
	Income tax		17.0%	22.0%	24.3%	23.9%
	Employees' social security contributions		14.0%	10.8%	14.0%	10.8%
	Total payments less cash transfers		22.9%	26.7%	33.4%	34.7%
	Total tax wedge including employer's social security contributions		40.6%	41.8%	48.4%	48.1%
15.	**Marginal rates**					
	Total payments less cash transfers: Principal earner		54.9%	54.9%	53.8%	54.9%
	Total payments less cash transfers: Spouse		38.1%	42.0%	53.8%	42.0%
	Total tax wedge: Principal earner		66.3%	66.3%	65.5%	66.3%
	Total tax wedge: Spouse		45.9%	61.4%	65.5%	61.4%

The national currency is the euro. In 2014, EUR 0.75 was equal to USD 1. The Secretariat has estimated that in that same year the average worker earned EUR 46 464 (Secretariat estimate).

1. Personal income tax system

1.1. Federal government income tax

1.1.1. Tax unit

Spouses are taxed separately. As from 2004, the principle of separate taxation applies to all categories of income. A non-earning spouse is taxed separately on a notional share of income that can be transferred to him or her (see "non-earning spouse allowance", below). Married couples nonetheless file joint income tax returns.

1.1.2. Tax allowances

1.1.2.1. Deduction of social security contributions

Unless stated otherwise, social insurance contributions are deductible from gross income.

1.1.2.2. Work-related expenses

Salaried employees and self-employed professionals are entitled to a standard deduction for work-related expenses. This deduction may under no circumstances exceed EUR 3 950 per spouse and is computed as follows:

Gross earnings less social insurance contributions (EUR)	Rate (%)
Below 5 710	28.7
Between 5 710 and 11 340	10
Between 11 340 and 18 880	5
Above 18 880	3

Paid company directors are also entitled to a standard deduction for work-related expenses; this is equal to 3% of gross income (less social insurance contributions) and may not exceed EUR 2 370 per spouse.

An additional allowance may be granted to wage-earners if their workplace is more than a certain distance from their home.

Actual expenses incurred in order to acquire or retain earned income are deductible if they exceed the standard deduction. The deductibility of certain categories of work-related expenses (cars, clothing, restaurant meals and business gifts) is limited, however. Taxpayers who report actual expenses may deduct EUR 0.15 per kilometre, up to 100 km per single journey, for travel between their home and their workplace by means other than private car.

1.1.2.3. Non-earning spouse allowance (*quotient conjugal*)

A notional amount of income can be transferred between spouses if one of them earns no more than 30 per cent of the couple's combined earned income. In this case, the amount transferred is limited to 30 per cent of aggregate net earned income, less the individual income of the spouse to whom the notional share is transferred. This allowance is limited to EUR 10 200.

1.1.2.4. Exempt income

The base amount is:

Taxable income (S)	Fixed amount	Variable amount
0-26 280	7 350	0
26 280-26 560	7 070	26 560-S
26 560 and up	7 070	0

These amounts vary with regards to the family situation. Additional exemptions for dependent children (a handicapped child counts as two children):

- 1 child 1 500
- 2 children 3 870
- 3 children 8 670
- 4 children 14 020
- > 4 children 5 350 per additional child

Dependent child exemptions in excess of available income give rise to a reimbursable tax credit. This reimbursable tax credit is calculated at the marginal rate for the spouse with the highest income and capped at EUR 430 per dependent child.

Additional special exemptions are also granted for certain household members (in euro):

- Other dependants 1 500
- Handicapped spouse 1 500
- Other handicapped dependants 1 500
- Widow(er) with dependent child(ren) 1 500
- Single father or mother 1 500

These additional exemptions are applied first to the taxable income of the spouse having the most income, with any remainder then being applied to the income of the other spouse.

The basic exemption plus any additional exemptions for dependants and single parents is applied against each bracket from the bottom up; in other words, the lowest brackets are depleted first.

1.1.2.5. Schedule

Taxable income (EUR)	Marginal rate (%)
0-8 680	25
8 680-12 360	30
12 360-20 600	40
20 600-37 750	45
37 750-and above	50

The basic exemption plus any additional exemptions is applied from the bottom up.

1.2. *Local government taxes*

Local taxes are levied as a percentage of federal tax liability before deduction of reimbursable tax credits (for low earned income other than wage income, for low-income workers, for children, for service vouchers and for energy-saving expenses). The rate of this surtax is set by each municipality, and there is no upper limit. The average rate is deemed to be 7.4 per cent.

1.3. *Tax credits*

a) Refundable tax credit for low-income from professional activities

A refundable tax credit is granted for low earned income other than wage income. For wages, the credit is replaced by an "employment bonus" that reduces individual social security contributions (see below). However, civil servants that do not qualify for the "employment bonus", because they are not subject to social security contributions regulations that apply to the private sector, may qualify for the refundable tax credit.

The tax credit is based on the net amount of earned income other than wage income. The net amount is computed after deduction of work-related expenses.

The base for the credit is income before any transfer of notional income between spouses.

Tax credits are granted by spouse according to the following schedule:

Tax credit schedule

Net income brackets (R) in EUR		Amount of tax credit in EUR
L_1	L_2	
	4 960	0
4 960	6 620	$B \times (\mathbf{R} - L_1)/(L_2 - L_1)$
6 620	16 560	B
16 560	21 520	$B \times (L_2\ \mathbf{R})/(L_2 - L_1)$
21 520	and above	0

For 2014 income, the amount of the base (B) was EUR 670. For statutory civil servants, the amount of the base (B), instead of being EUR 670, is EUR 740.

b) Refundable tax credit for low-income workers

A refundable tax credit is intended for low-income workers and company managers (subject to the employees' social security system) entitled to the employment bonus.

The refundable tax credit amounts to 8.95/14.40 per cent as of 1 April 2014 of the "employment bonus" which is actually granted on remunerations earned during the taxable period. It cannot exceed EUR 200 per taxable period.

1.4. Rebate on the wage withholding tax

Employers benefit from a rebate on the wage withholding tax, at the rate of 1 per cent. The rebate does not affect the PIT liability of the employee and the amount of the withholding tax he may credit on its PIT liability: it just reduces the amount of withholding tax paid by the employer to the tax administration. This means that the rebate operates like a wage subsidy, or like a negative payroll tax. The rebate is a standard one: it applies in an unconditional way to any wage earners in Sectors C-K.

For employers who are either considered as small companies, as defined in article 15 of the Belgian Corporation Code, or natural persons meeting *mutatis mutandis* the criteria set out in the same article 15, the rate has been increased to 1.12 per cent as from 1 January 2014.

2. Compulsory social security contributions to schemes operated within the government sector

2.1. Rates and ceiling

a) Payroll deductions

The rates of employer and employee contributions are set by law. The applicable rates (in %) are as follows (for businesses having 20 or more employees):

2014	Employee	Employer	Total
Unemployment	0.87	3.16	4.03
Health insurance indemnities	1.15	2.35	3.5
Health care	3.55	3.8	7.35
Placement services		0.05	0.05
Family allowances		7	7
Pensions	7.50	8.86	16.36
Child care		0.05	0.05
Work-related illnesses		1.01	1.01
Work-related accidents		0.32	0.32
Education leave		0.05	0.05
Business closures		0.54	0.54
Wage restraint		7.61	7.61
Total	13.07	34.79	47.86

Vacation pay is not subject to the social security contributions applicable to salaries, but a social security levy of 13.07% is deducted when the money is attributed.

b) Reduction of employer contributions

The schedule applicable as from 01.01.2014 is as follows:

Gross annual earnings (S) in EUR	Fixed amount	Variable amount
0-22 241.96	1 850.4	0.162 (22 241.96 - S)
22 241.96-53 604.28	1 850.4	0
53 604.28 and up	1 850.4	0.06 (S - 53 604.28)

c) Reduction of individual social security contributions

A reduction of individual social security contributions is granted monthly for low-income earners, depending on wage level. The schedule below is restated in annual terms.

The schedule applicable as from 01.01.2014 is as follows:

Gross annual salary (S) in EUR	Reduction in EUR
0 < S < 18 021.84	2 207.64
18 021.84 < S < 28 624.92	Min (2 207.64, [2 208 - 0.2082] [S - 18 021.84])
S > 28 624.92	0

d) Special social security contribution

All persons totally or partially subject to the social security scheme for salaried workers are liable for this special contribution. In theory, the amount of the contribution is determined according to aggregate household income. Aggregate household income is equal to combined gross earnings less ordinary social security contributions and work-related expenses. The amount of the contribution is as follows:

Taxable income (EUR)	Amount due on the lower limit	% above the lower limit
From 0 to 18 592.02	0	0
From 18 592.02 to 21 070.96	0	9
From 21 070.96 to 60 161.85	223.10	1.3
60 161.85 and above	731.29	0

e) Work accidents

All employers are required to insure their employees against accidents that occur in the workplace or while travelling to or from the workplace. The insurance is written by a private company. The usual premiums are approximately 1 per cent of gross pay for office workers and 3.3% for labourers. The premiums are based on capped gross wages: in 2011, these premiums apply to gross wages (including holiday pay and extra-legal remunerations) with a minimum of EUR 6 068 and a maximum of EUR 37 546 (EUR 5 949 and EUR 36 810 respectively in 2010). Higher rates apply in certain industries in which risks are greater. The premium rate for construction workers, for example, varies between 7 per cent and 8 per cent.

2.2. Deductions according to family status or gender

None.

3. Universal cash transfers

Family allowances are granted for children. The annual amounts of these benefits (in euro) are as follows:

	< 5 years	5-6 years	7-10 years	11-12 years	12-16 years	17-18 years	> 18 years
1st child	1 105.36	1 133.36	1 322.12	1 342.12	1 440.76	1 465.76	1 532.12
2nd child	2 026.60	2 054.60	2 430.92	2 450.92	2 649.64	2 674.64	2 830.76
3rd child	3 014.92	3 042.92	3 419.24	3 439.24	3 637.96	3 662.96	3 819.08

To determine the resources available to the average worker, the *Taxing Wages* calculations assume that one child was between seven and ten years of age and that the other child was between eleven and twelve years of age.

4. Main changes in the tax/benefit system

None.

2014 parameter values

	Ave_earn	46 464	Secretariat estimate		
Work-related expenses	work_rel_max	3 950			
	work_rel_sch	0.287	5 710		
		0.1	11 340		
		0.05	18 880		
		0.03			
Tax credits (exempt income)	single_cr	7 070			
	Married_cr	7 070			
	Supp_cr_base	280			
	supp_cr_thrsh1	26 280			
One child	child_cr1	1 500			
Two children	child_cr2	3 870			
Single parents	s_parent_cr	1 500			
Maximum Child Credit Payment	child_cr_max	430			
Basic Credit	basic_cr_base	0			
	basic_cr_thrsh1	4 960			
	basic_cr_thrsh2	6 620			
	basic_cr_thrsh3	16 560			
	basic_cr_thrsh4	21 520			
Income tax schedule		tax_rate1			
	tax_sch	0.25	8 680		
		0.30	12 360		
		0.40	20 600		
		0.45	37 750		
		0.50			
	quote_max	10 200			
	quote_rate	0.3			
Local tax	local_rate	0.074			
Unemployment	unemp_rate	0.0087			
Medical care	med_rate	0.0115			
Sickness	sickness_rate	0.0355			
Pension	pension_rate	0.0750			
Employee contribution	SSC_rt	0.1307			
	SSC_redn	0	0	2 07.64	0
	(annual)	18 021.84	18 021.84	2 207.64	0.2082
		28 624.92	18 021.84	2 207.64	0.2082
		28 624.92	0	0	0
		99 999 999	0		0
Special annual contribution	SSC_special	0.000	18 592.02		
		0.090	21 070.96		
		0.013	60 161.85		
		0.000			
Employer contributions	SSC_empr_rt	0.3479			
	SSC_empr_redn	0	1 850.50		0.1620
					22241.96
		22 241.96	1 850.50		0
					53 604.28
		53 604.28	1 850.50		-0.06
					53 604.28
		9 999 999	0		0
Structural reduction on the withholding tax on wages	PrP_redn	0.01			
Low-income credit	LIC_rate	0.1304			
	LIC_max	200.00			
Child benefit (age 7-10)	CB_1	1 342.12			
second child (age 7-10)	CB_2	2 430.92			
third child (age 7-10)	CB_3	3 419.24			

2014 tax equations

2014 tax equationsThe equations for the Belgian system in 2014 are mostly calculated on an individual basis. But central government tax for a married couple is calculated on two bases and the lower value is used. One of the bases takes account of the combined income of the couple. Also, tax credits may be used against the tax liability of the secondary earner if the principal earner is unable to use them.

The functions which are used in the equations (Taper, Tax, etc.) are described in the technical note about tax equations. Variable names are defined in the table of parameters above or are the standard variables "married" and "children". A reference to a variable with the affix "_total" indicates the sum of the relevant variable values for the principal and spouse. And the affixes "_princ" and "_spouse" indicate the value for the principal and spouse respectively. Equations for a single person are as shown for the principal with "_spouse" values taken as 0.

	Line in country table and intermediate steps	Variable name	Range	Equation
1.	Earnings	earn		
2.	Allowances:	tax_al	B	MIN(work_rel_max, Tax(earn-SSC, work_rel_sch))+SSC
3.	Credits in taxable income	taxbl_cr	B	0
4.	CG taxable income	tax_inc_int	B	earn-tax_al
	Quote part	Q	J	IF(married, Positive(MIN(tax_inc_int_total*quote_rate, quote_max)-tax_inc_int_spouse), 0)
	CG adjusted taxable income – principal	tax_inc_adj_princ	P	Positive(tax_inc_int_princ – Q)
	CG adjusted taxable income – spouse	tax_inc_adj_spouse	S	Positive(tax_inc_int_spouse + Q)
5.	CG tax before credits	CG_tax_excl	J	Tax(tax_inc_adj, tax_sch)
6.	Calculation of credits			
	Child exemption amount	child_ex_inc	P	(children=1)*child_cr1+(children=2)*child_cr2
	Family exemption amount	fam_ex_inc	B	IF(Married,married_cr,single_cr+(Children>0)*s_parent_cr)+IF(tax_inc_adj<=0.0,IF(tax_inc_adj<=supp_cr_thrsh1,supp_cr_base,MAX(0,supp_cr_base+supp_cr_thrsh1-tax_inc_adj)))
	Initial exempt income – principal	ex_inc_int_princ	P	child_ex_inc+fam_ex_inc_princ
	Initial exempt income – spouse	ex_inc_int_spouse	S	fam_ex_inc_spouse
	Transferable amount	ex_inc_tran	J	married*IF(ex_inc_int_princ<tax_inc_adj_princ, MIN(MAX((ex_inc_int_spouse-tax_inc_adj_spouse), 0), tax_inc_adj_princ-ex_inc_int_princ), -(MIN(MAX((ex_inc_int_princ-tax_inc_adj_princ), 0), MAX(0, tax_inc_adj_spouse-ex_inc_int_spouse))))
	Final exempt income – principal	ex_inc_fin_princ	P	ex_inc_int_princ+ex_inc_tran
	Final exempt income – spouse	ex_inc_fin_spouse	S	ex_inc_int_spouse-ex_inc_tran
	Tax credits	tax_credits	J	Tax(ex_inc_fin, tax_sch)
	Basic Credit	basic_cr	B	basic_cr_base*IF(tax_inc<=basic_cr_thrsh1, 0, IF(tax_inc<=basic_cr_thrsh2, (tax_inc-basic_cr_thrsh1)/(basic_cr_thrsh2-basic_cr_thrsh1), IF(tax_inc<=basic_cr_thrsh3, 1, IF(tax_inc<=basic_cr_thrsh4, (basic_cr_thrsh4-tax_inc)/(basic_cr_thrsh4-basic_cr_thrsh3), 0)))) +IF(tax_inc=0;0;MIN(LIC_rate*(MIN(VLOOKUP(earn, SSC_redn,3), VLOOKUP(earn, SSC_redn, 3)-VLOOKUP(earn, SSC_redn, 4)*(earn-VLOOKUP(earn, SSC_redn, 2))));LIC_max))
7.	CG tax			
	Tax prior to non-wasteable credits	CG_tax_init	B	Positive(CG_tax_incl-tax_credits)

	Line in country table and intermediate steps	Variable name	Range	Equation
	Non-wasteable child credit	child_credit_nw	J	MIN(Tax(MIN((children=1)*child_cr1+(children=2)*Parameters!child_cr2), (positive(ex_inc_int-tax_inc_int), tax_sch), children*child_cr_max)
	Final CG tax	CG_tax_final	J	CG_tax_init-basic_cr_total-child_credit_nw
8.	State and local taxes	local_tax	J	local_rate*CG_tax_init
9.	Employees' soc security	SSC	B	Positive((earn)*SSC_rt-MIN(VLOOKUP(earn, SSC_redn,3), VLOOKUP(earn, SSC_redn, 3)-VLOOKUP(earn, SSC_redn, 4)*(earn-VLOOKUP(earn, SSC_redn, 2))))
		SSC_special	J	positive(Tax(tax_inc_total, SSC_special)
		SSC_total		SSC+SSC_special
11.	Cash transfers	cash_trans	J	(Children>0)*CB_1+(Children>1)*CB_2
13.	Employer's soc security	empr_sch	B	Positive(earn*(SSC_empr_rt- PrP_redn)-(VLOOKUP(earn, SSC_empr_redn, 2)-VLOOKUP(earn, SSC_empr_redn, 3)*(earn-VLOOKUP(earn, SSC_empr_redn, 1))))

Key to range of equation B calculated separately for both principal earner and spouse P calculated for principal only (value taken as 0 for spouse calculation) J calculated once only on a joint ba*sis.

Canada

This chapter includes data on the income taxes paid by workers, their social security contributions, the family benefits they receive in the form of cash transfers as well as the social security contributions and payroll taxes paid by their employers. Results reported include the marginal and average tax burden for eight different family types.

Methodological information is available for personal income tax systems, compulsory social security contributions to schemes operated within the government sector, universal cash transfers as well as recent changes in the tax/benefit system. The methodology also includes the parameter values and tax equations underlying the data.

Canada 2014

The tax/benefit position of single persons

	Wage level (per cent of average wage)	67	100	167	67
	Number of children	none	none	none	2
1.	**Gross wage earnings**	33 152	49 481	82 633	33 152
2.	**Standard tax allowances**				
	Basic allowance				
	Married or head of family				
	Dependent children				
	Deduction for social security contributions and income taxes				
	Work-related expenses				
	Other				
	Total	0	0	0	0
3.	**Tax credits or cash transfers included in taxable income**	0	0	0	0
4.	**Central government taxable income (1 - 2 + 3)**	33 152	49 481	82 633	33 152
5.	**Central government income tax liability (exclusive of tax credits)**	4 973	7 809	15 103	4 973
6.	**Tax credits**				
	Basic credit	1 840	1 840	1 840	1 840
	Married or head of family	0	0	0	1 671
	Children	0	0	0	677
	Other(CPP & EI)	314	478	501	314
	Total	2 153	2 318	2 341	4 501
7.	**Central government income tax finally paid (5-6)**	2 819	5 491	12 762	472
8.	**State and local taxes**	1 080	2 233	5 502	0
9.	**Employees' compulsory social security contributions**				
	Gross earnings	2 091	3 190	3 339	2 091
	Taxable income (Provincial Health Care Levy)	300	600	750	300
	Total	2 391	3 790	4 089	2 391
10.	**Total payments to general government (7 + 8 + 9)**	6 291	11 514	22 353	2 863
11.	**Cash transfers from general government**				
	For head of family	415	0	0	476
	For two children	0	0	0	8 160
	Total	415	0	0	8 635
12.	**Take-home pay (1-10+11)**	27 276	37 967	60 280	38 924
13.	**Employer's compulsory social security contributions**	3 952	5 960	7 721	3 952
14.	**Average rates**				
	Income tax	11.8%	15.6%	22.1%	1.4%
	Employees' social security contributions	7.2%	7.7%	4.9%	7.2%
	Total payments less cash transfers	17.7%	23.3%	27.1%	-17.4%
	Total tax wedge including employer's social security contributions	26.5%	31.5%	33.3%	-4.9%
15.	**Marginal rates**				
	Total payments less cash transfers: Principal earner	26%	35.1%	35.4%	55.8%
	Total payments less cash transfers: Spouse	n.a.	n.a.	n.a.	n.a.
	Total tax wedge: Principal earner	33.8%	40.9%	38.4%	60.7%
	Total tax wedge: Spouse	n.a.	n.a.	n.a.	n.a.

Canada 2014

The tax/benefit position of married couples

		100-0	100-33	100-67	100-33
	Wage level (per cent of average wage)	100-0	100-33	100-67	100-33
	Number of children	2	2	2	none
1.	**Gross wage earnings**	49 481	65 809	82 633	65 809
2.	**Standard tax allowances**				
	Basic allowance				
	Married or head of family				
	Dependent children				
	Deduction for social security contributions and income taxes				
	Work-related expenses				
	Other				
	Total	0	0	0	0
3.	**Tax credits or cash transfers included in taxable income**	0	0	0	0
4.	**Central government taxable income (1 - 2 + 3)**	49 481	65 809	82 633	65 809
5.	**Central government income tax liability (exclusive of tax credits)**	7 809	10 258	12 782	10 258
6.	**Tax credits**				
	Basic credit	3 510	3 680	3 680	3 680
	Married or head of family	2 058	387	387	0
	Children	677	677	677	0
	Other(CPP & EI)	478	620	792	620
	Total	6 723	5 363	5 535	4 299
7.	**Central government income tax finally paid (5-6)**	2 757	4 896	7 247	5 959
8.	**State and local taxes**	1 539	2 365	3 313	2 365
9.	**Employees' compulsory social security contributions**				
	Gross earnings	3 190	4 132	5 281	4 132
	Taxable income (Provincial Health Care Levy)	600	600	900	600
	Total	3 790	4 732	6 181	4 732
10.	**Total payments to general government (7 + 8 + 9)**	8 085	11 992	16 741	13 055
11.	**Cash transfers from general government**				
	For head of family	0	0	0	0
	For two children	3 411	2 101	1 428	0
	Total	3 411	2 101	1 428	0
12.	**Take-home pay (1-10+11)**	44 807	55 918	67 320	52 754
13.	**Employer's compulsory social security contributions**	5 960	7 818	9 912	7 818
14.	**Average rates**				
	Income tax	8.7%	11.0%	12.8%	12.6%
	Employees' social security contributions	7.7%	7.2%	7.5%	7.2%
	Total payments less cash transfers	9.4%	15.0%	18.5%	19.8%
	Total tax wedge including employer's social security contributions	19.2%	24.1%	27.3%	28.4%
15.	**Marginal rates**				
	Total payments less cash transfers: Principal earner	58.0%	32.1%	32.1%	35.1%
	Total payments less cash transfers: Spouse	31.9%	34.2%	29.5%	30.2%
	Total tax wedge: Principal earner	61.8%	38.2%	38.2%	40.9%
	Total tax wedge: Spouse	38.9%	41.5%	37.3%	37.9%

The national currency is the Canadian dollar (CAD). In 2014, CAD 1.10 was equal to USD 1. In that year, the average worker earned CAD 49 481 (Secretariat estimate).

1. Personal income tax systems

1.1. *Central/federal government income taxes*

1.1.1. *Tax unit*

Under the present system, tax is levied on individuals separately; certain tax reliefs depend on family circumstances.

1.1.2. *Tax allowances and credits*

1.1.2.1. Standard credits

- *Basic personal amount:* All taxpayers qualify for a basic personal tax credit of CAD 1 670.70.
- *Credit for Spouse or Eligible Dependant:* A taxpayer supporting a spouse or other eligible dependant receives a tax credit of CAD 1 670.70 which is reduced by 15 cents for each dollar of the dependant's income.
- *Child Tax Credit:* A tax credit that provides up to CAD 338.25 of tax relief for each dependent child under the age of 18. The credit can be claimed by either parent.
- *Social security contributions:* Taxpayers are entitled to claim 15 per cent of their contributions to the Canada or Québec Pension Plans (to a maximum of CAD 2 425.50 for the Canada Pension Plan and to a maximum of CAD 2 535.75 for the Québec Pension Plan) and their Employment Insurance premiums (to a maximum of CAD 913.68).
- *Working Income Tax Benefit (WITB):* The WITB provides a non-wastable tax credit equal to 25 per cent of each dollar of earned income in excess of CAD 3 000 to a maximum credit of CAD 998 for single individuals without dependents and CAD 1 813 for families (couples and single parents). The credit will be reduced by 15 per cent of net family income in excess of CAD 11 332 for single individuals and CAD 15 649 for families. This is the default national design; provinces may choose to propose jurisdiction-specific changes to this design, subject to certain principles.
- *Canada Employment Tax Credit:* A tax credit of up to CAD 169.05 on employment income.

1.1.2.2. Main non-standard tax reliefs applicable to an average worker:

A number of non-standard tax reliefs are available to the average worker in Canada. The main ones are:

- *Medical expenses credit:* Taxpayers are entitled to a 15 per cent tax credit for an amount of eligible medical expenses that exceeds the lesser of 3 per cent of net income or CAD 2 171.
- *Charitable donations credit:* The credit is 15 per cent on the first CAD 200 of eligible charitable donations and 29 per cent on eligible donations in excess of CAD 200. Eligible

donations are those made to registered charities, to a maximum of 75 per cent of net income.

- *Registered pension plan contributions:* Employees who are members of a registered pension plan are entitled to deduct their contributions to the plan in respect of current and/or past service. Generally, employee contributions to a defined benefit registered pension plan are not subject to any limit; however, limits apply to the benefits that a plan may provide. Individuals can deduct their contributions to a defined contribution registered pension plan up to a limit of 18 per cent of earned income, to a maximum of CAD 24 930.
- *Registered retirement savings plan (RRSP) premiums*: Individuals can deduct their contributions to an RRSP up to a limit of 18 per cent of the previous year's earned income, to a maximum of CAD 24 270 a year, unless they are also accruing benefits under a registered pension plan or a deferred profit sharing plan. Members of those other plans are limited to RRSP contributions of 18 per cent of the previous year's earned income to a maximum of CAD 24 270, minus a pension adjustment amount based on pension benefits accrued in the previous year.
- *Union and professional dues:* Individuals with annual dues paid to a trade union or an association of public servants or paying dues required to maintain a professional status recognised by statute are allowed to deduct such fees in computing taxable income.
- *Moving expenses:* Eligible moving expenses are deductible from income if the taxpayer moves at least 40 kilometres closer to a new place of employment.
- *Child care expenses:* A portion of child care expenses is deductible if incurred for the purpose of earning business or employment income, studying or taking an occupational training course or carrying on research for which a grant is received. The lower-income spouse must generally claim the deduction. The amount of the deduction is limited to the least of:
  1. the expenses incurred for the care of a child;
  2. two-thirds of the taxpayer's earned income; and
  3. CAD 7 000 for each child who is under age seven, and CAD 4 000 per child between seven and sixteen years of age. The amount for a disabled child under seventeen is CAD 10 000.
- Family Tax Cut: Starting in 2014, couples with minor children can transfer up to CAD 50 000 of taxable income from the higher-income spouse to a spouse in a lower tax bracket. The value of the tax relief is capped at CAD 2 000.

1.1.3. *Tax schedule*

2014 Federal income tax rates

Taxable income (CAD)	Rate (%)
0-43 953	15
43 953-87 907	22
87 907-136 270	26
136 270 and over	29

1.2. *State and local income taxes*

1.2.1. *General description*

All provinces and territories levy their own personal income taxes. All, with the exception of Québec, have a tax collection agreement with the federal government, and thus use the federal definition of taxable income. They are free to determine their own tax brackets, rates and credits. Québec collects its own personal income tax and is free to determine all of the tax parameters, including taxable income. In practice, its definition of taxable income is similar to the federal definition.

1.2.2. Tax regime selected for this study

The calculation of provincial tax for the average worker study assumes the worker lives in Ontario, the most populous of the 10 provinces and 3 territories. The main features of the Ontario tax system relevant to this report are summarised below:

Tax schedule

Income bracket	Rate (%)
CAD 0 to CAD 40 120	5.05
CAD 40 120 to CAD 80 242	9.15
CAD 80 242 to CAD 150 000	11.16
CAD 150 000 to CAD 220 000	12.16
Over CAD 220 000	13.16

Surtax

Provincial tax after accounting for wastable credits	Surtax rate
Amounts exceeding CAD 4 331	20% of the excess amount
Amounts exceeding CAD 5 543	36% of the excess amount

Wastable tax credits

- A basic tax credit of CAD 488.34.
- A maximum credit of CAD 414.66 for a dependant spouse or eligible dependant that is withdrawn as the income of the spouse or eligible dependant exceeds CAD 821 and is completely withdrawn when the income of the spouse is at least CAD 9 032.
- 5.05 per cent of contributions made to the Canada Pension Plan and of Employment Insurance premiums.

Tax reduction

An earner is entitled to claim a tax reduction where the initial entitlement is equal to CAD 223 plus CAD 413 for each dependent child under the age of 19. Where someone has a spouse, only the spouse with the higher net income can claim the dependent child tax reduction. If this amount is greater or equal to the liable provincial tax, then no tax is due. If the amount is less than the liable tax, then the actual tax reduction is equal to twice the initial entitlement amount less the liable tax (if this calculation is zero or negative, the reduction is equal to zero).

2. Compulsory social security contributions to schemes operated within the government sector

2.1. Employees' contributions

2.1.1. Pensions

Generally, all employees are eligible for coverage under the Canada Pension Plan (Québec Pension Plan in the province of Québec). For 2014, all employees are required to contribute to the Canada Pension Plan at a rate of 4.95 per cent of income up to a maximum contribution of CAD 2 425.50 (the contribution rate is 5.175 per cent of income for the Québec Pension Plan up to a maximum contribution of CAD 2 535.75). Income subject to contributions is earnings (wages and salaries) less a CAD 3 500 basic exemption. The maximum contribution of CAD 2 425.50 is reached at an earnings level of CAD 52 500 i.e. (CAD 52 500 - CAD 3 500) × 0.0495 = CAD 2 425.50. For employees, each contribution to the CPP or QPP gives rise to a tax credit equal to 15 per cent of the contributed amount. Employers are also required to contribute to the Canada Pension Plan on behalf of their employees at the same rate and can deduct their contributions from taxable income (refer § 2.21).

Self-employed persons must also contribute to the Canada Pension Plan (Québec Pension Plan in the province of Québec) on their own behalf. However, the self-employed are required to contribute at the combined employer/employee rate of 9.90 per cent of earnings up to a maximum of CAD 4 851. The self-employed can deduct the employer portion of their contribution from income, equal to 50 per cent of the total contribution or CAD 2 425.50. The remaining 50 per cent, representing the employee portion, is then claimed as a tax credit at 15 per cent.

2.1.2. Sickness

There is no national sickness benefit plan administered by the federal government. However, all provinces have provincially-administered health care insurance plans. Three provinces, Québec, Ontario, and British Columbia, levy health premiums on individuals separately from the personal income tax to help finance their health programmes.

In the case of Ontario, the premium is determined based on taxable income. Individuals who earn up to CAD 20 000 are exempt. The premium is phased in with a number of different rates to a maximum of CAD 900 for taxable income levels greater than CAD 200 600. The following table provides further details on the structure that is applicable in 2014.

2.1.3. Unemployment

In general, all employees are eligible for employment insurance. Eligibility to receive benefits is determined by insurable hours worked (with a minimum entry threshold of 420 hours). For 2014, employees are required to contribute at the rate of 1.88 per cent of insurable earnings. Insurable earnings are earnings (wages and salaries) up to a maximum of CAD 48 600 per year. The maximum employee contribution is therefore CAD 913.68 per year. Employment insurance contributions give rise to a tax credit equal to 15 per cent of the amount contributed. Employers are also required to contribute to the plan (see Section 2.2.3).

The Ontario Health Premium

Taxable income	Fixed component (CAD)	Variable component
0–CAD 20 000	0	
CAD 20 000–CAD 25 000	0	6% of the taxable income in excess of CAD 20 000
CAD 25 000–CAD 36 000	300	
CAD 36 000–CAD 38 500	300	6% of the taxable income in excess of CAD 36 000
CAD 38 500–CAD 48 000	450	
CAD 48 000–CAD 48 600	450	25% of the taxable income in excess of CAD 48 000
CAD 48 600–CAD 72 000	600	
CAD 72 000–CAD 72 600	600	25% of the amount of taxable income in excess of CAD 72 600
CAD 72 600–CAD 200 000	750	
CAD 200 000–CAD 200 600	750	25% of the amount of taxable income in excess of CAD 200 000
Over CAD 200 600	900	

2.1.4. Work injury

See Section 2.2.4.

2.2. Employers' contributions

2.2.1. Pensions

Employers are required to contribute to the Canada Pension Plan on behalf of their employees an amount equal to their employees' contributions. Thus, employers also contribute at the rate of 4.95 per cent of earnings (less the CAD 3 500 earnings exemption) to a maximum of CAD 2 425.50.

2.2.2. Sickness

There is no national sickness benefit plan administered by the federal government. However, all provinces have provincially-administered health care insurance plans. Three provinces levy a special tax on employer payrolls to finance health services (Québec and Ontario) or health services and education (Manitoba). These payroll taxes are deductible from the employer's income subject to tax. In the case of the province of Ontario, employers pay a 1.95 per cent Employer Health Tax on the value of their payroll that exceeds CAD 450 000.

2.2.3. Unemployment

Employers are required to contribute to the employment insurance scheme. The general employer contribution is 1.4 times the employee contribution, that is, 2.63 per cent of insurable earnings. Premiums are adjusted for employers who provide sick pay superior to payments provided under the employment insurance regime. All employment insurance contributions are deductible from the employer's income subject to tax.

2.2.4. Work injury

There is no national work injury benefit plan administered by the federal government. However, employers are required to contribute to a provincial workers' compensation plan which pays benefits to workers (or their families in case of death) for work-related illness or injury. The employer contribution rates, which vary by industry and province, are related to industry experience of work-related illness and injury. Premiums are deductible from the employer's income subject to tax. In the case of Ontario, employers in the C to K industry sector pay, on average, 2.91 per cent of the wages paid to each employee to a maximum of CAD 84 100.

3. Universal cash transfers

3.1. *Transfers related to marital status*

None.

3.2. *Transfers for dependent children*

3.2.1. *Federal*

The Canada Child Tax Benefit (CCTB) provides CAD 1 472 per child under age 18 plus a CAD 103 supplement for the 3rd child and each additional child. This basic benefit is reduced by 4 per cent of family net income in excess of CAD 44 728 for families with two or more children and 2 per cent for families with one child. In addition, a National Child Benefit supplement (NCBs) is provided to low-income families with children. The maximum NCBs is CAD 2 280 for one child, plus CAD 2 017 for a second child, plus CAD 1 919 for the third and each additional child. The NCBs is phased out based on family net income in excess of CAD 26 039. The reduction rates are 12.2 per cent for families with one child, 23.0 per cent for families with two children and 33.3 per cent for larger families.

The Universal Child Care Benefit (UCCB) provides all families with CAD 1 200 for each child under age six. Amounts received under the UCCB are taxable in the hands of the lower-income spouse but are not used to reduce other income-tested benefits such as the CCTB. In the case of single parents, the UCCB can be taxable in the hands of the eligible dependant. Since the *Taxing Wages* model assumes that children are at least six years old, this benefit is not applicable for these estimates.

The Goods and Services Tax Credit provides a relief of CAD 272 for each adult 19 years of age or older and CAD 143 for each dependent child under the age of 19. Single tax filers without children and with an employment income higher than CAD 8 838 receive an additional CAD 143 that is phased in at a rate of 2 per cent. Single tax filers with children receive an additional CAD 143 that is not subject to phase-in. The credit received for the first dependent child of a single parent is also increased from CAD 143 to CAD 272. The total amount is reduced at a rate of five per cent of net family income over CAD 35 487. The amount is paid directly to families.*

3.2.2. *Provincial*

The province of Ontario announced the creation of the Ontario Child Benefit (OCB) in its 2007 Budget. This measure is replacing the Ontario Child Care Supplement for Working Families (OCCS). For each child under eighteen, qualifying families can receive up to CAD 1 310 from the OCB. The benefit is withdrawn at a rate of 8 per cent of family income that exceeds CAD 20 000.

Qualifying families will receive whichever entitlement is more generous during the transition period. The calculation of the OCCS is as follows: For each child under seven, qualifying two-parent families can receive up to CAD 1 100 annually while qualifying single

* The payments that relate to the 2014 tax year are payable between July 2015 and June 2016. The amounts shown in this Report assume indexation of 1.8% for the 2014 tax year (and 2015-16 benefit year); the actual indexation parameter will be announced in December 2014.

parent families can receive up to CAD 1 310. The actual OCCS is calculated as being either the greater of qualifying child care expenses or a percentage of the earnings of a family over CAD 5 000. The percentage used depends upon the number of children. For a one child family, the rate is 21 per cent. For a two child family, the rate is 42 per cent. For families with more than two children, the rate is 63 per cent. The OCCS is withdrawn at a rate of 8 per cent of family income that exceeds CAD 20 000. Children born before 1 July 2009 and under age seven remain eligible for the OCCS in the transition period to the OCB. As of July 2014, the OCB fully replaces the OCCS.

Ontario has a Sales Tax Credit that provides a relief of up to CAD 286 for each adult and each child. It is reduced by four per cent of adjusted family net income over CAD 22 005 for single people and over CAD 27 507 for families. The amount is paid directly to families.

4. Main changes in the tax/benefit system since 2009

5. Memorandum items

5.1. *Identification of an average worker*

The earnings data refer to production workers in the industries C to K. To obtain the annual average wage figure, the average weekly earnings for the year for employees (including overtime) are multiplied by 52.

5.2. *Employer contributions to private health and pension schemes*

These do exist but no information is available on the amounts involved.

2014 parameter values

Average earnings/yr	Ave_earn	49 481	Secretariat estimate
Tax credits	Basic_cred	1 670.70	
Spouse	Spouse_cred	1 670.70	
withdrawal rate	Sp_crd_wth	0.15	
threshold	Sp_crd_thrsh	0	
Canada Employment Tax Credit	Empl_crd	169.05	
Child tax credit	Dep_ch_crd	338.25	
Income Splitting Credit Maximum	iscrmax	2 000	
Income Splitting Transfer Limit	inctrflm	50 000	
Canada Child Tax Benefit	Ch_credit	1 472	
Child under 7	Ch_crd_und7	0	
additional for 3rd+	Ch_crd_3rd	102	
reduction rate: 1 child	Ch_crd_red1	0.02	
reduction. rate: 2 or more	Ch_crd_red2	0.04	
threshold	Ch_crd_thrsh	44 728	
National Child Benefit Supplement	WIS_crd_1st	2 280	
	WIS_crd_2nd	2 017	
	WIS_crd_3rd	1 919	
threshold to start phase-out	WIS_phout_st	26 039	
threshold to end phase-out	WIS_phout_end	44 728	
reduction rate	WIS_redn1	0.122	
	WIS_redn2	0.230	
	WIS_redn3	0.333	
Working Income Tax Benefit	WITB_phzin_thrsh	3 000	
WITB-Phase-in Rate	WITB_phzn_rt	0.25	
WITB-Maximum Credit (per Adult/Equiv.)	WITB_max	998	
WITB-Addl. Maximum Credit (Fam.)	WITB_max_fam	815	
WITB-Reduction Rate	WITB_phzout_rt	0.15	
WITB-Threshold	WITB_phzout_thrsh	11 332	
WITB-Addl. Threshold (Fam.)	WITB_phzn_thrsh_fam	4 317	
Federal tax schedule	Fed_sch	0.15	43 953
		0.22	87 907
		0.26	136 270
		0.29	
High-income surtax rate	H_sur_rate	0	
threshold	H_sur_thrsh	18 500	
Canada pension plan rate	CPP_rate	0.0495	
exemption	CPP_ex	3 500	
max contrib.	CPP_max	2 425.50	
Unemployment ins.rate	Unemp_rate	0.0188	
max contrib.	Unemp_max	913.68	
tax credit rate	Unemp_crd_rate	0.15	
employer contrib. mult.	Unemp_emplr	1.4	
GST adult credit	GST_crd_ad	272	
child credit	GST_crd_ch	143	
threshold	GST_crd_thrsh	35 487	
reduction rate	GST_crd_redn	0.05	
single supplement	GST_crd_sgsp	143	
single supplement eligibility threshold	GST_sgsp_thrsh	8 838	
single supplement phase-in rate	GST_sgsp_rate	0.02	
Province: Ontario			
Tax Credits	P_basic_crd	488.34	
Spouse	P_spouse_crd	414.66	
withdrawal rate	P_sp_crd_wd	0.0505	
threshold	P_sp_crd_thr	821	

% of BFT	P_pct_bft	0.375		
Unemployement tax credit rate	P_unem_tc_rt	0.0505		
Surtax rate 1	P_sur_rt1	0.20		
threshold	P_sur_thr1	4 331		
rate 2	P_sur_rt2	0.36		
threshold	P_sur_thr2	5 543		
Tax reduction	P_tax_red	223		
amount per dependent	P_tr_chld	413		
amount per disabled dep	P_tr_dis_ch	413		
Provincial tax schedule	Prov_sch	0.0505	40 120	
		0.0915	80 242	
		0.1116	150 000	
		0.1216	220 000	
		0.1316		
Ontario Child Care Supplement				
% per child of earnings over threshold				
For 1 Child under 7	P_pct_earn	0.21		
threshold	P_ch_crd_th	5 000		
max per child under 7	P_und7_max	1 100		
single parent sup per ch under 7	P_sps_und7	210		
threshold reduction	P_thrsh_red	20 000		
reduction rate	P_redn_rate	0.08		
Ontario Child Benefit	P_ch_amt	1 310		
amount per child	P_ch_thresh	20 000		
threshold	P_ch_redn_rate	0.08		
reduction rate				
Sales tax credits				
sales tax credit adult	P_sales_cred	286		
sales tax credit child	P_salcr_chd	286		
threshold	P_ps_thresh	22 014		
threshold seniors/families	P_ps_thr_sen	27 518		
reduction rate	P_ps_red_rt	0.04		
reduction rate seniors	P_ps_rr_sen	0.04		
Ontario Health Premium	P_hlth_sch	20 000	0	0
		25 000	0.06	0
		36 000	0	300
		38 500	0.06	300
		48 000	0	450
		48 600	0.25	450
		72 000	0	600
		72 600	0.25	600
		200 000	0	750
		200 600	0.25	750
maximum	P_hlth_max	900		
Employer Health Tax	emp_healthtax	0.0195		
Employer Workers Compensation Levy	emp_workcomp	0.0291		
Employer Workers Compensation Levy Ceiling	emp_workcomp_ceil	84 100		
Maximum number of children under the age of 7	children_und7_max	1		

2014 tax equations

2014 tax equationsThe equations for the Canadian system are mostly repeated for each individual of a married couple. But the spouse credit is relevant only to the calculation for the principal earner and the non-wastable credits are calculated only once. This is shown by the Range indicator in the table below.

The functions which are used in the equations (Taper, MIN, Tax, etc.) are described in the technical note about tax equations. Variable names are defined in the table of parameters above, within the equations table, or are the standard variables "married" and "children". A reference to a variable with the affix "_total" indicates the sum of the relevant variable values for the principal and spouse. And the affixes "_princ" and "_spouse" indicate the value for the principal and spouse, respectively. Equations for a single person are as shown for the principal, with "_spouse" values taken as 0.

	Line in country table and intermediate steps	Variable name	Range	Equation
1.	Earnings	earn		
2.	2Allowances	tax_al	B	0
3.	Credits in taxable income	taxbl_cr	B	0
4.	CG taxable income	tax_inc	B	Earn
5.	CG tax before credits:	Basic_Fed_tax	B	Tax(earn, Fed_sch)
	Basic Federal tax	Basic_Fed_tax	B	Tax(earn, Fed_sch)
6.	Tax credits:			
	Basic credit	basic_cr	B	IF (Earn>0, (Basic_cred + Empl_crd) , Basic_cred)
	Spouse credit	spouse_cr	P	((married+children)>0)*Taper(Spouse_cred, earn_spouse, Sp_crd_thrsh, Sp_crd_wth)
	Unemployment insurance	unemp_cr	B	Unemp_crd_rate*SSC
	Child tax credit	dep_ch_crd	P	IF(Children>0, Children*Dep_Ch_crd, 0)
	Total (wastable) tax credits	tax_cr	B	basic_cr+spouse_cr+unemp_cr+dep_ch_crd
	Working Income Tax Benefit	WITB	P	IF(Married>0,MAX(0,MIN(WITB_max+WITB_max_fam,(WITB_phzn_rt* MAX(0,earn_total-WITB_phzin_thrsh)))-MAX(0,WITB_phzout_rt*MAX(0,earn_total-(WITB_phzout_thrsh+WITB_phzn_thrsh_fam)))), IF(Children>0,MAX(0,MIN(WITB_max+WITB_max_fam,(WITB_phzn_rt*MAX(0,earn_total-WITB_phzin_thrsh)))-MAX(0,WITB_phzout_rt*MAX(0,earn_total-(WITB_phzout_thrsh+WITB_phzn_thrsh_fam)))), MAX(0,MIN(WITB_max,(WITB_phzn_rt*MAX(0,earn_total-WITB_phzin_thrsh)))-MAX(0,WITB_phzout_rt*MAX(0,earn_total-WITB_phzout_thrsh)))))
7.	CG tax	CG_tax	B	Positive(Basic_Fed_tax-tax_cr)-WITB
8.	State and local taxes			
	Liable provincial tax	Prov_tax_sch	B	Tax(earn, Prov_sch)
	Provincial tax credits	Prov_tax_cred	B	P_basic_crd+P_unem_tc_rt*SSC+IF(AND(Married=0, Children>0), P_spouse_crd, Married*Taper(P_spouse_crd, earn_spouse, P_sp_crd_thr, P_sp_crd_wd))
	Provincial surtax	Prov_surtax	B	P_sur_rt1*Positive(Prov_tax_sch-Prov_tax_cred-P_sur_thr1)+P_sur_rt2*Positive(Prov_tax_sch-Prov_tax_cred-P_sur_thr2)
	Provincial tax reduction	Prov_tax_redn	B	MAX(2*(P_tax_red+Children*P_tr_chld)-(Prov_tax_sch-Prov_tax_cred+Prov_surtax), 0)
	Provincial sales tax credit	Prov_tax_stcred	P	Taper(IF(Married=1, 2, 1)*P_sales_cred+Children*P_salcr_chd, earn_total, IF(Married+Children=0, P_ps_thresh,P_ps_thr_sen),P_ps_red_rt)
	Liable provincial tax	Prov_tax	B	Positive(Prov_tax_sch-Prov_tax_cred+Prov_surtax-Prov_tax_redn)
9.	Employees' soc security:			
	Canada Pension Plan	CPP	B	MIN(CPP_rate*Positive((earn-CPP_ex), CPP_max)

	Line in country table and intermediate steps	Variable name	Range	Equation
	Unemployment insurance	Unemp	B	MIN(Unemp_rate*earn, Unemp_max)
	State health premium	Prov_health	B	MIN(Hstep(tax_inc, P_hlth_sch), P_hlth_max)
	Total Employees'soc security	SSC	B	CPP+Unemp+Prov_health
11.	Cash transfers (nonwastable)			
	Child Tax Benefit	CTB	P	(Children>0)*(Taper(Children*Ch_credit +MAXA((Children-2), 0)*Ch_crd_3rd+MINA(Children, children_und7_max)*Ch_crd_und7, earn_total, Ch_crd_thrsh, IF(Children=1, Ch_crd_red1, Ch_crd_red2)))+MAXA(IF(Children>0, IF(Children<2, WIS_crd_1st, IF(Children<3, WIS_crd_1st+WIS_crd_2nd, WIS_crd_1st+WIS_crd_2nd+(Children-2)* WIS_crd_3rd)), 0)-MAXA((earn_total-WIS_phout_st), 0)*IF(Children=1, WIS_redn1, IF(Children=2, WIS_redn2, WIS_redn3)), 0)
	GST Credit – Total	GST_cr	P	Taper((GST_crd_ad+(Married=1)*(GST_crd_ad+Children*GST_crd_ch)+(Married=0)*(Children>0)*(GST_crd_ad+GST_crd_sgsp+Positive(Children-1)*GST_crd_ch)+(Married=0)*(Children=0)*Positive(MIN(GST_crd_sgsp, (earn_total-GST_sgsp_thrsh)*GST_sgsp_rate))), earn_total, GST_crd_thrsh, GST_crd_redn)
	GST Credit – Adult	GST_cr_adult	P	Taper((GST_crd_ad+(Married=1)*(GST_crd_ad)+(Married=0)*Positive(MIN(GST_crd_sgsp, (earn_total-GST_sgsp_thrsh)*GST_sgsp_rate))), earn_total, GST_crd_thrsh, GST_crd_redn)
	GST Credit – Child	GST_cr_child	P	GST_cr-GST_cr_adult
	Ontario child benefit	Prov_child_ben	P	((6/12)*(MAX(Taper(MIN(((earn_total)-P_ch_crd_th)*MIN(Children,children_und7_max,3)*P_pct_earn,Positive((P_und7_max+IF(Married=0,P_sps_und7.0))*MIN(Children,children_und7_max))),earn_total,P_thrsh_red,P_redn_rate),Taper(Children*P_ch_amt,(earn_total)),P_ch_thresh,P_ch_redn_rate))))+((6/12)*Taper(Children*P_ch_amt,earn_total,P_ch_thresh,P_ch_redn_rate))
	Ontario sales tax credit	Prov_sales_cr	P	Taper(IF(Married=1.2,1)*P_sales_cred+Children*P_salcr_chd,earn_total, IF(Married+Children=0, P_ps_thresh,P_ps_thr_sen),P_ps_red_rt)
	Total Cash Transfers	Cash_tran	P	CTB+GST_cr+Prov_child_ben+ Prov_sales_cr
13.	Employer's soc security			
	Canada Pension Plan	CPP_empr	B	CPP
	Unemployment insurance	Unemp_empr	B	Unemp*Unemp_emplr
	Ontario Employers Health Tax	Health_empr	B	earn*emp_healthtax
	Ontario Workers Compensation	Comp_empr	B	MIN(earn, emp_workcomp_ceil)*emp_workcomp
	Total Employer's soc security	SSC_empr	B	CPP_empr+Unemp_empr+Health_empr+Comp_empr

Key to range of equation B calculated separately for both principal earner and spouse P calculated for principal only (value taken as 0 for spouse calculation) J calculated once only on a joint basis.

Chile

This chapter includes data on the income taxes paid by workers, their social security contributions, the family benefits they receive in the form of cash transfers as well as the social security contributions and payroll taxes paid by their employers. Results reported include the marginal and average tax burden for eight different family types.

Methodological information is available for personal income tax systems, compulsory social security contributions to schemes operated within the government sector, universal cash transfers as well as recent changes in the tax/benefit system. The methodology also includes the parameter values and tax equations underlying the data.

Chile 2014

The tax/benefit position of single persons

	Wage level (per cent of average wage)	67	100	167	67
	Number of children	none	none	none	2
1.	**Gross wage earnings**	4 702 652	7 018 884	11 721 536	4 702 652
2.	**Standard tax allowances**				
	Basic allowance	3 811 715	5 689 127	6 998 076	3 811 715
	Married or head of family				
	Dependent children				
	Deduction for social security contributions and income taxes	329 186	491 322	820 508	329 186
	Work-related expenses				
	Other	561 751	838 435	1 400 186	561 751
	Total	4 702 652	7 018 884	9 218 770	4 702 652
3.	**Tax credits or cash transfers included in taxable income**	0	0	0	0
4.	**Central government taxable income (1 - 2 + 3)**	0	0	2 502 766	0
5.	**Central government income tax liability (exclusive of tax credits)**	0	0	100 111	0
6.	**Tax credits**				
	Basic credit				
	Married or head of family				
	Children	0	0	0	0
	Other				
	Total	0	0	0	0
7.	**Central government income tax finally paid (5-6)**	0	0	100 111	0
8.	**State and local taxes**	0	0	0	0
9.	**Employees' compulsory social security contributions**				
	Gross earnings	329 186	491 322	820 508	329 186
	Taxable income				
	Total	329 186	491 322	820 508	329 186
10.	**Total payments to general government (7 + 8 + 9)**	329 186	491 322	920 618	329 186
11.	**Cash transfers from general government**				
	For head of family				
	For two children	0	0	0	41 592
	Total	0	0	0	41 592
12.	**Take-home pay (1-10+11)**	4 373 467	6 527 562	10 800 918	4 415 059
13.	**Employer's compulsory social security contributions**	0	0	0	0
14.	**Average rates**				
	Income tax	0.0%	0.0%	0.9%	0.0%
	Employees' social security contributions	7.0%	7.0%	7.0%	7.0%
	Total payments less cash transfers	7.0%	7.0%	7.9%	6.1%
	Total tax wedge including employer's social security contributions	7.0%	7.0%	7.9%	6.1%
15.	**Marginal rates**				
	Total payments less cash transfers: Principal earner	7.0%	7.0%	10.2%	7.0%
	Total payments less cash transfers: Spouse	n.a.	n.a.	n.a.	n.a.
	Total tax wedge: Principal earner	7.0%	7.0%	10.2%	7.0%
	Total tax wedge: Spouse	n.a.	n.a.	n.a.	n.a.

Chile 2014

The tax/benefit position of married couples

			100-0	100-33	100-67	100-33
	Wage level (per cent of average wage)		100-0	100-33	100-67	100-33
	Number of children		2	2	2	none
1.	**Gross wage earnings**		7 018 884	9 335 116	11 721 536	9 335 116
2.	**Standard tax allowances**					
	Basic allowance		5 689 127	7 566 539	9 500 842	7 566 539
	Married or head of family					
	Dependent children					
	Deduction for social security contributions and income taxes		491 322	653 458	820 508	653 458
	Work-related expenses					
	Other		838 435	1 115 118	1 400 186	1 115 118
		Total	7 018 884	9 335 116	11 721 536	9 335 116
3.	**Tax credits or cash transfers included in taxable income**		0	0	0	0
4.	**Central government taxable income (1 - 2 + 3)**		0	0	0	0
5.	**Central government income tax liability (exclusive of tax credits)**		0	0	0	0
6.	**Tax credits**					
	Basic credit					
	Married or head of family					
	Children		0	0	0	0
	Other					
		Total	0	0	0	0
7.	**Central government income tax finally paid (5-6)**		0	0	0	0
8.	**State and local taxes**		0	0	0	0
9.	**Employees' compulsory social security contributions**					
	Gross earnings		491 322	653 458	820 508	653 458
	Taxable income					
		Total	491 322	653 458	820 508	653 458
10.	**Total payments to general government (7 + 8 + 9)**		491 322	653 458	820 508	653 458
11.	**Cash transfers from general government**					
	For head of family					
	For two children		0	214 416	41 592	0
		Total	0	214 416	41 592	0
12.	**Take-home pay (1-10+11)**		6 527 562	8 896 073	10 942 621	8 681 657
13.	**Employer's compulsory social security contributions**		0	0	0	0
14.	**Average rates**					
	Income tax		0.0%	0.0%	0.0%	0.0%
	Employees' social security contributions		7.0%	7.0%	7.0%	7.0%
	Total payments less cash transfers		7.0%	4.7%	6.6%	7.0%
	Total tax wedge including employer's social security contributions		7.0%	4.7%	6.6%	7.0%
15.	**Marginal rates**					
	Total payments less cash transfers: Principal earner		7.0%	7.0%	7.0%	7.0%
	Total payments less cash transfers: Spouse		-2.3%	7.0%	7.0%	7.0%
	Total tax wedge: Principal earner		7.0%	7.0%	7.0%	7.0%
	Total tax wedge: Spouse		-2.3%	7.0%	7.0%	7.0%

Chile's national currency is the peso (CLP). For 2014, the average exchange rate was CLP 570.64 to USD 1. That same year, the average worker in Chile earned CLP 7 018 884 (country estimate).

Taxes allowances and tax thresholds for the personal income tax system and upper earnings limits for social security contributions are determined using and expressed in CPI-indexed units. As of31 December 2014, the following currency values applied to these units:

Major revenue items	Unit	CLP	USD
Social security contributions	Unidad de Fomento[1] (UF)	24 627.10[1]	43.16
Monthly tax thresholds	Unidad Tributaria Mensual (UTM)	43 198	75.70
Annual tax thresholds	Unidad Tributaria Anual (UTA)	518 376	908.41

1. This amount is subject to daily adjustment in line with the CPI and is compared with monthly earnings in the assessment of social security contributions.

1. Personal income tax system

1.1. *Central/federal government income taxes*

1.1.1. *Tax unit*

Each family member declares and pays taxes separately.

1.1.2. *Tax allowances and credits*

1.1.2.1. Standard tax reliefs

- *A general basic allowance* of UTA 13.5, around CLP 6 998 076 is deductible from income in 2014.
- *Relief for social security contributions:* Employee's compulsory social insurance contributions are deductible for income tax purposes regardless of whether they are paid to government or private health insurers (see Section 2.1 below).

1.1.2.2. Main non-standard tax reliefs

- *Voluntary contributions and APV (Voluntary Pension Fund Savings):* Voluntary contributions to pension funds and voluntary pension savings fund (APV) may be deducted from taxable income, with an annual upper limit of CLP 14 776 260 (UF 600.)
- *Mortgage interest:* Taxpayers whose annual income falls below CLP 46 653 840 (UTA 90) may deduct from their taxable income 100 per cent of interest paid within a year for mortgage loans. This percentage is reduced in the case of taxpayers with higher incomes up to CLP 77 756 400 (UTA 150). This relief cannot be granted along-side the *DFL2 Housing Mortgage Loan Payments* benefit, and cannot exceed CLP 4 147 008 (UTA 8) per annum.

1.1.3. *Tax schedule*

Tax rates are applied on monthly income and these taxes are retained and paid by employers. In order to estimate taxes, tax rates are applied on an annual basis, on the annual average income.

Taxable income (UTA)	Taxable income (CLP thousands)	Tax rates
0-13.5	0-6 998	Exempt
13.5-30	6 998-15 551	4%
30-50	15 551-25 919	8%
50-70	25 919-36 286	13.5%
70-90	36 286-46 654	23%
90-120	46 654-62 205	30.4%
120-150	62 205-77 756	35.5%
150 and over	77 756 and over	40%

1.2. *State and local income taxes*

No taxes apply to income at state or local government level.

2. Compulsory social security contributions to schemes operated within the government sector

2.1. *Employees' contributions*

Employees have mandatorily to contribute 7% of their income to a health insurance plan subject to an upper earnings limit of CLP 20 831 180 (UF 72.3). They are free to choose whether to pay into a government-managed plan or alternatively to a private insurer* (Isapres). The public insurance is based on a joint system that, in general, operates on an equal basis for all its beneficiaries, irrespective of the risk and the amount of the individual contribution. Its financing is partly covered by the contributions and partly by way of a government subsidy. Premiums paid to the plans offered by Isapres are based on the contributors' individual risk and these plans are exclusively financed with the employees' contributions. These contributions are included in the modelling as the majority of employees pay into plans managed by the government sector.

Employee social security contributions in respect of pensions and unemployment are not classified as taxes in this report; though they are included in modelling as deductions for income tax.

- The mandatory contributions to pension funds and unemployment insurance plans are not classified as taxes, since the payments are made to private institutions. In 1980, the public social security system was replaced with a privately managed individual capitalisation system. This system is obligatory to all employees who have joined the labour force since 1983 and free-lance workers since 2012, and of a voluntary nature to all contributing to the former system. The contributions to the old government operated pension fund system are not included in the modelling because they relate to a minority of employees and the system will eventually disappear once the contributions and related benefit payments to those individuals remaining in it have ceased.

* Enrollment in the private health system during 2013 amounted to 18.2% of all beneficiaries.

- The modelling allows that the contributions to pension funds and unemployment insurance managed by private institutions are deducted from gross income. In the case of their pension funds, these payments amount to 10 per cent of their gross income, with an upper earnings limit of CLP 20 831 180 (UF 72.3). Added to that is an amount that varies depending on the managing company that covers the management of each pension fund account.* The monthly unemployment insurance premium is 0.6 per cent of the employee's gross income, with an upper earnings limit of CLP 31 261 176 (UF 108.5) limit. Employees do not pay the monthly unemployment insurance premium when they have a fixed-term contract.
- There are also mandatory contributions to managed funds by members of the police force and the army which are classified as taxes but are not included in the modelling as they relate to a minority of the overall workforce.
- If the employee has a high risk job, he has to make an additional contribution of up to 2 per cent of his gross income to his pension fund account.

2.2. *Employers' contributions*

There are four categories of employer social security contribution, none of which are classified as tax revenues in this report.

- Employers make mandatory payments of 0.95 per cent of their employees' gross income for an occupational accident and disease insurance policy subject to an upper earnings limit. For the majority of employees the payments are made to employers' associations of labour security which are private non-profit institutions. Those remaining are made to the Social Security Regularisation Unit (ISL). Although this latter organisation is controlled by the government, the funds are invested on the private institutions market. The employers also pay an additional contribution which depends on the activity and risk associated to the enterprise (it cannot exceed 3.4 per cent of the employees' gross earnings). This additional contribution could be reduced, down to 0 per cent, depending on the safety measures the employer implements in the enterprise. If health and safety conditions at work are not satisfactory, this additional contribution could be applied with a surcharge of up to 100 per cent.
- In addition, employers make payments of 2.4 per cent of each employee's income (3 per cent for fixed-term contracts) to finance unemployment insurance. These funds are managed privately.
- Employers have to pay a disability insurance of 1.15 per cent** of the employees' gross income, to the pension fund manager.
- If the employee has a high risk job, the employer has to pay up to 2 per cent of the employee's gross income to his pension fund account.

3. Universal cash transfers

3.1. *Marital status-related transfers*

No such transfers are paid.

* Average cost in 2014 was 1.35% of gross income.
** Rate for the second half of 2014.

3.2. *Transfers related to dependent children*

The "Family Allowance" is paid on a monthly basis to any employee making social security contributions who has dependent children. The definition of dependants includes:

- Adopted children as well as those born to the parents.
- Children up to the age of 18 or 24 years provided they are single and are regular students in an elementary, secondary, technical, specialised or higher education establishment and whose income is less than or equal to half the minimum wage.
- The amount of the payment depends on the number of dependent children and the beneficiary's level of income according to the table below. The modelling assumes that the benefit is assessed on the spouse with the lower earning level where both spouses are working.

2014 transfer by dependant	
Annual income range (CLP)	Annual payment (CLP)
0-2 738 700	107 208
2 738 700-4 000 158	65 796
4 000 158-6 238 884	20 796
6 238 884 and over	0

4. Memorandum items

4.1. *Identification of an average worker*

- The source of information is a survey conducted by the National Statistics Institute (INE) to determine the Salary and Labour Cost Index. This nationwide survey is carried out on a monthly sample and gathers information on salaries and labour costs. It applies to companies with at least 5-worker payrolls grouped in accordance with UN ISIC Rev. 3 international economic activity standard, covering workers in industry Sectors C-O.*
- The average gross earnings was obtained by multiplying the average hourly wage by the average number of hours worked. It covers both full and part-time workers.

4.2. *Employers' contribution to private health and pension schemes*

- In Chile very few employers make any contributions towards health schemes for their employees, and the relevant information is not available.

* L(7522) and L(7523) are not included.

2014 parameter values

Average earnings/yr	Ave_earn	7 018 884	Country estimate
Allowances	Basic_al	6 998 076	
Income tax	Tax_sch	0.04	15 551 280
		0.080	25 918 800
		0.135	36 286 320
		0.23	46 653 840
		0.304	62 205 120
		0.355	77 756 400
		0.4	
Employees SSC	SSC_sch	0.07	20 831 180
Upper threshold		0	
Family allowance	CTR_child	0	107 208
Child element		2 738 700	65 796
		4 000 158	20 796
		6 238 884	0

2014 tax equations

The functions which are used in the equations (Taper, MIN, Tax, etc.) are described in the technical note about tax equations. Variable names are defined in the table of parameters above, within the equations table, or are the standard variables "married" and "children". A reference to a variable with the affix "_total" indicates the sum of the relevant variable values for the principal and spouse. And the affixes "_princ" and "_spouse" indicate the value for the principal and spouse, respectively. Equations for a single person are as shown for the principal, with "_spouse" values taken as 0.

	Line in country table and intermediate steps	Variable name	Range	Equation
1.	Earnings	earn		
2.	Allowances:	Tax_al	B	Min(Basic_al,earn)
3.	Credits in taxable income	taxbl_cr	B	0
4.	CG taxable income	tax_inc	B	Positive(earn-tax_al)
5.	CG tax before credits	CG_tax_excl	B	Tax(tax_inc, tax_sch)
6.	Tax credits:	tax_cr	B	0
7.	CG tax	CG_tax	B	CG_tax_excl
8.	State and local taxes	local_tax	B	0
9.	Employees' soc security	SSC	B	Tax(earn, SSC_sch)
11.	Family allowance	cash_trans	P/S	IF(Children=0.0, IF(earn_spouse>0, VLOOKUP (earn_spouse, CTR_child) , VLOOKUP (earn_princ, CTR_child)) * children)
13.	Employer's soc security	SSC_empr		0

Key to range of equation B calculated separately for both principal earner and spouse P calculated for principal only (value taken as 0 for spouse calculation) J calculated once only on a joint basis.

Les impôts sur les salaires 2015

Czech Republic

This chapter includes data on the income taxes paid by workers, their social security contributions, the family benefits they receive in the form of cash transfers as well as the social security contributions and payroll taxes paid by their employers. Results reported include the marginal and average tax burden for eight different family types.

Methodological information is available for personal income tax systems, compulsory social security contributions to schemes operated within the government sector, universal cash transfers as well as recent changes in the tax/ benefit system. The methodology also includes the parameter values and tax equations underlying the data.

Czech Republic 2014

The tax/benefit position of single persons

	Wage level (per cent of average wage)	67	100	167	67
	Number of children	none	none	none	2
1.	**Gross wage earnings**	209 096	312 084	521 180	209 096
2.	**Standard tax allowances**				
	Basic allowance	0	0	0	0
	Married or head of family	0	0	0	0
	Dependent children	0	0	0	0
	Deduction for social security contributions and income taxes	0	0	0	0
	Work-related expenses				
	Other				
	Total	0	0	0	0
3.	**Tax credits or cash transfers included in taxable income**	0	0	0	0
4.	**Central government taxable income (1 - 2 + 3 + 13)**	280 189	418 192	698 381	280 189
5.	**Central government income tax liability (exclusive of tax credits)**	42 028	62 729	104 757	42 028
6.	**Tax credits**				
	Basic credit				
	Married or head of family				
	Children				
	Other	24 840	24 840	24 840	51 648
	Total	24 840	24 840	24 840	51 648
7.	**Central government income tax finally paid (5-6)**	17 188	37 889	79 917	- 9 620
8.	**State and local taxes**	0	0	0	0
9.	**Employees' compulsory social security contributions**				
	Gross earnings	23 001	34 329	57 330	23 001
	Taxable income				
	Total	23 001	34 329	57 330	23 001
10.	**Total payments to general government (7 + 8 + 9)**	40 189	72 218	137 247	13 381
11.	**Cash transfers from general government**				
	For head of family				
	For two children	0	0	0	14 640
	Total	0	0	0	14 640
12.	**Take-home pay (1-10+11)**	168 907	239 866	383 933	210 355
13.	**Employer's compulsory social security contributions**	71 093	106 109	177 201	71 093
14.	**Average rates**				
	Income tax	8.2%	12.1%	15.3%	-4.6%
	Employees' social security contributions	11.0%	11.0%	11.0%	11.0%
	Total payments less cash transfers	19.2%	23.1%	26.3%	-0.6%
	Total tax wedge including employer's social security contributions	39.7%	42.6%	45.0%	24.9%
15.	**Marginal rates**				
	Total payments less cash transfers: Principal earner	31.1%	31.1%	31.1%	31.1%
	Total payments less cash transfers: Spouse	n.a.	n.a.	n.a.	n.a.
	Total tax wedge: Principal earner	48.6%	48.6%	48.6%	48.6%
	Total tax wedge: Spouse	n.a.	n.a.	n.a.	n.a.

Czech Republic 2014

The tax/benefit position of married couples

			100-0	100-33	100-67	100-33
		Wage level (per cent of average wage)	100-0	100-33	100-67	100-33
		Number of children	2	2	2	none
1.	**Gross wage earnings**		312 084	415 071	521 180	415 071
2.	**Standard tax allowances**					
	Basic allowance		0	0	0	0
	Married or head of family		0	0	0	0
	Dependent children		0	0	0	0
	Deduction for social security contributions and income taxes		0	0	0	0
	Work-related expenses					
	Other					
		Total	0	0	0	0
3.	**Tax credits or cash transfers included in taxable income**		0	0	0	0
4.	**Central government taxable income (1 - 2 + 3 + 13)**		418 192	556 196	698 381	556 196
5.	**Central government income tax liability (exclusive of tax credits)**		62 729	83 429	104 757	83 429
6.	**Tax credits**					
	Basic credit					
	Married or head of family					
	Children					
	Other		76 488	51 648	51 648	24 840
		Total	76 488	51 648	51 648	24 840
7.	**Central government income tax finally paid (5-6)**		- 13 759	11 081	28 269	37 889
8.	**State and local taxes**		0	0	0	0
9.	**Employees' compulsory social security contributions**					
	Gross earnings		34 329	45 658	57 330	45 658
	Taxable income					
		Total	34 329	45 658	57 330	45 658
10.	**Total payments to general government (7 + 8 + 9)**		20 570	56 739	85 599	83 547
11.	**Cash transfers from general government**					
	For head of family					
	For two children		14 640	14 640	14 640	0
		Total	14 640	14 640	14 640	0
12.	**Take-home pay (1-10+11)**		306 154	372 973	450 221	331 525
13.	**Employer's compulsory social security contributions**		106 109	141 124	177 201	141 124
14.	**Average rates**					
	Income tax		-4.4%	2.7%	5.4%	9.1%
	Employees' social security contributions		11.0%	11.0%	11.0%	11.0%
	Total payments less cash transfers		1.9%	10.1%	13.6%	20.1%
	Total tax wedge including employer's social security contributions		26.8%	32.9%	35.5%	40.4%
15.	**Marginal rates**					
	Total payments less cash transfers: Principal earner		31.1%	31.1%	31.1%	31.1%
	Total payments less cash transfers: Spouse		35.1%	11.0%	31.1%	11.0%
	Total tax wedge: Principal earner		48.6%	48.6%	48.6%	48.6%
	Total tax wedge: Spouse		51.6%	33.6%	48.6%	33.6%

The national currency is the Czech koruna (CZK). In 2014, 20.76 CZK is equal to USD 1. In that year, the average worker earned CZK 312 084 (Secretariat estimate).

1. Personal income tax system

1.1. Central government income taxes

1.1.1. Tax unit

- The tax unit is the individual.

1.1. Tax allowances and tax credits

1.1.2.1. Standard reliefs

- *Relief for social and health security contributions.* Employees' social security contributions (see Section 2.1) are not deductible for income tax purposes.

1.1.2.2. Main non-standard tax reliefs applicable to an AW

- *Charitable donations allowance:* A tax allowance of up to 10 per cent of taxable income is available for donations made to municipalities or legal entities for the financing of social, health, cultural, humanitarian, religious, ecological and sport activities. The minimum limit for donations is the lesser of 2 per cent of taxable income or CZK 1 000. A similar procedure shall apply for gratuitous performance to finance the removal of the consequences of a natural disaster occurring in the territory of an EU member state, Norway or Iceland. The total deduction may not exceed 15 per cent of the tax base. As gratuitous performance for healthcare purposes, the value of one blood donation from an unpaid donor is valued at a sum of CZK 2 000 and the value of an organ donation from a living donor is valued at a sum of CZK 20 000.
- *Interest payments:* Taxpayers may claim an allowance of up to CZK 300 000 for mortgage interest payments or other interest payments related to the purchase or the improvement of their house. The total sum of interest by which the tax base is reduced on all credits of payers in the same jointly managed household must not exceed CZK 300 000.
- *Supplementary pension scheme contributions:* In a period of taxation, the tax base may be reduced by a contribution, in the maximum total amount of CZK 12 000, paid by a taxpayer to their supplementary pension insurance with a State contribution under a contract on supplementary pension insurance with a State contribution entered into between the payer and a pension company; the sum that may be deducted in this manner equals the total amount of contributions paid by the payer for their supplementary pension insurance with a State contribution in the period of taxation, reduced by CZK 12 000.
- *Private life insurance premiums:* Taxpayers may claim an allowance of up to CZK 12 000 for premiums paid according to a contract between the taxpayer and an insurance company

if the benefit (lump sum or recurrent pension) is paid out 60 months after the signature of the contract and in the year in which the taxpayer reaches the age of 60.

1.1.2.3. Tax schedule

From January 2008, a progressive system of taxation is replaced by a single rate of 15 %. The tax base, reduced by the non-taxable part of the tax base (see 1.122 – Main non-standard tax reliefs), and by items deductible from the tax base (see 1.124 – Tax credits), rounded down to whole hundreds of CZK is subject to taxation at the rate of 15 %.

The non-standard tax reliefs are not included in the tax equations underlying the *Taxing Wages* results.

1.1.2.4. Tax credits

- Credit of CZK 24 840 per taxpayer, the tax shall not be reduced for a payer that receives a retirement pension from pension insurance or from foreign compulsory insurance of the same kind as of 1 January of the period of taxation (according to the Constitutional Court, judgment No. 162/2014, published on 4 August 2014, the tax shall be reduced for a payer that receives a retirement pension from pension insurance or from foreign compulsory insurance of the same kind retroactively from 1 January 2014).
- Credit of CZK 24 840 per spouse (husband or wife) living with a taxpayer in one household provided that the spouse's own income does not exceed CZK 68 000 in the taxable period.
- Credit for children: Payable tax credit of CZK 13 404 (irrespective of the child's own income) if the child satisfies one or more of the following criteria:
  - age below 18;
  - age below 26 and receiving full-time education;
  - age below 26 and physically or mentally disabled provided that the child is not in receipt of a state disability payment.

  If the child is a "ZTP-P" card holder (the child with a certain type of disabilities), the tax credit is CZK 26 808. The taxpayer can claim the tax credit in the form of tax reliefs or tax bonuses or their combination.
- Credit of CZK 2 520 if the taxpayer is in receipt of a partial disability pension or is entitled to both an old-age pension and a partial disability pension.
- Credit of CZK 5 040 it the taxpayer is in receipt of a full disability pension, or another type of pension conditional on his full disability pension, or if the taxpayer is entitled to both old-age pension and full disability pension or deemed to be fully disabled under statutory provisions, but his application for a full disability pension was rejected for reasons other than that he was not fully disabled (handicapped).
- Credit of CZK 16 140 if the taxpayer is a "ZTP-P" card holder.
- Credit of CZK 4 020 if the taxpayer takes part in a systematic educational or training programme under statutory provisions in order to prepare for his future vocation (profession) by means of such studies or prescribed training until completion of his/her 26 or 28 years (Ph.D. programme).

1.2. *State and local income tax*

There are no regional or local income taxes.

2. Compulsory social security contributions to schemes operated within the government sector

Since 2012, there are two ceilings on social security contributions. In 2014, a separate ceiling set at four times the average annual salary, i.e. CZK 1 245 216 applies to social security contributions. For the 2013-15 tax years, the ceiling on health insurance contributions (six times the average annual salary) is abolished. As of 2015 both employees and the self-employed will pay health insurance contributions at 6.5% of the contribution base.

2.1. *Employees' contributions*

Compulsory contributions of 11 per cent of gross wages and salaries are paid by all employees into government operated schemes. The total is made up as follows (in %):

Health insurance	4.5
Social insurance	6.5

2.2. *Employers' contributions*

The total contribution for employers is 34 per cent of gross earnings.

The contribution consists of the health insurance contribution (9 per cent of gross wages and salaries) and social insurance (25 per cent).

3. Universal cash transfers

3.1. *Transfers related to marital status*

None.

3.2. *Transfers for dependent children*

Non-taxable child allowances are the basic income-tested benefit provided to a dependent child with the objective to contribute to the coverage of costs incurred in his upbringing and sustenance. Entitlement to the child allowance is bound with certain income criteria. The central government pays this allowance in respect of each dependent child based on the family income level and provided that family's income does not exceed 2.4 times the relevant living minimum (LM). Family income includes the earnings of both parents net of income tax and the employees' social security and health insurance contributions. Child allowances are provided at three levels depending on the age of the child and are paid as follows:

Family income	Up to 2.4 LM
Age of child	Total payment CZK per month
Below 6 years	500
6-15 years	610
15-26 years	700

The monthly LM for the AW-type family with children can be calculated by summing the following amounts (in CZK):

Living minimum	
Basic personal requirement	
Single	3 410
First person in household	3 140
Second and other persons who are not a dependent child	2 830
Child aged below 6	1 740
Child aged between 6 and 15	2 140
Child aged between 15 and 26	2 450
Household expenses	
One person household	3 410
Two person household	5 970
Three person household	7 710
Four person household	9 850
Five person household	12 300

The living minimum is required by law. In case that family income (income of persons assessed together) don't achieve the amount of LM can be put in a request for state social support (housing benefit, family benefits, social assistance and other). The system applies the solidarity principle between the high-income families and low-income families, as well as between the childless families and those with children.

The term "social allowance" was abolished from 1 January 2012. However, this fact has no effect on the tax-benefit system for low-income families. The system of personalized payment was simplified and extended. For examples, in case of loss of income (social allowance) some people may put in a request for increase care allowance up to CZK 2 000. This allowance is addressed for recipients who are dependent children below 18 years of age and parent of dependent children below 18 years of age if the income of the family is under 2.0 family's living minimum. Protection in the housing sector is also addressed in the context of state social support system (housing allowances) and the system of assistance in material need as additional housing. Also foster care benefits create a separate benefit system; since 1 January 2013 they have ceased to be a component of the state social support system. These allowances for housing, care and foster care are not included in the *Taxing Wages* models.

3.3. *Additional transfers*

Additional allowances (means-tested benefits in material need) are paid by the central government to low income families in adverse social and financial situation. The amount transferred is derived from the LM and varies according to total family income including family allowances and own efforts, opportunities and needs are taken into account. This allowance is not included in the computation.

4. Main changes in tax/benefit systems since 2014

In 2014, there were no changes that would have a significant effect on the current calculation of *Taxing Wages*.

List of main changes that have no impact on the current computation of TW:

- the possibility to apply the value of an organ donation from a living donor is valued at a sum of CZK 20 000 – see Section 1.1.2.2;
- small but important correction in law with respect to interest payments – see Section 1.1.2.2;
- the judgment of the Constitutional Court, published on 4 August 2014: The tax shall be reduced by tax credit of CZK 24 840 also for a payer-pensioner retroactively from1 January 2014 – see Section 1.1.2.4.

5. Memorandum items

5.1. *Identification of AW and valuation of earnings*

The Ministry of Finance estimates the average earnings of the AW based on the data supplied by the Czech Statistical Office. The calculation of the average earnings AW is made by CZ-NACE division, which is compatible with ISIC classifications Ver. 4.

5.2. *Employers' contributions to private pension, health and related schemes*

There are supplementary private pension schemes only, but employers' contributions vary. Relevant information is not available.

2014 parameter values

	Ave_earn	312 084	Secretariat estimate
Income tax rate	tax_rate	0.15	
Social security – social insurance	SSs_rate	0.065	
Social security – health insurance	SSh_rate	0.045	
Employers	SSC_empr_rate	0.34	
Child Tax credit	child_ cr	13 404	
Tax credit for individuals	tax_cr_base	24 840	
Tax credit for spouse	tax_cr_spo	24 840	
Tax credit for spouse income ceiling	Tax_cr_spo_inc_ceil	68 000	
Living minimum (LM)			
	basic_adult	3 410	
	basic_household	5 970	
	basic_child	2 140	
	house_exp	1	3 410
		2	5 970
		3	7 710
		4	9 850
		5	12 300
Cash transfers	transf_1	610	
Social security, social insurance – ceiling	soc_sec_si_ceil	1 245 216	

2014 tax equations

The equations for the Czech system are on an individual basis. But the spouse tax credit is relevant only to the calculation for the principal earner and cash transfers are calculated only once. This is shown by the Range indicator in the table below.

The functions which are used in the equations (Taper, MIN, Tax, etc.) are described in the technical note about tax equations. Variable names are defined in the table of parameters above, within the equations table, or are the standard variables "married" and "children". A reference to a variable with the affix "_total" indicates the sum of the relevant variable values for the principal and spouse. And the affixes "_princ" and "_spouse" indicate the value for the principal and spouse, respectively. Equations for a single person are as shown for the principal, with "_spouse" values taken as 0.

		Variable name	Range	Equation
1.	Earnings	earn	B	
2.	CG taxable income	tax_inc_princ	B	Earn+(earn*SSC_empr_rate)
3.	CG tax before credits			
	CG tax before credits principal	CG_tax_excl_princ	B	Tax(tax_inc_princ, tax_rate)
4.	Tax credits:			
	Tax credit for children	tax_cr_ch	P	children*child_cr
	Basic tax credit	tax_cr_bas	B	tax_cr_bas
	Tax credit for spouse	tax_cr_spouse	P	Married*tax_cr_spo
5.	CG tax			
	CG tax principal	CG_tax_princ	B	Max(CG_tax_excl_princ – tax_cr_bas_princ – tax_cr_spo , 0) – tax_cr_ch
6.	State and local taxes	local_tax	B	0
7.	Employees' social security	SSs	B	MIN(earn,soc_sec_si__ceil)*SSs_rate
		SSh	B	earn*SSh_rate
8.	Cash transfers			
	Net family income	net_inc	J	earn_total-CG_tax_total-SSC_total
9.	Living minimum (monthly)	LM	J	(1-Married)*basic_adult+Married*basic_household +Children*basic_child+ VLOOKUP((1+Married+Children), house_exp, 2, FALSE)
10.	Total cash transfers	cash_trans	J	Children*IF(net_inc<=(2.4)*LM*12, transf_1*12)
11.	Employer's social security	SSs_empr	B	MIN(earn,soc_sec_sir_ceil)*SSs_empr_rate
		SSh_empr	B	earn*SSh_empr_rate

Key to range of equation: B calculated separately for both principal earner and spouse; P calculated for principal only (value taken as 0 for spouse calculation); J calculated once only on a joint basis.

Denmark

This chapter includes data on the income taxes paid by workers, their social security contributions, the family benefits they receive in the form of cash transfers as well as the social security contributions and payroll taxes paid by their employers. Results reported include the marginal and average tax burden for eight different family types.

Methodological information is available for personal income tax systems, compulsory social security contributions to schemes operated within the government sector, universal cash transfers as well as recent changes in the tax/ benefit system. The methodology also includes the parameter values and tax equations underlying the data.

Denmark 2014

The tax/benefit position of single persons

		Wage level (per cent of average wage)	67	100	167	67
		Number of children	none	none	none	2
1.	**Gross wage earnings**		266 314	397 484	663 798	266 314
2.	**Standard tax allowances**					
	Basic allowance					
	Married or head of family					
	Dependent children					
	Deduction for social security contributions and income taxes		21 305	31 799	53 104	21 305
	Work-related expenses		11 013	11 013	11 013	11 013
	Other					
		Total	32 318	42 812	64 117	32 318
3.	**Tax credits or cash transfers included in taxable income**		0	0	0	0
	Earnings tax credit deduction		20 373	25 000	25 000	34 754
		Total	- 20 373	- 25 000	- 25 000	- 34 754
4.	**Central government taxable income (1 - 2 + 3)**		213 623	329 672	574 681	199 242
5.	**Central government income tax liability (exclusive of tax credits)**		27 341	41 386	94 396	26 622
6.	**Tax credits**					
	Basic credit		5 063	5 063	5 063	5 063
	Married or head of family					
	Children					
	Other					
		Total	5 063	5 063	5 063	5 063
7.	**Central government income tax finally paid (5-6)**		43 583	68 122	142 437	42 864
8.	**State and local taxes**		43 760	73 488	136 252	40 076
9.	**Employees' compulsory social security contributions**					
	Gross earnings		11 013	11 013	11 013	11 013
	Taxable income					
		Total	11 013	11 013	11 013	11 013
10.	**Total payments to general government (7 + 8 + 9)**		98 356	152 623	289 702	93 953
11.	**Cash transfers from general government**					
	For head of family					
	For two children		0	0	0	67 832
	Green check		1 300	1 300	0	1 900
		Total	1 300	1 300	0	69 732
12.	**Take-home pay (1-10+11)**		169 258	246 161	374 096	242 093
13.	**Employer's compulsory social security contributions**		0	0	0	0
14.	**Average rates**					
	Income tax		32.8%	35.6%	42.0%	31.1%
	Employees' social security contributions		4.1%	2.8%	1.7%	4.1%
	Total payments less cash transfers		36.4%	38.1%	43.6%	9.1%
	Total tax wedge including employer's social security contributions		36.4%	38.1%	43.6%	9.1%
15.	**Marginal rates**					
	Total payments less cash transfers: Principal earner		40.1%	42.5%	56.2%	38.5%
	Total payments less cash transfers: Spouse		n.a.	n.a.	n.a.	n.a.
	Total tax wedge: Principal earner		40.1%	42.5%	56.2%	38.5%
	Total tax wedge: Spouse		n.a.	n.a.	n.a.	n.a.

Denmark 2014

The tax/benefit position of married couples

	Wage level (per cent of average wage)	100-0	100-33	100-67	100-33
	Number of children	2	2	2	none
1.	**Gross wage earnings**	397 484	528 653	663 798	528 653
2.	**Standard tax allowances**				
	Basic allowance				
	Married or head of family				
	Dependent children				
	Deduction for social security contributions and income taxes	31 799	42 292	53 104	42 292
	Work-related expenses	11 013	22 026	22 026	22 026
	Other				
	Total	42 812	64 318	75 130	64 318
3.	**Tax credits or cash transfers included in taxable income**	0	0	0	0
	Earnings tax credit deduction	25 000	25 000	25 000	25 000
	Total	- 25 000	- 25 000	- 25 000	- 25 000
4.	**Central government taxable income (1 - 2 + 3)**	329 672	429 301	543 295	429 301
5.	**Central government income tax liability (exclusive of tax credits)**	41 386	54 536	68 728	54 536
6.	**Tax credits**				
	Basic credit	15 190	10 126	10 126	10 126
	Married or head of family				
	Children				
	Other				
	Total	15 190	10 126	10 126	10 126
7.	**Central government income tax finally paid (5-6)**	63 058	86 702	111 705	86 702
8.	**State and local taxes**	62 524	88 046	117 248	88 046
9.	**Employees' compulsory social security contributions**				
	Gross earnings	11 013	22 026	22 026	22 026
	Taxable income				
	Total	11 013	22 026	22 026	22 026
10.	**Total payments to general government (7 + 8 + 9)**	136 595	196 774	250 979	196 774
11.	**Cash transfers from general government**				
	For head of family				
	For two children	24 924	24 924	24 924	0
	Green check	3 480	3 480	3 200	2 880
	Total	28 404	28 404	28 124	2 880
12.	**Take-home pay (1-10+11)**	289 292	360 284	440 943	334 760
13.	**Employer's compulsory social security contributions**	0	0	0	0
14.	**Average rates**				
	Income tax	31.6%	33.1%	34.5%	33.1%
	Employees' social security contributions	2.8%	4.2%	3.3%	4.2%
	Total payments less cash transfers	27.2%	31.8%	33.6%	36.7%
	Total tax wedge including employer's social security contributions	27.2%	31.8%	33.6%	36.7%
15.	**Marginal rates**				
	Total payments less cash transfers: Principal earner	42.5%	42.5%	42.5%	42.5%
	Total payments less cash transfers: Spouse	45.9%	40.1%	40.1%	40.1%
	Total tax wedge: Principal earner	42.5%	42.5%	42.5%	42.5%
	Total tax wedge: Spouse	45.9%	40.1%	40.1%	40.1%

The national currency is the kroner (DKK). In 2014, DKK 5.62 were equal to USD 1. In that year, the average worker earned DKK 397 484 (Secretariat estimate), which is calculated on the background of the extrapolated 2013 average worker income with the expected 2014 growth rate of wages on 1.02 per cent.).

1. Personal income tax system

In the Danish personal income tax system, the income of the individual taxpayer is split into three categories:

- *Personal income,* which consists of employment income, business income, pensions, unemployment benefits etc. and with fully deductibility of Labour Market Contributions.
- *Capital income* (e.g. interest income and some capital gains) is calculated as a net amount (the sum of positive and negative capital income net of interest expenses). Dividend income and the property value of owner-occupied dwellings are taxed at different tax rates.
- *Taxable income* – the aggregate of personal income and capital income less deductions (e.g. work-related expenses, etc.).

All three categories are relevant for various tax rates, see Section 1.2.1.

The employees' social security contributions and their payments to labour market supplementary pension schemes (see Section 2.1) are not included in personal income (or taxable income).

Regarding the tax unit, the earned income of each spouse is taxed separately. However, as is mentioned in Section 1.2.1, some unutilised personal allowances can be transferred between them.

1.1. *Tax allowances and tax credits*

1.1.1. *Standard reliefs*

Wage or salary earners who make expenses in order to earn their income (e.g. transport expenses, trade union membership dues, unemployment premiums) can fully deduct these expenses from taxable income. In this Report, contributions to unemployment insurance are therefore regarded as a standard tax allowance (and as a social security contribution).

The tax credit scheme allows the taxpayer to deduct 7.65 per cent of earned income to a maximum of DKK 25 000 in order to calculate taxable income. Single parents get an extra employment allowance of 5.40 per cent in 2014 with a maximum allowance of DKK 17 700. The effective value of the credit is equal to the municipality tax (24.9 per cent), the church tax rate (0.7 per cent) plus the 5.0 per cent health care tax rate that is paid to the state (30.62 per cent on average) multiplied by the value of the deduction.

1.1.2. *Main non-standard tax reliefs applicable to an AW*

- *Interest payments* are fully deductible from capital income.
- The *non-standard deduction for wage and salary earners:* The actual costs that are made in order to acquire income are deductible from taxable income. The main items are:
  - contributions paid to trade unions;
  - transportation costs: Up to 24 km. per day: no deduction. 24-120 km.: DKK 2.10 per km. Above 120 km.: DKK 1.05 per km. as a standard, but transport from municipalities placed in the outskirts of the country gives a credit of DKK 2.10 also above 120 km;
  - other costs above DKK 5 600.
- *Contributions/premiums* paid to *private pension saving plans* are in general deductible from personal income. From 1999 onwards, contributions/premiums paid to private pension saving plans with sum payments are no longer deductible from income subject to the top tax bracket rate. From 2013 onwards, contributions/premiums paid to private pension saving plans with sum payments are no longer deductible.
- Other reliefs:
  - alimonies, if according to contract, are deductible from taxable income;
  - contributions to certain non-profit institutions are deductible from taxable income (limit DKK 14 800);
  - losses incurred from unincorporated business in earlier years are, in principle, deductible from personal income.

1.1.3. *Tax credits*

Each individual is granted a personal allowance, which is converted into a wastable tax credit by applying the marginal tax rate of the first bracket of the income tax schedule. For taxpayers who are 18 years of age or are older, the tax credit amounts to:

For central government income tax	6.83 per cent of DKK 42 800 = DKK 2 923
For central government health care tax	5.00 per cent of DKK 42 800 = DKK 2 140
For municipal income tax and church tax (average rate)	25.62 per cent of DKK 42 800 = DKK 10 965

Special personal allowance for an individual younger than 18: DKK 32 100.

If a married person cannot utilise the personal allowance, the unutilised part is transferred to the spouse.

1.2. *Central government income taxes*

1.2.1. *Tax schedule*

Individuals pay an 8 per cent Labour Market Contribution (*Arbejdsmarkedsbidrag* in Danish), levied on the gross wage or other income from work before the deduction of any allowance.

Before 2008, the revenue was earmarked for certain social security expenditures through the Labour market Fund, but this system was abolished from 2008, and the tax enters the budget in the same way as any other income taxes. From 2011 the last links regarding social security of the tax were removed making all taxpayers working in

Denmark pay the labour market contribution. The labour market contribution is thus treated as a PIT in *Taxing Wages* from 2011.

Low tax bracket to the central government is assessed on the aggregate of personal income and positive net capital income at the rate of 6.83 per cent.

From 2010 and onwards the medium tax bracket was removed.

Top tax bracket to the central government is assessed on the excess of DKK 449 100 of the aggregate of personal income and positive net capital income at the rate of 15 per cent. If a married individual cannot utilise the total allowance of DKK 449 100, the unutilised part is *not* transferred to the spouse.

If the marginal tax rate including local tax but excluding church tax exceeds 51.7 per cent, the top tax bracket rate is reduced by the difference between the marginal tax rate and 51.7 per cent.

1.2.2. *Health care tax*

Central government levies an additional health care tax of 5 per cent. The tax base is taxable income (see Section 1).

1.3. *State and local income taxes*

1.3.1. *General description*

Local income taxes are levied only by the municipalities (and the church). The rates vary across jurisdictions.

1.3.2. *Tax base*

The tax base is taxable income (see Section 1). Tax credit varies with tax rates. The average amount is given below.

1.3.3. *Tax rates*

Lowest rate: 22.5 per cent (municipalities).

Highest rate: 27.8 per cent (municipalities).

Average rate: 25.617 per cent (municipalities: 24.902 per cent; church: 0.715 per cent).

The average rate is used in this study. It is applied to the tax base less personal allowances (see Section 1.1).

2. Compulsory social security contributions to schemes operated within the government sector

2.1. *Employees' contributions*

Employees make a fixed contribution of DKK 10 837 for unemployment insurance. From 1999 onwards, the contribution for unemployment insurance is split into two: one part consists of the contribution for unemployment insurance (DKK 3 912) while the other part consists of a voluntary contribution to an early retirement scheme (DKK 5 700). In addition an administration fee of DKK 1 401 on average is added.

Contributions to the unemployment funds are not mandatory. Nevertheless these payments are defined as social security contributions and classified as taxes in the Danish national accounts because there is no direct link between what members pay to the schemes and what they receive and the funds are subsidized by the state. In this Report, both contributions as well as the administration fee are included.

In addition, there is a compulsory fixed contribution to a general Labour Market Supplementary Pension Scheme of DKK 1 080 for workers who work at least 117 hours per month (for workers who work less than 117 hours but not less than 78 hours, the rate is DKK 720; for workers who work less than 78 hours but not less than 39 hours, the rate is DKK 360); their employer makes a corresponding contribution that is double this amount. Under this scheme, each employee has a plan and it should be noted that the contribution that is ascribed to this plan is determined by the level of employment and does not necessarily relate to the actual amount described above. The employee contribution of DKK 1 080 is modelled as a standard tax relief from the personal income tax. As the employee and employer contribution is paid to a privately-managed pension scheme, these contributions are not considered to be taxes but rather as non-tax compulsory payments and are therefore not included in the tax calculations.

2.2. Employers' contributions

From 2000 onwards, the social security contribution is zero. The employer only contributes to a Labour Market Supplementary Pension scheme, which in case of a full-time employee corresponds to a fixed amount of DKK 2 160 (being twice the fixed amount of DKK 1 080 mentioned in Section 2.1).

3. Universal cash transfers

The transfers for each dependent child are as follows:

Age group	Quarterly amount (DKK) for each child
0-2	4 404
3-6	3 486
7-17	2 745

The transfer is independent of the parents' income. There are additional special amounts for single parents: the transfer for each dependent child is DKK 5 276 per year and a yearly transfer of DKK 5 380 regardless of the number of children. In addition, there is a state transfer of DKK 13 488 per year for each dependent child in case an "absent parent" does not contribute (this amount) to the family. This transfer is included in this Report's calculations for single parents.

Individuals older than 18 years receive a "green check" of DKK 1 300; this amount is increased with DKK 300 per child for up to two children. Only one partner in a married couple receives the increased "green check" for children. The "green check" is nominally fixed and is phased out at a rate of 7.5 per cent for income above DKK 369 400. If the yearly income of the individuals is lower than DKK 215 900 the individuals receive an "additional green check" of DKK 280.

4. Main changes in tax/benefit systems

From 2000 to 2002, the low tax bracket rate has been reduced from 7 per cent to 5.5 per cent. The low tax bracket is assessed on the aggregate of personal income and positive net capital income.

After the parliamentary elections in 2001, the Conservative/Liberal government adopted a tax freeze policy, which implied that tax rates could not be increased, either in nominal or relative terms, during that government term. Taxes were therefore not increased during the period 2002-05. After the parliamentary elections in February 2005, the Conservative/Liberal government and the tax freeze policy were confirmed.

In order to respect the "tax freeze", the low tax bracket has been reduced by 0.36 per cent from 2004 to 2010 as a compensation for increases in local income taxes from 33.31 per cent in 2004 to 33.66 per cent in 2011.

In the spring of 2003, the government agreed with one of the opposition parties to implement a tax package. The aim of this package was to decrease the level of labour taxation in Denmark, and thereby to reduce the distortions in the labour market and to improve the incentives to work. The package contained two main elements: an increase of the threshold for the medium tax bracket of nearly DKK 50 000 and the introduction of a tax credit scheme whereby the taxpayer can deduct 2.5 per cent of earned income to a maximum of DKK 7 500 (in 2007) in the calculation of taxable income.

Before 2004, a compulsory contribution of 1 per cent of employees' gross earnings was paid to an individual Labour Market Supplementary Pension Scheme established for the employee – this contribution is not considered as a social security contribution but rather as savings being made by the individual. However, from 2004 to 2010, this contribution was suspended and finally abolished and the deposits paid out as of April 2010.

In September 2007, the tax cuts from the 2003-package was extended. The threshold for the medium tax bracket was to be raised with DKK 57 900 in 2009 to meet with the top tax bracket threshold. The deductible tax credit was increased to 4.0 per cent of earned income in 2008 and to 4.25 per cent in 2009; thus raising the maximum to 12 300 in 2008 and to 13 600 in 2009. The effective value of the credit and of the personal income allowance is equal to the local income tax rate, the church tax plus the health care tax rate (31.63 per cent on average in 2013) multiplied by the value of the deduction.

From the 1 January 2007 a Local Government Reform has come into force, which changes the structure of labour taxation. The reform however had only a minimal impact on the overall level of taxation. The number of municipalities has been cut from 270 to 98 and five regions have replaced the 14 counties. The regions will not impose taxes but will be financed through state subsidies and by contributions from the municipalities. The reform implied an increase in the average municipal tax rate from 22.1 per cent in 2006 to 24.577 per cent in 2007. Since then, there has been a further increase in the average municipal tax to 24.907 per cent in 2013. The county tax has been replaced by a new health care tax of 8 per cent which is levied by central government. The health care tax rate is decreased to 6 per cent in 2013. The levels of taxation have thus been reduced from three to two: only the central and local governments now levy taxes.

In the spring of 2009, the government and one of the opposition parties agreed upon a major tax reform to be phased in from 2010 to 2019. The reform aims at reducing the high marginal tax rates on personal income and thus to stimulate labour supply in the medium to long-term. The reform decreases income taxes by DKK 29 billion in 2010. The tax reform is planned to be revenue neutral as a whole, but was underfinanced in the short run (2010-12) in order to stimulate the economy. The main measures taken in 2010 include the reduction of the rate of the bottom tax bracket from 5.26 per cent to 3.67 per cent, abolition of the medium tax bracket with the 6 per cent rate altogether, and increase the top tax bracket threshold by DKK 28 800 to DKK 389 000. The reform will decrease the lowest marginal tax rate from 42.4 per cent to 41.0 per cent and the highest marginal tax rate on labour income from 63.0 per cent to 56.1 per cent. The marginal tax rate on positive net capital income (up to 51.5 after abolition of the middle tax bracket) is further reduced for the vast majority by introduction of an extra allowance of DKK 40 000 (DKK 80 000 for married couples) for positive net capital income in the top bracket tax.

The reform is partly financed by higher energy, transport and environmental taxes to support the energy and climate policy objectives of the government, and also by increases of excise rates on health-related goods (fat, candy, sugary drinks, tobacco). These increases are partly compensated by giving a "green check" to households (see Section 3). The tax reform is also partly financed by base broadening measures. The measures include a gradual reduction from 2012 to 2019 of the tax value (from 33.5 per cent to 25.5 per cent) of assessment oriented deductions and limitations of the tax deductibility of net interest payments over a nominal threshold of DKK 50 000 (DKK 100 000 for married couples). Also the deductibility of payments above DKK 100 000 a year to individual pension insurance schemes with less than life-long coverage has been limited, as well as tightening of the tax treatment of company cars and other fringe benefits. Furthermore, a 6 per cent tax is imposed from 2011 on pension payments exceeding DKK 362 800.

To consolidate the budget, a *Fiscal Consolidation Agreement* was reached in May 2010, somewhat modifying the prescriptions of the Spring Package of 2009.

The specific provisions of the *Fiscal Consolidation Agreement* include:

- The suspension from 2011 until 2013 of automatic adjustments in various tax thresholds (including personal allowances).
- Postponing from 2011 to 2014 the increase of the threshold for the top income tax rate (15 per cent) from DKK 389 900 to 409 100 (EUR 52 316 to 54 892). The increase was an element of the 2009 *tax reform*.
- The labour union membership fees' tax deductibility is limited to DKK 3 000 (EUR 403) from the year 2011. The threshold is not adjusted.
- From 2011, the annual amount of child allowance is limited to DKK 35 000 (EUR 4 696), irrespective of the number of children. This was abolished by the new government by 2012. Child allowances will be gradually reduced by 5 per cent until 2013.

As part of the Finance Act 2012 it was decided to introduce an "additional green check" to people beyond 18 years with low income (less than DKK 212 000). The "additional green check" is DKK 280.

In June 2012 a tax reform was reached. Included in the reform were changes in the earned income tax credit and the top tax bracket. The earned income tax credit is gradually raised from 4.40 per cent in 2012 to 10.65 per cent in 2022 (6.95 per cent in 2013) where the maximum limit of earned income tax credit is raised from DKK 14 100 in 2012 to DKK 34 100 in 2022 (DKK 22 300 in 2013). Furthermore, a special earned income tax credit for single parents was decided from 2014. This will be gradually introduced to the amount of 6.25 per cent in 2022 with a maximum limit of DKK 20 000. In The Tax Reform 2012 it was also decided to gradually raise the top tax bracket from DKK 389 900 in 2012 to DKK 467 000 in 2022 (DKK 421 000 in 2013).

As part of the Finance Act 2013 an agreement, The Excise Duty and Competition Package, was reached. This agreement includes a decrease in the excise duty on electricity, an abolition of the fat tax and a planned expansion in the excise duty on sugar, which will reduce expenses of both consumers and companies. This was financed by an increase in the bottom tax rate of 0.19 percentage points and a reduction in the personal allowance by DKK 900 for all persons (under and over 18 years) introduced from the income year 2013. As a consequence the marginal tax ceiling was increased from 51.5 per cent to 51.7 per cent. It is estimated that the abolished excise duties and the increased income taxes will have similar effects on distribution and labour supply.

Certain elements of the tax reform from 2012 were accelerated in the 2014 Budget. The employment allowance is adjusted upwards to 7.65% (2014), 8.05% (2015), 8.3% (2016) and 8.75% (2017), with a simultaneous increase of the maximum allowance from DKK 25 000 in 2014 to DKK 28 600 in 2018. The extra employment allowance for single parents is increased to 5.40% in 2014 (instead of 2.60 %) with a maximum allowance of DKK 17 700.

5. Memorandum items

5.1. *Identification of an AW*

The AW is identified as an average worker employed at firms which are members of the Danish Employers' Confederation.

5.2. *Employers' contribution to private schemes*

The employer must provide his employees with work injuries' insurance.

Employees typically participate in a private occupational (labour market) pension scheme to which both the employee and the employer make contributions. The employee's contribution is deductible for income tax purposes and is treated in this Report as a non-standard tax relief. The employer's contribution is not included in the gross wage income of the employee.

2014 parameter values

Average earnings	Ave_earn	397 484
Central taxes	Health_tax_rate	0.05
	Low_rate	0.0683
	Medium_thrsh	0
	Medium_rate	0
	Top_thrsh	449 100
	Top_rate	0.15
	Marg_rate_ceil	0.517
	Adj_top_rate	0.14968
	Temp_tax_rate	0.00
	Temp_tax_thrsh	0
	Personal_al	42 000
The green check	green_check	1 300
	1 child	300
	child max	600
	Green_check_thrsh	369 400
	Green_check_taper_rate	0.075
	Extra_green_check	280
	Extra_green_check_thrsh	215 900
Local taxes	gener_rate	0.24902
	church_rate	0.00715
total local tax rate	Local_rates	0.25617
Earned income tax credit scheme	earncredit_rate	0.0765
	earncredit_max	25 000
for single parents	Sing_par_earncredit_rate	0.054
	Sing_par_earncredit_max	17 700
Child transfers	Child_3to6	13 944
	Child_7to17	10 980
for single parents	Sing_par_basic	5 380
	Sing_par_ch	18 764
Individual Labour Market Pension Scheme	Pension_rate	0
Employees soc. security:		
suppl. pension scheme	Pension	1 080
unempl. insurance	Unemp	11 013
Labour Market Contribution	Labour_market_rate	0.08
Employer soc. security:		
suppl. pension scheme	Pension_empr	2 160
refunded by government	Pension_ref	0.00
SSC rate	SSC_empr	0.00

2014 tax equations

The equations for the Danish system in 2014 are mostly on an individual basis but there is an interaction in the calculation of Central Government tax between spouses and the child benefit is calculated only once. This is shown by the Range indicator in the table below.

The functions which are used in the equations (Taper, MIN, Tax, etc.) are described in the technical note about tax equations. Variable names are defined in the table of parameters above, within the equations table, or are the standard variables "married" and "children". A reference to a variable with the affix "_total" indicates the sum of the relevant variable values for the principal and spouse. And the affixes "_princ" and "_spouse" indicate the value for the principal and spouse, respectively. Equations for a single person are as shown for the principal, with "_spouse" values taken as 0.

	Line in country table and intermediate steps	Variable name	Range	Equation
1.	Earnings	earn		
2.	Allowances:	tax_al	B	Labour_market_contr+Pension_rate*earn
		earncredit	B	Min(earn*earncredit_rate, earncredit_max)+(Children>0)*(Married=0)*Min(earn*Sing_par_earnc redit_rate; Sing_par_earncredit_max)
3.	Credits in taxable income	taxbl_cr	B	0
4.	CG taxable income	tax_inc	B	Positive(earn-tax_al-earncredit+taxbl_cr)
	Personal income	pers_inc	B	Positive(earn-pension-pension_rate*earn-Labour_market_contr)
5.	CG tax before credits	CG_tax_excl_princ	P	Low_rate*tax_inc_princ+Medium_rate*Positive(tax_inc_princ-Medium_thrsh-Married*Positive(Medium_thrsh-pers_inc_spouse))+Adj_top_rate*Positive(tax_inc_princ-Top_thrsh)
		CG_health_tax_excl_princ	P	Health_tax_rate*tax_inc_princ
		CG_tax_excl_spouse	S	Low_rate*tax_inc_spouse+Medium_rate*Positive(tax_inc_spouse-Medium_thrsh)+Adj_top_rate*Positive(tax_inc_spouse-Top_thrsh)
		CG_health_tax_excl_spo use	S	(Married=1)*Health_tax_rate*tax_inc_spouse
6.	Tax credits:	tax_cr_princ	P	Personal_al*Low_rate+Married*Positive(Personal_al-pers_inc_spouse)*Low_rate
		health_tax_cr_princ	P	Health_tax_rate*(Personal_al+Married*Positive(Personal_al-tax_inc_spouse))
		tax_cr_spouse	S	Personal_al*Low_rate
		health_tax_cr_spouse	S	(Married=1)*Health_tax_rate*Personal_al
	Labour Market Contribution	Labour_market_contr	B	Labour_market_rate*earn
7.	CG tax	CG_tax	B	Positive(CG_tax_excl-tax_cr)+Positive(CG_health_tax_excl-health_tax_cr)+Labour_market_contr
8.	State and local taxes	local_tax_princ	P	Positive((Local_rates)*(tax_inc_princ-Personal_al-Married*Positive(Personal_al-tax_inc_spouse)))
		local_tax_spouse	S	(Local_rates)*Positive(tax_inc_spouse-Personal_al)
9.	Employees' soc security contribution	SSC	B	(earn>0)*Unemp
10.	Total payments	tot_payments	J	Positive(CG_tax_total+local_tax_total+SSC_total)
11.	Cash transfers	cash_trans	J	(Children>0)*(Child_3to6+(Children>1)*(Children-1)*Child_7to17+(Married=0)*(Sing_par_basic+Children*Sing_par_ch))+IF(Married=1,(Taper(green_check,pers_inc_princ,Green_check_thrsh,Green_check_taper_rate)+Taper(green_check+MIN(Children*_1_child,child_max),pers_inc_spouse,Green_check_thrsh,Green_check_taper_rate)),Taper(green_check+MIN(Children*_1_child,child_max),pers_inc_princ, Green_check_thrsh,Green_check_taper_rate))+ IF(Married=1,(IF(pers_inc_princ<Extra_green_check_thrsh,Extra_green_check,0)+IF(pers_inc_spouse<Extra_green_check_thrsh,Extra_green_check,0)),IF(pers_inc_princ<Extra_green_check_thrsh,Extra_green_check,0))
13.	Employer's soc security	SSC_empr	B	SSC_empr*earn

Key to range of equation B calculated separately for both principal earner and spouse P calculated for principal only (value taken as 0 for spouse calculation) J calculated once only on a joint basis.

Estonia

This chapter includes data on the income taxes paid by workers, their social security contributions, the family benefits they receive in the form of cash transfers as well as the social security contributions and payroll taxes paid by their employers. Results reported include the marginal and average tax burden for eight different family types.

Methodological information is available for personal income tax systems, compulsory social security contributions to schemes operated within the government sector, universal cash transfers as well as recent changes in the tax/benefit system. The methodology also includes the parameter values and tax equations underlying the data.

Estonia 2014

The tax/benefit position of single persons

			67	100	167	67
	Wage level (per cent of average wage)		67	100	167	67
	Number of children		none	none	none	2
1.	**Gross wage earnings**		8 332	12 436	20 768	8 332
2.	**Standard tax allowances**					
	Basic allowance		1 728	1 728	1 728	3 456
	Married or head of family					
	Dependent children					
	Deduction for social security contributions and income taxes		167	249	415	167
	Work-related expenses		0	0	0	0
	Other					
		Total	1 895	1 977	2 143	3 623
3.	**Tax credits or cash transfers included in taxable income**		0	0	0	0
4.	**Central government taxable income (1 - 2 + 3)**		6 437	10 459	18 625	4 709
5.	**Central government income tax liability (exclusive of tax credits)**		1 352	2 196	3 911	989
6.	**Tax credits**					
	Basic credit					
	Married or head of family					
	Children		0	0	0	0
	Other					
		Total	0	0	0	0
7.	**Central government income tax finally paid (5-6)**		1 352	2 196	3 911	989
8.	**State and local taxes**		0	0	0	0
9.	**Employees' compulsory social security contributions**					
	Gross earnings		167	249	415	167
	Taxable income					
		Total	167	249	415	167
10.	**Total payments to general government (7 + 8 + 9)**		1 519	2 445	4 327	1 156
11.	**Cash transfers from general government**					
	For head of family					
	For two children		0	0	0	921
		Total	0	0	0	921
12.	**Take-home pay (1-10+11)**		6 814	9 991	16 441	8 097
13.	**Employer's compulsory social security contributions**		2 833	4 228	7 061	2 833
14.	**Average rates**					
	Income tax		16.2%	17.7%	18.8%	11.9%
	Employees' social security contributions		2.0%	2.0%	2.0%	2.0%
	Total payments less cash transfers		18.2%	19.7%	20.8%	2.8%
	Total tax wedge including employer's social security contributions		39.0%	40.0%	40.9%	27.5%
15.	**Marginal rates**					
	Total payments less cash transfers: Principal earner		22.6%	22.6%	22.6%	22.6%
	Total payments less cash transfers: Spouse		n.a.	n.a.	n.a.	n.a.
	Total tax wedge: Principal earner		42.2%	42.2%	42.2%	42.2%
	Total tax wedge: Spouse		n.a.	n.a.	n.a.	n.a.

Estonia 2014

The tax/benefit position of married couples

			100-0	100-33	100-67	100-33
	Wage level (per cent of average wage)		100-0	100-33	100-67	100-33
	Number of children		2	2	2	none
1.	**Gross wage earnings**		12 436	16 540	20 768	16 540
2.	**Standard tax allowances**					
	Basic allowance		5 184	5 184	5 184	3 456
	Married or head of family					
	Dependent children					
	Deduction for social security contributions and income taxes		249	331	415	331
	Work-related expenses		0	0	0	0
	Other					
		Total	5 433	5 515	5 599	3 787
3.	**Tax credits or cash transfers included in taxable income**		0	0	0	0
4.	**Central government taxable income (1 - 2 + 3)**		7 003	11 025	15 169	12 753
5.	**Central government income tax liability (exclusive of tax credits)**		1 471	2 315	3 185	2 678
6.	**Tax credits**					
	Basic credit					
	Married or head of family					
	Children		0	0	0	0
	Other					
		Total	0	0	0	0
7.	**Central government income tax finally paid (5-6)**		1 471	2 315	3 185	2 678
8.	**State and local taxes**		0	0	0	0
9.	**Employees' compulsory social security contributions**					
	Gross earnings		249	331	415	331
	Taxable income					
		Total	249	331	415	331
10.	**Total payments to general government (7 + 8 + 9)**		1 719	2 646	3 601	3 009
11.	**Cash transfers from general government**					
	For head of family					
	For two children		460	460	460	0
		Total	460	460	460	0
12.	**Take-home pay (1-10+11)**		11 177	14 354	17 628	13 531
13.	**Employer's compulsory social security contributions**		4 228	5 624	7 061	5 624
14.	**Average rates**					
	Income tax		11.8%	14.0%	15.3%	16.2%
	Employees' social security contributions		2.0%	2.0%	2.0%	2.0%
	Total payments less cash transfers		10.1%	13.2%	15.1%	18.2%
	Total tax wedge including employer's social security contributions		32.9%	35.2%	36.7%	38.9%
15.	**Marginal rates**					
	Total payments less cash transfers: Principal earner		22.6%	22.6%	22.6%	22.6%
	Total payments less cash transfers: Spouse		0.0%	22.6%	22.6%	22.6%
	Total tax wedge: Principal earner		42.2%	42.2%	42.2%	42.2%
	Total tax wedge: Spouse		0.0%	42.2%	42.2%	42.2%

The Estonian currency is the euro (EUR). In 2014, EUR 0.75 was equal to USD 1. In 2014, the average worker in Estonia earned EUR 12 435.95 (country estimate).

1. Personal income tax system

1.1. *Central government income tax*

1.1.1. *Tax unit*

The tax unit is the family.

1.1.2. *Tax allowances*

1.1.2.1. Standard tax reliefs

- *A general (basic) allowance* of EUR 1 728 is deductible from individual income in 2014.
- *A child* allowance of EUR 1 728 is also deductible from income for each of the second and any subsequent children up to and including the age of 16.
- *Relief for social security contributions*: Employee's compulsory contributions for unemployment insurance are deductible for income tax purposes.
- *Tax credits*: None for employees.

1.1.2.2. Non-standard tax reliefs applicable to income from employment

- *II pillar pension contributions*: In 2014, these represent voluntary payments to private funds for all employees and are paid at a rate of 2% or 3% of earnings.
- Occupational accident and illness benefits that are not paid as insurance benefits are deductible from taxable income within the limit of EUR 768 per year.
- *Housing loan interest, educational costs, gifts and donations* are deductible from taxable income within upper limits of EUR 1 920 and 50% of taxable income per year.
- *Voluntary pension contributions (III pillar)*: Contributions paid by a resident to the provider of a pension plan based in Estonia or in another EU member state according to a pension plan that is approved and entered into a special register in accordance with the pension legislation are deductible from taxable income. In 2014 such deductions are subject to an annual limit of a sum equal to 15% and maximum of EUR 6 000 of the employee's, public servant`s or members of legal person management or control body income in a calendar year.

1.1.3. *Tax schedule*

The rate of 21% applies for all levels of taxable income.

1.2. *Regional and local income tax*

There are no regional or local income taxes.

2. Compulsory social security insurance system

The compulsory social security insurance system consists of three schemes as follows:

- pension insurance;
- health insurance;
- unemployment insurance.

2.1. *Employees' contributions*

Employees pay 2.0% of their earnings in contributions for unemployment insurance. The taxable base is the total amount of the gross wage or salary including vacation payments, fringe benefits and remuneration of expenses related to work above a certain threshold. The assessment period is the calendar month.

2.2. *Employers' contributions*

Social security insurance contributions are also paid by employers on behalf of their employees. The taxable base and the assessment period are the same as for employees' contributions. The employers' contribution rates are applied in two parts:

- Unemployment insurance – 1.0% of employee earnings.
- Pension and health insurance – as follows for monthly earnings above EUR 320.

Scheme name	Rate of contribution (%)
Pension insurance	20.00
Health insurance	13.00
Total	**33.00**

In addition there is a lump sum payment for each employee of EUR 105.6 per month (split between pensions and health insurance on a 20:13 basis).

3. Payroll tax

None.

4. Universal cash transfers

4.1. *Transfers related to marital status*

None.

4.2. *Transfers for dependent children*

Estonia's family benefits are designed to provide partial coverage of the costs families incur in caring for, raising and educating their children.

The state pays family benefits to all children until they reach the age of 16. Children enrolled in basic or secondary schools or vocational education institutions operating on the basis of basic education have the right to receive family benefits until the age of 19. Applications for the allowance are made on an annual basis and the payments are not taxable. The values of these benefits in 2014 are shown in the table below. The single parent child allowance is paid for each child.

In addition there are nine other types of family benefits for which payment depends on either the age of the child(ren) and/ or the status of the person(s) looking of them: maternity benefit; childbirth allowance; parental benefit; child care allowance; conscript's child allowance; child's school allowance, child allowance for a child under guardianship or foster care; start in independent life allowance; adoption allowance (single payment). These are not included in the modelling.

Type of benefit	Annual amount of benefit (in EUR)
Child allowance (paid until children turn 16 or until the end of the academic year in which they turn 19 if they continue studying).	
For the first and second child	230.16
For the third and any subsequent children	920.64
Single parent's child allowance	230.16
Parents allowance for families with seven or more children	2 024.88

5. Main changes in tax/benefit system since 2005

- The personal income tax rate was steadily reduced from 24% in 2005 to 21% in 2008.
- The child tax allowance applied for the third and subsequent children for 2005 and the second and subsequent children in 2006 and 2007. It applied to all children in 2008 and then returned to the 2007 position in 2009.
- The employee unemployment contribution rate was reduced from 1% to 0.6% in 2006 and then raised in 2 stages to 2.8% at the end of 2009. The corresponding rates for employers were a reduction from 0.5% to 0.3% in 2006 increasing to 1.4 %. In 2013 the employee unemployment contribution rate was reduced from 2.8% to 2.0% and the corresponding rate for employers from 1.4% to 1.0 %.
- In addition to existing benefits, from 1 July 2013 the need-based child benefits were introduced. Need-based family benefit income threshold is based on Statistical Office relative poverty threshold published by the 1st of March in a year before current budget year. In 2014, the need-based threshold is EUR 299 in a month for the first household member. For every other at least 14-years old member the threshold is EUR 149.5 and for the younger members EUR 89.7 in a month. Need-based family benefit is in 2014 9.59 in a month for single child family and EUR 19.18 for families with two or more children. From 2015, the benefits will rise to EUR 19.18 and EUR 38.36 respectively.

6. Memorandum items

6.1. *Average gross annual wage earnings calculation*

In Estonia the gross earnings figures cover wages and salaries paid to individuals in formal employment including payment for overtime. They also include bonus payments and other payments such as pay for annual leave, paid leave up to seven days, public holidays, absences due to sickness for up to 30 days, job training, and slowdown through no fault of the person in formal employment.

The average gross wage earnings figures of all adult workers covering industry Sectors B-N by NACE Rev. 2 are estimated with average wage growth rate forecast of Estonian Ministry of Finance.

6.2. Employer contributions to private pension and health schemes

Some employer contributions are made to private health and pension schemes but there is no relevant information available on the amounts that are paid.

2014 parameter values

Average earnings/yr	Ave_earn	12 436	Country estimate
Allowances	Basic_al	1 728	
	Child_al	1 728	
Income tax	Tax_rate	0.21	
Employers SSC	SSC_rate1	0.33	
	Threshold	3 840	
	lump_sum	1 267.2	
	SSC_rate2	0.01	
Employees SSC	SSC_rate3	0.02	
Child allowances			
First and second child	CA_firstandsecond	230.16	
Other children	CA_others	920.64	
Additional for children of lone parents	CA_onepar	230.16	
Need-based child benefits			
one child	CB_1	115.08	
two or more children	CB_2	230.16	
Need-based family threshold			
first member	F_thrsh_1	3 588.00	
other members above 14	F_thrsh_2	1 794.00	
other members under 14	F_thrsh_3	1 076.40	
Days in tax year	numdays	365	

2014 tax equations

The equations for the Estonian system are mostly on an individual basis.

The functions which are used in the equations (Taper, MIN, Tax, etc.) are described in the technical note about tax equations. Variable names are defined in the table of parameters above, within the equations table, or are the standard variables "married" and "children". A reference to a variable with the affix "_total" indicates the sum of the relevant variable values for the principal and spouse. And the affixes "_princ" and "_spouse" indicate the value for the principal and spouse, respectively. Equations for a single person are as shown for the principal, with "_spouse" values taken as 0.

	Line in country table and intermediate steps	Variable name	Range	Equation
1.	Earnings	earn		
2.	Allowances:	tax_al	J	Min(Basic_al*(1+married)+SSC_empee+(children>1)*child_al*(Children-1),earn)
3.	Credits in taxable income	taxbl_cr	B	0
4.	CG taxable income	tax_inc	B	Positive(earn-tax_al)
5.	CG tax before credits	CG_tax_excl	B	Tax_inc*tax_rate
6.	Tax credits:	tax_cr	B	0
7.	CG tax	CG_tax	B	CG_tax_excl-tax_cr
8;	State and local taxes	local_tax	B	0
9.	Employees' soc security	SSC_empee	B	earn*SSC_rate3
11.	Cash transfers	cash_trans	J	IF(Children<3,CA_firstsecond*Children,(2*CA_firstsecond)+(CA_other*(Children-2)))+(Married=0)*Children*CA_onepar+IF((earn_total-CG_tax-SSC_empee)<(F_thrsh_1+ (F_thrsh_2*Married=1)+(F_thrsh_3*Children)),IF(Children>1, CB_2, CB_1),0)
13.	Employer's soc security	SSC_empr	B	IF(earn>0,IF(earn>threshold,earn*SSC_rate1,lump_sum),0)+earn*SSC_rate2

Key to range of equation B calculated separately for both principal earner and spouse P calculated for principal only (value taken as 0 for spouse calculation) J calculated once only on a joint basis.

Les impôts sur les salaires 2015

Finland

This chapter includes data on the income taxes paid by workers, their social security contributions, the family benefits they receive in the form of cash transfers as well as the social security contributions and payroll taxes paid by their employers. Results reported include the marginal and average tax burden for eight different family types.

Methodological information is available for personal income tax systems, compulsory social security contributions to schemes operated within the government sector, universal cash transfers as well as recent changes in the tax/ benefit system. The methodology also includes the parameter values and tax equations underlying the data.

Finland 2014

The tax/benefit position of single persons

		Wage level (per cent of average wage)	67	100	167	67
		Number of children	none	none	none	2
1.	**Gross wage earnings**		28 750	42 910	71 659	28 750
2.	**Standard tax allowances**					
	Basic allowance					
	Married or head of family					
	Dependent children					
	Deduction for social security contributions and income taxes		1 981	2 956	4 937	1 981
	Work-related expenses		620	620	620	620
	Other					
		Total	2 601	3 576	5 557	2 601
3.	**Tax credits or cash transfers included in taxable income**		0	0	0	0
4.	**Central government taxable income (1 - 2 + 3)**		26 149	39 333	66 102	26 149
5.	**Central government income tax liability (exclusive of tax credits)**		852	3 159	8 899	852
6.	**Tax credits**					
	Basic credit		1 010	903	573	1 010
	Married or head of family					
	Children					
	Other					
		Total	1 010	903	573	1 010
7.	**Central government income tax finally paid (5-6)**		143	2 399	8 470	143
8.	**State and local taxes**		4 434	7 311	12 850	4 434
9.	**Employees' compulsory social security contributions**					
	Gross earnings		1 981	2 956	4 937	1 981
	Taxable income		296	489	859	296
		Total	2 277	3 445	5 797	2 277
10.	**Total payments to general government (7 + 8 + 9)**		6 854	13 155	27 117	6 854
11.	**Cash transfers from general government**					
	For head of family					
	For two children		0	0	0	3 797
		Total	0	0	0	3 797
12.	**Take-home pay (1-10+11)**		21 895	29 755	44 542	25 692
13.	**Employer's compulsory social security contributions**		6 785	10 127	16 912	6 785
14.	**Average rates**					
	Income tax		15.9%	22.6%	29.8%	15.9%
	Employees' social security contributions		7.9%	8.0%	8.1%	7.9%
	Total payments less cash transfers		23.8%	30.7%	37.8%	10.6%
	Total tax wedge including employer's social security contributions		38.4%	43.9%	49.7%	27.7%
15.	**Marginal rates**					
	Total payments less cash transfers: Principal earner		43.7%	44.9%	48.6%	43.7%
	Total payments less cash transfers: Spouse		n.a.	n.a.	n.a.	n.a.
	Total tax wedge: Principal earner		54.5%	55.4%	58.4%	54.5%
	Total tax wedge: Spouse		n.a.	n.a.	n.a.	n.a.

Finland 2014

The tax/benefit position of married couples

	Wage level (per cent of average wage)	100-0	100-33	100-67	100-33
	Number of children	2	2	2	none
1.	**Gross wage earnings**	42 910	57 070	71 659	57 070
2.	**Standard tax allowances**				
	Basic allowance				
	Married or head of family				
	Dependent children				
	Deduction for social security contributions and income taxes	2 956	3 932	4 937	3 932
	Work-related expenses	620	1 240	1 240	1 240
	Other				
	Total	3 576	5 172	6 177	5 172
3.	**Tax credits or cash transfers included in taxable income**	0	0	0	0
4.	**Central government taxable income (1 - 2 + 3)**	39 333	51 898	65 482	51 898
5.	**Central government income tax liability (exclusive of tax credits)**	3 159	3 159	4 010	3 159
6.	**Tax credits**				
	Basic credit	903	1 766	1 913	1 766
	Married or head of family				
	Children				
	Other				
	Total	903	1 766	1 913	1 766
7.	**Central government income tax finally paid (5-6)**	2 399	2 491	2 542	2 491
8.	**State and local taxes**	7 311	7 927	11 745	7 927
9.	**Employees' compulsory social security contributions**				
	Gross earnings	2 956	3 932	4 937	3 932
	Taxable income	489	530	785	530
	Total	3 445	4 462	5 723	4 462
10.	**Total payments to general government (7 + 8 + 9)**	13 155	14 880	20 009	14 880
11.	**Cash transfers from general government**				
	For head of family				
	For two children	2 632	2 632	2 632	0
	Total	2 632	2 632	2 632	0
12.	**Take-home pay (1-10+11)**	32 387	44 822	54 282	42 190
13.	**Employer's compulsory social security contributions**	10 127	13 469	16 912	13 469
14.	**Average rates**				
	Income tax	22.6%	18.3%	19.9%	18.3%
	Employees' social security contributions	8.0%	7.8%	8.0%	7.8%
	Total payments less cash transfers	24.5%	21.5%	24.3%	26.1%
	Total tax wedge including employer's social security contributions	38.9%	36.5%	38.7%	40.2%
15.	**Marginal rates**				
	Total payments less cash transfers: Principal earner	44.9%	44.9%	44.9%	44.9%
	Total payments less cash transfers: Spouse	12.2%	23.5%	43.7%	23.5%
	Total tax wedge: Principal earner	55.4%	55.4%	55.4%	55.4%
	Total tax wedge: Spouse	28.9%	38.1%	54.5%	38.1%

The national currency is the euro (EUR). In 2014, EUR 0.75 was equal to USD 1. In that year, the average worker earned EUR 42 910 (Secretariat estimate).

1. Personal income tax system

1.1. Central government income taxes

1.1.1. Tax unit

Spouses are taxed separately for earned income.

1.1.2. Standard tax allowances and tax credits

1.1.2.1. Standard reliefs

- *Work-related expenses:* A standard deduction for work-related expenses equal to the amount of wage or salary, with a maximum amount of EUR 620 is granted.
- *Tax credit*: An earned income tax credit is granted against the central government income tax. If the credit exceeds the amount of central government income tax, the excess credit is deductible from the municipal income tax and the health insurance contribution for medical care. The credit is calculated on the basis of taxpayers' income from work. The credit amounts to 7.4 per cent of income exceeding EUR 2 500, until it reaches its maximum of EUR 1010. The amount of the credit is reduced by 1.15 per cent of the earned income minus work related expenses exceeding EUR 33 000. The credit is fully phased out when taxpayers' income is about EUR 120 000.

1.1.2.2. Main non-standard tax reliefs applicable to an AW

- *Interest:* Interest on loans associated with the earning of taxable income, 75 per cent of the interest on loans for the purchase of owner-occupied dwellings, and student loans guaranteed by the state can be deducted against capital income. Of the excess of interest over capital income, 30 (32 per cent for first-time homebuyers) per cent can be credited against income tax up to a maximum of EUR 1 400.
- *Membership fees:* Membership fees paid to employees' organisations or trade unions.
- *Travelling expenses:* Travelling expenses from the place of residence to the place of employment using the cheapest means in excess of EUR 600 up to a maximum deduction of EUR 7 000.
- *Double housing expenses*: If the place of employment is located too far from home in order to commute (distance > 100 km), the taxpayer can deduct the costs of hiring a second dwelling located near the place of work up to EUR 250 per month. This deduction can be claimed only by one person per household.
- *Other work-related outlays:* Outlays for tools, professional literature, research equipment and scientific literature, and expenses incurred in scientific or artistic work (unless compensated by scholarships).

Travelling expenses and other work-related outlays are deductible only to the extent that their total amount exceeds the amount of the standard deduction for work-related expenses.

1.1.3. *Rate schedule*

Central government income tax:

Taxable income (EUR)	Tax on lower limit (EUR)	Tax on excess income in bracket (%)
16 300-24 300	8	6.5
24 300-39 700	528	17.5
39 700-71 400	3 223	21.5
71 400-100 000	10 038.5	29.75
100 000 and more	18 547	31.75

1.2. *Local income tax*

1.2.1. *Tax base and tax rates*

The tax base of the local income tax is taxable income as established for the income tax levied by central government.

Municipal tax is levied at flat rates. In 2014, the tax rate varies between 16.50 and 22.50 per cent, the average rate being approximately 19.74 per cent.

Municipal tax is not deductible against central government taxes. Work-related expenses and other non-standard deductions are deductible, as for purposes of the central government income tax.

1.2.2. *Tax allowances in municipal income taxation*

- An earned income tax allowance is calculated on the basis of taxpayer's income from work. The allowance amounts to 51 per cent of income between EUR 2 500 and EUR 7 230, and 28 per cent of the income exceeding EUR 7 230, until it reaches its maximum of EUR 3 570. The amount of the allowance is reduced by 4.5 per cent on earned income minus work related expenses exceeding EUR 14 000.
- A basic tax allowance is granted on the basis of taxable income remaining after the other allowances have been subtracted. The maximum amount, EUR 2 930, is reduced by 19 per cent on income exceeding the aforementioned amount.

2. Compulsory social security contributions to schemes operated within the government sector

2.1. *Employee contributions*

2.1.1. *Rate and ceiling*

In 2014, the rate of the health insurance contribution for medical care paid by an employee is 1.32 per cent. The tax base for this contribution is net taxable income for municipal income tax purposes.

In addition there is an employees' pension insurance contribution which amounts to 5.55 per cent of gross salary, an employees' unemployment insurance contribution equal to 0.5 per cent of gross salary and a health insurance contribution for daily allowance equal to 0.84 per cent of gross salary. For employees aged 53 and older, the pension insurance contribution amounts to 7.05 per cent of gross salary. These contributions are deductible for income tax purposes.

2.1.2. Distinction by marital status or sex

The rates do not differ.

2.2. Employers' contributions

The average rate of the employers' social security contribution in 2014 is 23.6 per cent of gross wage.

3. Universal cash transfers

3.1. Amount for marriage

None.

3.2. Amount for children

The central government pays in 2014 the following allowances (EUR):

For the first child	1 250.28
For the second child	1 381.56
For the third child	1 762.92
For the fourth child	2 019.24
Fifth and subsequent child	2 275.56

The child subsidy for a single parent is increased by an annual amount of EUR 582.6 for each child.

4. Main changes in the tax/benefit system since 2013

As a part of the central labour market agreement adjustments for inflation and rise of earnings levels was, with exception of the top bracket, made to the central government tax scale in 2014.

In 2014, the public broadcasting tax is 0.68% on taxable earned income, taxes of min. EUR 51 and max. EUR 143 will be collected.

The maximum amount of the earned income tax credit in state taxation was raised from EUR 970 to EUR 1 010.

The maximum amount of the basic allowance in municipal taxation was raised from EUR 2 880 to EUR 2 930.

The rate of the employees' health insurance contribution for medical care was increased from 1.30 per cent to 1.32 per cent. Home-loan interest counts at 75 per cent, down from 80 per cent, as deductible/creditable interest.

5. Memorandum items

5.1. Calculation of average gross annual wage

The Finnish figures are generally calculated as follows:

- Gross annual earnings are calculated at an individual level on the basis of the hour's usually worked, average hourly pay for the fourth quarter, and the share of annual periodic bonuses.

- The earnings exclude sickness and unemployment compensations, but include all normal overtime compensations, bonuses, holiday remunerations and remunerations for public holidays.

5.2. Employer contributions to private pension and health schemes

No information is available.

2014 parameter values

Average earnings	Ave_earn	42 910	Secretariat estimate
Expenses	Work_exp_max	620	
	Work_exp_rate	1	
Allowances	al_SSC_rate	0.0689	
State tax	Tax_min	8	
Tax schedule	Tax_sch	0	16 300
		0.065	24 300
		0.175	39 700
		0.215	71 400
		0.2975	100 000
		0.3175	
Broadcasting tax	brdcst_tax_rate	0.0068	
	brdcst_tax_min	51	
	brdcst_tax_max	143	
Earned income tax credit	eitc_thrsh	2 500	
	eitc_rate	0.074	
	eitc_redn_thrsh	33 000	
	eitc_redn_rate	0.0115	
	eitc_max	1 010	
Earned income tax allowance	al_thrsh	2 500	
	al_thrsh2	7 230	
	al_rate	0.51	
	al_rate2	0.28	
	al_redn_thrsh	14 000	
	al_redn_rate	0.045	
	al_max	3 570	
low income	SL_max	2 930	
	SL_rate	0.19	
Local intax	Local_rate	0.1974	
	Church_rate	0	
	Local_tot	0.1974	
Soc sec taxpayer	SSC_rate	0.0132	
soc.sec empr	SSC_empr	0.236	
Cash transfer	ch_1	1 250.28	
	ch_2	1 381.56	
	ch_3	1 762.92	
	ch_4	2 019.24	
	ch_5	2 275.56	
	ch_small	0	
	ch_lone	582.6	

2014 tax equations

The equations for the Finnish system are mostly on an individual basis except for the child benefit which is calculated only once. This is shown by the Range indicator in the table below.

The functions which are used in the equations (Taper, MIN, Tax, etc.) are described in the technical note about tax equations.

Variable names are defined in the table of parameters above, within the equations table, or are the standard variables "married" and "children". A reference to a variable with the affix "_total" indicates the sum of the relevant variable values for the principal and spouse. And the affixes "_princ" and "_spouse" indicate the value for the principal and spouse, respectively. Equations for a single person are as shown for the principal, with "_spouse" values taken as 0.

	Line in country table and intermediate steps	Variable name	Range	Equation
1.	Earnings	earn		
	Work related expenses	work_rel	B	MIN(Work_exp_max, Work_exp_rate*earn)
	SSC deduction	SSC_al	B	earn*al_SSC_rate
2.	Allowances:	tax_al	B	work_rel+SSC_al
3.	Credits in taxable income	taxbl_cr	B	0
4.	CG taxable income	tax_inc	B	Positive(earn-tax_al)
5.	CG tax before credits	CG_tax_excl	B	=Tax(tax_inc, Tax_sch)+Tax_min* (tax_inc>Tax_thrsh)
6.	Tax credits:	tax_cr	B	MINA(eitc_max,eitc_rate*Positive(earn-eitc_thrsh))-MINA(eitc_max,eitc_redn_rate*Positive(earn-work_rel-eitc_redn_thrsh))
		broadcasting_tax	B	IF((earn-work_rel)*brdcst_tax_rate<brdcst_tax_min,0,IF((earn-work_rel)*brdcst_tax_rate>brdcst_tax_max,brdcst_tax_max,(earn-work_rel)*brdcst_tax_rate))
7.	CG tax	CG_tax	B	Positive(CG_tax_excl – tax_cr)+broadcasting_tax
	Earned income allowance	earninc_al	B	MIN(al_max, IF(earn>al_thrsh2, al_rate*(al_thrsh2-al_thrsh1)+al_rate2*(earn-al_thrsh2), Positive(earn-al_thrsh)))- MIN(al_max, al_redn_rate* Positive(earn-work_rel-al_redn_thrsh))
	Low income	low_inc	B	Positive(MIN(earn-work_rel-low_al-SSC_al, SL_max)- SL_rate*Positive(earn-work_rel- low_al-SSC_al-SL_max))
	Taxable income (local)	tax_inc_l	B	tax_inc-earninc_al-low_inc
8.	State and local taxes	local_tax	B	Positive(tax_inc_l*Local_tot-(local_tot/(local_tot+SSC_rate))*Positive(Tax_cr-CG_tax_excl))
9.	Employees' soc security	SSC	B	Positive(SSC_rate*tax_inc_l – (SSC_rate/(local_tot+SSC_rate))*Positive(Tax_cr-CG_tax_excl)) + SSC_al
11.	Cash transfers	cash_trans	J	(Children>0)*ch_1+(Children>1)*ch_2+ (Children>2)*ch_3+(Children>3)*ch_4+ Positive(Children-4)*ch_4 +(Married=0)*Children*ch_lone
13.	Employer's soc security	SSC_empr	B	earn*SSC_empr

Key to range of equation B calculated separately for both principal earner and spouse P calculated for principal only (value taken as 0 for spouse calculation) J calculated once only on a joint basis.

France

This chapter includes data on the income taxes paid by workers, their social security contributions, the family benefits they receive in the form of cash transfers as well as the social security contributions and payroll taxes paid by their employers. Results reported include the marginal and average tax burden for eight different family types.

Methodological information is available for personal income tax systems, compulsory social security contributions to schemes operated within the government sector, universal cash transfers as well as recent changes in the tax/benefit system. The methodology also includes the parameter values and tax equations underlying the data.

France 2014

The tax/benefit position of single persons

		Wage level (per cent of average wage)	67	100	167	67
		Number of children	none	none	none	2
1.	**Gross wage earnings**		25 076	37 427	62 504	25 076
2.	**Standard tax allowances**					
	Basic allowance					
	Married or head of family					
	Dependent children					
	Deduction for social security contributions and income taxes		4 780	7 134	11 489	4 780
	Work-related expenses		2 030	3 029	5 101	2 030
	Other					
		Total	6 809	10 163	16 591	6 809
3.	**Tax credits or cash transfers included in taxable income**		0	0	0	0
4.	**Central government taxable income (1 - 2 + 3)**		18 267	27 264	45 913	18 267
5.	**Central government income tax liability (exclusive of tax credits)**		3 172	5 482	13 048	1 971
6.	**Tax credits**					
	Basic credit					
	Married or head of family					
	Children					
	Other		0	0	0	72
		Total	0	0	0	72
7.	**Central government income tax finally paid (5-6)**		3 172	5 482	13 048	1 899
8.	**State and local taxes**		0	0	0	0
9.	**Employees' compulsory social security contributions**					
	Gross earnings		3 523	5 259	8 358	3 523
	Taxable income					
		Total	3 523	5 259	8 358	3 523
10.	**Total payments to general government (7 + 8 + 9)**		6 695	10 741	21 405	5 422
11.	**Cash transfers from general government**					
	For head of family (Gross)					
	For two children (Gross)		0	0	0	1 558
	CRDS Deducted		0	0	0	- 8
		Total	0	0	0	1 550
12.	**Take-home pay (1-10+11)**		18 381	26 687	41 098	21 204
13.	**Employers' compulsory social security contributions**		8 445	14 335	27 477	8 445
14.	**Average rates**					
	Income tax		12.6%	14.6%	20.9%	7.6%
	Employees' social security contributions		14.1%	14.1%	13.4%	14.1%
	Total payments less cash transfers		26.7%	28.7%	34.2%	15.4%
	Total tax wedge including employer's social security contributions		45.2%	48.4%	54.3%	36.7%
15.	**Marginal rates**					
	Total payments less cash transfers: Principal earner		32.1%	43.8%	42.5%	21.9%
	Total payments less cash transfers: Spouse		n.a.	n.a.	n.a.	n.a.
	Total tax wedge: Principal earner		62.6%	59.3%	59.9%	57.0%
	Total tax wedge: Spouse		n.a.	n.a.	n.a.	n.a.

France 2014

The tax/benefit position of married couples

	Wage level (per cent of average wage)	100-0	100-33	100-67	100-33
	Number of children	2	2	2	none
1.	**Gross wage earnings**	37 427	49 778	62 504	49 778
2.	**Standard tax allowances**				
	Basic allowance				
	Married or head of family				
	Dependent children				
	Deduction for social security contributions and income taxes	7 134	9 488	11 914	9 488
	Work-related expenses	3 029	4 029	5 059	4 029
	Other				
	Total	10 163	13 517	16 973	13 517
3.	**Tax credits or cash transfers included in taxable income**	0	0	0	0
4.	**Central government taxable income (1 - 2 + 3)**	27 264	36 261	45 531	36 261
5.	**Central government income tax liability (exclusive of tax credits)**	2 942	4 056	7 217	6 276
6.	**Tax credits**				
	Basic credit				
	Married or head of family				
	Children				
	Other	0	702	0	0
	Total	0	702	0	0
7.	**Central government income tax finally paid (5-6)**	2 942	3 354	7 217	6 276
8.	**State and local taxes**	0	0	0	0
9.	**Employees' compulsory social security contributions**				
	Gross earnings	5 259	6 994	8 782	6 994
	Taxable income				
	Total	5 259	6 994	8 782	6 994
10.	**Total payments to general government (7 + 8 + 9)**	8 200	10 348	15 999	13 270
11.	**Cash transfers from general government**				
	For head of family (Gross)				
	For two children (Gross)	1 558	1 558	1 558	0
	CRDS Deducted	- 8	- 8	- 8	0
	Total	1 550	1 550	1 550	0
12.	**Take-home pay (1-10+11)**	30 777	40 980	48 054	36 509
13.	**Employers' compulsory social security contributions**	14 335	15 854	22 780	15 854
14.	**Average rates**				
	Income tax	7.9%	6.7%	11.5%	12.6%
	Employees' social security contributions	14.1%	14.1%	14.1%	14.1%
	Total payments less cash transfers	17.8%	17.7%	23.1%	26.7%
	Total tax wedge including employer's social security contributions	40.5%	37.6%	43.7%	44.4%
15.	**Marginal rates**				
	Total payments less cash transfers: Principal earner	21.9%	42.3%	32.1%	32.1%
	Total payments less cash transfers: Spouse	17.4%	41.7%	32.1%	32.1%
	Total tax wedge: Principal earner	43.5%	58.3%	50.9%	50.9%
	Total tax wedge: Spouse	26.4%	48.1%	62.6%	39.5%

The national currency is the euro (EUR). In 2014, EUR 0.75 equalled USD 1. In that year, the average worker earned EUR 37 427 (Secretariat estimate).

1. Personal income tax system

1.1. *Tax levied by the central government on 2014 income*

1.1.1. *Tax unit*

The tax unit is aggregate family income, but children over 18 are included only if their parents claim them as dependants. Other persons may be fiscally attached on certain conditions: unlike spouses, who are always taxed jointly, children over 18 and other members of the household may opt to be taxed separately. Beginning with the taxation of 2004 income, the law provides for joint taxation of partners in a French civil union (*pacte civil de solidarité*, or PACS), as soon as the PACS is signed. Reporting obligations for "PACSed" partners are similar to those of married couples.

Earned income is reported net of compulsory employer and employee payroll deductions, except for 2.4 percentage points' worth of CSG (*contribution sociale généralisée*) and the 0.5% CRDS (*contribution pour le remboursement de la dette sociale*), which are not deductible from the income tax base.

1.1.2. *Tax reliefs and tax credits*

1.1.2.1. Standard tax reliefs

- Work-related expenses, corresponding to actual amounts or a standard allowance of 10 per cent of net pay (with a minimum of EUR 426 and a ceiling of EUR 12 157 per earner).
- Family status: The "family quotient" (*quotient familial*) system takes a taxpayer's marital status and family responsibilities into account. It involves dividing net taxable income into a certain number of shares [two shares for a married (or "PACSed") couple, one share for a single person, one half-share for each dependent child, an additional half-share for the third and each subsequent dependent child, an additional half-share for single parent, and so on]: the total tax due is equal to the amount of tax corresponding to one share multiplied by the total number of shares. The tax benefit for a half-share is limited, however, to EUR 1 500 as for 2013 income (2 000 for 2012 income) per half-share in excess of two shares for a couple, or one share for a single person, except for the first two half-shares granted for the first child of a single parent, in which case the maximum benefit is EUR 3 540 as for 2013 income (4 040 for 2012 income).

1.1.2.2. Main non-standard reliefs available to the average worker

Certain expenditures to improve or maintain the taxpayer's primary residence, including outlays for heat insulation or heating adjustments, major capital expenditures and money spent to equip a home to produce energy from a renewable source (from 10 per cent to 40 per cent tax credits, subject to a multi-year maximum); compensatory allowances in case of divorce if paid in a lump sum (25 per cent reduction, capped at EUR 30 500); child care costs for children under seven (50 per cent reduction, up to annual expenditure of EUR 2 300); dependent children attending secondary school or in higher education; donations to charities or other organisations assisting those in needs; trade union dues, etc. The exemption of the employer's participation to the collective contracts of supplementary health cover is abolished in the budget act for 2014 (i.e. income earned in 2013).

1.1.2.3. Refundable tax credit: employment premium (*prime pour l'emploi*, or PPE)

This is a tax credit for households comprising wage-earners whose equivalent full-time net taxable earned income was between EUR 3 743 and EUR 26 572. The credit is determined in a multi-step calculation. First, the amount of the premium is calculated for each eligible wage-earner, and then the individual amounts are aggregated. The resulting amount may then be increased under certain conditions (dependent children or single-parent wage-earner). It is this final amount that is deducted from the family's tax liability. However, the credit is attributed only if the household's reference taxable income does not exceed the following limits: EUR 16 251 for a single person, EUR 25 231 for a single-parent family with two children, EUR 32 498 for a married or PACSed couple with no children, EUR 41 478 for a married or PACSed couple with two children. The credit was increased sharply, since the maximum individual amount was raised to EUR 960 in 2008. The PPE is not paid if it is less than EUR 30.

In the event of part-time work, the income used to compute the amount of the credit is converted to a full-time equivalent, and the resulting credit is then adjusted to the actual amount of time worked and increased. The increase has been raised: in 2007 (2006 income), the PPE of persons whose work ratio is 50 per cent (persons working half-time all year or full-time for six months) amounts to 92.5 per cent of the PPE of persons working full-time all year, versus 82.5 per cent in 2006.

The following table shows the applicable schedule for computing the employment premium by income level and type of family, as selected by the OECD:

Family status	Full-time equivalent annual earnings between	Amount of employment premium (PPE)	Increase for family responsibilities	
Single person with no children	EUR 3 743 < R < = EUR 12 475	R*7.7%		
	EUR 12 475 < R < = EUR 17 451	(EUR 17 451 -R) * 19.3%		
			Childless	Two Children
Two-earner couple (married/PACSed)	EUR 3 743 < R < = EUR 12 475	R*7.7%	-	EUR 72
	EUR 12 475 < R < = EUR 17 451	(EUR 17 451 -R) * 19.3%	-	EUR 72
			Childless	Two Children
Single-earner couple (married/PACSed)	EUR 3 743 < R < = EUR 12 475	R*7.7% + EUR 83	-	EUR 72
	EUR 12 475 < R < = EUR 17 451	(EUR 17 451 -R)*19.3%+ EUR 83	-	EUR 72
	EUR 17 451 < R < = EUR 24 950	EUR 83	-	EUR 36
	EUR 24 950 < R < = EUR 26 572	(EUR 26 572 -R)* 5.1%	-	EUR 36
Single-parent family with two children	EUR 3 743 < R < = EUR 12 475	R*7.7%	EUR 108	
	EUR 12 475 < R < = EUR 17 451	(EUR 17 451 -R) * 19.3%	EUR 108	
	EUR 17 451 < R < = EUR 26 572	0	EUR 72	

The PPE is increased for dependants in a household, and whether a married/PACSed couple has one or two earners can also affect the amount of the credit (with the amount for single-earner couples increased by EUR 83). The PPE is increased by EUR 36 for each dependent child, except in special cases (e.g. single-earner married/PACSed PPE recipients in the top two income brackets).

For the seventh consecutive year, the government decided to continue the freeze on the PPE scale for 2014.

Since 2010 personal income tax, the PPE is partly replaced by a new cash transfer benefit implemented in July 2009: the RSA (active solidarity income). This cash transfer ensures households earn a minimum income that increases with the number of hours worked. The RSA is not assessed here because to do so the knowledge of every cash transfer of the households (such as cash transfers for housing, unemployment, etc.) is needed. The RSA is designed to meet three goals:

- encourage people to enter or return to the labour market, by guaranteeing them a lasting improvement in income;
- reduce poverty by providing recipients with a decent income;
- improve social support and occupational reintegration.

The RSA is a new benefit that supersedes two existing basic welfare payments, the so called "revenu minimum d'insertion" (minimum unemployment benefit – RMI) and the so called "allocation de parent isolé" (single-parent allowance – API). It also replaces temporary payments for welfare recipients who return to work ("prime de retour à l'emploi", "prime forfaitaire de retour à l'emploi" bonuses and the "intéressement proportionnel" system of benefits combined with part-time work). However, the eight family types studied here earn too high an income to benefit from this credit.

1.1.3. *Tax schedule*

	Fraction of taxable income (1 share, in euros)	Rate (in %)
1st bracket	Up to 9 690	0
2nd bracket	From 9 690 to 26 764	14
3rd bracket	From 26 764 to 71 754	30
4th bracket	From 71 754 to 151 956	41
5th bracket	From 151 956	45

A special rebate for taxpayers with a low tax liability is applied to the amount of tax resulting from the above schedule before reductions and tax credits. To be eligible, the tax on the household's income must be less than EUR 1 135 for single households and less than 3 558 for the couples. The rebate is equal to the difference between this ceiling and the amount of tax before the rebate. If the final tax is less than EUR 61, no tax is payable.

1.1.4. *Exceptional contribution on high revenues*

An exceptional contribution on high revenues is based on the reference taxable income ("revenu fiscal de référence"). The tax rates are 3 per cent from EUR 250 000 to EUR 500 0000 (single person), 4 per cent over EUR 500 0000 (single person), 3 per cent from EUR 500 000 to EUR 1 000 000 (married couple or civil union) and 4 per cent over EUR 1 000 000 (married couple or civil unions).

1.2. *Taxes levied by decentralised authorities*

Local taxes levied on working households are:

- Residency tax (*taxe d'habitation*), which is set by local authorities.
- Property taxes on developed and undeveloped land.

- There are common rules for each type of tax, to which certain municipalities make certain adjustments.

These local taxes, the rates of which vary widely, depending on the municipality, are not assessed here.

1.3. *Universal social contribution (contribution sociale généralisée, or CSG)*

The universal social contribution (CSG) was introduced on 1 February 1991. Since 1 January 1998, the rate of CSG has been 7.5 per cent. This rate has been applied to a base of 98.25 per cent as of 1 January 2012. The CSG is deductible against taxable income, but at a lower rate of 5.1 per cent.

1.4. *Contribution to the reimbursement of social debt (contribution au remboursement de la dette sociale, or CRDS)*

The contribution to the reimbursement of social debt has been in effect since 1 February 1997. Like the universal social contribution, its base has passed to 98.25 per cent of gross pay as of 1 January 2012. The rate is set at 0.5 per cent. Unlike social security contributions, CRDS payments are not deductible from taxable income.

2. Compulsory social security contributions to schemes operated within the government sector

Some contributions are levied on a capped portion of monthly earnings. Since 1997, this ceiling has been adjusted once a year on 1 January. In January 2014, the ceiling was EUR 3 129 (or EUR 37 548 per year).

2.1. *Employee contributions*

2.1.1. *Pension*

- 6.80 per cent on earnings up to the ceiling (6.75 per cent in 2013).
- 0.25 per cent on total earnings.

2.1.2. *Illness, pregnancy, disability, death*

- 0.75 per cent on total earnings.

2.1.3. *Unemployment*

- 2.4 per cent on earnings up to 4 times the ceiling.

2.1.4. *Others*

- Supplemental pension* for non-managers: minimum 3.05 per cent up to the ceiling and 8.05 per cent between one and three times the ceiling; for managers, 3.05 per cent up to the ceiling and 7.75 per cent between one and four times the ceiling.
- The AGFF (Association pour la gestion du fonds de financement) contribution replaces ASF (Association pour la gestion de la structure financière), which had previously been included in "unemployment" levies. The rate of this contribution for non-managerial workers is 0.8 per cent of earnings up to the social security ceiling plus 0.9 per cent of any income in excess of the ceiling but not exceeding triple the amount of the ceiling.

* The social protection scheme is named ARRCO for non-managers and AGIRC for managers.

2.2. Employer contributions

2.2.1. Pensions

8.45 per cent (8.4 per cent in 2013) of gross pay, up to the ceiling, plus a 1.75 per cent levy on total pay.

2.2.2. Illness, pregnancy, disability, death

12.8% of total earnings.

An additional contribution of 0.3 per cent (contribution de solidarité autonomie – (CSA) is levied on total salary.

2.2.3. Unemployment

4 per cent of earnings (4.5 per cent, 5.5 per cent or 7 per cent for some temporary contracts), up to four times the ceiling; in addition, 0.3 per cent up to four times the ceiling to endow the salary guarantee fund (AGS).

2.2.4. Work-related accidents

Contribution rates for work-related accidents vary by line of business and are published annually in the official gazette (*Journal officiel de la République française*). In 2014, the average rate is 2.44 per cent. The rates increased by 0.01 percentage points in 2014.

2.2.5. Family allowances

5.25 per cent of total pay.

2.2.6. Others

- Supplemental pension: for non-managers, 4.58 per cent up to the ceiling and 12.08 per cent between one and three times the ceiling; for managers, 4.58 per cent up to the ceiling and 12.68 per cent between one and four times the ceiling.*
- The AGFF contribution is 1.2 per cent for non-managers or managers up to the ceiling, 1.3 per cent for non-managers between one and three times the ceiling and 1.3 per cent for managers between one and four times the ceiling. In the table, this is combined with the rates for supplemental pensions.
- Others (construction, housing, apprenticeship, further training): 3.23 per cent of pay (for enterprises with more than 20 employees). The transport tax is not included because it varies geographically.

2.2.7. Reduction of employer-paid social insurance contributions

Act No. 2003-47 of 17 January 2003 on salaries, working time and the development of employment (the "Fillon Act") amended how the reduction of contributions is calculated.

As a result, since 1 July 2005 the maximum reduction has been 26 per cent (in companies with more than 20 employees) for a worker paid the minimum wage. It then declines gradually to zero at 160 per cent of the annual minimum wage. It applies irrespective of the number of hours worked.

* Between four and eight times the ceiling, the repartition of the pension contributions between employee and employer contribution is not nationally decided.

The Budget Act for 2007 (Article 41 V) bolsters this measure for very small enterprises with effect from 1 July 2007. For employers with between 1 and 19 employees, the maximum deduction was raised to 28.1 per cent at the minimum wage, declining gradually – here too – to zero at 160 per cent of the minimum wage.

In 1 January 2011 the "Fillon act" was modified and included an annualized calculation of the general tax reliefs of employer contributions. For part-time wage-earners, the relief is computed using an equivalent full-time salary and is then adjusted proportionally to the number of hours paid.

The gross annual minimum wage (for 1 820 hours) in 2014 was an estimated EUR 17 345.

2.2.8. *Competitive tax credit (CICE – Crédit d'impôt pour la compétitivité et l'emploi)*

As for 2013, the competitive tax credit (CICE – Crédit d'impôt pour la compétitivité et l'emploi) will benefit all businesses, regardless of their legal status or economic sector, that employ salaried workers and be liable for either corporation tax or income tax, based on actual profits.

The CICE is based on all wages paid to salaried employees in a given calendar year up to 2.5 times the minimum wage (without taking into account any overtime or additional hours worked). For part-time employees and seasonal workers, the minimum wage corresponding to the working hours stipulated in the contract shall be taken into account.

The rate of the tax credit shall be 6 per cent for wages paid in 2014 (4 per cent in 2013).

3. Universal cash transfers

Main family benefits (in respect of dependent children)

- Family allowances: monthly base for family allowances (BMAF) = EUR 406.21 as of 1 April 2014 (EUR 403.79 as of 1 April 2013, 405.605 in average over 2014). Rate: two children: 32 per cent; per additional child: 41 per cent. An extra amount of 16% of the BMAF is reversed if the child is over 14 (the extra amount is not incorporated into the model).
- ARS (Allocation de Rentrée Scolaire): The amount payable depends on the age of the child to reflect needs. The allowance is payable to families or persons with children aged 6 to 18 attending school, and whose income is below a certain level (not incorporated into the model).

Age of the child	Percentage of the BMAF in September 2014
6-10 years	89.72
11-14 years	94.67
15-18 years	97.95

- Family supplement (Complément Familial): 41.65 per cent of the BMAF at 1 January 2014. Subject to revenue ceilings, this is paid to families as of the third child and, since April 2014, an extra amount (EUR 16.85/month) is reversed for families whose incomes are below the poverty line (the CF is not incorporated into the model).
- The CRDS is levied on family allowances at a rate of 0.5 per cent (no deduction).

4. Main changes in the tax system and social benefits regime since the taxation of 2013 income

- Tax system (2014 income)
  - competitive tax credit (6% of reduction instead of 4% on 2013 income).
  - Tax schedule reform (in order to perpetuate and extend the effects of the exceptional tax deduction on the 2013 income).
- Social benefits regime
  - Contributions to the basic pension scheme rose by 0.3 on total wage, and by an additional 0.1 for the part of wage under the social security ceiling.

5. Memorandum items

To assess the degree of comparability between countries, the following additional information should be taken into account:

- Coverage is of the private and semi-public sectors of NACE Sections C to K up to 2007 and NACE Rev. 2 Sections B to N from 2008.
- The category "employees" encompasses all full-time dependent employees (excluding apprentices and interns).
- The figures presented are obtained by applying income tax and social contribution scales to gross salaries as listed in annual social data reports (DADS) in NACE.

2014 parameter values

Average earnings/yr	Ave_earn	37 427	(Secretariat estimate)
Work expenses	work_rel_fl	426	
	work_rel_ceil	12 157	
	work_rel_rate	0.1	
Tax schedule	tax_sch	0	9 690
		0.14	26 764
		0.3	71 754
		0.41	151 956
		0.45	
	limit_demipart	1 508	
	limit_sp_demipart1	3 558	
Décote value	decote_sing	1 135	
	decote_mar	1 870	
	tax_min	61	
Prime Pour l´Emploi	rev_ref_sing	16 251	
	rev_ref_mar	32 498	
	maj_dem_part	4 490	
	rate1	0.077	
	rate2	0.193	
	extra_pers	36	
	rate3	0.051	
	seuil1	3 743	
	seuil2	12 475	
	seuil3	17 451	
	seuil4	24 950	
	seuil5	26 572	
	seuil_min	30	
	ppe_mar_1earn	83	
	maj_tp_seuil	0.5	
	maj_tp	0.85	
CEHR	cehr_rate1	0.03	
	cehr_rate2	0.04	
	cehr_ceil1	250 000	
	cehr_ceil2	500 000	
CSG+CRDS	CSG_CRDS_abat	0.0175	
	CSG_rat_noded	0.0240	
	CRDS_rat_noded	0.0050	
	CSG_CRDS_rat_noded	0.0290	
	CSG_rat_ded	0.0510	
	CRDS_special	0.0050	
Social security contributions	SSC_ceil	37 548.0	
	pension_rate	0.0680	
	pension_rate2	0.0025	
	sickness_rate	0.0075	
	unemp_rate	0.0240	
Extra pension (non-cadres) (incl. AGFF)	pens_rate_ex	0.0385	
	pens_rate_ex2	0.0895	
Employer contributions	pens_empr1	0.085	
	pens_empr2	0.0175	
Authonomous Solidarity Contribution	sickness_empr	0.1280	
	CSA	0.0030	
Unemployment (incl. "garantie de salaire")	unemp_empr	0.0430	
Accidents	accidents_empr	0.0244	
	SMIC	17344.6	
Family Allowance	fam_empr	0.0525	
Extra pension (incl. AGFF)	pens_empr_ex	0.0578	

	pens_empr_ex2	0.1338
Others	others_empr	0.0323
	others_empr2	0.0323
Transitory Empl. SSC reduction rate	SSC_empr_redrate1	0
Employer SSC reduction rate	SSC_empr_redrate2	0.6
Employer SSC reduction maximum	SSC_empr_red_max	0.26
Employer SSC reduction SMIC reference	SSC_empr_SMIC_ref	1.6
Child benefit (second child) before CRDS	CB_2	1 557.52
third and subsequent before CRDS	CB_3	1 995.58
Derivation of minimum income	SMIC_horaire	9.53
	SMIC_heures	1 820
	minrevtp	17 345
Taux de réduction CICE	cice_red	0.06
	cice_max	2.5

2014 tax equations

The equations for the French system are mostly calculated on a family basis.

Variable names are defined in the table of parameters above, within the equations table, or are the standard variables "married" and "children". A reference to a variable with the affix "_total" indicates the sum of the relevant variable values for the principal and spouse. And the affixes "_princ" and "_spouse" indicate the value for the principal and spouse, respectively. Equations for a single person are as shown for the principal, with "_spouse" values taken as 0.

	Line in country table and intermediate steps	Variable name	Range	Equation
1.	Earnings	earn		
	Quotient for tax calculation	quotient	J	1+Married+IF(Children<3, Children/2, Children-1)+0.5*(Married=0)*(Children>0)
2.	Allowances:			
	CSG deductible	CSG_ded	B	CSG_rat_ded*((1-CSG_CRDS_abat)*MIN(earn;4*SSC_ceil)+Positive(earn-4*SSC_ceil))
	Salary net	earn_dec	B	earn-SSC-CSG_ded
	Work related	work_exp	B	MIN(work_rel_ceil, MAX(work_rel_rate* earn_dec, MIN(work_rel_fl, earn_dec)))
	Basic	basic_al	B	0
3.	Credits in taxable income	taxbl_cr	B	0
4.	CG taxable income	tax_inc	J	Positive(earn_dec_total-work_exp)
5.	CG tax before credits			
	Calculation according to schedule	sch_tax	J	MAX(quotient*Tax(tax_inc/quotient, tax_sch), IF(Married, 2*Tax(tax_inc/2, tax_sch)-limit_demipart*(quotient-2), Tax(tax_inc, tax_sch)-(Children>0)* (limit_sp_demipart1+limit_demipart*(quotient-2))))++cehr_rate1* MIN((cehr_ceil2-cehr_ceil1)*(1+Married);MAX(tax_inc-cehr_ceil1*(1+Married);0))+cehr_rate2 * MAX(tax_inc-cehr_ceil2*(1+Married);0)
	Adjusted for decote	adj_tax	J	SI(Married;Positive(MINA(tax_sch;2*tax_sch-decote_mar));Positive(MINA(tax_sch;2*tax_sch-decote_sing)))
	Tax liable	inc_tax	J	(adj_tax>=tax_min)*adj_tax
	CSG+CRDS (non-deductible)	CSG_CRDS_noded	B	CSG_CRDS_rat_nod*((1-CSG_CRDS_abat)*MIN(earn;4*SSC_ceil)+Positive(earn-4*SSC_ceil))
	CSG deductible	CSG_ded	B	CSG_rat_ded*((1-CSG_CRDS_abat)*MIN(earn;4*SSC_ceil)+Positive(earn-4*SSC_ceil))
6.	Tax credits:			

Line in country table and intermediate steps		Variable name	Range	Equation
	Prime pour l'emploi	PPE_main_princ	P	seuilMin(IF(tax_inc<((Married=0)*rev_ref_sing+(Married=1)*rev_ref_mar+maj_dem_part*Children),1.0)*IF(earn_dec_princ>=seuil1,(Married=1)*(earn_dec_spouse<seuil1)*IF(earn_dec_princ*MAX(minrevtp/earn_princ,1)>seuil4,Positive(seuil5-earn_dec_princ*MAX(minrevtp/earn_princ,1)) *rate3*(((earn_princ/minrevtp)>=1)+((earn_princ/minrevtp)<=maj_tp_seuil)*MIN(earn_princ/minrevtp,1)*(1+maj_tp)+((earn_princ/minrevtp)>maj_tp_seuil)*((earn_princ/minrevtp)<1)*((1-maj_tp)*MIN(earn_princ/minrevtp,1)+maj_tp)),ppe_mar_1earn)+(earn_dec_princ*MAX(minrevtp/earn_princ,1)<seuil2)*rate1*earn_dec_princ*MAX(minrevtp/earn_princ,1)*(((earn_princ/minrevtp)>=1)+((earn_princ/minrevtp)<=maj_tp_seuil)*MIN(EARN_PRINC/minrevtp,1)*(1+maj_tp)+((EARN_PRINC/minrevtp)>maj_tp_seuil)*((earn_princ/minrevtp)<1)*((1-maj_tp)*MIN(earn_princ/minrevtp,1)+maj_tp))+(earn_dec_princ*MAX(minrevtp/earn_princ,1)>=seuil2)*Positive(seuil3-earn_dec_princ*MAX(minrevtp/earn_princ,1))*rate2*(((earn_princ/minrevtp)>=1)+((earn_princ/minrevtp)<=maj_tp_seuil)*MIN(earn_princ/minrevtp,1)*(1+maj_tp)+((earn_princ/minrevtp)>maj_tp_seuil)*((earn_princ/minrevtp)<1)*((1-maj_tp)*MIN(earn_princ/minrevtp,1)+maj_tp)),0),seuil_min)
		PPE_main_spouse	S	seuilMin(IF(tax_inc<((Married=0)*rev_ref_sing+(Married=1)*rev_ref_mar+maj_dem_part*Children),1.0)*IF(earn_dec_spouse>=seuil1,(Married=1)*(earn_dec_princ<seuil1)*IF(earn_dec_spouse*MAX(minrevtp/earn_spouse,1)>seuil4,Positive(seuil5-earn_dec_spouse*MAX(minrevtp/earn_spouse,1))*rate3*(((earn_spouse/minrevtp)>=1)+((earn_spouse/minrevtp)<=maj_tp_seuil)*MIN(earn_spouse/minrevtp,1)*(1+maj_tp)+((earn_spouse/minrevtp)>maj_tp_seuil)*((earn_spouse/minrevtp)<1)*((1-maj_tp)*MIN(earn_spouse/minrevtp,1)+maj_tp)),ppe_mar_1earn)+(earn_dec_spouse*MAX(minrevtp/earn_spouse,1)<seuil2)*rate1*earn_dec_spouse*MAX(minrevtp/earn_spouse,1)*(((earn_spouse/minrevtp)>=1)+((earn_spouse/minrevtp)<=maj_tp_seuil)*MIN(earn_spouse/minrevtp,1)*(1+maj_tp)+((earn_spouse/minrevtp)>maj_tp_seuil)*((earn_spouse/minrevtp)<1)*((1-maj_tp)*MIN(earn_spouse/minrevtp,1)+maj_tp))+(earn_dec_spouse*MAX(minrevtp/earn_spouse,1)>=seuil2)*Positive(seuil3-earn_dec_spouse*MAX(minrevtp/earn_spouse,1))*rate2*(((earn_spouse/minrevtp)>=1)+((earn_spouse/minrevtp)<=maj_tp_seuil)*MIN(earn_spouse/minrevtp,1)*(1+maj_tp)+((earn_spouse/minrevtp)>maj_tp_seuil)*((earn_spouse/minrevtp)<1)*((1-maj_tp)*MIN(earn_spouse /minrevtp,1)+maj_tp)),0),seuil_min)
	Additional flat rate allowance	add_all	J	IF(tax_inc<((Married=0)*rev_ref_sing+(Married=1)*rev_ref_mar+maj_dem_part*Children),1.0)*OR((earn_dec_princ>=seuil1),(earn_dec_spouse>=seuil1))*(IF(OR(IF(earn_dec_princ>0,AND(earn_dec_princ>=seuil1,earn_dec_princ*MAX(minrevtp/earn_princ,1)<=seuil3),0),IF(earn_dec_spouse>0,AND(earn_dec_spouse>=seuil1,earn_dec_spouse*MAX(minrevtp/earn_spouse,1)<=seuil3),0)),extra_pers*Children,IF(OR(IF(earn_dec_princ>0,AND(seuil3<earn_dec_princ*MAX(minrevtp/earn_princ,1),earn_dec_princ*MAX(minrevtp/earn_princ,1)<=seuil5,earn_dec_spouse<seuil1),0),IF(earn_dec_spouse>0,AND(seuil3<earn_dec_spouse*MAX(minrevtp/earn_spouse,1),earn_dec_spouse*MAX(minrevtp/earn_spouse,1)<=seuil5,earn_princ<seuil1),0)),extra_pers*(Children>0),0))+(Married=0)*(Children>0)*extra_pers)
	Total NWTC	tax_cr	J	PPE_main_princ+PPE_main_spouse+add_all
7.	CG tax	CG_tax	J	inc_tax+CSG_CRDS_noded+CSG_ded-tax_cr

	Line in country table and intermediate steps	Variable name	Range	Equation
8.	State and local taxes	local_tax	J	0
9.	Employees' soc security	SSC	B	pension_rate*MINA(earn, SSC_ceil) +(sickness_rate+pension_rate2)*earn +unemp_rate*MINA(earn, 4*SSC_ceil) +pens_rate_ex*MINA(earn, SSC_ceil)+(earn>SSC_ceil)*pens_rate_ex2*MINA(earn-SSC_ceil, 3*SSC_ceil-SSC_ceil)
11.	Cash transfers	cash_transf_gross	J	IF(Children<2, 0, CB_2+(Children-2)*CB_3)
		crds_cash_transf	J	cash_transf_gross*-1*CRDS_special
		cash_transf_net	J	cash_transf_gross+crds_cash_transf
13.	Employer's soc security	SSC_empr_gross	B	(sickness_empr + CSA + pens_empr2 + fam_empr + accidents_empr+others_empr)*earn + pens_empr1*MINA(earn;SSC_ceil) + pens_empr_ex*MINA(earn;SSC_ceil) + pens_empr_ex2* MAX(MIN(earn;3*SSC_ceil) – SSC_ceil;0) + unemp_empr*MIN(earn;4*SSC_ceil))
		SSC_empr_reduction	B	IF(OR(earn>SSC_empr_SMIC_ref*SMIC,earn=0),0,-MIN (SSC_empr_red_max*earn,(SSC_empr_red_max/ SSC_empr_redrate2)*(SSC_empr_SMIC_ref*minrevtp/earn-1)*earn)) - IF(earn<cice_max*minrevtp;earn*cice_red)
		SSC_empr_final	B	SSC_empr_gross+SSC_empr_reduction
	Memorandum item: Non-wastable tax credit			
	tax expenditure component	taxexp	P	tax_cr-transfer
	cash transfer component	transfer	P	IF(CG_tax<0,-CG_tax,0)

Key to range of equation B calculated separately for both principal earner and spouse P calculated for principal only (value taken as 0 for spouse calculation) J calculated once only on a joint basis.

Les impôts sur les salaires 2015

Germany

This chapter includes data on the income taxes paid by workers, their social security contributions, the family benefits they receive in the form of cash transfers as well as the social security contributions and payroll taxes paid by their employers. Results reported include the marginal and average tax burden for eight different family types.

Methodological information is available for personal income tax systems, compulsory social security contributions to schemes operated within the government sector, universal cash transfers as well as recent changes in the tax/benefit system. The methodology also includes the parameter values and tax equations underlying the data.

Germany 2014

The tax/benefit position of single persons

		Wage level (per cent of average wage)	67	100	167	67
		Number of children	none	none	none	2.00
1.	**Gross wage earnings**		30 788	45 952	76 740	30 788
2.	**Standard tax allowances**					
	Basic allowance					
	Married or head of family		0	0	0	1 308
	Dependent children		0	0	0	0
	Deduction for social security contributions and income taxes		4 446	6 636	8 224	4 369
	Work-related expenses		1 000	1 000	1 000	1 000
	Other		36	36	36	36
		Total	5 482	7 672	9 260	6 713
3.	**Tax credits or cash transfers included in taxable income**		0	0	0	0
4.	**Central government taxable income (1 - 2 + 3)**		25 306	38 280	67 480	24 075
5.	**Central government income tax liability (exclusive of tax credits)**		4 355	8 784	21 208	3 770
6.	**Tax credits**					
	Basic credit					
	Married or head of family					
	Children		0	0	0	4 416
	Other					
		Total	0	0	0	4 416
7.	**Central government income tax finally paid (5-6)**		4 355	8 784	21 208	- 646
8.	**State and local taxes**		0	0	0	0
9.	**Employees' compulsory social security contributions**					
	Gross earnings		6 288	9 386	12 423	6 211
	Taxable income					
		Total	6 288	9 386	12 423	6 211
10.	**Total payments to general government (7 + 8 + 9)**		10 643	18 170	33 631	5 565
11.	**Cash transfers from general government**					
	For head of family					
	For two children		0	0	0	0
		Total	0	0	0	0
12.	**Take-home pay (1-10+11)**		20 144	27 782	43 109	25 222
13.	**Employers' compulsory social security contributions**		5 934	8 857	11 864	5 934
14.	**Average rates**					
	Income tax		14.1%	19.1%	27.6%	-2.1%
	Employees' social security contributions		20.4%	20.4%	16.2%	20.2%
	Total payments less cash transfers		34.6%	39.5%	43.8%	18.1%
	Total tax wedge including employer's social security contributions		45.1%	49.3%	51.3%	31.3%
15.	**Marginal rates**					
	Total payments less cash transfers: Principal earner		47.0%	52.3%	44.3%	44.9%
	Total payments less cash transfers: Spouse		n.a.	n.a.	n.a.	n.a.
	Total tax wedge: Principal earner		55.5%	60.0%	44.3%	53.8%
	Total tax wedge: Spouse		n.a.	n.a.	n.a.	n.a.

Germany 2014

The tax/benefit position of married couples

			100-0	100-33	100-67	100-33
		Wage level (per cent of average wage)	100-0	100-33	100-67	100-33
		Number of children	2	2	2	none
1.	**Gross wage earnings**		45 952	61 116	76 740	61 116
2.	**Standard tax allowances**					
	Basic allowance					
	Married or head of family		0	0	0	0
	Dependent children		0	0	0	0
	Deduction for social security contributions and income taxes		6 521	8 672	10 889	8 825
	Work-related expenses		1 000	2 000	2 000	2 000
	Other		72	72	72	72
		Total	7 593	10 744	12 961	10 897
3.	**Tax credits or cash transfers included in taxable income**		0	0	0	0
4.	**Central government taxable income (1 - 2 + 3)**		38 359	50 372	63 779	50 219
5.	**Central government income tax liability (exclusive of tax credits)**		4 828	8 423	12 764	8 590
6.	**Tax credits**					
	Basic credit					
	Married or head of family					
	Children		4 416	4 416	4 416	0
	Other					
		Total	4 416	4 416	4 416	0
7.	**Central government income tax finally paid (5-6)**		412	4 007	8 348	8 590
8.	**State and local taxes**		0	0	0	0
9.	**Employees' compulsory social security contributions**					
	Gross earnings		9 271	12 330	15 482	12 483
	Taxable income					
		Total	9 271	12 330	15 482	12 483
10.	**Total payments to general government (7 + 8 + 9)**		9 683	16 337	23 831	21 073
11.	**Cash transfers from general government**					
	For head of family					
	For two children		0	0	0	0
		Total	0	0	0	0
12.	**Take-home pay (1-10+11)**		36 269	44 780	52 909	40 043
13.	**Employers' compulsory social security contributions**		8 857	11 780	14 792	11 780
14.	**Average rates**					
	Income tax		0.9%	6.6%	10.9%	14.1%
	Employees' social security contributions		20.2%	20.2%	20.2%	20.4%
	Total payments less cash transfers		21.1%	26.7%	31.1%	34.5%
	Total tax wedge including employer's social security contributions		33.8%	38.6%	42.2%	45.1%
15.	**Marginal rates**					
	Total payments less cash transfers: Principal earner		43.0%	46.6%	49.4%	46.9%
	Total payments less cash transfers: Spouse		43.9%	46.6%	49.4%	46.9%
	Total tax wedge: Principal earner		52.2%	55.2%	57.5%	55.5%
	Total tax wedge: Spouse		53.0%	55.2%	57.5%	55.5%

The national currency is the euro (EUR). In 2014, EUR 0.75 was equal to USD 1. The average worker earned EUR 45 952 (Secretariat estimate).

1. Personal income tax systems

1.1. *Central/federal government income taxes*

1.1.1. *Tax unit*

Spouses are generally assessed jointly. They however have the option of being assessed separately. The income of dependent children is not assessable with that of the parents. The calculations in this Report assume joint taxation of the income of the spouses.

1.1.2. *Tax allowances and tax credits:*

1.1.2.1. Standard reliefs and work-related expenses

- *Basic reliefs*: None.
- *Standard marital status reliefs:* In the case of joint assessment, specific allowances are doubled. The income tax liability is computed by applying the income splitting method.
- *Relief(s) for children:* As of 1 January 2010, there are increased tax credits of EUR 2 208 for the first and the second child, of EUR 2 280 for the third child and of EUR 2 580 for the fourth and subsequent children. There is a tax allowance of EUR 2 184 for the subsistence of a child and an additional EUR 1 320 for minding and education or training needs (EUR 3 504). The amount of this allowance is doubled in case of jointly assessed parents. If the value of the tax credit is less than the relief calculated applying the tax allowances, the taxpayer obtains the tax allowance instead of the tax credit. It is also doubled for lone parents in cases where the other parent does not pay alimony. This is the assumption in the calculations presented in this Report.
- *Relief for lone parents*: Taxpayers who live alone with at least one child that entitles them to the tax allowances or tax credits for children, receive an additional allowance of EUR 1 308.
- *Reliefs for social security contributions and life insurance contributions:* Social security contributions and other expenses incurred in provision for the future (e.g. life insurance) are deductible up to specific ceilings. In 2005, a new calculation scheme came into force:
  - Step 1: all contributions made to pension funds (i.e. both employee's and employer's contributions) are added up. Step 2: the resulting amount is limited to EUR 20 000. Step 3: a certain percentage is applied to this amount (starting from 60 per cent in 2005, this percentage will be increased by 2 percentage points each year; it will reach 100 per cent in 2025). Step 4: the resulting amount, diminished by the (taxfree) contributions of the employer, is deductible from income.
  - The tax treatment of social security expenses (health, unemployment and care insurance) changed as of 1 January 2010. Employees' annual contributions to statutory

health insurance excluding sickness benefit (assumed to amount to 96 per cent of statutory health contributions) and employees' contributions to mandatory long-term care insurance are deductible from the tax base. In case these contributions do not exceed EUR 1 900/3 800 (single/married couples), contributions to unemployment insurance and other insurances premiums can be deducted in addition up to this ceiling.

- If the resulting sum of deductible amounts according the legislation in force since 2005 is lower than the allowance calculated under the scheme that was valid up to 2004, the former regulations are applied in favour of the taxpayer (for more details on the old scheme: see 2005 edition and Section 4 of this Report).

- *Work-related expenses:* EUR 1 000 lump-sum allowance per gainfully-employed person.
- *Special expenses:* Lump sum allowance (EUR 36/72 [singles/couples]) for special expenses, e.g. for tax accountancy. The actual expenses will be fully deductible from taxable income if the taxpayer proves that these expenses exceed the lump sum allowance.

1.1.2.2. Main non-standard tax reliefs applicable to an AW

- *Contributions to pensions, life insurance, superannuation schemes:* Other expenses than the compulsory contributions to social security are deductible as reliefs for (voluntary) social security contributions up to specific ceilings (see Section 1.121).
- *Medical expenses:* Partially deductible if not covered by insurance.
- *Other:* Work-related expenses that exceed the lump-sum allowance are fully deductible (no ceiling).

1.1.3. *Tax schedule*

The German tax schedule is formula-based. Taxable income is rounded down (to the EUR).

- X is the taxable income.
- T is the income tax liability.
- As of 1 January 2014 the following definitions are used in the income tax liability formulas:

$$Y = \frac{X - 8\,354}{10\,000}$$

$$Z = \frac{X - 13\,469}{10\,000}$$

The income tax liability (amounts in EUR) is calculated as follows:

1. $T = 0$ for $X \le 8\,354$
2. $T = (974.58\ Y + 1\,400)\ Y$ for $8\,355 \le X \le 13\,469$
3. $T = (228.74\ Z + 2\,397)\ Z + 971$ for $13\,470 \le X \le 52\,881$
4. $T = 0.42\ X - 8\,239$ for $52\,882 \le X \le 250\,730$
5. $T = 0.45\ X - 15\,761$ for $250\,731 \le X$

These formulas are used to calculate the income tax for single individuals.

The income tax liability for spouses who are assessed jointly is computed as follows: the income tax is calculated with respect to one-half of the joint taxable income. The resulting amount is doubled to obtain the income tax liability of the family (splitting method).

1.1.4. *Solidarity surcharge*

The solidarity surcharge is levied at 5.5 per cent of the income tax liability subject to an exemption limit of EUR 972/1 944 (singles/couples). The income tax liability is calculated applying the tax allowance for children. If the income tax liability exceeds the exemption limit, the solidarity surcharge will be phased in at a higher rate of 20 per cent of the difference between the income tax liability and the exemption limit until it equals 5.5 per cent of the total liability.

1.2. *State and local income taxes*

None.

2. Compulsory social security contributions to schemes operated within the government sector

The amount of social security contributions depends on the wage and the insurance contribution rate. All contributions are subject to a contribution ceiling, i.e. the maximum income for which statutory insurance contributions are calculated. The contribution rates for pension, health, care and unemployment insurances are fixed by the government.

2.1. *Employees' contributions*

In general, earnings up to EUR 4 800 per year were free of employee social security contributions until 31 December 2012. As of 1 January 2013, some essential changes came into effect concerning minimally paid employment. The earnings limit increased from EUR 400 to EUR 450 per month. Persons whose mini-job started before 2013 and do not exceed the previous earnings limit of EUR 400 stay contribution-free in all classes of social insurance. Otherwise, persons who take up a new mini-job are generally subject to mandatory insurance coverage in the statutory pension scheme with the full pension contribution rate of 18.9 per cent (in 2014). If the earnings are below the amount of EUR 175 (minimum contribution limit), a minimum contribution of EUR 33.08 has to be paid (18.9 per cent of EUR 175). The employer's share amounts to 15 per cent of the whole pay whereas the employee's part adds up to 3.9 per cent (or the difference between minimum contribution and employer share). By applying for an exemption from obligatory insurance coverage the mini-job holder may reduce his share to EUR 0.

As of 1 April 2003, there was an additional concession for employees with monthly income between EUR 400.01 and EUR 800 per month (the so-called "sliding pay scale", EUR 4 800.12 and EUR 9 600 per year). Due to the new regulations mentioned above the earnings limits shifted to EUR 450.01 and EUR 850.00 per month (EUR 5 400.12 and EUR 10 200 per year). If the employee's income falls within this range, part of the income will be exempt from social insurance contributions. However, employers are still required to pay the regular contributions on the employee's earnings. The arrangement is purely intended to relieve the financial burden on employees. The employees' contributions to social insurance rise on a straight-line basis over the income band reaching the full rate at EUR 850 per month. Details on social security contributions for workers earning more than EUR 10 200 per year are provided below.

2.1.1. *Pensions*

Employers and employees pay each half of the contribution rate of 18.9 per cent in 2014, that is 9.45 per cent of the employee's gross wage earnings, up to a contribution ceiling of EUR 71 400.

2.1.2. *Sickness*

As of 1 January 2011, the rate remains on the level of 7.3 per cent for employers and 8.2 per cent for employees. The contribution ceiling in 2014 is EUR 48 600. While all calculations shown in this Report assume membership in the public health insurance, workers with earnings above the contribution ceiling may opt out of the mandatory public health insurance system and may choose a private insurance provider instead (those opting for a private health insurance provider are required to obtain private long-term care insurance as well).

2.1.3. *Unemployment*

Employees pay half of the insurance contributions; the employer pays the other half. In 2014, the contribution rate is 3.0 per cent of assessable income. Employee and employer each pay 1.5 per cent. The contribution ceiling is EUR 71 400.

2.1.4. *Care*

A long-term care insurance (a 1 per cent contribution rate) went into effect on 1 January 1995. The rate was raised to 1.7 per cent of the gross wage when home nursing care benefits were added six months later. As of 1 July 2008, the rate was increased to 1.95 per cent. As of 1 January 2013, the contribution rate amounts to 2.05 per cent. The employers pay half of the contributions for long-term care insurance. In other words, employers and employees both pay a rate of 1.025 per cent. The assessable income is scaled according to the gross wage earnings but there is a contribution ceiling of EUR 48 600 in 2014.

As from 1 January 2005, child-raising is given special recognition in the law relating to statutory long-term care insurance. Childless contribution payers are required to pay a supplement of 0.25 per cent, raising the contribution rate paid by a childless employee from 0.975 per cent to 1.225 per cent as of 1 July 2008. In 2013, the contribution rate of a childless employee adds up to 1.275 per cent.

2.1.5. *Work injury*

Employer only.

2.1.6. *Family allowances*

None.

2.1.7. *Others*

None.

2.2. *Employers' contributions*

See Section 2.1.

2.2.1-2.2.4. *(Pensions, sickness, unemployment, care):*

See Section 2.1

2.2.5. *Work injury*

Germany has established a statutory occupational accident insurance. It is provided by industrial, agricultural and public-sector employers' liability insurance funds. This insurance protects employees and their families against the consequences of accidents at work and occupational illnesses. It is funded through the contributions paid by employers only. The amount of the employer's contributions depends on the sum total of employee's annual pay and the employer's respective hazard level. As it is not possible to identify a representative contribution rate, these amounts are not considered in this Report.

2.2.6. *Family allowances*

None.

2.2.7. *Others*

None.

3. Universal cash transfers

3.1. *Transfers related to marital status*

None.

3.2. *Transfers for dependent children*

None.

4. Main changes in tax/benefit systems since 1997

The following table shows changes in the tax credit and the tax allowance for children since 1997:

	Child credit				Child allowance
	First child	Second child	Third child	Fourth and subsequent children	
1997	1 350	1 350	1 841	2 147	3 534
1999	1 534	1 534	1 841	2 147	3 534
2000	1 657	1 657	1 841	2 147	5 080
2002	1 848	1 848	1 848	2 148	5 808
2009[1]	1 968	1 968	2 040	2 340	6 024
2010	2 208	2 208	2 280	2 580	7 008

1. plus EUR 100 one-off child credit payment for each child.

Up to 2004, the calculation of the relief for social security contributions and other expenses proceeded in three steps. First, EUR 3 068/6 136 (singles/couples) was deducted. These amounts were, however, lowered by 16 per cent of gross wages (serving as a proxy for employers' social security contributions). This deduction was provided as a partial compensation for the self-employed which do not receive tax-free employers' social security contributions. Second, the remaining expenses were deductible up to EUR 1 334/

2 668 (singles/couples). Third, half of the remaining expenses were deductible up to EUR 667/1 334 (singles/couples).

In 2004, the tax rate was reduced and the formula for calculating the income tax was changed. The relief for lone parents was reduced to EUR 1 308, the lump sum allowance for work related expenses was reduced to EUR 920.

As from 1 January 2005, the final stage of the 2000-tax reform came into effect. The bottom and top income tax rates were further reduced to 15 per cent and 42 per cent. Since 1998, both the bottom and top income tax rate have been reduced by about 11 percentage points while the personal allowance has been raised from EUR 6 322 to EUR 7 664. The tax cuts reduce the tax burden for all income taxpayers, affording the greatest relief to employees and families with low and medium incomes as well as to small- and medium-sized unincorporated businesses.

On 1 January 2005, the law regulating the taxation of pensions and pension expenses entered into force. The law provides a gradual transition to *ex-post* taxation of pensions paid by the statutory pensions insurance. In the long run, the tax treatment of capital-based employee pension schemes based on a contract between employer and employee will be reformed in the same way as the tax treatment in respect of the state pension scheme. In addition to the increased deductibility of contributions to the state and certain private pension schemes, the law contains rules which are intended to increase the attractiveness of private capital-based pension schemes and to encourage individuals to invest privately for their old-age pension.

Up to 30 June of 2005, employees paid half of the sickness insurance contributions; the employer paid the other half. As from 1 July 2005, members of the statutory health insurance scheme also pay an income-linked contribution of 0.9 per cent to which employers do not contribute. As from 1 July 2005, all statutory health insurance funds have reduced their contribution rates by 0.9 percentage points.

In 2007, a new top income tax rate of 45 per cent was introduced for taxable income above EUR 250 000 (EUR 500 000 for jointly assessed spouses).

In 2009, the bottom income tax rate was reduced to 14 per cent. The basic allowance was increased to EUR 7 834. All thresholds were increased by EUR 400.

Since 1 January 2010, the basic allowance has been augmented to EUR 8 004 and all thresholds have been increased by EUR330. Furthermore, new legislation improves the tax treatment of expenditure on health insurance and long-term care insurance. As of 1 January 2013, the basic allowance rose to EUR 8 130. As of 1 January 2014, the basic allowance amounts to EUR 8 354.

5. Memorandum items

5.1. *Average gross annual earnings calculation*

- Source of calculation: Federal Statistical Office.
- Excluding sickness and unemployment, including normal overtime and bonuses.

5.2. *Employer's contributions to private pension, etc., schemes*

No information available, though such schemes do exist.

2014 parameter values

Average earnings/yr	Ave_earn	45 952	Secretariat estimate
Tax allowances	Child_al	7 008	
Lone Parents	Lone_al	1 308	
Work related	Work_rel_al	1 000	
SSC allowance	SSC_dn	1 800	
	SSC_dn_rt	0.16	
	SSC_dn_lim	1 334	
	SSC_dn_lump_rt	0.2	
Allow. for special expenses	SE_al	36	
Church tax rate	Ch_tax_rt	0	
Tax formula	Tax_rate2	0.42	
	Tax_rate3	0.45	
	Tax_thrsh1	8 354	
	Tax_thrsh2	13 469	
Top Rate Tax Reduction	Reduction	8 239	
	Reduction2	15 761	
Tax Equation Rates			
tax_eqn_rates	Squared	Single	Constant
z	228.74	2 397	971
y	974.58	1 400	0
Income tax rate stage	tax_first_stage	8 354	
	tax_second_stage	13 469	
	tax_third_stage	52 881	
	tax_fourth_stage	250 730	
Solidarity Surcharge	surcharge	0.055	
Solidarity Exemption Limit	surcharge_limit	972	
Alternative Surcharge Rate	surcharge_alt	0.2	
Child credit	Ch_cred		
	1. ch.	2 208	
	2. ch.	2 208	
	3.ch.	2 280	
	4.ch.	2 580	

Social security	Sickness	Pension	Unemployment	Care	Alternative employer rate	SSC Factor F
period_1	12	12	12	12	12	12
period_2	0	0	0	0		
sum (Month's)	12	12	12	12	12	12
employer_1	0.073	0.0945	0.015	0.01025	0.3	0.7605
employer_2	0	0	0	0		
employee_1	0.082	0.0945	0.015	0.01025	0.039	0.7605
employee_2	0	0	0	0		
childless_1	0.082	0.0945	0.015	0.01275	0.039	0.7605
childless_2	0	0	0	0		
ceil	48 600	71 400	71 400	48 600	2 100	
SSC Floor	SSC_floor	10 200				
Intermediate SSC Ceiling	SSC_floor1	5 400				

2014 tax equations

The equations for the German system in 2014 are mostly calculated on a family basis.

The standard functions which are used in the equations are described in the technical note about tax equations. The function acttax carry out a rounded calculation for the tables but the unrounded version purtax is used in calculating the marginal rates.

For a taxpayer with children, either the child allowance is given in the tax calculation or the cash transfer is given if this is more beneficial. In practice, therefore, it is necessary to make two calculations – with and without the child allowance. Nevertheless, the calculation of solidarity surcharge is always based on the calculation which does assume that the child tax allowance is given.

Variable names are defined in the table of parameters above, within the equations table, or are the standard variables "married" and "children". The affixes "_princ" and "_spouse" on Variable names in functions indicate that the values have to be calculated for the principal and spouse, respectively. The parameter year in function SSC_Allowance is the year for which you calculate the Allowance.

	Line in country table and intermediate steps	Variable name	Range	Equation
1.	Earnings	earn		
	Quotient for tax calculation	quotient	J	1+Married
2.	Allowances:			
	Children	children_al	J	Children*Child_al
	Lone parent	lone_allce	J	Lone_al*(Children>0)*(Married=0)
	Soc sec contributions	SSC_al	J	Function: SSC_Allowance(earn_princ, earn_spouse , SSC_princ + SSC_spouse , Quotient, SSC_dn, SSC_dn_rt, SSC_dn_lim, SSC_dn_lump_rt, If(Children>0; "employee"; "childless"), year, rounded)
	Work related	work_al	J	Work_rel_al+MIN(earn_spouse,Work_rel_al)
	Allow. for special expenses	SE_al	J	SE_al*quotient
	Total	tax_al	J	children_al+SSC_al+work_al+ lone_allce + SE_al
3.	Credits in taxable income	taxbl_cr	J	0
4.	CG taxable income	tax_inc	J	earn-tax_al
5.	CG tax before credits			
	adjusted taxable income	adj	J	tax_inc/quotient
	Formula based tax schedule	tax_formula	J	Function: acttax(taxinc, rate, reduction, threshold1, threshold2, threshold3, equationrate, tax_first_stage, tax_second_stage, tax_third_stage, tax_fourth_stage, rate2, reduction2)
	Adjust for the quotient	tax_adj	J	Quotient*tax_formula
	Include solidarity surcharge	sol_surch	J	MIN(tax_adj * surcharge, Positive(tax_adj – surcharge_limit*Quotient) * surcharge_alt)
	Tax paid	CG_tax_excl	J	tax_adj+sol_surch
6.	Tax credits:	tax_cr	J	0
7.	CG tax	CG_tax	J	CG_tax_excl
8.	State and local taxes	local_tax	J	0
9.	Employees' soc security	SSC	B	Function: SSC (earn_princ, If(Children>0; "employee"; "childless"), rounded) + SSC (earn_spouse, If(Children>0; "employee"; "childless"), rounded)
11.	Cash transfers	Cash_tran	J	Children*ch_cred
13.	Employer's soc security	SSC_empr	B	Function: SSC (earn_princ, "employer", rounded) + SSC (earn_spouse, "employer", rounded)

Key to range of equation B calculated separately for both principal earner and spouse P calculated for principal only (value taken as 0 for spouse calculation) J calculated once only on a joint basis.

Greece

This chapter includes data on the income taxes paid by workers, their social security contributions, the family benefits they receive in the form of cash transfers as well as the social security contributions and payroll taxes paid by their employers. Results reported include the marginal and average tax burden for eight different family types.

Methodological information is available for personal income tax systems, compulsory social security contributions to schemes operated within the government sector, universal cash transfers as well as recent changes in the tax/benefit system. The methodology also includes the parameter values and tax equations underlying the data.

Greece 2014

The tax/benefit position of single persons

	Wage level (per cent of average wage)	67	100	167	67
	Number of children	none	none	none	2
1.	**Gross wage earnings**	13 513	20 168	33 680	14 864
2.	**Standard tax allowances**				
	Basic allowance				
	Married or head of family				
	Dependent children				
	Deduction for social security contributions and income taxes	2 162	3 227	5 389	2 378
	Work-related expenses				
	Other				
	Total	2 162	3 227	5 389	2 378
3.	**Tax credits or cash transfers included in taxable income**	0	0	0	0
4.	**Central government taxable income (1 - 2 + 3)**	11 351	16 941	28 292	12 486
5.	**Central government income tax liability (exclusive of tax credits)**	2 497	3 727	6 553	2 747
6.	**Tax credits**				
	Basic credit	2 100	2 100	900	2 100
	Married or head of family				
	Children				
	Other				
	Total	2 100	2 100	900	2 100
7.	**Central government income tax finally paid**	397	1 796	6 219	772
8.	**State and local taxes**	0	0	0	0
9.	**Employees' compulsory social security contributions**				
	Gross earnings	2 162	3 227	5 389	2 378
	Taxable income				
	Total	2 162	3 227	5 389	2 378
10.	**Total payments to general government (7 + 8 + 9)**	2 559	5 023	11 608	3 150
11.	**Cash transfers from general government**				
	For head of family				
	For two children	0	0	0	0
	Total	0	0	0	0
12.	**Take-home pay (1-10+11)**	10 953	15 145	22 072	11 714
13.	**Employer's compulsory social security contributions**	3 515	5 246	8 760	3 866
14.	**Average rates**				
	Income tax	2.9%	8.9%	18.5%	5.2%
	Employees' social security contributions	16.0%	16.0%	16.0%	16.0%
	Total payments less cash transfers	18.9%	24.9%	34.5%	21.2%
	Total tax wedge including employer's social security contributions	35.7%	40.4%	48.0%	37.5%
15.	**Marginal rates**				
	Total payments less cash transfers: Principal earner	34.5%	35.3%	44.6%	35.3%
	Total payments less cash transfers: Spouse	n.a.	n.a.	n.a.	n.a.
	Total tax wedge: Principal earner	48.0%	48.7%	56.0%	48.7%
	Total tax wedge: Spouse	n.a.	n.a.	n.a.	n.a.

Greece 2014

The tax/benefit position of married couples

	Wage level (per cent of average wage)	100-0	100-33	100-67	100-33
	Number of children	2	2	2	none
1.	**Gross wage earnings**	24 202	32 188	40 417	29 506
2.	**Standard tax allowances**				
	Basic allowance				
	Married or head of family				
	Dependent children				
	Deduction for social security contributions and income taxes	3 872	5 150	6 467	4 721
	Work-related expenses				
	Other				
	Total	3 872	5 150	6 467	4 721
3.	**Tax credits or cash transfers included in taxable income**	0	0	0	0
4.	**Central government taxable income (1 - 2 + 3)**	20 329	27 038	33 950	24 785
5.	**Central government income tax liability (exclusive of tax credits)**	4 472	5 948	7 469	5 453
6.	**Tax credits**				
	Basic credit	1 800	3 900	3 900	4 100
	Married or head of family				
	Children				
	Other				
	Total	1 800	3 900	3 900	4 100
7.	**Central government income tax finally paid (5-6)**	3 079	3 079	4 112	2 286
8.	**State and local taxes**	0	0	0	0
9.	**Employees' compulsory social security contributions**				
	Gross earnings	3 872	5 150	6 467	4 721
	Taxable income				
	Total	3 872	5 150	6 467	4 721
10.	**Total payments to general government (7 + 8 + 9)**	6 951	8 229	10 578	7 007
11.	**Cash transfers from general government**				
	For head of family				
	For two children	0	0	0	0
	Total	0	0	0	0
12.	**Take-home pay (1-10+11)**	17 250	23 959	29 838	22 499
13.	**Employer's compulsory social security contributions**	6 295	8 372	10 512	7 674
14.	**Average rates**				
	Income tax	12.7%	9.6%	10.2%	7.7%
	Employees' social security contributions	16.0%	16.0%	16.0%	16.0%
	Total payments less cash transfers	28.7%	25.6%	26.2%	23.7%
	Total tax wedge including employer's social security contributions	43.4%	40.9%	41.4%	39.5%
15.	**Marginal rates**				
	Total payments less cash transfers: Principal earner	36.2%	36.2%	36.2%	35.3%
	Total payments less cash transfers: Spouse	16.0%	16.0%	35.3%	16.0%
	Total tax wedge: Principal earner	49.3%	49.3%	49.3%	48.7%
	Total tax wedge: Spouse	33.3%	33.3%	48.7%	33.3%

The national currency is the euro (EUR). In 2014, EUR 0.75 was equal to USD 1. In 2014, the estimated gross earnings of the average worker are EUR 20 168 (Secretariat estimate).

1. Personal income tax system

1.1. Central government income tax

1.1.1. Tax unit

Individuals are subject to national income tax. Every individual who derives income from sources in Greece is subject to tax irrespective of his nationality, place of domicile or residence. Moreover, every individual with domicile in Greece (more than 183 days) is subject to tax on his/her worldwide income irrespective of the individual's nationality. Due consideration is given to bilateral conventions designed to obviate double taxation. From 2013 onwards, all individuals who have completed 18 years of age are obliged to file a tax return regardless of having taxable income or not. The minimum imputed income, which is required to cover the taxpayer's main living expenses is EUR 3 000 for a single individual and EUR 5 000 for spouses. Spouses file a joint return but each spouse is liable for the tax payable on his or her share of the joint income. Losses incurred by one spouse may not be set off against the income of the other spouse. Deductible personal expenses concerning both spouses and tax credits are apportioned to each spouse according to the income earned by each one of them. From 2013 onwards, unmarried children under the age of 18, adult unmarried children who are under the age of 25 and are students, unmarried children who serve their military service, disabled children (> = 67%), disabled siblings (> = 67%) of the spouses and spouses' relatives (up to the 3rd degree) who are orphans are deemed to be borne by the taxpayer if they cohabit with the taxpayer and their annual taxed, real or imputed and exempt income does not exceed the amount of EUR 3 000 or the amount of EUR 6 000 in case of disability (> = 67%).

1.1.2. Tax allowances and tax credits

1.1.2.1. Standard tax reliefs

- Social security contributions: all compulsory social security contributions and optional contributions to legally constituted funds are fully deductible from taxable gross income.

1.1.2.2. Deductions from the payable amount of tax, as calculated on the basis of the scale (Non-Standard tax credits):

A) As from 2013 onwards, the previously existing tax-free threshold of EUR 5 000 was replaced with a system of tax deductions. Specifically, the tax arising by the tax scale for employees and pensioners is reduced as following:

- by EUR 2 100 for annual income up to EUR 21 000,

- by the amount of EUR 100 per each EUR 1 000 of income and up to EUR 2 100 for annual income exceeding the amount of EUR 21 000.

The above tax deduction is granted under the condition of the on time submission of receipts/invoices for the purchase of goods and services equal to 25 per cent of the taxable income and up to the amount of EUR 10 500. Should the value of invoices is less than the one required, a 22 per cent penalty is imposed on the remaining amount.

B) The following tax credits are deducted from the payable amount of tax, as calculated on the basis of the scale after applying the above tax allowance:

1. 10 per cent of the expenses of medical and hospital care of the taxpayer and his/her dependents, provided they are not covered by Social Security Funds and they exceed 5 per cent of the taxable income. The total credit cannot exceed EUR 3 000 Hospital expenses in respect of unmarried or widowed children who suffer from an incurable disease, who are mentally retarded or are blind and whose total annual income does not exceed EUR 6 000 are also included.

2. 10 per cent of the amount of alimony that is paid to a spouse and is adjudicated by the Court. The tax reduction cannot exceed EUR 1 500.

3. a. 10 per cent of the total amount of donations to the State, municipalities and communities, state universities, the church, the monasteries of Mount Athos, the World Patriarchate of Constantinople, the Patriarchate of Alexandria and Jerusalem, the Sacred Monastery of Mountain Sinai, the state and municipal nursing homes and hospitals which are subsidized from State budget and the Archaeological Resources Fund.

   b. 10 per cent of the total amount of donations to public or private non-profit legal entities which have been or are being legally constituted for cultural purposes.

   c. 10 per cent of the amounts donated to philanthropic institutions, non-profit making bodies which provide educational services or grant scholarships, Greek legal entities governed by private or public law which have been or are being set up for philanthropic purposes.

Note: The amounts of the above donations are taken into account only if they have been deposited in a bank account in Greece, created for this purpose.

4. 10 per cent of the value of medical equipment and ambulances donated to the state and municipal nursing homes and private hospitals which are subsidized from the State budget.

Note: The total amount of all the above donations (Case 3 and 4) cannot exceed 5 per cent of the total income that is taxed by the general provisions. In addition, this tax credit is deducted if the amount of donation exceeds the amount of EUR 100.

C) The amount of tax derived on the basis of all scales is reduced by EUR 200 provided that the taxpayer himself or the people living with him and dependent upon him are handicapped (invalidity over 67 %) or are invalid soldiers or military personnel injured in the course of their duties or receive pension by the State as war victims.

Note: Taxpayers who reside abroad but derive taxable income from sources in Greece are not eligible for these deductions, with the exemptions of residents of the EU member states who derive at least 90 per cent of their total income from sources in Greece.

Spouses:

When the wife derives income taxable on the basis of the scale, then the following are deducted from her own payable amount of tax:

a) deductions related to medical and hospital expenses, donations and the lump sum of EUR 200 of the spouse;

b) deductions related to medical and hospital expenses of the spouse's children from a former marriage, her children born out of wedlock, her parents and orphaned relatives of first and second degree of kin.

If from the joint tax return submitted by the spouses no tax obligation arises for one of them, or the payable amount of tax is less than the sum of the deductions (medical and hospital expenses, lump sum of EUR 200) then the whole amount of the deductions or the ensuing difference is attributed to the payable tax of the other spouse.

1.1.2.3. Exemptions

Some forms of income, specified by Law (art. 6 of Law No. 2238/1994, as amended) are exempt from the tax.

Examples:

- on condition of reciprocity, income of all kinds derived abroad by foreign ambassadors and diplomatic representatives;
- on condition of reciprocity, income from salaried services derived by consuls, consulate agents and employees of embassies and consulates that have the nationality of the represented State;
- gross imputed income from residence of self-owned house (for income effected from 1.1.2003);
- imputed income deriving from the gratuitous granting of the use of house up to 200 square meters total by parents to children and vice-versa, provided that the house will be used as residence;
- profits from the operation of ships under the Greek flag, where such profits are subject to the special taxation on ship owners' profits;
- all forms of pensions and relief provided to war victims and their families, as well as to soldiers and military personnel injured in the course of their duties in times of peace;
- salaries, pensions, etc., paid to totally blind individuals or to heavily (over 80 %) mobility impaired individuals. Also non-institutional relief and the additional amount of pension paid to blind individuals and persons totally dependent for their care on others because of invalidity;
- the amount of grants and scholarships lawfully awarded by the Greek State, public entities or private charitable funds as specified by Law, provided that they are proven to be pursuing objectives beneficial to the Nation, or religious, educational, artistic, philanthropic, etc., ones; also grants and scholarships paid by foreign States, organisations and funds to Greek citizens;
- money awards paid by the State, the Academy of Athens or the Organisation of the "Music Hall" ("Megaro Mousikis") to reward scientific, artistic and generally intellectual performance;

- financial aid to recognised political refugees residing temporarily in Greece as well as to persons that have submitted the relevant application to the competent Greek authorities, paid by bodies carrying out refugee aid schemes financed by the UN, the EU or the Greek State;
- subsidies paid to young professionals and entrepreneurs within the framework of employment programmes of the National Employment Organisation (OAED), as specified by Law;
- subsidies paid to young professionals and entrepreneurs;
- benefits for third child or more.

1.1.2.4. Tax calculation

For income tax purposes, there are six categories of taxable income: income from immovable property (category A-B), income from movable property (category C), income from business (category D), income from agriculture (category E), income from employment (category F) and income from professional services or other sources (category G).

Net income is computed separately within each category with tax rules that vary across income categories. Total taxable income is computed as the aggregate of the net results of all categories. Losses in one category may be set off against income of another category. If the declared income is not accepted as the base for the tax assessment, the tax authorities can base the assessment on the presumptive income, which is the minimum amount of income required to cover the taxpayer's main living expenses.

Employment income (category F) is subject to withholding tax. The tax is withheld by the employer and is calculated by applying the taxpayer's progressive income tax schedule. The employer calculates the withholding tax on the basis of the taxpayer's annual net salary (net of social security contributions). The withholding tax is then reduced by 1.5 per cent of the total amount of taxes due. The resulting tax is the annual tax due, 1/14 of which constitutes the monthly withholding tax for the private sector's employees (every employee in the private sector receives 14 monthly salaries per year, i.e. 12 monthly wages plus 1 salary as Christmas bonus, 1/2 salary as Easter bonus and 1/2 salary as summer vacation bonus). For the employees of the public sector, the monthly withholding tax is calculated as 1/12 of the annual tax due, because of the fact that bonuses in the public sector have been eliminated. If the taxpayer's final tax liability (derived from the annual declared income) exceeds the aggregate of the amounts already withheld or prepaid, the remaining tax is generally payable in three equal bimonthly instalments. Any excess tax paid or withheld will be refunded.

1.1.3. *Rate schedule*

Law 4141/2013 introduced three different tax schedules for each category of Personal income earned in 2013:

a) Income Tax Schedule for Salaried persons (employees and pensioners).*

* According to the Law 4261/2014, if the real income of taxpayers does not exceed the amount of EUR 5 000 or their imputed income does not exceed the amount of EUR 9 000 and if they do not run a personal business, they are not self-employed and they do not have income from immovable property, their income is taxed according to the Income Tax Schedule for Salaried Persons.

b) Income Tax Schedule for Non-Salaried persons (Self-Employed and personal businesses).

c) Income Tax Schedule for immovable property and securities.

a) Tax schedule for employees and pensioners

Income bracket (EUR)	Tax rate (%)	Tax bracket (EUR)	Total amount	
			Income (EUR)	Tax (EUR)
25 000	22%	5 500	25 000	5 500
17 000	32%	5 440	42 000	10 940
Excess	42%			

The previously existing tax-free threshold of EUR 5 000 was abolished and replaced with a system of tax deductions. Specifically, the tax derived by the above tax scale is reduced as following:

- by EUR 2 100 for annual income up to EUR 21 000;
- by the amount of EUR 100 per each EUR 1 000 of income and up to EUR 2 100 for annual income exceeding the amount of EUR 21 000.

The above tax deduction is granted under the condition of the on time submission of receipts/invoices for the purchase of goods and services equal to 25% of the taxable income and up to the amount of EUR 10 500. Should the value of invoices is less than the one required, a 22% penalty is imposed on the remaining amount.

Special categories of taxpayers (prisoners, mentally handicapped living in psychiatric Institutions, old people living in nursing homes, etc.) are exempt by the obligation of submitting receipts.

b) Tax schedule for self employed and personal businesses

Income bracket (EUR)	Tax rate (%)	Tax bracket (EUR)	Total amount	
			Income (EUR)	Tax (EUR)
50 000	26%	13 000	50 000	13 000
Excess	33%			

For new personal business or new self-employed who started their entrepreneurship after 1 January 2013, the tax rate of the first income bracket of the above scale is decreased by 50% for income up to EUR 10 000 for the first three years of their business activity.

c) Tax schedule for immovable property and securities

Income bracket (EUR)	Tax rate (%)	Tax bracket (EUR)	Total amount	
			Income (EUR)	Tax (EUR)
12 000	10%	1 200	12 000	1 200
Excess	33%			

The gross income derived by real estate is subject to an additional tax of 1.5 %. The rate is raised to 3% where the surface area of such residence is greater than 300 square meters. The amount of additional tax may not be greater than the amount payable on the taxpayer's total net income.

Note: Married persons must submit a joint return, but taxes, duties and levies are calculated separately on the income declared by each spouse

Moreover, a special solidarity contribution was introduced with the art. 29 of Law 3986/2011 for annual income exceeding EUR 12 000 and varied from 1% to 4% on the actual or imputed, taxable or tax exempt reported income. The special solidarity contribution is imposed on net income earned in the years 2010-14 (financial years 2011-15), according to the following schedule:

Net income (EUR)	Tax rate (%)
12 000-20 000	1
20 000-50 000	2
50 000-100 000	3
Above 100 000	4

Note: The tax rate is imposed on the total net income and not progressively according to scale (steps). The net income is defined as individual gross income minus social security contributions.

e.g.: net income EUR 50 000 * 2% = EUR 1 000 for special solidarity contribution.

1.2. *State and local income taxes*

There are no local income taxes in Greece. Municipalities (the local authorities) receive 20 per cent of the national income tax revenues.

2. Compulsory social security contributions to schemes operated within the government sector

The great majority of individuals who are employed in the private sector and render dependent personal services are principally, directly and compulsorily insured in the Social Insurance Organisation (IKA). Apart from the main contribution, IKA compulsorily collects contributions for other minor Funds created for the employee's benefit (Unemployment Benefits Funds, etc.). A subsidiary Social Insurance Fund (ETEAM) for employees who are principally insured in IKA has been established since 1983.

The average rates of contributions payable by white-collar employees as a percentage of gross earnings are as follows (%):

Up to 30 June 2014:

	Employer	Employee	Total
1. Social Insurance Organisation (IKA)	18.43	9.22	27.65
2. Subsidiary Social Insurance Fund (ETEAM)	3.00	3.00	6.00
3. Other Funds	6.03	4.28	10.31
Total	**27.46**	**16.50**	**43.96**

From 1 July 2014:

Higher contributions are due (18.95 per cent paid by the employee and 26.71per cent paid by the employer) in case of blue-collar workers who are engaged in heavy work (unhealthy, dangerous, etc., work) as they are entitled to a pension five years earlier than the other workers. In the industrial sector, the employer pays an additional occupational

	Employer	Employee	Total
1. Social Insurance Organisation (IKA)	17.88	9.22	27.10
2. Subsidiary Social Insurance Fund (ETEAM)	3.00	3.00	6.00
3. Other Funds	3.68	3.28	6.96
Total	**24.56**	**15.50**	**40.06**

Average annual rates are used in the *Taxing Wages* model for 2014.

risk contribution at a rate of 1 per cent because these workers are more vulnerable to labour accidents and occupational diseases.

Contributions are calculated on the basis of the monthly salary or wages paid but within the limits specified in the National General Collective Employment Agreement. Monthly gross remuneration includes salaries and wages, fringe benefits and bonuses and any profit distributions to employees. From 2013 onwards, an equalized ceiling of EUR 5 546.80 applies for all categories of employees.

Self-employed individuals must make monthly compulsory lump-sum contributions to OAEE (Free Professional Social Insurance Organisation); these contributions depend on the number of years that the self-employed has been insured (for more details, see the explanatory annex to Table III.3 of the *OECD's Tax Database*).

All of these social security contributions are fully deductible for income tax purposes.

3. Universal cash transfers

3.1. *Transfers related to marital status*

Employees working in the private sector, according to the relevant Collective Labour Agreement or arbitrary decision, are granted by their employers a benefit representing 10 per cent of their gross basic salary (excluding any other cash transfers), independently of their spouse's income status. For public servants no marriage benefit is granted.

3.2. *Transfers for dependent children*

Benefits for dependent children are determined by the worker's Collective Labour Agreement. The benefits are usually equal to 5 per cent of the gross basic monthly salary of each spouse per child. When a relevant Collective Labour Agreement does not exist, the rules of the National General Collective Labour Agreement apply. The latter agreement works as a safety net; it provides a benefit related to marital status but not related to dependent children.

Benefits for dependent children are granted for each child starting either from the 1st, 2nd or the 3rd child, depending on the provisions of the relative Collective Labour Agreement that is in force. Examples of industries whose workers receive benefits for each and every child are the insurance industry (7.5 per cent), the accountants (5 per cent) and the shipping industry (6 per cent). For public servants, this benefit is limited to a flat gross monthly amount of EUR 18 for each of the first two children (a different amount applies for the 3rd and additional children).

If no benefit for dependent children is provided by the worker's Collective Labour Agreement, a very small yearly subsidy is provided by the Manpower Employment Organisation (OAED) under certain circumstances and depending on the employees' income and family status. Only one of the spouses is entitled to this OAED cash transfer.

3.3. *State benefits for having more than 2 children*

Law 1892/1990 determines the benefits for having more than two children. For 2012 the monthly state benefit for a family that has a 3rd child is EUR 177. This benefit is tax-free and is given during the first 6 years of the child's life. In addition, families with more than 3 children receive a tax free monthly allowance of EUR 44 for each of every unmarried child under the age of 23. The Law also provides for a multi-children pension of EUR 102 that is given to the mother who no longer is the beneficiary of the monthly multi-children allowance of EUR 44. Law 3454/2006 provides for a lump sum amount of EUR 2 000 for all mothers for every of their 3rd and any additional child.

4. Main changes in the tax/benefit system since 2013

- The average rates of contributions regarding both white-collar and blue-collar employees decreased.
- Four new compulsory occupational insurance Funds were set up (see non-tax compulsory payments file).

5. Memorandum items

5.1. *Identification of an AW and method of calculations used*

Methodological note for the estimation of the average annual earnings per employee, for the period 2000-13.

Terminology and coverage

The average annual earnings below refer to full time employees for Sectors C to N of ISIC Rev. 3.1, before 2008, and for Sectors B to N including Division 95 and excluding Divisions 37, 39 and 75 of ISIC Rev. 4, for 2008 onwards.

Data sources

In the estimation procedure of the average annual earnings per employee, for the period 2000-13 the following data are taken into account:

- Annual earnings and number of employees, as derived from the **Structure of Earnings Survey** (SES), of the years 2002, 2006 and 2010.
- Hours worked and annual average number of employees, as derived from the **Labour Force Survey** (LFS), of the years 2000-13.*
- Average annual earnings indices, as derived from the Indices on **Quarterly Labour Cost Survey**, of the years 2000-13.

* Data only for the first two quarters of 2013.

Annual gross earnings per full time employee 2000-13 Greece

Year	NACE Rev 2 classification
2000	15 693
2001	15 688
2002	**17 359**
2003	19 339
2004	21 669
2005	21 902
2006	**23 800**
2007	23 893
2008	23 835
2009	24 619
2010	**24 156**
2011	23 391
2012	22 240
2013	19 558

Notes

1. The average gross annual earnings per **full time employee** for the period 2000 to 2012 **includes**:
   - the special payments for shift and night work, as well as work during weekends and holidays;
   - the total annual bonuses as well as those that are regularly paid on a monthly basis, the 13th salary (Christmas salary) and 14th salary (Easter and vacation payments);
   - the annual bonuses based on productivity;
   - the education and working time allowance;
   - the marriage and children allowance;

   and excludes:
   - the annual payments in kind: foods, drinks, footwear, clothes, accommodation, business cars provided, mobile phone, etc.;
   - the annual premiums related to profit-sharing schemes.
2. The data for 2011 and onwards will be revised when the final results of the SES 2014 will be available.
3. Estimates for 2013 will be revised when the final results of the SES 2014 will be available and with the most recent data from LFS and CLI.

Source: ELSTAT.

5.2. *Main employers' contributions to private pension, health, and related schemes*

Contributions to private pension and sickness schemes made by employers are not added to employees' gross earnings for tax purposes and are therefore not subject to tax. Since these contributions are not obligatory for employers, no data is provided by the National Statistical Service of Greece. Very few employers have adopted such additional insurance schemes.

2014 parameter values

Average earnings/yr	Ave_earn	20 168	Secretariat estimate
Tax credit	Child_cred	0	
Rates of family subsidies			
paid by employers	Wife_sub	0.1	
children (up to 3)	Child_sub	0.05	
Income tax schedule	Tax_sch	0.22	25 000
		0.32	42 000
		0.42	
Tax deduction	Tax_cred	2 100	
	Tax_cred_thrsh	21 000	
	Tax_red	100	
Solidarity contribution	Solidarity_sch	0	12 000
		0.01	20 000
		0.02	50 000
		0.03	100 000
		0.04	
Social security contributions	SSC_rate	0.16	
	SSC_rate_empr	0.2601	
	SSC_ceil	77 655.20	
	SSC_ceil_use	1	

2014 tax equations

The equations for the Greek system in 2014 are mostly on an individual basis. The level of gross earnings for the principal earner is increased by the spouse and child subsidy paid by the employer.

The functions which are used in the equations (Taper, MIN, Tax, etc.) are described in the technical note about tax equations. Variable names are defined in the table of parameters above, within the equations table, or are the standard variables "married" and "children". A reference to a variable with the affix "_total" indicates the sum of the relevant variable values for the principal and spouse. And the affixes "_princ" and "_spouse" indicate the value for the principal and spouse, respectively. Equations for a single person are as shown for the principal, with "_spouse" values taken as 0.

	Line in country table and intermediate steps	Variable name	Range	Equation
1.	Earnings	earn_princ	P	Ave_earn*(1+Married*Wife_sub+ MIN(Children,3)*Child_sub)
		earn_spouse	S	Ave_earn*(1+Married*Wife_sub+ MIN(Children,3)*Child_sub)
2.	Allowances:	tax_al	B	SSC
3.	Credits in taxable income	taxbl_cr		0
4.	CG taxable income	tax_inc	B	Positive(earn-tax_al)
5.	CG tax before credits	CG_tax_excl	B	Tax(tax_inc,tax_sch)-Low_rate*Positive(MIN(Effect_low_band-Low_thrsh,tax_inc-Low_thrsh))
	Solidarity contribution	sol_contr	B	=Solidarity(earn-SSC,Solidarity_sch)
6.	Tax credits:	tax_cr	**B**	=Positive(tax_cred-(INT(Positive(earn-tax_cred_thrsh)/1000)*tax_cred_red))
7.	CG tax	CG_tax	B	Positive(CG_tax_excl-tax_cr)+sol_contr
8.	State and local taxes	local_tax	B	0
9.	Employees' soc security	SSC	B	IF(SSC_ceil_use=1,SSC_rate*MIN(earn,SSC_ceil),SSC_rate*earn)
11.	Cash transfers	cash_trans	B	0
13.	Employer's soc security	SSC_empr	B	IF(SSC_ceil_use=1,SSC_rate_empr*MIN(earn,SSC_ceil),SSC_rate_empr*earn)

Key to range of equation B calculated separately for both principal earner and spouse P calculated for principal only (value taken as 0 for spouse calculation) J calculated once only on a joint basis.

Hungary

This chapter includes data on the income taxes paid by workers, their social security contributions, the family benefits they receive in the form of cash transfers as well as the social security contributions and payroll taxes paid by their employers. Results reported include the marginal and average tax burden for eight different family types.

Methodological information is available for personal income tax systems, compulsory social security contributions to schemes operated within the government sector, universal cash transfers as well as recent changes in the tax/benefit system. The methodology also includes the parameter values and tax equations underlying the data.

Hungary 2014

The tax/benefit position of single persons

	Wage level (per cent of average wage)	67	100	167	67
	Number of children	none	none	none	2
1. Gross wage earnings		2 016 220	3 009 284	5 025 504	2 016 220
2. Standard tax allowances					
Basic allowance					
Married or head of family					
Dependent children		0	0	0	1 500 000
Deduction for social security contributions and income taxes					
Work-related expenses					
Other					
	Total	0	0	0	1 500 000
3. Tax credits or cash transfers included in taxable income		0	0	0	0
4. Central government taxable income (1 - 2 + 3)		2 016 220	3 009 284	5 025 504	516 220
5. Central government income tax liability (exclusive of tax credits)					
Central government income tax liability (exclusive of tax credits)		322 595	481 485	804 081	82 595
	Total	322 595	481 485	804 081	82 595
6. Tax credits					
Basic credit		0	0	0	0
Married or head of family					
Children					
Other					
	Total	0	0	0	0
7. Central government income tax finally paid (5-6)		322 595	481 485	804 081	82 595
8. State and local taxes		0	0	0	0
9. Employees' compulsory social security contributions					
Gross earnings		373 001	556 718	929 718	373 001
Taxable income					
	Total	373 001	556 718	929 718	373 001
10. Total payments to general government (7 + 8 + 9)		695 596	1 038 203	1 733 799	455 596
11. Cash transfers from general government					
For head of family					
For two children		0	0	0	355 200
	Total	0	0	0	355 200
12. Take-home pay (1-10+11)		1 320 624	1 971 081	3 291 705	1 915 824
13. Employer's wage dependent contributions and taxes					
Employer's compulsory social security contributions		544 379	812 507	1 356 886	544 379
Payroll taxes		30 243	45 139	75 383	30 243
	Total	574 623	857 646	1 432 269	574 623
14. Average rates					
Income tax		16.0%	16.0%	16.0%	4.1%
Employees' social security contributions		18.5%	18.5%	18.5%	18.5%
Total payments less cash transfers		34.5%	34.5%	34.5%	5.0%
Total tax wedge including employer's social security contributions		49.0%	49.0%	49.0%	26.1%
15. Marginal rates					
Total payments less cash transfers: Principal earner		34.5%	34.5%	34.5%	34.5%
Total payments less cash transfers: Spouse		n.a.	n.a.	n.a.	n.a.
Total tax wedge: Principal earner		49.0%	49.0%	49.0%	49.0%
Total tax wedge: Spouse		n.a.	n.a.	n.a.	n.a.

Hungary 2014

The tax/benefit position of married couples

			100-0	100-33	100-67	100-33
	Wage level (per cent of average wage)		100-0	100-33	100-67	100-33
	Number of children		2	2	2	none
1.	**Gross wage earnings**		3 009 284	4 002 348	5 025 504	4 002 348
2.	**Standard tax allowances**					
	Basic allowance					
	Married or head of family					
	Dependent children		1 500 000	1 500 000	1 500 000	0
	Deduction for social security contributions and income taxes					
	Work-related expenses					
	Other					
		Total	1 500 000	1 500 000	1 500 000	0
3.	**Tax credits or cash transfers included in taxable income**		0	0	0	0
4.	**Central government taxable income (1 - 2 + 3)**		1 509 284	2 502 348	3 525 504	4 002 348
5.	**Central government income tax liability (exclusive of tax credits)**					
	Central government income tax liability (exclusive of tax credits)		241 485	400 376	564 081	640 376
		Total	241 485	400 376	564 081	640 376
6.	**Tax credits**					
	Basic credit		0	0	0	0
	Married or head of family					
	Children					
	Other					
		Total	0	0	0	0
7.	**Central government income tax finally paid (5-6)**		241 485	400 376	564 081	640 376
8.	**State and local taxes**		0	0	0	0
9.	**Employees' compulsory social security contributions**					
	Gross earnings		556 718	740 434	929 718	740 434
	Taxable income					
		Total	556 718	740 434	929 718	740 434
10.	**Total payments to general government (7 + 8 + 9)**		798 203	1 140 810	1 493 799	1 380 810
11.	**Cash transfers from general government**					
	For head of family					
	For two children		319 200	319 200	319 200	0
		Total	319 200	319 200	319 200	0
12.	**Take-home pay (1-10+11)**		2 530 281	3 180 738	3 850 905	2 621 538
13.	**Employer's wage dependent contributions and taxes**					
	Employer's compulsory social security contributions		812 507	1 080 634	1 356 886	1 080 634
	Payroll taxes		45 139	60 035	75 383	60 035
		Total	857 646	1 140 669	1 432 269	1 140 669
14.	**Average rates**					
	Income tax		8.0%	10.0%	11.2%	16.0%
	Employees' social security contributions		18.5%	18.5%	18.5%	18.5%
	Total payments less cash transfers		15.9%	20.5%	23.4%	34.5%
	Total tax wedge including employer's social security contributions		34.6%	38.2%	40.4%	49.0%
15.	**Marginal rates**					
	Total payments less cash transfers: Principal earner		34.5%	34.5%	34.5%	34.5%
	Total payments less cash transfers: Spouse		34.5%	34.5%	34.5%	34.5%
	Total tax wedge: Principal earner		49.0%	49.0%	49.0%	49.0%
	Total tax wedge: Spouse		49.0%	49.0%	49.0%	49.0%

The national currency is the forint (HUF). In 2014, HUF 232.62 was equal to USD 1. In 2014, the average worker earned HUF 3 009 284 (Secretariat estimate).

1. Personal income tax systems

1.1. *Central/federal government income taxes*

1.1.1. *Tax unit*

The tax unit is, in all cases, the separate individual. In exceptional cases, the employer can become subject to personal income tax, for instance in the case of benefits in kind.

1.1.2. *Tax allowances and tax credits*

1.1.2.1. Standard reliefs

- *Basic reliefs*: None.
- *Standard marital status reliefs*: None.
- *Employee Tax credit:* Since 1 January 2012, there is no employee tax credit.
- *Family tax allowance:* For families having children, the basis of income tax can be reduced by the family tax allowance, which amounts to HUF 62 500 per month/each dependent (for families having one or two children), or HUF 206 250 per month/each dependent (for families having at least three children). This tax allowance can be applied by a pregnant woman (or her husband) as from the 91st day after conception until birth of the child. The tax allowance may be claimed by one spouse or be split between the spouses. As of 1 January 2014, the family tax allowance was extended: families whose combined PIT base is not sufficient to claim the maximum amount of the family tax allowance can deduct the remaining sum from the 7% health insurance contribution and the 10% pension contribution. This measure does not affect the eligibility for social security benefits (pensions, healthcare, transfers, etc.).

1.1.2.2. Main non-standard tax reliefs

- *Trade Union membership dues:* Membership dues and contributions paid to trade unions and other corporate bodies of employees are deductible without any restriction.
- Tax credits are made available for physical disability or agricultural activities. Tax deduction is available for those having income from abroad.

1.1.3. *Tax schedule*

The rate of personal income tax amounts to 16 per cent.

1.2. *State and local income taxes*

In Hungary, there is no local personal income tax system supplementing the central one.

2. Compulsory social security contributions to schemes operated within the government sector

2.1. Employees' contributions

2.1.1. Pensions

The rate of pension contribution amounts to 10 per cent of gross earnings.

2.1.2. Sickness

The rate of health security contribution amounts to 7 per cent of gross earnings.

2.1.3. Unemployment

The worker must pay, as employees' contribution, 1.5 per cent of gross earnings.

2.1.4. Others

None. The average worker does not have any obligation to pay other contributions than the above mentioned. However, the contribution rates may be different for certain types of income or for certain groups of income recipients (e.g. employees with pensioner status). None of these exceptions are applicable to the workers taken into consideration in this report.

2.2. Employers' contributions

2.2.1. Pensions

None.

2.2.2. Sickness

None.

2.2.3. Unemployment

None.

2.2.4. Others

From 2012, the employers' social security contributions were merged into the new payroll tax, called social contribution tax. This change is of legal nature, the combined rate remains 27% while the revenue is divided among the pension, health care and labour-market funds (26% for pensions, 1% for health care).

The employer contributions also include a payroll tax: the training levy amounts to 1.5 per cent of gross earnings.

From 1 January 2013, the Job Protection Act (JPA) introduced new targeted reliefs in the employers' contributions (social contribution tax and training levy) to incentivise the employment of the most disadvantageous groups on the labour market. This measure reduces the standard rate of the employers' contributions up to a cap of HUF 100 000 per month. The JPA introduced a permanent reduction of the employers' tax rate by 14.5% for:

- employees under 25 years of age,
- employees over 55 years of age,
- employees working in elementary occupations.

It also introduced temporary reductions (28.5% in the first two years of the employment, and 14.5% in the third year) for:

- long term unemployed re-entering the labour market,
- people returning to work after child-care leave,
- career starters.

The new targeted reliefs in the employers' contributions are not considered in the *Taxing Wages* model.

Social security contributions will have to be paid on other benefits than gross earnings (e.g. grants in kind) and payments (e.g. certain kind of contracts).

3. Universal cash transfers

3.1. *Transfers related to marital status*

None.

3.2. *Transfers for dependent children*

Effective from 1 January 2008:

Type of family	HUF per month
For a couple with one child	12 200
For a single earner with one child	13 700
For a couple with two children, per child	13 300
For a single earner with two children, per child	14 800
For a couple with 3 or more children, per child	16 000
For a single earner with 3 or more children, per child	17 000
For a couple with permanently sick and disabled child	23 300
For a single earner with permanently sick and disabled child	25 900

4. Main changes in the tax/benefit system since 2010

- The tax base correction was phased out in two steps.
- The employee tax credit was abolished.
- The employees' health care contribution was increased.
- The employers' social security contributions were merged into the social contribution tax (legal change only, rates and base remained unchanged).
- Health contributions on benefits in kind were increased.
- As a temporary measure, a wage compensation scheme was in effect in the form of an employers' SSC credit.
- Targeted employment incentives to boost the employment levels of groups at the margin of the labour force.
- The child tax allowance was extended in 2014 by allowing the deduction of the allowance from employees' SSC.

5. Memorandum items

5.1. *Employer contributions to private social security arrangements*

In Hungary the law dealing with the voluntary mutual insurance funds (like pension funds) was enacted on 6 December 1993. Based on the rules for 2011, the monthly contribution paid to a voluntary mutual pension fund by the employer of a private worker who participates in a voluntary mutual pension fund, limited to an amount below half of the mandatory minimum wage, is taxable according to an effective personal income tax rate of 19.04 (the nominal tax rate of 16 per cent multiplied by 1.19) per cent. In the case of employers' contributions paid to health or mutual aid funds, the applicable limit is 30 per cent of the mandatory minimum wage. Contributions in excess of these limits are taxable at an effective personal income tax rate of 19.04 per cent and a health contribution of 27 per cent is also payable on these amounts. Sponsor's donations paid by the employer to its employees' voluntary mutual insurance fund are taxable as well. In addition, employees can apply a 20 per cent tax credit (with a limit of HUF 100 000 or 130 000 per year; in the case of payments simultaneously made to pension, health or mutual aid funds, the limit is HUF 120 000 or 150 000 per year) on these taxable payments. The tax authority pays the tax credit directly to a voluntary mutual insurance fund.

In general, insurance premiums (on the basis of which an employee is named as the recipient/beneficiary of insurance services) paid by the employer are taxable, and social security contributions plus training contribution are also payable. At the same time insurance premiums related to life insurance policy for accidental death, injury liability, or medical care insurance for full and permanent incapacity to work are exempted from taxation and any contributions.

As from 2008 employer pension institutions can be established. Based on the rules for 2011, the monthly contribution paid to an employer pension institution by the employer of a private worker, limited to an amount below half of the mandatory minimum wage, is taxable according to an effective personal income tax rate of 19.04 per cent. Contributions in excess of this limit are taxable at an effective personal income tax rate of 19.04 per cent and a health contribution of 27 per cent is also payable on these amounts.

2014 parameter values

Average earnings/yr	Ave_earn	3 009 284	Secretariat estimate		
Child allowance (per child)	child_al	1	750 000		
		2	750 000		
		3	2 475 000		
		4	2 475 000		
Income tax schedule	tax_sch	0.16			
Social security contributions	SSC_unemp	0.015			
	SSC_p	0.1			
	SSC_h	0.07			
Payroll taxes	SSC_empr	0.27			
	payroll_rate	0.015			
		# of children	1	2	3+
Transfers for children	CB_rates	0	12 200	13 300	16 000
(monthly)		1	13 700	14 800	17 000

2014 tax equations

The equations for the Hungarian system in 2014 are mostly on an individual basis. But the child allowance can be split between the spouses and cash transfers are calculated only once. This is shown by the Range indicator in the table below.

The functions which are used in the equations (Taper, MIN, Tax, etc.) are described in the technical note about tax equations. Variable names are defined in the table of parameters above, within the equations table, or are the standard variables "married" and "children". A reference to a variable with the affix "_total" indicates the sum of the relevant variable values for the principal and spouse. And the affixes "_princ" and "_spouse" indicate the value for the principal and spouse, respectively. Equations for a single person are as shown for the principal, with "_spouse" values taken as 0.

	Line in country table and intermediate steps	Variable name	Range	Equation
1.	Earnings	earn		
2.	Allowances:			
	Children	child_al	P	IF(Children>0, Children*VLOOKUP(Children, child_al, 2), 0)
	Total	tax_al	B	child_al
3.	Credits in taxable income	taxbl_cr	B	0
4.	CG taxable income	tax_inc	P	MAX(0,earn -tax_al)
	CG taxable income	tax_inc	S	Positive(earn_spouse-Positive(tax_al-earn_spouse-SSC_deduction_princ/tax_sch))
5.	CG tax before credits	CG_tax_excl	B	tax_inc*tax_sch
7.	CG tax	CG_tax	B	CG_tax_excl-tax_cr
8.	State and local taxes	local_tax	B	0
	Child tax allowance (Employees' SSC)	SSC_child_cr	P	=MIN(earn_princ*(SSC_h+SSC_p),Positive(tax_al-earn_princ)*tax_sch)
	Child tax allowance (Employees' SSC)		S	=MIN(earn_spouse*(SSC_h+SSC_p),Positive(-earn_princ)*tax_sch)
9.	Employees' soc security	SSC	B	earn*(SSC_unemp+ SSC_h+SSC_p)-SSC_child_cr
11.	Cash transfers	cash_trans	J	Children*(VLOOKUP((1-Married), CB_rates, MIN(Children, 3)+1)*12)
13.	Employer's soc security	SSC_empr	B	earn*SSC_empr
	Employer's payroll taxes	Payroll	B	earn*payroll_rate

Key to range of equation B calculated separately for both principal earner and spouse P calculated for principal only (value taken as 0 for spouse calculation) J calculated once only.

Iceland

This chapter includes data on the income taxes paid by workers, their social security contributions, the family benefits they receive in the form of cash transfers as well as the social security contributions and payroll taxes paid by their employers. Results reported include the marginal and average tax burden for eight different family types.

Methodological information is available for personal income tax systems, compulsory social security contributions to schemes operated within the government sector, universal cash transfers as well as recent changes in the tax/benefit system. The methodology also includes the parameter values and tax equations underlying the data.

Iceland 2014

The tax/benefit position of single persons

		Wage level (per cent of average wage)	67	100	167	67
		Number of children	none	none	none	2
1.	**Gross wage earnings**		4 593 587	6 856 100	11 449 686	4 593 587
2.	**Standard tax allowances**					
	Basic allowance					
	Married or head of family					
	Dependent children					
	Deduction for social security contributions and income taxes		183 743	274 244	457 987	183 743
	Work-related expenses					
	Other					
		Total	183 743	274 244	457 987	183 743
3.	**Tax credits or cash transfers included in taxable income**		0	0	0	0
4.	**Central government taxable income (1 - 2 + 3)**		4 409 843	6 581 856	10 991 699	4 409 843
5.	**Central government income tax liability (exclusive of tax credits)**		1 030 778	1 580 297	2 798 445	1 030 778
6.	**Tax credits**					
	Basic credit		605 976	605 976	605 976	605 976
	Married or head of family					
	Children					
	Other					
		Total	605 976	605 976	605 976	605 976
7.	**Central government income tax finally paid (5-6)**		424 802	974 321	2 192 469	424 802
8.	**State and local taxes**		636 781	950 420	1 587 201	636 781
9.	**Employees' compulsory social security contributions**					
	Gross earnings		27 959	27 959	27 959	27 959
	Taxable income					
		Total	27 959	27 959	27 959	27 959
10.	**Total payments to general government (7 + 8 + 9)**		1 089 543	1 952 700	3 807 630	1 089 543
11.	**Cash transfers from general government**					
	For head of family					
	For two children		0	0	0	569 687
		Total	0	0	0	569 687
12.	**Take-home pay (1-10+11)**		3 504 044	4 903 399	7 642 057	4 073 731
13.	**Employer's compulsory social security contributions**		348 653	520 378	869 031	348 653
14.	**Average rates**					
	Income tax		23.1%	28.1%	33.0%	23.1%
	Employees' social security contributions		0.6%	0.4%	0.2%	0.6%
	Total payments less cash transfers		23.7%	28.5%	33.3%	11.3%
	Total tax wedge including employer's social security contributions		29.1%	33.5%	38.0%	17.6%
15.	**Marginal rates**					
	Total payments less cash transfers: Principal earner		38.2%	38.2%	44.4%	47.8%
	Total payments less cash transfers: Spouse		n.a.	n.a.	n.a.	n.a.
	Total tax wedge: Principal earner		42.5%	42.5%	48.3%	51.4%
	Total tax wedge: Spouse		n.a.	n.a.	n.a.	n.a.

Iceland 2014

The tax/benefit position of married couples

		Wage level (per cent of average wage)	100-0	100-33	100-67	100-33
		Number of children	2	2	2	none
1.	**Gross wage earnings**		6 856 100	9 118 613	11 449 686	9 118 613
2.	**Standard tax allowances**					
	Basic allowance					
	Married or head of family					
	Dependent children					
	Deduction for social security contributions and income taxes		274 244	364 745	457 987	364 745
	Work-related expenses					
	Other					
		Total	274 244	364 745	457 987	364 745
3.	**Tax credits or cash transfers included in taxable income**		0	0	0	0
4.	**Central government taxable income (1 - 2 + 3)**		6 581 856	8 753 868	10 991 699	8 753 868
5.	**Central government income tax liability (exclusive of tax credits)**		1 580 297	2 076 820	2 611 076	2 076 820
6.	**Tax credits**					
	Basic credit		1 211 952	1 102 498	1 211 952	1 102 498
	Married or head of family					
	Children					
	Other					
		Total	1 211 952	1 102 498	1 211 952	1 102 498
7.	**Central government income tax finally paid (5-6)**		368 345	974 321	1 399 124	974 321
8.	**State and local taxes**		950 420	1 154 605	1 587 201	1 154 605
9.	**Employees' compulsory social security contributions**					
	Gross earnings		27 959	55 918	55 918	55 918
	Taxable income					
		Total	27 959	55 918	55 918	55 918
10.	**Total payments to general government (7 + 8 + 9)**		1 346 724	2 184 844	3 042 243	2 184 844
11.	**Cash transfers from general government**					
	For head of family					
	For two children		362 739	187 868	53 598	0
		Total	362 739	187 868	53 598	0
12.	**Take-home pay (1-10+11)**		5 872 115	7 121 636	8 461 041	6 933 769
13.	**Employer's compulsory social security contributions**		520 378	692 103	869 031	692 103
14.	**Average rates**					
	Income tax		19.2%	23.3%	26.1%	23.3%
	Employees' social security contributions		0.4%	0.6%	0.5%	0.6%
	Total payments less cash transfers		14.4%	21.9%	26.1%	24.0%
	Total tax wedge including employer's social security contributions		20.4%	27.4%	31.3%	29.3%
15.	**Marginal rates**					
	Total payments less cash transfers: Principal earner		47.8%	43.9%	43.9%	38.2%
	Total payments less cash transfers: Spouse		44.8%	41.6%	43.9%	35.8%
	Total tax wedge: Principal earner		51.4%	47.9%	47.9%	42.5%
	Total tax wedge: Spouse		48.7%	45.7%	47.9%	40.3%

The national currency is the króna (plural: krónur) (ISK). In 2014, ISK 116.69 was equal to USD 1. In 2014, the average worker is expected to earn ISK 6 856 100 (Secretariat estimate).*

1. Personal income tax system

1.1. Central government income taxes

1.1.1. Tax unit

Income is taxed on an individual basis, except for capital income of married couples which is taxed jointly.

1.1.2. Tax allowances and credits

1.1.2.1. Standard reliefs. • *Basic tax credit*: A fixed tax credit, amounting to ISK 605 976 in 2014, is granted to all individuals 16 years and older, regardless of their marital status. The tax credit is deducted from levied central and local government taxes. Unutilised tax credits or portions thereof are wastable, i.e. non-refundable and non-transferable between tax years.

- *Standard marital status relief*: Married couples may utilise up to 100 per cent of each spouses' unutilised portion of his/her basic tax credit.
- *Relief(s) for children*: None.
- *Relief(s) for compulsory pension contributions:* The compulsory payment to pension funds amounts to 4 per cent of wages and is deductible. In addition, an optional payment of up to 4 per cent of wages may also be deducted (was increased from 2 per cent in July 2014). As the additional 4 per cent contribution is optional, it is viewed as a non-standard relief in this Report.

1.1.2.2. Main non-standard tax reliefs applicable to an AW. • *Interest payment relief:* A fully refundable tax credit is granted to purchasers of personal dwellings (homes) to recuperate a part of mortgage-related interest expenses. The maximum tax-related interest credit in 2012 is ISK 400 000 for a single person, ISK 500 000 for a single parent and ISK 600 000 for a married couple. The following constraints apply to interest rebates: 1) they cannot exceed 7.0 per cent of the remaining debt balance incurred in buying a home for one's own use. 2) the maximum amount of interest payments that qualify for an interest rebate calculation is ISK 800 000 for an individual, ISK 1 000 000 for a single parent and ISK 1 200 000 for a couple. 3) 8.5 per cent of taxable income is subtracted from the interest expense. 4) The rebates begin to be curtailed at a net worth threshold of ISK 4 000 000 for a single individual and a single parent and ISK 6 500 000 for a couple and are eliminated altogether at a 60 per cent higher amount, or ISK 6 400 000 and 10 400 000, respectively. (These amounts are based on income in the year 2014 but are

* The definition of average worker in Iceland includes workers in five categories. See Section 5.1.

paid out in 2015. These numbers are estimates; final figures will be available once the 2015 budget has been passed).

1.1.3. *Tax schedule*

The income tax base is composed of *personal income* (e.g. wages, salaries, fringe benefits, pensions, etc.), which is taxed on an individual basis, and *capital income* which is taxed jointly for married couples.

The tax on personal income is triple-rated. The central government income tax rate in 2014 is 22.86 per cent for income up to ISK 290 000 per month. A 25.3 per cent tax rate applies to the next ISK 494 619 or up to ISK 784 619. For income exceeding ISK 784 619 the tax rate is 31.8 per cent. The income tax rate applies to all personal income in excess of ISK 141 025 per month (ISK 1 692 300 per year). Tax relief is provided by the basic credit described in Section 1.121.

The tax on capital income is 20 per cent. It is levied on all capital income of individuals, such as interest, dividends, rents etc. Interest income up to ISK 125 000 per year and 30 per cent of income from rent of residential property is tax free.

1.2. *Local government income tax*

The local government income tax base is the same as the central government's personal income tax base.

The local governments' income tax is single-rated, but the rate varies between 12.44 and 14.52 per cent between municipalities. The average rate in 2014 is 14.44 per cent.

2. Compulsory social security contributions to schemes operated within the government sector

2.1. *Employees' contributions*

Fee to the Retiree Investment Fund: 16 to 70 year-old individuals are subject to a fixed tax of ISK 10 159 in 2014, provided the individual's taxable income is at least ISK 1 624 601 for the year. This tax will be collected in 2015.

Fee to the broadcast media: 16 to 70 year-old individuals with taxable income over ISK 1 624 601 for the year are subject to a fixed tax of ISK 17 800 in 2014, which will be collected in 2015.

These amounts are estimates and thus subject to change as the fees are payable in 2015.

2.2. *Employers' contributions*

Employers have to pay a social security tax on total wages of 7.59 per cent. In addition, 0.65 per cent is levied on the wages of fishermen as a premium for their government accident insurance. Furthermore, a new financial activities tax was introduced in 2012, which requires financial and insurance companies to pay an additional 5.5 per cent payroll tax in 2014.

3. Universal cash transfers

3.1. *Marital status related transfers*

None.

3.2. *Transfers for dependent children*

Child benefits are granted for each child, subject to income thresholds. In 2014, they are as follows (in ISK per year):

For each child under the age of seven:	115 825
Children under the age of eighteen at the end of 2014:	
First child	194 081
Each additional child	231 019
Benefits for single parents:	
First child	323 253
Each additional child	331 593
Income threshold for benefit curtailment:	
For couples	4 800 000
For a single parent	2 400 000
Curtailment of benefits (children under the age of seven only):	
For each child	4 per cent
Curtailment of benefits (all children under the age of eighteen):	
For one child	4 per cent
For two children	6 per cent
For three children or more	8 per cent

Note that child benefits in this Report are based on income in the year 2014 but are paid out in 2015 (see also Section 4.4). These numbers are estimates and thus subject to change.

4. Main changes in the tax/benefit system Since 1998

4.1. *The deductibility of the payment to pension funds*

All employees are required to participate in pension funds. The employee contribution is generally 4 per cent of wages and the employer contribution was 6 per cent, and increased to 8 per cent as of beginning 2007. Both contributions are deductible from income before tax. In some cases, the contributions of employees and employers are higher. An optional, additional payment from employees of up to 4 per cent of wages is also deductible and goes into an individual retirement account. However, from 2012 to mid-2014, this additional payment was temporarily set at 2 %.

This voluntary pension savings option was first introduced in 1999 in order to encourage personal saving. At the time the contribution rate was 2 per cent for employees and 0.2 per cent for employers. In May 2000 these rates were doubled to 4 and 0.4 per cent, respectively, as noted above. In addition, some employers, such as the central government, have increased their employer counter-contribution by agreement with employees. The central government contributed 1 per cent against a voluntary employee contribution of 4 per cent in 2001 and 2 per cent as of the beginning of 2002. All such contributions are tax-deductible, both with the employer and the employee at the time the contribution is made. The actual pension is taxed as personal income when it is drawn. As of the beginning of 2004, the employer option of deducting the above 0.4 per cent against the social security tax was abolished. Since such employer counter-contributions had become part of wage agreements in most cases, it was no longer felt that such a tax incentive was needed.

4.2. Central and local income tax rates in 1997-2014

In 1997-2007, the Government pursued a policy of reducing the marginal tax rate, as can been seen in the table below. This development was reversed in 2009 when income tax was raised by 1.35 percentage points in response to the Treasury's rising debt burden brought on by the economic crisis. At the beginning of 2010 the tax system was changed from single rated to triple rated. The tax rate was set at 24.1 per cent for the first monthly ISK 200 000 but it was raised by 2.9 per cent for the next ISK 450 000 and again by 6 per cent for income in excess of ISK 650 000. In 2014, the rates are 22.86 %, 25.3% and 31.8 %, and the corresponding income thresholds are ISK 290 000 and 784 619 per month; see Section 1.13 for further details. From 1998 onwards, the central government and average local government personal income tax rates have been as follows:

	Central government general tax rate (%)	Municipal tax rate (%)	Total tax rate (%)	Central government surtax (%)
1998	27.41	11.61	39.02	7.00
1999	26.41	11.93	38.34	7.00
2000	26.41	11.96	38.37	7.00
2001	26.08	12.68	38.76	7.00
2002	25.75	12.79	38.54	7.00
2003	25.75	12.80	38.55	5.00
2004	25.75	12.83	38.58	4.00
2005	24.75	12.98	37.73	2.00
2006	23.75	12.97	36.72	0
2007	22.75	12.97	35.72	0
2008	22.75	12.97	35.72	0
2009	24.10	13.10	37.20	0
2010	24.10	13.12	37.32	2.90/6.00
2011	22.90	14.41	37.31	2.90/6.00
2012	22.90	14.44	37.34	2.90/6.00
2013	22.90	14.42	37.32	2.90/6.00
2014	22.86	14.44	37.30	2.44/6.50

4.3. A special tax on higher income

In 1998, the special tax on higher income was raised by 2 percentage points, from 5 to 7 per cent. For 2003-income, it was reduced back to 5 per cent. It was reduced to 4 per cent for 2004 income and to 2 per cent for 2005-income. In the fiscal year 2006, the tax was abolished. In the latter half of 2009 the special tax on higher income was introduced again at 8 per cent. In 2010 the tax system changed to triple-rated; see Sections 4.2 and 1.13.

4.4. A revision of child benefit system

Child benefits are granted for each child, subject to income thresholds. The amendments to tax legislation that came into effect in 2004 included a schedule for raising child benefits. As from 2007, the child benefits will be paid for children up to 18 years old instead of 16 years old. For 2007-14, benefits are as follows (in ISK per year):

	2007	2008	2009	2010	2011	2012	2013	2014
For all children under the age of seven	57 891	61 191	61 191	61 191	61 191	100 000	100 000	115 825
Children under the age of eighteen:								
First child	144 116	152 331	152 331	152 331	152 331	167 564	167 564	194 081
Each additional child	171 545	181 323	181 323	181 323	181 323	199 455	199 455	231 019
Benefits for single parents:								
First child	240 034	253 716	253 716	253 716	253 716	279 087	279 087	323 253
Each additional child	246 227	260 262	260 262	260 262	260 262	286 288	286 288	331 593
Income threshold for benefit curtailment:								
For couples	2 880 000	3 600 000	3 600 000	3 600 000	3 600 000	4 800 000	4 800 000	4 800 000
For a single parent	1 440 000	1 800 000	1 800 000	1 800 000	1 800 000	2 400 000	2 400 000	2 400 000
Curtailment of benefits under the age of seven:								
For each child				3%	3%	3%	3%	4%
Curtailment of benefits under the age of eighteen:								
For one child	2%	2%	2%	3%	3%	3%	3%	4%
For two children	5%	5%	5%	5%	5%	5%	5%	6%
For three children or more	7%	7%	7%	7%	7%	7%	7%	8%

The data for 2014 is subject to change as the benefits are not payable until 2015.

4.5. *A revision of interest rebates*

In 2004, the interest rebate was cut by 10 per cent, effective for that year only. The ceiling on interest payments that qualify for the interest rebate was reduced from 7 per cent to 5.5 per cent in 2005 and the interest rate cut was reduced from 10 per cent to 5 per cent. As of the beginning of 2006, the ceiling was further reduced to 5 per cent. In 2005 and again in 2007 the net worth ceiling was lifted considerably in reaction to the increase in net worth due to the house price boom in 2005-07. In 2008, as mortgage-related interest expenses surged, the ceiling on interest payments was raised back to 7 per cent and the maximum rebate amount increased by 37 per cent. These measures stayed in effect in 2009. In 2010 the maximum rebate amount increased by 47-62 per cent and the net worth ceiling was reduced significantly. The rate of taxable income which is subtracted from the interest expense was increased from 6 per cent to 8 per cent and further to 8.5 per cent in 2014. In addition to the ordinary interest payment relief, a temporary interest cost rebate was in effect in 2010-11; see Section 1.122.

4.6. *Transferability of basic tax credit between spouses*

The basic tax credit was made transferable between spouses in stages; see Section 1.121 above. In fiscal year 2001, 90 per cent of the credit became transferable, rising to 95 per cent in 2002 and 100 per cent in 2003.

5. Memorandum items

5.1. *Identification of AW (only five categories) and valuation of earnings*

The data on average earnings refers to average workers in seven categories according to the NACE Rev. 2 classification which corresponds to the ISIC Rev. 4 system. The categories are C – Manufacturing, D – Electricity, gas, steam and air conditioning supply (from 2008), E – Water supply; sewerage, waste management and remediation activities (from 2008) F – Construction, G – Wholesale and retail trade, repair of motor vehicles, motorcycles, H – Transport, storage, and J – Information and communication K – Financial and insurance activities. Public sector employees are not included. Together, these categories comprise approximately 80% of Iceland's private sector labour force.

The original data are obtained from a monthly survey among Icelandic firms with 10 or more employees.

5.2. Employer contributions to private pension funds, health and related schemes

By law, all employees and employers must contribute to pension funds. These funds are private, generally linked to unions and employee associations. The private pension funds are not part of the government-run social security system, to which a payroll tax is paid as described under Section 2.2 above. Compulsory and voluntary payments to such funds are described in Section 4.1 above.

2014 parameter values

Average earnings/yr	Ave_earn	6 856 100	Secretariat estimate
Pension rate for tax allowance	pension_rate	0.04	
Tax credit	Basic_crd	605 976	
	Married_propn	1	
Central income tax	tax_sch	0.2286	3 480 000
		0.253	9 415 428
		0.318	
Special tax	special_rate	0	
threshold	special_thrsh		
Local tax	local_rate	0.1444	
Church tax	church_tax	0	
Social Security Contr.	SSC_fixed	27 959	
	SSC_thrsh	1 624 601	
Employer SSC	SSC_empr	0.0759	
General child allowance:			
child allowance	CA	115 825	
Maximum number of children under 7	max_child_under7	1	
Supplement child allowance:			
Married couple case			
first child	SA_first_m	194 081	
other children	SA_others_m	231 019	
income threshold	SA_tresh_m	4 800 000	
Single parent case			
first child	SA_first_s	323 253	
other children	SA_others_s	331 593	
income threshold	SA_tresh_s	2 400 000	
reduction rate (one child)	SA_redn_1	0.04	
reduction rate (two children)	SA_redn_2	0.06	
reduction rate (tree or more children)	SA_redn_3	0.08	

2014 tax equations

The equations for the Iceland system are mostly on an individual basis. But the tax credit for married couples is relevant only to the calculation for the principal earner and child benefit is calculated only once. This is shown by the Range indicator in the table below.

The functions which are used in the equations (Taper, MIN, Tax, etc.) are described in the technical note about tax equations. Variable names are defined in the table of parameters above, within the equations table, or are the standard variables "married" and "children". A reference to a variable with the affix "_total" indicates the sum of the relevant variable values for the principal and spouse. And the affixes "_princ" and "_spouse" indicate the value for the principal and spouse, respectively. Equations for a single person are as shown for the principal, with "_spouse" values taken as 0.

	Line in country table and intermediate steps	Variable name	Range	Equation
1.	Earnings	earn		
2.	Allowances:	tax_al	B	earn*pension_rate
3.	Credits in taxable income	taxbl_cr	B	0
4.	CG taxable income	tax_inc	B	earn-tax_al
5.	CG tax before credits	CG_tax_excl	B	tax(tax_inc, tax_sch)
6.	Tax credits:	tax_cr	P	MIN(CG_tax_excl_princ,Basic_crd+MAX(Married*Basic_crd-CG_tax_excl_spouse-(tax_inc_spouse*local_rate),0))
			S	MIN(Married*Basic_crd, CG_tax_excl_spouse)
		special_tax	J	0
7.	CG tax	CG_tax	B	CG_tax_excl-tax_cr+special_tax
8.	State and local taxes	local_tax	P	MAX(tax_inc_princ*local_rate-MAX(Basic_crd+ Max(Married*Basic_crd-CG_tax_excl_spouse-(tax_inc_spouse*local_rate),0)-CG_tax_excl_princ,0),0)
			S	MAX(tax_inc_spouse*local_rate-MAX(Married*Basic_crd-CG_tax_excl_spouse,0),0)
9.	Employees' soc security	SSC	B	SSC_fixed*(earn>SSC_thrsh)
11.	Cash transfers:			
	Total family income	inc_tot	J	earn_total
	Child allowance	cash_trans	J	Positive(MIN(Children,max_child_under7)*CA-Positive(inc_total*(1-pension_rate)-IF(Married,SA_tresh_m,SA_tresh_s))*SA_redn_1) +(Children>0)*(IF(Married,SA_first_m+ Positive(Children-1)*SA_others_m,SA_first_s+ Positive(Children-1)*SA_others_s) – Positive(inc_tot*(1-pension_rate)-IF(Married,SA_tresh_m,SA_tresh_s))*IF(Children=1, SA_redn_1,IF(Children=2,SA_redn_2,SA_redn_3)))
13.	Employer's soc security	SSC_empr	B	earn*SSC_empr_rate

Key to range of equation B calculated separately for both principal earner and spouse P calculated for principal only (value taken as 0 for spouse calculation) J calculated once only on a joint basis.

Ireland

This chapter includes data on the income taxes paid by workers, their social security contributions, the family benefits they receive in the form of cash transfers as well as the social security contributions and payroll taxes paid by their employers. Results reported include the marginal and average tax burden for eight different family types.

Methodological information is available for personal income tax systems, compulsory social security contributions to schemes operated within the government sector, universal cash transfers as well as recent changes in the tax/ benefit system. The methodology also includes the parameter values and tax equations underlying the data.

Ireland 2014

The tax/benefit position of single persons

	Wage level (per cent of average wage)	67	100	167	67
	Number of children	none	none	none	2
1.	**Gross wage earnings**	23 092	34 466	57 558	23 092
2.	**Standard tax allowances**	0	0	0	0
3.	**Tax credits or cash transfers included in taxable income**	0	0	0	0
4.	**Central government taxable income (1 - 2 + 3)**	23 092	34 466	57 558	23 092
5.	**Central government income tax liability (exclusive of tax credits)**	4 618	7 243	16 711	4 618
6.	**Tax credits**				
	Basic credit	1 650	1 650	1 650	1 650
	Single, head of family	0	0	0	1 650
	Children				
	Other	1 650	1 650	1 650	1 650
	Total	3 300	3 300	3 300	4 950
7.	**Central government income tax finally paid (5-6)**	2 254	5 674	16 759	935
8.	**State and local taxes**	0	0	0	0
9.	**Employees' compulsory social security contributions**				
	Gross earnings	924	1 379	2 302	924
	Taxable income				
	Total	924	1 379	2 302	924
10.	**Total payments to general government (7 + 8 + 9)**	3 177	7 053	19 061	1 859
11.	**Cash transfers from general government**				
	For head of family	0	0	0	6 042
	For two children	0	0	0	3 120
	Total	0	0	0	9 162
12.	**Take-home pay (1-10+11)**	19 915	27 413	38 497	30 396
13.	**Employer's compulsory social security contributions**	2 482	3 705	6 187	2 482
14.	**Average rates**				
	Income tax	9.8%	16.5%	29.1%	4.1%
	Employees' social security contributions	4.0%	4.0%	4.0%	4.0%
	Total payments less cash transfers	13.8%	20.5%	33.1%	-31.6%
	Total tax wedge including employer's social security contributions	22.1%	28.2%	39.6%	-18.9%
15.	**Marginal rates**				
	Total payments less cash transfers: Principal earner	31.0%	52.0%	52.0%	64.4%
	Total payments less cash transfers: Spouse	n.a.	n.a.	n.a.	n.a.
	Total tax wedge: Principal earner	37.7%	56.7%	56.7%	67.9%
	Total tax wedge: Spouse	n.a.	n.a.	n.a.	n.a.

Ireland 2014

The tax/benefit position of married couples

	Wage level (per cent of average wage)	100-0	100-33	100-67	100-33
	Number of children	2	2	2	none
1.	**Gross wage earnings**	34 466	45 840	57 558	45 840
2.	**Standard tax allowances**	0	0	0	0
3.	**Tax credits or cash transfers included in taxable income**	0	0	0	0
4.	**Central government taxable income (1 - 2 + 3)**	34 466	45 840	57 558	45 840
5.	**Central government income tax liability (exclusive of tax credits)**	6 893	9 168	11 512	9 168
6.	**Tax credits**				
	Basic credit	3 300	3 300	3 300	3 300
	Single, head of family	0	0	0	0
	Children				
	Other	2 460	3 300	3 300	3 300
	Total	5 760	6 600	6 600	6 600
7.	**Central government income tax finally paid (5-6)**	2 865	4 554	7 578	4 554
8.	**State and local taxes**	0	0	0	0
9.	**Employees' compulsory social security contributions**				
	Gross earnings	1 379	1 379	2 302	1 379
	Taxable income				
	Total	1 379	1 379	2 302	1 379
10.	**Total payments to general government (7 + 8 + 9)**	4 243	5 932	9 881	5 932
11.	**Cash transfers from general government**				
	For head of family	1 040	0	0	0
	For two children	3 120	3 120	3 120	0
	Total	4 160	3 120	3 120	0
12.	**Take-home pay (1-10+11)**	34 383	43 027	50 797	39 907
13.	**Employer's compulsory social security contributions**	3 705	4 672	6 187	4 672
14.	**Average rates**				
	Income tax	8.3%	9.9%	13.2%	9.9%
	Employees' social security contributions	4.0%	3.0%	4.0%	3.0%
	Total payments less cash transfers	0.2%	6.1%	11.7%	12.9%
	Total tax wedge including employer's social security contributions	9.9%	14.8%	20.3%	21.0%
15.	**Marginal rates**				
	Total payments less cash transfers: Principal earner	31.0%	31.0%	31.0%	31.0%
	Total payments less cash transfers: Spouse	24.0%	24.0%	31.0%	24.0%
	Total tax wedge: Principal earner	37.7%	37.7%	37.7%	37.7%
	Total tax wedge: Spouse	29.9%	30.0%	37.7%	30.0%

The national currency is the euro (EUR). In 2014, EUR 0.75 was equal to USD 1. In that year, the average production worker earned EUR 34 466 (Secretariat estimate).

1. Personal income tax systems

1.1. Central/ federal government income taxes

1.1.1. *Tax unit*

Tax is levied on the combined income of both spouses. Either spouse may, however, opt for separate assessment, in which case the tax payable by both spouses must be the same as would be payable under joint taxation. A further option allows either spouse to opt for assessment as single persons in which case they are treated as separate units. The calculations presented in this Report are based on family taxation.

1.1.2. *Tax credits*

1.1.2.1. *Standard reliefs:*

- *Basic reliefs:* The single person's credit is EUR 1 650 per year.
- *Standard marital status reliefs:* The married person's credit is EUR 3 300 per year (i.e. twice the basic credit of EUR 1 650).
- *Employee credit:* With the exception of certain company directors and their spouses and the spouses of partners in partnership cases, all employees, including (subject to certain conditions) children who are full-time employees in the business of their parents, are entitled to an employee credit of EUR 1 650.
- *Single-Parent Family Relief:* The single parent family credit is EUR 1 650.

1.1.2.2. *Main non-standard tax reliefs applicable to an APW*

- *Interest on qualifying loans:* A qualifying loan in respect of the purchase, repair or improvement of the principal private residence. This relief is subject to the following overall limits in 2014.

	First time mortgage holders	Other mortgage holders
Married couple	EUR 8 000	EUR 5 079
Widowed person	EUR 8 000	EUR 5 079
Single person	EUR 4 000	EUR 2 539

- *Medical Insurance:* Relief at the taxpayer's standard rate of tax is available for taxpayers who make a payment to an authorised insurer under a contract which provides for the payment of medical expenses resulting from sickness of the person, his wife, child or other dependants. This *relief is now granted at source and is paid to the insurance provider.*
- *Mortgage Interest Relief:* Mortgage interest relief is discontinued for any mortgage over 7 years from 1 May 2009.

- *Work-related Expenses:* These are relieved to the extent that they are wholly, exclusively and necessarily incurred in the performance of the duties of an employment.
- *Home Carers Allowance:* This is a tax credit of EUR 810 f or families where one spouse works at home to care for children, the aged or incapacitated persons, where the carer spouse's income does not exceed EUR 5 079. A reduced measure of relief is granted for income between EUR 5 080 and EUR 6 620: if the income exceeds EUR 5 080 the tax credit is reduced by one half of the income of the Home Carer that exceeds this limit. This credit and the increased standard rate tax band for two income couples (see tax schedule below) are mutually exclusive but the person may opt for whichever is the more beneficial. If the Home Carer earns income of up to EUR 5 080 in his/her own right for the tax year, the full tax credit may be claimed. For the purposes of this tax credit, income means any taxable income such as income from a part-time job, dividends, etc. but does not include the Carer's Allowance payable by the Department of Social and Family Affairs.

1.1.3. *Tax schedule*

Band of taxable income (EUR)				Rate (%)
Single/widow(er)	Married couple (one income)	Married couple (two incomes)	One-parent families	
Up to 32 800	Up to 41 800	Up to the lesser of: 65 600; 41 800 plus the amount of the lowest income	36 800	20
Balance	Balance	Balance	Balance	41

1.1.4. *Low income exemption and marginal relief tax*

Where total income is less than or equal to the income exemption limit that income is exempt from tax.

Exemption limits:

	EUR
Single/widowed	
Under 65	5 210
65 and over	17 000
Married	
Under 65 65	10 420
and over	34 000
Children	
One or two children (each)	575
Subsequent children	830

The marginal relief rate of tax applies where liability to tax at the marginal relief rate is less than that which would be chargeable under the normal tax schedule and where total income is less than twice the relevant exemption limit, otherwise tax is charged under the normal tax schedule.

Marginal relief tax is charged, where applicable, at a rate of 40 per cent on the difference between total income and the relevant exemption limit.

1.1.5. *Universal Social Charge (USC)*

In 2011, the Universal Social Charge (USC) replaced the Income and Health Levies that were introduced in 2009 in the income tax. The USC applies at a low rate on a broad base.

The USC is charged on an individualised basis on gross income at 2 per cent on income up to and including EUR 10 036, at 4 per cent for income in excess of EUR 10 036 but not greater than EUR 16 016 and at 7 per cent above that level. Those aged over 70 year do not pay this higher rate. The lower exemption threshold has been increased from EUR 4 004 to EUR 10 036.

The USC does not apply to social welfare payments, including contributory and non-contributory social welfare State pensions.

Individuals in possession of full medical card, including a Health Amendment Act card, will only pay USC at a max rate of 4% irrespective of the level of their income. However, when an individual has self-employment income in excess of EUR 100 000 for a tax year, the max rate is 7% on the amount of the excess. Non-medical card holders are subject to a maximum rate of 10% on such income.

USC rates for individuals aged 70 years and over and individuals who hold FULL medical cards: The 4% rate applies to all income over EUR 10 036. There is a surcharge of 3% on individuals who have income from self-employment that exceeds EUR 100 000 in a year, regardless of age. Where such individuals are aged over 70 years or hold a full medical card, a rate of 7% applies.

1.2. *State and local income taxes*

No State or local income taxes exist in Ireland.

2. Compulsory social security contributions to schemes operated within the government sector.

2.1. *Employees' contributions*

Contributions are payable at a rate of 4 per cent of an employee's gross earnings less allowable superannuation contributions. No distinction is made by marital status or sex. Those earning less than EUR 352 per week are exempt. The following is a breakdown of the 2014 rate of contribution together with ceilings where applicable:

Description	Rate	Threshold (EUR)	Ceiling (EUR)
Pension and social insurance	4.00	352 per week	

2.2. *Employers' contributions*

Like employees' contributions, employers' contributions are payable as a percentage of gross employee earnings less allowable superannuation contributions. The following is a breakdown of the 2014 rate of contribution:

Description	Rate %
Occupational injuries	0.50
Redundancy contribution	0.40
Pension and social insurance	9.85
TOTAL	10.75

The employers' contribution is reduced from 10.75 per cent to 8.5 per cent in respect of employees earning less than EUR 356 per week.

3. Universal cash transfers

3.1. *Transfers related to marital status*

None.

3.2. *Transfers for dependent children*

These are payable to all children under the age of 16 (or under 19 years, if the child is undergoing full-time education by day or is incapacitated and likely to remain so for a prolonged period). These payments do not depend on any insurance or on the means of the claimant. Entitlements to higher rate for the third and subsequent child are being phased out over two years. The amounts payable in 2012 are as follows:

Period	Monthly rate per child	
January 2014 to December 2014	First to second child: EUR 130.00	Subsequent children: EUR 130.00

3.3. *Transfers for low income families*

A non-taxable family income supplement is payable to low income families where either the principal earner and/or the spouse are in full-time employment. Full-time employment is defined as working nineteen hours per week or more. The hours worked by the principal and the spouse can be aggregated for the purposes of this definition. When calculating income for the purposes of the relief superannuation payments, social welfare payments, tax payments, health and employment and training levies are all subtracted to arrive at disposable income.

The level of payment is dependent on the amount of family income and the number of children. The supplement payable is 60 per cent of the difference between the family income and the income limit applicable to the family. A minimum of EUR 20 per week is payable to eligible families. No supplement is payable to families with income in excess of the relevant income limit.

The income limit for a family with two children in 2014 is EUR 602 per week.

One Parent Family Payment: This new non-taxable payment is available for men and women who for a variety of reasons are bringing up a child or children without the support of a partner. The payment which is means tested is payable in full where the persons earnings does not exceed EUR 7 618. Where earnings are between EUR 7 618 and EUR 22 100 a reduced payment is received. The amount of the full payment for 2014 is EUR 6 552 plus EUR 1 550 for each child. Because of the complex means testing system this type of person is excluded from the AW examples.

Other main changes in tax/benefit system since 2013

4.1. One-parent family tax credit

This was replaced with a new single person child carer tax credit from 1 January 2014. The new credit is of the same value but ONLY available to the principal carer of the child.

5. Memorandum items

5.1. *Employer contributions to private social security arrangements*

Information not available, although such schemes do exist.

2014 parameter values

Average earnings/yr	Ave_earn	34 466	Secretariat estimate
Tax allowances			
Tax Credits	Basic_al_at_standardrate	1 650	
	Married_al_at_standardrate	1 650	
	Empl_al_at_standardrate	1 650	
	Singleparent_at_standardrate	1 650	
	Carers_allow	810	
	Carers_thrsh1	5 080	
	Carers_thrsh2	6 620	
	Carers_taper_rt	0.5	
Exemption amount	Single_ex	5 210	
	Married_ex	5 210	
	Child_ex	575	
	Child_ex_3	830	
Marginal relief limit	Single_MR	10 420	
	Married_MR	10 420	
	Child_MR	1 150	
	Child_MR_3	1 660	
Marginal relief	marg_rel_rate	0.4	
Income tax	Single_sch	0.2	32 800
		0.41	
	Single_sch_child	0.2	36 800
		0.41	
	Married_sch_oneinc	0.2	41 800
		0.41	
	Married_sch_twoinc	0.2	65 600
		0.41	
Universal Social Charge	USC	0.02	10 036
		0.04	16 016
		0.07	
	USC_sch_med_card	0.02	10 036
		0.04	
	USC threshold	4 004	
Maximum increase in first band	Band_increase_lim	27 400	
Social security contributions	SSC_thresh	18 304	
Employees	pension_rate	0.04	
	pension_ceil	0	
	Non_cum_Allc	0	
Employers	Empr_rate	0.1075	
	Empr_lower_rate	0.085	
	Empr_thrsh	18 512	
Child benefit	Ch_ben	1 560	
	Ch_ben_3	1 560	
Family income supplement	FIS_pay_limit	31 304	
	FIS_min	1 040	
	FIS_rate	0.6	
Medical card	single_med_card	9 568	
	married_med_card	13 858	
	child_add_med_card	1 976	

2014 tax equations

The equations for the Irish system in 2013 are mostly on a family basis using mainly a tax credit system for the first time. But social security contributions are calculated separately for each spouse. This is shown by the Range indicator in the table below.

The functions which are used in the equations (Taper, MIN, Tax, etc.) are described in the technical note about tax equations. Variable names are defined in the table of parameters above, within the equations table, or are the standard variables "married" and "children". A reference to a variable with the affix "_total" indicates the sum of the relevant variable values for the principal and spouse. And the affixes "_princ" and "_spouse" indicate the value for the principal and spouse, respectively. Equations for a single person are as shown for the principal, with "_spouse" values taken as 0.

	Line in country table and intermediate steps	Variable name	Range	Equation
1.	Earnings	earn		
2.	Allowances:			(provided at standard rate (tax credit equivalent))
3.	Credits in taxable income	taxbl_cr	J	0
4.	Taxable income	tax_inc	J	earn
	New carers allowance (provided as a tax credit)	career_allow		IF((Married*Children)>0, IF(earn_spouse<=Carers_thrsh1, Carers_allow, IF(earn_spouse>Carers_thrsh2, 0, Positive (Carers_allow-Carers_taper_rt*(earn_spouse-Carers_thrsh1)))), 0)
	Preliminary Tax Liable (including carers allowance)	tax_prel	J	IF(Married=0, IF(Children=0, Tax(tax_inc, Single_sch), Tax(tax_inc, Single_sch_child)), IF(AB7=0, Tax(tax_inc, Married_sch_oneinc)-AG7, Tax(earn_principal+Positive(earn_spouse-Band_increase_lim), Married_sch_oneinc)+Tax(MIN(earn_spouse, Band_increase_lim), Married_sch_oneinc)))
5.	Tax before credits (but including carers allowance)	_tax_excl	J	IF((Married*earn_spouse)>0, MINA(tax_prel, (Tax(tax_inc, Married_sch_oneinc)-career_allow)), tax_prel)
	Universal social charge	USG	J	IF(earn>USC_threshold,IF(med_crd_fac=1,Tax(earn,USC_sch),Tax(earn,USC_sch_med_card)),0)
6.	Tax credits:	basic_cr	J	Basic_al_at_standardrate+(Married*Married_al_at_standardrate)
		single_par_cr		IF(Married=0, IF(Children>0, Singleparent_at_standardrate, 0), 0)
		other_cr		Empl_al_at_standardrate+ (IF(earn_spouse>0, Empl_al_at_standardrate, 0))
		tax_cr		basic_cr+single_par_cr+other_cr
	Exemption amount	exemp_amt	J	Single_ex+Married*Married_ex+Child_ex*MIN(2, Children)+(Children>2)*(Children-2)*Child_ex_3
	Marginal relief limit	MRL	J	Single_MR+Married*Married_MR+Child_MR*MIN(2, Children)+(Children>2)*(Children-2)*Child_MR_3
7.	Net tax	CG_tax	J	If(earn_total<=MRL, MIN(marg_rel_rate*positive(earn_total-exem_amt), positive(_tax_excl-tax_cr)), positive(_tax_excl-tax_cr))+USG
8.	State and local taxes	local_tax	J	0
	Employees' soc security weekly allowance	weekly_allce	B	IF(earn=0.0,MINA(Non_cum_Allc,earn))
	Medical card factor	Med_crd_fac	J	(single_med_card+Married*(married_med_card-single_med_card)+child_add_med_card*Children<earn_princ+earn_spouse)
	employees' soc security	SSC	B	IF(earn>SSC_thresh, pension_rate*Positive(earn-weekly_allce), 0)
11.	Cash transfers			
		Child_benefit	J	Children*Ch_ben+(Children>2)*(Children-2)*(Ch_ben_3-Ch_ben)
		FIS	J	(Children>0)*IF((earn-_tax-SSC)<=FIS_pay_limit , MAXA((FIS_pay_limit-(earn-_tax-SSC))*FIS_rate, FIS_min), 0)
	Total cash transfers	cash_trans		Child_benefit+FIS
13.	Employer's soc security	SSC_empr	B	IF(earn<=Empr_thrsh, Empr_lower_rate, Empr_rate)* MIN(earn, Empr_ceil)

Key to range of equation B calculated separately for both principal earner and spouse P calculated for principal only (value taken as 0 for spouse calculation) J calculated once only on a joint basis.

Israel

This chapter includes data on the income taxes paid by workers, their social security contributions, the family benefits they receive in the form of cash transfers as well as the social security contributions and payroll taxes paid by their employers. Results reported include the marginal and average tax burden for eight different family types.

Methodological information is available for personal income tax systems, compulsory social security contributions to schemes operated within the government sector, universal cash transfers as well as recent changes in the tax/benefit system. The methodology also includes the parameter values and tax equations underlying the data.

The statistical data for Israel are supplied by and under the responsibility of the relevant Israeli authorities.The use of such data by the OECD is without prejudice to the status of the Golan Heights, East Jerusalem and Israeli settlements in theWest Bank under the terms of international law.

Israel 2014

The tax/benefit position of single persons

		Wage level (per cent of average wage)	67	100	167	67
		Number of children	none	none	none	2
1.	**Gross wage earnings**		87 505	130 605	218 110	87 505
2.	**Standard tax allowances**					
	Basic allowance		0	0	0	0
	Married or head of family					
	Dependent children					
	Deduction for social security contributions and income taxes					
	Work-related expenses		0	0	0	0
	Other					
		Total	0	0	0	0
3.	**Tax credits or cash transfers included in taxable income**		0	0	0	0
4.	**Central government taxable income (1 - 2 + 3)**		87 505	130 605	218 110	87 505
5.	**Central government income tax liability (exclusive of tax credits)**		9 716	17 324	40 711	9 716
6.	**Tax credits**					
	Basic credit		5 886	5 886	5 886	7 194
	Married or head of family		0	0	0	2 616
	Children		0	0	0	5 232
	EITC		0	0	0	0
	Unused wastable tax credits		0	0	0	5 326
		Total	5 886	5 886	5 886	15 042
7.	**Central government income tax finally paid (5-6)**		3 830	11 438	34 825	0
8.	**State and local taxes**		0	0	0	0
9.	**Employees' compulsory social security contributions**					
	Gross earnings		4 939	10 111	20 611	4 939
	Taxable income					
		Total	4 939	10 111	20 611	4 939
10.	**Total payments to general government (7 + 8 + 9)**		8 769	21 549	55 436	4 939
11.	**Cash transfers from general government**					
	For head of family					
	For two children		0	0	0	6 474
		Total	0	0	0	6 474
12.	**Take-home pay (1-10+11)**		78 736	109 056	162 673	89 041
13.	**Employer's compulsory social security contributions**		3 747	6 656	12 563	3 747
14.	**Average rates**					
	Income tax		4.4%	8.8%	16.0%	0.0%
	Employees' social security contributions		5.6%	7.7%	9.4%	5.6%
	Total payments less cash transfers		10.0%	16.5%	25.4%	-1.8%
	Total tax wedge including employer's social security contributions		13.7%	20.5%	29.5%	2.4%
15.	**Marginal rates**					
	Total payments less cash transfers: Principal earner		26.0%	33.0%	43.0%	12.0%
	Total payments less cash transfers: Spouse		n.a.	n.a.	n.a.	n.a.
	Total tax wedge: Principal earner		30.7%	37.2%	46.6%	17.6%
	Total tax wedge: Spouse		n.a.	n.a.	n.a.	n.a.

Israel 2014

The tax/benefit position of married couples

		Wage level (per cent of average wage)	100-0	100-33	100-67	100-33
		Number of children	2	2	2	none
1.	**Gross wage earnings**		130 605	173 704	218 110	173 704
2.	**Standard tax allowances**					
	Basic allowance		0	0	0	0
	Married or head of family					
	Dependent children					
	Deduction for social security contributions and income taxes					
	Work-related expenses		0	0	0	0
	Other					
		Total	0	0	0	0
3.	**Tax credits or cash transfers included in taxable income**		0	0	0	0
4.	**Central government taxable income (1 - 2 + 3)**		130 605	173 704	218 110	173 704
5.	**Central government income tax liability (exclusive of tax credits)**		17 324	21 634	27 041	21 634
6.	**Tax credits**					
	Basic credit		5 886	13 080	13 080	13 080
	Married or head of family		0	0	0	0
	Children		0	5 232	5 232	0
	EITC		0	2 882	0	0
	Unused wastable tax credits		0	8 116	2 710	2 884
		Total	5 886	21 194	18 312	13 080
7.	**Central government income tax finally paid (5-6)**		11 438	8 556	11 438	11 438
8.	**State and local taxes**		0	0	0	0
9.	**Employees' compulsory social security contributions**					
	Gross earnings		10 111	11 619	15 049	11 619
	Taxable income					
		Total	10 111	11 619	15 049	11 619
10.	**Total payments to general government (7 + 8 + 9)**		21 549	20 175	26 487	23 057
11.	**Cash transfers from general government**					
	For head of family					
	For two children		3 360	3 360	3 360	0
		Total	3 360	3 360	3 360	0
12.	**Take-home pay (1-10+11)**		112 416	156 889	194 983	150 647
13.	**Employer's compulsory social security contributions**		6 656	8 143	10 404	8 143
14.	**Average rates**					
	Income tax		8.8%	4.9%	5.2%	6.6%
	Employees' social security contributions		7.7%	6.7%	6.9%	6.7%
	Total payments less cash transfers		13.9%	9.7%	10.6%	13.3%
	Total tax wedge including employer's social security contributions		18.1%	13.7%	14.7%	17.2%
15.	**Marginal rates**					
	Total payments less cash transfers: Principal earner		33.0%	67.5%	33.0%	33.0%
	Total payments less cash transfers: Spouse		-3.2%	13.8%	12.0%	3.5%
	Total tax wedge: Principal earner		37.2%	69.6%	37.2%	37.2%
	Total tax wedge: Spouse		0.3%	16.7%	17.6%	6.7%

The Israeli currency is the Israeli shekel (ILS). In 2014, ILS 3.58 was equal to USD 1. In that year, the average worker in Israel earned ILS 130 605 (Secretariat estimate).

1. Personal income tax system

1.1. *Central government income tax*

1.1.1. *Tax unit*

In general, spouses are taxed separately on their earned income, subject to the condition that its sources are independent. The household is taxed jointly if their earned income is deemed to be interdependent. The conditions for interdependence involve situations where one spouse works in a business which the other spouse either owns or has certain levels of capital or management/voting rights.

1.1.2. *Tax allowances and credits*

1.1.2.1. Standard tax credits

The standard tax credits are given in the form of credit points subtracted from the tax liability. Each point is worth ILS 2 616 in 2014.

- *Basic credit*: Every resident taxpayer is entitled to 2.25 credit points (ILS 5 886 in 2014).
- *Additional credit for women*: Women are entitled to a further half credit point (ILS 1 308 in 2014).
- *Child credit*: Working mothers (and fathers in one parent families) with children aged under 18 are entitled to one additional credit point per child (ILS 2 616 in 2014). In 2012, this credit was increased to 2 credit points per child aged under 5 (ILS 5 232 in 2014). Since 2012, married working fathers with children aged under 2 are also entitled to 2 credit points per child.
- *Single parent credit*: Single parents (male or female) are entitled to one additional credit point (ILS 2 616 in 2014).

1.1.2.2. Non-standard tax credits applicable to income from employment

- Tax credits are awarded for contributions to approved pension schemes, up to a ceiling which varies according to the employee's circumstances.
- Employees living in certain development areas or in conflict zones receive credits as a percentage of their income up to ceiling. In 2014, the credits range from 10% in the lowest category to 22% in the highest category with ceilings of ILS 160 800 and 241 320 respectively. About 9% of the population lives in these areas.
- New immigrants are entitled to three additional credit points in their first eighteen months in Israel, two additional credit points in the following year, and one credit point in the year after.

- Discharged soldiers receive 2 credit points for three years after the completion of at least 23 months of service or 1 credit point for a shorter service.
- Graduates of academic studies receive 1 credit point for three years after the completion of a B.A. degree (or after the completion of 1 700 study hours that led to a professional certificate) and 0.5 credit point for two years after the completion of a M.A. degree.

1.1.3. *Tax schedule*

The tax schedule for earned income in 2014 is as follows:

Taxable income (ILS)	Tax rate (%)
0-63 360	10
63 360-108 120	14
108 120-168 000	21
168 000-240 000	31
240 000-501 960	34
501 960-811 560	48
Above 811 560	50

1.2. *Regional and local income tax*

There are no regional or local income taxes.

2. Compulsory social security insurance system

Social security contributions are made up of a combination of those for National Insurance and Health Insurance. The tax rates paid by employees and employers are applied in two brackets:

- A reduced rate for income up to a level of 60% of the average wage per employee post (ILS 5 453 per month in 2014).
- A full rate for income exceeding 60% of the average wage per employee post and up to a level of around 5 times the average wage per employee post (ILS 43 240 per month in 2014).

2.1. *Employees' contributions*

The taxable base for social security insurance contributions paid by employees is the total amount of the gross wage or salary including fringe benefits. The assessment period is the calendar month. The effective employees' contribution rates in 2014 are as follows:

Insurance branch	Full rate contribution (%)	Reduced rate contribution (%)
Total for National Insurance branches	7.00	0.40
Health	5.00	3.10
Total contributions	12.00	3.50

2.2. *Employers' contributions*

Social security insurance contributions are also paid by employers on behalf of their employees. These relate to National Insurance only – employers do not pay any contributions for health insurance.

The employers' contribution rates in 2014 are as follows:

Insurance branch	Full rate contribution (%)	Reduced rate contribution (%)
Total for National Insurance branches	6.75	3.45
Health	–	–
Total contributions	6.75	3.45

3. Payroll taxes

The following payroll taxes exist in Israel but neither of them is included in the modelling as they have limited coverage:

- Wage tax on the non-profit institutions: the VAT law imposes a 7.5 per cent on the wage-bill on the non-profit sector including government.
- Wage tax on the financial institutions: the VAT law also imposes a 18 per cent tax on the wage-bill of the financial institutions.

4. Universal cash transfers

4.1. *Transfers related to marital status*

None.

4.2. *Transfers for dependent children*

A monthly child allowance is paid to the parent (usually the mother) of unmarried children aged up to 18. The amount of the entitlement for each child depends on the date of birth of the child. Between August 2003 and June 2009, all children born after 1 June 2003 received the same benefit as the first child. But, according to the Coalition agreement signed in March 2009, the benefits for the second, third and fourth child (including those born after June 2003) were increased gradually over a period of four years (i.e. from 2009 to 2012). In August 2013, the allowance for all children born after June 2003 were decreased to ILS 140 per month per child.

In 2014, the monthly payments per child are shown in the following table.

	Children born before 1 June 2003	Children born on or after 1 June 2003
First child	140	140
Second child	140	140
Third child	172	140
Fourth child	336	140
Fifth child and above	354	140

In addition a Study Grant is paid to lone parents with children aged 6 to 14. The grant is paid in one instalment, usually in September at the beginning of the school year. In 2014, the rates of grant per child were ILS 1 557 and ILS 865 respectively for children aged 6-11 and 12-14.

5. Main changes in the tax and benefit systems since 2002

- There has been a policy of gradually reducing the level of personal income taxes since 2003. This policy was expected to continue till 2016 but came to an end in 2012 with the top tax bracket increasing from 45% to 48% although the rate of one middle income tax bracket was further decreased from 23% to 21 %. The rates were further increased in 2013. In 2013 a surtax of 2% was imposed on total income above ILS 811 560, effectively increasing the top marginal rate to 50 %. In 2013 the value of some tax brackets weren't fully indexed to the CPI and even suffered a nominal decrease. In 2014 the value of all tax brackets and of the "credit point" were not indexed to the CPI.

- The full contribution rate for employee social security contributions was increased gradually from 9.7% in 2002 to 12% in 2006. The reduced contribution rate was lowered from 5.76% in 2002 to 3.5% in 2006. The upper threshold for contributions was removed in July 2002 but re-instated one year later. In August 2009, as a temporary measure until December 2011, it was increased to 10 times the average wage per employee post until December 2010 and to 9 times the average wage per employed post until December 2011.
- Prior to July 2005, there was only one contribution rate for employer social security contributions and this was set at 5.93% between July 2002 and June 2005. The upper threshold for contributions was removed in July 2002 but was re-instated one year later. The current system of two tax brackets was introduced in July 2005 with a reduced contribution rate of 5.33% and a full rate of 5.68 %. There has been a lowering of rates in each year between 2006 and 2009. In August 2009, as a temporary measure until March 2011, the reduced rate was increased from 3.45% to 3.85 %. In April 2011 the regular rate was increased to 5.9 %. It was increased again to 6.5% in January 2013, 6.75% in January 2014 and will continue to increase to 7.5% in 2016.
- The Employers tax on wage bill of the non-profit sector excluding government was abolished in 2008.
- In the period between August 2003 and June 2009, all children that were born on or after 1 June 2003 received the same level of benefit payment as the first child. The 2009 Coalition agreement introduced a gradual increase in the benefit payments for the second, third and fourth children in all families (including those where children were born after June 2003) over a period of four years from July 2009 to Apr 2012. In August 2013 the allowance for all children born after June 2003 was decreased to ILS 140 per month per child.

6. Memorandum items

6.1. *Average gross annual wage earnings calculation*

The average wage figures represent the amount earned for a full time post by employees working 35 hours per week or more. Until 2011 the AW data came from a combination of 2 sources – the income and expenditure survey and the labor force survey. Since 2012 the data come exclusively from the income and expenditure survey as the labour force survey has no more data on income. The Central Bureau of Statistics has now computed a new AW series based exclusively on the income and expenditure survey back from 2000.

	2000	2001	2002	2003	2004	2005	2006	2007	2008	2009	2010	2011	2012
Old series	91 884	96 288	98 508	96 324	96 912	100 224	101 388	108 516	111 936	112 908	113 280	116 484	
New series													128 550
Adjusted series	95 664	105 974	105 396	100 218	103 307	103 087	105 652	112 986	119 233	120 028	121 581	125 405	128 550

As to the economic classification, Israel uses a modified version of ISIC 3 where the B-I industries are a very close equivalent of C-K industries in ISIC 3.1. Israel's Central Bureau of Statistics adopted ISIC 4 in 2012. The average wages used in the modelling for 2000 to 2012 are still based on ISIC 3.1. However, the average wage for 2013 is based on ISIC 4 (Sectors B to N) and amounts to ILS 128 664.

The 2014 average wage used in the modelling is the OECD estimate.

6.2. *Employer contributions to private pension*

Until 2007 employers were not legally obliged to pay into a pension plan for their employees. Pension rights were guaranteed in collective agreements that covered less than half of the labour force. About one million employees in Israel had no pension arrangement (mainly those earning a relatively low wage, temporary workers and those working for subcontractors).

In 2008, a compulsory employment pension was introduced for employees with a period of employment of at least 6 months. The minimum rate of contributions in 2014 is 17.5 per cent of the employee's salary (up to the level of the average wage of ILS 9 089 per month), one third to be paid by the employee and two thirds by the employer.

6.3. *Earned income tax credit*

A non-wastable earned income tax credit was implemented in 2008 in selected geographical areas of Israel covering 15% of the population. Entitlement to this credit is established based on earnings in the previous year. The tax credit was extended to all areas of Israel in 2012 (based on the earnings in 2011 and therefore we already included it in the 2011 version of the model). For mothers of children up to the age of 2 and for single parents the full coverage started in 2011 (based on earnings in 2010).

Under the law, workers aged 23 or more who are parents of one or two children aged less than 18 (or workers aged 55 or more even without children), and earn at least ILS 2 120 per month (about 45 per cent of the minimum wage) but not more than ILS 6 380 per month are eligible for a monthly increment of up to ILS 340. The corresponding figure for a family with 3 or more children is ILS 490. These sums were increased by 50% in 2013 (based on earnings in 2012), for working mothers and fathers in one-parent family. These sums are expected to increase again in 2015 (based on earnings in 2014) for lone parents. Families in which both parents work, and their joint income does not exceed ILS 12 280, will be entitled to these benefits for each wage-earner. The grant is paid four times a year directly into the account of the eligible persons.

2014 parameter values

Average earnings/yr	Ave_earn	130 605	(Secretariat estimate)
Income tax	Tax_sch	0.10	63 360
		0.14	108 120
		0.21	168 000
		0.31	240 000
		0.34	501 960
		0.48	811 560
		0.50	
Employees SSC	SSC_sch	0.035	65 436
		0.12	518 880
		0	
Employers SSC	SSC_rate2	0.0345	65 436
		0.0675	518 880
		0.0000	
Child benefit	CB_firstchild	1 680	
	CB_secondchild	1 680	
	Studygrant_rate	1 557	
Wastable tax credits			
Basic element	WTC_Basic	5 886	
Lone parent	WTC_lone	2 616	
Parents/per child	WTC_Child	2 616	
Women	WTC_woman	1 308	
Negative Income tax			
Family with 1 or	NIT_sch1	0	25 440
2 children		0.161	44 074
		0	44 160
		0	58 920
		-0.23	76 560
Family with 3 or	NIT_sch2	0	25 440
more children		0.235	44 148
		3.635	44 160
		0	58 920
		-0.235	84 000
	NIT_basic1	1080	
	NIT_basic2	1440	
	NIT_min	240	
	NIT_MinIncome	25 440	
	NIT_MaxIncome	147 360	
	Nit_AddIncome	17 640	
	NIT_Bonus	1.50	
Days in tax year	numdays	366	

2014 tax equations

	Line in country table and intermediate steps	Variable name	Range	Equation
1.	Earnings	earn		
2.	Allowances:	Tax_al	B	0
3.	Credits in taxable income	taxbl_cr	B	0
4.	CG taxable income	tax_inc	B	Earn
5.	CG tax before credits	CG_tax_excl	B	Tax(tax_inc, tax_sch)
6.	Tax credits (nonwastable):			
	Principal	tax_cr_princ	B	(earn>0)*(wtc_basic+(IF(married=0)*(children>0),wtc_woman+wtc_lone+ (wtc_child*children))
	Spouse	tax_cr_spouse	B	(earn>0)*(wtc_basic+wtc_woman+(wtc_child*children))
	Tax credits (nonwastable)	NIT_princ	B	NIT=+MAX(0, MAX(0,+IF(princ_earnings<NIT_MinIncome,0,IF(Children=0.0,IF(Children <3,NIT_basic1+Tax(princ_earnings ,NIT_sch1),NIT_basic2+Tax(princ_earnings,NIT_sch2)))))+NIT_sch1_rate 5*MAX(0,+(princ_earnings + spouse_earnings)-NIT_MaxIncome- MIN(MAX(princ_earnings – NIT_sch1_inc4.0),(NIT_AddIncome))- MIN(MAX(spouse_earnings – NIT_sch1_inc4.0),(NIT_AddIncome)))) IF(NIT<NIT_min,NIT=0,NIT)*NIT_Bonus
		NIT_spouse	B	NIT=+MAX(0, MAX(0,+IF(spouse_earnings<NIT_MinIncome,0,IF(Children=0.0,IF(Childre n<3,NIT_basic1+Tax(spouse_earnings ,NIT_sch1),NIT_basic2+Tax(spouse_earnings,NIT_sch2)))))+NIT_sch1_ra te5*MAX(0,+(princ_earnings + spouse_earnings)-NIT_MaxIncome- MIN(MAX(princ_earnings – NIT_sch1_inc4.0),(NIT_AddIncome))- MIN(MAX(spouse_earnings – NIT_sch1_inc4.0),(NIT_AddIncome)))) IF(NIT<NIT_min,NIT=0,NIT)*NIT_Bonus
7.	CG tax	CG_tax	B	Positive(CG_tax_excl-tax_cr)-NIT
8.	State and local taxes	local_tax	B	0
9.	Employees' soc security	SSC	B	Tax(earn, SSC_sch)
11.	Cash transfers	cash_trans	J	IF(children=1,CB_firstchild,IF(Children=2,CB_firstchild+CB_secondchild)+ (IF(married=0)*(children>0),Studygrant_rate*children)
13.	Employer's soc security	SSC_empr	B	Tax(earn, SSC_rate2)

Key to range of equation B calculated separately for both principal earner and spouse P calculated for principal only (value taken as 0 for spouse calculation) J calculated once only on a joint basis.

Italy

This chapter includes data on the income taxes paid by workers, their social security contributions, the family benefits they receive in the form of cash transfers as well as the social security contributions and payroll taxes paid by their employers. Results reported include the marginal and average tax burden for eight different family types.

Methodological information is available for personal income tax systems, compulsory social security contributions to schemes operated within the government sector, universal cash transfers as well as recent changes in the tax/benefit system. The methodology also includes the parameter values and tax equations underlying the data.

Italy 2014

The tax/benefit position of single persons

	Wage level (per cent of average wage)	67	100	167	67
	Number of children	none	none	none	2
1.	**Gross wage earnings**	20 410	30 463	50 873	20 410
2.	**Standard tax allowances**				
	Basic allowance				
	Married or head of family				
	Dependent children				
	Deduction for social security contributions and income taxes	1 937	2 891	4 876	1 937
	Work-related expenses				
	Other				
	Total	1 937	2 891	4 876	1 937
3.	**Tax credits or cash transfers included in taxable income**	0	0	0	0
4.	**Central government taxable income (1 - 2 + 3)**	18 473	27 572	45 996	18 473
5.	**Central government income tax liability (exclusive of tax credits)**	4 388	6 844	13 799	4 388
6.	**Tax credits**				
	Basic credit	2 048	997	326	2 048
	Married or head of family	0	0	0	0
	Children	0	0	0	1 581
	Other				
	Total	2 048	997	326	3 629
7.	**Central government income tax finally paid (5-6)**	2 340	5 847	13 473	759
8.	**State and local taxes**	597	891	1 486	597
9.	**Employees' compulsory social security contributions**				
	Gross earnings	1 937	2 891	4 876	1 937
	Taxable income				
	Total	1 937	2 891	4 876	1 937
10.	**Total payments to general government (7 + 8 + 9)**	4 874	9 629	19 834	3 293
11.	**Cash transfers from general government**				
	For head of family				
	For two children	0	0	0	2 632
	Total	0	0	0	2 632
12.	**Take-home pay (1-10+11)**	15 536	20 834	31 038	19 749
13.	**Employer's compulsory social security contributions**	6 548	9 772	16 320	6 548
14.	**Average rates**				
	Income tax	14.4%	22.1%	29.4%	6.6%
	Employees' social security contributions	9.5%	9.5%	9.6%	9.5%
	Total payments less cash transfers	23.9%	31.6%	39.0%	3.2%
	Total tax wedge including employer's social security contributions	42.4%	48.2%	53.8%	26.7%
15.	**Marginal rates**				
	Total payments less cash transfers: Principal earner	40.9%	40.9%	50.6%	42.5%
	Total payments less cash transfers: Spouse	n.a.	n.a.	n.a.	n.a.
	Total tax wedge: Principal earner	55.3%	55.3%	62.6%	56.5%
	Total tax wedge: Spouse	n.a.	n.a.	n.a.	n.a.

Italy 2014

The tax/benefit position of married couples

		Wage level (per cent of average wage)	100-0	100-33	100-67	100-33
		Number of children	2	2	2	none
1.	**Gross wage earnings**		30 463	40 515	50 873	40 515
2.	**Standard tax allowances**					
	Basic allowance					
	Married or head of family					
	Dependent children					
	Deduction for social security contributions and income taxes		2 891	3 845	4 828	3 845
	Work-related expenses					
	Other					
		Total	2 891	3 845	4 828	3 845
3.	**Tax credits or cash transfers included in taxable income**		0	0	0	0
4.	**Central government taxable income (1 - 2 + 3)**		27 572	36 670	46 045	36 670
5.	**Central government income tax liability (exclusive of tax credits)**		6 844	8 937	11 232	8 937
6.	**Tax credits**					
	Basic credit		997	3 468	3 045	3 468
	Married or head of family		690	0	0	0
	Children		1 424	1 424	1 502	0
	Other					
		Total	3 111	4 514	4 547	3 090
7.	**Central government income tax finally paid (5-6)**		3 733	4 423	6 685	5 847
8.	**State and local taxes**		891	891	1 487	891
9.	**Employees' compulsory social security contributions**					
	Gross earnings		2 891	3 845	4 828	3 845
	Taxable income					
		Total	2 891	3 845	4 828	3 845
10.	**Total payments to general government (7 + 8 + 9)**		7 515	9 159	13 000	10 583
11.	**Cash transfers from general government**					
	For head of family					
	For two children		1 592	928	853	0
		Total	1 592	928	853	0
12.	**Take-home pay (1-10+11)**		24 540	32 285	38 726	29 933
13.	**Employer's compulsory social security contributions**		9 772	12 997	16 320	12 997
14.	**Average rates**					
	Income tax		15.2%	13.1%	16.1%	16.6%
	Employees' social security contributions		9.5%	9.5%	9.5%	9.5%
	Total payments less cash transfers		19.4%	20.3%	23.9%	26.1%
	Total tax wedge including employer's social security contributions		39.0%	39.7%	42.4%	44.1%
15.	**Marginal rates**					
	Total payments less cash transfers: Principal earner		42.5%	42.5%	41.7%	40.9%
	Total payments less cash transfers: Spouse		23.0%	9.5%	41.7%	9.5%
	Total tax wedge: Principal earner		56.5%	56.5%	55.9%	55.3%
	Total tax wedge: Spouse		41.7%	31.5%	55.9%	31.5%

The national currency is the euro (EUR). In 2014, EUR 0.75 was equal to USD 1. In that year the average worker earned EUR 30 463 (Secretariat estimate).

1. Personal income tax

1.1. Central government income tax

1.1.1. Tax unit

Spouses are taxed separately.

1.1.2. Tax allowances and tax credits

1.1.2.1. Tax allowances

- Social security contributions due by law

1.1.2.2. Tax credits

Italy increased the basic employee tax credit from EUR 1 840 to EUR 1 880 and for 2014 introduced an additional refundable tax credit of EUR 640 for employees with income between EUR 8 146 and EUR 24 000, with a phase-out for income between EUR 24 000 and EUR 26 000. The Government announced that a similar tax credit of EUR 960 would be introduced on a permanent basis as of 2015.

Taxable income (EUR)	Fiscal bonus (EUR)
Up to 8 145	0
From 8 146 to 24 000	640
From 24 001 to 26 000	640 * (26 000 - taxable income)/2 000
More than 26 000	0

- Standard tax credits (not refundable)

The PAYE tax credit is defined as a function of net income:

Taxable income (EUR)	PAYE tax credit (EUR)
Up to 8 000	1 880
From 8 001 to 28 000	Maximum tax credit + 902 * (28 000 - taxable income)/20 000
From 28 001 to 55 000	Maximum tax credit * (55 000 - taxable income)/27 000
More than 55 000	0

The maximum value for the tax credit depends on the level of taxable income:

Level of taxable income (EUR)	Maximum tax credit (EUR)
From 8 001 to 15 000	978
From 15 001 to 23 000	978
From 23 001 to 24 000	978
From 24 001 to 25 000	978
From 24 001 to 26 000	978
From 26 001 to 27 700	978
From 27 701 to 28 000	978
From 28 001 to 55 000	978

- Tax credits for family dependents (not refundable)

The tax credits for family dependants, which have replaced the former tax allowances, are as follows:

Family tax credit (EUR)[1]	Amount (EUR)
Spouse	800 decreasing to 0 for net income over 80 000
Children	
Under three years of age	1 220 decreasing to 0 for net income over 95 000
Over three years of age	950 decreasing to 0 for net income over 95 000
Other dependent relatives	750 decreasing to 0 for net income over 80 000

1. Tax credits are granted for family dependents earning less than EUR 2 840.51.

The spouse tax credit is calculated as a function of net income:

Level of taxable income (EUR)	Amount of tax credit (EUR)
Up to 15 000	800-110 * taxable income/15 000
From 15 001 to 29 000	690
From 29 001 to 29 200	700
From 29 201 to 34 700	710
From 34 701 to 35 000	720
From 35 001 to 35 100	710
From 35 101 to 35 200	700
From 35 201 to 40 000	690
From 40 001 to 80 000	690*(80 000-taxable income)/40 000
More than 80 000	0

The child tax credit is calculated as a function of net income:

- for families with only one child: 950 * (95 000 - taxable income)/95 000;
- for families with more than one child the amount of 95 000 is increased by 15 000 for each child other than the first, for every children (including the first one).

Families with more than 3 children receive an additional tax credit of EUR 200 per child.

A lone parent receives an actual tax credit for the first child equal to the maximum of the spouse tax credit and the child tax credit.

Tax credits for children have to be equally shared between the parents; different shares are no longer allowed.

If the spouse's tax liable net of the PAYE tax credit is less than his/her share (50 per cent) in the child tax credit, the entire child tax credit is provided to the principal earner.

1.1.2.3. Main non-standard tax allowances and tax credits

- Other compulsory contributions.
- Periodical benefits allowed to the spouse fixed by judicial authority.
- Charitable donations to certain religious institutions (up to EUR 1 032.91).
- Medical and assistance expenses incurred by handicapped persons.
- Expenses to restore one's own residence at 50 per cent for 2014 (40 per cent as from 2015) of full expenses up to EUR 96 000, apportioned into 10 annual allowances of the same amount.
- Expenses for energy requalification of buildings at 65 per cent for 2014 (50 per cent as from 2015) of full expenses apportioned into 10 annual allowances of the same amount.
- Expenses for the replacement of covers, windows and shutters and for the installation of solar panels (only for hot water production) at 65 per cent of full expenses (up to EUR 60 000).

For the following expenses, a tax credit of 19 per cent of each incurred expense is allowed:

- Mortgage loan interest (up to EUR 4 000).
- Most medical expenses that exceed EUR 129.11.
- Payments to insurance funds up to EUR 1 291.14.
- Expenses to attend secondary school and university courses; in case such courses are private, the expenses allowed cannot exceed those foreseen for State courses.
- Expenses for nursery school (up to EUR 632 for each child).
- Rents paid by out of town students (up to EUR 2 633).
- Funeral charges up to EUR 1 549.37.
- Expenses for disabled persons.
- Donations to political parties (ranging from EUR 51.65 to EUR 103 291.38).
- Payments to foundations (up to EUR 2 065.83).
- Expenses related to sport activities for children between 5 and 18 years of age (up to EUR 210 per child).

1.1.3. *Tax schedule*

The following tax schedule is applied to taxable income:

Bracket (EUR)	Rate (%)
Up to 15 000	23
Over 15 000 up to 28 000	27
Over 28 000 up to 55 000	38
Over 55 000 up to 75 000	41
Over 75 000	43

Decree-Law No. 138 of 13 August 2011 introduced the "Contributo di Solidarietà" for the 2011-13, (extended up to 2016), tax periods, that is a 3% "solidarity contribution" on the portion of income higher than EUR 300 000 (the amount paid is deductible from PIT base)"

1.2. State and local taxes

These surcharges are due only by taxpayers who pay individual income tax IRPEF (imposta sul reddito delle persone fisiche).

Regional surcharge tax

This surcharge tax has been introduced in 1997. The tax is levied by each region on resident taxpayers' total taxable income at a discretionary rate, which must fall within an established range. As from the year 2000 this range is 0.9 per cent-1.4 per cent.

In December 2011, with the DL 201/2011, the minimum state rate has been increased from 0.9% to 1.23%.

The figure given in the 2014 parameter values table under the heading "Regional and local tax" includes the regional surcharge tax paid in the most representative city which is Rome (Lazio); the rate is 2.33 per cent in 2014.

Local surcharge tax

This surcharge tax has been introduced in 1999. The tax may be levied by each local government at an initial rate that cannot exceed 0.2 per cent. If the tax is levied, the local government can increase the initial rate, on a yearly basis, up to a maximum of 0.5 per cent. Each yearly increase cannot exceed 0.2 per cent. As from 2012, municipalities can increase the rate up to 0.8. A 0.9 special rate can be introduced by Roma Capitale Local Government.

The figure given in the 2014 parameter values table under the heading "Regional and local tax" includes the local surcharge tax paid in the most representative city which is Rome; the rate is 0.9 per cent in 2014.

Starting from 2011, exemption is provided to taxpayers whose total income consists of retirement income not exceeding EUR 8 000, income from land not exceeding EUR 185.92, and income from primary residence. The ordinary rate is applied if any one of these limits is passed.

The surcharge rates can be adjusted above the fixed roof because of the health care losses.

2. Compulsory social security

2.1. Employee contributions

- Rate and ceiling
  - The average rate is 9.49 per cent on earnings up to EUR 46 031.
  - The average rate is 10.49 per cent on earnings over EUR 46 031 and up to EUR 100 123.
  - For earnings exceeding EUR 100 123, the employee pays a fixed amount given by (0.0949 × 46 031) + 0.1049 × (100 123 - 46 031).
- Distinction by marital status or sex
  - None.

2.2. *Employer contributions*

- Contributions equal 32.08 per cent on earnings up to EUR 100 123. For earnings exceeding EUR 100 123, the employer pays a fixed amount given by 0.3208 × 100 123.
- A General Government employer work-related accident insurance exists in Italy. It is compulsory for employers with employees and contract workers in activities involving the use of machinery and in risky activities as defined by the law. The standard premium to be paid is calculated by applying to remuneration the rates linked to the activity in which the employee works. The rates that vary between 0 to about 13 per cent, are provided by a special classification that takes into account the different categories of risk between the various activities. It is not possible to provide a representative or average rate since the contribution rates vary depending on the industrial activities and also other factors of risk. Those contributions are not included in the Report.

3. Universal cash transfers

3.1. *Amount for spouse and for dependent children*

Cash transfers are granted for family income that is:

- composed of at least 70 per cent wage and/or pension income;
- below a given threshold set by law each year.

Family income is the sum of the incomes of all individuals comprising the family.

Cash transfers are determined each year by INPS (Istituto Nazionale di Previdenza Sociale), the public body that collects and manages the social security contributions for dependent workers for the period beginning in July of that year (t) to June in the following year (t + 1) and relate to family income earned in the previous year (t - 1).

As such, the transfers granted in any given year t are determined by the family income in the previous two years. The following table provides a description of the calculations.

Transfer granted in year t	Relevant amounts as given in INPS tables
January-June	The amount of cash transfers is that given in the INPS table published in July t - 1. The transfers are granted with reference to family income earned in year t - 2.
July-December	The amount of cash transfers is that given in the INPS table published in July t. The transfers are granted with reference to family income earned in year t - 1.

For the purposes of *Taxing Wages*, the cash transfers that are calculated represent those amounts that would be received by the family based on their incomes for that year even though these amounts would only begin to be paid in July of the following year.

4. Main changes

A Fiscal Bonus has been introduced for employees with a taxable income between 8 146 and 26 000 euros. The measure is in force for 2014 and has to be confirmed for next years.

5. Memorandum item

5.1. *Identification of an AW*

The data refer to the annual earnings of average workers.

5.2. *Contributions by employers to private pension, health, etc., schemes*

In addition to the mandatory social security contributions employers may pay contributions to private pension schemes (currently about forty pension funds). Employer's contributions are included in the taxable income of the employee.

Employees may also choose to contribute to the pension funds with all or part of the retirement allowance that is otherwise withheld by the employers. In this case the employee can deduct from his taxable income an amount equal to twice the amount of the contribution paid to fund.

Employer's contributions to private health insurance schemes are not included in the taxable income of the employee up to the limit of EUR 3 615.20.

2014 parameter values

Average earnings/yr	Ave_earn	30 463	Secretariat estimate
Tax schedule	tax_sch	0.23	15 000.00
		0.27	28 000.00
		0.38	55 000.00
		0.41	75 000.00
		0.43	999 999 999.99
Sloidarity contribution	sol_tax	0.03	
	sol_inc_limit	300 000	
Tax credits			
Fiscal bonus	thre_min	8 146	
	thre_max	24 000	
	f_bonus	640	
Employment			
	emp_add	0	1 880.00
		8 000	978.00
		15 000	978.00
		23 000	978.00
		24 000	978.00
		25 000	978.00
		26 000	978.00
		27 700	978.00
		28 000	978.00
		55 000	0.00
Spouse	Spouse_cred	0	800.00
		15 000	690.00
		29 000	700.00
		29 200	710.00
		34 700	720.00
		35 000	710.00
		35 100	700.00
		35 200	690.00
		40 000	690.00
		80 000	0
limit	Sp_crd_lim	2 840.51	
Child credit	Child_credit	950	
Additional child credit	add_child	200	
Regional and local tax	reg_rt	0.0323	
Social security contributions	SSC_sch	0.0949	46 031
		0.1049	100 123
		0.00	999 999 999.99
Employer contributions	Empr_sch	0.3208	100 123
		0.00	999 999 999.99
Cash transfers:			
family allowance schedule (t)			
married couple	trans_sch	Table is too long to be included	
single parent	Trans_sch_sp	Table is too long to be included	

2014 tax equations

The equations for the Italian system in 2014 are mostly repeated for each individual of a married couple. But the spouse credit is relevant only to the calculation for the principal earner and any child credit which the spouse is unable to use is transferred to the principal. This is shown by the Range indicator in the table below.

The functions which are used in the equations (Taper, MIN, Tax, etc.) are described in the technical note about tax equations. Variable names are defined in the table of parameters above, within the equations table, or are the standard variables "married" and "children". A reference to a variable with the affix "_total" indicates the sum of the relevant variable values for the principal and spouse. And the affixes "_princ" and "_spouse" indicate the value for the principal and spouse, respectively. Equations for a single person are as shown for the principal, with "_spouse" values taken as 0.

	Line in country table and intermediate steps	Variable name	Range	Equation
1.	Earnings	earn		
2.	Allowances:	tax_al	B	SSC
		Sol_tax	B	sol_tax*Positive(Gross-sol_inc_limit)
3.	Credits in taxable income	taxbl_cr	B	0
4.	CG taxable income	tax_inc	B	earn-tax_al1-sol_tax
5.	CG tax before credits	CG_tax_excl	B	Tax(tax_inc, tax_sch)
6.	Tax credits:			
	Employment credit	emp_cr_max	P	VLOOKUP(tax_inc, emp_add, 2))
		emp_cr_max_spouse	S	IF(tax_inc_spouse=0.0,(VLOOKUP(tax_inc_spouse,emp_add,2)))
		emp_cr	P	MIN(CG_tax_excl, IF(tax_inc<=8000,emp_cr_max, IF(tax_inc<=28000,emp_cr_max+902*(28000-tax_inc)/20000, IF(tax_inc>55000,emp_cr_max,emp_cr_max*(55000-tax_inc)/27000))))+IF(tax_inc<=thre_min,0,IF(tax_inc<=thre_max,f_bonus,IF(tax_inc<=26000,f_bonus*(1-(tax_inc-24000)/2000))))
			S	MIN(CG_tax_excl_spouse, IF(tax_in_spousec<=8000,emp_cr_max_spouse, IF(tax_inc_spouse<=28000,emp_cr_max_spouse+902*(28000-tax_inc_spouse)/20000, IF(tax_inc_spouse>55000,emp_cr_max_spouse,emp_cr_max_spouse*(55000-tax_inc_spouse)/27000))))+IF(tax_inc_spouse<=thre_min,0,IF(tax_inc_spouse<=thre_max,f_bonus,IF(tax_inc_spouse<=26000,f_bonus*(1-(tax_inc_spouse-24000)/2000))))
	Spouse credit	spouse_cr	P	IF(Married=1, IF(tax_inc_spouse>Sp_crd_lim,0, IF(tax_inc>80000.0, IF(tax_inc<15000.800-110*tax_inc/15000, IF(tax_inc>40000.690*(80000-tax_inc)/40000,VLOOKUP(tax_inc,Spouse_cred,2))))),0)
	Child credit	child_cr_princ	P	IF(Children=0.0,IF(Married=1,(800*(95000-tax_inc)/95000+(Children-1)*800*(110000-tax_inc)/110000)*(1-child_crpct_spouse), MAX(800*(95000-tax_inc)/95000, IF(tax_inc>80000.0,IF(tax_inc<15000.800-110*tax_inc/15000, IF(tax_inc>40000.690*(80000-tax_inc)/40000, VLOOKUP(tax_inc,Spouse_cred,2)))))+(Children-1)*800*(110000-tax_inc)/110000))
		child_crfull_spouse	S	IF(Children=0.0,(spouse_cr=0)*Married*(800*(95000-tax_inc_spouse)/95000+(Children-1)*800*(110000-tax_inc_spouse)/110000))
		child_crpct_spouse	S	IF(child_crfull_spouse>0,IF((CG_tax_excl_spouse-emp_cr_spouse)/child_crfull_spouse<0.5.0,0.5),0)
		child_cr_spouse	S	child_crfull_spouse*child_crpct_spouse
	Total	tax_cr	B	MIN(emp_cr+spouse_cr+child_cr, CG_tax_excl)
7.	CG tax	CG_tax	B	Positive(CG_tax_excl-tax_cr)+sol_tax
8.	State and local taxes	reg_rt	B	IF(CG_tax=0, 0, tax_inc*reg_rt)
9.	Employees' soc security	SSC	B	Tax(earn, SSC_sch)
11.	Cash transfers		J	IF(Children=0.0,12*VLOOKUP(earn_total, IF(Married,trans_sch,trans_sch_sp),1+Children))
13.	Employer's soc security	SSC_empr	B	Tax(earn, Empr_sch)

Key to range of equation B calculated separately for both principal earner and spouse P calculated for principal only (value taken as 0 for spouse calculation) J calculated once only on a joint basis.

Japan

This chapter includes data on the income taxes paid by workers, their social security contributions, the family benefits they receive in the form of cash transfers as well as the social security contributions and payroll taxes paid by their employers. Results reported include the marginal and average tax burden for eight different family types.

Methodological information is available for personal income tax systems, compulsory social security contributions to schemes operated within the government sector, universal cash transfers as well as recent changes in the tax/benefit system. The methodology also includes the parameter values and tax equations underlying the data.

Japan 2014

The tax/benefit position of single persons

	Wage level (per cent of average wage)	67	100	167	67
	Number of children	none	none	none	2
1.	**Gross wage earnings**	3 270 936	4 881 994	8 152 930	3 270 936
2.	**Standard tax allowances:**				
	Basic allowance	380 000	380 000	380 000	380 000
	Married or head of family	0	0	0	0
	Dependent children	0	0	0	0
	Deduction for social security contributions and income taxes	461 823	689 289	1 089 665	461 823
	Work-related expenses	1 161 281	1 516 399	2 015 293	1 161 281
	Other				
	Total	2 003 104	2 585 688	3 484 958	2 003 104
3.	**Tax credits or cash transfers included in taxable income**	0	0	0	0
4.	**Central government taxable income (1 - 2 + 3)**	1 267 832	2 296 307	4 667 973	1 267 832
5.	**Central government income tax liability (exclusive of tax credits)**	64 723	134 905	516 722	64 723
6.	**Tax credits**				
	Basic credit				
	Married or head of family				
	Children				
	Other				
	Total	0	0	0	0
7.	**Central government income tax finally paid (5-6)**	64 723	134 905	516 722	64 723
8.	**State and local taxes**	134 283	237 131	474 297	134 283
9.	**Employees' compulsory social security contributions**				
	Gross earnings	461 823	689 289	1 089 665	461 823
	Taxable income				
	Total	461 823	689 289	1 089 665	461 823
10.	**Total payments to general government (7 + 8 + 9)**	660 829	1 061 325	2 080 685	660 829
11.	**Cash transfers from general government**				
	For head of family				
	For two children	0	0	0	240 000
	Total	0	0	0	240 000
12.	**Take-home pay (1-10+11)**	2 610 107	3 820 669	6 072 246	2 850 107
13.	**Employer's compulsory social security contributions**	486 355	725 904	1 150 812	486 355
14.	**Average rates**				
	Income tax	6.1%	7.6%	12.2%	6.1%
	Employees' social security contributions	14.1%	14.1%	13.4%	14.1%
	Total payments less cash transfers	20.2%	21.7%	25.5%	12.9%
	Total tax wedge including employer's social security contributions	30.5%	31.9%	34.7%	24.1%
15.	**Marginal rates**				
	Total payments less cash transfers: Principal earner	22.6%	27.4%	31.2%	22.6%
	Total payments less cash transfers: Spouse	n.a.	n.a.	n.a.	n.a.
	Total tax wedge: Principal earner	32.6%	36.8%	35.3%	32.6%
	Total tax wedge: Spouse	n.a.	n.a.	n.a.	n.a.

Japan 2014

The tax/benefit position of married couples

		Wage level (per cent of average wage)	100-0	100-33	100-67	100-33
		Number of children	2	2	2	none
1.	**Gross wage earnings**		4 881 994	6 493 052	8 152 930	6 493 052
2.	**Standard tax allowances**					
	Basic allowance		380 000	760 000	760 000	760 000
	Married or head of family		380 000	0	0	0
	Dependent children		0	0	0	0
	Deduction for social security contributions and income taxes		689 289	916 754	1 151 112	916 754
	Work-related expenses		1 516 399	2 166 399	2 677 680	2 166 399
	Other					
		Total	2 965 688	3 843 153	4 588 792	3 843 153
3.	**Tax credits or cash transfers included in taxable income**		0	0	0	0
4.	**Central government taxable income (1 - 2 + 3)**		1 916 307	2 649 899	3 564 138	2 649 899
5.	**Central government income tax liability (exclusive of tax credits)**		97 827	152 956	199 628	152 956
6.	**Tax credits**					
	Basic credit					
	Married or head of family					
	Children					
	Other					
		Total	0	0	0	0
7.	**Central government income tax finally paid (5-6)**		97 827	152 956	199 628	152 956
8.	**State and local taxes**		202 446	279 990	371 414	279 990
9.	**Employees' compulsory social security contributions**					
	Gross earnings		689 289	916 754	1 151 112	916 754
	Taxable income					
		Total	689 289	916 754	1 151 112	916 754
10.	**Total payments to general government (7 + 8 + 9)**		989 562	1 349 700	1 722 154	1 349 700
11.	**Cash transfers from general government**					
	For head of family					
	For two children		240 000	240 000	240 000	0
		Total	240 000	240 000	240 000	0
12.	**Take-home pay (1-10+11)**		4 132 432	5 383 352	6 670 776	5 143 352
13.	**Employer's compulsory social security contributions**		725 904	965 452	1 212 259	965 452
14.	**Average rates**					
	Income tax		6.2%	6.7%	7.0%	6.7%
	Employees' social security contributions		14.1%	14.1%	14.1%	14.1%
	Total payments less cash transfers		15.4%	17.1%	18.2%	20.8%
	Total tax wedge including employer's social security contributions		26.3%	27.8%	28.8%	31.0%
15.	**Marginal rates**					
	Total payments less cash transfers: Principal earner		27.4%	27.4%	27.4%	27.4%
	Total payments less cash transfers: Spouse		22.4%	27.1%	22.6%	27.1%
	Total tax wedge: Principal earner		36.8%	36.8%	36.8%	36.8%
	Total tax wedge: Spouse		32.4%	36.5%	32.6%	36.5%

The national currency is the yen (JPY). In 2014, JPY 105.85 was equal to USD 1. In that year, the average worker is assumed to earn JPY 4 881 994 (Secretariat estimate). In Japan, the central government income tax year is a calendar year and the local government income tax year is from April to March. The calculations in this report are based on the tax rules and rates, which are applicable the 1 April.

1. Personal income tax systems

1.1. Central government income tax

1.1.1. Tax unit

Each individual is taxed separately.

1.1.2. Allowances and tax credits

1.1.2.1. Standard reliefs

- *Basic allowance:* A taxpayer may deduct JPY 380 000 as a basic allowance from his or her income.
- *Allowance for spouse*: Allowance equal to JPY 380 000 is given to a resident taxpayer who lives with a spouse whose income does not exceed JPY 380 000.
- *Special allowance for spouse:* The allowance included in the following table is given to a resident taxpayer who lives with a spouse:

Spouse's income	Amount
0-380 000	0
380 001-399 999	380 000
400 000-449 999	360 000
450 000-499 999	310 000
500 000-549 999	260 000
550 000-599 999	210 000
600 000-649 999	160 000
650 000-699 999	110 000
700 000-749 999	60 000
750 000-759 999	30 000
760 000 or more	0

- *Allowance for dependents:* If a resident taxpayer has children and other relatives whose income does not exceed JPY 380 000 and who are over 15 years old, an allowance of JPY 380 000 is given for each dependent.
- *Special allowance for dependents:* If a resident taxpayer has dependents whose income does not exceed JPY 380 000 and who are between 19 and 22 years old, an allowance of JPY 630 000 is given for each dependent instead of the allowances for dependents mentioned above.

- *Deduction for social insurance premiums:* The amount of social insurance premiums for a resident taxpayer or his/her dependents shall be deducted from his/her income without any ceiling.
- *Employment income deduction:* The following amounts may be deducted from employment income in calculating taxable income:
  - If gross employment income does not exceed JPY 1 800 000, the deduction is 40 per cent of salaries (etc.), but the minimum amount deductible is JPY 650 000.
  - If gross employment income exceeds JPY 1 800 000, but not JPY 3 600 000, the deduction is JPY 180 000 plus 30 per cent of salaries.
  - If gross employment income exceeds JPY 3 600 000, but not JPY 6 600 000, the deduction is JPY 540 000 plus 20 per cent of salaries.
  - If gross employment income exceeds JPY 6 600 000, but not JPY 10 000 000, the deduction is JPY 1 200 000 plus 10 per cent of salaries.
  - If gross employment income exceeds JPY 10 000 000, but not JPY 15 000 000, the deduction is JPY 1 700 000 plus 5 per cent of salaries.
  - If gross employment income exceeds JPY 15 000 000, the deduction will be fixed at JPY 2 450 000.

1.1.2.2. Main non-standard tax reliefs applicable to an AW

- *Credit for housing loans:* A resident taxpayer who constructs, purchases, enlarges or rebuilds a house and finances the cost by means of a housing loan and uses the property as his or her own dwelling is entitled to an income tax credit up to the amount described below for 10 years [or 15 years] after the first use of the house, provided that the floor space is not less than 50 m^2 and that at least half of the floor space is used as the owner-occupied dwelling. The base of the tax credit equals the balance of the housing loan debt amount, calculated at the end of each year, consisting of the loan obtained not only from private financial institutions but also from public institutions. This tax credit cannot be claimed by those whose total income is more than JPY 30 million.

  The rates of the tax credits correspond to the year in which residence in the house commenced. The rates are as follows:

Residence starts:	From 1 January 2005 to 31 December 2005	From 1 January 2006 to 31 December 2006	From 1 January 2007 to 31 December 2007
Tax credit rate	If the remaining housing loan balance at the end of year (R.H.L.B) is JPY 40 million or less: The R.H.L.B. × 1.0% (for first 8 years) The R.H.L.B. × 0.5% (for last 2 years)	If the R.H.L.B. is JPY 30 million or less: The R.H.L.B. × 1.0% (for first 7 years) The R.H.L.B. × 0.5% (for last 3 years)	If the R.H.L.B. is JPY 25 million or less: The R.H.L.B. × 1.0% [or 0.6%] (for first 6 years [or 10 years]) The R.H.L.B. × 0.5% [or 0.4%] (for last 4 years [or 5 years])
Maximum tax credit amount (for each year)	JPY 400 000 JPY 200 000 (for last 2 years)	JPY 300 000 JPY 150 000 (for last 3 years)	JPY 250 000 [or 150 000] JPY 125 000 [or 100 000] (for last 4 years [or 5 years])
Maximum tax credit amount (for the deductible period in total)	JPY 3.6 million	JPY 2.55 million	JPY 2 million

Residence starts:	From 1 January 2008 to 31 December 2008	From 1 January 2009 to 31 December 2010	From 1 January 2011 to 31 December 2011
Tax credit rate	If the R.H.L.B. is JPY 20 million or less: The R.H.L.B. × 1.0% [or 0.6%] (for first 6 years [or 10 years]) The R.H.L.B. × 0.5% [or 0.4%] (for last 4 years [or 5 years])	If the R.H.L.B. is JPY 50 million or less: The R.H.L.B. × 1.0%	If the R.H.L.B. is JPY 40 million or less: The R.H.L.B. × 1.0%
Maximum tax credit amount (for each year)	JPY 200 000 [or 120 000] JPY 100 000 [or 80 000] (for last 4 years [or 5 years])	JPY 500 000	JPY 400 000
Maximum tax credit amount (for the deductible period in total)	JPY 1.6 million	JPY 5 million	JPY 4 million

Residence starts:	From 1 January 2012 to 31 December 2012	From 1 January 2013 to 31 March 2014	From 1 April 2014 to 31 December 2017
Tax credit rate	If the R.H.L.B. is JPY 30 million or less: The R.H.L.B. × 1.0%	If the R.H.L.B. is JPY 20 million or less: The R.H.L.B. × 1.0%	If the R.H.L.B. is JPY 40 million or less: The R.H.L.B. × 1.0%
Maximum tax credit amount (for each year)	JPY 300 000	JPY 200 000	JPY 400 000
Maximum tax credit amount (for the deductible period in total)	JPY 3 million	JPY 2 million	JPY 4 million

- *Deduction for life insurance premiums:* If a resident taxpayer pays insurance premiums on life insurance contracts and the recipient of the insurance proceeds is the taxpayer, his/her spouse or other relatives living with him/her, the portion of these insurance premiums which does not exceed the maximum prescribed below, is deductible from ordinary income, retirement income or timber income.
- In addition, if a resident taxpayer pays insurance premiums for a "qualified personal pension plan (insurance type)", and the recipient of the pension payment is the taxpayer or his/her spouse under a specific condition, the portion of such premiums which does not exceed the maximum prescribed below, is deductible from ordinary income, retirement income, or timber income.
- Furthermore, if a resident taxpayer pays insurance premiums on long-term care insurance contacts and the taxpayer receipts the long-term care proceeds caused by payments for medical expenses, the portion of such premiums which does not exceed the maximum prescribed below, is deductible from ordinary income, retirement income, or timber income.

Annual Premium Paid (JPY)		Deduction
Over	Not over	
	20 000	Total amount of premiums paid (1)
20 000	40 000	(1) × 1/2 + JPY 10 000
40 000	80 000	(1) × 1/4 + JPY 20 000
80 000	-	JPY 40 000

- For the insurance contracts made on or after 1 January 2012 the maximum deduction is JPY 120 000. A resident taxpayer can claim the deduction up to JPY 40 000 for life insurance premiums, personal pension plan premiums and long-term care insurance premiums respectively.

- For the insurance contracts made on or before 31 December 2011, a resident taxpayer can claim the deduction up to JPY 50 000 for life insurance premiums, personal pension plan premiums respectively. Thus, a resident tax payer can claim the deduction up to JPY 100 000 in total.*Deduction for medical expenses:* If a resident taxpayer pays bills for medical or dental care for himself/herself or for his/her spouse or other relatives living with him/her and the amount of such expenses (excluding those recovered by insurance) exceeds the lesser of JPY 100 000 or 5 per cent of the total of his/her ordinary income, retirement income and timber income, the excess amount is deductible from his/her ordinary income, retirement income or timber income. The maximum deduction is JPY 2 million.
- *Deduction for earthquake insurance premiums*: Earthquake insurance premiums up to JPY 50 000 can be deducted from income. Although the income deduction for casualty insurance premiums was basically abolished, the deduction for long-term casualty insurance premiums remains available if contracted before 31 December 2006. The maximum deduction for long-term casualty insurance premiums is JPY 15 000. If an individual applies for both a deduction for earthquake insurance premiums and a deduction for long-term casualty premiums, the maximum deductible amount is JPY 50 000 in total.

1.1.3. *Tax schedule*

Taxable income (JPY)[1]		Tax rate (%)	Deductible amounts for each bracket (JPY)
Over	Not over	(A)	(B)
	1 950 000	5	-
1 950 000	3 300 000	10	97 500
3 300 000	6 950 000	20	427 500
6 950 000	9 000 000	23	636 000
9 000 000	18 000 000	33	1 536 000
18 000 000		40	2 796 000

1. The fraction of taxable income that is less than JPY 1 000 is rounded down.

Tax liability is obtained by multiplying the taxable income by tax rate (A) and deducting the amount (B). For example, income tax due on taxable income of JPY 7 million is:

7 000 000 × 0.23 (A) - 636 000 (B) = JPY 974 000.

In addition, a taxpayer is required to file tax returns and make tax payments for additional 2.1% of the base income taxes from 2013 through 2037 annually together with the regular income tax of respective years.

1.2. *State and local income taxes*

1.2.1. *General description of the system*

State and local income taxes in Japan consist of prefectural inhabitant's tax levied by prefectures and municipal inhabitant's tax levied by cities, towns and villages. The prefectural inhabitant's tax is collected together with the municipal inhabitant's tax by cities, towns and villages.

1.2.2. Tax base

Basically, prefectural and municipal inhabitants' taxes (local taxes) consist of two parts; one is proportional taxable income and the other is a fixed per capita amount. The way to compute the taxable income of local taxes is similar to that of the previous year's national income tax. The main difference is the amount of reliefs. For example, the amount of Basic Allowance, Allowance for Spouse, Allowance for Dependants is JPY 330 000, the amount of Special Allowance for dependants is JPY 450 000, etc. Allowance for Dependents is available for dependents 16 years or older excluding the specified dependents described below. Special Allowance for dependents is available for the specified dependents (between 19 and 22 years old).

1.2.3. Tax rate

- The standard fixed (annual) per-capita amount of Prefectural inhabitants tax is JPY 1 500.
- The standard fixed (annual) per-capita amount of Municipal inhabitants tax is JPY 3 500.
- The standard rate of the local taxes equals a proportional rate of 10 per cent (Prefectural inhabitant's tax: 4 per cent, Municipal inhabitant's tax: 6 per cent).*

Taxable income for local income tax purposes	The tax credit
JPY 2 000 000 or less	5 per cent of the lesser of: total amount of differences in personal reliefs between those for national income tax purposes and for local income tax purposes; or taxable income for local income tax purposes
More than JPY 2 000 000	[(total amount of differences in personal reliefs between those for national income tax purposes and for local income tax purposes) – (taxable income for local income tax purposes – JPY 2 000 000)] * 5%. The minimum credit is JPY 2 500.

Note: Local authorities do not levy the per-capita rate and the proportional rate on a taxpayer whose previous year's income does not exceed a certain amount. For example, in special wards of Tokyo, this threshold is calculated as follows:
- Per-capita rate: [1 + number of spouse and dependent(s) qualified for the allowance for spouse/ dependents) * 350 000 (+210 000 in case the taxpayer has a qualified spouse or dependent(s)].
- Proportional rate: [1 + number of spouse and dependent(s) qualified for the allowance for spouse/ dependents) * 350 000 (+320 000 in case the taxpayer has a qualified spouse or dependent(s)].

1.2.4. Tax rate selected for this study

Country-wide rates as described above. The local income tax rates chosen for the purpose of this Report represent a country-wide average.

* The local tax rate and the central government income tax rate were changed in the FY2006 tax reform. Also a new local income tax credit regime was introduced in order to alleviate the tax burden increase arising from the changes in the tax rates and from the difference between the personal reliefs (Basic Allowance, Allowance for Spouse, Allowance for Dependents, Special Allowance for dependents, etc.) for national income tax purposes and for inhabitant tax purposes.

2. Compulsory social security contribution to schemes operated within the government sector

2.1. *Employees' contributions*

2.1.1. *Pension*

8.560 per cent (8.737 per cent as from September 2014) of total remuneration (standard remuneration and bonuses). The insurable ceiling of the monthly amount of pensionable remuneration is JPY 620 000 and the insurable ceiling of the standard amount of bonus is JPY 1 500 000.

2.1.2. *Sickness*

As from April 2012 about 5.00 per cent (about 4.75 per cent before March 2012), of total remuneration (standard remuneration and bonuses), up to the insurable ceiling of JPY 1 210 000, (monthly).

2.1.3. *Unemployment*

0.5 per cent of total remuneration.

2.1.4-1.5. *Work injury and family allowance*

None.

2.2. *Employers' contributions*

2.2.1. *Pensions*

8.560 per cent (8.737 per cent as from September 2014) of total remuneration. The insurable ceiling of the monthly amount of pensionable remuneration is JPY 620 000 and the insurable ceiling of the standard amount of bonus is JPY 1 500 000.

2.2.2. *Sickness*

As from April 2012, about 5.00 per cent (about 4.75 per cent before March 2012) of total remuneration up to the insurable ceiling of JPY 1 210 000 (monthly).

2.2.3. *Unemployment*

0.85 per cent of total remuneration.

2.2.4. *Work injury*

0.25 per cent to 8.9 per cent of total remuneration, the contribution rate depending on each industry's accident rate over the last three years and other factors. There are thirty rates for fifty-five industrial categories at present.

2.2.5. *Family allowance*

0.15 per cent of total remuneration.

3. Universal cash transfers

3.1. *Transfers related to marital status*

Not available.

3.2. *Transfers for dependent children*

From April 2012 (Income caps are applied beginning from June 2012 payments):

a) For persons earning incomes below the income cap

JPY 15 000 (per month) is paid to parents/guardians for each child who is under 3 years old or for the third or subsequent child from 3 years old until he/she graduates from elementary school.

JPY 10 000 (per month) is paid to parents/guardians for each child who is for the first or second child from 3 years old until he/she graduates from elementary school or who is a junior high school student.

b) For persons earning incomes no less than the income cap

JPY 50 00 (per month) is paid to parents/guardians for each child until he/she graduates from junior high school as the Special Interim Allowances.

The income cap is set at JPY 6 220 000 (the principal's gross earnings net of certain deductions, plus JPY 380 000 per dependent).

4. Main changes in the tax/benefit systems since 1998

As part of the Fiscal Year 1999 tax reform, the highest marginal rate of the personal income tax imposed by the central government was reduced from 50 per cent to 37 per cent. The top rate of the local inhabitants' tax was reduced from 15 per cent to 13 per cent. A proportional tax reduction was granted with respect to the national income tax and the local inhabitants tax. The amount is equal to the lesser of 20 per cent (local inhabitants tax: 15 per cent) of the amount of tax before reduction or JPY 250 000 (local inhabitants tax: JPY 40 000).

As part of the FY 2005 tax reform, the rate of the reduction was reduced from 20 per cent to 10 per cent (local inhabitants tax: from 15 per cent to 7.5 per cent) and the ceiling was reduced from JPY 250 000 to JPY 125 000 (local inhabitants' tax from JPY 40 000 to JPY 20 000) as from 2006 (local inhabitants tax: FY 2006). And as part of the FY 2006 tax reform, the reduction was abolished as from 2007 (local inhabitants tax: FY 2007).

As part of the FY 2006 tax reform, the progressive rate structure of national income tax was reformed into a 6 brackets structure with tax rates ranging from 5 per cent to 40 per cent, and the rate of local inhabitants' tax became proportional at a rate of 10 per cent.

Eligible age for transfers for dependent children was raised from three to six as from 1 June 2001, from six to nine as from 1 April 2004 and from nine to twelve as from 1 April 2006. It has been doubled to JPY 10 000 for the first and second child under the age of three as from 1 April 2007.

As from 2010, JPY 13 000 per month is paid to parents/guardians regardless of their income for each child until he/she graduates from junior high school.

As from April 2012 (Income caps are applied beginning from June 2012 payments):

a) For persons earning incomes below the income cap

JPY 15 000 (per month) is paid to parents/guardians for each child who is under 3 years old or for the third or subsequent child from 3 years old until he/she graduates from elementary school.

JPY 10 000 (per month) is paid to parents/guardians for each child who is for the first or second child from 3 years old until he/she graduates from elementary school or who is a junior high school student.

b) For persons earning incomes no less than the income cap

JPY 5 000 (per month) is paid to parents/guardians for each child until he/she graduates from junior high school as the Special Interim Allowances.

As part of the FY 2012 tax reform, the upper limit on employment income deduction (JPY 2 450 000) was set for those who earn employment income more than JPY 15 000 000 as from 2013 (local inhabitants tax: FY2014).

5. Memorandum item

5.1. *Average gross annual wage earnings calculation*

The source of calculation is the *Basic Survey on Wage Structure*, published by the Ministry of Health, Labour and Welfare. This survey covers establishments with ten or more regular employees over the whole country, and contains statistical figures for monthly contractual cash earnings in June and annual special cash earnings (such as bonuses) received by various categories of workers. Male and female workers of the manufacturing, mining and quarrying, construction, wholesale and retail trade, accommodation and food service activities, financial and insurance activities, real estate activities sector are the point of departure. Their gross annual earnings have been calculated by multiplying monthly contractual cash earnings by 12 and adding any annual special cash earnings. In the *Basic Survey*, sickness and unemployment compensations are excluded from cash earnings, but average overtime and bonuses are included.

As far as the *Basic Survey* is concerned, it covers the whole country, and no special assumption is made regarding the place of residence of the average worker.

5.2. *Employer contributions to private pension and health schemes*

No information available.

2014 parameter values

Average earnings/yr	Ave_earn	4 881 994	Secretariat estimate
Allowances for central tax	basic_al	380 000	
	spouse_al	380 000	
	Spouse_al_sp	0	0
		380 001	380 000
		400 000	360 000
		450 000	310 000
		500 000	260 000
		550 000	210 000
		600 000	160 000
		650 000	110 000
		700 000	60 000
		750 000	30 000
		760 000	0
spouse_al_ceil		380 000	
	child_al	0	
Employment income deduction	emp_inc_min	650 000	
	emp_inc_sch	0.4	1 800 000
		0.3	3 600 000
		0.2	6 600 000
		0.1	10 000 000
		0.05	
	emp_inc_max	2 450 000	
Central gov't tax schedule	tax_sch	0.05	1 950 000
		0.10	3 300 000
		0.20	6 950 000
		0.23	9 000 000
		0.33	18 000 000
		0.40	
	surtax	1.021	
Allowances for state/local tax	s_basic_al	330 000	
	s_spouse_al	330 000	
	s_spouse_al_sp	0	0
		380 001	330 000
		450 000	310 000
		500 000	260 000
		550 000	210 000
		600 000	160 000
		650 000	110 000
		700 000	60 000
		750 000	30 000
		760 000	0
	S_spouse_al_ceil	380 000	
	s_child_al	0	
Prefectural tax	pref_per_cap	1 500	
Municipal tax	mun_per_cap	3 500	
	local_sch	0.1	
Social security contributions	SSC_pens	0.08619	
	pens_ceil	7 440 000	
	SSC_sick	0.05	
	sick_ceil	14 520 000	
	SSC_unemp	0.0050	
Employer contribution proportion	SSC_empr_unemp	0.0085	
	SSC_empr_oth	0.0040	
Child transfer	Child_transfer	120 000	
	Child_transfer2	90 000	
	Child_transfer_lim	6 220 000	
	Child_transfer_lim_incr	380 000	

2014 tax equations

The equations for the Japanese system are mostly on an individual basis. But the tax allowances for the spouse and for children are relevant only to the calculation for the principal earner. This is shown by the Range indicator in the table below.

The functions which are used in the equations (Taper, MIN, Tax, etc.) are described in the technical note about tax equations. Variable names are defined in the table of parameters above, within the equations table, or are the standard variables "married" and "children". A reference to a variable with the affix "_total" indicates the sum of the relevant variable values for the principal and spouse. And the affixes "_princ" and "_spouse" indicate the value for the principal and spouse, respectively. Equations for a single person are as shown for the principal, with "_spouse" values taken as 0.

	Line in country table and intermediate steps	Variable name	Range	Equation
1.	Earnings	earn		
2.	Allowances:			
		tax_al	P	basic_al + Married*(earn_princ – (earn_princ>0)*MIN(emp_inc_max,MAX(emp_inc_min,Tax(earn_princ, emp_inc_sch)))<=spouse_al_ceil)*spouse_al + Married*VLOOKUP(Positive(earn_princ – (earn_princ>0)*MAX(emp_inc_min,Tax(earn_princ, emp_inc_sch))),spouse_al_sp,2,TRUE) + Children*child_al + MAX(emp_inc_min,Tax(earn_princ,emp_inc_sch)) + SSC_princ
			S	MIN(earn_spouse, basic_al + MAX(emp_inc_min, Tax(earn, emp_inc_sch)) + SSC_spouse)
3.	Credits in taxable income	taxbl_cr	B	0
4.	CG taxable income	tax_inc	B	Positive(earn-tax_al)
5.	CG tax before credits	CG_tax_excl	B	Positive(Tax(tax_inc, tax_sch))
6.	Tax credits:	tax_cr	B	0
7.	CG tax	CG_tax	B	CG_tax_excl*surtax
8.	State and local taxes			
	Local taxable income	local_tax_inc	P	Positive(earn_princ- (s_basic_al+Married*((earn_spouse-(earn_spouse>0)*MAX(emp_inc_min,Tax(earn_spouse,emp_inc_sch))<=s_spouse_al_ceil)*s_spouse_al+VLOOKUP(Positive(earn_spouse-(earn_spouse>0)*MAX(emp_inc_min,Tax(earn_spouse,emp_inc_sch))),s_spouse_al_sp,2,TRUE))+Children*s_child_al+ MAX(emp_inc_min,Tax(earn_princ,emp_inc_sch))+SSC_princ))
			S	Positive(earn_spouse-(s_basic_al+(earn_spouse>0)*MAX(emp_inc_min,Tax(earn_spouse,emp_inc_sch))+ SSC_spouse))
	Local tax	local_tax	P	(earn_princ-MAX(emp_inc_min,Tax(earn_princ,emp_inc_sch))>350000+(Married*(earn_princ – (earn_princ>0)*MAX(emp_inc_min,Tax(earn_princ, emp_inc_sch))<=s_spouse_al_ceil)+Children>0)*((Married*(earn_princ – (earn_princ>0)*MAX(emp_inc_min,Tax(earn_princ, emp_inc_sch))<=s_spouse_al_ceil)+Children)*350000+210000))*(pref_per_cap+mun_per_cap)+(earn_princ-MAX(emp_inc_min,Tax(earn_princ,emp_inc_sch))>350000+(Married*(earn_princ – (earn_princ>0)*MAX(emp_inc_min,Tax(earn_princ, emp_inc_sch))<=s_spouse_al_ceil)+Children>0)*((Married*(earn_princ – (earn_princ>0)*MAX(emp_inc_min,Tax(earn_princ, emp_inc_sch))<=s_spouse_al_ceil)+Children)*350000+320000))*Positive(Tax(Positive(earn_spouse-tax_al_spouse),local_sch)-IF(Positive(earn_spouse-tax_al_spouse)>2000000,MAXA(2500,((Positive(earn_spouse-tax_al_spouse)-MAX(emp_inc_min,Tax(earn_princ,emp_inc_sch)))-(Positive(earn_spouse-tax_al_spouse)-2000000))*5%),MINA((Positive(earn_spouse-tax_al_spouse)-MAX(emp_inc_min,Tax(earn_princ,emp_inc_sch))),Positive(earn_spouse-tax_al_spouse))*5%))

Line in country table and intermediate steps		Variable name	Range	Equation
			S	(earn_spouse – (earn_spouse>0)*MAX(emp_inc_min,Tax(earn_spouse, emp_inc_sch))>350000)*(pref_per_cap+mun_per_cap+Positive(Tax(local_tax_inc_spouse,local_sch)-IF(local_tax_inc_spouse>2000000,MAXA(2500,((local_tax_inc_spouse-tax_inc_spouse)-(local_tax_inc_spouse-2000000))*5%),MINA((local_tax_inc_spouse-tax_inc_spouse),local_tax_inc_spouse)*5%)))
9.	Employees' soc security	SSC	B	SSC_pens*MIN(earn, pens_ceil)+SSC_sick*MIN(earn, sick_ceil)+SSC_unemp*earn
11.	Cash transfers	cash_trans	B	IF(Children>0,IF(Positive(princ_inc – princ_empl_inc)<Child_transfer_lim+(Child_transfer_lim_incr*Children), Child_transfer,Child_transfer2)*Children,0)
13.	Employer's social security	SSC_empr	B	SSC_pens*MIN(earn, pens_ceil)+SSC_sick*MIN(earn, sick_ceil)+(SSC_empr_unemp+SSC_empr_oth)*earn

Key to range of equation B calculated separately for both principal earner and spouse P calculated for principal only (value taken as 0 for spouse calculation).

Korea

This chapter includes data on the income taxes paid by workers, their social security contributions, the family benefits they receive in the form of cash transfers as well as the social security contributions and payroll taxes paid by their employers. Results reported include the marginal and average tax burden for eight different family types.

Methodological information is available for personal income tax systems, compulsory social security contributions to schemes operated within the government sector, universal cash transfers as well as recent changes in the tax/ benefit system. The methodology also includes the parameter values and tax equations underlying the data.

Korea 2014

The tax/benefit position of single persons

	Wage level (per cent of average wage)	67	100	167	67
	Number of children	none	none	none	2
1.	**Gross wage earnings**	26 653 320	39 781 075	66 434 395	26 653 320
2.	**Standard tax allowances**				
	Basic allowance				
	Married or head of family				
	Dependent children				
	Deduction for social security contributions and income taxes				
	Work-related expenses				
	Other				
	Total	11 947 397	16 035 301	19 326 665	15 947 397
3.	**Tax credits or cash transfers included in taxable income**	0	0	0	0
4.	**Central government taxable income (1 - 2 + 3)**	14 705 923	23 745 774	47 107 731	10 705 923
5.	**Central government income tax liability (exclusive of tax credits)**	1 125 888	2 481 866	6 085 855	642 355
6.	**Tax credits**				
	Basic credit	582 767	660 000	630 000	737 707
	Married or head of family				
	Children				
	Other				
	Total	582 767	660 000	630 000	737 707
7.	**Central government income tax finally paid (5-6)**	543 122	1 821 866	5 455 855	0
8.	**State and local taxes**	54 312	182 187	545 586	0
9.	**Employees' compulsory social security contributions**				
	Gross earnings	2 223 153	3 318 139	4 754 945	2 223 153
	Taxable income				
	Total	2 223 153	3 318 139	4 754 945	2 223 153
10.	**Total payments to general government (7 + 8 + 9)**	2 820 588	5 322 192	10 756 386	2 223 153
11.	**Cash transfers from general government**				
	For head of family				
	For two children				
	Total	0	0	0	0
12.	**Take-home pay (1-10+11)**	23 832 733	34 458 883	55 678 009	24 430 167
13.	**Employer's compulsory social security contributions**	2 742 893	4 093 870	6 050 416	2 742 893
14.	**Average rates**				
	Income tax	2.2%	5.0%	9.0%	0.0%
	Employees' social security contributions	8.3%	8.3%	7.2%	8.3%
	Total payments less cash transfers	10.6%	13.4%	16.2%	8.3%
	Total tax wedge including employer's social security contributions	18.9%	21.5%	23.2%	16.9%
15.	**Marginal rates**				
	Total payments less cash transfers: Principal earner	17.6%	21.0%	27.9%	8.3%
	Total payments less cash transfers: Spouse	n.a.	n.a.	n.a.	n.a.
	Total tax wedge: Principal earner	25.3%	28.4%	31.9%	16.9%
	Total tax wedge: Spouse	n.a.	n.a.	n.a.	n.a.

Korea 2014

The tax/benefit position of married couples

		Wage level (per cent of average wage)	100-0	100-33	100-67	100-33
		Number of children	2	2	2	none
1.	**Gross wage earnings**		39 781 075	52 908 830	66 434 395	52 908 830
2.	**Standard tax allowances**					
	Basic allowance					
	Married or head of family					
	Dependent children					
	Deduction for social security contributions and income taxes					
	Work-related expenses					
	Other					
		Total	20 535 301	28 377 152	31 482 698	25 377 152
3.	**Tax credits or cash transfers included in taxable income**		0	0	0	0
4.	**Central government taxable income (1 - 2 + 3)**		19 245 774	24 531 678	34 951 697	27 531 678
5.	**Central government income tax liability (exclusive of tax credits)**		1 806 866	2 259 020	3 082 755	2 709 020
6.	**Tax credits**					
	Basic credit		960 000	1 204 935	1 520 267	904 935
	Married or head of family					
	Children					
	Other					
		Total	960 000	1 204 935	1 520 267	904 935
7.	**Central government income tax finally paid (5-6)**		846 866	1 071 866	1 562 488	1 821 866
8.	**State and local taxes**		84 687	107 187	156 249	182 187
9.	**Employees' compulsory social security contributions**					
	Gross earnings		3 318 139	4 413 126	5 541 293	4 413 126
	Taxable income					
		Total	3 318 139	4 413 126	5 541 293	4 413 126
10.	**Total payments to general government (7 + 8 + 9)**		4 249 692	5 592 178	7 260 030	6 417 178
11.	**Cash transfers from general government**					
	For head of family					
	For two children					
		Total	0	0	0	0
12.	**Take-home pay (1-10+11)**		35 531 383	47 316 652	59 174 366	46 491 652
13.	**Employers' compulsory social security contributions**		4 093 870	5 444 848	6 836 764	5 444 848
14.	**Average rates**					
	Income tax		2.3%	2.2%	2.6%	3.8%
	Employees' social security contributions		8.3%	8.3%	8.3%	8.3%
	Total payments less cash transfers		10.7%	10.6%	10.9%	12.1%
	Total tax wedge including employer's social security contributions		19.0%	18.9%	19.2%	20.3%
15.	**Marginal rates**					
	Total payments less cash transfers: Principal earner		21.0%	21.0%	21.0%	21.0%
	Total payments less cash transfers: Spouse		10.2%	8.3%	17.6%	8.3%
	Total tax wedge: Principal earner		28.4%	28.4%	28.4%	28.4%
	Total tax wedge: Spouse		18.6%	16.9%	25.3%	16.9%

The national currency is the won (KRW). In 2014, KRW 1 053.06 was equal to USD 1. In this year, the average worker is expected to earn KRW 39 781 075 (Secretariat estimate).

1. Personal income tax system

1.1. *Central government income tax system*

1.1.1. *Tax unit*

Each individual is taxed on his/her own income.

Non-taxable wage income includes the:

- national pension, medical insurance, unemployment insurance and work injury insurance that are borne by employer;
- overtime payment to productive workers: up to KRW 2 400 000 of overwork payment of productive workers in manufacturing and mining sectors whose monthly wage is less than KRW 1 500 000 and whose yearly wage is less than KRW 25 000 000.

1.1.2. *Allowances and tax credits*

1.1.2.1. Standard reliefs

- *Employment income deduction:* The following deduction from gross income is provided to wage and salary income earners:

Salary	Deduction
Up to KRW 5 000 000	70%
KRW 5 000 000 to KRW 15 000 000	KRW 3 500 000 plus 40% of the salary over KRW 5 000 000
KRW 15 000 000 to KRW 45 000 000	KRW 7 500 000 plus 15% of the salary over KRW 15 000 000
KRW 45 000 000 to KRW 100 000 000	KRW 12 000 000 plus 5% of the salary over KRW 45 000 000
Over KRW 100 000 000	KRW 14 750 000 plus 2% of the salary over KRW 100 000 000

- *Basic allowance*: A taxpayer can deduct KRW 1 500 000 from his/her income for each person who meets one of following conditions:
  - the taxpayer him/herself;
  - the taxpayer's spouse whose taxable income (gross earnings net of employment income deduction) is less than KRW 1 000 000;
  - the taxpayer's (including the spouse's) dependents (parents, siblings, children) within the same household whose income after accounting for the employment income deduction is less than KRW 1 000 000 and whose age is:

    1. parents: 60 years or older;
    2. brother/sister: 60 years or older or 20 years or younger;

3. children: 20 years or younger (if both partners in the household earn wage-income, this Report assumes that the principal wage earner will claim the allowance).

- *Additional allowance:* A taxpayer can deduct KRW 1 000 000 (500 000 in the case of [c], KRW 2 000 000 in the case of [b]) from his/her gross income when the taxpayer or his/her dependents fall into one of the following categories (for this report, only cases [c] are modelled):
  - a person aged 70 years or older (a);
  - a handicapped person (b);
  - a female wage earner who is the head of a household with dependents (but without spouse) or a female wage earner with spouse (a person whose taxable income is not more than 30 million won and, in this Report,* any female wage earner is entitled to this allowance) (c);
  - a single parent with lineal descendants or adopted children who are eligible for basic exemption** (f).
- *National pension deduction*: Employees can deduct 100 per cent of their National Pension contributions.
- *Earned income special tax credit:* Wage and salary income earners obtain the following tax credit:

Calculated tax	Amount of tax credit	
Up to KRW 500 000	55% of calculated tax	
Over KRW 500 000	KRW 275 000 plus 30% of the calculated tax over KRW 500 000	
	Total wage and salary income	Ceiling on credit amount
	Not more than KRW 55 million	KRW 660 000
	Not more than KRW 70 million	The greater of KRW 630 000 and KRW 660 000 - [(total wage and salary income - 55 million won) × 50%]
	Exceeding KRW 70 million	The greater of KRW 500 000 and KRW 630 000 - [(total wage and salary income – KRW 70 million) × 50%]

1.1.2.2. Main non-standard tax reliefs

Wage and salary income earners may deduct from gross income the expenses for the following items during the tax year:

- *Insurance premiums:* The Medical insurance premium and the Unemployment insurance premium can be entirely (100 per cent) deducted from taxable income.
- *Saving/Payment for housing:* The full amount of the interest paid on a long-term mortgage loan for buying a house which is not more than KRW 400 million in value; 40 per cent of the amount contributed to a savings account for housing by a non-homeowner; 60 per cent of the monthly rent or the principal and interest of a loan for leasing a house paid or repaid by a non-homeowner. The sum of the deductible amounts above shall not exceed KRW 15 million.
- *Credit card purchases:* Employees may deduct 15 per cent of their credit card (30 per cent of their debit card, prepaid card or cash receipt) purchases that exceed 25 per cent of

* The calculations for Korea assume that the husband is the principal and that the wife is the spouse.

** Overlapping deductions for (c) and (f) are not allowed. If a resident belongs to both of the classes, he/she shall be deemed to belong to class (f) only.

their total income to a maximum of the lesser of KRW 3 000 000 or 20 per cent of their total income. However, for expenditures spent for traditional markets and public transportation, the allowed deduction is equivalent to 30 per cent of the expenditure and the ceiling is raised by an additional KRW 1 000 000 for each.

- Loans for house, saving deposits for housing subscription, investment in employee stock ownership associations or in associations for investment in start-ups, and credit cards are allowed income deduction with a ceiling at KRW 25 000 000 in total.

1.1.2.3. Child tax credit

- Where a resident with taxable income has children (including adoptees and children under foster care) who are eligible for the basic deduction, he/she receives annual tax credit of KRW 150 000 for having a child, KRW 300 000 for having two children, and KRW 300 000 plus KRW 200 000 per an excess child over two in case of having more than three children.

1.1.2.4. Credit for Pension insurance premiums

- A resident who paid pension contributions to a pension account may deduct the amount equal to 12% of the premiums paid from his/her global income tax amount, only up to KRW 4 million.

1.1.2.5. Special tax credit

Wage and salary income earners may obtain following tax credit during the tax year:

- *Insurance premiums* (a): 12% of the general insurance premium up to KRW 1 000 000 can be deducted from his/her income tax amount.
- *Medical expenses* (b): 15% of the medical expenses exceeding 3 per cent of taxable income can be deducted from his/her income tax amount. The medical expenses for taxpayer's dependents who are eligible for the basic deduction is limited KRW 7 000 000, and the medical expenses for the taxpayer himself, taxpayer's dependents who are aged 65 years or older and handicapped persons is not limited.
- *Educational expenses* (c): 15% of tuition fees for pre-school, elementary, middle school and college (but the graduate school fee deduction is allowed only for the taxpayer himself), either for the taxpayer himself or his/her dependents (including the taxpayer's spouse, children, and siblings), can be deducted from his/her income tax amount. The tuition fee for the taxpayer himself is not limited. For the taxpayer's dependents, the limits of tuition fees are as follows:
  - For pre-school: up to KRW 3 000 000 per child.
  - For elementary, middle and high school: up to KRW 3 000 000 per student.
  - For college/university: up to KRW 9 000 000 per student.
- *Charities* (d): 15% of the amount of donation (in case of the donation exceeding KRW 30 million, 25% of the excess over KRW 30 million) is deducted from income tax amount. The limits of donations are as follows:
  - donations to a government body, donations for national defence, natural disaster, and certain charitable associations: up to gross income;
  - donations to public welfare or religious associations: up to 30 per cent of gross income.

- *Lump-sum tax credit*: Any taxpayer whose total tax credit for (a), (b), (c) and (d) is not over KRW 120 000 or whose deduction from gross income is not over KRW 1 142 857 May deduct KRW 120 000 from income tax amount as a lump-sum tax relief.

1.1.3. *Tax schedule*

Over (KRW)	Not more than (KRW)	Marginal tax rate (%)
0	12 000 000	6
12 000 000	46 000 000	15
46 000 000	88 000 000	24
88 000 000	150 000 000	35
150 000 000		38

1.2. *Local income tax*

1.2.1. *Tax base*

The local income tax base is the income tax paid to the central government.

1.2.2. *Tax rate*

A uniform rate of 10 per cent is applied. However, the local government can adjust the rate between the lower limit of 5 per cent and the upper limit of 15 per cent.

1.2.3. *Tax rate (selected for this study)*

A country-wide rate of 10 per cent is used in this Report.

2. Compulsory social security contribution to schemes operated within the government sector

2.1. *Employees' contribution*

2.1.1. *National pension*

The National pension contribution rate is 4.5 per cent of the standardised average monthly wage income as of 2013.

The scope of the standardised average monthly wage income is from KRW 260 000 to KRW 4 080 000 as of 1 July 2014.

2.1.2. *Medical insurance*

The Medical insurance premium, which has a rate of 3.1911725 per cent (Health insurance: 2.995 %, Long term care insurance: 6.55% of Health insurance premium rate), is levied on average monthly wage income as of 1 January 2014.

The scope of the average monthly wage income is from KRW 280 000 to KRW 78 100 000.

2.1.3. *Unemployment insurance*

0.65 per cent of gross income.

2.1.4. *Industrial accident compensation insurance (premiums)*

Compulsory application, premiums paid only by employers.

2.2. Employers' contribution

2.2.1. National pension

The national pension contribution rate is 4.5 per cent of the standardised average monthly wage income as of 2013.

The scope of the standardised average monthly wage income is from KRW 260 000 to KRW 4 080 000 as of 1 July 2014.

If the average monthly wage income of a person is less than KRW 260 000, the average monthly wage income of the person is regarded as KRW 260 000 and the rate (0.045) is applied. If the average monthly wage income of a person is more than KRW 4 080 000, the average monthly wage income of the person is regarded as KRW 4 080 000 and the rate (0.045) is applied; so the maximum of the national pension contribution per year is KRW 2 203 200 (= KRW 4 080 000 × 0.045 × 12 months).

2.2.2. Medical insurance

The Medical insurance premium, which has a rate of 3.1911725 per cent (Health insurance: 2.995%, Long term care insurance: 6.55% of Health insurance premium rate), is levied on average monthly wage income as of 1 January 2014.

The scope of the average monthly wage income is from KRW 280 000 to KRW 78 100 000.

2.2.3. Unemployment insurance

- the insurance premium is between 0.9 per cent and 1.5 per cent of total wage;
- the insurance premium selected for this study is 0.9 per cent.

2.2.4. Work injury insurance

- the insurance premium consists of an industry-specific rate which is set by the Ministry of Employment and Labour multiplied by total wage;
- the average rate of all industries (selected for this study) is 1.70 per cent.

3. Universal cash transfers

- Child benefit

Child benefit is paid every month to those who have children aged 5 years or younger: KRW 200 000 for a child aged 12 months or younger, KRW 150 000 for a child aged 1 to 2 years and KRW 100 000 for a child aged 2 to 5 years.

If a child attends a nursery or pre-school, childcare benefit is paid instead every month: KRW 394 000 for a child aged 0, KRW 374 000 for a child aged 1 year, KRW 286 000 for a child aged 2 years and KRW 220 000 for a child aged 3 to 5 years.

The above child benefits are not included in the *Taxing Wages* calculations that consider children aged between 6 and 11 inclusive.

4. Main changes in tax/benefit system since 2000

2000	Contribution to National Pension are to be deductible from 2001, upper cap of employment income deduction limit (KRW 12 000 000) is abolished from 2001.
2001	Personal income tax rates are lowered by 10% (10, 20 ,30, 40% were reduced to 9, 18, 27, 36%, respectively) from 2002.
2002	Limits of deduction for education fees are expanded from 2003. For pre-school: from KRW 1 000 000 to KRW 1 500 000. For elementary, middle school and high school: from KRW 1 500 000 to KRW 2 000 000. For college and university: from KRW 3 000 000 to KRW 5 000 000. Limit of deduction for interest of long-term mortgage loan for housing is expanded from KRW 3 000 000 to KRW 6 000 000 from 2003.
2003	Employment income deduction and tax credit applicable to low income are increased. The deduction rate for the taxable wage income range of KRW 5 000 000 to KRW 15 000 000 is increased from 45 per cent to 47.5 per cent. The tax credit rate for calculated tax below KRW 500 000 is increased from 45% to 50% and the maximum tax credit is increased from KRW 400 000 to KRW 450 000.
2004	Limits of deduction for education fees are expanded. For pre-school: from KRW 1 500 000 to KRW 2 000 000. For college and university: from KRW 5 000 000 to KRW 7 000 000. Limit of deduction for interest on long-term mortgage loan for housing is expanded from KRW 6 000 000 to KRW 10 000 000. The marginal deduction rate for the taxable wage income range from KRW 5 000 000 to KRW 15 000 000 is increased from 47.5 per cent to 50 per cent. The tax credit rate for tax amounts below KRW 500 000 is increased from 50% to 55% and the maximum permitted tax credit goes up from KRW 450 000 to KRW 500 000.
2005	Personal income tax rates are lowered by 1% point (9, 18, 27, 36% were reduced to 8, 17, 26, 35%, respectively). Lump-sum tax relief are expanded from KRW 600 000 to KRW 1 000 000.
2007	Eligibility for the extra allowance amount has been changed. Previously, an income earner with a small number of dependents (e.g. spouse, child) eligible for basic allowance was eligible for an allowance of up to KRW 1 000 000 depending on the number of dependents. As from 2007, however, an income earner with two or more dependent children eligible for basic allowance is eligible for an allowance equivalent to KRW 500 000 if there are 2 children plus an additional KRW 1 000 000 for every additional child (e.g. 2 children: KRW 500 000; 3 children: KRW 1 500 000; 4 children: KRW 2 500 000, etc.).
2008	Tax schedule has been changed: from KRW 10 000 000, KRW 40 000 000 , KRW 80 000 000 to KRW 12 000 000, KRW 46 000 000, KRW 88 000 000. New items have been added to the additional allowance with respect to lineal descendants who are born or adopted during the concerned taxable year. Credit card purchase deduction has been changed: Employees may deduct 20 per cent (previously 15%) of their credit/debit card purchases that exceed 20 per cent (previously 15%) of their total income. Deduction for donations to public welfare or religious associations has been increased up to 15% of gross income. Previously, the limit was 10% of gross income.
2009	Personal income tax rates have been changed: from 8%, 17%, 26%, 35% to 6%, 16%, 25%, and 35%. Employment income deduction has been changed: from 100%, 50%, 15%, and 10% 5% to 80%, 50%, 15%, and 10%, 5%.
2010	Personal income tax rates have been changed: from 6%, 16%, 25%, 35% to 6%, 15%, 24%, and 35%.
2012	Personal income tax rates have been changed: from 6%, 15%, 24%, and 35% to 6%, 15%, 24%, 35% and 38%.
2013	• A new additional allowance is added: a single parent with lineal descendants or adopted children who are eligible for basic exemption can deduct KRW 1 000 000. • Insurance premiums, medical expenses, education expenses, loans for house, designated donations, saving deposits for housing subscription, investment in employee stock ownership associations or in associations for investment in start-ups, and credit cards are allowed income deduction with a ceiling at KRW 25 000 000 in total. However, for the amount of designated donations exceeding the ceiling, deduction can be carried forward for 5 years.
2014	• Tax schedule has been changed: KRW 300 000 000 to KRW 150 000 000. • Personal and special income deductions(e.g. medical expenses, educational expenses) have been shifted toward tax credit. • Employment income deduction has been changed: 80% to 70%, 50% to 40%. • The ceiling amount of earned income tax credit has been changed: KRW 500 000 to KRW 660 000(the salary < 55 000 000), KRW 630 000 (the salary < 70 000 000).

5. Memorandum item

5.1. *Identification of the Average Worker (AW)*

Sectors used: industry Sectors B-N with reference to the International Standard Industrial Classification of All Economic Activities, Revision 4 (ISIC Rev. 4).

Geographical coverage: Whole country.

Type of workers: Wage workers (male and female).

5.2. *Method to calculate wages*

Report on Labour Force Survey at Establishments covering data in 2014 by the Ministry of Employment and Labour is used to calculate the annual wages of the AW. The statistics were obtained through a sample survey of 12 000 firms with five or more permanent employees throughout the whole country.

Basic method of calculation used: average monthly wages multiplied by 12.

5.3. *Employer's reserve for employee's retirement payment*

An employer should pay to a retiree the retirement payment which is not less than 30 days' wage and salary per one year of service (about 8.3 per cent of gross income or more). An employer can contribute to the Retirement Payment Reserve Fund established within the company or Retirement Insurance Fund established outside the company to prepare for the retirement payment. Such contribution is treated as business expense under certain constraints. Because contribution to the Retirement Fund is not compulsory, this survey does not include such contribution except the contribution converted to employer's contribution to the national pension plan (see Section 2.2.1).

2014 parameter values

Average earnings/yr	Ave_earn	39 781 075	Secretariat estimate
Tax allowances	basic_al	1 500 000	
spouse	spouse_al	1 500 000	
dependents including children	dep_al	1 500 000	
additional allowance	add_all	500 000	
additional allowance 2	add2_all	1 000 000	
Employment income deduction	empdedsch	0	0.7
		5 000 000	0.4
		15 000 000	0.15
		45 000 000	0.105
		100 000 000	0.02
Earned income special credit threshold	earntaxcred	0.55	
		0.3	500000
credit limit	credlimit	660000	Ave_earn < 55 000 000
		630000	Ave_earn < 70 000 000
		500000	Ave_earn > 70 000 000
Child tax credit	child_cred	150000	
Lump sum tax credit	lump_cred	120000	
	lump_thresh	1142857	
Tax schedule	tax_sch	0.06	12 000 000
		0.15	46 000 000
		0.24	88 000 000
		0.35	150 000 000
		0.38	
Local tax rate	local_rate	0.1	
Social security contributions	SSC_pens	0.045	
	SSC_pens_max	2 203 200	
	SSC_sick	0.03191	
	SSC_sick_max	29 906 052	
	SSC_unemp	0.0065	
Employer contributions	emp_pens	0.045	
	emp_sick	0.03191	
	emp_unemp	0.009	
	emp_inj	0.0170	

2014 tax equations

The equations for the Korean system are independent between spouses except that the principal earner has tax allowances for the spouse and for any children.

The functions which are used in the equations (Taper, MIN, Tax, etc.) are described in the technical note about tax equations. Variable names are defined in the table of parameters above, within the equations table, or are the standard variables married and children. A reference to a variable with the affix total indicates the sum of the relevant variable values for the principal and spouse. And the affixes princ and spouse indicate the value for the principal and spouse, respectively. Equations for a single person are as shown for the principal, with spouse values taken as 0.

	Line in country table and intermediate steps	Variable name	Range	Equation
1.	Earnings	earn		
2.	Allowances:			
	employment income	emp_al	B	Empincded(earn, empincdedsch)
	basic	bas_al	B	basic_al
	spouse	sp_al	P	Married*spouse_al*(earn_spouse-emp_al_spouse<=spouse_al)
	dependents	dp_al	P	Children*dep_al
	additional allowances	add_al_princ	P	IF(AND(Married=0,Children>0), add2_all,0)
	additional allowances	add_al_spouse	S	(earn_spouse>0)*add_all
	national pension deduction	np_de	B	Min(earn*SSC_pens, SSC_pens_max)
	Main non-standard tax relief	non-std_al	B	IF(earn*(SSC_sick+SSC_unemp)>lump_thresh,earn*(SSC_sick+SSC_unemp), 0)
	Total	tax_al	B	emp_al+bas_al+sp_al+dp_al+add_al+np_al
3.	Credits in taxable income	taxbl_cr	B	0
4.	CG taxable income	tax_inc	B	Positive(earn-tax_al)
5.	CG tax before credits	CG_tax_excl	B	Tax(tax_inc, tax_sch)
6.	Tax credits:			
	earned income special tax credit	earn_cr	B	MIN(earntaxcred(CG_tax_excl), credlimit(earn))
	child tax credit	child_cr	P	Children*child_cred
	lump-sum tax credit	lump_cr	B	IF(non-std_al=0, lump_cred, 0)
	Total	tax_cr	B	earn_cr+child_cr+lump_cr
7.	CG tax	CG_tax	B	CG_tax_excl-tax_cr
8.	State and local taxes	local_tax	B	local_rate*CG_tax
9.	Employees' soc security	SSC	B	MIN(earn*(SSC_pens),SSC_pens_max)+MIN(earn*(SSC_sick),SSC_sick_max)+earn*(SSC_unemp)
11.	Cash transfers	cash_trans	J	
13.	Employer's soc security	SSC_empr	B	MIN(earn*(SSC_pens),SSC_pens_max)+MIN(earn*(emp_sick),SSC_sick_max)+earn*(emp_unemp+emp_inj)

Key to range of equation B calculated separately for both principal earner and spouse P calculated for principal only (value taken as 0 for spouse calculation) S calculated for spouse only J calculated once only on a joint basis.

Luxembourg

This chapter includes data on the income taxes paid by workers, their social security contributions, the family benefits they receive in the form of cash transfers as well as the social security contributions and payroll taxes paid by their employers. Results reported include the marginal and average tax burden for eight different family types.

Methodological information is available for personal income tax systems, compulsory social security contributions to schemes operated within the government sector, universal cash transfers as well as recent changes in the tax/benefit system. The methodology also includes the parameter values and tax equations underlying the data.

Luxembourg 2014

The tax/benefit position of single persons

		Wage level (per cent of average wage)	67	100	167	67
		Number of children	none	none	none	2
1.	**Gross wage earnings**		36 555	54 560	91 116	36 555
2.	**Standard tax allowances**					
	Basic allowance		480	480	480	480
	Married or head of family					
	Dependent children					
	Deduction for social security contributions and income taxes		4 039	6 029	10 068	4 039
	Work-related expenses		540	540	540	540
	Other		0	0	0	0
		Total	5 059	7 049	11 088	5 059
3.	**Tax credits or cash transfers included in taxable income**		0	0	0	0
4.	**Central government rounded taxable income (1 - 2 + 3)**		31 450	47 500	80 000	31 450
5.	**Central government income tax liability (exclusive of tax credits)**		3 802	9 894	23 457	2 006
6.	**Tax credits**					
	Basic credit		300	300	300	300
	Married or head of family					
	Children					
	Other		0	0	0	750
		Total	300	300	300	1 050
7.	**Central government income tax finally paid (5-6)**		3 502	9 594	23 157	956
8.	**State and local taxes**		0	0	0	0
9.	**Employees' compulsory social security contributions**					
	Gross earnings		4 470	6 712	11 263	4 470
	Taxable income					
		Total	4 470	6 712	11 263	4 470
10.	**Total payments to general government (7 + 8 + 9)**		7 972	16 307	34 420	5 427
11.	**Cash transfers from general government**					
	For head of family					
	For two children		0	0	0	7 522
		Total	0	0	0	7 522
12.	**Take-home pay (1-10+11)**		28 583	38 254	56 696	38 650
13.	**Employer's compulsory social security contributions**		4 496	6 711	11 207	4 496
14.	**Average rates**					
	Income tax		9.6%	17.6%	25.4%	2.6%
	Employees' social security contributions		12.2%	12.3%	12.4%	12.2%
	Total payments less cash transfers		21.8%	29.9%	37.8%	-5.7%
	Total tax wedge including employer's social security contributions		30.4%	37.6%	44.6%	5.8%
15.	**Marginal rates**					
	Total payments less cash transfers: Principal earner		39.1%	49.6%	49.6%	43.9%
	Total payments less cash transfers: Spouse		n.a.	n.a.	n.a.	n.a.
	Total tax wedge: Principal earner		45.8%	55.1%	55.1%	50.0%
	Total tax wedge: Spouse		n.a.	n.a.	n.a.	n.a.

Luxembourg 2014

The tax/benefit position of married couples

		Wage level (per cent of average wage)	100-0	100-33	100-67	100-33
		Number of children	2	2	2	none
1.	**Gross wage earnings**		54 560	72 565	91 116	72 565
2.	**Standard tax allowances**					
	Basic allowance		480	960	960	960
	Married or head of family					
	Dependent children					
	Deduction for social security contributions and income taxes		6 029	8 018	10 068	8 018
	Work-related expenses		540	1 080	1 080	1 080
	Other		0	4 500	4 500	4 500
		Total	7 049	14 558	16 608	14 558
3.	**Tax credits or cash transfers included in taxable income**		0	0	0	0
4.	**Central government rounded taxable income (1 - 2 + 3)**		47 500	58 000	74 500	58 000
5.	**Central government income tax liability (exclusive of tax credits)**		3 629	6 193	11 475	6 193
6.	**Tax credits**					
	Basic credit		300	600	600	600
	Married or head of family					
	Children					
	Other		0	0	0	0
		Total	300	600	600	600
7.	**Central government income tax finally paid (5-6)**		3 329	5 593	10 875	5 593
8.	**State and local taxes**		0	0	0	0
9.	**Employees' compulsory social security contributions**					
	Gross earnings		6 712	8 873	11 183	8 873
	Taxable income					
		Total	6 712	8 873	11 183	8 873
10.	**Total payments to general government (7 + 8 + 9)**		10 041	14 466	22 058	14 466
11.	**Cash transfers from general government**					
	For head of family					
	For two children		7 522	7 522	7 522	0
		Total	7 522	7 522	7 522	0
12.	**Take-home pay (1-10+11)**		52 041	65 621	76 580	58 099
13.	**Employer's compulsory social security contributions**		6 711	8 926	11 207	8 926
14.	**Average rates**					
	Income tax		6.1%	7.7%	11.9%	7.7%
	Employees' social security contributions		12.3%	12.2%	12.3%	12.2%
	Total payments less cash transfers		4.6%	9.6%	16.0%	19.9%
	Total tax wedge including employer's social security contributions		15.1%	19.5%	25.2%	28.7%
15.	**Marginal rates**					
	Total payments less cash transfers: Principal earner		31.5%	37.2%	44.8%	37.2%
	Total payments less cash transfers: Spouse		26.2%	37.2%	44.8%	37.2%
	Total tax wedge: Principal earner		39.0%	44.1%	50.9%	44.1%
	Total tax wedge: Spouse		34.3%	44.1%	50.9%	44.1%

The national currency is the euro (EUR). In 2014, EUR 0.75 equalled USD 1. The Secretariat has estimated that in that same year the average worker earned EUR 54 560 (Secretariat estimate).

1. Personal income tax system

1.1. *Taxes levied by central government*

1.1.1. *Tax unit*

Spouses and partners are taxed jointly on their income. The income of minor children is included in determining the couple's taxable income. However, any earned income that children may derive from work is excluded from joint taxation.

1.1.2. *Tax reliefs and tax credits*

1.1.2.1. Standard reliefs in the form of deductions from income

- Wage-earners are entitled to a standard minimum deduction of EUR 540 for work-related expenses other than travel, unless their actual deductible expenses are higher. This deduction is doubled for spouses taxed jointly.
- The first 4 distance units (i.e. 4 * 99 = EUR 396 per year) of the lump sum deduction for travel expenses between a taxpayer's home and his working places are abolished. The maximum deduction will be limited to EUR 2 574 per year.
- Like other taxpayers, wage-earners having no special expenses (interest charges, insurance premiums or contributions other than for social security) may take a standard deduction of EUR 480 for special expenses. Actual insurance premiums are deductible up to the limit set by law.
- If both spouses have earned income and are taxed jointly, they qualify for an earned income allowance of EUR 4 500.
- Social security contributions: Contributions paid to compulsory health insurance and pension schemes are deductible in full.
- Dependency insurance: The dependency contribution is not deductible for income tax purposes.

1.1.2.2. Standard reliefs in the form of tax credits

- Wage-earners and pensioners receive a refundable tax credit of EUR 300 per annum.
- Single-parents receive a refundable tax credit of EUR 750 per annum.

1.1.2.3. Non-standard allowances deductible from taxable income

- Interest charges are deductible insofar as they are not considered operating expenses or acquisition expenses, and provided they are unrelated economically to the exempt income. However, the deduction of interest charges is capped at EUR 336 per year. This ceiling is increased by EUR 336 for the taxpayer's spouse/partner and for each child.

- Taxpayers may deduct premiums paid to insurers licensed in an EU country in respect of life, death, accident, disability, illness or liability insurance, as well as dues paid to recognised mutual assistance companies. However, deductions are capped at EUR 672 per year.
- Payments to an insurance company or credit institution in respect of an individual retirement scheme are deductible. These payments are capped according to the subscriber's age and must meet certain investment policy constraints. The ceiling varies between EUR 1 500 and EUR 3 200. Each spouse/partner may take out such a contract and qualify for the respective ceilings.
- Contributions to building society savings are deductible up to the limit of EUR 672.
- Interest charges in respect of the rental value of owner-occupied housing are deductible only up to an annual ceiling. During the first five years, the ceiling is EUR 1 500; for the following five years it is EUR 1 125; thereafter it is EUR 750. These ceilings are increased by an equal amount for the taxpayer's spouse/partner, and for each qualifying child.
- As from 1 January 2009, the maximal deduction of premium related to the mortgage life insurance on the taxpayer's principal residence is EUR 6 000. This ceiling is increased by an equal amount for the taxpayer's spouse/partner and by 1 200 for each qualifying child. For taxpayers over the age of 30, the allowable deduction of EUR 6 000 is increased by 8% for each year over 30, with a ceiling of 160 %.
- Upon request, taxpayers may be granted exemptions for extraordinary expenses that are unavoidable, and that considerably reduce their ability to pay taxes (e.g. uninsured health care costs, support for needy relatives, uninsured funeral costs beyond the taxpayer's means, domestic or childcare expenses, expenses for children outside the taxpayer's household, or expenses for children in a single-parent household).

1.1.3. *Tax schedule reliefs*

Income tax is determined on the basis of the following schedule (amounts in euros):

0% for the portion of income between 11 265
8% for the portion of income between 11 265 and 13 173
10% for the portion of income between 13 173 and 15 081
12% for the portion of income between 15 081 and 16 989
14% for the portion of income between 16 989 and 18 897
16% for the portion of income between 18 897 and 20 805
18% for the portion of income between 20 805 and 22 713
20% for the portion of income between 22 713 and 24 621
22% for the portion of income between 24 621 and 26 529
24% for the portion of income between 26 529 and 28 437
26% for the portion of income between 28 437 and 30 345
28% for the portion of income between 30 345 and 32 253
30% for the portion of income between 32 253 and 34 161
32% for the portion of income between 34 161 and 36 069
34% for the portion of income between 36 069 and 37 977
36% for the portion of income between 37 977 and 39 885
38% for the portion of income between 39 885 and 41 793
39% for the portion of income between 41 793 and 100 000
40% for the portion exceeding 100 000

The income tax liability of *single* taxpayers is determined by applying the above schedule to taxable income.

The income tax liability of *married* taxpayers and partners corresponds to double the amount obtained if the above schedule is applied to half of their income (class 2).

For widow(er)s, taxpayers with a dependent child allowance and persons over 64 years of age (class 1a), tax is calculated as follows: the schedule is applied to adjusted taxable income reduced by half of the difference between that amount and EUR 45 060, with the marginal tax rate capped at 40 %.

Income tax as determined by the applicable schedules is subject to a 7% "solidarity" surtax to finance the employment fund. The rate is 9% for the taxable income exceeding EUR 150 000 (tax classes 1 and 1a), respectively EUR 300 000 (tax class 2).

1.1.4. *Income exemptions*

A taxpayer may claim a deduction for a dependent child under 21 years of age who is not part of the household. This deduction is allowed for expenses actually incurred but may not exceed EUR 3 480.

1.2. *Local (municipal) taxes*

No particular income tax is levied by municipalities, which receive a direct share of the income tax revenue collected by the State. This share is equal to 18% of tax revenue.

2. Compulsory social security contributions to schemes operated within the government sector

	Employer's share (%)	Employee's share (%)	Ceiling on contributions (in euros)
a) Pension and disability insurance	8	8	115 261.8
b) Health insurance	3.05	3.05	115 261.8
c) Dependency insurance		1.4	Monthly allowance 480.26[1]
d) Health in the workplace	0.10		
e) Accident insurance	1.15		

1. (Monthly allowance: EUR 480.26 = 0.25 * social minimum salary/12). The social minimum salary in 2014 is equal to EUR 23 052.36.

No distinction is made according to family status or gender.

As from 1 January 2009 the differences in social security contributions between workers and employees are abolished.

3. Universal cash transfers

3.1. *For married persons*

None.

3.2. *For dependent children*

Every child raised in the Grand Duchy entitles the person on whom the child is dependent to a monthly family allowance. Family allowances are adjusted regularly for the cost of living. For 2014, the amounts are:

Effective date	As of 1 July 2006
1 eligible child	EUR 185.60
2 eligible children	EUR 440.72
3 eligible children	EUR 802.74

Starting with the fourth eligible child, the allowance is raised by EUR 361.82 per child.

The amounts indicated above are increased by EUR 16.17 for children aged 6 to 11 and by EUR 48.52 for those aged 12 years or older.

Additionally, a child bonus amounting to EUR 76.88 per child per month is paid in cash irrespective of the taxable income of the parents as from 1 January 2009. This amount is paid by the National Family Benefits Administration.

4. Main changes since 2008

4.1. *Partnerships*

The Act of 9 July 2004 introduced the notion of partnerships into tax law. The Act construes the term "partnership" as a relationship between two persons, called "partners", of opposite sex or the same sex, who live together as a couple and declare themselves as such.

As from 1 January 2008, the fiscal treatment of the partnerships is modified. The deduction for extraordinary expenses is replaced by the joint taxation of partners as it already exists for spouses.

4.2. *Introduction of tax credits*

The following changes were made as of 1 January 2009:

- Four tax allowances have been replaced by refundable tax credits. Instead of reducing their taxable income by EUR 600, wage-earners get a tax credit of EUR 300 per annum. A similar tax credit is allowed for pensioners.
- The tax exemption of EUR 1 920 for single-parent households is replaced by a tax credit of EUR 750 per annum.
- A tax credit of EUR 300 per annum is granted to self-employed persons deriving income from trade or business, income from agriculture and forestry or income from self-employment. This tax credit substitutes the allowance for business income and the agricultural allowance.

5. Memorandum item

5.1. *Identification of the average worker*

Average gross hourly wages by industry and by gender are determined on the basis of biannual surveys on industry wages and working hours. These surveys cover gross compensation for regular hours (working hours + leave time) plus overtime pay. Hourly wages include bonuses and allowances such as premiums for output, production or productivity. In contrast, non-periodic compensation (bonuses, profit-sharing) that is not paid systematically in each pay period is not included. Nevertheless, in order to allow for comparisons between countries, gross annual pay is adjusted on the basis of average non-periodic compensation as calculated from triennial surveys of labour costs.

Regarding working hours, the time taken into account is the time effectively offered, including regular working hours, overtime, night shifts and work on Sunday.

2014 parameter values

Average earnings/yr	Ave_earn	54 560	Secretariat estimate
Tax allowances: general	gen_dedn	480	
professional expenses	prof_exp	540	
travel expenses	travel_exp	0	
extra if both spouses earning	extra_dedn	4 500	
Low earner allowance	allow_1		
Low earner allowance (couples)	allow_2		
Class 1a limit	cl_1a_lim	45 060	
Tax schedule	tax_sch	0	11 265
		0.08	13 173
		0.1	15 081
		0.12	16 989
		0.14	18 897
		0.16	20 805
		0.18	22 713
		0.2	24 621
		0.22	26 529
		0.24	28 437
		0.26	30 345
		0.28	32 253
		0.3	34 161
		0.32	36 069
		0.34	37 977
		0.36	39 885
		0.38	41 793
		0.39	100 000
		0.40	
Child credit maximum	ch_cred	0	
Social Minimum Salary	min_salary	23 052.36	
Multiplier for unemployment	unemp_rate_1	1.07	
	Unemp_rate_2	1.09	
	Unemp_lim	150 000	
Social security contributions	SSC_rate	0.1105	
	SSC_ceil	115 261.8	
	infirm	0.014	
	infirm_abatement	0.25	
Employer contributions	workhealth	0.0010	
	SSC_empr	0.1105	
	SSC_acc	0.0115	
Child benefit (1 child)	CB_1	185.6	
2 children	CB_2	440.72	
extra age 6-11	CB_ex	16.17	
Child bonus	ch_bonus	922.50	
Worker tax credit	worker_credit	300	
Single parent tax credit	cr_monoparent	750	
Class 1a Discount	discount	0.50	
Maximum Marginal Rate	max_rate	0.40	

2014 tax equations

The equations for the Luxembourg system are on a joint basis except for social security contributions.

The functions which are used in the equations (Taper, MIN, Tax, etc.) are described in the technical note about tax equations. Variable names are defined in the table of parameters above, within the equations table, or are the standard variables "married" and "children". A reference to a variable with the affix "_total" indicates the sum of the relevant variable values for the principal and spouse. And the affixes "_princ" and "_spouse" indicate the value for the principal and spouse, respectively. Equations for a single person are as shown for the principal, with "_spouse" values taken as 0.

	Line in country table and intermediate steps	Variable name	Range	Equation
1.	Earnings	earn		
2.	Allowances:			
	Basic	basic	J	IF(earn_spouse=0, 1, 2)*gen_dedn
	work-related	work_rel	J	IF(earn_spouse=0, 1, 2)*(prof_exp)
	Other	other_al	J	(earn_spouse>0)*extra_dedn
	Total	tax_al	J	min(basic+work_rel+other_al+SSC_ded_total, earn)
3.	Credits in taxable income	taxbl_cr	J	0
	family quotient	quotient	J	1+Married
4.	CG taxable income unadjusted taxable income	tax_inc	J	earn-tax_al
5.	CG tax before credits	tax_excl	J	((Children=0)*IF(Married=0,Tax(tax_inc, tax_sch), quotient*Tax(tax_inc/quotient, tax_sch)) + (Children>0)*IF(Married=0, Taxclass1a(tax_inc, tax_sch, discount, cl_1a_lim, max_rate), quotient*Tax(tax_inc/quotient, tax_sch)))*IF(tax_inc>unemp_lim*(1+Married,unemp_rate_2,unemp_rate_1)
6.	Tax credits:	worker_cr	J	IF(earn_spouse=0.1,2)*worker_credit
		monoparent_cr	J	cr_monoparent*(AND(Married=0,Children>0))
		tax_cr	J	worker_cr+monoparent_cr
7.	CG tax	CG_tax	J	tax_excl-tax_cr
8.	State and local taxes	local_tax	J	0
9.	Employees' soc security	SSC	B	SSC_rate*MIN(earn, SSC_ceil)+infirm*Positive(earn-infirm_abatement*min_salary)
	deductible portion	SSC_ded	B	SSC_rate*MIN(earn, SSC_ceil)
11.	Cash transfers	cash_trans	J	((Children=1)*(CB_1+CB_ex)+(Children=2)*(CB_2+2*CB_ex))*12+Children*ch_bonus
13.	Employer's soc security	SSC_empr	B	(SSC_empr+workhealth)*MIN(earn, SSC_ceil)+SSC_acc*MIN(earn, SSC_ceil)

Key to range of equation B calculated separately for both principal earner and spouse P calculated for principal only (value taken as 0 for spouse calculation) J calculated once only on a joint basis.

Mexico

This chapter includes data on the income taxes paid by workers, their social security contributions, the family benefits they receive in the form of cash transfers as well as the social security contributions and payroll taxes paid by their employers. Results reported include the marginal and average tax burden for eight different family types.

Methodological information is available for personal income tax systems, compulsory social security contributions to schemes operated within the government sector, universal cash transfers as well as recent changes in the tax/ benefit system. The methodology also includes the parameter values and tax equations.

Mexico 2014

The tax/benefit position of single persons

		Wage level (per cent of average wage)	67	100	167	67
		Number of children	none	none	none	2
1.	**Gross wage earnings**		68 276	101 904	170 180	68 276
2.	**Standard tax allowances**					
	Basic allowance		2 248	2 386	2 667	2 248
	Married or head of family					
	Dependent children					
	Deduction for social security contributions and income taxes					
	Work-related expenses					
	Other					
		Total	2 248	2 386	2 667	2 248
3.	**Tax credits or cash transfers included in taxable income**		0	0	0	0
4.	**Central government taxable income (1 - 2 + 3)**		66 028	99 518	167 513	66 028
5.	**Central government income tax liability (exclusive of tax credits)**		4 654	8 846	22 471	4 654
6.	**Tax credits**					
	Basic credit		3 536	0	0	3 536
	Married or head of family					
	Children					
	Other		0	0	0	0
		Total	3 536	0	0	3 536
7.	**Central government income tax finally paid (5-6)**		1 118	8 846	22 471	1 118
8.	**State and local taxes**		0	0	0	0
9.	**Employees' compulsory social security contributions**					
	Gross earnings		853	1 387	2 513	853
	Taxable income					
		Total	853	1 387	2 513	853
10.	**Total payments to general government (7 + 8 + 9)**		1 972	10 233	24 985	1 972
11.	**Cash transfers from general government**					
	For head of family					
	For two children		0	0	0	0
		Total	0	0	0	0
12.	**Take-home pay (1-10+11)**		66 304	91 671	145 195	66 304
13.	**Employers' compulsory social security contributions**		9 435	11 924	17 100	9 435
14.	**Average rates**					
	Income tax		1.6%	8.7%	13.2%	1.6%
	Employees' social security contributions		1.3%	1.4%	1.5%	1.3%
	Total payments less cash transfers		2.9%	10.0%	14.7%	2.9%
	Total tax wedge including employer's social security contributions		14.7%	19.5%	22.5%	14.7%
15.	**Marginal rates**					
	Total payments less cash transfers: Principal earner		12.1%	17.6%	22.9%	12.1%
	Total payments less cash transfers: Spouse		n.a.	n.a.	n.a.	n.a.
	Total tax wedge: Principal earner		17.4%	23.4%	28.4%	17.4%
	Total tax wedge: Spouse		n.a.	n.a.	n.a.	n.a.

Mexico 2014

The tax/benefit position of married couples

	Wage level (per cent of average wage)	100-0	100-33	100-67	100-33
	Number of children	2	2	2	none
1.	**Gross wage earnings**	101 904	135 532	170 180	135 532
2.	**Standard tax allowances**				
	Basic allowance	2 386	3 906	4 634	3 906
	Married or head of family				
	Dependent children				
	Deduction for social security contributions and income taxes				
	Work-related expenses				
	Other				
	Total	2 386	3 906	4 634	3 906
3.	**Tax credits or cash transfers included in taxable income**	0	0	0	0
4.	**Central government taxable income (1 - 2 + 3)**	99 518	131 626	165 546	131 626
5.	**Central government income tax liability (exclusive of tax credits)**	8 846	10 635	13 500	10 635
6.	**Tax credits**				
	Basic credit	0	4 879	3 536	4 879
	Married or head of family				
	Children				
	Other	0	0	0	0
	Total	0	4 879	3 536	4 879
7.	**Central government income tax finally paid (5-6)**	8 846	5 755	9 965	5 755
8.	**State and local taxes**	0	0	0	0
9.	**Employees' compulsory social security contributions**				
	Gross earnings	1 387	1 807	2 240	1 807
	Taxable income				
	Total	1 387	1 807	2 240	1 807
10.	**Total payments to general government (7 + 8 + 9)**	10 233	7 562	12 205	7 562
11.	**Cash transfers from general government**				
	For head of family				
	For two children	0	0	0	0
	Total	0	0	0	0
12.	**Take-home pay (1-10+11)**	91 671	127 970	157 975	127 970
13.	**Employers' compulsory social security contributions**	11 924	19 114	21 359	19 114
14.	**Average rates**				
	Income tax	8.7%	4.2%	5.9%	4.2%
	Employees' social security contributions	1.4%	1.3%	1.3%	1.3%
	Total payments less cash transfers	10.0%	5.6%	7.2%	5.6%
	Total tax wedge including employer's social security contributions	19.5%	17.2%	17.5%	17.2%
15.	**Marginal rates**				
	Total payments less cash transfers: Principal earner	17.6%	17.6%	17.6%	17.6%
	Total payments less cash transfers: Spouse	-7.9%	7.4%	12.1%	7.4%
	Total tax wedge: Principal earner	23.4%	23.4%	23.4%	23.4%
	Total tax wedge: Spouse	11.1%	13.0%	17.4%	13.0%

The national currency is the peso (MXN). In 2014, MXN 13.31 is equal to USD 1. In 2014, the estimated earnings of the average worker are MXN 101 904 (Secretariat estimate).

1. Personal income tax

1.1. *Central government income tax*

1.1.1. *Tax unit*

Each person is taxed separately.

1.1.2. *Tax allowances and tax credits*

1.1.2.1. Standard tax reliefs

There are two basic allowances, a yearly holiday bonus and an end-of-year bonus.

- *Holiday Bonus:* Mexico's Labour Law stipulates a minimum holiday bonus of 25 per cent of six days of the worker's wage. The maximum exemption according to Tax Law is equivalent to 15 days of the minimum wage (the minimum wage for the whole country).* Given these two restrictions, the allowance is estimated as the minimum established by the Labour Law, up to the amount that is exempt according to Tax Law.
- *End-of-year bonus:* The minimum end-of-year bonus established in the Labour Law is 15 days of the worker's wage. Tax Law exempts end-of-year-bonuses up to 30 days of the minimum wage (the amount for the whole country). The allowance is estimated as the minimum established by the Labour Law, up to the amount that is exempt according to Tax Law.

1.1.2.2. Main non-standard tax reliefs

Deductions:

- Compulsory school transportation costs.
- Medical expenses (doctor and dental fees and hospital expenses): An unlimited deduction is allowed for the taxpayer's medical expenses. For those made by the taxpayer, on behalf of his or her spouse and straight line relatives, the deduction is allowed only if the person, for whom the taxpayer makes the expense, earns less than the minimum annual wage of his geographical area.
- Complementary contributions of certain retirement accounts are considered eligible as long as they do not exceed 10 per cent of taxable income and MXN 119 683 (five annual minimum wages).
- Funeral charges: for the spouse and straight-line relatives up to a minimum annual wage of the taxpayer's geographical area.

* There are two minimum wage rates established in Mexico depending upon geographical location (in Zone A the minimum wage is equal to MXN 67.29 on a daily basis and in Zone B it is MXN 63.77. For the purposes of this Report, the calculations are either based on the minimum wage that applies within the Federal District of Mexico City (Zone A) or a representative value for the country as a whole (the average minimum wage is equal to MXN 65.58). The latter is used in the evaluation of the holiday bonus and the end-of-year bonus.

- Charitable donations made to institutions such as:
  - Federal, state, and municipal governments.
  - Non-profit organisations involved in the fields of social beneficence, education, culture and research and technology.
- Deposits on special savings accounts, payments of insurance premium of pension plans and for the acquisition of shares of investment societies as long as they do not exceed MXN 152 000.
- Health insurance premiums for individuals, if the beneficiary is the taxpayer, and/or his family.
- Real interest expenditure for the payment of mortgage loans for housing purposes that do not exceed MXN 3 840 181. Real interest expenditure is considered the excess of interest expense over the inflation rate.*
- Deduction of taxpayer's educational expenditures for himself, on behalf of his/her spouse, parents or children, among others, for the following educational levels.

Educational level	Maximum annual deduction (MXN)
Kinder garden	14 200
Primary education	12 900
Secondary education	19 900
Technical profession	17 100
High school	24 500

Since 2014, there is a limitation of the total amount of personal deductions. They cannot be higher than the minimum between 10% of the taxpayer's gross income or an amount equivalent to 4 annual minimum wages of the of the taxpayer's geographical area (MXN 95 746.8 in 2014). The limit is not applicable to donations or private educational services.

1.1.2.3. Employment subsidy credit

The employment subsidy credit is assigned through a table and this amount is decreasing in the level of income obtained by each worker. For monthly income higher than MXN 7 382, no employment subsidy credit is given. Employees with an income tax lower than the credit receive in cash the difference along with their salary. The rest of the workers that receive the credit are entitled to a reduction in their tax burden. The employment subsidy credit is paid by the employers who may credit it against their tax liabilities; the credit therefore represents a fiscal cost for the government.

1.1.3. *Tax schedule and other tables*

1.1.3.1. Tax schedule**

In 2014, three additional brackets were included with a maximum marginal rate for income over MXN 3 million of 35 %.

* Since 2010, this exemption is applicable only if in the immediate previous five years the taxpayer has not sold any other house for which he/she obtained this exemption.

** The income tax schedule and the employment subsidy credit table are updated every time the accumulated inflation reaches 10 per cent.

Taxable income (MXN)		Fixed quota (MXN)	Tax on the amount in excess of the lower limit (%)
Lower limit	Upper limit		
0	5 952.84	0	1.92
5 952.85	50 524.92	114.29	6.40
50 524.93	88 793.04	2 966.91	10.88
88 793.05	103 218.00	7 130.48	16.00
103 218.01	123 580.20	9 438.47	17.92
123 580.21	249 243.48	13 087.37	21.36
249 243.49	392 841.96	39 929.05	23.52
392 841.97	750 000	73 703.41	30.00
750 000.01	1 000 000.00	180 850.82	32.00
1 000 000.01	3 000 000.00	260 850.81	34.00
3 000 000.01	And over	940 850.81	35.00

1.1.3.2. Employment subsidy credit table

For taxable income in a certain income range, the employment subsidy credit is given in the third column of the following table:

Lower limit (MXN)	Upper limit (MXN)	Tax credit (MXN)
0.0	21 227.52	4 884.24
21 227.53	31 840.56	4 881.96
31 840.57	41 674.08	4 879.44
41 674.09	42 454.44	4 713.24
42 454.45	53 353.80	4 589.52
53 353.81	56 606.16	4 250.76
56 606.17	64 025.04	3 898.44
64 025.05	74 696.04	3 535.56
74 696.05	85 366.80	3 042.48
85 366.81	88 587.96	2 611.32
88 587.97	And Over	0.00

1.2. *State and local income taxes*

States do not levy taxes on income.

1.3. *Payroll taxes*

Mexico does not have a Federal pay-roll tax. However, most States apply a state pay-roll tax with an average rate of 2.23 per cent. These taxes are not considered in this Report since there are a wide range of practices with respect to the definition of the tax base that does not allow obtaining a reliable estimation.

2. Compulsory social security contributions to schemes operated within the government sector

2.1. *Employees' contributions*

Social security contributions are divided as follows:

For sickness and maternity insurance, 0.625 per cent of the workers monthly wage, plus 0.40 per cent of the amount in excess of three times the minimal legal wage (the amount that applies within the Federal District of Mexico City MWFD). For disability and life insurance, 0.625 per cent of the monthly wage.

In 2014 a ceiling of 25 MWFD applies to the salary that is used to calculate the social security contributions.

2.2. *Employers' contributions*

- For sickness and maternity 20.40 per cent of the MWFD, plus 1.10 per cent of the amount in excess of three times the MWFD, plus 1.75 of the monthly wage.
- For disability and life insurance, 1.75 per cent of worker's monthly wage.
- For social services and nursery, 1 per cent of worker's monthly wage.
- For insurance for work injuries of employees, 1.98 per cent of worker's monthly wage.*

In 2014 a ceiling of 25 MWDF applies to the salary that is used to calculate the social security contributions.

3. Universal cash transfers

3.1. *Transfers related to marital status*

None.

3.2. *Transfers for dependent children*

None.

4. Main changes in the tax/benefit system since 1995

The Social Security Law enacted in July 1997 changed fundamentally the financing of non-government employees' social security, which shifted from a pay-as-you-go scheme to funded individual accounts. The government does not manage these accounts; new private financial institutions were created specifically for this purpose. However, the contractual obligation is between the workers and the government, not with the private administrator of the fund, because legally they are still considered as contributions to social security, independently of who manages the fund. It should be noted that the federal government also contributes to each pension account, and guarantees a minimum pension to every beneficiary of the social security system, again independently of the administration of the fund.

5. Memorandum items

5.1. *Method used to identify an average worker and to calculate his gross earnings*

The income data refer to average workers. It should be noted that in the sample used for this survey, medium and large size firms are over-represented. In Mexico, there are no state or local government income taxes. Information on non-standard tax reliefs is not available.

Figures for 1999 and subsequent years cannot be compared with preliminary figures from previous editions of this publication for two reasons: first, the wage level of the average worker is now based on observed data instead of being estimated; second, social security contributions taken into account no longer include contributions made by employers and employees to privately managed individual accounts. Contributions no

* The amount of the work injury fee depends on the risk level in which the company is classified. The Mexican Institute of Social Security provided a weighted average rate that considers the economic activities from C to K of the International Standard Classification.

longer included in the calculation of social security contributions are specified in the table below.

5.2. *Main employees' and employers' contributions to private pension, health, etc.. schemes*

	Account	Per cent of workers' monthly wage
Employers' contributions	Retirement	2.00
	Discharge and old age insurance	3.15
	Housing Fund (INFONAVIT)	5.00
Employees' contributions	Discharge and old age insurance	1.125

2014 parameter values

Average earnings/yr	Ave_earn	101 904	Secretariat estimate	
(general min wage per day)	min_wage	65.58		
(general min wage per day for the Federal District of Mexico City)	min_wage_FD	67.29		
Income tax	tax_table	0.00	0	0.0192
		5 952.85	114.29	0.0640
		50 524.93	2 966.91	0.1088
		88 793.05	7 130.48	0.1600
		103 218.01	9 438.47	0.1792
		123 580.21	13 087.37	0.2136
		249 243.49	39 929.05	0.2352
		392 841.97	73 703.41	0.3000
		750 000.01	180 850.82	0.3200
		1 000 000.01	260 850.81	0.3400
		3 000 000.01	940 850.81	0.3500
Tax credit basic	Basic_crd	0.0	4 884.24	
		21 227.53	4 881.96	
		31 840.57	4 879.44	
		41 674.09	4 713.24	
		42 454.45	4 589.52	
		53 353.81	4 250.76	
		56 606.17	3 898.44	
		64 025.05	3 535.56	
		74 696.05	3 042.48	
		85 366.81	2 611.32	
		88 587.97	0.00	
Employees SSC	SSC_rate	0.0125		
	SSC_rate_sur	0.0040		
Employers SSC	SSC_empr	0.0648		
	SSC_empr_min	0.2040		
	SSC_empr_sur	0.0110		

2014 tax equations

The equations for the Mexican system in 2014 are on an individual basis.

The functions which are used in the equations (Taper, MIN, Tax, etc.) are described in the technical note about tax equations. Variable names are defined in the table of parameters above, within the equations table, or are the standard variables "married" and "children". A reference to a variable with the affix "_total" indicates the sum of the relevant variable values for the principal and spouse. And the affixes "_princ" and "_spouse" indicate the value for the principal and spouse, respectively. Equations for a single person are as shown for the principal, with "_spouse" values taken as 0.

	Line in country table and intermediate steps	Variable name	Range	Equation
1.	Earnings	earn		
2.	Allowances	tax_al	B	MIN(earn, MIN(earn*(6/365)*0.25, min_wage*15)+ MIN(earn*(15/365), min_wage*30))
3.	Credits in taxable income	taxbl_cr	B	0
4.	CG taxable income	tax_inc	B	Positive(earn-tax_al)
5.	CG tax before credits	CG_tax_excl	B	Tax(tax_inc, Tax_sch)
6.	Tax credits	tax_cr	B	VLOOKUP(tax_inc, Basic_crd, 2)
7.	CG tax	CG_tax	B	CG_tax_excl-tax_cr
8.	State and local taxes	local_tax	B	0
9.	Employees' soc security	SSC	B	MIN(earn*ssc_rate, min_wage_FD*25*365*ssc_rate)+MIN(Positive(earn-(3*365*min_wage_FD))*ssc_rate_sur, min_wage_FD*(25-3)*365*ssc_rate_sur)
11.	Cash transfers	cash_trans	B	0
13.	Employer's soc security	SSC_empr	B	MIN(earn*ssc_empr, min_wage_FD*25*365*ssc_empr)+365*min_wage_FD*ssc_empr_min +MIN(Positive(earn-(3*365*min_wage_FD))*ssc_empr_sur, min_wage_FD*(25-3)*365*ssc_empr_sur)
	Memorandum item: Non-wastable tax credit			
	tax expenditure component	taxexp	B	tax_cr-transfer
	cash transfer component	transfer	B	IF(CG_tax<0, -CG_tax, 0)

Key to range of equation B calculated separately for both principal earner and spouse P calculated for principal only (value taken as 0 for spouse calculation).

Netherlands

This chapter includes data on the income taxes paid by workers, their social security contributions, the family benefits they receive in the form of cash transfers as well as the social security contributions and payroll taxes paid by their employers. Results reported include the marginal and average tax burden for eight different family types.

Methodological information is available for personal income tax systems, compulsory social security contributions to schemes operated within the government sector, universal cash transfers as well as recent changes in the tax/benefit system. The methodology also includes the parameter values and tax equations.

Netherlands 2014

The tax/benefit position of single persons

	Wage level (per cent of average wage)	67	100	167	67
	Number of children	none	none	none	2
1.	**Gross wage earnings**	32 733	48 856	81 589	32 733
2.	**Standard tax allowances:**				
	Basic allowance				
	Married or head of family				
	Dependent children				
	Deduction for social security contributions and income taxes	0	0	0	0
	Work-related expenses				
	Other				
	Total	0	0	0	0
3.	**Tax credits or cash transfers included in taxable income**	0	0	0	0
4.	**Central government taxable income (1 - 2 + 3)**	31 877	47 255	78 476	31 877
5.	**Central government income tax liability (exclusive of tax credits)**	2 329	8 325	23 632	2 329
6.	**Tax credits :**				
	Basic credit				
	Married or head of family				
	Children				
	Other				
	Total	556	476	275	1 314
7.	**Central government income tax finally paid (5-6)**	1 773	7 848	23 357	1 016
8.	**State and local taxes**	0	0	0	0
9.	**Employees' compulsory social security contributions**				
	Gross earnings	0	0	0	0
	Taxable income (net of credits)	6 531	7 483	8 715	2 915
	Total	6 531	7 483	8 715	2 915
10.	**Total payments to general government (7 + 8 + 9)**	8 304	15 331	32 072	3 931
11.	**Cash transfers from general government**				
	For head of family				
	For two children	0	0	0	2 979
	Total	0	0	0	2 979
12.	**Take-home pay (1-10+11)**	24 430	33 525	49 517	31 782
13.	**Employers' compulsory social security contributions**	3 225	4 964	5 435	3 225
14.	**Average rates**				
	Income tax	5.4%	16.1%	28.6%	3.1%
	Employees' social security contributions	20.0%	15.3%	10.7%	8.9%
	Total payments less cash transfers	25.4%	31.4%	39.3%	2.9%
	Total tax wedge including employer's social security contributions	32.1%	37.7%	43.1%	11.6%
15.	**Marginal rates**				
	Total payments less cash transfers: Principal earner	42.0%	45.8%	53.4%	45.4%
	Total payments less cash transfers: Spouse	n.a.	n.a.	n.a.	n.a.
	Total tax wedge: Principal earner	47.6%	51.1%	53.4%	50.7%
	Total tax wedge: Spouse	n.a.	n.a.	n.a.	n.a.

Netherlands 2014

The tax/benefit position of married couples

		Wage level (per cent of average wage)	100-0	100-33	100-67	100-33
		Number of children	2	2	2	none
1.	**Gross wage earnings**		48 856	64 978	81 589	64 978
2.	**Standard tax allowances:**					
	Basic allowance					
	Married or head of family					
	Dependent children					
	Deduction for social security contributions and income taxes		0	0	0	0
	Work-related expenses					
	Other					
		Total	0	0	0	0
3.	**Tax credits or cash transfers included in taxable income**		0	0	0	0
4.	**Central government taxable income (1 - 2 + 3)**		47 255	63 289	79 132	63 289
5.	**Central government income tax liability (exclusive of tax credits)**		8 325	9 143	10 654	9 143
6.	**Tax credits :**					
	Basic credit					
	Married or head of family					
	Children					
	Other					
		Total	654	1 190	1 329	983
7.	**Central government income tax finally paid (5-6)**		7 671	7 953	9 325	8 160
8.	**State and local taxes**		0	0	0	0
9.	**Employees' compulsory social security contributions**					
	Gross earnings		0	0	0	0
	Taxable income (net of credits)		6 398	8 120	12 203	9 386
		Total	6 398	8 120	12 203	9 386
10.	**Total payments to general government (7 + 8 + 9)**		14 069	16 073	21 528	17 546
11.	**Cash transfers from general government**					
	For head of family					
	For two children		1 862	1 862	1 862	0
		Total	1 862	1 862	1 862	0
12.	**Take-home pay (1-10+11)**		36 649	50 767	61 923	47 432
13.	**Employers' compulsory social security contributions**		4 964	6 433	8 189	6 433
14.	**Average rates**					
	Income tax		15.7%	12.2%	11.4%	12.6%
	Employees' social security contributions		13.1%	12.5%	15.0%	14.4%
	Total payments less cash transfers		25.0%	21.9%	24.1%	27.0%
	Total tax wedge including employer's social security contributions		31.9%	28.9%	31.0%	33.6%
15.	**Marginal rates**					
	Total payments less cash transfers: Principal earner		45.8%	45.8%	45.8%	45.8%
	Total payments less cash transfers: Spouse		12.4%	12.9%	38.2%	16.7%
	Total tax wedge: Principal earner		51.1%	51.1%	51.1%	51.1%
	Total tax wedge: Spouse		19.7%	19.9%	44.2%	23.4%

The national currency is the euro (EUR). In 2014, EUR 0.75 was equal to USD 1. In that year, the average worker earned EUR 48 856 (Secretariat estimate).*

1. Personal income tax system (central government)

1.1. *Central government income tax*

There are three categories ("boxes") of taxable income:

- taxable income from work and owner-occupied housing;
- taxable income from a substantial interest in a limited liability company;
- taxable income from savings and investments.

This description is limited to the most relevant aspects of taxable income from the first category, "taxable income from work and owner-occupied housing", because of its relevance for the AW.

1.1.1. *Tax unit*

Husbands and wives are taxed separately on their personal income, which includes income from business, profession and employment, pensions and social security benefits. Certain parts of income may be freely split between husbands and wives, such as the net-income from owner-occupied housing and the income from savings and investments.

1.1.2. *Tax allowances*

1.1.2.1. Standard allowances

Related to wage earnings:

- Employees' social security contributions (see Section 2.1) are deductible, whereas the health insurance contribution is not deductible and is not a part of the *Taxing Wages* model (for more information, see the Special Feature on "non-tax compulsory payments" in the 2009 edition of the *Taxing Wages* Report). In the *Taxing Wages* model the employers' income dependant health insurance contribution was subject to income tax for the employee. In 2013, the income base for SSC and Income-Tax is harmonised. Standardising or harmonisation of the income tax base for levying SSC and Taxes was introduced in 2013 and was called the Law "WUL" i.e. Harmonising the income base for SSC and Taxes (see publication CPB the Netherlands). So the income tax base is since 2013 exclusive the income dependant health care contribution and employees will no longer have to pay taxes over income dependant health care contributions, instead they pay a higher tax rate in the first tax bracket and mainly Work credit is adjusted. The tax rate in the first tax bracket has been increased from 1.95% till 5.85% and the Work

* The Dutch labour market is characterized by a substantial share of part-time employees. As explained in the methodological section of this volume, the average wage measure used in the tax burden calculations refer to full-time employees only. If the wages of part-timers were taken into account, the average wage would be substantially lower.

credit is reduced for employees with a higher income such that the effect of this harmonisation is budgetary neutral.

- In 2014, this system of harmonisation remains and is operational. Only the income tax rate in the first tax bracket becomes 5.10 %.

1.1.2.2. Non-standard allowances applicable to AW

Related to wage earnings:

- For distances of more than 10 km between home and work, fixed amounts for travel expenses with public transportation are deductible. The maximum deduction for employees who travel by public transport is EUR 1 951 for distances of more than 80 km. If the travel expenses are reimbursed or the employer provides transport, there is no deduction; the reimbursement is untaxed (also for employees who travel by car) if it is below certain specified amounts.
- Employee contributions to private (company provided) pension schemes.

Related to owner-occupied housing:

- Excess of mortgage interest over net imputed rent.

Related to personal circumstances:

- Medical expenses and other exceptional expenses:
  - Fiscal deduction of exceptional health expenses will be reduced to the specific costs as a result of the chronic illness. As specific costs are seen diet costs, special medicine described by a doctor and transportation costs. Visual tools and insurance premiums are not seen as specific costs and are therefore no longer deductible.
  - For a single person: the specific expenses in excess of 1.65 per cent of income are deductible if income exceeds EUR 7 457 and is below EUR 39 618. If income is lower than or equal to EUR 7 457, the non-deductible limit is EUR 125. For a person with a partner: the joint income is used to determine the non-deductible amounts and the non-deductible limit is EUR 250.
  - If income exceeds EUR 39 618 the specific expenses in excess of 1.65 per cent of EUR 39 618 increased with 5.75 per cent of income above EUR 39 618 are deductible.
- Some educational expenses: in direct connection with vocational education. Expenses above the threshold of EUR 500 are deductible. Expenses above EUR 15 000 are not deductible.
- Donations to certain institutions (charity) that serve the public good are deductible if in excess of 1 per cent of the income and in excess of EUR 60. No more than 10 per cent of the income may be deducted in this way.

1.1.3. *Tax schedule*

The tax schedule for income from work and owner-occupied housing is as follows:

Taxable income (EUR)	Tax rate (%)	Social security contributions	
		< 65 years	> 65 years
0-19 645	5.10	31.15	13.25
19 645-33 363	10.85	31.15	13.25
33 363-56 531	42	-	-
56 531 and over	52	-	-

The contributions for the general social security schemes are levied on income from work and owner-occupied housing in the first and second income tax bracket. These social security contributions are not deductible for income tax purposes. Individuals of 65 years and older pay 13.25 per cent (for widows and orphans pensions, and exceptional medical expenses). Individuals younger than 65 years pay 31.15 per cent (for widows and orphans pensions, exceptional medical expenses, and old age income provision). For further information see Section 2.1.

1.1.4. *Tax credits*

1.1.4.1. Standard tax credits

The tax credits are deducted partly from the income tax liability and partly from the contributions that are made to the general social security schemes (see Section 1.13). For most families, the share of the credit attributed to tax is related to the ratio of the tax rate to the sum of the tax rate and the social security contributions rate in the *first* bracket of the tax schedule. In 2014, this ratio was 14.07 per cent (= 5.10%/(5.10% + 31.15%), implying that 14.07 per cent of the (tax) credit is attributed to the personal income tax and the remaining 85.93 per cent to social security contributions. If the individual's total tax credit is higher than the total tax and social security contributions levied on the first tax bracket, the shares of the residual amount of the tax credit that are attributed to the personal income tax and social security contributions are based on the rates of deduction in the second tax bracket in order that the employee can benefit from the full amount of the credit where the level of income allows it. As a result, the ratio of the tax rate to the sum of the tax rate and social security contribution rates is increased to 25.83% for the residual amount in 2014 (i.e. 10.85 %/[31.15% + 10.85%]).

For example in 2014, the total tax credit of a single parent with 2 children earning 67 per cent of the average wage amounts EUR 8 315 PM. The total tax and social security contributions levied on the first tax bracket equals EUR 7 121.31 (= 19 645 * (31.15% + 5.10%). The residual tax credit equals EUR 1 193.69.

The first tax ratio of 14.07 per cent is applied on EUR 7 121.31 and the second tax ratio of 25.83 per cent is applied on EUR 1 193.69. Then the part of the total tax credit that is attributed to personal income tax is EUR 1 310.30. The remaining EUR 7 004.7 (i.e. EUR 8315 – EUR 1 310.30) is attributed to the social security contributions.

Division of credits for tax and social security contributions is essential in the OECD publications. In the Netherlands no division is made in the general tax scheme between tax and SSC.

Note that the tax/benefit position tables show the total amount of social security contributions net of the credits that are claimed.

- *General tax credit*: The general tax credit is made income dependent in 2014. This credit amounts at it maximum EUR 2 103 when no reduction is applicable and taxable income is below or equal to EUR 19 645. For higher income above EUR 19 545 but until maximal EUR 56 495 the reduction of this credit is 2 per cent (per euro). So the maximum of the general credit reduction is EUR 737 in 2014.

  The transfer of the general tax credit of the spouse to the principal will diminish with 6.67 per cent per year in the period 2009-24, such that in 15 year time the general tax credit for a non-working spouse cannot be capitalised against the tax paid by the principal. This reduction of the transfer of the general tax credit started in 2009. In 2024, the general tax credit can only be capitalised against the tax and premiums paid on own earned income. In 2012, a reduction of the general tax credit for non-working spouses born after 31 December 1962 and before 1 January 1972 is introduced. The reduction will be equal to the reduction of non-working spouses born before 1 January 1963 in year 2015. For Household types in de *Taxing Wages* model no difference is made between year of birth before 1963 or after 1963, idem before or after 1972. For that reason the additional reduction of the general tax credit is not added to the *Taxing Wages* model.

- *Work credit:* The Work credit is the sum of 1.807 per cent of taxable income from work with a maximum of EUR 161 and 18.724 per cent of taxable income from work with a franchise of EUR 8 913. The work credit is income dependent and will be reduced by 4 per cent of taxable income above EUR 40 721; the reduction will be maximised till EUR 1 730; so the reduction stops at a taxable income of EUR 83 971. The maximum work credit before it is reduced is EUR 2 097; the maximum reduced work credit is EUR 367.
- *Combination credit:* The combination credit is abolished in 2009.
- *Income dependant combination credit:* The additional combination credit is replaced with the income dependent combination credit. A taxpayer who is either a single parent or the partner with the lowest income, who has children below the age of 12 and has his/ her taxable income from work exceeding EUR 4 814, is entitled to an income dependent combination credit of EUR 1 024 plus an extra combination credit of 4 per cent of taxable income above EUR 4 814. The maximum total combination credit is EUR 2 133.
- *Single parent credit:* A single parent under certain conditions is entitled to the single parent credit of EUR 947.
- *Additional single parent credit:* A single parent who is entitled to the single parent credit receives an additional credit of 4.3 per cent of his or her income from work, with a maximum of EUR 1 319.

The amount of the tax credit is limited to the amount of tax and premiums payable (non-refundable tax credit). If, however, a taxpayer with insufficient income to fully exploit his/her tax credit has a partner with a surplus of tax and premiums payable over his/her own tax credit, the tax credit of the former taxpayer is increased by (at most) the surplus tax and premiums payable by his/her fiscal partner. As a consequence, the tax credit of the former taxpayer will exceed tax and premiums payable, resulting in a payout of the residual tax credit to the taxpayer by the tax authority.

1.2. State and local income taxes

None.

2. Compulsory social security contributions to schemes operated within the government sector

2.1. Employees' contributions

Schemes for employees:

- Unemployment: 0 per cent of the gross earnings between EUR 17 693 and EUR 51 414 (this contribution is only for the general unemployment fund); employees do not have to pay an unemployment premium in order to reduce administration costs. Employers pay both an unemployment premium and a premium for invalidity for their employees (see par. 2.2).

- For basic health insurance each adult pays an average amount of EUR 1 101 a year to a self-chosen private health insurance company. This premium is a non-tax compulsory payment and is not included in the *Taxing Wages* calculations but only in the NTCP calculations. Employees might obtain compensation for this nominal contribution, depending on the household's personal situation and taxable income. This is called the health care benefit. This benefit is included in the NTCP calculations as it compensates for the basic health insurance premium of on average EUR 1 101. Also 7.50 per cent of gross earnings net of employees' pension premiums and unemployment social security contributions is paid for health care until a maximum of net earnings of EUR 51 414. Since 2013 employers contribute the Health care Fund directly for the health care of their employees, these costs remain labour costs in the *Taxing Wages* model. These Health care costs for employers are no longer included in the taxpayer's taxable income. The income dependent health care contribution itself, however, is not modelled (as an employer SSC) in *Taxing Wages* because it is seen as a Non Tax Compulsary Payment.
- Employees might obtain compensation for the nominal contribution of on average EUR 1 101 for the basic health insurance, depending on the household's personal situation and taxable income. This is called the health care benefit. The care benefit is calculated as follows:

  Single parent households: 1 329 - 2.410 per cent * 19 253 - 9.118 per cent * (taxable income - 19 253)

Married couples: Number of adults * 1 329 - 5.210 per cent * 19253 - 9.118 per cent * (taxable income principal and spouse - 19 253).

This health care benefit is a non-tax compulsory payment and is not included in the *Taxing Wages* calculations but only in the "non-tax compulsory payment" calculations (see *www.oecd.org/ctp/taxingwages* for more details on non-tax compulsory payments as well as the Special Feature in the 2009 edition of the *Taxing Wages* Report).

- Old age pension: The age is adjusted such that elderly will receive Old Age (state) pension at the age of 66 years old in 2018 and at 67 years old in 2021. The Old age premium percentage is 17.9 per cent of taxable income in the first and second tax bracket. This scheme does not apply to individuals aged 65 and two month(and in future aged 66 or 67) or older.
- Widows and orphans pension: 0.60 per cent of taxable income in the first and second tax bracket.
- Exceptional medical expenses and disability: 12.65 per cent of taxable income in the first and second tax bracket.

2.2. Employers' contributions

Schemes for employees:

- Unemployment: 2.15 per cent of gross earnings between EUR 17 693 and EUR 51 414 for the general unemployment fund and a contribution of 3.18 per cent of gross earnings below EUR 51 414 for the industrial insurance associations redundancy payments fund.
- Invalidity: 5.98 per cent of gross earnings below EUR 51 414.

- For medical care employers contribute 7.50 per cent of gross earnings net of employees' pension premiums and unemployment social security contributions until a maximum of gross earnings of EUR 51 414. The premium itself, however, is not modelled (either as an employee or employer SSC) in *Taxing Wages*. Instead, it is modelled as a NTCP from the employer to a public-managed health insurance fund. The spending of this fund mainly compensates private insurance companies for their (public) obligation to insure individuals with a high health risk.

3. Universal cash transfers

3.1. *Transfers related to marital status*

None.

3.2. *Transfers for dependent children*

Families with children receive a tax free benefit, depending on the number and age of the children. For a family with two children in the age group of 6 to 12 years, the total benefit amounts to EUR 1 862 a year. Indexation of the child benefits was frozen for three years (period 2009-11).

An additional income dependent child benefit was introduced in 2008. As of 2009, this benefit also depends on the number of children per family. A family can only claim the extra child benefit when it has children under the age of 18 years old for whom it also receives the tax free and income independent child benefit. Indexation of the extra child benefit was frozen until 2011 and has still a maximum value of EUR 1 017 per year for families with one child. The child credit increases to EUR 1 553 a year for families with two children. The benefit is reduced at a rate of 7.6 per cent per euro when the family's yearly taxable income exceeds EUR 26 147 and is completely withdrawn for families with two children when the taxable income is at least EUR 46 581.

4. Main changes in the tax/benefit systems since 2000

In 2001, the tax system was changed thoroughly. The tax rates have been lowered; the basic allowance and its supplements have been transformed into tax credits. The deduction for labour costs has also been replaced by a tax credit. Certain other deductions have been reduced or abolished. Extra tax credits for households with children were introduced.

In 2002 and 2003 the tax system was only slightly changed. The additional combination credit was introduced in 2004. The various child credits were integrated and streamlined in 2006.

Public insurance for medical care has been reformed in 2006. A new standard health insurance system was introduced. Until 2005, no public health insurance contributions were levied on income in excess of EUR 33 000. However, taxpayers earning more than EUR 33 000 were obliged to take a private insurance. These private health insurance contributions were not included in the *Taxing Wages* calculations because they were made to a privately-managed fund (and are therefore not taxes). Since 2006, every individual contributes a nominal contribution to a privately-managed fund (on average EUR 1 064, depending on the competition between insurance companies, a year in 2009) and, in addition for employees, a percentage of gross income (6.9 per cent) net of employees' pension premiums and unemployment social security contributions until a maximum of gross income of EUR 32 369 (in 2009). For this last contribution, the employee receives mandatory compensation of his employer for the same amount. The premium itself, however, is not modelled (either as an employee or employer SSC) in *Taxing Wages*. Instead it is modelled as a non-tax compulsory payment from the employer to a public-managed health insurance fund. The spending of this fund mainly compensates private insurance companies for their (public) obligation to insure individuals with a high health risk. Taxpayers might obtain compensation for the nominal contribution to the private insurance company of on average EUR 1 064 in 2009, depending on the households personal situation and taxable income. This is called the health care benefit and is part of the NTCP (see Section 2.1).

In 2007, the tax system has not been changed, except for some parameter updates. In 2008, the child credit has been replaced by an extra child benefit.

In 2009 the general tax credit will be reduced for non-working spouses in order to cut down the capitalization of this tax credit in 2024. A non-working spouse can in 2024 capitalise the general tax credit only against his/her own earned income. In 2009, the employment credit is extended for income exceeding EUR 42 509. This credit will be reduced by maximum EUR 24, whereas the employment credit is increased for lower incomes. The income dependant combination credit is introduced in order to promote the labour participation of single parents or partners of married workers. The income-dependent combination credit has been increased considerably. The extra child benefit depends on the total income of the family and the number of children per family. The income-dependent child benefit is higher when more children under the age of 18 years are member of the family. As from 2009 onwards, employees do not have to pay an unemployment premium mainly to reduce administration costs for employers. Employers pay now both an unemployment premium and a premium for invalidity for their employees (see also par. 2.2).

In 2013, the income base for SSC and Income-Tax is harmonised. Standardising or harmonisation of the income tax base for levying SSC and Taxes is introduces in 2013 and is called the Law "WUL" i.e. Harmonising the income base for SSC and Taxes (see publication CPB the Netherlands). So the income tax base is since 2013 exclusive the income dependant health care contribution and employees will no longer have to pay taxes over income dependant health care contributions, instead they pay a higher tax rate in the first tax bracket and mainly Work credit is adjusted. The tax rate in the first tax bracket has been increased from 1.95 per cent till 5 85 per cent and the Work credit is reduced for employees with a higher income such that the effect of this harmonisation is budgetary neutral.

The main adjustment in 2014 is the General tax credit which is made income dependent. Higher income will receive less general credit and the reduction is 2% per euro of income between EUR 56 495 and EUR 19 645 per year. See also par. 1.14.1.

5. Memorandum items

5.1. *Identification of the AW and calculation of the AW's gross earnings*

The calculation of the annual gross earnings of an AW is based upon data on gross earnings of full-time workers in industry C-K. These data have been obtained through a yearly sample survey carried out by the Central Bureau of Statistics. Included in the AW annual salary are irregular payments, such as holiday allowances, loyalty payments and bonuses. Payments for working overtime are not included. However, the CBS has stopped carrying out the "employment and wages" survey in July 2006 due to new legislation. On Inquiry at the Central Bureau of Statistics (CBS) the information from the wage declarations by employers, delivered nowadays at the tax department, will be implemented by the CBS for the new survey about employment and wages. These changes produced a delay in delivery of the information on wages and employment for 2006.

As the AW figure for 2005 and 2006 are not available, the 2004 figure was taken and adjusted for the wage increases in 2005, 2006 and 2007 by the OECD Secretariat based on wage increase estimates from the most recent issue of the *OECD Economic Outlook*. On the base of new information on wages per industry sector, the AW is delivered to EUROSTAT in November 2009 by the CBS for years 2006 and 2007. The standard classification NACE Rev. 1 for industrial Sectors C-K is used.

The new classification NACE Revision 2 (Sectors B-N) will be applicable as from 2008 onwards. The estimation of the AW for 2008 according to the new classification is applicable at the beginning of May 2010. The AW for 2009 is available since November 2010. For 2008, the average annual gross earnings (full-time NACE Rev. 2) comes to EUR 43 146, for 2009 EUR 44 412, and EUR 45 215 in 2010. The latest information according to Eurostat is an AW in 2011 of EUR 46 287 (NACE Rev. 2).

5.2. *Main employers' contributions to private pension, health and related schemes*

In addition to the obligatory contributions of employees to private insurance companies, all employers pay contributions to a public-managed health fund. More information is included in the Special Feature where the contributions to the public-managed health funds are also presented.

Employers have to pay at least 70 per cent of the gross wage of their sick employees for two years. Many employers have insured themselves privately for the risks of their employees being sick. This insurance for illness of their employees is not compulsory.

2014 parameter values

	Ave_earn	48 856	Secretariat estimate
Social security contributions	SSC_ceil	51414	
Employees' schemes	Unemp_rate1	0.0	
	Unemp_franchise1	17 693	
Medical care	Med_rate	0.0750	
	Med_limit	999 999	
	Med_ceil	51 414	
	Med_adult	1101	
	Med_child	0	
	Med_compensation1	0.02410	
	Med_compensation2	0.09118	
	Med_compensation3	0.05210	
	Med_compensation4	0.09118	
	Med_key	19 253	
	Med_aldult for care benefit	1 329	
General schemes	Old_rate	0.179	
	Wid_rate	0.006	
	Ex_med_rate	0.1265	
	Gen_Schemes_thrsh	33 363	
	Unemp_empr1	0.0215	
	Unemp_empr2	0.0318	
	Unemp_unempr_franchise1	17 693	
	Unemp_unempr_franchise2	0	
	Inv_empr_rate	0.0598	
	Inv_empr_franchise	0	
	Med_empr	0.0750	
	Med_franchise		
Tax schedule	Tax_sch	0.0510	19 645
	"tax_sch_lowest"	0.1085	33 363
	"tax_thrsh_1"	0.42	56 531
		0.52	
Tax credits	Gen_credit_1	2 103	
	Gen_credit_2	1366	
	Gen_credit1_thr	19645	
	Gen_credit2_thr	56495	
	Gen_credit_per	0.02	
	Red_gen_credit	1 262	
	Emp_credit1	161	
	Emp_credit2	1 936	
	Emp_credit3	206	
	Emp_credit1_thr	8 913	
	Emp_credit2_thr	19 253	
	Emp_credit3_thr	40 721	
	Emp_credit4_thr	83 971	
	Comb_credit	Nvt	
	Comb_credit_franchise	4 814	
	add_comb_credit	Nvt	
	Income_dependant_comb_comb_credit1	1 024	
	Income_dependant_comb_credit_max	2 133	
	Income_dependant_comb_par_credit_per	0.04	
	Sing_par_credit	947	
	Ex_sing_par_credit_per	0.043	
	Ex_sing_par_credit_max	1 319	
Family cash transfers	Ch1_trans	931	
	Ch2_trans	1 862	
	Child_ben_1child	1 017	

	Child_ben_2children	1 553
	Child_ben_redn	0.076
	Child_ben_ceil	26 147
Payroll tax	Extra_wage_tax	0.16
	EWT_threshold	150000

2014 tax equations

The equations for the tax system in the Netherlands in 2014 are repeated for each individual of a married couple. Tax credits, except a part of the general credit of the spouse, depend also on the tax paid by the principal if the spouse's income is zero or very low, and the cash transfers are calculated only once. The functions which are used in the equations (Taper, MIN, Tax, etc.) are described in the technical note on the tax equations. Due to the adjustment of the employment credit in 2009, the function Emp_credit(Value) was altered in 2009; no changes were made in 2010 till 2012. Variable names are defined in the table of parameters above, within the equations table, or are the standard variables "married" and "children". A reference to a variable with the affix "_total" indicates the sum of the relevant variable values for the principal and spouse. And the affix "_spouse" indicates the value for the spouse. No affix is used for the principal values. Equations for a single person are as shown for the principal, with "_spouse" values taken as 0.

	Line in country table and intermediate steps	Variable name	Range	Equation
1.	Earnings (gross)	gr_earn		
	Earnings (net)	earn	B	gr_earn
2.	Social security contributions	SSC_al	B	SSC_f(earn,Unemp_rate1,SSC_ceil,Unemp_franchise1)
3.	Credits in taxable income	taxbl_cr	B	MIN(earn-SSC_al, Med_ceil)*Med_rate
4.	CG taxable income	tax_inc	B	earn-SSC_al
5.	CG tax before credits	CG_tax_excl / tax_liable	B	Tax(tax_inc,Tax_sch)
6.	Tax credits	tax_cr	P	MIN(CG_tax_excl+SSC_taxinc,IF((tax_inc<Gen_credit1_thr),Gen_credit_1,(Gen_credit_1-MIN(Gen_credit_per*(Gen_credit2_thr-Gen_credit1_thr),Gen_credit_per*(tax_inc-Gen_credit1_thr))))+Emp_credit(tax_inc)+IF(AND(Children>0,tax_inc>Comb_credit_franchise),IF(Married=0,income_dependant_comb_credit1+MIN(income_dependant_comb_credit_max-income_dependant_comb_credit1,income_dependant_comb_par_credit_per*(tax_inc – Comb_credit_franchise)),0)+IF(AND(Children>0,Married=0),Sing_par_credit+MIN(Ex_sing_par_credit_max,Ex_sing_par_credit_per*tax_inc),0),0))
		tax_cr_spouse	S	IF(Married>0,MIN(CG_tax_excl_spouse+SSC_taxinc_spouse+CG_tax_excl+SSC_taxinc-tax_cr,IF(tax_inc_spouse>0,IF((tax_inc_spouse<Gen_credit1_thr),Gen_credit_1,(Gen_credit_1-MIN(Gen_credit_per*(Gen_credit2_thr-Gen_credit1_thr),Gen_credit_per*(tax_inc_spouse-Gen_credit1_thr)))),Red_gen_credit)+Emp_credit(tax_inc_spouse)+IF(AND(Children>0,tax_inc_spouse>Comb_credit_franchise),income_dependant_comb_credit1+MIN(income_dependant_comb_credit_max-income_dependant_comb_credit1,income_dependant_comb_par_credit_per*(tax_inc_spouse – Comb_credit_franchise)),0)),0)

	Line in country table and intermediate steps	Variable name	Range	Equation
		tax_cr_inc	B	IF(tax_cr>Tax_thrsh_1*SUM(Old_rate+Wid_rate+Ex_med_rate+tax_sch_lowest),(tax_sch_2/ SUM(Old_rate+Wid_rate+Ex_med_rate+tax_sch_2))*(tax_cr-(SUM(Old_rate+Wid_rate+Ex_med_rate+tax_sch_lowest)*Tax_thrsh_1))+(tax_sch_lowest/ SUM(Old_rate+Wid_rate+Ex_med_rate+tax_sch_lowest))*(Tax_thrsh_1*SUM(Old_rate+Wid_rate+Ex_med_rate+tax_sch_lowest)),tax_sch_lowest/ SUM(Old_rate+Wid_rate+Ex_med_rate+tax_sch_lowest)*tax_cr)
7.	CG tax	CG_tax	B	tax_liable-tax_cr_inc
8.	State and local taxes	local_tax	B	0
9.	Employees' soc security' based on earnings	SSC_earn	P	SSC_f(earn,Unemp_rate1,SSC_ceil,Unemp_franchise1)
		SSC_earn_spouse	S	SSC_f(earn_spouse,Unemp_rate1,SSC_ceil,Unemp_franchise1)
	Based on taxable income	SSC_taxinc	B	(Old_rate+Wid_rate+Ex_med_rate)*MINA(tax_inc,Gen_Schemes_thrsh)
	Total employees' soc security	SSC_liable	J	SSC_earn+SSC_taxinc+SSC_earn_spouse+SSC_taxinc_spouse
		tax_cr_SSC	B	IF(tax_cr>Tax_thrsh_1*SUM(Old_rate+Wid_rate+Ex_med_rate+tax_sch_lowest),((Old_rate+Wid_rate+Ex_med_rate)/ SUM(Old_rate+Wid_rate+Ex_med_rate+tax_sch_2))*(tax_cr-(SUM(Old_rate+Wid_rate+Ex_med_rate+tax_sch_lowest)*Tax_thrsh_1))+((Old_rate+Wid_rate+Ex_med_rate)/ SUM(Old_rate+Wid_rate+Ex_med_rate+tax_sch_lowest))*(Tax_thrsh_1*SUM(Old_rate+Wid_rate+Ex_med_rate+tax_sch_lowest)),SUM(Old_rate+Wid_rate+Ex_med_rate)/ SUM(Old_rate+Wid_rate+Ex_med_rate+tax_sch_lowest)*tax_cr)
	Total	SSC	J	SSC_liable-tax_cr_SSC
10.	Total payments	total_payments	J	CG_tax+local_tax+SSC
11.	Cash transfers	cash_trans	J	IF(Children=1,Ch1_trans,IF(Children=2,Ch2_trans,0))+(Children>0)*(IF((tax_inc+tax_inc_spouse)<Child_ben_ceil, Child_ben, Positive(Child_ben – Child_ben_redn*(tax_inc+tax_inc_spouse – Child_ben_ceil))))

13.	Employer's soc security	SSC_empr	B	If Value <= 0 Then
				Emp_credit = 0
				ElseIf Value <= Range("Emp_credit1_thr").Value Then
				Emp_credit = (Value / Range("Emp_credit1_thr").Value) * Range("Emp_credit1").Value
				ElseIf Value <= Range("Emp_credit2_thr").Value Then
				Emp_credit = Range("Emp_credit1").Value + ((Value – Range("Emp_credit1_thr").Value) / (Range("Emp_credit2_thr").Value – Range("Emp_credit1_thr").Value)) * Range("Emp_credit2").Value
				ElseIf Value <= Range("Emp_credit3_thr").Value Then
				Emp_credit = Range("Emp_credit1").Value + Range("Emp_credit2").Value
				ElseIf Value <= Range("Emp_credit4_thr").Value Then
				Emp_credit = Range("Emp_credit1").Value + Range("Emp_credit2").Value – ((Value – Range("Emp_credit3_thr").Value) / (Range("Emp_credit4_thr").Value – Range("Emp_credit3_thr").Value)) * (Range("Emp_credit2").Value – Range("Emp_credit3").Value)
				Else
				Emp_credit = Range("Emp_credit1").Value + Range("Emp_credit3").Value
				End If

Key to range of equations B calculated separately for both principal earner and spouse P calculated for principal only (value taken as 0 for spouse calculation) J calculated once only on a joint basis.

New Zealand
(2014-15 income tax year)

This chapter includes data on the income taxes paid by workers, their social security contributions, the family benefits they receive in the form of cash transfers as well as the social security contributions and payroll taxes paid by their employers. Results reported include the marginal and average tax burden for eight different family types.

Methodological information is available for personal income tax systems, compulsory social security contributions to schemes operated within the government sector, universal cash transfers as well as recent changes in the tax/ benefit system. The methodology also includes the parameter values and tax equations underlying the data.

New Zealand 2014

The tax/benefit position of single persons

		Wage level (per cent of average wage)	67	100	167	67
		Number of children	none	none	none	2
1.	**Gross wage earnings**		36 671	54 733	91 404	36 671
2.	**Standard tax allowances:**					
	Basic allowance					
	Married or head of family					
	Dependent children					
	Deduction for social security contributions and income taxes					
	Work-related expenses					
	Other					
		Total	0	0	0	0
3.	**Tax credits or cash transfers included in taxable income**		0	0	0	0
4.	**Central government taxable income (1 - 2 + 3)**		36 671	54 733	91 404	36 671
5.	**Central government income tax liability (exclusive of tax credits)**		5 437	9 440	21 083	5 437
6.	**Tax credits :**					
	Basic credit		520	0	0	0
	Married or head of family					
	Children					
	Other					
		Total	520	0	0	0
7.	**Central government income tax finally paid (5-6)**		4 917	9 440	21 083	5 437
8.	**State and local taxes**		0	0	0	0
9.	**Employees' compulsory social security contributions**					
	Gross earnings		0	0	0	0
	Taxable income					
		Total	0	0	0	0
10.	**Total payments to general government (7 + 8 + 9)**		4 917	9 440	21 083	5 437
11.	**Cash transfers from general government**					
	For head of family					
	For two children		0	0	0	11 225
		Total	0	0	0	11 225
12.	**Take-home pay (1-10+11)**		31 754	45 293	70 321	42 458
13.	**Employer's compulsory social security contributions**		0	0	0	0
14.	**Average rates**					
	Income tax		13.4%	17.2%	23.1%	14.8%
	Employees' social security contributions		0.0%	0.0%	0.0%	0.0%
	Total payments less cash transfers		13.4%	17.2%	23.1%	-15.8%
	Total tax wedge including employer's social security contributions		13.4%	17.2%	23.1%	-15.8%
15.	**Marginal rates**					
	Total payments less cash transfers: Principal earner		17.5%	30.0%	33.0%	38.7%
	Total payments less cash transfers: Spouse		n.a.	n.a.	n.a.	n.a.
	Total tax wedge: Principal earner		17.5%	30.0%	33.0%	38.7%
	Total tax wedge: Spouse		n.a.	n.a.	n.a.	n.a.

New Zealand 2014

The tax/benefit position of married couples

		Wage level (per cent of average wage)	100-0	100-33	100-67	100-33
		Number of children	2	2	2	none
1.	**Gross wage earnings**		54 733	72 795	91 404	72 795
2.	**Standard tax allowances:**					
	Basic allowance					
	Married or head of family					
	Dependent children					
	Deduction for social security contributions and income taxes					
	Work-related expenses					
	Other					
		Total	0	0	0	0
3.	**Tax credits or cash transfers included in taxable income**		0	0	0	0
4.	**Central government taxable income (1 - 2 + 3)**		54 733	72 795	91 404	72 795
5.	**Central government income tax liability (exclusive of tax credits)**		9 440	11 621	14 877	11 621
6.	**Tax credits :**					
	Basic credit		0	0	0	0
	Married or head of family					
	Children					
	Other					
		Total	0	0	0	0
7.	**Central government income tax finally paid (5-6)**		9 440	11 621	14 877	11 621
8.	**State and local taxes**		0	0	0	0
9.	**Employees' compulsory social security contributions**					
	Gross earnings					
	Taxable income					
		Total	0	0	0	0
10.	**Total payments to general government (7 + 8 + 9)**		9 440	11 621	14 877	11 621
11.	**Cash transfers from general government**					
	For head of family					
	For two children		7 387	3 548	0	0
		Total	7 387	3 548	0	0
12.	**Take-home pay (1-10+11)**		52 680	64 723	76 527	61 174
13.	**Employer's compulsory social security contributions**		0	0	0	0
14.	**Average rates**					
	Income tax		17.2%	16.0%	16.3%	16.0%
	Employees' social security contributions		0.0%	0.0%	0.0%	0.0%
	Total payments less cash transfers		3.8%	11.1%	16.3%	16.0%
	Total tax wedge including employer's social security contributions		3.8%	11.1%	16.3%	16.0%
15.	**Marginal rates**					
	Total payments less cash transfers: Principal earner		51.2%	51.2%	30.0%	30.0%
	Total payments less cash transfers: Spouse		33.3%	38.8%	17.5%	17.5%
	Total tax wedge: Principal earner		51.2%	51.2%	30.0%	30.0%
	Total tax wedge: Spouse		33.3%	38.8%	17.5%	17.5%

The national currency is the New Zealand dollar (NZD). In 2014, NZD 1.21 was equal to USD 1. In that year the average worker earned NZD 54 733 (country estimate).

1. Personal income tax system

1.1. *Central/federal government income taxes*

1.1.1. *Tax unit*

Members of the family are taxed separately.

1.1.2. *Tax allowances and tax credits*

None.

1.1.2.1. Standard reliefs

1.1.2.2. Main non-standard tax reliefs applicable to an AW

None.

1.1.3. *Schedule*

- Rates of income tax for individuals:
  - On so much of the income as does not exceed NZD 14 000: 10.5 per cent.
  - On so much of the income as exceeds NZD 14 000 but does not exceed NZD 48 000: 17.5 per cent.
  - On so much of the income as exceeds NZD 48 000 but does not exceed NZD 70 000: 30 per cent.
  - On so much of the income as exceeds NZD 70 000: 33 per cent.

1.2. *State and local income taxes*

New Zealand has no state or local income tax.

2. Compulsory social security contributions to schemes operated within the government sector

New Zealand has no compulsory social security contributions to schemes operated within the Government sector.

It should be noted that there is an accident compensation scheme administered by the Accident Compensation Corporation for residents and temporary visitors to New Zealand. This scheme is funded in part by premiums paid by employees and employers. For employees, the premium represents 1.45 per cent of their gross earnings. For employers and the self-employed, the premiums are based on a percentage of the total payroll and the applicable rate varies depending upon the associated accident risk (the average rate is

1.09%). This scheme is not considered as a compulsory social security contribution for the purposes of the Report.

3. Universal cash transfers

3.1. *Amount for marriage*

None.

3.2. *Amount for children*

The Parental Tax Credit provides NZD 150 per week for the first eight weeks of each child's life. From 1 April 2015, the Parental Tax Credit will provide NZD 220 per week for the first ten weeks of each child's life. This tax credit abates under the same regime as the Family Tax Credit, although it is unaffected until both the Family Tax Credit and In Work Tax Credit have been abated to zero.

3.3. *Family tax credit*

For an eldest child aged 16-18, the rate of the Family Tax Credit is NZD 5 303 per year, while the rate of NZD 4 822 applies if the eldest child is younger than 16. For subsequent children the rate depends on the age of the child; NZD 4 745 per year for 16-18 year-olds, NZD 3 822 per year for 13-15 year-olds and NZD 3 351 per year for children under 13 years of age. The total credit is abated by 21.25 cents on each dollar earned over NZD 36 350. The abatement is based on the combined income of the parents.

3.4. *In work tax credit*

The In Work Tax Credit is available to families with dependent children who are not receiving an income-tested benefit, veteran's pension, New Zealand Superannuation or student allowance. The level of assistance it provides is NZD 3 120 per family per year, plus an additional NZD 780 per year for fourth and subsequent children. It is only available to couple families working a total of 30 hours or more per week, or to sole parents working 20 hours or more per week. It is also affected by the abatement regime used with the Family Tax Credit, although it is unaffected until the latter has been abated to zero.

3.5. *Minimum family tax credit*

The Minimum Family Tax Credit is a scheme that ensures a guaranteed minimum family net income for all full-time earners with dependent children. The guaranteed minimum after-tax income is NZD 22 776 per year plus the Family Tax Credit and In Work Tax Credit.

3.6. *Independent earner tax credit*

The Independent Earner Tax Credit of NZD 520 is available to individuals with annual net income between NZD 24 000 and NZD 48 000 that do not receive other forms of tax credits or benefits. It is abated by 13 cents on each dollar earned over NZD 44 000.

4. Main changes in tax/benefit systems over 2013/14

The rate and entitlement duration of the Parental Tax Credit changed on 1 April 2014. These changes will apply from 1 April 2015.

5. Memorandum items

5.1. *Method used to identify AW and to calculate the AW's gross earnings*

The Annual Earnings figure is derived from the *Quarterly Employment Survey* for those employees in the B-N industry groups. The annual earnings figure for the average worker is the sum of the four quarterly earnings figures, with each quarterly figure calculated by taking the average total weekly earnings and multiplying it by 13 weeks per quarter.

5.2. *Employer's contributions to private pension, health schemes, etc.*

No information available.

2014 parameter values

	Ave_earn	54 733	Country estimate
Income tax schedule	Tax_sch	0.105	14 000
		0.175	48 000
		0.3	70 000
		0.33	
Family tax credit	Fam_sup_eld	4 822	
	Fam_sup_oth	3 351	
	Fam_sup_thrsh	36 350	
	Fam_sup_rate	0.2125	
In-work tax credit	In_work_children123	3 120	
	In_work_children4plus	780	
Minimum Family Tax Credit	Min_inc	22 776	
Independent Earner Tax Credit	IETC	520	
	IETC_thrsh1	24 000	
	IETC_thrsh2	44 000	
	IETC_rate	0.13	

2014 tax equations

The equations for the New Zealand system in 2014 are mostly repeated for each individual of a married couple. But the cash transfer is calculated only once. This is shown by the Range indicator in the table below. The functions which are used in the equations (Taper, MIN, Tax, etc.) are described in the technical note about tax equations. Variable names are defined in the table of parameters above, within the equations table, or are the standard variables "married" and "children". A reference to a variable with the affix "_total" indicates the sum of the relevant variable values for the principal and spouse. And the affixes "_princ" and "_spouse" indicate the value for the principal and spouse, respectively. Equations for a single person are as shown for the principal, with "_spouse" values taken as 0.

	Line in country table andintermediate steps	Variable name	Range	Equation
1.	Earnings	earn		
2.	Allowances	tax_al	B	0
3.	Credits in taxable income	taxbl_cr	B	0
4.	CG taxable income	tax_inc	B	earn
5.	CG tax before credits	CG_tax_excl	B	Tax(tax_inc, Tax_sch)
6.	Tax credits:			
	Guaranteed minimum income	GMI	J	(Children>0)*Min_inc
	Independent Earner Tax Credit	IETC_rebate	B	=AND(Children=0,earn>IETC_thrsh1)*Taper(IETC,earn,IETC_thrsh2,IETC_rate)
6.	Tax credits:	tax_cr	B	IETC_rebate
7.	CG tax	CG_tax	B	CG_tax_excl-tax_cr
8.	Local tax	local_tax	B	0
9.	Employees' soc security	SSC	B	0
11.	Cash transfers:			
	Family tax credit (unabated)	fam_tax_cr	J	Fam_sup_eld*(Children>0)+ Fam_sup_oth*Positive(Children-1)
	In-work tax credit (unabated)	in_work_tax_cr	J	(Children>0)*(In_work_children123+Positive(Children-3)*In_work_children4plus)
	Tax credits abated	tax_cr_ab	J	Taper(fam_tax_cr+in_work_tax_cr, earn_total, Fam_sup_thrsh1, Fam_sup_rate1)
	Minimum Family tax credit	min_fam_tax_cr	J	Positive(GMI-(earn_total-CG_tax_excl_totall))
	Cash transfers	cash_trans	J	tax_cr_ab + min_fam_tax_cr
13.	Employer's soc security	SSC_empr	B	0

Key to range of equation B calculated separately for both principal earner and spouse P calculated for principal only (value taken as 0 for spouse calculation) J calculated once only on a joint basis.

Norway

This chapter includes data on the income taxes paid by workers, their social security contributions, the family benefits they receive in the form of cash transfers as well as the social security contributions and payroll taxes paid by their employers. Results reported include the marginal and average tax burden for eight different family types.

Methodological information is available for personal income tax systems, compulsory social security contributions to schemes operated within the government sector, universal cash transfers as well as recent changes in the tax/benefit system. The methodology also includes the parameter values and tax equations underlying the data.

Norway 2014

The tax/benefit position of single persons

		Wage level (per cent of average wage)	67	100	167	67
		Number of children	none	none	none	2
1.	**Gross wage earnings**		363 399	542 386	905 785	363 399
2.	**Standard tax allowances**					
	Basic allowance					
	Married or head of family					
	Dependent children					
	Deduction for social security contributions and income taxes					
	Work-related expenses					
	Other					
		Total	132 950	132 950	132 950	181 754
3.	**Tax credits or cash transfers included in taxable income**		0	0	0	0
4.	**Central government taxable (ordinary) income (1 - 2 + 3)**		230 449	409 436	772 835	181 645
5.	**Central government income tax liability (ordinary + personal)**		29 843	54 371	135 591	23 523
6.	**Tax credits (applicable against local tax)**					
	Basic credit					
	Married or head of family					
	Children		0	0	0	0
	Other					
		Total	0	0	0	0
7.	**Central government income tax finally paid (5-6)**		29 843	54 371	135 591	23 523
8.	**State and local taxes (net of tax credits)**		32 378	57 526	108 583	25 521
9.	**Employees' compulsory social security contributions**					
	Gross earnings		29 799	44 476	74 274	29 799
	Taxable income					
		Total	29 799	44 476	74 274	29 799
10.	**Total payments to general government (7 + 8 + 9)**		92 020	156 372	318 449	78 843
11.	**Cash transfers from general government**					
	For head of family					
	For two children		0	0	0	34 920
		Total	0	0	0	34 920
12.	**Take-home pay (1-10+11)**		271 379	386 014	587 336	319 476
13.	**Employer's compulsory social security contributions**		47 242	70 510	117 752	47 242
14.	**Average rates**					
	Income tax		17.1%	20.6%	27.0%	13.5%
	Employees' social security contributions		8.2%	8.2%	8.2%	8.2%
	Total payments less cash transfers		25.3%	28.8%	35.2%	12.1%
	Total tax wedge including employer's social security contributions		33.9%	37.0%	42.6%	22.2%
15.	**Marginal rates**					
	Total payments less cash transfers: Principal earner		35.2%	44.2%	47.2%	35.2%
	Total payments less cash transfers: Spouse		n.a.	n.a.	n.a.	n.a.
	Total tax wedge: Principal earner		42.7%	50.6%	53.3%	42.7%
	Total tax wedge: Spouse		n.a.	n.a.	n.a.	n.a.

Norway 2014

The tax/benefit position of married couples

		Wage level (per cent of average wage)	100-0	100-33	100-67	100-33
		Number of children	2	2	2	none
1.	**Gross wage earnings**		542 386	721 373	905 785	721 373
2.	**Standard tax allowances**					
	Basic allowance					
	Married or head of family					
	Dependent children					
	Deduction for social security contributions and income taxes					
	Work-related expenses					
	Other					
		Total	156 150	258 715	265 900	258 715
3.	**Tax credits or cash transfers included in taxable income**		0	0	0	0
4.	**Central government taxable (ordinary) income (1 - 2 + 3)**		386 236	462 659	639 885	462 659
5.	**Central government income tax liability (ordinary + personal)**		51 366	61 263	84 214	61 263
6.	**Tax credits (applicable against local tax)**					
	Basic credit					
	Married or head of family					
	Children		0	0	0	0
	Other					
		Total	0	0	0	0
7.	**Central government income tax finally paid (5-6)**		51 366	61 263	84 214	61 263
8.	**State and local taxes (net of tax credits)**		54 266	65 004	89 904	65 004
9.	**Employees' compulsory social security contributions**					
	Gross earnings		44 476	59 153	74 274	59 153
	Taxable income					
		Total	44 476	59 153	74 274	59 153
10.	**Total payments to general government (7 + 8 + 9)**		150 108	185 419	248 392	185 419
11.	**Cash transfers from general government**					
	For head of family					
	For two children		23 280	23 280	23 280	0
		Total	23 280	23 280	23 280	0
12.	**Take-home pay (1-10+11)**		415 558	559 234	680 673	535 954
13.	**Employer's compulsory social security contributions**		70 510	93 779	117 752	93 779
14.	**Average rates**					
	Income tax		19.5%	17.5%	19.2%	17.5%
	Employees' social security contributions		8.2%	8.2%	8.2%	8.2%
	Total payments less cash transfers		23.4%	22.5%	24.9%	25.7%
	Total tax wedge including employer's social security contributions		32.2%	31.4%	33.5%	34.3%
15.	**Marginal rates**					
	Total payments less cash transfers: Principal earner		44.2%	44.2%	44.2%	44.2%
	Total payments less cash transfers: Spouse		19.7%	23.6%	35.2%	23.6%
	Total tax wedge: Principal earner		50.6%	50.6%	50.6%	50.6%
	Total tax wedge: Spouse		29.0%	32.4%	42.7%	32.4%

The national currency is the kroner (NOK). In 2014, NOK 6.30 was equal to 1 USD. In that year the average worker earned NOK 542 386 (Secretariat estimate).

1. Personal income tax system

The personal income tax has two tax bases: *personal income* and *ordinary income*. Personal income is defined as income from labour and pensions. Personal income is a gross income base from which no deductions are made. Ordinary income includes all types of taxable income from labour, pensions, business and capital. Certain costs and expenses, including interest paid on debt, are deductible in the computation of ordinary income.

1.1. Central government income tax

1.1.1. Tax unit

The tax unit is in most cases the individual (tax class 1), but joint taxation (tax class 2) is also possible. Children aged below 17 are generally taxed together with their parents, but they may be taxed individually. All other income earners are taxed on an individual basis (class 1).

1.1.2. Tax allowances applicable to an AW

There are no tax allowances applicable to an AW under the central government income tax (surtax). The tax base is personal income from which no deductions are allowed. As part of the overall tax rate of 27 per cent on ordinary income, 12.95 per cent is considered to be the central government income tax.

1.1.3. Rate schedule (surtax)

Rate (%)	NOK
0	0-527 400
9.0	527 400-857 300
12.0	857 300 and over

1.2. Local government income tax

The overall tax rate on ordinary income is 27 per cent. The local government (municipal and county) income tax is 14.05 per cent points of the overall rate. Tax on ordinary income is levied after taking into account a standard allowance of NOK 48 800 (class 1) and NOK 72 000 (class 2) in 2014. Single parents are eligible to an additional special tax allowance of NOK 48 804. The deductions in the computation of ordinary income are:

1.2.1. Standard reliefs

- Basic allowance: each individual receives a minimum allowance equal to 43 per cent of personal income, with a minimum of NOK 4 000 and a maximum of NOK 84 150. For wage income each individual can choose a separate allowance of NOK 31 800 instead of the basic allowance. Hence, wage earners would opt to choose this separate allowance as long as it exceeds the basic allowance to which they are entitled.

1.2.2. Non-standard reliefs

The main non-standard allowances deductible from ordinary income are:

- Parent allowance: Documented expenses for child care limited to:
  - maximum NOK 25 000 for one child,
  - plus NOK 15 000 for each subsequent child.

The allowance applies in general to the spouse who has the highest income. Unused parent allowance may be transferred to the other spouse. The allowance is also applicable to single parents.

- Travel expenses related to work exceeding NOK 15 000.
- Labour union fees up to NOK 3 850.
- Donations to voluntary organisations up to NOK 16 800.
- Contributions to individual pension agreement schemes, maximum NOK 15 000.
- Premiums and contributions to occupational pension schemes in the private and public sector, unlimited.
- Unlimited deduction for interest payments.

The main non-standard tax credits are:

- Home savings scheme (BSU): The BSU scheme aims to encourage young people (under 34 years old) to save for a future home purchase. A wastable *tax credit* of 20 per cent of annual savings up to NOK 25 000 in special accounts is granted. Total savings may not exceed NOK 200 000.

2. Social security contributions

2.1. Contributions to the national insurance scheme

2.1.1. Employees' contributions

Employees' contributions to the National Insurance Scheme generally amount to 8.2 per cent of personal wage income. Employees do not make contributions if their wage income is less than NOK 39 600. Once wage income exceeds this floor, an alternative calculation is made where the contributions equal 25 per cent of the wage income in excess of the floor. The actual contributions made would represent the minimum between the alternative calculation and 8.2 per cent of the total wage income.

Contributions from the self-employed are 11.0 per cent of personal income attributable to labour.

2.1.2. Employers' contributions

Employer's social security contributions are due for all employees in both the private and the public sector. The contribution is geographically differentiated according to the municipality where the work-place is. The standard rates are 14.1, 10.6, 7.9, 6.4, 5.1 or 0 per cent of gross wages. The highest rate applies to central parts of southern Norway. Lower rates may apply under certain circumstances. The weighted average rate is approximately 13 per cent.

3. Universal cash transfers

3.1. Transfers related to marital status

None.

3.2. Transfers for dependent children (child support)

The following transfers are available:

NOK 11 640 per child aged 0-18 years.

Single parents receive transfers for one more child than their actual number of children. Families living in the northernmost parts of Norway receive extra child support of NOK 3 840 per year for each child aged 18 or younger.

4. Main changes in tax/benefit systems since 2002

- Most important changes related to wage taxation in 2014:
  - The general tax rate on ordinary income was reduced from 28 to 27 per cent.
  - The employee's social security contributions were increased by 0.4 percentage points.
  - The rate in the basic allowance against wage income was increased to 43 per cent.
  - Tax class 2 for married couples was reduced.
- Most important changes in 2013:
  - The personal allowance for labour income was increased for low income earners (below NOK 213 950) by 2 percentage points from 38 to 40 per cent of their labour income.
  - The taxable value of second homes and commercial property for the purposes of net wealth tax was increased from 40 per cent to 50 per cent of estimated market value.
  - The basic allowance in the net wealth tax was increased from NOK 750 000 to NOK 870 000. Married couples will thus have a total basic allowance of NOK 1 740 000.
  - The current class 2 for sole providers was replaced by a special allowance for ordinary income which provides an equivalent tax benefit.
  - The maximum deduction for labour union fees was increased from NOK 3 750 to NOK 3 850.
- Most important changes in 2012:
  - The personal allowance for labour income was increased for low income earners (below NOK 217 000) by 2 percentage points from 36 to 38 per cent of their labour income.
  - For self-employed the wage allowance was abolished to eliminate residual discrimination between sole proprietorships with employees and limited companies.
  - In the deduction for travel expenses for travels between home and work the deduction rate per kilometre was increased for tax payers travelling between 35 000 km and 50 000 km per year.
  - The maximum deduction for labour union fees was increased by NOK 90 to NOK 3 750.
- In 2011, changes to the tax system was made to provide better incentives for people to work when drawing a pension. The tax limitation rule for early-retirement and old-age pensioners was replaced by a new tax allowance for pension income. The allowance ensures that people who only receive the minimum pension will continue not to pay

income tax. The allowance is scaled down against pension income, so that the marginal tax on earned income is reduced to the same level as for wage earners. The marginal tax on capital for low-income pensioners is also reduced to the same level as for other taxpayers. The new tax allowance is determined regardless of the spouse's income and married early-retirement and old-age pensioners will each have their own allowance. In addition, the pension income social security contribution is increased and the special allowance for age is discontinued.

- In 2010, a new formula-based system for determining the tax-assessed value of homes was introduced. The new tax-assessed value will be determined by multiplying the floor space of the dwelling by a square metre price based on the geographical location (neighbourhood, municipality, sparsely populated vs. densely populated area), size, age and type (detached, semi-detached, terraced, flat) of the property. For *primary homes* (owner-occupied), the per square metre rate will be set at 25 per cent of the estimated sale price per square metre, whereas the rate for second homes, i.e. any other dwellings in addition to the primary home that are not defined as business or recreational properties, will be set at 40 per cent of the estimated sale price per square metre. The current "safety valve" system is being continued so that taxpayers can appeal and have the tax-assessed value reduced to 30 per cent of the documented fair market value (60 per cent for second homes). In addition, the tax-assessed values of recreational properties are increased by 10 per cent.
- Most important changes in 2009 were the abolition of the 80 per cent rule, which primarily reduced the wealth tax of the richest. The wealth tax on equities for those who fall within the scope of the 80 per cent rule has been more than doubled since 2005.
- The home savings scheme (BSU) was expanded in 2009 by increasing the annual savings amount to NOK 20 000 and the maximum aggregate savings amount to NOK 150 000.
- The rates of the inheritance tax were reduced and the exempted amount was increased in 2009. The instalment scheme for family businesses was expanded through the abolition of the upper limit, and the payment period was increased from 7 to 12 years.

Other changes in the personal tax base in 2009:

- The fishermen's allowance was increased from NOK 115 000 to NOK 150 000.
- The reindeer husbandry allowance was increased to the same level as the agriculture allowance.
- The allowance for labour union fees was increased by NOK 450 to NOK 3 600.
- The rate of the travel allowance was increased from NOK 1.40 per km to NOK 1.50 per km.
- The tax-free net income thresholds under the tax limitation rule were increased such as to ensure that singles and couples who receive the minimum state pension will still not be paying tax following the favourable social security settlement they benefited from in 2008.
- A tax favoured contributions to individual pension agreement schemes was reintroduced as of 2008.
- From 1 January, 2008 the employees' SSC rate for self-employed was increased from 10.7 per cent to 11.0 per cent.
- The upper threshold in the surtax schedule was substantially reduced from 2006 to 2007.

- The surtax rates were reduced in 2005 and 2006, as part of a reform of the dual income tax system. The basic allowance has been substantially increased.
- From 1 January, 2006 the supplementary employer's social security contribution at 12.5 per cent for gross wage income that exceeds 16 times "G" (average "G" is estimated to be NOK 74 721 in 2010) was removed.
- From 1 January, 2006 the class 2 in the surtax was removed.
- From 1 January, 2005 the ceiling in the parent allowance for two and more children was removed, and the maximum allowance was increased with NOK 5 000 for each child after the first. From 2008, the maximum allowance will be increased with NOK 15 000 for each child after the first.
- The additional child support of NOK 7 884 for children aged 1 and 2 years was abolished as of 1 August 2003.
- An allowance of maximum NOK 6 000 for donations to voluntary organisations was introduced as of 1 January 2003. Previously this allowance was co-ordinated with the allowance for labour union fees (with a combined maximum allowance). The allowance was increased to NOK 12 000 as of 1 January 2005.
- As of 1 July 2002 the employer's social security contribution rates for employees aged 62 years or older were reduced by 4 percentage points, although not below zero per cent. From 2007 the reduction was abolished.

5. Memorandum items

5.1. *Identification of an AW and calculation of earnings*

The wage series used refers to full time employees in the B-N industry group (ISIC Rev. 4).

The calculation of annual wage earnings is as follows:

- Weighted average monthly wage plus overtime times 12.

The average monthly wage is agreed payment for a wage earner working a normal agreed working-year. It includes bonus payments and other allowances, but not payments for overtime, sick leave, and an establishment's indirect wage costs. The sum is weighted with the number of persons employed in the different industry groups.

5.2. *Employers' contributions to private health and pension schemes*

No information available.

2014 parameter values

Average earnings/yr	Ave_earn	542 386	Secretariat estimate
Central rate (pers)	Tax1_sch	0	527 400
class 1		0.09	857 300
		0.12	
class 2	Tax2_sch	0	527 400
		0.09	857 300
		0.12	
Central rate (ord)	Cent_rate_ord	0.1295	
Local rate (ord)	Local_rate	0.1405	
Allowances	Class_al_1	48 800	
	Class_al_2	72 000	
	Special_al	48 804	
Basic relief	Basic_min	4 000	
	Basic_max	84 150	
	Basic_rel_rate	0.43	
	Basic_min_wage	31 800	
Soc security contribs	SSC_rate	0.082	
Employer	SSC_empr	0.13	
Trygd. low.lim	SSC_low_lim	39 600	
pct.rate	SSC_low_rate	0.25	
Ref. Income "G"	SSC_G	87 328	
Child cash transfer	Child_sup	11 640	

2014 tax equations

The equations for the system for Norway in 2014 May be calculated on an individual or joint basis for married couples. Social security contributions are calculated on an individual basis. The calculation for Class 2 is always chosen for single parents and is chosen for married couples whenever this gives a lower value of tax than the corresponding Class 1 calculations. The functions which are used in the equations (Taper, MIN, Tax, etc.) are described in the technical note about tax equations. Variable names are defined in the table of parameters above, within the equations table, or are the standard variables "married" and "children". A reference to a variable with the affix "_total" indicates the sum of the relevant variable values for the principal and spouse. And the affixes "_princ" and "_spouse" indicate the value for the principal and spouse, respectively. Equations for a single person are as shown for the principal, with "_spouse" values taken as 0.

	Line in country table and intermediate steps	Variable name	Range	Equation
1.	Earnings	earn		
2.	Allowances:	tax_al	J	IF(class=1, tax1_al_princ+tax1_al_spouse, tax2_al)
	Class 1 tax allowance (ordinary)	tax1_al_princ	P	MIN(MAX(Basic_min_wage, MIN(earn_princ*Basic_rel_rate, Basic_max)) +Class_al_1+IF(AND(Married=0,Children>0),Special_al,o), earn_princ)
	Class 1 tax allowance (ordinary)	tax1_al_spouse	S	MIN(MAX(Basic_min_wage, MIN(earn_spouse*Basic_rel_rate, Basic_max)) +Class_al_1, earn_spouse)
	Class 2 tax allowance (ordinary)	tax2_al	J	MIN(MAX(Basic_min_wage, MIN(earn_princ*Basic_rel_rate, Basic_max)), earn_princ)+MIN(MAX(Basic_min_wage, MIN(earn_spouse* Basic_rel_rate, Basic_max)), earn_spouse)+Class_al_2
3.	Credits in taxable income	taxbl_cr	J	0
4.	CG taxable income (ordinary)			
	Class 1 taxable income	tax1_inc	B	Positive(earn-tax1_al)
	Class 2 taxable income	tax2_inc	J	Positive(earn_total-tax2_al)
5.	CG tax	CG_tax		IF(class=1, CG1_tax, CG2_tax)
	Class 1 tax (personal+ordinary)	CG1_tax	B	Tax(earn, Tax1_sch)+Cent_rate_ord*tax1_inc
	Class 2 tax (personal+ordinary)	CG2_tax	J	Tax(earn_p, Tax2_sch)+ Tax(earn_s, Tax2_sch)+Cent_rate_ord*tax2_inc
6.	Tax credits:	tax_cr	P	0
7.	CG tax	CG_tax	B	CG_tax
8.	State and local taxes	local_tax	J	IF(class=1, local1_tax_total, local2_tax)
	Class 1 local tax	local1_tax	B	(Local_rate*(tax1_inc_princ+tax1_inc_spouse))-tax_cr
	Class 2 local tax	local2_tax	J	(Local_rate*tax2_inc)-tax_cr
	Favourable class	class	J	1+((CG2_tax_excl+local2_tax)<(CG1_tax_excl_total+local1_tax_total))
9.	Employees' soc security	SSC	B	MIN(earn*SSC_rate, Positive(SSC_low_rate*(earn-SSC_low_lim)))
11.	Cash transfers	cash_trans	J	(children>0)*Child_sup
13.	Employer's soc security	SSC_empr	B	earn*SSC_empr

Key to range of equation B calculated separately for both principal earner and spouse P calculated for principal only (value taken as 0 for spouse calculation) J calculated once only on a joint basis.

Poland

This chapter includes data on the income tax paid by workers, their social security contributions, the family benefits they receive in the form of cash transfers as well as the social security contributions and payroll taxes paid by their employers. Results reported include the marginal and average tax burden for eight different family types.

Methodological information is available for personal income tax systems, compulsory social security contributions to schemes operated within the government sector, universal cash transfers as well as recent changes in the tax/ benefit system. The methodology also includes the parameter values and tax equations underlying the data.

Poland 2014

The tax/benefit position of single persons

		Wage level (per cent of average wage)	67	100	167	67
		Number of children	none	none	none	2
1.	**Gross wage earnings**		28 381	42 360	70 741	28 381
2.	**Standard tax allowances**					
	Basic allowance					
	Married or head of family					
	Dependent children					
	Deduction for social security contributions and income taxes		2 855	4 261	7 116	2 855
	Work-related expenses		1 335	1 335	1 335	1 335
	Other					
		Total	4 190	5 596	8 451	4 190
3.	**Tax credits or cash transfers included in taxable income**		0	0	0	0
4.	**Central government taxable income (1 - 2 + 3)**		23 155	35 217	59 708	23 155
5.	**Central government income tax liability (exclusive of tax credits)**		4 168	6 339	10 747	4 168
6.	**Tax credits**					
	Basic credit		556	556	556	1 112
	Married or head of family					
	Children		0	0	0	2 224
	Other (health insurance)		1 898	2 833	4 731	1 898
		Total	2 454	3 389	5 287	5 234
7.	**Central government income tax finally paid (5-6)**		1 714	2 950	5 461	0
8.	**State and local taxes**		0	0	0	0
9.	**Employees' compulsory social security contributions**					
	Gross earnings		2 855	4 261	7 116	2 855
	Taxable income		2 204	3 290	5 494	2 204
		Total	5 059	7 551	12 610	5 059
10.	**Total payments to general government (7 + 8 + 9)**		6 773	10 501	18 071	5 059
11.	**Cash transfers from general government**					
	For head of family					
	For two children		0	0	0	0
		Total	0	0	0	0
12.	**Take-home pay (1-10+11)**		21 608	31 859	52 670	23 322
13.	**Employers' compulsory social security contributions**		4 762	7 108	11 870	4 762
14.	**Average rates**					
	Income tax		6.0%	7.0%	7.7%	0.0%
	Employees' social security contributions		17.8%	17.8%	17.8%	17.8%
	Total payments less cash transfers		23.9%	24.8%	25.5%	17.8%
	Total tax wedge including employer's social security contributions		34.8%	35.6%	36.2%	29.6%
15.	**Marginal rates**					
	Total payments less cash transfers: Principal earner		26.7%	26.7%	26.7%	17.8%
	Total payments less cash transfers: Spouse		n.a.	n.a.	n.a.	n.a.
	Total tax wedge: Principal earner		37.2%	37.2%	37.2%	29.6%
	Total tax wedge: Spouse		n.a.	n.a.	n.a.	n.a.

Poland 2014

The tax/benefit position of married couples

		Wage level (per cent of average wage)	100-0	100-33	100-67	100-33
		Number of children	2	2	2	none
1.	**Gross wage earnings**		42 360	56 339	70 741	56 339
2.	**Standard tax allowances**					
	Basic allowance					
	Married or head of family					
	Dependent children					
	Deduction for social security contributions and income taxes		4 261	5 668	7 116	5 668
	Work-related expenses		1 335	2 670	2 670	2 670
	Other					
		Total	5 596	8 338	9 786	8 338
3.	**Tax credits or cash transfers included in taxable income**		0	0	0	0
4.	**Central government taxable income (1 - 2 + 3)**		35 217	45 945	58 373	45 945
5.	**Central government income tax liability (exclusive of tax credits)**		6 339	8 270	10 507	8 270
6.	**Tax credits**					
	Basic credit		1 112	1 112	1 112	1 112
	Married or head of family					
	Children		2 224	2 224	2 224	0
	Other (health insurance)		2 833	3 768	4 731	3 768
		Total	6 169	7 104	8 067	4 880
7.	**Central government income tax finally paid (5-6)**		170	1 166	2 440	3 390
8.	**State and local taxes**		0	0	0	0
9.	**Employees' compulsory social security contributions**					
	Gross earnings		4 261	5 668	7 116	5 668
	Taxable income		3 290	4 375	5 494	4 375
		Total	7 551	10 043	12 610	10 043
10.	**Total payments to general government (7 + 8 + 9)**		7 721	11 209	15 050	13 433
11.	**Cash transfers from general government**					
	For head of family					
	For two children		0	0	0	0
		Total	0	0	0	0
12.	**Take-home pay (1-10+11)**		34 639	45 130	55 691	42 906
13.	**Employers' compulsory social security contributions**		7 108	9 454	11 870	9 454
14.	**Average rates**					
	Income tax		0.4%	2.1%	3.4%	6.0%
	Employees' social security contributions		17.8%	17.8%	17.8%	17.8%
	Total payments less cash transfers		18.2%	19.9%	21.3%	23.8%
	Total tax wedge including employer's social security contributions		30.0%	31.4%	32.6%	34.8%
15.	**Marginal rates**					
	Total payments less cash transfers: Principal earner		26.7%	26.7%	26.7%	26.7%
	Total payments less cash transfers: Spouse		25.0%	26.7%	26.7%	26.7%
	Total tax wedge: Principal earner		37.2%	37.2%	37.2%	37.2%
	Total tax wedge: Spouse		35.7%	37.2%	37.2%	37.2%

The national currency is the zloty (PLN). In 2014, PLN 3.15 was equal to USD 1. In that year, the average worker earned PLN 42 360 (Secretariat estimate).

1. Personal income tax system

An individual being a tax resident in Poland is liable to tax on the basis of world-wide income, irrespective of the source and origin of that income. (The term "residency" is understood similarly to Article 4 paragraph 2 point a) of the *OECD Model Tax Convention on Income and Capital*).

1.1. Central government income tax

1.1.1. Tax unit

Individuals are taxed on their own income, but couples married during the whole calendar year* can opt to be taxed on their joint income. In the latter case, the "splitting" system applies: the tax bill for a couple is twice the income tax due on half of joint income, provided the joint income does not include capital income taxed at the flat 19 per cent rate. Single individuals with dependent children are also entitled to use the splitting system (their family quotient is two). For the purpose of this report, it is assumed that married couples are taxed on joint income.

1.1.1.1. Tax base

1.1.1.1.1. Gross employment income

For taxation purposes, taxable gross employment income in Poland includes both cash income and the value of benefits in kind. More specifically, gross employment income includes base salary, overtime payments, bonuses, awards, compensation for unused holidays, and costs that are paid in full or in part by the employer on behalf of the employee.

1.1.2. Tax allowances and tax credits

1.1.2.1. Standard reliefs

- Basic relief: A non-refundable tax credit of PLN 556.02 per person.
- Marital status relief: None.
- Relief for children: Yes.**

* However, a widowed spouse is entitled to apply the join income taxation.

** It concerns a child of 18 years old or younger or a child up to 25 years old provided they are students or a disabled child irrespective of their age. The actual description in Section 4.

A taxpayer can deduct from the due tax decreased by the amount of health contributions specified in the PIT Act, the amount, which is equal for *each month* of raising a child:

- PLN -92.67 (annually PLN 1 112.04) for the first child, if the income received by parents (married or single parent, who meets special requirements) doesn't exceed in the tax year the amount of PLN 112 000. For other parent the threshold of income is PLN 56 000.
- PLN -92.67 (annually PLN 1 112.04) for the second child.
- PLN -139.01 (annually PLN 1 668.12) for the third child.
- PLN -185.34 (annually PLN 2 224.08) for the fourth and every next child.
- Relief for health insurance contributions: A tax credit is almost equal to health insurance contribution paid to the National Health Fund. The contribution is 9 per cent of the calculation basis whereas the tax credit is 7.75 per cent of this basis.
- Relief for other social security contributions: An allowance is provided for all social insurance contributions paid by the taxpayer.
- Relief for selected work-related expenses: Standard deductions depend on the number of workplaces and on whether place of residence and workplace are within the same town/city or not. The annual amounts in PLN (deductible from income) are:

	One workplace	Two/more workplaces
Workplace in the same town/city as place of residence	1 335.00[1]	2 002.05
Workplace in different town/city as place of residence	1 668.72	2 502.56

Note: If the actual commuting expenses exceed standard deduction, relief can be determined by the actual expenses incurred solely on personal season tickets.

1. For the purpose of the calculations in this publication, it is assumed that the worker has the same town/city as place of residence.

1.1.2.2. Main non-standard tax reliefs applicable to an average worker

Allowances:

- Expenses for the purpose of rehabilitation incurred by a taxpayer who is a disabled person, or a taxpayer, who supports the disabled.
- Equivalent of blood donations, donations made for the purposes of public benefit activity and of religious practice – in the amount of donation, no more than 6 per cent of income.
- Donations made for charity church care – in the amount of the donation.
- Expenses incurred for the use of the Internet – a taxpayer is entitled to deduct the Internet tax allowance within the next two years, providing that during the phase preceded this period he did not deduct Internet for the use of the Internet (up to PLN 760).
- Abolished allowance (since 2007 continued on the acquired right basis) for interests payments on mortgage loans raised no later than in 2006 on acquisition of housing property on the primary market – up to the amount of interests related to the part of loan not exceeding PLN 325 990 for investments finished in 2013. The limit in 2014 will be known at the end of the year but will not be less than the limit for the year 2013.

Tax credits:

- Donation made to public benefit organisations – up to 1 per cent of due tax.*
- Abolished tax credits (continued on the acquired rights basis), i.e. expenses for saving with the aim of buying a house or flat, the amount of social contributions paid on income of an unemployed person hired by a taxpayer in order to take care of their children and/or house.

1.1.3. Tax schedule

The tax schedule is as follows:

Tax base (in PLN)		Tax amount
Over	Below	
0	85 528	18% of the tax base, less a basic tax credit of PLN 556.02
85 528		PLN 14 839.02 + 32% of surplus over PLN 85 528

1.2. State and local income tax

There are no regional or local income taxes.

1.3. Wealth tax

There is no wealth tax.

2. Social security contributions

2.1. Employees' contributions

Employees pay 13.71 per cent of the gross wage. This contribution includes:

- pension insurance contribution – 9.76 per cent of the gross wage. 3.65 percentage points of the pension contribution are treated as non-tax compulsory payments because these payments are either made to the private sector or to personal sub-account within the government which are requited and not considered to be tax;
- disability insurance contribution – 1.5 per cent of the gross wage;
- sickness/maternity insurance contribution – 2.45 per cent of the gross wage;
- in case of pension and disability insurance, contributions are not paid on the part of the wage that exceeds PLN 112 380.**

2.2. Employers' contributions

In respect of income paid under an employment contract with a Polish entity, employers have an obligation to pay social security contributions equal to 20.43 per cent of gross wage. This value consists of:

- 9.76 percentage points are aimed for pension insurance. 3.65 percentage points of the pension contribution are treated as non-tax compulsory payments because these payments are either made to the private sector or to personal sub-account within the government which are requited and not considered to be tax.

* This relief is distinct from an allowance for donations deducted from income.

** The contribution ceiling of pension and disability insurance funds for a given calendar year may not exceed thirty times the amount of the projected average monthly remuneration in the national economy for that year, as set forth in the Budgetary Act.

- 6.5 percentage points are aimed for disability insurance.
- 4.17 percentage points are aimed for other insurances i.e. 1.62 percentage points (on average) accident insurance, 2.45 percentage points for Labour Found and 0.1 percentage points for the Guaranteed Employee Benefit Fund.
- In case of pension and disability insurance, contributions are not paid on the part of the wage that exceeds PLN 112 380.

3. Universal cash transfers

3.1. *Transfers related to marital status*

None.

3.2. *Transfers for dependent children*

From 1st of November 2012 families where the average monthly income per household member for the previous period is no greater than PLN 539 or PLN 623 when there are one or more disabled children in the household) are entitled to family allowances. From 1 November 2014 the income criteria will be as high as PLN 574 and PLN 664. Families receive PLN 77 monthly for a child no older than 5 years, PLN 106 monthly for a child of 5 up to 18 years old, and PLN 115 monthly for a child of 18 up to 24 years old. The calculations in this Report are based on the assumption that the children are aged between 5 and 18 years.

Single parents are entitled to a supplement of PLN 170 for each child up to a maximum of PLN 340 for all children (and PLN 250 for a disabled child up to a maximum of PLN 500 for all children).

There are several supplements to family allowances:

- for large families – PLN 80 monthly for the 3rd and next children in the family;
- for education of disabled children – PLN 60 monthly for children not older than 5 years and PLN 80 for children older than 5 years.

4. Main changes in tax/benefit systems since 2012

There were no changes in taxation of wages. Tax schedule, work-related expenses, tax allowances, relieves are the same as in previous years.

There were only changes in Social Security Contribution. Since February 2014, 14.96% of the old-age insurance contribution (2.92 percentage points) are transferred by ZUS to a privately-managed fund (OPF) but since July 2014 this part of contribution will be transferred only if insured persons decides to – otherwise all 7.3 percentage points of the contributions will be passed to subaccount in ZUS.

5. Memorandum items

5.1. *Identification of AW and valuation of earnings*

The Polish Central Statistical Office calculates average monthly wages and salaries for employees on the basis of reports of enterprises. The figures include overtime and bonus payments and also include information for part-time employees converted to full-time equivalents. Male and female workers are included. The information, which includes estimates for different sectors, is published in the monthly *Statistical Bulletin*.

5.2. Employers' contributions to private pension, health and related schemes

No information provided.

2014 parameter values

Average earnings/yr	Ave_earn	42 360	(Secretariat Estimate)
Work expenses	work_exp	1 335.00[1]	
Income tax schedule	tax_sch	0.18	85 528
		0.32	
Tax credits			
Basic credit	basic_cr	556.02	
Health insurance	health_ins	0.09	
	health_ins_credi t	0.0775	
Children	Child_cr	1 112.04	
	Child_cr_lim	112 000	
Social security contributions			
Employers	SSC_empr	0.2043	
old-age pension and disability pension insurance	SSC_old	0.097676	
	SSC_old_ZUS	0.061097676	
	SSC_old_ZUSII	0.029125	
	SSC_old_OPF	0.007375	
	SSC_dis	0.065	
other insurances	SSC_a	0.0417	
Employees	SSC	0.1371	
old-age pension and disability pension insurance	SSC_old_e	0.0976	
	SSC_old_e_ZUS	0.0610976	
	SSC_old_e_ZUS II	0.029125	
	SSC_old_e_OPF	0.007375	
	SSC_dis_e	0.015	
sickness insurance	SSC_s	0.0245	
Contribution ceiling	SSC_c	112 380	
Family benefit	fam_ben	1 272	
single parent additional family benefit	fam_ben_Spsup	170	
single parent additional family benefit ceiling	fam_ben_Spsup _lim	340	
income limit	fam_ben_lim	6 468	
income limit for single parent	fam_ben_lim_sp	6 468	

1. Lump-sum annual work expenses for an employee having one workplace and living in the place (town, city) where the workplace is; employees living outside the city (town) where their workplace is may deduct 1668.72 PLN annually.

2014 tax equations

The equations for the Polish system are mostly calculated on a family basis.

The standard functions which are used in the equations (Taper, MIN, Tax, etc.) are described in the technical note about tax equations. Two additional functions (Tax93 and ftax) have been incorporated to carry out an iterative calculation for central government tax. These allow for the fact that the church tax is calculated as 9 per cent of Central Government tax and is also allowed as a deduction when calculating taxable income. Variable names are defined in the table of parameters above, within the equations table, or are the standard variables "married" and "children". A reference to a variable with the affix "_total" indicates the sum of the relevant variable values for the principal and spouse. And the affixes "_princ" and "_spouse" indicate the value for the principal and spouse, respectively. Equations for a single person are as shown for the principal, with "_spouse" values taken as 0.

	Line in country table and intermediate steps	Variable name	Range	Equation
1.	Earnings	earn		
	Quotient for tax calculation	quotient	J	1+MAX(Married,(Children>0))
2.	Allowances:	tax_al	J	work_exp+MIN(earn_spouse,work_exp)+SSC+SSC_old_e_OPF*MIN(earn, SSC_c)
3.	Credits in taxable income	taxbl_cr	J	0
4.	CG taxable income	tax_inc	J	Positive(earn-tax_al)
5.	CG tax before credits	CG_tax_excl	J	quotient*Tax(tax_inc/quotient,tax_sch)
6.	Tax credits:			
	Basic credit	basic_cr	J	basic_cr*quotient
	Health insurance	health_ins_cr	B	health_ins_credit*(earn-SSC-SSC_old_e_OPF*MIN(earn, SSC_c))
	Child credit	child_cr	J	If(earn_total<Child_cr_lim,children*child_cr,0)
	Total tax credits	tax_cr	J	basic_cr+health_ins_cr+child_cr
7.	CG tax	CG_tax	J	Positive(CG_tax_excl-tax_cr)
8.	State and local taxes	local_tax	J	0
9.	Employees' soc security	health_ins	B	(earn-(MIN(earn, SSC_c)*(SSC_old_e+SSC_dis_e)+earn*SSC_s))*health_ins
.		SSC	B	(SSC_old_e_ZUS+SSC_dis_e)*MIN(earn,SSC_c)+SSC_s*earn
11.	Cash transfers	cash_tran	J	((earn_total/(1+Married+Children))<(Married*fam_ben_lim+(1-Married)*fam_ben_lim_sp))*(Children*fam_ben+(1-Married)*(Children>0)*MIN(fam_ben_Spsup*Children;fam_ben_Spsup_lim))
13.	Employer's soc security	SSC_empr	B	(SSC_old_ZUS+SSC_dis)*MIN(earn,SSC_c)+SSC_a*earn

Key to range of equation B calculated separately for both principal earner and spouse P calculated for principal only (value taken as 0 for spouse calculation) J calculated once only on a joint basis.

Portugal

This chapter includes data on the income taxes paid by workers, their social security contributions, the family benefits they receive in the form of cash transfers as well as the social security contributions and payroll taxes paid by their employers. Results reported include the marginal and average tax burden for eight different family types.

Methodological information is available for personal income tax systems, compulsory social security contributions to schemes operated within the government sector, universal cash transfers as well as recent changes in the tax/ benefit system. The methodology also includes the parameter values and tax equations underlying the data.

Portugal 2014

The tax/benefit position of single persons

		Wage level (per cent of average wage)	67	100	167	67
		Number of children	none	none	none	2
1.	**Gross wage earnings**		11 682	17 436	29 118	11 682
2.	**Standard tax allowances**					
	Basic allowance		4 104	4 104	4 104	4 104
	Married or head of family					
	Dependent children					
	Deduction for social security contributions and income taxes					
	Work-related expenses		0	0	0	0
	Other					
		Total	4 104	4 104	4 104	4 104
3.	**Tax credits or cash transfers included in taxable income**		0	0	0	0
4.	**Central government taxable income (1 - 2 + 3)**		7 578	13 332	25 014	7 578
5.	**Central government income tax liability (exclusive of tax credits)**		1 180	2 820	6 575	1 180
6.	**Tax credits**					
	Basic credit		214	214	214	333
	Married or head of family					
	Children		0	0	0	428
	Other					
		Total	214	214	214	760
7.	**Central government income tax finally paid (5-6)**		994	2 835	6 999	420
8.	**State and local taxes**		0	0	0	0
9.	**Employees' compulsory social security contributions**					
	Gross earnings		1 285	1 918	3 203	1 285
	Taxable income					
		Total	1 285	1 918	3 203	1 285
10.	**Total payments to general government (7 + 8 + 9)**		2 279	4 753	10 202	1 705
11.	**Cash transfers from general government**					
	For head of family					
	For two children		0	0	0	841
		Total	0	0	0	841
12.	**Take-home pay (1-10+11)**		9 403	12 683	18 916	10 818
13.	**Employer's compulsory social security contributions**		2 774	4 141	6 915	2 774
14.	**Average rates**					
	Income tax		8.5%	16.3%	24.0%	3.6%
	Employees' social security contributions		11.0%	11.0%	11.0%	11.0%
	Total payments less cash transfers		19.5%	27.3%	35.0%	7.4%
	Total tax wedge including employer's social security contributions		35.0%	41.2%	47.5%	25.2%
15.	**Marginal rates**					
	Total payments less cash transfers: Principal earner		43.0%	43.0%	51.5%	39.5%
	Total payments less cash transfers: Spouse		n.a.	n.a.	n.a.	n.a.
	Total tax wedge: Principal earner		53.9%	53.9%	60.8%	51.1%
	Total tax wedge: Spouse		n.a.	n.a.	n.a.	n.a.

Portugal 2014

The tax/benefit position of married couples

		Wage level (per cent of average wage)	100-0	100-33	100-67	100-33
		Number of children	2	2	2	none
1.	**Gross wage earnings**		17 436	23 189	29 118	23 189
2.	**Standard tax allowances**					
	Basic allowance		4 104	8 208	8 208	8 208
	Married or head of family					
	Dependent children					
	Deduction for social security contributions and income taxes					
	Work-related expenses		0	0	0	0
	Other					
		Total	4 104	8 208	8 208	8 208
3.	**Tax credits or cash transfers included in taxable income**		0	0	0	0
4.	**Central government taxable income (1 - 2 + 3)**		13 332	14 981	20 910	14 981
5.	**Central government income tax liability (exclusive of tax credits)**		1 933	2 310	3 999	2 310
6.	**Tax credits**					
	Basic credit		428	428	428	428
	Married or head of family					
	Children		428	428	428	0
	Other					
		Total	855	855	855	428
7.	**Central government income tax finally paid (5-6)**		1 078	1 455	3 144	1 931
8.	**State and local taxes**		0	0	0	0
9.	**Employees' compulsory social security contributions**					
	Gross earnings		1 918	2 551	3 203	2 551
	Taxable income					
		Total	1 918	2 551	3 203	2 551
10.	**Total payments to general government (7 + 8 + 9)**		2 996	4 006	6 347	4 482
11.	**Cash transfers from general government**					
	For head of family					
	For two children		701	637	0	0
		Total	701	637	0	0
12.	**Take-home pay (1-10+11)**		15 140	19 821	22 770	18 707
13.	**Employer's compulsory social security contributions**		4 141	5 508	6 915	5 508
14.	**Average rates**					
	Income tax		6.2%	6.3%	10.8%	8.3%
	Employees' social security contributions		11.0%	11.0%	11.0%	11.0%
	Total payments less cash transfers		13.2%	14.5%	21.8%	19.3%
	Total tax wedge including employer's social security contributions		29.8%	30.9%	36.8%	34.8%
15.	**Marginal rates**					
	Total payments less cash transfers: Principal earner		25.5%	39.5%	39.5%	43.0%
	Total payments less cash transfers: Spouse		18.7%	39.5%	39.5%	43.0%
	Total tax wedge: Principal earner		39.8%	51.1%	51.1%	53.9%
	Total tax wedge: Spouse		34.3%	51.1%	51.1%	53.9%

The national currency is the euro (EUR). In 2014, EUR 0.75 equalled USD 1. The Secretariat has estimated that in that same year the average worker earned EUR 17 436 (Secretariat estimate).

1. Personal income tax system

1.1. *Taxes levied by central government*

1.1.1. *Tax unit*

The tax unit is the family. Family income includes the income of any dependent children. Tax is computed on aggregate net income in the various categories of income, i.e. after the deductions specific to each category and standard and non-standard reliefs.

1.1.2. *Standard and non-standard reliefs and tax credits*

1.1.2.1. Standard reliefs

Standard deduction of 72 per cent of 12 times the Social Benefit Index per taxpayer (the 2010 highest monthly minimum wage until the index reaches this value).* If compulsory contributions to social protection schemes and statutory sub-schemes for health care exceed that limit, the deduction will equal the amount of those contributions.

1.1.2.2. Non-standard reliefs

For income received from 1 January 1999 onwards, the majority of the standard reliefs have been replaced by tax credits (see Section 1.14).

Non-standard reliefs still in effect:

- A deduction is provided for the portion of trade union dues not constituting consideration for benefits in the realm of health care, education, assistance for the elderly, housing, insurance or social security, up to 1 per cent of the taxpayer's gross income, increased by 50 per cent. These dues are not taken into account in the calculations underlying this Report.

1.1.3. *Social security contributions*

Social security contributions are totally deductible if they exceed EUR 4 104.00 per taxpayer, in which case the deduction for the contributions replaces the standard earned income deduction (see Section 1.121).

1.1.4. *Tax credits*

Basic credits

- EUR 213.75 for each unmarried taxpayer or for each spouse;
- EUR 332.5 for a taxpayer in a single-parent family;

* The corresponding amount equals EUR 4 104.00 (72 per cent × 12 × EUR 475.00).

- EUR 213.75 for each dependent child. This tax credit is doubled for dependent children whose age does not exceed 3 years old.
- EUR 261.25 for each ascendant whose income does not exceed the minimum pension benefit. When there is only one ascendant, the tax credit is EUR 403.75.

Other tax credits

- Non-reimbursed health care costs, not covered by Social Security: 10 per cent of health care costs plus interest on loans contracted to meet them, with a limit of EUR 838.44 (2 times the Social Benefit Index); for households with three or more dependents with health expenses the limit is raised by EUR 125.77 (30% of SBI), per dependent.
- Expenditures for educating the taxpayer or the taxpayer's dependants: 30 per cent of outlays, up to 160 per cent of the social benefits index (EUR 760.00; 160 per cent of 2010 highest minimum wage until this index reaches that value). For households having three or more dependants, the limit is raised by 30 per cent of the social benefits reference value (EUR 142.50; 30 per cent of 2010 highest minimum wage until this index reaches that value) for each dependant, if each of them incurs education costs.
- Costs for sanatoria or retirement homes for taxpayers, their ascendants and collaterals up to the third degree whose income does not exceed the national minimum wage: 25 per cent of expenses up to EUR 403.75.
- Costs for the acquisition, construction or improvement of the taxpayers' primary, permanent residence, or for renting out property for a permanent residence: 15 per cent of interest up to EUR 296.00. Rent paid by a tenant, for his permanent residence under an agreement typified by the law, up to EUR 502.00. This credit is applicable to contracts up to 31.12.2011. These limits are also increased by 50 per cent for taxpayers in the first tax rate bracket, by 20 per cent for taxpayers in the second tax rate bracket. This credit is to be phased out until 2016 (interests) and 2018 (rents).
- 20 per cent of alimony payments compulsory under court order or court-approved agreement, up to a monthly limit of EUR 419.22 (SBI).

Tax credits from tax benefits

- Individual Retirement Savings Plans (PPRs): 20 per cent of amounts invested, for unmarried taxpayers or for each spouse, up to:
  - EUR 400 for taxpayers under 35;
  - EUR 350 for taxpayers over 35 and under 50;
  - EUR 300 for taxpayers over 50.
- Social Security Individual Accounts: 20 per cent of amounts invested, for unmarried taxpayers or for each spouse, up to a limit of EUR 350.
- Donations granted on the conditions stated in the statutes governing charities (grants to central, regional or local government, special "social solidarity institutions", museums, libraries, schools, institutes, educational or research associations, public administrative bodies, etc.): 25 per cent of donations, limited in certain cases to 15 per cent of the donor's tax liability.
- 15 per cent of VAT paid for certain services (restaurants, lodging, hairdressers, and auto-repair) up to a limit of EUR 250. This benefit is not included on the limits referred to on the next page.

However, the total of tax credits related to health care costs, education and formation, alimony, retirement homes and house expenses cannot exceed the values of the following amounts:

Taxable income (EUR) (R)	Limit
Up to 7 000	Without limit
Over 7 000 up to 20000	EUR 1 250
Over 20 000 up to 40 000	EUR 1 000
Over 40 000 up to 80 000	EUR 500
Over 80 000	EUR 0 (no tax credit)

Limits are increased in 10 per cent for each dependent.

And the total of tax credits from tax benefits (which include the tax credits related to Individual Retirement Savings Plans, Social Security Individual Accounts and donations) cannot exceed the following amounts:

Taxable income (EUR) (R)	Limit
Up to 7 000	Without limit
Over 7 000 up to 20 000	EUR 100
Over 20 000 up to 40 000	EUR 80
Over 40 000 up to 80 000	EUR 60
Over 80 000	EUR 0 (no tax credit)

1.1.5. *Family status*

To take the taxpayer's family status into account, joint taxation of the family unit was introduced, with the use of an income-splitting system to obtain taxable income.

1.1.5.1. Determination of taxable income

To determine taxable income, to which the rates listed in the tax schedule are applied, income is divided by 2.

1.1.6. *Tax rate schedule (applicable to 2014 income*

Taxable income (EUR) (R)	Marginal tax rate (%) (T)	Amount to deduct (EUR) (K)
Up to 7 000	14.50	-
Over 7 000 up to 20 000	28.50	980
Over 20 000 up to 40 000	37.00	2 680
Over 40 000 up to 80 000	45.00	5 880
Over 80 000	48.00	8 280

In the case of taxpayers whose income stems primarily from dependent employment (earned income), disposable income after application of the tax rates to taxable income may not be less than 120 per cent of the national minimum wage, (EUR 8 148.00 in 2014), nor may it result in income tax of which the taxable base after application of the conjugal quotient is EUR 1 911 or less.

For residents in the Autonomous Regions of the Azores, reduced tax rates are applicable. Tax calculation formula (I = Income tax due):

- Unmarried taxpayers: $I = R \times T - K - C$

Married taxpayers (with one or two earned incomes/see Section 1.151):

- I ={[(R : 2) × T – K] × 2} – C

Where:

R = Taxable income, after deduction of standard and non-standard reliefs (see Sections 1.12 and 1.151)

T = Tax rate corresponding to the taxable income bracket

K = Amount to be deducted from each bracket

C = Tax credits (see Section 1.14)

Surtax:

A surtax was introduced by the 2012 State Budget and is *applicable on highest income* bracket. The surtax is now 2.5 per cent applicable to taxable income between EUR 80 000 and EUR 250 000 and 5 per cent for taxable income above EUR 250 000. Furthermore, a 3.5 per cent surtax was reintroduced, for taxable income above the annual national minimum wage (EUR 6 790), with a tax credit of 2.5 per cent of the annual minimum wage per dependent (EUR 169.75).

1.1.7. *Special family situations*

1.1.7.1. Handicapped taxpayer/spouse, with a disability rating of 60 per cent or more:

- A tax credit corresponding to 4 times the 2010 minimum wage (EUR 1 900) is granted for each taxpayer or spouse.

1.1.7.2. Handicapped dependent children, with a disability rating of 60 per cent or more:

- A tax credit corresponding to 1.5 times the social benefits index (EUR 712.50) is granted for each dependent child.

1.1.7.3. Handicapped taxpayer/spouse or dependent children, with a disability rating of 90 per cent or more:

- An additional tax credit corresponding to 4 times the 2010 minimum wage (EUR 1 900) is granted for each taxpayer or spouse or dependent child.

1.1.8. *Non liable income*

- Lawfully granted family allowances;
- Living expenses *per diem*, up to the limits established for national civil servants;
- Meal allowances, up to the amount established for national civil servants, increased by 20 per cent or 60 per cent in the event of a meal allowance in the form of meal vouchers.

2. Compulsory social security contributions to schemes operated within the government sector

Rates and ceilings: social security contributions are levied on gross pay and are not subject to any ceiling.

2.1. *Employee contributions*

As a rule, the rate of employee contributions is 11 per cent of gross pay, with no ceiling.

2.2. *Employer contributions*

The employer's rate of social security contributions is 23.75 per cent of gross pay, with no ceiling.

2.3. *Areas of social protection*

- health (sickness, disability, work accidents, work-related illness);
- old age, survival;
- maternity;
- family (family allowances);
- unemployment.

3. Universal cash benefits

3.1. *Benefits for dependent children*

The basic principle is to grant higher monthly social benefits to lower-income households.

There are six different levels of monthly allowances for dependent children, depending on the family's reference income. This reference income is determined by dividing the family's annual gross income, including vacation and Christmas allowances, by the number of dependent children plus one:

- Level 1: Families whose reference income is under 50 per cent of 14 times the reference value (i.e. under EUR 2 934.54);
- Level 2: Families whose reference income is over 50 per cent and under 100 per cent of 14 times the reference value(i.e. over EUR 2 934.54 and under EUR 5 869.08);
- Level 3: Families whose reference income is over 100 per cent and under 150 per cent of 14 times the reference value (i.e. over EUR 5 869.08 and under EUR 8 803.62);
- Level 4: Families whose reference income is over 150 per cent (i.e. over EUR 8 803.62).

Each level is also divided according to the age of the dependent child. Benefits are higher during the first 12 months of a child's life.

Monthly social benefits per child are as follows:

	Child under 12 months	Child over 12 months old	Additional benefit per child over 12 months and under 36 months in a family with 2 children	Additional benefit per child over 12 months and under 36 months in a family with 3 or more children
Level 1	140.76	35.19	35.19	70.38
Level 2	116.74	29.19	29.19	58.38
Level 3	92.29	26.54	26.54	53.08
Level 4	0	0	0	0

Monthly social benefits per child in a single-parent family are increased by 20 per cent.

In September, families with dependent school children aged between 6 and 16 years receiving child benefits in level 1 receive an additional amount equal to the regular monthly benefit.

An amount equal to the cash benefits for dependent children under 12 months is attributed for each unborn child after the first month following that of the 13th week of gestation.

3.2. *Benefits for handicapped dependent children*

There is also a special family allowance scheme for handicapped children.

The above cash benefits (in Sections 3.1 and 3.2) are not taxable.

4. Main changes in the tax/benefit system since 2006

- The relief for disabled taxpayers was restructured. Former partial exemptions and allowances were replaced by tax credits.
- Tax credits for higher income households were limited or abolished.
- The fiscal autonomy of local authorities (municipalities) increased. They may set the level of their share in the revenue from personal income tax, up to 5 per cent of their resident taxpayers' tax liability. If this rate is set below 5 per cent, the difference will be credited against the taxpayers' tax liability.
- Tax credits for handicapped taxpayers and dependants were increased.
- Social benefits for dependent children were increased for low income families, single-parent families and families with 2 or more children.
- Introduction of social benefits for unborn children.

5. Memorandum items

5.1. *Method used to identify and compute gross wages of the average worker*

The operative concept of monthly compensation is that of amounts paid to full time staff before deductions for tax and compulsory contributions. It therefore includes wages and basic salaries of staff paid by the hour, by the job, or by tasks; benefits in kind or housing, if they are considered an integral part of compensation; cash subsidies for meals, housing or transport; bonuses for regular night shifts and seniority, as well as incentive pay and rewards for diligence and productivity; family allowances, compensation for overtime and work on holidays. Benefits, subsidies and bonuses are taken into account only if paid regularly at each pay period.

Payments in kind are incorporated into the concept of compensation. The statistics record such advantages in kind at their taxable value.

All managerial and supervisory workers are included in the computations.

Average annual pay is based on the average of monthly earnings for April and October multiplied by an adjustment coefficient representing the share of annual bonuses and allowances (including vacation subsidies and the Christmas allowance), which is provided by the labour cost survey.

The following formula is applied:

- Average annual pay = Average monthly pay adjusted by the coefficient × 12.

5.2. *Description of the employer's main contributions to private retirement, health insurance schemes, etc.*

Outside the social security system, employers are required to insure their employees against work-related accidents (with private insurance companies). They may also provide their employees with life insurance, although this is optional.

2014 parameter values

Average earnings/yr	Ave_earn	17 436	Secretariat estimate	
Tax allowances	perc	1		
	max_al	4 104		
Tax credits				
Married (basic)	married_cred	213.75		
Single (basic)	single_cred	213.75		
Single parent	singlepar_cred	332.5		
Each child credit	child_cred	213.75		
Tax schedule	tax_sch	0.145	7 000	
		0.285	20 000	
		0.37	40 000	
		0.45	80 000	
		0.48		
	tax_floor	1 911		
Surtax	surtax_rate	0.025		
	surtax_rate2	0.05		
	surtax_thrs	250 000		
	add_surtax_rate	0.035		
	add_surtax_cred	0.025		
Social security contributions	SSC_rate	0.11		
ceiling	SSC_empr	0.2375		
Child benefit – Schedule	ch_ben_sch	0	457.47	1st echelon
		2 934.54	350.28	2nd echelon
		5 869.08	318.48	3rd echelon
		8 803.62	0	4th echelon
Extra child benefit for lone parents	ch_ben_lone	0.2		
Minimum Wage	MW	6 790		
Minimum Disposable Income	MinDispY	8 148		

2014 tax equations

The equations for the Portuguese system in 2014 are mostly calculated on a family basis.

The functions which are used in the equations (Taper, MIN, Tax, etc.) are described in the technical note about tax equations. Variable names are defined in the table of parameters above, within the equations table, or are the standard variables "married" and "children". A reference to a variable with the affix "_total" indicates the sum of the relevant variable values for the principal and spouse. And the affixes "_princ" and "_spouse" indicate the value for the principal and spouse, respectively. Equations for a single person are as shown for the principal, with "_spouse" values taken as 0.

	Line in country table and intermediate steps	Variable name	Range	Equation
1.	Earnings	earn		
	Divisor for tax calculation	divisor	J	1+Married
2.	Allowances:	tax_al	J	MAX((MIN(perc*earn_princ, max_al)+MIN(perc* earn_spouse, max_al)), SSC_princ+SSC_spouse)
3.	Credits in taxable income	taxbl_cr	J	0
4.	CG taxable income	tax_inc	J	earn-tax_al
5.	CG tax before credits	CG_tax_excl	J	IF(tax_inc/divisor>tax_floor, Tax(tax_inc/divisor, tax_sch)*(1+Married), 0)
6.	Tax credits:		J	
	Basic credit	basic_cr	J	IF(Married, 2*married_cred, IF(children, singlepar_cred, single_cred))
	Child credit	child_cr	J	Children*child_cred
	Total	tax_cr	J	basic_cr+child_cr
	Surtax	surtax	J	IF(taxable income/Divisor>surtax_thrs,(surtax_rate*(surtax_thrs-TopIncBracket)+surtax_rate2*(taxable income/Divisor -surtax_thrs))*Divisor, surtax_rate*Positive(taxable income/Divisor - TopIncBracket)*Divisor)+Positive((add_surtax_rate*Positive(taxable income/ Divisor –Annual Minimum Wage)*Divisor)-(add_surtax_cred*Annual Mimimum Wage*Children))
7.	CG tax	CG_tax	J	IF(earn-CG-tax-excl> MinDispY,Positive(CG_tax_excl-tax_cr),0)+surtax
8.	State and local taxes	local_tax	J	0
9.	Employees' soc security	SSC	B	earn*SSC_rt
11.	Cash transfers	cash_trans	J	=IF(Married=0, VLOOKUP(earn/ (Children+1),ch_ben_sch,2.1)*Children*(1+ch_ben_lone), VLOOKUP(earn/ (Children+1),ch_ben_sch,2.1)*Children)
13.	13. Employer's soc security	SSC_empr	B	earn*SSC_empr

Key to range of equation B calculated separately for both principal earner and spouse P calculated for principal only (value taken as 0 for spouse calculation) J calculated once only on a joint basis.

Les impôts sur les salaires 2015

Slovak Republic

This chapter includes data on the income taxes paid by workers, their social security contributions, the family benefits they receive in the form of cash transfers as well as the social security contributions and payroll taxes paid by their employers. Results reported include the marginal and average tax burden for eight different family types.

Methodological information is available for personal income tax systems, compulsory social security contributions to schemes operated within the government sector, universal cash transfers as well as recent changes in the tax/ benefit system. The methodology also includes the parameter values and tax equations underlying the data.

Slovak Republic 2014

The tax/benefit position of single persons

	Wage level (per cent of average wage)	67	100	167	67
	Number of children	none	none	none	2
1.	**Gross wage earnings**	6 929	10 342	17 271	6 929
2.	**Standard tax allowances**				
	Basic allowance	3 803	3 803	3 803	3 803
	Married or head of family	0	0	0	0
	Dependent children	0	0	0	0
	Deduction for social security contributions and income taxes	929	1 386	2 314	929
	Work-related expenses				
	Other				
	Total	4 732	5 189	6 118	4 732
3.	**Tax credits or cash transfers included in taxable income**	0	0	0	0
4.	**Central government taxable income (1 - 2 + 3)**	2 197	5 153	11 154	2 197
5.	**Central government income tax liability (exclusive of tax credits)**	417	979	2 119	417
6.	**Tax credits**				
	Basic credit	0	0	0	0
	Married or head of family	0	0	0	0
	Children	0	0	0	514
	Other (ETC)	0	0	0	0
	Total	0	0	0	514
7.	**Central government income tax finally paid (5-6)**	417	979	2 119	- 96
8.	**State and local taxes**	0	0	0	0
9.	**Employees' compulsory social security contributions**				
	Gross earnings	929	1 386	2 314	929
	Taxable income				
	Total	929	1 386	2 314	929
10.	**Total payments to general government (7 + 8 + 9)**	1 346	2 365	4 434	832
11.	**Cash transfers from general government**				
	For head of family				
	For two children	0	0	0	564
	Total	0	0	0	564
12.	**Take-home pay (1-10+11)**	5 583	7 977	12 838	6 662
13.	**Employers' compulsory social security contributions**	2 162	3 227	5 389	2 162
14.	**Average rates**				
	Income tax	6.0%	9.5%	12.3%	-1.4%
	Employees' social security contributions	13.4%	13.4%	13.4%	13.4%
	Total payments less cash transfers	19.4%	22.9%	25.7%	3.9%
	Total tax wedge including employer's social security contributions	38.6%	41.2%	43.3%	26.7%
15.	**Marginal rates**				
	Total payments less cash transfers: Principal earner	29.9%	29.9%	29.9%	29.9%
	Total payments less cash transfers: Spouse	n.a.	n.a.	n.a.	n.a.
	Total tax wedge: Principal earner	46.5%	46.5%	46.5%	46.5%
	Total tax wedge: Spouse	n.a.	n.a.	n.a.	n.a.

Slovak Republic 2014

The tax/benefit position of married couples

	Wage level (per cent of average wage)	100-0	100-33	100-67	100-33
	Number of children	2	2	2	none
1.	**Gross wage earnings**	10 342	13 755	17 271	13 755
2.	**Standard tax allowances**				
	Basic allowance	3 803	6 759	7 607	6 759
	Married or head of family	3 803	0	0	0
	Dependent children	0	0	0	0
	Deduction for social security contributions and income taxes	1 386	1 843	2 314	1 843
	Work-related expenses				
	Other				
	Total	8 992	8 602	9 921	8 602
3.	**Tax credits or cash transfers included in taxable income**	0	0	0	0
4.	**Central government taxable income (1 - 2 + 3)**	1 350	5 153	7 350	5 153
5.	**Central government income tax liability (exclusive of tax credits)**	256	979	1 397	979
6.	**Tax credits**				
	Basic credit	0	0	0	0
	Married or head of family	0	0	0	0
	Children	514	514	514	0
	Other (ETC)	0	28	0	28
	Total	514	541	514	28
7.	**Central government income tax finally paid (5-6)**	- 257	438	883	951
8.	**State and local taxes**	0	0	0	0
9.	**Employees' compulsory social security contributions**				
	Gross earnings	1 386	1 843	2 314	1 843
	Taxable income				
	Total	1 386	1 843	2 314	1 843
10.	**Total payments to general government (7 + 8 + 9)**	1 128	2 281	3 197	2 795
11.	**Cash transfers from general government**				
	For head of family				
	For two children	564	564	564	0
	Total	564	564	564	0
12.	**Take-home pay (1-10+11)**	9 778	12 039	14 639	10 960
13.	**Employers' compulsory social security contributions**	3 227	4 292	5 389	4 292
14.	**Average rates**				
	Income tax	-2.5%	3.2%	5.1%	6.9%
	Employees' social security contributions	13.4%	13.4%	13.4%	13.4%
	Total payments less cash transfers	5.5%	12.5%	15.2%	20.3%
	Total tax wedge including employer's social security contributions	27.9%	33.3%	35.4%	39.3%
15.	**Marginal rates**				
	Total payments less cash transfers: Principal earner	29.9%	29.9%	29.9%	29.9%
	Total payments less cash transfers: Spouse	33.8%	13.4%	29.9%	13.4%
	Total tax wedge: Principal earner	46.5%	46.5%	46.5%	46.5%
	Total tax wedge: Spouse	49.5%	34.0%	46.5%	34.0%

As from 1.1.2009, Slovakia has joined the euro zone; the national currency became the euro (EUR). In 2014, EUR 0.75 is equal to USD 1. In that year, the average worker earned EUR 10 342 (Secretariat estimate).

1. Personal income tax system

1.1. *Central government income taxes*

1.1.1. *Tax unit*

The tax unit is the individual.

1.1.2. *Tax allowances and tax credits*

1.1.2.1. Standard reliefs

- *Basic relief*: An allowance for all taxpayers is set at 19.2 times the minimum living standard (MLS) for a basic adult as of 1 January 2014 (EUR 3 803.33). In 2014, the basic personal allowance for taxpayers with gross earnings net of employee social security contributions in excess of the threshold of EUR 19 809 per year (19 809 = 100 × MLS, which is approximately equal to an employee's monthly gross wage of EUR 1 906) is gradually withdrawn. If gross earnings net of employee social security contributions exceed EUR 19 809, the personal allowance is calculated as 44.2 times the minimum living standard minus 0.25 times gross earnings net of employee social security contributions. The basic personal allowance reaches 0 if the gross earnings net of employee social security contributions amount to EUR 35 022.31 per year (employee's monthly gross wage of approximately EUR 3 370). The value of the basic tax allowance cannot become negative.

  The degressive tax allowance is taken into account only once a year (when the tax return is filed or when the annual clearing is performed). Monthly tax prepayments during the year are therefore not affected.

- *Marital status relief*: An additional allowance is given to the principal earner in respect of a spouse living in a common household if the spouse earns no more than EUR 3 803.33. As from 1 January 2007, the value of the spouse allowance depends on the gross earnings net of employee social security contributions of both principal and spouse. As of 2013, to be entitled to spouse allowance one of the following conditions should be met:
  - spouse is taking care of (not necessarily personally) children up to 3 years (or up to 6 years if child is disabled); or
  - spouse is unemployed; or
  - spouse is receiving nursing allowance; or
  - spouse is disabled.

  If the principal's gross earnings net of employee social security contributions in 2014 are lower or equal to EUR 35 022.31 (= 176.8 times MLS) and the spouse's gross earnings net of employee social security contributions are lower than EUR 3 803.33, the spouse allowance is calculated as the difference between 19.2 times MLS and the spouse's gross earnings net of employee social security contributions. If the gross earnings net of employee social security contributions of the spouse exceed EUR 3 803.33, the spouse allowance is 0. If the principal's gross earnings net of employee social security contributions exceed EUR 35 022.31 (= 176.8 times MLS), the spouse allowance is calculated as 63.4 times MLS minus 0.25 times the principal's gross earnings net of employee social security contributions. This amount is reduced by the spouse's gross earnings net of employee social security contributions. The value of the spouse allowance cannot become negative.

The digressive tax allowance is taken into account only once a year (when the tax return is filed or when the annual clearing is performed). Monthly tax prepayments during the year are therefore not affected.

For the purposes of this Report, only families with unemployed spouse are entitled to spouse allowance (spouse income does not influence any equations of spouse allowance as of 2013). Child care up to 3 years does not affect the calculation of tax wedges as according to the *Taxing wages* methodology any children in the household are assumed to be aged between six and eleven inclusive.

- *Relief for children*: The prior allowance for children has been replaced by a non-wastable tax credit as from January 2004. As from July 2007, the monthly tax credit is automatically indexed by MLS growth as of 1 July when also the new amount of MLS comes into force. Monthly tax credit in 2014 is EUR 21.41 per child for the whole year as MLS did not change during the year. The annual amount will be EUR 256.92. The tax credit for each dependent child is deducted from the tax liability; if the credit exceeds the tax liability, the excess will be paid to the taxpayer. In order to receive this credit, the parent must annually earn at least 6 times the minimum monthly wage, which for 2014 is set at EUR 352.0 (the total annual earnings must therefore be at least EUR 2 112.0). The credit can be taken only by one partner. It can be taken by one partner for part of the tax period (year) and by the other partner for the rest of the tax period (year); this choice will have to hold for all dependent children. (For the purposes of this Report, it is assumed that the credit is claimed by the principal wage earner.)
- *Relief for social and health security contributions:* Employee's social security contributions (see Section 2.1.) are deductible for income tax purposes.

1.1.2.2. Main non-standard tax reliefs applicable to an average wage worker

- Supplementary pension insurance, special-purpose savings and life insurances repealed as from January 2011. As of 2014 allowance for supplementary pension insurance has been reintroduced. Supplementary pension contributions are tax-deductible up to the maximum limit of EUR 180 per year.

As of 2013 voluntary contributions to the privately managed fully funded pillar up to 2% of gross earnings net of employee social security contributions are tax-deductible. Maximum yearly limit for this tax relief is calculated as: 2% × 60 × AW(t - 2), where AW(t - 2) average wage two years ago. It is legislated that this relief will be automatically abolished as of 2017.

1.1.2.3. Non-wastable tax credit: employee tax credit (ETC/zamestnanecká prémia)

The employee tax credit is effective as from 2009 and is targeted at low-income workers whose wages are subject to the payment of social and health insurance contributions. The amount of tax credit depends upon the employee's earnings and the number of months worked.

In order to receive this tax credit, the employee must fulfil the entitlement criteria which are:

- the employee's earnings over the tax period must be at least 6 times higher than the minimum wage, which for 2014 is set at EUR 352.0 per month,
- the employee must have worked for at least 6 months over the tax period (the conditions of month worked is considered to be fulfilled when only one hour is worked during that month).

The ETC is a non-wastable tax credit as is the child tax credit. The value of the ETC depends on the level of the employee's earnings. If earnings are between at least 6 times of the minimum wage and 12 times of the minimum wage, the credit is calculated as 19 per cent of the difference between the basic allowance (EUR 3 803.33) and the tax base (gross earnings net of employee SSC), evaluated at the level of the minimum wage (EUR 3 658.08). If earnings exceed 12 times the minimum wage, then the ETC is calculated as 19 per cent of the difference of the basic allowance and the tax base (gross earnings net of employee SSC). The tax credit is zero when the tax base (gross earnings net of employee SSC) is equal to or higher than the basic allowance.

The highest value of the employee tax credit amounts to EUR 27.60 per year; this maximum value is received by employees with income between one half of the minimum wage and the full minimum wage, provided that the employee has worked for 12 months. As the employee tax credit is designed to benefit working individuals, its amount is adequately reduced for employees that have worked less months in the calendar year. Due to extensive paperwork it was decided that the tax credit will be paid within the framework of the annual clearing of the tax advances or when a tax return is filed.

1.1.3. *Tax schedule*

As from 2013 the previous flat tax rate of 19 per cent was replaced by new tax schedule with two tax brackets. The ceiling for the first bracket is set out as 176.8 times MLS (equal to EUR 35 022.31) what secure its automatic indexation. The tax schedule is as follows:

Annual taxable income (EUR)[1]	Rate (%)
0-35 022.31	19
35 022.31 and over	25

1. Employee's social security contributions (see 1.12.) are deductible for income tax purposes.

1.2. *State and local income tax*

No separate state and local income tax exist. As from 2014 the share of distribution of PIT revenue has changed. Out of the total revenue from the personal income tax (PIT) collected by the central government, 67.0 per cent of PIT is transferred into the budget of the municipalities and 21.9 per cent of PIT is transferred into the budget of the self-governing regions. The remaining revenue of the state budget is 11.1 per cent of PIT.

2. Compulsory social security contributions to schemes operated within the government sector

2.1. *Employees' contributions*

Compulsory contributions of 13.4 per cent of gross wages and salaries are paid by all employees into government operated schemes. The total is made up as follows:

Health insurance		4.0 per cent
Social insurance		9.4 per cent
of which:		
Sickness	1.4 per cent	
Retirement	4.0 per cent	
Disability	3.0 per cent	
Unemployment	1.0 per cent	

There are maximum assessment bases MSSAB (maximum threshold for contributions to apply) that apply to social security contributions. From 2004, these MSSAB are no longer fixed values but depend upon the average wages (AW). As of 2013 formulae for calculation of all maximum assessment bases has been unified. Monthly MSSAB for social security contributions are calculated as: 5 × AW (t - 2), where AW(t - 2) is the average wage two years ago. The average wage (AW) is determined by the Statistical Office of the Slovak Republic – for 2012 it was EUR 805 per month.

2.2. *Employers' contributions*

The total contribution for employers is 35.2 per cent of gross wages and salaries. The contribution comprises the health insurance contribution (10 per cent of gross wages and salaries) and the social insurance contribution (25.2 per cent). The social insurance rate reflects contributions to sickness insurance (1.4 per cent), disability insurance (3 per cent), retirement insurance (14 per cent), the Guaranteed Fund (0.25 per cent), accident insurance (0.8 per cent), for unemployment (1 per cent) and to the Reserve Fund (4.75 per cent). All contributions are rounded down on two decimal places.

Since January 2005, Slovakia has introduced the privately managed fully funded pillar. This means that a given proportion (9 percentage points) of social contributions paid by the employer for retirement insurance flew directly to the private pension funds and not to the Social insurance agency as in previous years. As from September 2012 pension sharing scheme has been changed. Employer's retirement contribution rate to the fully funded pillar has been reduced from 9 per cent to 4 per cent (for more see pension contribution sharing scheme table below). Private pension funds are treated outside of general government; these contributions are therefore not taken into account in the calculations of average and marginal tax rates. For the purposes of this Report, the total contribution rate for employers in 2014 is 31.2 per cent.

The MSSAB also applies to the employer's SSC. The next table presents the annual values of MSSAB.

Annual values of MSSAB

	Formula for MSSAB	Value of MSSAB
Health insurance	5.0 × AW (t - 2)	48 300.00
Social insurance		
of which		
Sickness, retirement, unemployment, disability, Guarantee fund, Reserve fund	5.0 × AW (t - 2)	48 300.00
Accident		No limit

SSC: Pension – contribution sharing in case of II. Pillar participation

Period	Percentage of gross earnings		
	I Pillar	II Pillar	Total
Previous system (up to September 2012)	9% (5% employer + 4% employee contribution)	9% (employer contribution)	18%
Current system (from September 2012)[Note:]	14% (10% employer + 4% employee contribution)	4% (employer contribution)	18%

Note: As from 2017 contribution rate to the II. pillar will automatically increase by 0.25 p.p. per year (i.e. contribution rate to theI. pillar will decrease in the same volume), stopping at 6 per cent in 2024.

3. Universal cash transfers

3.1. *Transfers related to marital status*

None.

3.2. *Transfers for dependent children*

The central government pays an allowance in respect of each dependent child in the amount of EUR 23.52 per month in 2014. In January 2008, an extra allowance for dependent children whose parents are not eligible for the non-wastable child tax credit was introduced. The monthly amount of this allowance is EUR 11.02. For the purpose of the tax wedge calculations this allowance is not relevant, as only non-workers and taxpayers with annual earnings lower than six times the minimum monthly wage (which is the condition for eligibility for the non-wastable child tax credit) are entitled to the extra allowance.

The non-wastable tax credit mentioned in Section 1.121 is part of the social support for families with dependent children. However, it is not considered as a transfer for the purposes of this Report.

3.3. *Transfers related to social status*

To determine the claim to state social benefits (for example the allowance for housing costs), the minimum living standard amounts are relevant as they form the basis of the income test. For 2014, these amounts are:

	MLS monthly (1.1.2014 - 31.12.2014)
First adult	198.09
Second adult	138.19
Child	90.42

A family is entitled to a social allowance if the total combined net monthly income of the family is less than the calculated MLS for this family. The allowance varies with the family type.

The benefits available to a family in material need (valid on the 1 January 2014) are:

- EUR 61.60 per month for an individual.
- EUR 117.20 per month for an individual with between one and four children.
- EUR 107.10 per month for a couple without children.
- EUR 160.40 per month for a couple with between one and four children.
- EUR 171.20 per month for an individual with more than four children.
- EUR 216.10 per month for a couple with more than four children.
- activation allowance: EUR 63.07 per month – for people who become active either by accepting qualifying employment opportunities or participating in retraining courses.
- housing allowance: EUR 55.80 per month for individual in material need, EUR 89.20 for a household in material need (if household has more than 1 person).
- protection allowance: EUR 63.07 per month for an individual in material need where employment is not possible due to such circumstances as a disability or old age, EUR 34.69 per month for individual on sick leave for at least 30 consecutive days and EUR 13.50 for a pregnant woman from 4th month of the pregnancy and lasts until the child's age of 1 year (for the purpose of this Report, protection allowance is assumed to be EUR 63.07 for each individual).
- specific allowance: EUR 63.07 per month - entitlement arise for long-term unemployed individuals who move into work for 6 months (does not affect the calculations in this Report).
- dependent child allowance: EUR 17.20 per month for a child who properly fulfils compulsory school attendance. As of 1.1.2014, health care allowance is abolished.

4. Main changes in tax/benefit systems since 2013

The main changes relate to material need benefits, reintroduction of supplementary pension insurance allowance and change in PIT revenue distribution between municipalities, self-governing regions and state budget.

5. Memorandum items

5.1. *Identification of AW and valuation of earnings*

The Ministry of Finance of the Slovak Republic estimates the average earnings of the AW based on the data supplied by the Statistical Office of the Slovak Republic, Labour Force Survey data (LFS). Earnings data covering also self-employees are based on average wage definition including industries falling under categories B to N inclusive, with reference to International Standard Industrial Classification of All Economic Activities, Revision 4.

2014 parameter values

Average earnings/yr	Ave_earn	10 342	Secretariat estimate
Minimum living standard (MLS) 2013	basic_adult	198.09	
	basic_adult1	138.19	
	basic_child	90.42	
Basic allowance	basic_al_mult	19.2	
	basic_al	3 803.33	
	basic_al_mult1	100	
	basic_al_mult2	44.2	
	basic_al_redn	0.25	
Spouse allowance	spouse_al_limit	3 803.33	
	spouse_al_mult1	176.8	
	spouse_al_mult2	63.4	
	spouse_al_redn	0.25	
Income tax rate	Tax_sch/tax_rate	0.19	35 022.312
		0.25	
Tax credits – nonwastable	tax_cr	256.92	
	min_wage	352.0	
	minwage_mult	6	
	etc_thresh	3 658.08	
Employee social security contributions	SSC_rate	0.134	
	SSC_sick	0.014	
	SSC_ret	0.04	
	SSC_dis	0.03	
	SSC_unemp	0.01	
	SSC_health	0.04	
Employer social security contributions	SSC_empr	0.304	
	SSC_empsick	0.014	
	SSC_empret	0.1	
	SSC_empdis	0.03	
	SSC_empunemp	0.01	
	SSC_emphealth	0.1	
	SSC_gua	0.0025	
	SSC_acc	0.008	
	SSC_fund	0.0475	
Maximum assessment base	MSSAB	48 300	
Cash transfers	transf_1	282.24	
	transf_indiv	739.2	
	transf_indiv_child	1406.4	
	transf_couple	1285.2	
	transf_couple_child	1924.8	
	transf_hous_indiv	669.60	
	transf_hous_couple	1070.40	
	transf_activ	756.84	
	transf_dep	206.40	

2014 tax equations

	Line in country table and intermediate steps	Variable name	Range	Equation
1.	Earnings	earn		
2.	Allowances:			
	Basic	basic_allce	B	IF(earn-SSC<=basic_al_mult1*basic_adult, basic_al,MAXA(basic_al_mult2*basic_adult-basic_al_redn*(earn-SSC),0))
	Spouse	spouse_allce	P	IF(earn_spouse=0.1,0)*Married*Positive(IF(earn_princ-SSC_princ<=spouse_al_mult1*basic_adult, basic_al_mult*basic_adult,spouse_al_mult2*basic_adult-spouse_al_redn*(earn_princ-SSC_princ)))
	Social security contributions	SSC_al	B	SSC
	Total	tax_al	B	basic_allce+spouse_allce+SSC_al
3.	Credits in taxable income	taxbl_cr	B	0
4.	CG taxable income	tax_inc	B	Positive(earn-tax_al)
5.	CG tax before credits	CG_tax_excl	B	Tax(tax_inc,tax_sch)
6.	Tax credits:			
	Employee tax credit	etc_cr	B	IF(earn>=min_wage*minwage_mult, tax_rate*Positive(basic_al-MAX(etc_thresh, earn-SSC)), 0)
	Children	child_cr	P	(earn>=min_wage*minwage_mult)*Children*tax_cr
	Total	tax_cr	B	etc_cr+child_cr
7.	CG tax	CG_tax	B	CG_tax_excl-tax_cr
8.	State and local taxes	local_tax	B	0
9.	Employees' soc security	SSC	B	MINA(earn,MSSAB)*SSC_rate
11.	Cash transfers	cash_trans	J	Children*transf_1+Positive(IF(0.75*((earn-SSC-CG_tax_excl)/ 12)<(basic_adult+Married*basic_adult1+ Children*basic_child); ((1-Married)*(IF(Children>0;transf_indiv_child;transf_indiv))+ Married*(IF(Children>0;transf_couple_child;transf_couple))+IF((Married+Children)>0;transf_hous_couple;transf_hous_indiv)+(Children*transf_dep)+IF(A7>0;transf_activ;0)+IF(B7>0;transf_activ;0)-0.75*(earn-SSC-CG_tax_excl));0))
13.	Employer's soc security	SSC_empr	B	MINA(earn,MSSAB)*SSC_empr
				earn*SSC_acc+

Key to range of equation B calculated separately for both principal earner and spouse P calculated for principal only (value taken as 0 for spouse calculation) J calculated once only on a joint basis.

Slovenia

This chapter includes data on the income taxes paid by workers, their social security contributions, the family benefits they receive in the form of cash transfers as well as the social security contributions and payroll taxes paid by their employers. Results reported include the marginal and average tax burden for eight different family types.

Methodological information is available for personal income tax systems, compulsory social security contributions to schemes operated within the government sector, universal cash transfers as well as recent changes in the tax/ benefit system. The methodology also includes the parameter values and tax equations underlying the data.

Slovenia 2014

The tax/benefit position of single persons

		67	100	167	67
	Wage level (per cent of average wage)	67	100	167	67
	Number of children	none	none	none	2
1.	**Gross wage earnings**	11 960	17 851	29 812	11 960
2.	**Standard tax allowances**				
	Basic allowance	4 419	3 303	3 303	4 419
	Married or head of family				
	Dependent children				5 086
	Deduction for social security contributions and income taxes	2 643	3 945	6 588	2 643
	Work-related expenses	0	0	0	0
	Other				
	Total	7 062	7 248	9 891	12 148
3.	**Tax credits or cash transfers included in taxable income**	0	0	0	0
4.	**Central government taxable income (1 - 2 + 3)**	4 898	10 603	19 921	0
5.	**Central government income tax liability (exclusive of tax credits)**	784	1 981	4 631	0
6.	**Tax credits**				
	Basic credit				
	Married or head of family				
	Children	0	0	0	0
	Other				
	Total	0	0	0	0
7.	**Central government income tax finally paid (5-6)**	784	1 981	4 631	0
8.	**State and local taxes**	0	0	0	0
9.	**Employees' compulsory social security contributions**				
	Gross earnings	2 643	3 945	6 588	2 643
	Taxable income				
	Total	2 643	3 945	6 588	2 643
10.	**Total payments to general government (7 + 8 + 9)**	3 427	5 926	11 219	2 643
11.	**Cash transfers from general government**				
	For head of family				
	For two children	0	0	0	2 716
	Total	0	0	0	2 716
12.	**Take-home pay (1-10+11)**	8 533	11 926	18 593	12 033
13.	**Employer's wage dependent contributions and taxes**	1 926	2 874	4 800	1 926
	Employer's compulsory social security contributions	1 926	2 874	4 800	1 926
	Payroll taxes	0	0	0	0
14.	**Average rates**				
	Income tax	6.6%	11.1%	15.5%	0.0%
	Employees' social security contributions	22.1%	22.1%	22.1%	22.1%
	Total payments less cash transfers	28.7%	33.2%	37.6%	-0.6%
	Total tax wedge including employer's social security contributions	38.5%	42.5%	46.3%	13.3%
15.	**Marginal rates**				
	Total payments less cash transfers: Principal earner	34.6%	43.1%	54.0%	22.1%
	Total payments less cash transfers: Spouse	n.a.	n.a.	n.a.	n.a.
	Total tax wedge: Principal earner	43.6%	51.0%	60.4%	32.9%
	Total tax wedge: Spouse	n.a.	n.a.	n.a.	n.a.

Slovenia 2014

The tax/benefit position of married couples

			100-0	100-33	100-67	100-33
		Wage level (per cent of average wage)	100-0	100-33	100-67	100-33
		Number of children	2	2	2	none
1.	**Gross wage earnings**		17 851	23 742	29 812	23 742
2.	**Standard tax allowances**					
	Basic allowance		3 303	7 892	7 721	7 892
	Married or head of family					
	Dependent children		5 086	5 086	5 086	
	Other dependent family member		2 437			
	Deduction for social security contributions and income taxes		3 945	5 247	6 588	5 247
	Work-related expenses		0	0	0	0
		Total	14 771	18 225	19 396	13 139
3.	**Tax credits or cash transfers included in taxable income**		0	0	0	0
4.	**Central government taxable income (1 - 2 + 3)**		3 080	5 517	10 416	10 603
5.	**Central government income tax liability (exclusive of tax credits)**		493	883	1 667	1 981
6.	**Tax credits**					
	Basic credit					
	Married or head of family					
	Children		0	0	0	0
	Other					
		Total	0	0	0	0
7.	**Central government income tax finally paid (5-6)**		493	883	1 667	1 981
8.	**State and local taxes**		0	0	0	0
9.	**Employees' compulsory social security contributions**					
	Gross earnings		3 945	5 247	6 588	5 247
	Taxable income					
		Total	3 945	5 247	6 588	5 247
10.	**Total payments to general government (7 + 8 + 9)**		4 438	6 130	8 255	7 228
11.	**Cash transfers from general government**					
	For head of family					
	For two children		2 469	1 509	1 124	0
		Total	2 469	1 509	1 124	0
12.	**Take-home pay (1-10+11)**		15 883	19 122	22 681	16 515
13.	**Employer's wage dependent contributions and taxes**		2 874	3 822	4 800	3 822
	Employer's compulsory social security contributions		2 874	3 822	4 800	3 822
	Payroll taxes		0	0	0	0
14.	**Average rates**					
	Income tax		2.8%	3.7%	5.6%	8.3%
	Employees' social security contributions		22.1%	22.1%	22.1%	22.1%
	Total payments less cash transfers		11.0%	19.5%	23.9%	30.4%
	Total tax wedge including employer's social security contributions		23.4%	30.6%	34.5%	40.1%
15.	**Marginal rates**					
	Total payments less cash transfers: Principal earner		34.6%	34.6%	34.6%	43.1%
	Total payments less cash transfers: Spouse		45.0%	22.1%	34.6%	22.1%
	Total tax wedge: Principal earner		43.6%	43.6%	43.6%	51.0%
	Total tax wedge: Spouse		52.6%	32.9%	43.6%	32.9%

The Slovenian currency is the euro (EUR). In 2014, EUR 0.75 was equal to USD 1. In that year, the average worker in Slovenia earned EUR 17 851 (Secretariat estimate).

1. Personal income tax system

1.1. Central government income tax

1.1.1. Tax unit

The tax unit is the individual.

1.1.2. Tax allowances

1.1.2.1. Standard tax reliefs

- *A general (basic) allowance* of EUR 3 302.70 is deductible from income in 2014. For lower income groups an additional general allowance of EUR 3 217.12 is deductible when taxable income is lower than EUR 10 866.37 and of EUR 1 115.94 when taxable income is between EUR 10 866.37 and EUR 12 570.89.
- *Family allowances* are also deductible from the tax base in the same way as for the general allowance. The allowances for 2014 are as follows:
  - EUR 2 436.92 for the first dependent child;
  - EUR 2 649.24 for the second child;
  - EUR 4 418.54 for the third child;
  - EUR 6 187.85 for the fourth child;
  - EUR 7 957.14 for the fifth child;
  - EUR 1 769.30 for the sixth and all additional maintained children relative to the level of relief for the preceding maintained child;
  - EUR 8 830.00 for a dependent child who requires special care;
  - EUR 2 436.92 for any other dependent family member.
- *Relief for social security contributions*: Employee's compulsory contributions for the social insurance system are deductible for income tax purposes.
- *Tax credits*: None for employees.

1.1.2.2. Non-standard tax reliefs applicable to income from employment

- *Additional voluntary pension insurance premiums*: Premiums paid by a resident to the provider of a pension plan based in Slovenia or in another EU member state according to a pension plan that is approved and entered into a special register in accordance with the pension legislation are deductible from taxable income. In 2014, such deductions are subject to an annual limit of EUR 2 819.09 or a sum equal to 24% of the employee's contribution for compulsory pension and disability insurance if that is a lower figure.

- *Reimbursement of expenses associated with work*, such as in-work meals, transport to and from work, in-the-field supplements (*per diem* when an employee works outside his or her working place) and compensation for being away from home, are exempt subject to statutory conditions and upper limits.
- *Reimbursement of expenses associated with business travel* such as: *per diem* allowances, transport costs (including the use of the employee's private vehicle for work purposes), and the costs of overnight accommodation, are exempt subject to statutory conditions and upper limits.
- The cost of purchasing and maintaining uniforms and personal protection work equipment defined in special regulations is exempt from income tax.
- *Compensation for the use of an employee's own tools* and other equipment (except private vehicles) necessary for the performance of work at the work place, is exempt up to a level of 2% of the monthly wage or salary of the employee, subject to an upper limit of 2% of the average gross monthly wage (AGMW).
- Long service bonuses, severance pay upon retirement and payments related to accidents, long term sickness and other unexpected events are exempt subject to statutory conditions and upper limits.
- *Severance pay* on redundancy is exempt subject to an upper limit of ten times the AGMW.
- *Compensation for the use of an employee's own possessions and property when working at home* in accordance with statutory regulations is exempt up to a level of 5% of the monthly wage or salary of the employee, subject to an upper limit of 5% of the AGMW.

1.1.3. *Tax schedule*

The tax schedule for 2014 is as follows:

Taxable income (EUR)	Tax rate (%)
Up to 8 021.34	16
8 021.34-18 960.28	27
18 960.28-70 907.20	41
Above 70 907.20	50

1.2. *Regional and local income tax*

There are no regional or local income taxes.

2. Compulsory social security insurance system

The compulsory social security insurance system consists of four schemes as follows:

- pension and disability insurance;
- health insurance;
- unemployment insurance;
- parental leave insurance.

2.1. *Employees' contributions*

The taxable base for social security insurance contributions paid by employees is the total amount of the gross wage or salary including vacation payments, fringe benefits and remuneration of expenses related to work above a certain threshold. The assessment period is the calendar month. Employees contribute an amount as a percentage of their remuneration as follows:

Scheme name	Rate of contribution (%)
Pension insurance	15.50
Health insurance	6.36
Unemployment insurance	0.14
Parental leave insurance	0.10
Total	22.10

2.2. *Employers' contributions*

Social security insurance contributions are also paid by employers on behalf of their employees. The taxable base and the assessment period are the same as for employees' contributions. The employers' contribution rates are as follows:

Scheme name	Rate of contribution (%)
Pension insurance	8.85
Health insurance	7.09
Unemployment insurance	0.06
Parental leave insurance	0.10
Total	16.10

The only change to these rates since 1996 has been the 0.2 per cent increase in the employers' contribution rates for health insurance in 2002.

3. Payroll tax

None.

4. Universal cash transfers

4.1. *Transfers related to marital status*

None.

4.2. *Transfers for dependent children*

On 1.1.2012, the Exercise of Rights to Public Funds Act (*ZUPJS-A*) entered into force. Regarding to a new act child allowance is a supplementary benefit for maintenance, care and education of children when the family income per family member does not exceed statutorily defined per cent of the average net wage in the previous year.

The new legislation changes family income which is the basis for the income classes from gross family income to net family income. Income includes taxable income and non-taxable income defined by the Personal income tax Act as for instance social benefits. Income is defined as gross income plus social benefits received but excluding the normalized cost and actual cost recognized under the law governing income tax, taxes and mandatory social security contributions levied on such income.

The new legislation also reduces the age of a child's entitlement. The right to a child benefit is held only until the child reaches 18 years. Besides, the child benefit is higher for eligible students included in higher secondary education (aged less than 18 years and with an income per family member below the average net wage).

Applications for the allowance are made on an annual basis and the payments are not taxable.

- The amount of the allowance is calculated for each child separately according to the level of net family income per family member as a percentage of the average net wage and the ranking of the child in the family. Each family is assigned to one of 8 income classes on this basis as follows:

Income class	Net family income per family member as a percentage of the average net wage
1	Up to 18%
2	18%-30%
3	30%-36%
4	36%-42%
5	42%-53%
6	53%-64%
7	64%-82%
8	82%-99%

- The relevant income is the average monthly income per family member in the calendar year prior to the claim (or one year previous if the claim is made in the month of January, February or March).
- Each child is allocated in one of 3 ranking levels (the level of payments increases with the ranking level – the lowest for the first child, higher for the second child and the highest for the third and any subsequent child). When a child lives in a one-parent family, the amount of the allowance is increased by 10 %. When a pre-school child does not attend kindergarten, the amount of the allowance is increased by 20 %.
- The details for the calculation of the net income per family member was prescribed by the Minister, as follows:

  All income and receipts, namely net disposable income (after deduction of the normalized cost and actual cost recognized under the law governing income tax, taxes and mandatory social security contributions levied on such income) are taken into account, except those that are designed to cover the specific needs (such as allowance and attendance allowance, a large family, etc.). Property is also taken into account like immovable property, cars and other vehicles, watercraft, etc. Property is assigned a value and then it is calculated the amount of interest that would be received within one year from the value of assets deposited in a bank account in the form of time deposits.
- On 1.6.2012, the Public Finance Balance Act entered into force. Regarding to the Act the amounts of transfers for a children in fifth and sixth income classes are reduced for 10%. Moreover, transfers for children in the seventh and eighth income classes are abolished. This is a temporary measure, which applies up to the year following the year in which economic growth exceeds 2 per cent of gross domestic product.
- The monthly amounts of transfers for a child **from birth to the end of primary school** in a two-parent family according to the Exercise of Rights to Public Funds Act and Public

Finance Balance Act were the following for the year 2014:

Net family income per family member as a percentage of the average net wage	1st child	2nd child	3rd child
	Monthly (EUR)	Monthly (EUR)	Monthly (EUR)
00	114.31	125.73	137.18
2 153.52	97.73	108.04	118.28
3 589.20	74.48	83.25	91.98
4 307.04	58.75	67.03	75.47
5 024.88	43.24	50.45	57.63
6 340.92	27.40	34.29	41.14
7 657.08	0	0	0

In 2014, the maximum annual benefit levels for children in a two-parent family were the following:

- EUR 1 371.72 for the first child;
- EUR 1 508.76 for the second child;
- EUR 1 646.16 for the third or subsequent child.

The amounts decline as the level of income per family member increases. The benefit ceases according to the Public Finance Balance Act to be available for families where the average income per member is higher than 64% of the average net wage for the year 2014.

5. Main changes in tax/benefit system since 2005

- In 2006, the taxation of income of individuals changed from global tax to a kind of a dual income tax system. Active income (from employment, business, basic agriculture and forestry, rents, royalties and other income) is taxed aggregated at progressive rates and taking into account the allowances and deductions; capital income (interest, dividends and capital gains) is taxed at proportionate rates on a scheduler basis.
- In 2007, the number of income tax brackets was reduced from five to three. At the same time, some non-standard tax reliefs for certain expenses and for interest paid on loans for housing were abolished.
- In 2008, additional general allowances were introduced for people on low incomes.
- The payroll tax was phased out at the start of 2009.
- The Exercise of Rights to Public Funds Act entered into force on 1.1.2012. changes family income which is the basis for the income classes from gross family income to net family income, which also includes social benefits received.
- Regarding to the Public Finance Balance Act which entered into force on 1.6.2012, the amounts of transfers for children in fifth and sixth income classes are reduced for 10 %. Transfers for children in the seventh and eighth income classes are abolished.
- In 2013, the second bracket in the PIT schedule was broadened according to the Public Finance Balance Act. For the years 2013 and 2014 also the threshold for the third bracket (with the rate 41%) was increased and a new, top bracket with a rate 50% was introduced.
- For the year 2013, the special relief for students was reduced by 25% compared to the tax relief in 2012 (the tax relief for 2014 amounts to EUR 2 477.03).

- Concerning rental income deriving renting of immovable and movable property a new schedular principle of taxation was introduced in the year 2013 with proportional rate of 25 %. The standardised costs were reduced from 40% to 10% of the rental income.
- The main and most important substantive change for the year 2014 and beyond eliminates the automatic adjustment of tax credits and net annual tax basis in the scale for assessing personal income tax with the growth in consumer prices.
- For the year 2014 were also introduced another amendments to the personal income tax, that is the abolishment of the tax benefits to certain groups of taxpayers (special relief for daily migrants, relief for the residents over 65 years of age).

6. Memorandum items

6.1. *Average gross annual wage earnings calculation*

In Slovenia the gross earnings figures cover wages and salaries paid to individuals in formal employment including payment for overtime. They also include bonus payments and other payments such as pay for annual leave, paid leave up to seven days, public holidays, absences due to sickness for up to 30 days, job training, and slowdown through no fault of the person in formal employment.

The average gross wage earnings figures of all adult workers covering industry Sectors B-N are provided by the Statistical Office of the Republic of Slovenia.

6.2. *Employer contributions to private pension and health schemes*

Some employer contributions are made to private health and pension schemes but there is no relevant information available on the amounts that are paid.

2014 parameter values

Ave_earn	17 851	Secretariat estimate					
Ave_earn_1	17 673						
Ave_net_earnfam	11 964						
Basic_al	0	6 519.82					
	10 866.37	4 418.64					
	12 570.89	3 302.70					
Child_al1	2 436.92						
Child_al2	5 086.16						
Child_al3	9 504.70						
Child_al4	15 692.55						
Child_al5	23 649.69						
Depend_al	2 436.92						
Tax_sch	0.16	8 021.34					
	0.27	18 960.28					
	0.41	70 907.20					
	0.50						
SSC_rate1	0.221						
SSC_rate2	0.161						
		Ist child monthly	2nd child monthly	3rd child monthly	1 child-total annual	2 children-total annual	3 children-total annual
Fam_allow_mc	0	114.31	125.73	137.18	1 371.72	2 880.48	4 526.64
	2 153.52	97.73	108.04	118.28	1 172.76	2 469.24	3 888.60
	3 589.200	74.48	83.25	91.98	893.76	1 892.76	2 996.52
	4 307.04	58.75	67.03	75.47	705.00	1 509.36	2 415.00
	5 024.88	43.24	50.45	57.63	518.88	1 124.28	1 815.84
	6 340.92	27.40	34.29	41.14	328.80	740.28	1 233.96
	7 656.96	0.00	0.00	0.00	0.00	0.00	0.00
Fam_allow_spup	0.1						
		Ist child monthly	2nd child monthly	3rd child monthly	1 child-total annual	2 children-total annual	3 children-total annual
Fam_allow_sp	0	125.74	138.30	150.90	1 508.89	3 168.53	4 979.30
	2 153.52	107.50	118.84	130.11	1 290.04	2 716.16	4 277.46
	3 589.2	81.93	91.58	101.18	983.14	2 082.04	3 296.17
	4 307.04	64.63	73.73	83.02	775.50	1 660.30	2 656.50
	5 024.88	47.56	55.50	63.39	570.77	1 236.71	1 997.42
	6 340.92	30.14	37.72	45.25	361.68	814.31	1 357.36
	7 656.96	0.00	0.00	0.00	0.00	0.00	0.00
numdays	365						

2014 tax equations

	Line in country table and intermediate steps	Variable name	Range	Equation
1.	Earnings			
	Current year	earn		
	Net earnings Year-1	net_earn_1		
2.	Allowances:			
	Principal	tax_al_princ	P	VLOOKUP(earn;Basic_al;2)+SSC+IF(children=0.0,IF(children=1,child_al1,IF(children=2,child_al2,child_al3)+IF(Married=0.0,IF(S_earn=0,Depend_al,0))
	Spouse	Tax_al_ spouse	S	MINA(VLOOKUP(earn;Basic_al;2), earn)+SSC
3.	Credits in taxable income	taxbl_cr	B	0
4.	CG taxable income	tax_inc	B	Positive(earn-tax_al)
5.	CG tax before credits	CG_tax_excl	B	Tax(tax_inc, tax_sch)
6.	Tax credits (nonwastable)	Tax_cr	B	0
7.	CG tax	CG_tax	B	CG_tax_excl
8.	State and local taxes	local_tax	B	0
9.	Employees' soc security	SSC	B	earn* SSC_rate1
11.	Cash transfers	cash_trans	J	IF(Children=0.0;VLOOKUP((net_earn_1)/(1+married+children),IF(Married=0;Fam_allow_sp,Fam_allow_mc),IF(Children=1.5,IF(Children=2.6,7))))
13.	Employer's wage dependent contributions and taxes			
	Employer's soc security	SSC_empr	B	earn*SSC_rate2

Key to range of equation B calculated separately for both principal earner and spouse P calculated for principal only (value taken as 0 for spouse calculation) J calculated once only on a joint basis.

Les impôts sur les salaires 2015

Spain

This chapter includes data on the income taxes paid by workers, their social security contributions, the family benefits they receive in the form of cash transfers as well as the social security contributions and payroll taxes paid by their employers. Results reported include the marginal and average tax burden for eight different family types.

Methodological information is available for personal income tax systems, compulsory social security contributions to schemes operated within the government sector, universal cash transfers as well as recent changes in the tax/benefit system. The methodology also includes the parameter values and tax equations underlying the data.

Spain 2014

The tax/benefit position of a single persons

	Wage level (per cent of average wage)	67	100	167	67
	Number of children	none	none	none	2
1.	**Gross wage earnings**	17 528	26 162	43 690	17 528
2.	**Standard tax allowances:**				
	Basic allowance				
	Married or head of family	0	0	0	2 150
	Dependent children				
	Deduction for social security contributions and income taxes	1 113	1 661	2 741	1 113
	Work-related expenses	2 652	2 652	2 652	2 652
	Other				
	Total	3 765	4 313	5 393	5 915
3.	**Tax credits or cash transfers included in taxable income**	0	0	0	0
4.	**Central and state government taxable income (1 - 2 + 3)**	13 763	21 849	38 297	11 613
5.	**Central and state government income tax liability (exclusive of tax credits)**	3 406	5 625	11 089	2 874
6.	**Central and state government tax credits**				
	Basic credit	1 275	1 275	1 275	2 273
	Married or head of family				
	Children				
	Other				
	Total	1 275	1 275	1 275	2 273
7.	**Central government income tax finally paid**	1 098	2 264	5 186	291
8.	**State income tax finally paid**	1 033	2 087	4 627	310
9.	**Employees' compulsory social security contributions**				
	Gross earnings	1 113	1 661	2 741	1 113
	Taxable income				
	Total	1 113	1 661	2 741	1 113
10.	**Total payments to general government (7 + 8 + 9)**	3 245	6 011	12 555	1 715
11.	**Cash transfers from general government**				
	For head of family				
	For two children	0	0	0	0
	Total	0	0	0	0
12.	**Take-home pay (1-10+11)**	14 284	20 150	31 136	15 814
13.	**Employer's compulsory social security contributions**	5 241	7 822	12 906	5 241
14.	**Average rates**				
	Income tax	12.2%	16.6%	22.5%	3.4%
	Employees' social security contributions	6.35%	6.35%	6.27%	6.35%
	Total payments less cash transfers	18.5%	23.0%	28.7%	9.8%
	Total tax wedge including employer's social security contributions	37.3%	40.7%	45.0%	30.5%
15.	**Marginal rates**				
	Total payments less cash transfers: Principal earner	29.5%	34.4%	40.0%	38.9%
	Total payments less cash transfers: Spouse	n.a.	n.a.	n.a.	n.a.
	Total tax wedge: Principal earner	45.7%	49.5%	40.0%	53.0%
	Total tax wedge: Spouse	n.a.	n.a.	n.a.	n.a.

Spain 2014

The tax/benefit position of married couples

		Wage level (per cent of average wage)	100-0	100-33	100-67	100-33
		Number of children	2	2	2	none
1.	**Gross wage earnings**		26 162	34 795	43 690	34 795
2.	**Standard tax allowances**					
	Basic allowance					
	Married or head of family		3 400	0	0	0
	Dependent children					
	Deduction for social security contributions and income taxes		1 661	2 209	2 774	2 209
	Work-related expenses		2 652	6 732	5 304	6 732
	Other					
		Total	7 713	8 941	8 078	8 941
3.	**Tax credits or cash transfers included in taxable income**		0	0	0	0
4.	**Central and state government taxable income (1 - 2 + 3)**		18 449	25 854	35 612	25 854
5.	**Central and state government income tax liability (exclusive of tax credits)**		4 605	6 616	9 031	6 616
6.	**Central and state government tax credits**					
	Basic credit		2 234	2 746	3 509	2 266
	Married or head of family					
	Children					
	Other					
		Total	2 234	2 746	3 509	2 266
7.	**Central government income tax finally paid**		1 225	2 016	2 867	2 264
8.	**State income tax finally paid**		1 145	1 854	2 655	2 087
9.	**Employees' compulsory social security contributions**					
	Gross earnings		1 661	2 209	2 774	2 209
	Taxable income					
		Total	1 661	2 209	2 774	2 209
10.	**Total payments to general government (7 + 8 + 9)**		4 032	6 080	8 297	6 560
11.	**Cash transfers from general government**					
	For head of family					
	For two children		0	0	0	0
		Total	0	0	0	0
12.	**Take-home pay (1-10+11)**		22 130	28 715	35 394	28 236
13.	**Employer's compulsory social security contributions**		7 822	10 404	13 063	10 404
14.	**Average rates**					
	Income tax		9.1%	11.1%	12.6%	12.5%
	Employees' social security contributions		6.35%	6.35%	6.35%	6.35%
	Total payments less cash transfers		15.4%	17.5%	19.0%	18.9%
	Total tax wedge including employer's social security contributions		34.9%	36.5%	37.6%	37.5%
15.	**Marginal rates**					
	Total payments less cash transfers: Principal earner		34.4%	34.4%	34.4%	34.4%
	Total payments less cash transfers: Spouse		23.7%	6.4%	29.5%	6.3%
	Total tax wedge: Principal earner		49.5%	49.5%	49.5%	49.5%
	Total tax wedge: Spouse		41.3%	27.9%	45.7%	27.9%

The national currency is the euro (EUR). In 2014, EUR 0.75 was equal to USD 1. In that year the average worker earned EUR 26 162 (Secretariat estimate).

1. Personal income tax system

1.1. Central government income tax

1.1.1. Tax unit

As a general rule, the tax unit is the individual. Nevertheless, families have the options of being taxed:

- As married couples filing jointly on the combined income of both spouses and dependents.
- As heads of households (only unmarried or separated individuals with dependents).

1.1.2. Tax allowances and tax credits

1.1.2.1. Standard reliefs

- *Basic reliefs*: Married couples filing jointly may claim an allowance of EUR 3 400. This figure amounts to EUR 2 150 for heads of households.
- *Maternity tax credit*: a non-wastable tax credit addressed to working females with children under 3 years of age up to EUR 1 200.
- *Relief for social security contributions*: All social security payments are fully deductible.
- *Work related expenses*: Net work income (gross income less employee social security contributions) may be reduced according to the following rules:
  - Taxpayers with net employment income equal or less than EUR 9 180: EUR 4 080.
  - Taxpayers with a net employment income between EUR 9 180.01 and EUR 13 260: EUR 4 080 less the result of multiplying by 0.35 the difference between net income and EUR 9 180.
  - Taxpayers with net income over EUR 13 260 or non-employment income over EUR 6 500: EUR 2 652.
- *Extending labour market participation allowance*: Taxpayers extending their labour market participation beyond the retirement age (65 years) may increase the work-related expense allowance by 100 per cent.
- *Geographic mobility allowance*: Unemployed taxpayers accepting a job in a different location may also increase the work related allowance by 100 per cent.
- *Disabled workers allowance*: an allowance of EUR 3 264 for disabled salary earners. Those with reduced mobility may claim an augmented allowance of EUR 7 242.

As a result of the application of the above rules, net income cannot become negative.

- *Work related tax deduction*: Working taxpayers with a tax base under EUR 8 000 May deduct EUR 400. The amount is phased-out as taxpayer's tax base increases according to the following formula: EUR 400 - 0.1 * (tax base - EUR 8 000.01), reaching a zero value when taxpayer's tax base reaches EUR 12 000. Prior amount will not exceed the result of applying the average tax rate to net work income less work related expenses allowance.

1.1.2.2. Main non-standard reliefs applicable to an AW

- *Contributions to approved Mutual, Superannuation Funds and Mutual Insured Plans.* Contributions made by each member of the household may reduce taxable income up to a maximum of the following amounts:
  - 30 per cent of net income; 50 per cent of net income for taxpayers aged over 50 years;
  - EUR 10 000; EUR 12 500 for taxpayers aged over 50 years.

Moreover, those households whose second earner has net labour income below EUR 8 000 May reduce taxable income up to a maximum of EUR 2 000 on a yearly basis if the principal earner contributes to a Pension Fund for the spouse.

- *Relief for subscriptions paid in respect of membership* of a trade union and business or professional associations (last item is limited to mandatory membership) up to EUR 500.
- *Relief for expenses made for the legal defence* of the taxpayer for labour-related conflicts up to a maximum limit of EUR 300.

Other non-standard reliefs provided as deductions are:

- *Investment in the acquisition and rehabilitation of own-housing*: As a general rule, up to 1 January 2013, taxpayers were allowed to deduct from their tax liability 15 per cent of the investment made during the year, up to a maximum of EUR 9 040.
- Furthermore, disabled taxpayers were also allowed to deduct from their tax liability 20% of the investment expenses incurred in the repairs carried out for housing adaptation to the handicapped personal needs according up to a maximum of EUR 12 080.
- With effect from 1 January 2013, the above tax credit has been abolished. Nevertheless, grandfathering rules apply for those taxpayers who before 1 January 2013 had acquired their main residence; had made some payments for it to be built; had made some payments for restoration/enlargement of their main residence or had made some payments to carry out the adaptation of the main residence of disabled people. However, in the latter two cases the works performed should be completed before 1 January 2017. For these taxpayers, the above tax credit can still be applied in accordance with the rules set up above.

  Unused payments may be carried forward up to four years within the same above limits.
- *Renting out property for own-housing*: Taxpayers with a tax base below EUR 24 107.20 May deduct a 10.05 per cent of the payments made by renting out property to be used as a permanent residence, on a yearly basis. The maximum amount to be deducted is:
  - EUR 9 040 where taxpayer's the tax base is equal or below EUR 17 707.20;
  - EUR 9 040 less the result of multiplying by 1.4125 the difference between taxpayer's tax base and EUR 17 707.20.
- *Gifts:* 10 per cent of the amounts donated to foundations and associations declared of public benefit. 25 per cent if these amounts are donated to some special legally approved foundations and associations and other private and public institutions.

- *Investments and expenses in goods of cultural interest:* 15 per cent of the amounts granted to the importation, restoration, exhibition, etc. of certain goods listed in the General Register of Goods of Cultural Interest.

Each of these last two amounts cannot exceed 10 per cent of taxable income.

1.1.2.3. Exempt Income

- The base amount is EUR 5 151 per taxpayer. The same amount is granted for family units filing jointly. Taxpayers aged over 65 years may add EUR 918 to the former amount. Those aged over 75 years may claim additionally EUR 1 122.
- Dependent children (under 25 years): EUR 1 836 for the first dependent child; EUR 2 040 for the second one; EUR 3 672 for the third, and EUR 4 182 for the fourth child.
- Child care allowance: an additional allowance of EUR 2 244 for each of the above dependent children under 3 years of age.
- In case of disabled workers and additional amount of EUR 2 316 also applies. In case of great disability prior amount reaches EUR 7 038.

Child allowances have to be shared equally between spouses when they file separately.

1.1.3. *Tax schedule*

General rates of tax – resident individuals:

Taxable income (EUR)	Tax at the lower limit (EUR)	Tax rate on taxable income in excess of the lower limit (%)
0-17 707.20	0	12.75
17 707.20-33 007.20	2 257. 67	16.00
33 007.20-53 407.20	4 705.67	21.50
53 407.20-120 000.20	9 091.67	25.50
120 000.20-175 000.20	26 072.88	27.50
175 000.20-300 000.20	41 197.88	29.50
Over 300 000.20	78 072.88	30.50

1.2. *State and local income taxes*

Regional rates of tax – resident individuals: (in case that Regional Governments do not exercise its rights to set their own tax rates.

Taxable income (EUR)	Tax at the lower limit (EUR)	Tax rate on taxable income in excess of the lower limit (%)
0-17 707.20	0	12.00
17 707.20-33 007.20	2 124.86	14.00
33 007.20-53 407.20	4 266.86	18.50
Over 53 407.20	8 040.86	21.50

2. Compulsory social security contributions to schemes operated within the government sector

Social Security contributions are assessed on the basis of employees' gross earnings taking into account certain ceilings of gross employment income. In 2014, these ceilings are:

- Lower ceiling: EUR 9 036
- Upper Ceiling: EUR 43 164.

These ceilings are based on a full-time job. For part-time workers, ceilings are proportional to the real hours worked (the tax equations used for this Report do not take into account the lower ceiling).

2.1. *Employees' contributions*

- Old age pension/sickness and disability: 4.7 per cent
- Unemployment: 1.55 per cent
- Professional Training: 0.1 per cent

2.2. *Employers' contributions*

- Old age pension/sickness and disability: 23.6 per cent
- Unemployment/Work injuries: 5.50 per cent
- Wages fund: 0.2 per cent
- Professional Training: 0.6 per cent

3. Universal cash transfers

3.1. *Transfers related to marital status*

None.

3.2. *Transfers for dependent children*

EUR 291 for 1-child families with annual gross earnings below EUR 11 519.16; the child transfer decreases with income between EUR 11 519.16 and EUR 11 785.91; the value is 0 for gross earnings exceeding EUR 11 785.91. EUR 582 for families with 2 children with annual gross earnings below EUR 13 247.03; the child transfer decreases with income between EUR 13 247.03 and EUR 13 780.53; the value is 0 for gross earnings exceeding EUR 13 780.53.

4. Main changes in tax/benefit systems in 2014

In 2014, the following changes apply:

- Spain implemented temporary and supplementary increases (for 2012 and 2013) in the Central Government tax rates, which have been extended to 2014. The new rates that apply to personal income are as follows: up to EUR 17 707.20: 12.00% + 0.75% = 12.75%; up to EUR 33 007.20: 14.00% + 2.00% = 16.00%; up to EUR 53 407.20: 18.50% + 3.00% = 21.00%; up to EUR 120 000: 21.50% + 4% = 25.50%; up to EUR 175 000.20: 22.50% + 5.00% = 27.50%; and two new tax brackets; up to EUR 300 000.20: 23.50% + 6.00% = 29.50%, and over EUR 300 000.20: 23.50% + 7.00% = 30.50%.
- Aimed to foster new indefinite hirings, since 2 March 2014 employers hiring new workers under a non-fixed term contract (contracts between 25 February and 31 December 2014) may also apply a flat social security contribution (covering general risks). The flat contribution rate is: EUR 100 monthly contribution for full-time hirings (lower contribution also applies for part-time newcomers). The flat contribution will apply for a 24-month period.

5. Memorandum items

5.1. *Identification of an AW and calculation of earnings*

Refer to the information provided in the Annex of this Report.

2014 parameter values

Average earnings/yr	Ave_earn	26 162	Secretariat estimate	
Work related allowance	wr_rate	0.35		
	wr_lim_max	13 260		
	wr_lim_min	9 180		
	wr_lim_min_1	9 180.01		
	wr_allow_max	4 080		
	wr_allow_min	2 652		
Personal and family exempt income	Per_fam_exempt_inc	5 151		
Joint taxation allowance	Joint_tax_allow_fam 1	3 400		
	Joint_tax_allow_fam 2	2 150		
Dependent children	dep_child	1 836		
	dep_child2	2 040		
	dep_child3	3 672		
	dep_child4	4 182		
Tax Rebate (new)	TC_NUEVO	400		
	tc_rate	0.1		
	Tc_lim_max	12 000		
	Tc_lim_min	8 000		
Tax Schedule	tax_sch_sg	0	0	12.75%
		17 707.2	2 257.67	16.%
		33 007.2	4 705.67	21.50%
		53 407.2	9 091.67	25.50%
		120 000.2	26 072.88	27.50%
		175 000.2	411 997.88	29.50%
		300 000.2	78 072.88	30.50%
	tax_sch_sa	0	0	12.00%
		17 707.2	2 124.86	14.00%
		33 007.2	4 266.86	18.50%
		53 407.2	8 040.86	21.50%
Social security contributions				
Employee:				
Pension	pension_rate	0.047		
Unemployment	unemp_rate	0.0155		
Other	oth_rate	0.001		
Employer				
Pension	pension_empr	0.236		
Unemployment	unemp_empr	0.055		
Other	oth_empr	0.008		
Ceiling and Floor	min_lim	0	9036	
	top_lim	43 164		
Child benefit	SS_child_benefit	291		
	SS_child_table	1	11 519.16	11 785.91
		2	13 247.03	13 780.53
		3	17 337.05	18 137.3
		4	20 145.17	21 212.17
		5	22 953.29	24 287.04

2014 tax equations

The functions which are used in the equations (Taper, MIN, Tax, etc.) are described in the technical note about tax equations. Variable names are defined in the table of parameters above, within the equations table, or are the standard variables "married" and "children". A reference to a variable with the affix "_total" indicates the sum of the relevant variable values for the principal and spouse. And the affixes "_princ" and "_sp" indicate the value for the principal and spouse, respectively. Equations for a single person are as shown for the principal, with "_sp" values taken as 0.

	Line in country table and intermediate steps	Variable name	Range	Equation
1.	Earnings	earn	B	for individual taxation: earn=earn_princ, or earn=earn_sp for joint (family) taxation: earn=earn_princ+earn_sp
2.	Allowances:			
	Work related, individual	work_ind	B	IF(earn-SSC<=wr_lim_min, wr_allow_max, IF(earn-SSC<=wr_lim_max, wr_allow_max-wr_rate*((earn-SSC)-(wr_lim_min_1)), wr_allow_min))
	Work related, family	work_fam	J	IF(AND(earn_sp=0, Married=0, Children=0), 0, IF(earn_total-SSC_fam<=wr_lim_min, wr_allow_max, IF(earn_total-SSC_fam<=wr_lim_max, wr_allow_max-wr_rate*((earn_total-SSC_fam)-(wr_lim_min_1)), wr_allow_min)))
	Joint taxation allowance	joint_allow_fam	J	IF(AND(Married=0,Children=0),0,IF(AND(Married=0,Children>0),joint_tax_allow_fam2,joint_tax_allow_fam1))
	Personal and family exempt income, individual	ex_inc_ind	B	per_fam_exempt_inc
	Personal and family exempt income, family	ex_inc_fam	J	IF(AND(Married=0,Children=0),0,per_fam_exempt_inc)
	Children exempt income, individual	child_ex_inc_ind	P	IF(earn_sp=0, (children>0)*(dep_child+(children>1)*dep_child2+(children>2)*dep_child3+(children>3)*(children-3)*dep_child4), (children>0)*(dep_child+(children>1)*dep_child2+(children>2)*dep_child3+(children>3)*(children-3)*dep_child4)/2)
			S	IF(earn_sp=0, 0, (children>0)*(dep_child+(children>1)*dep_child2+(children>2)*dep_child3+(children>3)*(children-3)*dep_child4)/2)
	Children exempt income, family	child_ex_inc_fam	J	(children>0)*(dep_child+(children>1)*dep_child2+(children>2)*dep_child3+(children>3)*(children-3)*dep_child4)
3.	Credits in taxable income	taxbl_cr	B, J	0
4.	CG taxable income	tax_inc	B, J	IF(AND(Married=0, Children=0), tax_inc_princ, MINA(tax_inc_princ+tax_inc_sp, tax_inc_fam))
		tax_inc_ind	B	Positive(earn-(work_ind+SSC))
		tax_inc_fam	J	IF(AND(Married=0, Children), 0, Positive(earn-(work_fam+joint_allow_fam+SSC_princ+SSC_sp)))
5.	CG tax before credits	CG_tax_ind_excl	B	MAXA(0, VLOOKUP(tax_inc_ind, tax_sch_sg, 2)+(tax_inc_ind-VLOOKUP(tax_inc_ind, tax_sch_sg, 1))*VLOOKUP(tax_inc_ind, tax_sch_sg, 3))
		CG_tax_fam_excl	J	MAXA(0, VLOOKUP(tax_inc_fam, tax_sch_sg, 2)+(tax_inc_fam-VLOOKUP(tax_inc_fam, tax_sch_sg, 1))*VLOOKUP(tax_inc_fam, tax_sch_sg, 3))
6.	CG tax credits:	CG_tax_cr_ind	B	MAXA(0,VLOOKUP(ex_inc_ind+child_ex_inc_ind,tax_sch_sg,2)+((ex_inc_ind+child_ex_inc_ind)-VLOOKUP(ex_inc_ind+child_ex_inc_ind,tax_sch_sg,1))* VLOOKUP(ex_inc_ind+child_ex_inc_ind,tax_sch_sg,3)+IF(earn>0,MINA(taper(TC_NUEVO,tax_inc_ind, tc_lim_min, tc_rate),CG_tax_ind_excl),0))

Key to range of equation B calculated separately for both principal earner and spouse P calculated for principal only S calculated for spouse only J calculated once only on a joint basis.

Line in country table and intermediate steps	Variable name	Range	Equation
	CG_tax_cr_fam	J	MAXA(0,VLOOKUP(ex_inc_fam+child_ex_inc_fam,tax_sch_sg,2)+ ((ex_inc_fam+child_ex_inc_fam)- VLOOKUP(ex_inc_fam+child_ex_inc_fam,tax_sch_sg,1))* VLOOKUP(ex_inc_fam+child_ex_inc_fam,tax_sch_sg,3)+IF(AND(married=1,earn_sp>0),(MINA(taper(TC_NUEVO,tax_inc_fam, tc_lim_min, tc_rate),CG_tax_fam_excl))
7. CG tax	CG_tax_ind	B	Positive(CG_tax_ind_excl-CG_tax_cr_ind)
	CG_tax_fam	J	Positive(CG_tax_fam_excl-CG_tax_cr_fam)
8. State and local tax before credits	local_tax_ind_excl	B	MAXA(0, VLOOKUP(tax_inc_ind, tax_sch_sa, 2)+(tax_inc_ind- VLOOKUP(tax_inc_ind, tax_sch_sa, 1))*VLOOKUP(tax_inc_ind, tax_sch_sa, 3))
	local_tax_fam_excl	J	MAXA(0, VLOOKUP(tax_inc_fam, tax_sch_sa, 2)+(tax_inc_fam- VLOOKUP(tax_inc_fam, tax_sch_sa, 1))*VLOOKUP(tax_inc_fam, tax_sch_sa, 3))
local tax credits	local_tax_cr_ind	B	MAXA(0,VLOOKUP(ex_inc_ind+child_ex_inc_ind,tax_sch_sa,2)+ ((ex_inc_ind+child_ex_inc_ind)- VLOOKUP(ex_inc_ind+child_ex_inc_ind,tax_sch_sa,1))* VLOOKUP(ex_inc_ind+child_ex_inc_ind,tax_sch_sa,3))
	local_tax_cr_fam	J	MAXA(0,VLOOKUP(ex_inc_fam+child_ex_inc_fam,tax_sch_sa,2)+ ((ex_inc_fam+child_ex_inc_fam)- VLOOKUP(ex_inc_fam+child_ex_inc_fam,tax_sch_sa,1))* VLOOKUP(ex_inc_fam+child_ex_inc_fam,tax_sch_sa,3))
State and local tax	local_tax_ind	B	Positive(local_tax_ind_excl-local_tax_cr_ind)
	local_tax_fam	J	Positive(local_tax_fam_excl-local_tax_cr_fam)
9. Employees' soc security	SSC	B	IF(AND(earn>0, earn<=min_lim), min_lim*(pension_rate+unemp_rate+oth_rate), IF(earn>=top_lim, top_lim*(pension_rate+unemp_rate+oth_rate), earn* (pension_rate+unemp_rate+oth_rate)))
	SSC_fam	J	SSC_princ+SSC_sp
11. Cash transfers	Child_transf		IF(Children=0.0,IF(earn<=VLOOKUP(Children, SS_child_table,2),SS_child_benefit*Children, IF(earn<=VLOOKUP(Children, SS_child_table, 3), VLOOKUP(Children, SS_child_table, 3)-earn, 0)))
13. Employer's SSC	SSC_empr		IF(AND(earn>0, earn<=min_lim), min_lim*(pension_empr+unemp_empr+ oth_umpr), IF(earn>=top_lim, top_lim*(pension_empr+unemp_empr+oth_empr), earn*(pension_empr+unemp_empr+oth_empr)))

Key to range of equation B calculated separately for both principal earner and spouse P calculated for principal only S calculated for spouse only J calculated once only on a joint basis.

Sweden

This chapter includes data on the income taxes paid by workers, their social security contributions, the family benefits they receive in the form of cash transfers as well as the social security contributions and payroll taxes paid by their employers. Results reported include the marginal and average tax burden for eight different family types.

Methodological information is available for personal income tax systems, compulsory social security contributions to schemes operated within the government sector, universal cash transfers as well as recent changes in the tax/benefit system. The methodology also includes the parameter values and tax equations underlying the data.

Sweden 2014

The tax/benefit position of single persons

	Wage level (per cent of average wage)	67	100	167	67
	Number of children	none	none	none	2
1.	**Gross wage earnings**	273 343	407 974	681 317	273 343
2.	**Standard tax allowances**				
	Basic allowance	20 700	13 100	13 100	20 700
	Married or head of family				
	Dependent children				
	Deduction for social security contributions and income taxes	0	0	0	0
	Work-related expenses				
	Other				
	Total	20 700	13 100	13 100	20 700
3.	**Tax credits or cash transfers included in taxable income**	0	0	0	0
4.	**Central government taxable income (1 - 2 + 3)**	252 600	394 800	668 200	252 600
5.	**Central government income tax liability (exclusive of tax credits)**	0	0	52 760	0
6.	**Tax credits**				
	Basic credit				
	Married or head of family				
	Children				
	Other	39 960	54 910	58 410	39 960
	Total	39 960	54 910	58 410	39 960
7.	**Central government income tax finally paid (5-6)**	- 39 960	- 54 910	- 5 650	- 39 960
8.	**State and local taxes**	80 478	125 783	212 888	80 478
9.	**Employees' compulsory social security contributions**				
	Gross earnings	19 100	28 600	32 100	19 100
	Taxable income				
	Total	19 100	28 600	32 100	19 100
10.	**Total payments to general government (7 + 8 + 9)**	59 618	99 473	239 338	59 618
11.	**Cash transfers from general government**				
	For head of family				
	For two children	0	0	0	27 000
	Total	0	0	0	27 000
12.	**Take-home pay (1-10+11)**	213 725	308 501	441 979	240 725
13.	**Employer's wage dependent contributions and taxes**				
	Employer's compulsory social security contributions	58 878	87 878	146 755	58 878
	payroll taxes	27 006	40 307	67 314	27 006
	Total	85 884	128 185	214 069	85 884
14.	**Average rates**				
	Income tax	14.8%	17.4%	30.4%	14.8%
	Employees' social security contributions	7.0%	7.0%	4.7%	7.0%
	Total payments less cash transfers	21.8%	24.4%	35.1%	11.9%
	Total tax wedge including employer's social security contributions	40.5%	42.5%	50.6%	33.0%
15.	**Marginal rates**				
	Total payments less cash transfers: Principal earner	28.3%	31.9%	56.9%	28.3%
	Total payments less cash transfers: Spouse	n.a.	n.a.	n.a.	n.a.
	Total tax wedge: Principal earner	45.5%	48.2%	67.2%	45.5%
	Total tax wedge: Spouse	n.a.	n.a.	n.a.	n.a.

Sweden 2014

The tax/benefit position of married couples

	Wage level (per cent of average wage)	100-0	100-33	100-67	100-33
	Number of children	2	2	2	none
1.	**Gross wage earnings**	407 974	542 606	681 317	542 606
2.	**Standard tax allowances:**				
	Basic allowance	13 100	47 300	33 800	47 300
	Married or head of family				
	Dependent children				
	Deduction for social security contributions and income taxes	0	0	0	0
	Work-related expenses				
	Other				
	Total	13 100	47 300	33 800	47 300
3.	**Tax credits or cash transfers included in taxable income**	0	0	0	0
4.	**Central government taxable income (1 - 2 + 3)**	394 800	495 200	647 400	495 200
5.	**Central government income tax liability (exclusive of tax credits)**	0	0	0	0
6.	**Tax credits**				
	Basic credit				
	Married or head of family				
	Children				
	Other	54 910	75 964	94 870	75 964
	Total	54 910	75 964	94 870	75 964
7.	**Central government income tax finally paid (5-6)**	- 54 910	- 75 964	- 94 870	- 75 964
8.	**State and local taxes**	125 783	157 770	206 261	157 770
9.	**Employees' compulsory social security contributions**				
	Gross earnings	28 600	38 000	47 700	38 000
	Taxable income				
	Total	28 600	38 000	47 700	38 000
10.	**Total payments to general government (7 + 8 + 9)**	99 473	119 806	159 091	119 806
11.	**Cash transfers from general government**				
	For head of family				
	For two children	27 000	27 000	27 000	0
	Total	27 000	27 000	27 000	0
12.	**Take-home pay (1-10+11)**	335 501	449 800	549 226	422 800
13.	**Employer's wage dependent contributions and taxes**				
	Employer's compulsory social security contributions	87 878	116 878	146 756	116 878
	payroll taxes	40 307	53 608	67 313	53 608
	Total	128 185	170 486	214 069	170 486
14.	**Average rates**				
	Income tax	17.4%	15.1%	16.3%	15.1%
	Employees' social security contributions	7.0%	7.0%	7.0%	7.0%
	Total payments less cash transfers	17.8%	17.1%	19.4%	22.1%
	Total tax wedge including employer's social security contributions	37.4%	36.9%	38.7%	40.7%
15.	**Marginal rates**				
	Total payments less cash transfers: Principal earner	31.9%	31.9%	31.9%	31.9%
	Total payments less cash transfers: Spouse	15.1%	28.3%	28.3%	28.3%
	Total tax wedge: Principal earner	48.2%	48.2%	48.2%	48.2%
	Total tax wedge: Spouse	35.4%	45.5%	45.5%	45.5%

The national currency is the Swedish kronor (SEK). In 2014, SEK 6.86 was equal to USD 1. In that year, the average worker earned SEK 407 974 (Secretariat estimate).

1. Personal income tax systems

1.1. *Central government income taxes*

1.1.1. *Tax unit*

Spouses are taxed separately.

1.1.2. *Tax allowances and tax credits*

1.1.2.1. Standard reliefs

- *Basic reliefs*: A basic allowance is given for assessed earned income and varies between SEK 13 100 and SEK 34 200, depending on income. When individuals pay central government income tax, the basic allowance is at its lowest level, which equals SEK 13 100. The basic allowance depends on the assessed earned income and the basic amount, which equals SEK 44 400.

Assessed-earned income (SEK) Relative to basic amount (BA)	Share of BA at lower bracket	For exceeding income
–0.99	0.423	
0.99-2.72	0.423	+0.2
2.72-3.11	0.77	
3.11-7.88	0.77	-0.1
7.88-	0.293	

- *Standard marital status reliefs*: None.
- *Relief(s) for children*: None.
- *Work-related expenses*: None.
- *Other*: None.

1.1.2.2. Main non-standard tax reliefs applicable to an AW

- Interest on qualifying loans: Interest payments are offset against capital income. The resulting net capital income is the tax base. A tax credit is given in the case of negative capital income.
- Contributions to pensions, life insurance, superannuation schemes: A deduction of maximum SEK 12 000 can be claimed for premiums paid to private pension arrangements. Medical expenses: None.
- Other allowances are given for:
  - the amount of commuting expenses exceeding SEK 10 000;
  - other types of work-related expenses exceeding SEK 5 000; examples are the costs of tools, work-related phone calls using the taxpayer's private telephone;

- increased living expenses while on business trips, e.g. such as the use of a private car if these costs are not reimbursed by the employer;
- double housing expenses due to *temporary* work at other geographical locations (too far from home for commuting), or if the family for some reason can't move, even if the job is of a *permanent* nature;
- travelling expenses for travelling home if the taxpayer works in another place than his/her place of residence.

1.1.3. *Tax schedule*

Taxable income (SEK)	Tax (SEK) at lower bracket	For exceeding income, %
0-420 800	0	0
420 800-602 600	0	20
over 602 600	36 360	25

1.1.4. *Tax credits*

A tax credit equal to 100 per cent of the compulsory social security contributions paid by the employee is granted.

For a person aged 65 or less, an annual Earned Income Tax Credit (EITC) worth up to SEK 26 310 at the average local tax rate is granted on labour income. For those older than 65, a higher credit worth up to SEK 30 000 is granted. For a person aged 65 or less the EITC is calculated as follows: EITC = (Special Amount - Basic Allowance) * local tax rate. For those older than 65 a simplified EITC was introduced in 2009 so that it is no longer connected to the local tax rate, the basic allowance or the basic amount. The Basic Allowance is determined in Section 1.121; the local tax rate is discussed in Section 1.2. The Basic Amount (BA) in 2014 is SEK 44 400. The Special Amount is based on the taxpayer's (gross) earned income.

For taxpayers younger than 65, the Special Amount is calculated as follows:

Earned Income (EI)	Special Amount
–0.91 BA	EI
0.91 BA–2.94 BA	0.91 BA + 0.332 * (EI–0.91 BA)
2.94 BA–8.08 BA	1.584 BA + 0.111 * (EI–2.94 BA)
8.08 BA–	2.155 BA

BA = SEK 44 400

For taxpayers older than 65, the EITC is calculated differently:

Earned Income (EI)	EITC
-100 000 SEK	0.2 * EI
100 001-300 000 SEK	15 000 SEK + 0.05 * EI
300 001 SEK-	30 000 SEK

1.2. Local government income taxes

1.2.1. General description of the systems

Sweden has both a central government and a local government personal income tax. They are completely co-ordinated in the assessment process and refer to the same period, i.e. the income year coincides with the calendar year.

1.2.2. Tax base

The tax base is the same as for the central government income tax. The basic allowance for individuals paying local government tax varies between SEK 13 100 and SEK 34 200; it depends on the taxpayer's income. For a taxpayer earning the AW, this basic allowance amounts to SEK 13 100 (based on an AW equal to SEK 407 974 – subject to revision with the AW).

1.2.3. Tax rates

The local government personal income tax is proportional and differs between municipalities. The average rate amounts to 31.86 per cent in 2014, with the maximum and minimum rates being 34.52 per cent and 28.89 per cent, respectively.

2. Compulsory social security contributions to schemes operated within the government sector

2.1. Employees' contributions

A general pension contribution of 7 per cent of personal income is paid by employees and the self-employed when income is equal to or greater than 42.3 per cent of the basic amount underlying the basic allowance (see Section 1.121). The contribution cannot exceed SEK 32 200 since the general pension contributions are not paid for income over SEK 456 700 (= 8.07 * 56 900). The employees' contribution is offset with a tax credit.

2.2. Employers' contributions

The employers' contributions are calculated as a percentage of the total sum of salaries and benefits in a year. For the self-employed, the base is net business income. The rates for 2014 are listed below.

Program	Employer (%)	Self-employed (%)
Retirement pension	10.21	10.21
Survivor's pension	1.17	1.17
Parental insurance	2.60	2.60
Health insurance	4.35	4.44
Labour market	2.91	0.37
Occupational health	0.30	0.30
General wage tax	9.88	9.88
Total	31.42	28.97

In certain regions, a reduction of 10 per cent of the base, maximum SEK 7 100 per month, is granted (SEK 18 000 per year for self-employed) (it is not included in the calculations underlying this Report). For employees aged under 26 a reduced SSC rate of 15.49 per cent is applied (14.89 per cent for self-employed). For employees who are over 65 years old and born after 1937 only the retirement pension contribution (10.21 per cent) is applicable. For persons born in 1937 or earlier no employers' social security contributions are applied. On premiums for occupational pensions paid by the employer a reduced SSC rate (24.26 per cent) is applied.

For self-employed a general reduction of 7.5 per cent on the SSC is applicable if the income exceeds SEK 40 000 per year. The maximal reduction is SEK 15 000 per year.

3. Universal cash transfers

3.1. Transfers related to marital status

None.

3.2. Transfers for dependent children

The transfers are tax exempt and independent of the parents' income. The transfers for each child are as follows:

First child	12 600
Second child	14 400
Third child	18 048
Fourth child	24 720
Fifth and subsequent child	27 600

4. Main changes in tax/benefit systems since 1998

A tax credit of SEK 1 320 was introduced for low- and average income earners in 1999. The credit is reduced by 1.2 per cent of taxable income above SEK 135 000. This reduction was abolished in 2003 and was replaced by an increase in the basic allowance.

A tax credit of 25 per cent of the social security contribution paid by employees and the self-employed was introduced in 2000. The tax credit has been gradually increased to 100 per cent in 2006.

In 2004, a special tax credit equal to SEK 200 was provided for the statutory minimum local income tax. The special tax credit was abolished in 2005 as was the statutory minimum state income tax (a lump sum tax) of SEK 200. The central government income tax bracket is indexed with the consumer price index plus 2 per cent. However, in 2004, 2005 and 2006, the central government income tax bracket was restricted to be indexed with the consumer price index plus 1 per cent. In order to reduce the number of people paying the central income tax, there have been an additional increase of the tax bracket in 2009.

The child allowance was raised by SEK 1 200 per year in 2000, 2001 and 2006.

Maximum fee for childcare was introduced in 2002.

The basic allowance has been increased in 2001, 2002, 2003, 2005 and 2006.

The maximum number of days with unemployment benefit was increased from 564 to 580 days in 1998. The maximum number of days with unemployment benefit was set to 300 days (450 days for persons with children under the age of 18) in 2007. The unemployment benefit was raised in 2001 by SEK 100 to SEK 680 per day. The compensation in the sick leave was raised from 75 to 80 per cent in 1998. In 2003, the compensation was lowered to 77.6 per cent and, at the same time, the number of days for which the employer is responsible was increased from 14 to 21 days. In 2005, the compensation in the sick leave and the number of days for which the employer is responsible were set to their before-2003 level.

The lowest level compensation in the parental leave was raised on 1 July 2006 from SEK 60 to SEK 180 per day.

An earned income tax credit was introduced in 2007 with the purpose of making work economically more rewarding relative to unemployment or inactivity. The earned income tax credit was increased in 2008, 2009, 2010 and 2014.

In 2007, the social security contributions for 18-24-year-old employees and self-employed were reduced. In 2009, the reduction were increased and expanded to include all aged under 26. A special wage tax for persons older than 65 was abolished in 2007 for persons born after 1937 and in 2008 for persons born in 1937 or earlier.

An increased basic allowance for persons older than 65 was introduced in 2009 and extended in 2010, 2011, 2013 and 2014.

A general reduction on the SSC for self-employed was introduced in 2010 and increased in 2014.

5. Memorandum items

5.1. *Identification of an AW and calculation of earnings*

Basic data for gross earnings are taken from the series *Official Statistics of Sweden*, published by Statistics Sweden. The calculation is based upon total average monthly or hourly earnings, primarily in September of the calendar year. To arrive at the annual earnings, data have been multiplied by the normal amount of hours worked during the year or the stipulated monthly salary has been multiplied by a factor of 12.2. The figures are representative for the country as a whole. The branch classification is NACE Rev. 2 B-N according to the OECD recommendation.

5.2. *Employer contributions to private health, pension, etc. schemes*

There are a handful of widespread private social security schemes. The employers' contributions to these systems for the blue-collar workers in the private sector equalled to 6.3 per cent of wage earnings in 2007. For white-collar workers in the private sector the employers' contributions to private social security schemes was 14 per cent in 2007. These figures are based on the statistics of labour costs in the private sector, published by Statistics Sweden.

2014 parameter values

Average earnings/yr	Ave_earn	407 974	Secretariat estimate
Central income tax			
	tax_rate	0.2	
	tax_rate2	0.05	
	tax_thrsh	420 800	
	tax_thrsh2	602 600	
Basic Allowance			
	gr1	0.99	
	gr2	2.72	
	gr3	3.11	
	gr4	7.88	
	gp1	0.423	
	gp2	0.2	
	gp3	0.1	
	gp4	0.293	
	gp5	0.77	
Local income tax			
	local_rate	0.3186	
	min_taxl	0	
Soc. security amount			
	basic_amt	44 400	
	basic_ant	56 900	
Soc. security contributions			
employee	SSC_rate	0.07	
employer	SSC_empr	0.3142	
ceiling	SSCC	8.07	
Child benefit			
	Child 1	12 600	
	Child 2	14 400	
	CB	13 500	
Tax credits			
	TC1	0	
	TC1gr1	0	
	TC1gp1	0	
	TC2gp1	1	
EITC	er_1	0.91	
	er_2	2.94	
	er_3	8.08	
	ep_1	1.584	
	ep_2	0.332	
	ep_3	0.111	
	ep_4	2.155	
Employer payroll tax	PRT	0.0988	

2014 tax equations

The equations for the Swedish system are mostly repeated for each individual of a married couple. But the cash transfer is calculated only once. This is shown by the Range indicator in the table below.

The functions which are used in the equations (Taper, MIN, Tax, etc.) are described in the technical note about tax equations. Variable names are defined in the table of parameters above, within the equations table, or are the standard variables "married" and "children". A reference to a variable with the affix "_total" indicates the sum of the relevant variable values for the principal and spouse. And the affixes "_princ" and "_spouse" indicate the value for the principal and spouse, respectively. Equations for a single person are as shown for the principal, with "_spouse" values taken as 0.

	Line in country table and intermediate steps	Variable name	Range	Equation
1.	Earnings	earn		
		truncearn	B	TRUNC(earn, -2)
2.	Allowances:	basic_al	B	IF(truncearn<=gr_2*basic_amt, MINA(ROUNDUP(MAXA(gp_1*basic_amt, (gp_1+gp_2*(gr_2-gr_1))*basic_amt-gp_2*MAXA(gr_2*basic_amt-truncearn, 0)), -2), truncearn), MINA(ROUNDUP(MAXA(gp_4*basic_amt, gp_5*basic_amt-gp_2*MAXA(gr_2*basic_amt-truncearn, 0)-gp_3*MAXA(truncearn-gr_3*basic_amt, 0)), -2), truncearn))
		ssc_al	B	0
	Total	tax_al	B	basic_al+ssc_credit
3.	Credits in taxable income	taxbl_cr	B	0
4.	CG taxable income	tax_inc	B	Positive(earn-basic_al-ssc_credit)
5.	CG tax before credits	CG_tax_excl	B	tax_rate*Positive(tax_inc-tax_thrsh)+ tax_rate2* Positive(tax_inc-tax_thrsh2)
6.	Tax credits:	ssc_credit	B	Trunc(SSC, -2)
		localtax_credit	B	0
		eitc	B	=TRUNC(MAX((((TRUNC(IF(earned_income>er_2*basic_amt; IF(earned_income>er_3*basic_amt;ep_4*basic_amt;ep_1*basic_amt+ep_3*(earned_income-er_2*basic_amt));MIN(earned_income;er_1*basic_amt+ep_2*(earned_income-er_1*basic_amt)));0))-basic_allowance)*local_rate);0);0)
		tax_cr	B	ssc_credit+localtax_credit+eitc
7.	CG tax	CG_tax	B	CG_tax_excl-tax_cr
8.	State and local taxes	local_tax	B	IF(tax_inc>0, TRUNC(local_rate*tax_inc, 0)+min_taxl, 0)
9.	Employees' soc security	SSC	B	(truncearn>=gp_1*basic_amt)*MINA(ROUNDSSC(truncearn*SSC_rate), ROUNDSSC(SSCC*basic_ant*SSC_rate))
11.	Cash transfers	cash_trans	J	Children*CB
13.	Employer's contributions		B	
	Employer's SSC	SSC_empr	B	TRUNC(earn*SSC_empr)-Payroll_empr
	Employer's payroll tax	Payroll_empr	B	TRUNC(earn*PRT)
	Total	Cont_empr	B	SSC_empr+Payroll_empr

Key to range of equation B calculated separately for both principal earner and spouse P calculated for principal only (value taken as 0 for spouse calculation) J calculated once only on a joint basis.

Switzerland

This chapter includes data on the income taxes paid by workers, their social security contributions, the family benefits they receive in the form of cash transfers as well as the social security contributions and payroll taxes paid by their employers. Results reported include the marginal and average tax burden for eight different family types.

Methodological information is available for personal income tax systems, compulsory social security contributions to schemes operated within the government sector, universal cash transfers as well as recent changes in the tax/ benefit system. The methodology also includes the parameter values and tax equations underlying the data.

Switzerland 2014

The tax/benefit position of single persons

		Wage level (per cent of average wage)	67	100	167	67
		Number of children	none	none	none	2
1.	**Gross wage earnings**		60 650	90 522	151 172	60 650
2.	**Standard tax allowances**					
	Basic allowance					
	Married or head of family		0	0	0	0
	Dependent children		0	0	0	13 000
	Deduction for social security contributions and income taxes		6 572	10 743	19 058	6 572
	Work-related expenses		2 000	2 546	4 000	2 000
	Other		1 700	1 700	1 700	3 100
		Total	10 272	14 988	24 758	24 672
3.	**Tax credits or cash transfers included in taxable income**		0	0	0	6 000
4.	**Central government taxable income (1 - 2 + 3)**		50 300	75 500	126 400	41 900
5.	**Central government income tax liability (exclusive of tax credits)**		453	1 274	5 118	136
6.	**Tax credits**					
	Basic credit					
	Married or head of family					
	Children		0	0	0	502
	Other					
		Total	0	0	0	502
7.	**Central government income tax finally paid (5-6)**		453	1 274	5 118	0
8.	**State and local taxes**		4 503	8 806	19 276	1 454
9.	**Employees' compulsory social security contributions**					
	Gross earnings		3 791	5 658	9 297	3 791
	Taxable income					
		Total	3 791	5 658	9 297	3 791
10.	**Total payments to general government (7 + 8 + 9)**		8 746	15 738	33 692	5 245
11.	**Cash transfers from general government**					
	For head of family					
	For two children		0	0	0	6 000
		Total	0	0	0	6 000
12.	**Take-home pay (1-10+11)**		51 904	74 784	117 480	61 405
13.	**Employer's compulsory social security contributions**		3 791	5 658	9 297	3 791
14.	**Average rates**					
	Income tax		8.2%	11.1%	16.1%	2.4%
	Employees' social security contributions		6.3%	6.3%	6.2%	6.3%
	Total payments less cash transfers		14.4%	17.4%	22.3%	-1.2%
	Total tax wedge including employer's social security contributions		19.5%	22.2%	26.8%	4.7%
15.	**Marginal rates**					
	Total payments less cash transfers: Principal earner		21.7%	27.6%	32.2%	13.8%
	Total payments less cash transfers: Spouse		n.a.	n.a.	n.a.	n.a.
	Total tax wedge: Principal earner		26.3%	31.9%	35.9%	18.9%
	Total tax wedge: Spouse		n.a.	n.a.	n.a.	n.a.

Switzerland 2014

The tax/benefit position of married couples

	Wage level (per cent of average wage)	100-0	100-33	100-67	100-33
	Number of children	2	2	2	none
1.	**Gross wage earnings**	90 522	120 394	151 172	120 394
2.	**Standard tax allowances**				
	Basic allowance				
	Married or head of family	2 600	15 603	16 000	15 603
	Dependent children	13 000	13 000	13 000	0
	Deduction for social security contributions and income taxes	10 743	15 018	19 315	15 018
	Work-related expenses	2 546	2 546	2 546	2 546
	Other	4 900	4 900	4 900	3 500
	Total	33 788	51 067	55 761	36 667
3.	**Tax credits or cash transfers included in taxable income**	6 000	6 000	6 000	0
4.	**Central government taxable income (1 - 2 + 3)**	62 700	75 300	101 400	83 700
5.	**Central government income tax liability (exclusive of tax credits)**	505	883	2 038	1 219
6.	**Tax credits**				
	Basic credit				
	Married or head of family				
	Children	502	502	502	0
	Other				
	Total	502	502	502	0
7.	**Central government income tax finally paid (5-6)**	3	381	1 536	1 219
8.	**State and local taxes**	4 130	7 065	11 379	9 303
9.	**Employees' compulsory social security contributions**				
	Gross earnings	5 658	7 525	9 448	7 525
	Taxable income				
	Total	5 658	7 525	9 448	7 525
10.	**Total payments to general government (7 + 8 + 9)**	9 791	14 970	22 363	18 047
11.	**Cash transfers from general government**				
	For head of family				
	For two children	6 000	6 000	6 000	0
	Total	6 000	6 000	6 000	0
12.	**Take-home pay (1-10+11)**	86 731	111 424	134 808	102 348
13.	**Employer's compulsory social security contributions**	5 658	7 525	9 448	7 525
14.	**Average rates**				
	Income tax	4.6%	6.2%	8.5%	8.7%
	Employees' social security contributions	6.3%	6.3%	6.3%	6.3%
	Total payments less cash transfers	4.2%	7.5%	10.8%	15.0%
	Total tax wedge including employer's social security contributions	9.8%	12.9%	16.1%	20.0%
15.	**Marginal rates**				
	Total payments less cash transfers: Principal earner	19.7%	22.3%	25.0%	22.3%
	Total payments less cash transfers: Spouse	17.3%	21.0%	25.6%	21.0%
	Total tax wedge: Principal earner	24.4%	26.9%	29.4%	26.9%
	Total tax wedge: Spouse	22.2%	25.7%	30.0%	25.7%

The national currency is the Swiss franc (CHF). In 2014, CHF 0.92 equalled USD 1. The Secretariat has estimated that in that same year the average worker earned CHF 90 522 (Secretariat estimate).

Cantonal and communal income taxes are very substantial in relation to direct federal tax. Here, the canton and commune of Zurich have been selected as an example of the tax system of the 26 cantons. Local income tax is not deductible when calculating federal income tax.

1. Personal income tax systems

1.1. *Income tax collected by the federal government (Confederation)*

1.1.1. *Tax unit*

The income of spouses living together is taxed jointly, regardless of the property regime under which they were married. Income of children living under parental authority is added to the income of their custodian. Children's labour income is taxed separately and in some cases, as in Zurich, is exempt from tax.

1.1.2. *Tax reliefs and tax credits*

1.1.2.1. Standard reliefs for "postnumerando" taxation [i.e. annual taxation on the basis of actual earned income, assessed at the end of the year].

- Basic deduction

There is a basic deduction of CHF 2 600 for married couples for direct federal tax.

- Deduction for children

A CHF 6 500 deduction is allowed for each child under 18 years of age; the deduction is allowed for older children if they are apprentices or still in school.

- Tax credit for children

A CHF 251 deduction from the tax liability is allowed for each child under 18 years, the deduction is allowed for older children if they are apprentices or still in school.

- Deductions for social insurance contributions and other taxes

Premiums for old age and disability insurance (5.15% of gross earned income) and for unemployment insurance (1.1% for income up to CHF 12-6 000, 0.5% for income between CHF 126 000 and CHF 315 000) are deductible in full. Compulsory contributions of approximately 7.65% to private pension funds are also fully deductible. Health and life insurance premiums are deductible from federal income tax up to CHF 3 500 for married persons and CHF 1 700 for taxpayers who are widow(er)s, divorced or single (such premiums are not considered social contributions). These amounts are increased by CHF 700 for each dependent child.

- Work-related expenses

Taxpayers are allowed a deduction corresponding to 3% of net income (i.e. gross income less contributions for old age and disability insurance, unemployment insurance and work-related provident funds). This deduction may be no less than CHF 2 000 and no more than CHF 4 000.

- Deduction for two-income couples

50% of the smaller income can be deducted, but no less than CHF 8 100 and no more than CHF 13 400.

1.1.2.2. Main non-standard reliefs available to the average worker

- Interest payments on qualifying loans

This is the main non-standard relief available to the average worker. It is allowed for all sorts of loans.

- Medical expenses

Expenses incurred as a result of illness, accidents or disability of the taxpayer or one of its dependants are deductible if the taxpayer bears the expenses personally and they exceed 5% of his or her net income.

1.1.3. *Tax base*

Allowable deductions from gross income	Single taxpayer (CHF)	Married taxpayer, 2 children (CHF)
Work-related expenses[1]	2 000-4 000	2 000-4 000
Personal deduction	-	2 600
Deduction for 2 dependent children	-	13 000 (6 500 * 2)
Social contributions		
Old age insurance	5.05%	5.05%
Unemployment insurance	1.1%[2]	1.1%[2]
Pension fund	7.8%	7.8%
Maximum deductions for health insurance premiums and loan interest[3]	1 700 plus 700 per child	3 500 plus 700 per child
Deduction for two-income couples[4]		8 100-13 400

1. 3% of net income, minimum CHF 2 000, maximum CHF 4 000.
2. 1.1% of income up to CHF 126 000; 0.5% of income between CHF 126 000 and CHF 315 000.
3. For the purposes of this publication, taxpayers are assumed to always receive the relevant maximum deduction.
4. 50% of smaller income, minimum the lower of CHF 8 100 or adjusted smaller income, maximum CHF 13 400.

In addition, for the married taxpayer with 2 children, there is a tax credit for 2 dependent children amounting to CHF 502, thus reducing the tax liability by CHF 502.

1.1.4. *Tax schedules*

1.1.4.1. Rates for persons living alone

Taxable income (CHF)[5]	Base amount (CHF)	Plus % of excess (CHF)	
Up to 14 500	-	-	-
14 500 to 31 600		0.77	14 500
31 600 to 41 400	131.65	0.88	31 600
41 400 to 55 200	217.90	2.64	41 400
55 200 to 72 500	582.20	2.97	55 200
72 500 to 78 100	1 096.00	5.94	72 500
778 100 to 103 600	1 428.60	6.60	78 100
103 600 to 134 600	3 111.60	8.80	103 600
134 600 to 176 000	5 839.60	11.00	134 600
176 000 to 755 200	10 393.60	13.20	176 000
Over 755 200[6]	–	11.5 of total income	

5. Fractions of less than CHF 100 are disregarded.
6. The calculation model disregards this part of the schedule.

1.1.4.2. Rates for spouses living together and for widowed, separated, divorced taxpayers or unmarried taxpayers living with their own children.

Taxable income (CHF)[7]	Base amount (CHF)	Plus % of the excess (CHF)	
Up to 28 300	-	-	-
28 300 to 50 900		1	28 300
50 900 to 58 400	223	2	50 900
58 400 to 75 300	373	3	58 400
75 300 to 90 300	877	4	75 300
90 300 to 103 400	1 477	5	90 300
103 400 to 114 700	2 127	6	103 400
114 700 to 124 200	2 799	7	114 700
124 200 to 131 700	3 457	8	124 200
131 700 to 137 300	4 057	9	131 700
137 300 to 141 200	4 552	10	137 300
141 200 to 143 100	4 942	11	141 200
143 100 to 145 000	5 151	12	143 100
145 000 to 895 800	5 379	13	145 000
For 895 900	103 028.50		
Over 895 900[8]	–	11.5 of total income	

7. Fractions of less than CHF 100 are disregarded.
8. The calculation model disregards this part of the schedule.

1.2. Taxes levied by decentralised authorities (Canton and commune of Zurich)

1.2.1. General description of the system

The system of cantonal and communal taxation has the same features as that of direct federal tax.

The tax base is comprised of income from all sources.

Once the basic amount of tax is set, cantons, communes and churches levy their taxes by applying a multiple, which may change from year to year. In 2012, for example, the canton applied a multiple of 1.0, the commune of Zurich 1.19 and the reformed church 0.10. The basic amount of tax is therefore multiplied by a total of 2.29. However, following the decision no longer to include church tax in *Revenue Statistics*, it is no longer included in the calculations for *Taxing Wages*. The basic amount of tax is therefore multiplied by a total of 2.19.

1.2.2. *Tax base*

Allowable deductions from gross income	Single taxpayer (CHF)	Married taxpayer, 2 children (CHF)
Work-related expenses[9]	2 000-4 000	2 000-4 000
Personal deduction	–	–
Deduction for 2 dependent children	–	18 000 (9 000 * 2)
Social contributions		
Old age insurance	5.15%	5.15%
Unemployment insurance	1.1%[10]	1.1%[10]
Pension fund	7.8%	7.8%
Maximum deductions for health insurance premiums and loan interest[11]	2 600 plus 1 300 per child	5 200 plus 1 300 per child
Deduction for two-income couples		5 900

9. 3% of net income, minimum CHF 2 000 CHF, maximum CHF 4 000.
10. 1.1% of income up to CHF 126 000; 0.5% of income between CHF 126 000 and CHF 315 000.
11. For the purposes of this publication, taxpayers are assumed to always receive the relevant maximum deduction.

1.2.3. *Postnumerando tax rates*

Cantonal income tax (Zurich)

a) Basic income tax rates for married, divorced, widowed or single taxpayers living with children:

Taxable income (CHF)[12]	Base amount (CHF)	Plus % of the excess (CHF)	
Up to 13 500	–	0	-
13 500 to 19 600	–	2	13 500
19 160 to 27 300	122	3	19 600
27 300 to 36 700	353	4	27 300
36 700 to 47 400	729	5	36 700
47 400 to 61 300	1 264	6	47 400
61 300 to 92 100	2 098	7	61 300
92 100 to 122 900	4 254	8	92 100
122 900 to 169 300	6 718	9	122 900
169 300 to 224 700	10 984	10	169 300
224 700 to 284 800	16 434	11	224 700
284 800 to 354 100	23 045	12	284 800
Over 354 100	31 361	13	354 100

12. Fractions below CHF 100 are disregarded.

b) Basic income tax rates for other taxpayers (single without children).

Taxable income (CHF)[13]	Base amount (CHF)	Plus % of the excess (CHF)	
Up to 6 700	-	0	-
6 700 to 11 400	-	2	6 700
11 400 to 16 100	94	3	11 400
16 100 to 23 700	235	4	16 100
23 700 to 33 000	539	5	23 700
33 000 to 43 700	1 004	6	33 000
43 700 to 56 100	1 646	7	43 700
56 100 to 73 000	2 514	8	56 100
73 000 to 105 500	3 866	9	73 000
105 500 to 137 700	6 791	10	105 500
137 700 to 188 700	10 011	11	137 700
188 700 to 254 900	15 621	12	188 700
Over 254 900	23 565	13	254 900

13. Fractions below CHF 100 are disregarded.

c) Annual multiple as a percentage of basic tax rates:

Canton of Zurich	100
Commune of Zurich	119
Roman Catholic church tax	10 (for info.)
Reformed Church tax	10 (for info.)

A personal tax of CHF 24 is added.

1.2.4. *Tax rates used for this study*

This study uses the rates of tax levied by the federal, cantonal and communal tax authorities.

2. Compulsory social security contributions to schemes operated within the government sector

2.1. *Employee contributions*

2.1.1. *Retirement pensions*

5.15% of gross income for old age insurance.

2.1.2. *Health insurance*

–

2.1.3. *Unemployment*

1.1% on the portion of income up to CHF 126 000; 0.5% for income between CHF 126 000 and CHF 315 000.

2.1.4. *Work-related accidents*

–

2.1.5. *Family allowances*

–

2.1.6. Other

–

2.2. Employer contributions

2.2.1. Retirement pensions

5.15% of gross income for old age insurance.

2.2.2. Health insurance

–

2.2.3. Unemployment

1.1% on the portion of income up to CHF 126 000; 0.5% for income between CHF 126 000 and CHF 315 000.

2.2.4. Work-related accidents

–

2.2.5. Family allowances

The employer pays a benefit for dependent children of an employee. The effective benefits paid depend on the Canton of residence and the respective employer. As of 1 January 2009, a new Swiss-wide minimum amount of CHF 2 400 (for children up to 16 years of age and CHF 3 000 for children in education between 16 and 25 years of age) has been established. In most cases, the benefit paid exceeds this minimum. The average family benefit is estimated to amount to CHF 3 000 per child per year.

This benefit is taxable along with other components of income.

The family allowance contributions are not included in the *Taxing Wages* results either as they are paid to a privately-managed fund. These contributions therefore qualify as non-tax compulsory payments (see also Section 5.3).

2.2.6. Other

–

3. Universal cash benefits

3.1. Benefits linked to marital status

No such benefits are paid.

3.2. Benefits for dependent children

The employer pays a benefit of, on average, approximately CHF 3 000 per year for each dependent child of an employee. This benefit is taxable along with other components of income. See 2.25.

4. Main changes in the tax/benefit system since 1998

On 1 January 1999, the canton of Zurich switched from biennial praenumerando taxation to annual postnumerando taxation on individual income. As a result, the direct federal tax is based on annual postnumerando taxation as well.

As of 1 January 2008, the basic deduction for married couples and the deduction for two-income couples were introduced. These measures are intended to minimise the marriage penalty and to reduce the high taxation of secondary earners, thereby increasing labour force participation of skilled secondary earners.

As of 1 January 2012, the tax credit for children reduces the tax liability by CHF 251 per child.

5. Memorandum item

5.1. *Identification of the average worker*

The population includes men and women working in industry, arts and crafts. The stated income is for the average of workers in the same sector. The geographical scope is the entire country, whereas the amount of tax is computed in respect of the canton and commune of Zurich.

5.2. *Method of calculation used*

- Unemployment benefits: Not included.
- Sick leave payments: Not included.
- Paid leave allowances: Included.
- Overtime: Included.
- Periodic cash bonuses: Included.
- Fringe benefits: Not included.
- Basic method used for calculation: Monthly wages are multiplied by 12.
- Close of the income tax year: 31 December.
- Reference period for computing wages: From 1 January to 31 December of the year in question.

5.3. *Calculation of non-tax compulsory payments*

Switzerland imposes some important non-tax compulsory payments (NTCPs). These NTPCs are not included in the *Taxing Wages* models except when they qualify as standard personal income tax reliefs. Compulsory payments indicators, which combine the effect of taxes and NTCPs, are calculated by the OECD Secretariat and presented in the *OECD Tax Database* (see: *www.oecd.org/ctp/taxdatabase*). Switzerland levies the following employee and/ or employer NTCPs:

- Contributions to the second pillar of the pension system (occupational pension funds): Occupational pension funds are mandatory for salaried persons earning at least CHF 21 060 annually. Old age insurance is based on individual savings. The savings assets accumulated by the insured person on his individual savings account over the years serve to finance the old age pension. The constituted capital is converted into an annual old age pension on the basis of a conversion factor. Contribution rates depend on the occupation and the pension fund. An estimated representative rate amounts to 7.71% for employees and 10.16% for employers in 2014.

- Health insurance is compulsory for all persons domiciled in Switzerland. Every family member is insured individually, regardless of age. Health insurance contributions are lump sum contributions per capita depending on age, sex, canton of residence and insurer. The national average rates for 2014 amount to CHF 4 753 for adults and CHF 1 098 for children per year. Health insurance premiums can be reduced depending on the contributor's income level and his family situation. Each canton has its own definition of the income thresholds and the reduction regime. The health insurance premium and reduction rates of the Canton of Zurich are used in the calculations.
- Family allowance: Employers have to make family allowance contributions. The contribution rates differ among cantons and family contribution funds. A representative rate has to be estimated, for 2014 it amounts to 1.2 %.
- Accident insurance: Accident insurance is compulsory for every employee. Employees are automatically insured by their employer, whereas the employers are more or less automatically assigned to a particular insurance company depending on their branch of trade. The risk and associated costs of the respective business activity determines the insurance premiums. A representative rate would have to be estimated.

2014 parameter values

Average earnings/yr	Ave_earn	90 522	Secretariat estimate
Tax allowances	fed_child_al	6 500	
Tax credit	fed_child_cred	251	
Partner Allowance	partner_rate_fed	0.5	
	partner_min_fed	8 100	
	partner_max_fed	13 400	
Basic deduction for married couples	Married_ded_fed	2 600	
Partner income local	partner_local	5 900	
Single parent	sing_par_al	0	
Workrelated	work_exp	0.03	
	work_exp_min	2 000	
	work_exp_max	4 000	
Allowances for local tax	local_basic	0	
	local_child	9 000	
Federal tax	IFD_min_s	-	
Single	IFD_sch_s	0	14 500
		0.0077	31 600
		0.0088	41 400
		0.0264	55 200
		0.0297	72 500
		0.0594	78 100
		0.066	103 600
		0.088	134 600
		0.11	176 000
		0.132	752 200
		0.115	
Married	IFD_min_m	-	
	IFD_sch_m	0	28 300
		0.01	50 900
		0.02	58 400
		0.03	75 300

		0.04	90 300
		0.05	103 400
		0.06	114 700
		0.07	124 200
		0.08	131 700
		0.09	137 300
		0.1	141 200
		0.11	143 100
		0.12	145 000
		0.13	895 900
		0.115	
Cantonal tax	Zurich_min	24	
Single	Zurich_sch_s	0	6 700
		0.02	11 400
		0.03	16 100
		0.04	23 700
		0.05	33 000
		0.06	43 700
		0.07	56 100
		0.08	73 000
		0.09	105 500
		0.1	13 770
		0.11	188 700
		0.12	254 900
		0.13	
Married	Zurich_sch_m	0	13 500
		0.02	19 600
		0.03	27 300
		0.04	36 700
		0.05	47 400
		0.06	61 300
		0.07	92 100
		0.08	122 900
		0.09	169 300
		0.1	224 700
		0.11	284 800
		0.12	354 100
		0.13	
Canton and Commune Tax Mutiple	statetax_mult	2.19	
Social security contributions	old_age	0.0515	
Pension	pension_rate	0	
Pillar 2 pension	NTCP_old_age_max	28080	
	NTCP_pension_ee	0.0771	
Unemployment	unemp_rate	0.011	
	unemp_rate2	0.005	
income ceiling	unemp_ciel	126 000	
	unemp_ciel2	315 000	
Cantonal deductible limit	local_dedn	2 600	
deductible extra for child	local_dedn_c	1 300	
Max other insurance deduction			
single	max_dedn_s	1 700	
married couples	max_dedn_m	3 500	
child	max_dedn_c	700	
Child cash transfer	child_ben	3 000	

2014 tax equations

The equations for the Swiss system in 2014 are mostly calculated on a family basis.

Variable names are defined in the table of parameters above, within the equations table, or are the standard variables "married" and "children". A reference to a variable with the affix "_total" indicates the sum of the relevant variable values for the principal and spouse. And the affixes "_princ" and "_spouse" indicate the value for the principal and spouse, respectively. Equations for a single person are as shown for the principal, with "_spouse" values taken as 0.

	Line in country table and intermediate steps	Variable name	Range	Equation
1.	Earnings	earn		
2.	Allowances:	partner_al	J	IF(earn_spouse-work_al_spouse-SSC_spouse>partner_min_fed,(Married*MAX(partner_min_fed,MIN(partner_max_fed,partner_rate_fed*(earn_spouse-work_al_spouse-SSC_spouse)))),earn_spouse-work_al_spouse-SSC_spouse)+Married*Married_ded_fed
	Children	children_al	J	Children*fed_child_al+ (Children>0)*(Married=0)*sing_par_al
	Soc sec contributions	SSC_al	B	SSC + NTCP_pension_ee*IF(earn_princ>0.75*NTCP_old_age_max,MAX(0.125*NTCP_old_age_max,earn_princ-0.875*NTCP_old_age_max),0)+NTCP_pension_ee*IF(earn_spouse>0.75*NTCP_old_age_max,MAX(0.125*NTCP_old_age_max,earn_spouse-0.875*NTCP_old_age_max),0)
	Work related	work_al	B	IF(earn-SSC>work_exp_min,MAX(work_exp_min,MIN(work_exp_max,work_exp*(earn-SSC))),earn-SSC)
	Other	oth_al	J	IF(Married,IF(Children>0,max_dedn_m+Children*fed_dedn_c,max_dedn_m),IF(Children>0,max_dedn_s+Children*fed_dedn_c,max_dedn_s))
	Total	tax_al	J	partner_al+children_al+SSC_al+work_al+oth_al
3.	Credits in taxable income	taxbl_cr	J	Cash_tran
4.	CG taxable income	tax_inc	J	positive(earn_total-tax_al+taxbl_cr)
5.	CG tax before credits	CG_tax_excl	J	IF(Married+Children=0, Tax(tax_inc, IFD_sch_s)+IFD_min_s*(Tax(tax_inc, IFD_sch_s)>0), Tax(tax_inc, IFD_sch_m)+IFD_min_m*(Tax(tax_inc, IFD_sch_m)>0))
6.	Tax credits:	Children_cred	J	Child_cred*Children
7.	CG tax	CG_tax	J	Positive(CG_tax_excl- Children_cred)
8.	State and local taxes	local_tax_inc	J	MAX(earn_total+taxbl_cr-local_basic*(1+Married)-Children*local_child-work_al_total-SSC_total-(local_dedn*(1+Married)+Children*local_dedn_c)-(earn_spouse>0)*partner_local,0)
		local_tax		IF((Married+Children)>0, Tax(local_tax_inc, Zurich_sch_m)*statetax_mult+(1+Married)*Zurich_min*(Tax(local_tax_inc, Zurich_sch_m)>0), Tax(local_tax_inc, Zurich_sch_s)*statetax_mult+(Tax(local_tax_inc, Zurich_sch_s)>0)*Zurich_min)
9.	Employees' soc security	SSC	B	(old_age)*earn+IF(earn<=unemp_ciel, earn*unemp_rate, IF(earn<=unemp_ciel2, unemp_ciel*unemp_rate+(earn-unemp_ciel)*unemp_rate2, unemp_ciel*unemp_rate+unemp_ciel2*unemp_rate2))
11.	Cash transfers	Cash_tran	J	Children*child_ben
13.	Employer's soc security	SSC_empr	B	SSC

Key to range of equation B calculated separately for both principal earner and spouse P calculated for principal only (value taken as 0 for spouse calculation) J calculated once only on a joint basis.

Turkey

This chapter includes data on the income taxes paid by workers, their social security contributions, the family benefits they receive in the form of cash transfers as well as the social security contributions and payroll taxes paid by their employers. Results reported include the marginal and average tax burden for eight different family types.

Methodological information is available for personal income tax systems, compulsory social security contributions to schemes operated within the government sector, universal cash transfers as well as recent changes in the tax/benefit system. The methodology also includes the parameter values and tax equations underlying the data.

Turkey 2014

The tax/benefit position of single persons

	Wage level (per cent of average wage)		67	100	167	67
	Number of children		none	none	none	2
1.	**Gross wage earnings**		19 008	28 370	47 378	19 008
2.	**Standard tax allowances**					
	Basic allowance		0	0	0	0
	Married or head of family					
	Dependent children					
	Deduction for social security contributions and income taxes		2 851	4 256	7 107	2 851
	Work-related expenses					
	Other					
		Total	2 851	4 256	7 107	2 851
3.	**Tax credits or cash transfers included in taxable income**		0	0	0	0
4.	**Central government taxable income (1 - 2 + 3)**		16 157	24 115	40 271	16 157
5.	**Central government income tax liability (exclusive of tax credits)**		2 681	4 273	8 433	2 681
	Stamp tax		144	215	360	144
		Total	2 826	4 488	8 793	2 826
6.	**Tax credits**					
	Basic credit		964	964	964	1 253
	Married or head of family					
	Children					
	Other					
		Total	964	964	964	1 253
7.	**Central government income tax finally paid (5-6)**		1 862	3 524	7 829	1 573
8.	**State and local taxes**		0	0	0	0
9.	**Employees' compulsory social security contributions**					
	Gross earnings		2 851	4 256	7 107	2 851
	Taxable income					
		Total	2 851	4 256	7 107	2 851
10.	**Total payments to general government (7 + 8 + 9)**		4 713	7 780	14 936	4 424
11.	**Cash transfers from general government**					
	For head of family					
	For two children		0	0	0	0
		Total	0	0	0	0
12.	**Take-home pay (1-10+11)**		14 295	20 590	32 442	14 584
13.	**Employer's compulsory social security contributions**		3 326	4 965	8 291	3 326
14.	**Average rates**					
	Income tax		9.8%	12.4%	16.5%	8.3%
	Employees' social security contributions		15.0%	15.0%	15.0%	15.0%
	Total payments less cash transfers		24.8%	27.4%	31.5%	23.3%
	Total tax wedge including employer's social security contributions		36.0%	38.2%	41.7%	34.7%
15.	**Marginal rates**					
	Total payments less cash transfers: Principal earner		32.8%	32.8%	38.7%	32.8%
	Total payments less cash transfers: Spouse		n.a.	n.a.	n.a.	n.a.
	Total tax wedge: Principal earner		42.8%	42.8%	47.8%	42.8%
	Total tax wedge: Spouse		n.a.	n.a.	n.a.	n.a.

Turkey 2014

The tax/benefit position of married couples

	Wage level (per cent of average wage)	100-0	100-33	100-67	100-33
	Number of children	2	2	2	none
1.	**Gross wage earnings**	28 370	37 732	47 378	37 732
2.	**Standard tax allowances**				
	Basic allowance	0	0	0	0
	Married or head of family				
	Dependent children				
	Deduction for social security contributions and income taxes	4 256	5 660	7 107	5 660
	Work-related expenses				
	Other				
	Total	4 256	5 660	7 107	5 660
3.	**Tax credits or cash transfers included in taxable income**	0	0	0	0
4.	**Central government taxable income (1 - 2 + 3)**	24 115	32 072	40 271	32 072
5.	**Central government income tax liability (exclusive of tax credits)**	4 273	5 467	6 954	5 467
	Stamp tax	215	215	215	215
	Total	4 488	5 682	7 170	5 682
6.	**Tax credits**				
	Basic credit	1 446	2 217	2 217	1 928
	Married or head of family				
	Children				
	Other				
	Total	1 446	2 217	2 217	1 928
7.	**Central government income tax finally paid (5-6)**	3 042	3 536	5 097	3 825
8.	**State and local taxes**	0	0	0	0
9.	**Employees' compulsory social security contributions**				
	Gross earnings	4 256	5 660	7 107	5 660
	Taxable income				
	Total	4 256	5 660	7 107	5 660
10.	**Total payments to general government (7 + 8 + 9)**	7 298	9 196	12 204	9 485
11.	**Cash transfers from general government**				
	For head of family				
	For two children	0	0	0	0
	Total	0	0	0	0
12.	**Take-home pay (1-10+11)**	21 072	28 536	35 174	28 247
13.	**Employer's compulsory social security contributions**	4 965	6 603	8 291	6 603
14.	**Average rates**				
	Income tax	10.7%	9.4%	10.8%	10.1%
	Employees' social security contributions	15.0%	15.0%	15.0%	15.0%
	Total payments less cash transfers	25.7%	24.4%	25.8%	25.1%
	Total tax wedge including employer's social security contributions	36.8%	35.6%	36.8%	36.3%
15.	**Marginal rates**				
	Total payments less cash transfers: Principal earner	32.8%	32.8%	32.8%	32.8%
	Total payments less cash transfers: Spouse	18.2%	28.5%	32.8%	28.5%
	Total tax wedge: Principal earner	42.8%	42.8%	42.8%	42.8%
	Total tax wedge: Spouse	30.4%	39.2%	42.8%	39.2%

The national currency unit is the "Türk Lira" (TL). In 2014, TL 2.19 was equal to USD 1. In that year, the average worker earned TL 28 370 (country estimate).

1. Personal income tax systems

1.1. *Central government income tax*

1.1.1. *Tax unit*

Spouses are taxed separately on earned income. This rule has been applied since 1 January 1999.

1.1.2. *Tax allowances and tax credits*

1.1.2.1. Standard reliefs:

- *Reliefs for social security contributions:* Employee's social security contributions are deductible from gross earnings. These contributions are 15 per cent of gross income as stated by the Social Insurance Act. The contribution to the unemployment fund is included in this amount and equals 1 per cent of gross income.
- Contributions to public pension funds established by law are deductible.
- *Work-related expenses*: None.
- *Minimum Living Relief*: The calculation of the minimum living allowance is based on the annual gross amount of the minimum wage for employees older than 16 at the beginning of the calendar year in which the income is obtained multiplied by the following rates:
  - 50 per cent for the taxpayer him or herself;
  - 10 per cent for the spouse who neither works nor has an income;
  - 7.5 per cent for each of the first two children;
  - 5 per cent for each additional child.

This total amount is then multiplied by the rate (15 per cent) which is applied to the first income bracket of PIT Schedule stated in Article 103 of PIT Law, and then minimum living relief is calculated by offsetting 1/12 of the allowance amount against monthly calculated tax due on employment income. Any excess is non-refundable.

1.1.2.2. Main non-standard tax reliefs applicable to an AW

- *Reliefs for disabled*: Article 31 of PIT Law (implemented in 01.01.2004 by the law 4842) regulates tax relief for disabled persons. The employee who lost his/her working capacity with at least 80 per cent is considered to be disabled in the 1st degree; employees are disabled in the 2nd respectively 3rd degree if they lost their working capacity with at least 60 respectively 40 per cent. In these cases, the following amounts are deductible from monthly wages:
  - Disabled in the 1st degree: TL 800.

  - Disabled in the 2nd degree: TL 400.
  - Disabled in the 3rd degree: TL 190.
- Legal deductions for public institutions such as OYAK (Social Aid Institution for Military Officers).
- 50% of the premiums paid by the wage-earner for life insurance policies which belong to himself (or herself), the spouse and dependent children and all of the premiums paid by the wage- earner for personal insurance policies including death, accident, health, illness, disablement, unemployment, maturity, birth, education, etc. provided that the insurance is contracted with a company establishment in or with a main office in Turkey. (The total amount of deductible premiums cannot exceed 15 per cent of the wage that is earned in the current month.) The annual amount cannot exceed the annual minimum wage.
- Membership payments made to labour unions.

1.1.3. *Tax schedule*

The tax schedule in 2014 is as follows:

Taxable income (TL)	Tax on lower threshold (TL)	Tax on excess amount above lower threshold (%)
Up to 11 000		15
11 000 up to 27 000	1 650	20
27 000 up to 97 000	4 850	27
Over 97 000	23 750	35

1.2. *State and local income taxes*

Income tax is levied only by the central government.

1.3. *Stamp tax*

The stamp tax base is gross earnings. The tax rate is 0.759 per cent in 2014.

2. Compulsory social security contributions to schemes operated within the government sector

2.1. *Employees' contributions*

2.1.1. *Pensions (disability, old age and death insurance):*

9 per cent

2.1.2. *Sickness:*

5 per cent

2.1.3. *Unemployment:*

1 per cent

2.2. *Employers' contributions*

2.2.1. *Pensions (disability, old age and death insurance):*

11 per cent

2.2.2. *Sickness:*

7.5 per cent

2.2.3. *Unemployment:*

2 per cent

2.2.4. *Pensions (for short term insurance branches):*

2 per cent

In order to increase employment and reduce regional imbalances in Turkey; various incentives policies have been implemented by state, by laws 4857, 4447, 5084, 5225, 5510, 5746, by Council of Minister's Decree of 2012/3305(Unemployment Law No. 4447, Labour Law No. 4857, Investment and Employment Promotion Law No. 5084, Investment Incentives and The Law of Cultural Initiatives Law No. 5225, Social Security General Health Insurance Law No. 5510, Promotion Research and Development Activities Law No. 5746, Council of Minister's Decree No. 2012/3305 on Government Subsidies for Investments).

One of the various incentives is reduction of premiums. If disability, old age and death insurance premiums paid regularly by employers as stated law 5510 article of 81 (Social Security and General Health Insurance Law), 5 per cent of total 11 per cent premiums are paid by state on behalf of employers. (5 per cent discount applied in employers share). In addition to 5 per cent discount, 6 per cent discount is implemented from 2013 in the working places, which employ ten or more workers, located in 52 provinces determined by taking into account the social- development index.

There is no distinction by marital status or sex and the contributions apply to gross earnings. Compulsory social security contributions of employees and their employers are calculated according to the schemes presented above.

For employees whose gross earnings are below the base or above ceiling earnings, which are determined at least twice in a year, these contribution rates are applied to the base or ceiling amounts respectively. In 2014, the base amount is approximately TL 13 230 and the ceiling amount is approximately TL 85 995. Under the Law No. 5510 (Social Security and General Health Insurance Law), the base wage for social security contributions is equal to the minimum wage. Because employees cannot be less than the minimum wage, the base wage is not considered in this publication. However, the ceiling earnings are considered for the purposes of this Report.

3. Universal cash transfers

Employees obtain universal cash transfers according to the collective labour agreements that are signed between their employer and the labour union(s). These agreements vary with the bargaining power of the different parties in the different sectors in the economy. This explains why there is no standard amount reflecting these general transfers.

4. Main changes in tax/benefit system since 2004

Personal income tax Law (No. 193) which is about income tax, social security and general health insurance Law (No. 5510) which is about social security contributions and unemployment insurance Law (No. 4447) which is about unemployment insurance fund are the main laws about tax/benefit system.

The main changes have been made to the following laws 5615, 6009 and 6327 which are as follows:

- According to Act No. 5615, the new application *"Minimum Living Relief"* began to be implemented (see the Section 1.1.2).
- According to Act No. 6009, the taxation of the wages are differentiated than the taxation of the other taxable revenue resources like trading income, income from immovable property or income from investments. By this way, it is ensured that wages (comparative to other income items) are later entered into the 3rd bracket on the income tax schedule.
- According to Act No. 6327 (published in the *Official Gazette* issue 28338 on 29 June 2012.) there are important amendments in the Private Pension System Regulations. According to this law, any citizen of the Republic of Turkey will have the right for state subsidy for his/her paid contributions to the Private Pension Account. The contribution upper limit to favour this incentive is the annual amount of minimum wage 25% of this amount shall be transferred to the account of the insured party as a state subsidy. The state subsidy shall be earned in proportion to the amount of time within the system.

5. Memorandum items

5.1. *Identification of an AW*

Weighted mean, by the number of employees, of the monthly average wage* information obtained from "Structure of Earnings Survey, 2010", published by TURKSTAT, according to NACE Rev. 2 classification for B-N sections is calculated** and B-N aggregated data is gained. (The annual average wage data is calculated by multiplying the monthly average wage values by 12.)

The data from 2011-14 (2014, I. quarter) is reached by using 2010 = 100 base year "Hourly Earnings Index" and 2010 annual average wage data.

5.2. *Contribution to private pension and health schemes*

Business enterprises (employers) are permitted to make additional contributions for pension savings of their employees. However, these amounts of additional premiums are limited by main tax laws. Such additional pension arrangements, which are optional, are not widely used.

* Monthly wage: Include the sum of monthly basic wages, over time payments, payments for shift work/night work and other regular payments paid to employees in November 2010 by employers.

** The average wage amount from 2010 is calculated as a result of a joint working performed by authorities from TURKSTAT and Ministry of Finance.

2014 parameter values

Average earnings/yr.	Ave_earn	28 370	Country estimate
Income tax	Tax_sch	0.15	11 000
		0.20	27 000
		0.27	97 000
		0.35	
Stamp tax	Stamp_rate	0.00759	
Employees SSC	SSC_rate	0.15	
	SSC_ceil	85 995	
Employers SSC	SSC_empr	0.175	
Minimum living relief	credit_rate	0.15	
	basic_allow	0.5	
	spouse_allow	0.1	
	child_allow	0.075	
	add_child_allow	0.05	
	min_wage	12 852	

2014 tax equations

The equations for the Turkish system are on an individual basis.

The functions which are used in the equations (Taper, MIN, Tax, etc.) are described in the technical note about tax equations. Variable names are defined in the table of parameters above, within the equations table, or are the standard variables "married" and "children". A reference to a variable with the affix "_total" indicates the sum of the relevant variable values for the principal and spouse. And the affixes "_princ" and "_spouse" indicate the value for the principal and spouse, respectively. Equations for a single person are as shown for the principal, with "_spouse" values taken as 0.

	Line in country table and intermediate steps	Variable name	Range	Equation
1.	Earnings	earn		
2.	Allowances:	tax_al	B	SSC
3.	Credits in taxable income	taxbl_cr	B	0
4.	CG taxable income	tax_inc	B	Positive(earn-tax_al)
	Stamp tax	stamp_tax	B	earn*stamp_rate
5.	CG tax before credits	CG_tax_excl	B	Tax(tax_inc,tax_sch)
6.	Tax credits:	tax_cr	P	credit_rate*min_wage*(basic_allow+spouse_allow*(IF(Wife=0,Married,0))+IF(OR(Children=1,Children=2),Children*child_allow,0)+IF(Children>2.2*child_allow +(Children-2)*add_child_allow,0))
			S*	IF(spouse_earn>0,credit_rate*min_wage*basic_allow,0)
7.	CG tax	CG_tax	B	positive(CG_tax_excl-tax_cr)+stamp_tax
8.	State and local taxes	local_tax	B	0
9.	Employees' soc security	SSC	B	Min(earn,SSC_ceil)*SSC_rate
11.	Cash transfers	cash_trans	B	0
13.	Employer's soc security	SSC_empr	B	Min(earn,SSC_ceil)*SSC_empr

Key to range of equation B calculated separately for both principal earner and spouse P calculated for principal only (value taken as 0 for spouse calculation) J calculated once only on a joint basis.

*In the case where the spouse earns 33% of the average wage: *Taxing Wages* assumption on the working spouse earning 33% of the AW does not comply with the Turkish legislation. 33% of AW in Turkey is below the minimum wage and a person cannot be employed below minimum wage. According to the Turkish legislation, it is assumed that (because he/she doesn't obtain "wage") the spouse should not obtain income in the calculation for this case, and another minimum living allowance is not also calculated for the spouse. Minimum living allowance should be only calculated for the principle earner.

United Kingdom (2014-15 Income tax year)

This chapter includes data on the income taxes paid by workers, their social security contributions, the family benefits they receive in the form of cash transfers as well as the social security contributions and payroll taxes paid by their employers. Results reported include the marginal and average tax burden for eight different family types.

Methodological information is available for personal income tax systems, compulsory social security contributions to schemes operated within the government sector, universal cash transfers as well as recent changes in the tax/ benefit system. The methodology also includes the parameter values and tax equations underlying the data.

United Kingdom 2014

The tax/benefit position of single persons

		Wage level (per cent of average wage)	67	100	167	67
		Number of children	none	none	none	2
1.	**Gross wage earnings**		23 874	35 633	59 507	23 874
2.	**Standard tax allowances**					
	Basic allowance		10 000	10 000	10 000	10 000
	Married or head of family					
	Dependent children					
	Deduction for social security contributions and income taxes					
	Work-related expenses					
	Other					
		Total	10 000	10 000	10 000	10 000
3.	**Tax credits or cash transfers included in taxable income**		0	0	0	0
4.	**Central government taxable income (1 - 2 + 3)**		13 874	25 633	49 507	13 874
5.	**Central government income tax liability (exclusive of tax credits)**		2 775	5 127	13 430	2 775
6.	**Tax credits**					
	Basic credit					
	Married or head of family					
	Children		0	0	0	3 633
	Other					
		Total	0	0	0	3 633
7.	**Central government income tax finally paid (5-6)**		2 775	5 127	13 430	- 859
8.	**State and local taxes**		0	0	0	0
9.	**Employees' compulsory social security contributions**					
	Gross earnings		1 910	3 321	4 422	1 910
	Taxable income					
		Total	1 910	3 321	4 422	1 910
10.	**Total payments to general government (7 + 8 + 9)**		4 685	8 448	17 852	1 052
11.	**Cash transfers from general government**					
	For head of family					
	For two children		0	0	0	1 775
		Total	0	0	0	1 775
12.	**Take-home pay (1-10+11)**		19 189	27 185	41 655	24 598
13.	**Employer's compulsory social security contributions**		2 197	3 819	7 114	2 197
14.	**Average rates**					
	Income tax		11.6%	14.4%	22.6%	-3.6%
	Employees' social security contributions		8.0%	9.3%	7.4%	8.0%
	Total payments less cash transfers		19.6%	23.7%	30.0%	-3.0%
	Total tax wedge including employer's social security contributions		26.4%	31.1%	37.5%	5.6%
15.	**Marginal rates**					
	Total payments less cash transfers: Principal earner		32.0%	32.0%	42.0%	73.0%
	Total payments less cash transfers: Spouse		n.a.	n.a.	n.a.	n.a.
	Total tax wedge: Principal earner		40.2%	40.2%	49.0%	76.3%
	Total tax wedge: Spouse		n.a.	n.a.	n.a.	n.a.

United Kingdom 2014

The tax/benefit position of married couples

			100-0	100-33	100-67	100-33
		Wage level (per cent of average wage)	100-0	100-33	100-67	100-33
		Number of children	2	2	2	none
1.	**Gross wage earnings**		35 633	47 391	59 507	47 391
2.	**Standard tax allowances**					
	Basic allowance		10 000	20 000	20 000	20 000
	Married or head of family					
	Dependent children					
	Deduction for social security contributions and income taxes					
	Work-related expenses					
	Other					
		Total	10 000	20 000	20 000	20 000
3.	**Tax credits or cash transfers included in taxable income**		0	0	0	0
4.	**Central government taxable income (1 - 2 + 3)**		25 633	27 391	39 507	27 391
5.	**Central government income tax liability (exclusive of tax credits)**		5 127	5 478	7 901	5 478
6.	**Tax credits**					
	Basic credit					
	Married or head of family					
	Children		0	0	0	0
	Other					
		Total	0	0	0	0
7.	**Central government income tax finally paid (5-6)**		5 127	5 478	7 901	5 478
8.	**State and local taxes**		0	0	0	0
9.	**Employees' compulsory social security contributions**					
	Gross earnings		3 321	3 778	5 231	3 778
	Taxable income					
		Total	3 321	3 778	5 231	3 778
10.	**Total payments to general government (7 + 8 + 9)**		8 448	9 256	13 133	9 256
11.	**Cash transfers from general government**					
	For head of family					
	For two children		1 775	1 775	1 775	0
		Total	1 775	1 775	1 775	0
12.	**Take-home pay (1-10+11)**		28 960	39 911	48 149	38 136
13.	**Employer's compulsory social security contributions**		3 819	4 344	6 016	4 344
14.	**Average rates**					
	Income tax		14.4%	11.6%	13.3%	11.6%
	Employees' social security contributions		9.3%	8.0%	8.8%	8.0%
	Total payments less cash transfers		18.7%	15.8%	19.1%	19.5%
	Total tax wedge including employer's social security contributions		26.6%	22.9%	26.5%	26.3%
15.	**Marginal rates**					
	Total payments less cash transfers: Principal earner		32.0%	32.0%	32.0%	32.0%
	Total payments less cash transfers: Spouse		6.9%	32.0%	32.0%	32.0%
	Total tax wedge: Principal earner		40.2%	40.2%	40.2%	40.2%
	Total tax wedge: Spouse		10.9%	40.2%	40.2%	40.2%

The national currency is the Pound Sterling (GBP). In 2014, GBP 0.61 was equal to USD 1. In 2013-14, the Average Worker is estimated to earn GBP 35 633 (Secretariat estimate).

1. Personal income tax system

1.1. *Central government income taxes*

1.1.1. *Tax unit*

The tax unit is the individual, but certain reliefs depend on family circumstances (see Section 1.121).

1.1.2. *Tax allowances and tax credits*

All figures shown are those applying at the start of the tax year in April.

1.1.2.1. Standard reliefs

- Basic reliefs: A personal allowance of GBP 10 000 is granted to each individual with income below GBP 100 000. The personal allowance is then tapered away by GBP 1 for every GBP 2 of income above GBP 100 000.
- Standard marital status reliefs: None.
- Working Tax Credit (WTC): A non-wastable tax credit available to low income families with or without children. It is available for families with children where one person works at least 16 hours a week (though hours must be at least 24 overall for a couple). It is also available for people with a disability who work at least 16 hours a week and for families without children where one person works at least 30 hours a week. The amount depends upon the hours worked, the ages of children, eligible childcare costs, and gross income. A family with a child 16 or under where the claimant (or, where applicable, their partner, or both claimants jointly) works at least 30 hours a week, would get a maximum credit of GBP 4 730 per year before taking into account eligible childcare costs.* This credit is reduced by 41 pence for each GBP 1 of net income above a threshold of GBP 6 420 per year. Extra amounts are available where one or, where applicable, both claimants are disabled. WTC was introduced on 6 April 2003.
- Relief for social security contributions and other taxes: None.
- Child Tax Credit (CTC): A non-wastable tax credit available to low and middle income families with children. It provides support for children until 1 September following their 16th birthday, and beyond that date to the age of 19 for those who continue in full-time non-advanced education. The amount depends on gross income and the number and age of the children. A family with two children would get a maximum credit GBP 6 045

* The amount of credit received is calculated by dividing separately each element of the credit by the number of days in the tax year and rounding up to the nearest penny to give a daily rate. These daily rates are then multiplied by the number of days in the relevant period (for the purposes of this Report, the tax year) and added together.

per year, which is reduced by 41 pence for each GBP 1 of gross income above a threshold of GBP 16 010 if the family is not working. A higher threshold applies if the family is working; their CTC is reduced at the same rate once their WTC has been tapered to zero. CTC was introduced on 6 April 2003.

1.1.2.2. Main non-standard tax reliefs applicable to an AW.

- Work-related expenses: Flat rate expenses for tools and special clothing are allowed to certain occupational categories. Since this provision is not applicable to all manufacturing occupations, and hence average workers, and because the rates vary slightly across categories, this relief is considered here as non-standard;
- Contributions to approved superannuation schemes or personal pension schemes are deducted when calculating taxable income. Premiums on approved life assurance policies payable to life assurance companies attract 12.5 per cent tax relief for policies entered into force before 13 March 1984.

1.1.3. *Tax schedule*

In 2014-15, all taxpayers are liable on taxable income other than savings and dividend income at the basic rate of 20 per cent on the first GBP 31 865, 40 per cent over the basic rate limit of GBP 31 865 and 45 per cent over the higher rate limit of GBP 150 000. (taxable income is defined as gross income for income tax purposes less allowances and reliefs available at the marginal rate.) Dividend income is charged at 10 per cent up to the basic rate limit of GBP 31 865, 32.5 per cent above GBP 31 865 and 37.5 per cent above GBP 150 000. Savings income is charged at 10 per cent up to the starting rate limit on the first GBP 2 880, at 20 per cent up to GBP 31 865, 40 per cent above GBP 31 865 and 45 per cent above GBP 150 000.

Taxable income (GBP)	Rate %
0-31 865	20
31 865-150 000	40
Over 150 000	45

1.2. *State and local income tax*

There are no regional or local income taxes.

2. Compulsory social security contributions to schemes operated within the government sector

2.1. *Employees' contributions*

National Insurance contributions are payable by employees earning more than GBP 153 in any week. These are 12 per cent of earnings between GBP 153 and GBP 805 and 2 per cent of earnings above GBP 805 for employees not contracted out of the state second pension scheme (additional state pension which supplements the basic retirement pension). For employees who are contracted out, there is a rebate of 1.4 per cent on earnings between GBP 111 and GBP 770. Depending on eligibility, members of the National Insurance scheme qualify for pensions, sickness, industrial injury, unemployment benefits, etc. All employees earning under GBP 153 per week have no National Insurance contribution liability but a notional contribution will be deemed to have been paid in respect of earnings between GBP 111 and GBP 153 to protect benefit entitlement.

2.2. Employers' contributions

Employer's contributions are not payable for employees earning less than GBP 153 per week. The rate of employers' contributions for employees not contracted out of the additional (earnings related) scheme is 13.8 per cent of earnings above GBP 153 per week. For employees who are contracted out, there is a rebate of 3.4 per cent on earnings between GBP 111 and GBP 770 per week.

3. Universal cash transfers

3.1. Transfers related to marital status

None (widows' benefit is covered by the government pensions scheme noted above).

3.2. Transfers for dependent children

A child benefit of GBP 20.50 per week is paid in respect of the first child in the family up to the age of 19 (if the child aged 16-19 is in education or training) with GBP 13.55 per week paid for each subsequent child.

From January 2013, a new tax charge has been introduced for a taxpayer who has income over GBP 50 000 and either they or their partner are in receipt of Child Benefit. For those with income between GBP 50 000 and GBP 60 000, the amount of the charge will be 1% of the Child Benefit for every GBP 100 of income over GBP 50 000. For those with income over GBP 60 000, the amount of the charge will equal the amount of Child Benefit.

4. Memorandum items

4.1. Identification of AW and valuation of earnings

A new Annual Survey of Hours and Earnings (ASHE) has been developed to replace the New Earnings Survey (NES) (results of which are published in *Labour Market Trends*) and shows the average weekly earnings of full-time employees in April each year. It covers men and women at adult rates in the United Kingdom (excluding Northern Ireland). The annual figure used for the gross earnings of the AW in the United Kingdom is the annual equivalent of the arithmetic average of the weekly earnings figures for April at the beginning and end of the fiscal year, as published in *Labour Market Trends*.

The earnings figures exclude the earnings of those whose pay was affected by absence (due to sickness, etc.). They include overtime, payment by results and shift payments. But they do not include benefits in kind (which could in some circumstances be included in the employee's taxable income in the United Kingdom).

4.2. Employers' contributions to private pension, health, etc., schemes

In 2008, there were 9.0 million active members of occupational pension schemes with two or more members in the UK, of whom 3.6 million were in the private sector and 5.4 million in the public sector.

2014 parameter values

Average earnings/yr	Ave_earn	35 633		Secretariat Estimate
Allowances	Basic_al	10 000		
	PA taper start	100 000		
	Married_al	0		
	Married_rate	0		
Income tax	Tax_sch	0.2	31 865	
		0.4	150 000	
		0.45		
Employees SSC				
Primary threshold	SSC_sch	0	7 956	PT
Upper earnings limit		0.12	41 865	UEL
		0.02		
Employers SSC	SSC_rate2	0.138		
	ST	7 956		
Child benefit (first)	CB_first	20.50		
Child benefit (others)	CB_others	13.55		
	CB_1st_thres	50 000.00		
	CB_2nd_thres	60 000.00		
	CB_taper1	0.01		
	CB_taper2	100.00		
NEW TAX CREDITS				
WTC				
Basic element	WTC_Basic	1 940		
Couple/Lone parent	WTC_couple_or_lon e	1 990		
30 Hour element	WTC_30hr	800		
CTC				
Family element	CTC_family	545		
Child element	CTC_child	2750		
Baby element	CTC_baby			
Threshold	NTC_1st_thres	6 420		
	NTC_1st_taper	0.41		
Days in tax year	Numdays	365		

2014 tax equations

The equations for the UK system are mostly on an individual basis. But Child and Working tax credits are calculated on a family basis and child benefit is calculated only once. This is shown by the Range indicator in the table below.

The functions which are used in the equations (Taper, MIN, Tax, etc.) are described in the technical note about tax equations. Variable names are defined in the table of parameters above, within the equations table, or are the standard variables "married" and "children". A reference to a variable with the affix "_total" indicates the sum of the relevant variable values for the principal and spouse. And the affixes "_princ" and "_spouse" indicate the value for the principal and spouse, respectively. Equations for a single person are as shown for the principal, with "_spouse" values taken as 0.

Line in country table and intermediate steps	Variable name	Range	Equation
1. Earnings	Earn		
2. Allowances:	tax_al	B	Tax_al =IF(earn<PA_taper,Basic_al,IF(earn>(PA_taper+(Basic_al*2)),0,MAX(0,(Basic_al-((earn-PA_taper)/2)))))
2. PA Start	PA_taper	B	IF(earn<PA_taper,Basic_al,IF(AA7>(PA_taper+(Basic_al*2)),0,MAX(0,(Basic_al-((AA7-PA_taper)/2)))))
3. Credits in taxable income	taxbl_cr	B	0
4. CG taxable income	tax_inc	B	Positive(earn-tax_al)
5. CG tax before credits	CG_tax_excl	B	Tax(tax_inc, tax_sch)
6. Tax credits (nonwastable)	tax_cr	J	IF(Children>0, (Taper(ROUNDUP(CTC_family/numdays, 2)*numdays+Children*ROUNDUP(CTC_child/numdays, 2)*numdays+ROUNDUP(WTC_Basic/numdays, 2)*numdays+ROUNDUP(WTC_30hr/numdays, 2)*numdays+ROUNDUP(WTC_couple_or_lone/numdays, 2)*numdays, earn_total, NTC_1st_thres, NTC_1st_taper), Taper(ROUNDUP(WTC_Basic/numdays, 2)*numdays+ROUNDUP(WTC_30hr/numdays, 2)*numdays+IF(Married=1, ROUNDUP(WTC_couple_or_lone/numdays, 2)*numdays, 0), earn_total, NTC_1st_thres, NTC_1st_taper))
7. CG tax	CG_tax	B	CG_tax_excl-tax_cr
8. State and local taxes	local_tax	B	0
9. Employees' soc security	SSC	B	Tax(earn, SSC_sch)
11. Cash transfers	cash_trans	J	=IF(princ_earn>CB_1st_thres,IF(princ_earn>CB_2nd_thres,0,((1-(AA7-CB_1st_thres)/(CB_taper2/CB_taper1)))*(numdays/7*((Children>0)*CB_first+CB_others*Positive(Children-1)))),(numdays/7*((Children>0)*CB_first+CB_others*Positive(Children-1))))
13. Employer's soc security	SSC_empr	B	(earn>ST)*(earn-ST)*SSC_rate2
Memorandum item: Non-wastable tax credit			
tax expenditure component	Taxexp	J	Tax_cr-transfer
cash transfer component	Transfer	J	IF(CG_tax_excl<0, -CG_tax_excl, 0)

Key to range of equation B calculated separately for both principal earner and spouse P calculated for principal only (value taken as 0 for spouse calculation) J calculated once only on a joint basis.

United States

This chapter includes data on the income taxes paid by workers, their social security contributions, the family benefits they receive in the form of cash transfers as well as the social security contributions and payroll taxes paid by their employers. Results reported include the marginal and average tax burden for eight different family types.

Methodological information is available for personal income tax systems, compulsory social security contributions to schemes operated within the government sector, universal cash transfers as well as recent changes in the tax/ benefit system. The methodology also includes the parameter values and tax equations underlying the data.

United States 2014

The tax/benefit position of single persons

			Wage level (per cent of average wage)	67	100	167	67
			Number of children	none	none	none	2
1.	**Gross wage earnings**			33 550	50 075	83 625	33 550
2.	**Standard tax allowances**						
		Basic allowance		10 150	10 150	10 150	13 050
		Married or head of family					
		Dependent children		0	0	0	7 900
		Deduction for social security contributions and income taxes					
		Work-related expenses					
		Other					
			Total	10 150	10 150	10 150	20 950
3.	**Tax credits or cash transfers included in taxable income**			0	0	0	0
4.	**Central government taxable income (1 - 2 + 3)**			23 400	39 925	73 475	12 600
5.	**Central government income tax liability (exclusive of tax credits)**			3 056	5 838	14 225	1 260
6.	**Tax credits**						
		Basic credit		0	0	0	2 149
		Married or head of family					
		Children		0	0	0	2 000
		Other		378	378	378	378
			Total	378	378	378	4 527
7.	**Central government income tax finally paid (5-6)**			2 678	5 460	13 847	- 3 267
8.	**State and local taxes**			2 049	3 148	5 379	1 555
9.	**Employees' compulsory social security contributions**						
		Gross earnings		2 567	3 831	6 397	2 567
		Taxable income					
			Total	2 567	3 831	6 397	2 567
10.	**Total payments to general government (7 + 8 + 9)**			7 294	12 438	25 623	855
11.	**Cash transfers from general government**						
		For head of family					
		For two children		0	0	0	0
			Total	0	0	0	0
12.	**Take-home pay (1-10+11)**			26 257	37 637	58 002	32 696
13.	**Employer's compulsory social security contributions**			3 637	4 901	7 468	3 637
14.	**Average rates**						
	Income tax			14.1%	17.2%	23.0%	-5.1%
	Employees' social security contributions			7.7%	7.7%	7.7%	7.7%
	Total payments less cash transfers			21.7%	24.8%	30.6%	2.5%
	Total tax wedge including employer's social security contributions			29.4%	31.5%	36.3%	12.1%
15.	**Marginal rates**						
	Total payments less cash transfers: Principal earner			29.3%	39.3%	39.3%	46.6%
	Total payments less cash transfers: Spouse			n.a.	n.a.	n.a.	n.a.
	Total tax wedge: Principal earner			34.3%	43.6%	43.6%	50.4%
	Total tax wedge: Spouse			n.a.	n.a.	n.a.	n.a.

United States 2014

The tax/benefit position of married couples

		100-0	100-33	100-67	100-33
	Wage level (per cent of average wage)	100-0	100-33	100-67	100-33
	Number of children	2	2	2	none
1.	**Gross wage earnings**	50 075	66 600	83 625	66 600
2.	**Standard tax allowances**				
	Basic allowance	20 300	20 300	20 300	20 300
	Married or head of family				
	Dependent children	7 900	7 900	7 900	0
	Deduction for social security contributions and income taxes				
	Work-related expenses				
	Other				
	Total	28 200	28 200	28 200	20 300
3.	**Tax credits or cash transfers included in taxable income**	0	0	0	0
4.	**Central government taxable income (1 - 2 + 3)**	21 875	38 400	55 425	46 300
5.	**Central government income tax liability (exclusive of tax credits)**	2 374	4 852	7 406	6 037
6.	**Tax credits**				
	Basic credit	0	0	0	0
	Married or head of family				
	Children	2 000	2 000	2 000	0
	Other	378	378	378	378
	Total	2 378	2 378	2 378	378
7.	**Central government income tax finally paid (5-6)**	- 4	2 474	5 028	5 659
8.	**State and local taxes**	2 601	3 700	4 832	4 064
9.	**Employees' compulsory social security contributions**				
	Gross earnings	3 831	5 095	6 397	5 095
	Taxable income				
	Total	3 831	5 095	6 397	5 095
10.	**Total payments to general government (7 + 8 + 9)**	6 427	11 269	16 258	14 819
11.	**Cash transfers from general government**				
	For head of family				
	For two children	0	0	0	0
	Total	0	0	0	0
12.	**Take-home pay (1-10+11)**	43 648	55 331	67 368	51 781
13.	**Employer's compulsory social security contributions**	4 901	7 236	8 539	7 236
14.	**Average rates**				
	Income tax	5.2%	9.3%	11.8%	14.6%
	Employees' social security contributions	7.7%	7.7%	7.7%	7.7%
	Total payments less cash transfers	12.8%	16.9%	19.4%	22.3%
	Total tax wedge including employer's social security contributions	20.6%	25.1%	26.9%	29.9%
15.	**Marginal rates**				
	Total payments less cash transfers: Principal earner	29.3%	29.3%	29.3%	29.3%
	Total payments less cash transfers: Spouse	29.3%	29.3%	29.3%	29.3%
	Total tax wedge: Principal earner	34.3%	34.3%	34.3%	34.3%
	Total tax wedge: Spouse	38.1%	34.3%	34.3%	34.3%

The national currency is the dollar (USD). In 2014, the average worker earned USD 50 075 (Secretariat estimate).

1. Personal income tax system

1.1. *Central/federal government income taxes*

1.1.1. *Tax unit*

Families are generally taxed in one of three ways:

- as married couples filing jointly on the combined income of both spouses;
- as married individuals filing separately and reporting actual income of each spouse; or
- as heads of households (only unmarried or separated individuals with dependents).

All others, including dependent children with sufficient income, file as single individuals.

1.1.2. *Tax allowances and tax credits*

1.1.2.1. Standard reliefs

- *Basic reliefs*: In 2014 a married couple filing a joint tax return is entitled to a standard deduction of USD 12 400. The standard deduction is USD 9 100 for heads of households and USD 6 200 for single individuals. This relief is indexed for inflation. More liberal standard deductions are available for taxpayers who are age 65 or older and taxpayers who are blind. Special rules apply to children who have sufficient income to pay tax and are also claimed as dependents by their parents.
- In addition to the standard deduction, in 2014, a USD 3 950 *personal exemption* is given to every taxpayer (including both husband and wife filing a joint return). The personal exemption is indexed annually for inflation. In 2014, there is a phase out for personal exemptions.
- Personal exemption phase out: Personal exemptions are phased out in 50 steps for taxpayers with incomes in excess of certain amounts. All of a taxpayer's exemptions are phased out simultaneously. For each USD 2 500 or fraction thereof by which income exceeds the beginning of the phase out range, personal exemptions are phased down by two percentage points.

Filing status	Beginning of phase out range (USD)
Single	254 200
Joint return	305 050
Head of household	279 650

- *Standard marital status reliefs*: Married couples generally benefit from a more favourable schedule of tax rates for joint returns of spouses (see Section 1.13). There are no other general tax reliefs for marriage.

- *Relief for children*: For each child and other person claimed as a dependent on a taxpayer's return, the taxpayer is entitled to a dependency exemption of USD 3 950 in 2014. Low income workers with dependents are allowed a refundable (non-wastable) earned income credit. For taxpayers with one child, the credit is 34 per cent of up to USD 9 720 of earned income in 2014. The credit phases down when income exceeds USD 17 830 (23 260 for married taxpayers) and phases out when it reaches USD 38 511 (43 941 for married taxpayers). The earned income threshold and the phase-out threshold are indexed for inflation. For taxpayers with two children, the credit is 40 per cent of up to USD 13 650 of earned income in 2014. The credit phases down when income exceeds USD 17 830 (23 260 for married taxpayers) and phases out when it reaches USD 43 756 (49 186 for married taxpayers). For taxpayers with three or more children the credit is 45 per cent of up to USD 13 650 of earned income. The credit phases down when income exceeds USD 17 830 (23 260 for married taxpayers) and phases out when it reaches USD 46 997 (52 427 for married taxpayers).

Since 1998, taxpayers are permitted a tax credit for each qualifying child under the age of 17. In 2014, the maximum credit is USD 1 000. The maximum credit is reduced for taxpayers with income in excess of certain thresholds. The credit is reduced by USD 50 for each USD 1 000 of income in excess of USD 110 000 for married taxpayers (USD 75 000 for single and head of household taxpayers). These threshold amounts are not indexed for inflation. The child credit is refundable (non-wastable) to the extent of 15 per cent of earned income in excess of USD 3 000. A taxpayer with three or more qualifying children may be allowed a supplemental refundable (non-wastable) child credit, subject to certain restrictions. The refundable credit is the excess of the taxpayer's share of social security (including Medicare) taxes over his earned income tax credit for the year not used to offset income tax liability.

- *Relief for low income workers without children*: In 1994 and thereafter, low income workers without children are eligible for the earned income credit. In 2014, low income workers without children are permitted a non-wastable earned income credit of 7.65 per cent of up to USD 6 480 of earned income. The credit phases down when income exceeds USD 8 110 (13 540 for married taxpayers) and phases out when income reaches USD 14 590 (20 020 for married taxpayers). This credit is available for taxpayers at least 25 years old and under 65 years old.
- *Relief for social security and other taxes*. In 2014, the withholding rate for Social Security taxes for employees is 6.2 per cent. The earned income credits described above are sometimes considered an offset to social security contributions made by eligible employees. Furthermore, only a portion of social security benefits are subject to tax.

1.1.2.2. Main non-standard reliefs applicable to an AW

- The basic non-standard relief is the deduction of certain expenses to the extent that, when itemised, they exceed in aggregate the standard deduction. For the purposes of this Report, it is assumed that workers claim the standard deduction. The principal itemised deductions claimed by individuals where the standard deduction is not being claimed are:
- *medical and dental expenses that exceed* 10 per cent of income (7.5 per cent for taxpayers age 65 and over);

- state and local income taxes, real property taxes, and personal property taxes. Home mortgage interest;
- investment interest expense up to investment income with an indefinite carry forward of disallowed investment interest expense;
- contributions to qualified charitable organisations (including religious and educational institutions);
- *Casualty and theft losses* to the extent that each loss exceeds USD 100 and that all such losses combined exceed 10 per cent of income; and
- Miscellaneous expenses such as non-reimbursed employee business expenses (union dues, work shoes, etc.), investment expenses, tax return preparation fees and educational expenses required by employment, to the extent that, in aggregate; they exceed 2 per cent of income.
- In 2011, the most recent year for which such statistics are available, the 33 per cent of taxpayers with income between USD 40 000 and USD 50 000 (the AW range) who itemised their deductions claimed average deductions as follows: medical expenses, USD 7 262; taxes paid, USD 4 283; charitable contributions, USD 2 411; interest expense, USD 7 567.
- *Contributions to pension and life insurance plans.* No relief is provided for employee contributions to employer sponsored pension plans or for life insurance premiums. However, tax relief is provided for certain retirement savings.

1.1.3. *Tax schedule*

Federal income tax rates

Taxable income bracket (USD)[1]			Marginal tax rate (%)
Single individual	Joint return of married couple	Head of household	
0 to 9 075	0 to 18 150	0 to 12 950	10
9 075 to 36 900	18 150 to 73 800	12 950 to 49 400	15
36 900 to 89 350	73 800 to 148 850	49 400 to 127 550	25
89 350 to 186 350	148 850 to 226 850	127 550 to 266 600	28
186 350 to 405 100	226 850 to 405 100	266 600 to 405 100	33
405 100 to 406 750	405 100 to 457 600	405 100 to 432 200	35
406 750 and over	457 600 and over	432 200 and over	39.6

1. The taxable income brackets are indexed for inflation.

In addition starting in 2013, there is a 3.8 per cent tax on certain net investment income of individuals if their income exceeds USD 200 000 (USD 250 000 for joint returns). Net investment income includes interest, dividends, capital gains, rental and royalty income, and income from businesses trading financial instruments.

1.2. *State and local income taxes*

1.2.1. *General description of the system*

The District of Columbia and 41 of the 50 States impose some form of individual income tax. In addition, some local governments (cities and counties) impose an individual income tax, although this is not generally the case. State individual income tax structures are usually related to the federal tax structure by the use of similar definitions of taxable income, with some appropriate adjustments. This linkage is not a legal requirement but a practical convention that functions for the convenience of the taxpayer who must fill out both federal and State income tax returns.

The AW calculations assume that the average worker lives in Detroit, Michigan. The state of Michigan permits a personal exemption of USD 3 950 for the taxpayer, the taxpayer's spouse and each child, and taxes income at the rate of 4.25 per cent. Michigan allows taxpayers who are eligible to claim the federal earned income tax credit to claim a Michigan earned income tax credit. The Michigan earned income tax credit is a refundable (non-wasteable) credit equal to 6 per cent of the federal earned income tax credit.

The city of Detroit permits a personal exemption of USD 600 and taxes income at the rate of 2.4 per cent.

2. Compulsory social security contributions to schemes operated within the government sector

2.1. *Employees' contributions*

2.1.1. *Pensions*

In 2014, the rate for employee contributions is 7.65 per cent (6.2 per cent for old age, survivors, and disability insurance, and 1.45 per cent for old age hospital insurance). The 6.2 per cent rate applies to earnings up to USD 117 000. Beginning in 1994, there is no limit on the amount of earnings subject to the 1.45 per cent rate. Beginning in 2013, there is an additional 0.9 per cent tax on employee wages and salaries that exceed USD 200 000 (USD 250 000 for joint returns) as the additional hospital insurance tax on high-income taxpayers. The additional tax on wages and salaries is subject to withholding (but without regard to the earnings of the spouse) when wages from a particular job exceed USD 200 000 per year. These thresholds are not indexed for inflation.

There is no distinction by marital status or sex.

2.1.2. *Other*

No compulsory employee contributions exist.

2.2. *Employers' contributions*

2.2.1. *Pensions*

The rate for employers' contributions is 6.2 per cent on earnings up to USD 117 000 and 1.45 per cent of all earnings (without limit).

2.2.2. *Unemployment*

Employers are required by the federal government to pay unemployment tax of 6 per cent on earnings up to USD 7 000. Taxes are also paid to various state-sponsored unemployment plans which may generally be credited against the required federal percentage. In 2013, the average unemployment insurance tax rate in Michigan was 6.85 per cent of the first USD 9 500 of wages. The model considers that the Federal government allows employers to take a credit for state unemployment taxes of up to 5.4 per cent, resulting in a net Federal tax of 0.6 per cent on earnings up to USD 7 000.

3. Universal cash transfers

3.1. *Transfers related to marital status*

None.

3.2. *Transfers for dependent children*

No general cash transfers exist, although low-income mothers qualifying for categorical welfare grants may receive cash transfers.

4. Principal Changes since 2011

None.

5. Memorandum items

5.1. *Identification of an AW at the wage calculation*

- The AW is identified from monthly data compiled from establishment questionnaires covering more than 40 million non-agricultural full- and part-time workers. Beginning in March 2006, data on average weekly hours and average hourly earnings cover all employees rather than solely production or non-supervisory workers. To obtain average annual wages, the product of average weekly hours (including overtime) and average hourly earnings (including overtime) is multiplied by 52 and is adjusted to reflect a full-time equivalent worker. The AW wage is estimated to be USD 48 774 for 2013.

5.2. *Employer contributions to private social security arrangements*

Employers commonly contribute to private pension plans, health insurance and life insurance. Data for these contributions are available only on a total workforce basis. It is not possible to state with accuracy the levels applicable to the AW. The following are estimates for 2013 for employees in private industry:

	Pension	Health	Life
Per cent of workers covered	46	55	55
USD per covered employee	n.a.	10 620 (family) 4 427 (single)	n.a.

2014 parameter values

APW earnings	Ave_earn	50 075	Secretariat estimate			
Standard deductions	Married_al	12 400				
	hh_al	9 100				
	single_al	6 200				
Personal exemption	pers_ex	3 950				
Dependency exemption	dep_ex	3 950				
Personal exemption reduction	ex_dedn_rate	0.02				
unit of earnings	ex_dedn_unit	2500				
threshold single (no children)	ex_thrsh_s	254200				
threshold single (with children)	ex_thrsh_hh	279650				
threshold joint	ex_thrsh_m	305050				
Federal tax schedules	Fed_sch_s	0.1	9 075			
		0.15	36 900			
Single individuals		0.25	89 350			
		0.28	186 350			
		0.33	405 100			
		0.35	406 750			
		0.396				
Married filing jointly	Fed_sch_m	0.1	18 150			
		0.15	73 800			
		0.25	148 850			
		0.28	226 850			
		0.33	405 100			
		0.35	457 600			
		0.396				
Head of household	Fed_sch_h	0.1	12 950			
		0.15	49 400			
		0.25	127 550			
		0.28	266 600			
		0.33	405 100			
		0.35	423 200			
		0.396				
Earned income credit	EIC_sch	rate	income limit	threshold	thresh-married	phase-out
	no children	0.0765	6 480	8 110	13 540	0.0765
	1 child	0.34	9 720	17 830	23 260	0.1598
	2 children	0.4	13 650	17 830	23 260	0.2106
	3 or more children	0.45	13 650	17 830	23 260	0.2106
Child credit	chcrd_max	1 000				
	chcrd_rdn	50				
	chcrd_thrsh_m	110 000				
	chcrd_thrsh_oth	75 000				
	chcrd_ref_perct	0.15				
	chcrd_ref_thresh	3 000				
Detroit	Detroit_ex	600				
	Detroit_rate	0.024				
Michigan	Mich_ex	3 950				
	Mich_ex_child	0				
	Mich_rate	0.0425				
Michigan's earned income tax credit	Mich_EIC_rate	0.06				
credit schedule on city tax	Mich_cr_sch	0				
		0				
		0				
maximum	Mich_cr_max	0				
Pension contributions	pens_rate_er	0.062				

	pens_rate_ee	0.062
	hosp_rate	0.0145
	add_hosp_rate	0.009
Ceiling for employers and employees	pens_ceil	117 000
	add_hosp_thresh_m	250000
	add_hosp_thresh_oth	200000
Unemployment insurance tax	Unemp_rate	0.06
	Unemp_dedn_rate	0.054
	Unemp_max	7 000
Michigan unemploy insur	Mich_unemp_rate	0.0685
	Mich_unemp_max	9 500

2014 tax equations

The equations for the US system in 2014 are mostly calculated on a family basis. There is a special function EIC which is used to calculate the earned income credit. Variable names are defined in the table of parameters above, within the equations table, or are the standard variables "married" and "children". A reference to a variable with the affix "_total" indicates the sum of the relevant variable values for the principal and spouse. And the affixes "_princ" and "_spouse" indicate the value for the principal and spouse, respectively. Equations for a single person are as shown for the principal, with "_spouse" values taken as 0.

	Line in country table and intermediate steps	Variable name	Range	Equation
1.	Earnings	earn		
2.	Allowances:	tax_al	J	IF(Married, Married_al, IF(Children=0, single_al, hh_al)) + +((1+Married)*pers_ex+Children*dep_ex)-(ROUNDUP(Positive(earn_total-IF(Married,ex_thrsh_m,IF(Children>0,ex_thrsh_hh,ex_thrsh_s)))/ ex_dedn_unit,0)*ex_dedn_rate*((1+Married)*pers_ex+Children*dep_ex))
3.	Credits in taxable income	taxbl_cr	J	0
4.	CG taxable income	tax_inc	J	positive(earn-tax_al+taxbl_cr)
5.	CG tax before credits	CG_tax_excl	J	Tax(tax_inc, IF(Married, Fed_sch_m, IF(Children, Fed_sch_h, Fed_sch_s)))
6.	6. Tax credits:	EIC	J	EIC(Children, earn_total, EIC_sch)
		Unemp	J	Unemp_dedn_rate*(MIN(earn,Unemp_max))
		ch_crd_max	J	Children*Positive((chcrd_max-chcrd_rdn*Positive(TRUNC(earn, -3)-IF(Married>0, chcrd_thrsh_m, chcrd_thrsh_oth))/1000))
		ch_crd_tax	J	IF(ch_crd_tax>0, MIN(ch_crd_max, CG_tax_excl), 0)
		ch_crd_ref		IF(ch_crd_tax<ch_crd_max, MIN(ch_crd_max-ch_crd_tax, MAX(chcrd_ref_perct*(earn-chcrd_ref_thresh), 0)), 0)
		tax_cr	J	EIC+Unemp+ch_crd_tax+ch_crd_ref
7.	CG tax	CG_tax	J	CG_tax_excl-tax_cr
8.	State and local taxes	local_tax	J	Detroit_rate* Positive(earn_total-Detroit_ex*(1+Married+Children))+ Mich_rate*Positive(earn_total – Mich_ex*(1+Married+Children) – Mich_ex_child*Children) -MIN(Mich_cr_max, Tax(AJ7, Mich_cr_sch)) - Mich_EIC_rate*EIC
9.	Employees' soc security	SSC	B	pens_rate_ee*MIN(earn, pens_ceil)+hosp_rate*earn+add_hosp_rate*Positive(earn-IF(Married,add_hosp_thresh_m,add_hosp_thresh_oth))
11.	Cash transfers	Cash_tran	J	
13.	Employer's soc security	SSC_empr	B	pens_rate_er*MIN(earn, pens_ceil) +hosp_rate*earn+MIN(earn,Unemp_max)*Unemp_rate +MIN(earn,Mich_unemp_max)*Mich_unemp_rate
	Memorandum item: non-wastable tax credits			
	tax expenditure component	taxexp		(rate_rd_crd+EIC)-transfer
	cash transfer component	transfer		IF(CG_tax<0, -CG_tax, 0)

Key to range of equation B calculated separately for both principal earner and spouse P calculated for principal only (value taken as 0 for spouse calculation) J calculated once only on a joint basis.

ANNEXE

Méthodologie et limites

Méthodologie

Introduction

La situation personnelle des contribuables est très variable. Aussi le présent rapport fait-il appel à une méthodologie spécifique pour la production de statistiques comparatives englobant les impôts, les prestations sociales et les coûts de main-d'œuvre à l'échelle des pays membres de l'OCDE. Cette méthodologie repose sur le cadre suivant :

- L'accent est mis sur huit catégories de ménage distinctes, qui se différencient par la composition du ménage et le montant des revenus d'activité ;
- Chaque ménage comprend un adulte travaillant à temps plein dans l'un des divers secteurs d'activité de chaque économie de l'OCDE. Certains ménages comptent également un conjoint travaillant à temps partiel ;
- Par hypothèse, le revenu d'activité annuel est égal à une fraction donnée du salaire brut moyen de ces travailleurs ;
- Des hypothèses supplémentaires sont formulées concernant d'autres éléments significatifs de la situation personnelle de ces travailleurs salariés, afin de permettre la détermination de leur situation au regard de l'impôt et des prestations sociales.

Les principes exposés dans les paragraphes qui suivent forment la base de calcul des données figurant dans le chapitre 1 et les parties I, II et III. Le tableau A.1 indique la terminologie utilisée. Lorsqu'un pays a dû s'écarter de ces principes, cela est précisé dans le texte et/ou dans les chapitres par pays qui constituent la partie III du rapport. Le nombre de contribuables qui présentent les caractéristiques définies ci-dessous et le niveau de salaire du travailleur moyen diffèrent selon les économies de l'OCDE.

Caractéristiques des contribuables

Les huit catégories de ménage retenues dans le rapport sont décrites dans le tableau A.2. On admet que tout enfant du ménage a entre 6 et 11 ans inclus.

On suppose que les seules sources de revenu du foyer sont ses salaires et les prestations en espèces dont il bénéficie.

Éventail des secteurs couverts

Le calcul des salaires moyens repose normalement sur l'hypothèse selon laquelle les travailleurs relèvent des secteurs B à N de la *Classification internationale type, par industrie, de toutes les branches d'activité économique* (CITI, Révision 4, ONU)[1] (voir le tableau A.3). De nombreux pays (pour plus de détails sur les pays, voir le tableau 1.6) optent désormais pour cette méthode.

Tableau A.1. **Termes utilisés**

	Termes d'utilisation générale
Salarié moyen	Salarié adulte employé à plein temps dans l'un des secteurs couverts et dont les gains sont égaux au salaire moyen dans ces secteurs.
Célibataire	Hommes et femmes non mariés.
Couple avec deux enfants	Couple marié avec deux enfants à charge âgés de six ans à onze ans inclus.
Coûts bruts de main-d'oeuvre	La somme du salaire brut plus les cotisations patronales de sécurité sociale plus les taxes sur les salaires.
Rémunération nette	Rémunération brute après impôt et cotisations obligatoires de sécurité sociale des salariés et augmentée des prestations sociales reçues des administrations publiques.
Taux moyen de l'impôt (charges fiscales)	La somme de l'impôt sur le revenu plus les cotisations de sécurité sociale à la charge des salariés, en pourcentage du salaire brut.
Coin fiscal	La somme de l'impôt sur le revenu plus les cotisations de sécurité sociale à la charge des salariés et des employeurs plus les taxes sur les salaires moins le montant des prestations sociales, en pourcentage des coûts de main-d'œuvre.
Élasticité du revenu après impôt	Le pourcentage de variation d'un revenu donné après impôt à la suite d'une augmentation d'une unité monétaire du revenu avant impôt (selon une définition plus précise, ce terme correspond à un moins un taux marginal d'imposition divisé par un moins le taux moyen d'imposition correspondant).
	Termes utilisés en matière d'impôt sur le revenu
Allégements fiscaux	Terme générique qui couvre l'ensemble des moyens par lesquels est donné un traitement favorable du point de vue de l'impôt sur le revenu aux contribuables potentiels.
Abattements fiscaux	Montants déduits du salaire brut pour obtenir le revenu imposable.
Crédits d'impôt	Montant de la déduction que le contribuable peut opérer sur son imposition. Un crédit d'impôt est considéré comme payable s'il peut excéder l'impôt dû ; (les termes « remboursable » et « récupérable » sont parfois utilisés).
Allégements forfaitaires	Les allégements non liés à des dépenses effectivement supportées par les contribuables et accordés automatiquement à tous ceux qui remplissent les conditions requises en vertu de la loi sont également comptés comme allégements forfaitaires, y compris les déductions des cotisations obligatoires de sécurité sociale.
Abattement à la base	Tout abattement forfaitaire qui peut être accordé quelle que soit la situation de famille.
Abattement en raison du mariage	Abattement fiscal complémentaire attribué aux couples mariés (dans certains pays, il ne se distingue pas de l'abattement à la base qui peut être doublé en cas de mariage).
Allégements non forfaitaires	Allégements entièrement déterminés par référence à des dépenses réellement effectuées.
Taux moyen de l'impôt sur le revenu	Montant de l'impôt sur le revenu à verser, après avoir tenu compte de tout allègement, calculé sur la base des dispositions fiscales envisagées dans cette étude, divisé par le salaire brut.
Taux du barème	Taux qui figure dans les barèmes de l'impôt sur le revenu et des cotisations de sécurité sociale.
	Termes utilisés en matière de prestations en espèces
Prestations sociales	Versements en espèces effectués par les administrations publiques (agences) au profit des familles ayant en général des enfants à charge.

Tableau A.2. **Caractéristiques des contribuables étudiés**

Situation de famille	Enfants	Salaire principal	Salaire d'appoint
Célibataire	Pas d'enfant	67 % du salaire moyen	
Célibataire	Pas d'enfant	100 % du salaire moyen	
Célibataire	Pas d'enfant	167 % du salaire moyen	
Célibataire	2 enfants	67 % du salaire moyen	
Couple marié	2 enfants	100 % du salaire moyen	
Couple marié	2 enfants	100 % du salaire moyen	33 % du salaire moyen
Couple marié	2 enfants	100 % du salaire moyen	67 % du salaire moyen
Couple marié	Pas d'enfant	100 % du salaire moyen	33 % du salaire moyen

Tableau A.3. **Classification internationale type, par industrie, de toutes les branches d'activité économique**

Révision 3.1 (CITI Rév. 3.1)	
A	Agriculture, chasse et sylviculture
B	Pêche
C	Activités extractives
D	Activités de fabrication
E	Production et distribution d'électricité, de gaz et d'eau
F	Construction
G	Commerce de gros et de détail ; réparation de véhicules automobiles, de biens personnels et domestiques
H	Hôtels et restaurants
I	Transports, entreposage et communications
J	Intermédiation financière
K	Immobilier, location et activités de services aux entreprises
L	Administration publique et défense ; sécurité sociale obligatoire
M	Éducation
N	Santé et action sociale
O	Autres activités de services collectifs, sociaux et personnels
P	Ménages privés employant du personnel domestique
Q	Organisations et organismes extraterritoriaux
Révision 4 (CITI Rév. 4)	
A	Agriculture, sylviculture et pêche
B	Activités extractives
C	Activités de fabrication
D	Production et distribution d'électricité, de gaz, de vapeur et climatisation
E	Distribution d'eau ; réseau d'assainissement ; gestion des décjets et remise en état
F	Construction
G	Commerce de gros et de détail, réparation de véhicules automobiles et de motocycles
H	Transport et entreposage
I	Activités d'hébergement et de restauration
J	Information et communication
H	Activités financières et d'assurances
I	Activités immobilières
J	Activités professionnelles, scientifiques et techniques
K	Activités de services administratifs et d'appui
L	Administation publique et défense ; sécurité sociale et obligatoire
M	Éducation
N	Santé et activités d'action sociale
R	Arts, spectacles et loisirs
S	Autres activités de services
T	Activités des ménages privés employant du personnel domestique ; activités non différenciées de production de biens et de services des ménages privés pour usage propre
U	Activités des organisations et organismes extra-territoriaux

Cette méthode correspond d'une manière générale au précédent mode de calcul, fondé sur les secteurs C à K inclus de la Révision 3.1 de la CITI, qui a été adopté dans l'édition 2005 des *Impôts sur les salaires*. Les motifs de ce passage à une définition élargie du salaire moyen avaient été exposés dans l'étude spéciale de l'édition 2003-04.

Définition du salaire brut

Dans cette section sont présentées les hypothèses sur lesquelles repose le calcul de la rémunération moyenne du « travailleur moyen ». Les niveaux de salaire brut ont été établis à partir de données statistiques, et les méthodes de calcul des données sur les rémunérations utilisées dans chaque pays sont indiquées dans le tableau A.4. On trouvera

Tableau A.4. **Mode de calcul des salaires moyens**

	Élements compris ou non compris dans la base de calcul					Types de travailleurs inclus ou exclus dans la base de calcul			Méthode de base utilisée pour le calcul	Fin de l'exercice budgétaire	Période à laquelle se réfère le calcul des salaires
	Maladie[1]	Vacances	heures supplémentaires	Paiements en espèces réguliers	Prime	Superviseur	Manager	Travailleurs à temps partiel			
Allemagne	NC	C	C	C	NC	C	C	NC	Gains annuels	31 décembre	Année civile
Australie	C	C	C	C	NC	C	C	NC	Gain hebdomadaire moyen x 52	30 juin	Année fiscale
Autriche	NC	C	C	C	C Valeur imposable	C	C	NC	Gain moyen annuel	31 décembre	Année civile
Belgique	NC	C	C	C	NC	C	C	NC	Gain mensuel en octobre x 12 (plus les primes périodiques)	31 décembre	Année civile
Canada	NC	C	C	C	NC	C	C	C[6]	Gain horaire hebdomadaire x gain horaire moyen x 52	31 décembre	Année civile
Chili	NC	C	C	C	NC	C	C	C	Gains horaires x nombre d'heures travaillées	31 décembre	Année civile
Corée	NC	C	C	C	NC	C	C	NC	Gain mensuel moyen x 12	31 décembre	Année civile
Danemark	NC	C	NC	C	NC	C	C	C[6]	Gains horaires x nombre d'heures travaillées	31 décembre	Année civile
Espagne	NC	C	C	C	NC	C	C	NC	Gain mensuel pondéré x 12	31 décembre	Année civile
Estonie	C	C	C	C	NC	C	C	C	Gains moyens	31 décembre	Année civile
États-Unis	NC	C	C	C[2]	NC	C	C	C[6]	Gain moyen hebdomadaire x 52	31 décembre	Année civile
Finlande	NC	C	C	C	NC	C	C[5]	NC	Salaire horaire x nombre d'heures usuelles travaillées (ou gains mensuels x mois)+ indemnités de congés payés + primes périodiques	31 décembre	Année civile
France	NC	C	C	C	NC	C	C	NC	Gains annuels	31 décembre	Année civile
Grèce	NC	C	C	C[2]	C	C	C	NC	Gain horaire x nombre d'heures travaillées	31 décembre	Année civile
Hongrie	NC	C	C	C	NC	C	C[5]	NC	Gain mensuel moyen x 12	31 décembre	Année civile
Irlande	NC	C	C	C	NC	NC	NC	C	Gain moyen hebdomadaire de chaque trimestre / 4 x 52	31 décembre	Année civile
Islande	NC	C	C	C	NC	C	C	NC	Gain horaire x nombre d'heures travaillées x 12	31 décembre	Année civile
Israël	NC	C	C	C	NC	C	C	NC	Gains moyens	31 décembre	Année civile
Italie	NC[3]	C	C	C	NC[4]	C	C	C[6]	Gain mensuel moyen x 12	31 décembre	Année civile
Japon	NC	C	C	C	NC	C	C	NC	Gain mensuel en juin x 12	31 décembre	Année civile
Luxembourg	NC	C	C	C	NC	C	C	NC	Gain annuel total divisé par le nombre moyen de salariés à plein temps. Une partie de gains qui excèdent la limite supérieure de cotisation sociale (7 fois le salaire minimum) n'est pas incluse dans le calcul.	31 décembre	Année civile
Mexique	NC	C	NC	C	NC	C	C	NC	Gain mensuel moyen x 12	31 décembre	Année civile
Norvège	NC	NC	C	C	NC	C	C	C[6]	Salaire annuel + les heures supplémentaires estimées	31 décembre	Année civile
Nouvelle-Zélande	NC	C	C	C	NC	C	C[5]	C[6]	Gain moyen hebdomadaire de chaque trimestre x 13	31 mars	Année fiscale
Pays-Bas	NC	C	NC	C	NC	C	C	NC	Salaire brut annuel	31 décembre	Année civile
Pologne	C	C	C	C	NC	C	C	C[6]	Gain mensuel moyen x 12	31 décembre	Année civile
Portugal	NC	C	C	C	C	C	C	NC	Gain mensuel pondéré x 12	31 décembre	Année civile
Rép. slovaque	NC	C	C	C	C	C	C	C	Gain mensuel moyen x 12	31 décembre	Année civile

Tableau A.4. **Mode de calcul des salaires moyens** *(suite)*

	Élements compris ou non compris dans la base de calcul					Types de travailleurs inclus ou exclus dans la base de calcul			Méthode de base utilisée pour le calcul	Fin de l'exercice budgétaire	Période à laquelle se réfère le calcul des salaires
	Maladie[1]	Vacances	heures supplémentaires	Paiements en espèces réguliers	Prime	Superviseur	Manager	Travailleurs à temps partiel			
Rép. tchèque	NC	C	C	C	NC	C	C	C[6]	Gain mensuel moyen x 12	31 décembre	Année civile
Royaume-Uni	NC	C	C	C	NC	C	C	NC	Gain brut annuel moyen	5 avril	Année fiscale
Slovénie	C	C	C	C	NC	C	C	C	Gain mensuel moyen x 12	31 décembre	Année civile
Suède	NC	C	C	C	C Valeur actuelle	C	C	C[6]	Gain horaire moyen en septembre x heures travaillées ; et gain mensuel en septembre x 12	31 décembre	Année civile
Suisse	NC	C	C	C	NC	C	C	C[6]	Gain mensuel x 12	31 décembre	Année civile
Turquie	NC	C	C	C	Actual value C	NC	NC	C	Gain annuel moyen	31 décembre	Année civile

Note : NC = Exclus C = Inclus '-' = information non disponible.

1. Indemnités versées par l'employeur pour le compte du régime général ou d'un régime privé d'assurance-maladie.
2. Exclut les primes de participation aux bénéfices en Grèce et aux États-Unis, et aussi les primes de fin d'année aux États-Unis.
3. Les paiements des indemnités de maladie sont inclus seulement dans la partie payée par les employeurs. Pour les travailleurs manuels, c'est seulement le cas pendant les 3 premiers jours de congés de maladie et à partir du 4éme jour, les paiements sont faits par l'INPS.
4. Partiellement : la (petite) part imposable des avantages en nature est incluse.
5. Sauf pour les hauts dirigeants (Finlande) ; sauf si le revenu issu des bénéfices excède 50 % du total de revenu (Hongrie) ; sauf pour les propriétaires (Nouvelle-Zélande).
6. Les salaires des personnes travaillant à temps partiel sont convertis en équivalent temps plein avant de calculer le salaire moyen.

des informations complémentaires sur le calcul de ces données dans les chapitres par pays de la partie III. Les sources des données statistiques pour chaque pays sont indiquées dans le tableau A.5.

Les principales hypothèses sont les suivantes :

- Les données se rapportent à la rémunération moyenne dans le secteur d'activité pour l'ensemble du pays ;
- Les calculs se fondent sur la rémunération d'un adulte exerçant une activité (manuelle ou non) à temps plein. Ils renvoient à la rémunération moyenne de l'ensemble des travailleurs du secteur considéré. Il n'est pas tenu compte des écarts de rémunération entre hommes et femmes ou entre travailleurs d'âges différents ou de régions distinctes ;
- Le travailleur est considéré comme employé à temps plein pendant toute l'année sans interruption pour cause de maladie ou de chômage. Néanmoins, plusieurs pays ne sont pas en mesure d'isoler et d'exclure les travailleurs à temps partiel des données sur les rémunérations (voir le tableau A.4). La plupart d'entre eux déclarent dans ce cas des montants en équivalent temps plein. Dans quatre pays (le Chili, l'Irlande, la République slovaque et la Turquie), les rémunérations des travailleurs à temps partiel ne peuvent être ni exclues ni converties en équivalent temps plein en raison de la manière dont les échantillons de rémunérations sont constitués. De ce fait, les salaires moyens déclarés pour ces pays seront inférieurs à la moyenne des salaires à temps plein (par exemple, l'analyse effectuée par le Secrétariat des données disponibles d'Eurostat concernant les rémunérations pour certains pays européens a montré que l'inclusion des travailleurs à temps partiel réduisait la rémunération moyenne d'environ 10 %). En outre, dans la plupart des pays de l'OCDE où les indemnités de maladie sont versées par l'employeur, soit pour le compte de l'État, soit pour le compte de régimes privés d'assurance maladie, ces montants sont pris en compte dans les calculs concernant les salaires. Il y a peu de chances que ces différences aient une incidence notable sur les résultats obtenus, dans la mesure où les employeurs effectuent généralement ces versements pendant une courte période et où les montants versés sont d'ordinaire très proches des salaires horaires normaux ;
- Deux des catégories de ménage comportent un second apporteur de revenu percevant une rémunération égale à 33 % de la rémunération moyenne. Il est très probable que ces personnes travaillent à temps partiel plutôt qu'à temps plein (comme indiqué dans l'étude spéciale de l'édition 2005 des *Impôts sur les salaires*). Cependant, il apparaît également dans l'étude spéciale que l'hypothèse selon laquelle tous les travailleurs exercent leur activité à temps plein n'affecte pas de manière significative les taux d'imposition calculés dans la publication, sauf dans le cas de la Belgique pour les couples mariés lorsque le conjoint gagne 33 % du salaire moyen. Cela s'explique par le fait qu'en général, toute disposition spécifique applicable aux travailleurs à temps partiel a une importance mineure ou n'est pas applicable aux catégories de ménage actuellement étudiées dans *Les impôts sur les salaires* ;
- Le calcul du revenu d'activité tient compte de tous les éléments de rémunération en espèces versés aux travailleurs des secteurs considérés, y compris les montants moyens généralement versés au titre des heures supplémentaires, des compléments de salaire (prime de fin d'année, treizième mois, par exemple) et des congés payés. Néanmoins, tous les pays ne sont pas en mesure de prendre en compte la rémunération des heures supplémentaires, les congés payés et les primes en espèces conformément à la définition qui est donnée ;

Tableau A.5. **Source des données concernant les gains, 2014**

Pays	Type d'échantillon	Source
Allemagne	Enquête du Bureau fédéral de statistiques	Bureau national des statistiques
Australie	Échantillon représentatif des salariés dans chaque industrie. Enquête trimestrielle.	Australian Bureau of Statistics « Average Weekly Earnings, Australia » and « Labour Force, Australia »
Autriche	Statistiques annuelles sur l'imposition des salaires	« Lohnsteuerstatistik »
Belgique	Données collectées ou estimées sur la base d'une enquête annuelle et des registres de sécurité sociale des salariés	Division statistiques du Ministère de l'économie (service public fédéral, économie, PME, travailleurs indépendants et énergie). Même source que les données sur « gains bruts annuels » de l'Eurostat.
Canada	Enquête mensuelle auprès de toutes les entreprises	Statistiques Canada, « Enquête sur l'emploi, la rémunération et les heures de travail »
Chili	Échantillon d'entreprises de plus de 10 employés. Enquête mensuelle.	Institut National des Statistiques du Chili (INE)
Corée	Enquête sur le travail auprès des entreprises	Ministère de l'emploi et du travail
Danemark	Enquête sur les salaires effectués par la Confédération danoise du patronat	Rapport annuel de la Confédération danoise du patronat (Dansk Arbejds Giverforening)
Espagne	Enquête trimestrielle auprès des entreprises	Instituto Nacional de Estadistica « Encuesta Trimestral de Coste Laboral » (Enquête sur le coût du travail)
Estonie	-	Statistiques Estonie/Ministère des Finances
États-Unis	Enquête mensuelle du Ministère du travail par voie de questionnaire couvrant plus de 40 millions de travailleurs et de salariés non agricoles	Emploi, heures travaillées et salaires de l'étude sur les statistiques de l'emploi
Finlande	(1) Enquête de la Fédération finlandaise du patronat sur les salaires horaires en mensuels ; (2) Enquête « non officielle » du patronat « Structure des statistiques sur les salaires » publiée par l'Office cental des statistiques	« Statistiques sur les salaires » publiées par l'Office central des statistiques
France	Registres d'assurance sociale des employeurs	INSEE, « Déclarations Annuelles des Données Sociales » (DADS)
Grèce	Enquête effectuée par l'Institut de la Statistique et les établissements de la sécurité sociale	Service national de statistiques : statistiques sur le travail. Même source que les données sur « gains bruts annuels » de l'Eurostat
Hongrie	Enquêtes mensuelles auprès des entreprises ayant plus de cinq salariés	Bureau central de statistiques
Irlande	Enquête trimestrielle sur l'emploi, les gains et la durée du travail dans l'industrie	Office central de statistiques
Islande	Enquête mensuelle sur les salaires du secteur privé	Statistiques, Islande
Israël	-	Bureau Central des Statistiques
Italie	Indicateurs trimestriels de salaires dans les secteurs industries et services (OROS)	Institut national de statistiques
Japon	Enquête de base sur la structure des salaires de l'ensemble des établissements employant plus de 10 salariés	Ministère de la santé, du travail et du bien-être, Rapport annuel
Luxembourg	Fichiers mensuels agrégés des services de sécurité sociale	Office national des statistiques et Services de sécurité sociale
Mexique	Données administratives de l'Institut de sécurité sociale (Instituto Mexicano del Seguro Social [IMSS])	Commision sur « le salaire national minimum » (Comisión Nacional de Salarios Mínimos [CONASAMI])
Norvège	Échantillon d'entreprises (excluant l'agriculture,la pêche et les ménages privés). Les données sont basées sur les statistiques publiées du 3e trimestre	Statistiques sur les salaires
Nouvelle-Zélande	L'enquête trimestrielle sur l'emploi est un sondage auprès des entreprises	Statistiques de Nouvelle-Zélande INFOS
Pays-Bas	Enquête sur l'emploi et le salaire	Bureau central de statistiques, Statline
Pologne	Estimations des différents secteurs	Bulletin mensuel des statistiques
Portugal	Enquête du Ministère de l'emploi effectuée en avril et octobre	Ministère de l'emploi
République slovaque	Données trimestrielles et annuelles	Bureau national des statistiques
République tchèque	Données provenant d'enquête auprès des employeurs	Bureau national des statistiques
Royaume-Uni	1% de l'échantillon du système de retenue à la source de l'impôt sur les salaires	Office national de statistiques, enquête annuelle sur les heures travaillées et le salaire (ASHE)
Slovénie	Enquête mensuelle auprès des employés	Office Statistiques de la République de Slovénie
Suède	Enquête effectuée au mois de septembre par le patronat	Statistiques, Suède
Suisse	Personnes actives occupées selon la branche économique	La vie économique, SECO (Secrétariat d'État à l'économie) table B.8.1, *www.bfs.admin.ch/bfs/portal/fr/index/themen/03/04.html*
Turquie	Enquête annuelle de l'industrie manufacturière	Institut national de statistiques

- Les travailleurs exerçant des fonctions d'encadrement et/ou de direction apparaissent dans les données sur les rémunérations, bien que certains pays ne soient pas en mesure de les y faire figurer. Dans ces pays, les moyennes communiquées sont inférieures à la normale (par exemple, l'analyse faite par le Secrétariat de l'OCDE des données disponibles d'Eurostat concernant certains pays européens a montré que l'exclusion de cette catégorie de travailleurs pouvait réduire la rémunération moyenne de 10 % à 18 %).
- Les avantages hors salaire, qui consistent, par exemple, dans la fourniture par l'employeur de produits alimentaires, d'un logement ou de vêtements gratuitement ou à des prix inférieurs à ceux du marché sont, lorsque cela est possible, exclus du calcul des rémunérations moyennes, ce qui pourrait affecter la comparabilité des coins fiscaux, dans la mesure où le recours aux avantages hors salaire peut varier selon les pays et selon les périodes. Toutefois, le manque de comparabilité est limité par le fait que ces avantages représentent rarement plus de 1 % à 2 % des coûts de main-d'œuvre et sont normalement plus fréquents pour les salaires élevés que pour les travailleurs qui se situent dans la fourchette de revenus couverte par *Les impôts sur les salaires* (33 % à 167 % des rémunérations moyennes). Le tableau A.4 indique que certains pays membres ne sont pas en mesure d'isoler les avantages hors salaire des chiffres sur les rémunérations déclarés et utilisés dans la publication. La décision concernant cette exclusion a été prise pour les raisons suivantes :
    - les avantages de ce type sont difficiles à évaluer de manière cohérente (ils peuvent être évalués en fonction soit de leur coût réel pour l'employeur, soit de leur valeur imposable du point de vue du salarié, soit de leur juste valeur marchande) ;
    - dans la plupart des pays, ces avantages ont une importance minime pour les travailleurs qui perçoivent le salaire moyen ;
    - le calcul des impôts serait sensiblement plus compliqué s'il fallait prendre en compte le régime fiscal des avantages hors salaire ;
- Les cotisations versées par les employeurs pour le compte de leurs salariés à des caisses de retraite complémentaire ou à des systèmes privés d'allocations familiales, d'assurance maladie ou d'assurance vie ne sont pas intégrées dans les calculs, bien que les montants en jeu puissent être non négligeables. Aux États-Unis, par exemple, il n'est pas rare que ces cotisations représentent plus de 5 % de la rémunération des salariés. Les chapitres par pays de la partie III donnent des indications sur l'existence de systèmes susceptibles de s'appliquer au travailleur moyen.

Calcul du salaire brut moyen

Le tableau A.4 indique la méthode de calcul de base utilisée dans chaque pays, méthode dont une description plus détaillée figure, le cas échéant, dans les chapitres par pays de la partie III. En principe, il est recommandé aux pays de calculer la rémunération annuelle en prenant la moyenne hebdomadaire, mensuelle ou trimestrielle de la rémunération horaire, pondérée par le nombre d'heures travaillées au cours de la période retenue, et en la multipliant par le nombre moyen d'heures travaillées au cours de l'année, y compris les périodes de congés payés, considérant que le travailleur n'a été ni malade ni au chômage. Le recours à une méthode analogue a été préconisé pour le calcul des heures supplémentaires. Pour les pays qui ne sont pas en mesure d'isoler les données concernant les travailleurs à temps partiel, il est recommandé de convertir ces données en équivalent temps plein, dans la mesure du possible.

Les données statistiques concernant les salaires bruts moyens en 2014 ne sont généralement pas encore disponibles. C'est pourquoi, pour la majorité des pays, le Secrétariat a établi des estimations du salaire brut des travailleurs moyens en 2014 en adoptant une approche uniforme : l'ensemble des revenus d'activité enregistrés en 2013 sont multipliés par la variation nationale annuelle des salaires en pourcentage indiquée pour l'économie dans son ensemble dans l'édition la plus récente des *Perspectives économiques de l'OCDE*[2]. Cette procédure transparente vise à éviter tout résultat biaisé. Pour certains pays, diverses approches s'écartant de la précédente ont été adoptées :

- Les chiffres définitifs sur le salaire brut moyen en 2014 ont été utilisés dans le cas de l'Australie ;
- On a eu recours à des estimations nationales en ce qui concerne le Chili, l'Estonie, la Nouvelle-Zélande et la Turquie, étant donné qu'aucune variation des salaires en pourcentage n'est indiquée pour ces pays dans les *Perspectives économiques de l'OCDE* ;
- Dans certains pays, les salaires moyens au titre d'années antérieures ont également été estimés pour la Corée (2013), la Finlande (2013), la France (2012 et 2013), la Grèce (2013), l'Irlande (2012 et 2013), les Pays-Bas (2012 et 2013), le Portugal (2013) et la Suisse (2007, 2009, 2011 et 2013) dans la mesure où aucune donnée nationale sur les rémunérations moyennes n'était disponible pour les années mentionnées dans ces pays.

Quinze des pays membres de l'OCDE ont choisi de fournir des estimations nationales du niveau de salaire brut des travailleurs moyens en 2014. Ces estimations n'ont pas été utilisées dans les calculs des *Impôts sur les salaires* (sauf pour les pays énumérés ci-dessus) car elles risquaient d'être incohérentes avec les estimations établies par le Secrétariat pour d'autres pays. Elles figurent néanmoins dans le tableau A.6 pour qu'il soit possible d'effectuer des comparaisons entre les estimations du Secrétariat et celles de sources nationales. Dans bien des cas, les premières et les secondes sont relativement proches.

Le tableau A.7 indique les taux de change et parités de pouvoir d'achat des monnaies nationales en 2014 qui sont utilisés pour calculer les données comparatives sur les salaires entre pays dans le rapport.

Impôts et prestations sociales pris en compte

Le rapport traite de l'impôt sur le revenu des personnes physiques et des cotisations sociales à la charge des salariés et des employeurs dues sur les salaires. De plus, les taxes sur les salaires (voir la section *Taxes sur les salaires*) et, dans un cas, l'impôt paroissial (voir la section *Impôt paroissial*) sont pris en compte dans le calcul du coin fiscal total entre les coûts de main-d'œuvre pour l'employeur et le revenu net disponible du salarié.

Le calcul du revenu après impôt intègre les prestations familiales versées par l'État sous forme de prestations en espèces (voir la section *Prestations familiales en espèces versées par l'État*). L'impôt sur les revenus du capital et du travail non salarié, plusieurs impôts directs (impôt sur l'actif net, impôt sur les bénéfices des sociétés), ainsi que l'ensemble des impôts indirects ne sont pas pris en compte dans ce rapport. En revanche, les données tiennent compte de tous les impôts sur le revenu prélevés par les administrations centrales et locales.

Dans cette étude, les cotisations sociales versées à l'État sont traitées comme des recettes fiscales. Dans la mesure où elles constituent des paiements obligatoires à l'administration publique, elles s'apparentent clairement à des impôts. Elles peuvent s'en distinguer, cependant, du fait que l'obtention de prestations sociales est subordonnée au versement préalable des cotisations applicables, même si le montant des prestations n'est

Tableau A.6. **Salaire brut estimé, 2013-14 (en monnaie nationale)**

	Salaire moyen 2013	Salaire moyen 2014 (Estimation Secrétariat)	Salaire moyen 2014 (Estimation pays)	EO96, taux prévus pour 2014[1]
Allemagne	44 700	45 952		2.8
Australie[2]	77 530	79 070	79 689	2.0
Autriche	41 940	42 573	42 653	1.5
Belgique	46 197	46 464	47 226	0.6
Canada	47 946	49 481	49 384	3.2
Chili[2]	6 604 419		7 018 884	
Corée	39 360 890	39 781 075	40 839 552	1.1
Danemark	393 463	397 484	401 332	1.0
Espagne	26 027	26 162		0.5
Estonie[2]	11 732		12 436	
États-Unis	48 774	50 075		2.7
Finlande	42 257	42 910		1.5
France	36 808	37 427		1.7
Grèce	20 766	20 168		-2.9
Hongrie	2 933 520	3 009 284		2.6
Irlande	33 154	34 466		4.0
Islande	6 672 000	6 856 100		2.8
Israël	128 664	130 605		1.5
Italie	30 039	30 463		1.4
Japon	4 835 595	4 881 994		1.0
Luxembourg	53 485	54 560		2.0
Mexique	98 491	101 904	102 338	3.5
Norvège	524 330	542 386		3.4
Nouvelle-Zélande[2]	53 234		54 733	
Pays-Bas	48 421	48 856		0.9
Pologne	41 652	42 360	43 401	1.7
Portugal	17 640	17 436		-1.2
République slovaque	10 001	10 342	10 331	3.4
République tchèque	302 403	312 084	306 050	3.2
Royaume-Uni	35 081	35 633		1.6
Slovénie	17 673	17 851	17 802	1.0
Suède	398 220	407 974	409 581	2.4
Suisse	89 743	90 522		0.9
Turquie[2]	26 206		28 370	

1. Accroissement de la rémunération par salarié dans tous les secteurs d'activité économiques (Economic Ooutlook No 96).
2. Dans les calculs des Impôts sur les salaires, l'estimation du salaire moyen faite par le pays est utilisée au lieu de l'estimation du Secrétariat.

StatLink http://dx.doi.org/10.1787/888933211998

pas nécessairement lié au montant des cotisations. Les pays financent à des degrés divers leurs programmes de sécurité sociale obligatoire à l'aide des recettes fiscales et non fiscales du budget général, d'une part, et de cotisations spécifiques, d'autre part. Si l'on obtient une meilleure comparabilité entre les pays en traitant comme des impôts les cotisations sociales, celles-ci sont néanmoins énumérées sous une rubrique distincte de sorte que leurs montants puissent être isolés dans le cadre d'une éventuelle analyse.

Calcul de l'impôt sur le revenu des personnes physiques

Les chapitres pays de la partie III décrivent la méthode utilisée pour le calcul de l'impôt sur le revenu. On détermine d'abord les déductions fiscales applicables au salaire brut annuel d'un contribuable présentant les caractéristiques et se situant au niveau de

Tableau A.7. **Parités de pouvoir d'achat et taux de change pour 2014**

	Unité monétaire	Taux de change[1]	Parités de pouvoir d'achat
Allemagne	EUR	0.75	0.80
Australie	AUD	1.11	1.50
Austriche	EUR	0.75	0.85
Belgique	EUR	0.75	0.84
Canada	CAD	1.10	1.25
Chili	CLP	570.64	368.04
Corée	KRW	1 053.06	852.51
Danemark	DKK	5.62	7.62
Espagne	EUR	0.75	0.67
Estonie	EUR	0.75	0.55
États-Unis	USD	1.00	1.00
Finlande	EUR	0.75	0.93
France	EUR	0.75	0.85
Grèce	EUR	0.75	0.62
Hongrie	HUF	232.62	130.08
Irlande	EUR	0.75	0.82
Islande	ISK	116.69	137.12
Israël	ILS	3.58	3.97
Italie	EUR	0.75	0.75
Japon	JPY	105.85	104.13
Luxembourg	EUR	0.75	0.91
Mexique	MXN	13.31	8.24
Norvège	NOK	6.30	9.14
Nouvelle-Zélande	NZD	1.21	1.47
Pays-Bas	EUR	0.75	0.82
Pologne	PLN	3.15	1.81
Portugal	EUR	0.75	0.58
République slovaque	EUR	0.75	0.50
République tchèque	CZK	20.76	13.53
Royaume-Uni	GBP	0.61	0.70
Slovénie	EUR	0.75	0.60
Suède	SEK	6.86	8.80
Suisse	CHF	0.92	1.36
Turquie	TRL	2.19	1.18

1. Moyenne sur 12 mois de taux journaliers.

StatLink http://dx.doi.org/10.1787/888933212004

revenu du travailleur moyen. En second lieu, on applique le barème d'imposition au revenu imposable, et l'impôt exigible ainsi calculé est minoré des crédits d'impôt éventuels. Une difficulté importante que soulève le calcul de l'impôt sur le revenu des personnes physiques réside dans la détermination des allégements fiscaux à retenir. On peut distinguer deux grandes catégories d'allégements fiscaux :

- *Les allégements à caractère forfaitaire* : il s'agit de mesures d'allégement fiscal qui sont sans lien avec les dépenses réellement engagées par le contribuable et qui sont automatiquement consenties à tous les contribuables remplissant les conditions prévues par la législation. Ils prennent généralement la forme de montants forfaitaires ou de pourcentages fixes du revenu et constituent la principale catégorie d'allégements prise en compte pour déterminer l'impôt sur le revenu versé par les travailleurs. Les allégements forfaitaires sont pris en compte pour le calcul. Ils comprennent :
  - l'*abattement à la base* qui est fixe et dont bénéficient tous les contribuables ou tous les apporteurs de revenu quelle que soit leur situation matrimoniale ou de famille ;

- l'*abattement forfaitaire* accordé aux contribuables en fonction de leur *situation matrimoniale* ;
- l'*abattement forfaitaire pour enfants à charge* accordé aux familles ayant deux enfants d'un âge compris entre 6 et 11 ans inclus ;
- l'*abattement forfaitaire pour frais professionnels* qui est généralement fixe ou déterminé en pourcentage du salaire (brut) ;
- les allégements fiscaux consentis au titre des *cotisations sociales* et des autres *impôts sur le revenu* (versés aux administrations infranationales) sont également considérés comme des allégements forfaitaires dès lors qu'ils s'appliquent à l'ensemble des apporteurs de revenu et qu'ils concernent des versements obligatoires à l'État[3] ;

- *Les allégements non forfaitaires* : il s'agit d'allégements qui sont entièrement déterminés par référence à des charges effectivement supportées. Leur montant n'est ni forfaitaire ni calculé par application de pourcentages fixes du revenu. On peut en donner comme exemples les déductions au titre des intérêts des emprunts remplissant certaines conditions (emprunts destinés à l'acquisition d'un logement, par exemple), des primes d'assurance, des cotisations à des régimes de retraite complémentaire et des dons à des organismes de bienfaisance. Ces déductions n'entrent pas en ligne de compte pour la détermination de la situation fiscale des salariés.

Les allégements forfaitaires sont appréhendés de manière distincte et leur incidence sur le taux moyen de l'impôt sur le revenu fait l'objet d'un calcul séparé dans les tableaux de résultats des chapitres par pays. Dans la plupart des cas, ces derniers offrent une brève description des principaux allégements non forfaitaires.

Impôts sur le revenu perçus par les administrations infranationales

Les impôts sur le revenu des personnes physiques prélevés par les administrations infranationales (États, provinces, cantons ou collectivités locales) entrent dans le champ de la présente étude. Des impôts sur le revenu sont perçus à l'échelon des États fédérés au Canada, aux États-Unis et en Suisse. En 1997, l'Espagne a introduit un impôt sur le revenu pour les régions autonomes. Des impôts sur le revenu sont perçus à l'échelon local en Belgique, en Corée, au Danemark, aux États-Unis, en Finlande, en Islande, en Italie, au Japon, en Norvège, en Suède et en Suisse. En Belgique, au Canada (hors Québec), en Corée, au Danemark, en Espagne, en Islande, en Italie et en Norvège, ces impôts sont calculés en pourcentage du revenu imposable ou de l'impôt perçu par l'administration centrale. En Finlande, au Japon, en Suède et en Suisse, les administrations infranationales appliquent des allégements fiscaux différents de ceux qui sont applicables dans le cadre du système de l'impôt sur le revenu de l'administration centrale. Aux États-Unis, les administrations infranationales appliquent un système d'imposition du revenu distinct en vertu duquel elles disposent d'un pouvoir discrétionnaire à l'égard de l'assiette et du taux d'imposition. Sauf au Canada, aux États-Unis et en Suisse, ces impôts de niveau infranational sont perçus sur la base d'un taux unique.

En raison des différences pouvant exister à l'intérieur d'un même pays en matière de taux et/ou d'assiette de l'impôt sur le revenu collecté par les administrations infranationales, il est parfois fait l'hypothèse que le travailleur moyen assujetti à l'impôt a son domicile dans une zone type et que ce sont les impôts sur le revenu (et les prestations sociales) applicables dans cette zone qui sont indiqués. C'est la formule qui a été adoptée par le Canada, les États-Unis, l'Italie et la Suisse, où l'assiette et les taux d'imposition sont très variables sur l'étendue du territoire. La Belgique, le Danemark, la Finlande, l'Islande et la Suède ont préféré, pour leur part, retenir le taux moyen d'imposition du revenu appliqué par les administrations infranationales pour l'ensemble du pays. En Corée et en Norvège, ce problème ne se pose pas, les taux d'imposition locaux n'étant, dans les faits, pas différents les uns des autres. L'Espagne et le Japon ont retenu le barème général le plus largement appliqué.

Cotisations de sécurité sociale

Le présent rapport prend en compte les cotisations sociales obligatoires versées par les salariés et les employeurs à l'État ou à des caisses de sécurité sociale effectivement contrôlées par l'État. Dans la plupart des pays, ces cotisations sont prélevées sur les salaires bruts et affectées au financement de prestations sociales. En Finlande, en Islande et aux Pays-Bas, certaines de ces cotisations dépendent du revenu imposable (c'est-à-dire du salaire brut déduction faite de la plupart/l'ensemble des allégements fiscaux). L'Australie et la Nouvelle-Zélande ne prélèvent pas de cotisations sociales.

Les cotisations à des régimes de sécurité sociale ne relevant pas de l'administration publique ne sont pas prises en compte dans les calculs. Néanmoins, des informations sur les prélèvements obligatoires non fiscaux ainsi que des indicateurs de prélèvements obligatoires figurent dans la Base de données fiscales de l'OCDE, qui est accessible à l'adresse suivante : *www.oecd.org/ctp/taxdatabase.*

Taxes sur les salaires

Les taxes sur les salaires ont une base d'imposition qui est soit un pourcentage des salaires, soit un montant fixe par salarié. Les taxes sur les salaires sont indiquées à la rubrique 3000 des *Statistiques des recettes publiques* de l'OCDE. Quinze pays de l'OCDE déclarent des recettes provenant de taxes sur les salaires : l'Australie, l'Autriche, le Canada, la Corée, le Danemark, la France, la Hongrie, l'Irlande, l'Islande, Israël, le Mexique, la Nouvelle-Zélande, la Pologne, la Slovénie et la Suède.

Les taxes sur les salaires sont comprises dans les coins fiscaux totaux indiqués dans cette publication, dans la mesure où elles ont pour effet d'accroître l'écart entre les coûts bruts de main-d'œuvre et la rémunération nette disponible de la même manière que l'impôt sur le revenu et les cotisations sociales. La principale différence avec ces dernières est le fait que le paiement des taxes sur les salaires ne donne pas droit à des prestations sociales. Par ailleurs, la base des taxes sur les salaires peut être différente de la base des cotisations sociales patronales. Par exemple, certains avantages hors salaire peuvent n'être assujettis qu'à la taxe sur les salaires. Comme ce rapport porte sur le cas général, la base de la taxe sur les salaires peut correspondre, selon la législation en vigueur, au salaire brut (à l'exclusion des avantages hors salaire et autres éléments de rémunération, qui varient d'un salarié à l'autre), au salaire brut majoré des cotisations sociales patronales, ou à un montant forfaitaire par salarié.

Quatre des pays membres de l'OCDE tiennent compte des taxes sur les salaires dans les calculs figurant dans *Les impôts sur les salaires* : l'Australie, l'Autriche, la Hongrie et la Suède. Pour diverses raisons, les autres pays qui font état dans les *Statistiques des recettes publiques* de recettes tirées de taxes sur les salaires n'ont pas intégré ces taxes dans les calculs effectués en vue du présent rapport.

Impôt paroissial

Certains pays membres de l'OCDE prélèvent une taxe appelée « impôt paroissial », mais seul le Danemark rend compte des recettes procurées par cette taxe dans les *Statistiques des recettes publiques*. En effet, l'Église d'État danoise est classée parmi les administrations publiques. Il estime que ce classement est justifié en raison du haut degré de contrôle qu'exerce l'État sur l'Église. Le Groupe de travail sur l'analyse des politiques et les statistiques fiscales ayant souhaité que les impôts paroissiaux soient traités de façon cohérente dans ses deux principales publications statistiques, seul l'impôt paroissial du Danemark est pris en compte dans les calculs effectués au titre des *Impôts sur les salaires*.

Prestations familiales en espèces versées par l'État

Les déductions fiscales et les prestations familiales en espèces de caractère général accordées au titre des enfants à charge de 6 à 11 ans inclus en cours de scolarité s'inscrivent dans le champ de l'étude. Si les déductions fiscales ou les transferts en espèces varient à l'intérieur de cette tranche d'âge, ce sont les dispositions les plus avantageuses qui sont retenues, le cas des jumeaux étant explicitement laissé de côté. Supposons que le programme d'allocations pour enfant à charge d'un pays présente la structure suivante :

Tranche d'âge	Prestation par enfant à charge
Enfants de 6 à 8 ans	100 unités
Enfants de 9 à 10 ans	120 unités
Enfants de 11 à 14 ans	150 unités

Le résultat le plus favorable est obtenu pour des jumeaux de 11 ans : 300 unités. Toutefois, comme on exclut le cas des jumeaux, le meilleur résultat est ramené à 270 unités (un enfant de 11 ans et un enfant de 9 ou 10 ans). Ce montant serait inclus dans le tableau par pays. Souvent, le montant des prestations se trouve relevé lorsque l'âge des enfants augmente. En supposant que les enfants sont nés le 1er janvier, le montant annuel des allocations perçues pour enfant à charge peut être calculé à partir du barème de prestations en vigueur au début de l'année en question, toute révision de ce montant intervenue au cours de l'année étant prise en compte.

Les prestations sociales pertinentes sont celles qui émanent de l'État. Dans certains cas, les allocations en espèces englobent les montants payés indépendamment du nombre d'enfants.

Crédits d'impôt remboursables

Les crédits d'impôt remboursables (ou récupérables) sont des crédits d'impôt pouvant excéder le montant des impôts à verser, l'excédent éventuel étant reversé au contribuable sous forme de transfert d'espèces. En principe, on peut traiter ces crédits d'impôt de différentes manières selon qu'on les considère comme des dispositions fiscales, des transferts en espèces, ou une combinaison des deux. Une étude spéciale figurant dans l'édition 2001 des *Statistiques des recettes publiques* aborde ces différentes options, ainsi que les problèmes d'ordre conceptuel et pratique qui se posent pour choisir la méthode la mieux adaptée à la présentation de statistiques des recettes fiscales internationalement comparables[4].

Sur la base de cette étude, le guide d'interprétation des *Statistiques des recettes publiques* impose :

- que seule la fraction du crédit d'impôt remboursable qui a pour effet de réduire ou d'effacer la dette fiscale du contribuable (composante « dépense fiscale »)[5] soit déduite dans la présentation des recettes ;

- que la fraction du crédit d'impôt qui est supérieure à la somme à payer par le contribuable et qui lui est remboursée (composante « transfert en espèces ») soit traitée comme une dépense et ne soit pas déduite des chiffres de recettes fiscales.

Toutefois, les *Statistiques des recettes publiques* donnent des informations complémentaires sur les montants totaux réclamés par le fisc et l'élément « transferts totaux » des crédits d'impôt remboursables pour montrer les résultats de différents traitements statistiques[6].

La situation est différente dans *Les impôts sur les salaires*, où le montant total du crédit d'impôt remboursable est pris en compte dans le calcul de l'impôt sur le revenu.

Si l'on s'en tenait strictement au guide d'interprétation des *Statistiques des recettes publiques*, il faudrait que seule la composante « dépense fiscale » soit déduite de l'impôt sur le revenu, tout dépassement éventuel étant traité comme un transfert en espèces. Cependant, cette méthode aurait pour effet d'affaiblir et non de renforcer la valeur informative des résultats présentés dans *Les impôts sur les salaires*. En particulier, limiter les créances de crédit d'impôt à la dépense fiscale se traduirait par un impôt nul et un taux moyen d'imposition du revenu également nul lorsque des remboursements en espèces sont effectués. Si l'on ne limite pas de la sorte les créances de crédit d'impôt, on fera apparaître, en cas de transferts en espèces, un impôt sur le revenu négatif et des taux moyens d'imposition du revenu également négatifs. On peut soutenir que ces montants négatifs donnent une idée plus claire de la situation du contribuable (plutôt que de considérer une situation de non-imposition). En outre, le fait de ne pas inclure la fraction des crédits d'impôts remboursables correspondant à des transferts en espèces à la rubrique « Prestations en espèces versées par les administrations » des tableaux par pays permet une plus grande transparence de cette rubrique, consacrée aux seuls transferts en espèces « véritables ».

Néanmoins, pour étoffer les informations données dans les tableaux par pays sur les crédits d'impôt remboursables, la rubrique pour mémoire qui se trouve au bas des tableaux des pays concernés indique, sur une première ligne, les montants de dépenses fiscales et, sur une deuxième ligne, les montants des transferts en espèces. Là où il existe plusieurs dispositifs de crédits d'impôt remboursables, les données présentées correspondent à des montants totaux couvrant l'ensemble de ces dispositifs. Pour chaque catégorie de ménage considérée, on peut, en faisant la somme des dépenses fiscales et des transferts en espèces, obtenir le coût global des dispositifs.

Calcul des taux marginaux d'imposition

Dans tous les cas excepté un, les taux marginaux d'imposition sont calculés en prenant en compte l'incidence d'une faible augmentation des salaires bruts sur l'impôt sur le revenu des personnes physiques, les cotisations sociales et les prestations en espèces. L'exception est le cas d'un conjoint inactif, où le passage d'un revenu nul à un revenu faiblement positif n'est pas représentatif des variations de revenu et présente donc peu d'intérêt. C'est pourquoi les taux marginaux applicables au conjoint sont calculés dans ce cas en prenant en compte l'incidence d'une augmentation de revenu de 0 à 33 % du salaire moyen.

Limites de l'étude

Limites de caractère général

L'utilisation de la méthode simple consistant à comparer la situation au regard de l'impôt et des avantages sociaux des huit familles modélisées permet d'échapper aux nombreux problèmes conceptuels et de définition que soulèvent des comparaisons internationales plus complexes des charges fiscales et des programmes de transferts sociaux. Toutefois, l'une des faiblesses de cette méthode est liée au fait que la place de la rémunération du salarié moyen sur l'éventail des salaires varie d'une économie à l'autre, bien que les salaires en question concernent des ouvriers accomplissant des tâches de même nature dans les différents pays membres de l'OCDE.

En raison des limites qui affectent les impôts et les prestations sociales couvertes par le rapport, les données réunies ne peuvent être considérées comme représentatives de l'impact global des administrations sur le niveau de vie des contribuables et de leurs familles. Il faudrait pour cela étudier l'incidence des impôts indirects, le régime applicable en matière d'imposition des revenus du travail non salariaux ainsi que des autres revenus et l'incidence des autres mesures d'allégement fiscal et prestations en espèces. Il faudrait aussi tenir compte de l'incidence sur le niveau de vie des services fournis par l'État soit gratuitement soit en dessous de leur coût et de l'incidence sur les salaires et les prix des impôts sur les sociétés et des autres impôts directs. Il est impossible de couvrir un champ d'étude aussi étendu dans le cadre d'une comparaison internationale concernant l'ensemble des pays de l'OCDE. L'importance des écarts entre les résultats présentés ici et ceux auxquels aboutirait une étude complète de l'impact global des interventions publiques sur la situation des salariés serait variable d'un pays à l'autre, notamment en fonction de la part relative des différents impôts dans les recettes publiques et de l'étendue et de la nature des dépenses sociales des administrations.

Le rapport indique l'incidence formelle de l'impôt sur les salariés et les employeurs. L'incidence économique finale de la charge fiscale peut être répercutée des employeurs aux salariés et *vice versa* à la suite d'ajustements des salaires bruts opérés sur le marché.

Le revenu restant à la disposition du contribuable peut correspondre à des niveaux de vie différents selon les pays, parce que l'éventail des biens et services auxquels le revenu est affecté ainsi que leurs prix relatifs diffèrent d'un pays à l'autre. Dans les pays où les administrations fournissent une gamme importante de biens et services (régimes de retraite de base généreux, services de santé gratuits, logements sociaux, éducation tertiaire, etc.) le contribuable peut disposer d'un revenu en espèces plus faible tout en ayant un niveau de vie identique à celui d'un contribuable percevant un revenu en espèces plus élevé mais vivant dans un pays où les biens et services publics sont plus limités.

Ainsi qu'il est indiqué dans le chapitre 1 et d'une manière plus détaillée dans l'Étude spéciale de 2005, les seconds apporteurs de revenu qui gagnent 33 % du salaire moyen travaillent très souvent à temps partiel, bien que la méthodologie des *impôts sur les salaires* admette en général qu'ils travaillent à plein-temps. Toutefois, cela n'affecte l'exactitude des résultats des *impôts sur les salaires* que pour une catégorie de familles en Belgique (couple marié dans lequel le second apporteur de revenu gagne 33 % du salaire moyen). Par conséquent, il faut se montrer prudent dans l'interprétation des résultats concernant cette catégorie de familles pour la Belgique. En outre, pour tous les pays qui appliquent des dispositions réglementaires fondées sur les rémunérations horaires (voir l'Étude spéciale de l'édition 2005) il faut se montrer prudent dans l'application des résultats de ce rapport à d'autres catégories de ménages.

Exemples de limites spécifiques affectant le calcul de l'impôt sur le revenu

Étant donné le nombre limité des allégements fiscaux considérés ainsi que l'exclusion des revenus non salariaux, les taux moyens d'impôt sur le revenu calculés dans les tableaux de cette publication ne rendent pas nécessairement compte des taux effectifs des impôts versés par les contribuables se situant aux niveaux de salaires indiqués. L'exclusion des abattements de caractère non forfaitaire liés à des frais réels peut conduire à surestimer les taux réels d'imposition dans le calcul. D'autre part, l'exclusion des revenus autres que ceux du travail peut tendre à les sous-estimer.

La décision de ne pas procéder à un calcul séparé de l'impôt sur le revenu après prise en compte de l'effet des allégements fiscaux non forfaitaires a été prise pour les raisons suivantes :

- dans de nombreux cas, les allégements liés à des dépenses effectives représentent des substituts d'aides financières directes. Prendre en considération ces allégements sans prendre en compte par ailleurs les éventuelles aides directes correspondantes conduirait à fausser les comparaisons des rémunérations nettes plus transferts en espèces ;
- le régime fiscal particulier de certaines dépenses peut s'accompagner d'un régime spécial des revenus associés à ces dépenses (par exemple, le régime fiscal des cotisations de sécurité sociale et des pensions de retraite) qui se situe en dehors du champ de la présente étude ;
- quelques pays n'ont pas été en mesure d'estimer la valeur de ces allégements et même les pays qui ont pu effectuer une telle estimation n'ont pas été en mesure de la limiter aux contribuables présentant les caractéristiques prises par hypothèse dans la partie qui précède sur la méthodologie ; et,
- tous les pays n'ont pas été en mesure de calculer séparément les allégements applicables aux différents types de familles. Lorsqu'on calcule séparément les allégements applicables aux célibataires et aux familles avec enfants, on observe des écarts importants entre les montants des allégements dont bénéficient normalement ces deux catégories de ménages.

Limites relatives aux comparaisons de séries chronologiques

Les calculs de la charge fiscale des revenus du travail dans les pays de l'OCDE qui sont indiqués dans l'édition de 2004 et les précédentes des *impôts sur les salaires*, sont fondés sur un indicateur du salaire moyen pour les travailleurs manuels à temps complet du secteur manufacturier (« l'ouvrier moyen »). Depuis 1996, il existe des résultats de séries chronologiques couvrant les huit catégories de familles, alors qu'il existe des résultats depuis 1979 pour deux de ces catégories : les célibataires sans enfant et les couples mariés ne comprenant qu'un seul apporteur de revenu et ayant deux enfants et la rémunération est égale à celle d'un ouvrier moyen.

Toute analyse longitudinale des résultats doit prendre en compte le fait que les données concernant les salaires ne portent pas nécessairement sur le même contribuable pendant toute la période. Les rémunérations moyennes sont calculées pour chaque année. En tant que tels, les résultats ne font pas apparaître les variations de salaire et la situation fiscale des différentes personnes concernées au fil du temps, mais plutôt la situation de salariés dont le salaire est égal au niveau moyen dans les secteurs industriels concernés pour chaque année considérée. Cela pourrait également signifier que les niveaux de salaires mentionnés pourraient se situer à des points différents de la distribution des revenus sur la période couverte et que les variations des taux d'imposition pourraient subir l'influence de cette évolution.

À partir de l'édition de 2005, *Les impôts sur les salaires* ont déclaré des calculs des impôts effectués à partir d'une définition élargie du salarié moyen qui inclut tous les salariés à temps complet appartenant aux secteurs industriels C à K (référence à la CITI). Les conséquences de l'adoption de cette nouvelle définition pour les comparaisons de séries chronologiques sont examinées dans l'édition de 2005 des impôts sur les salaries.

Note sur les équations fiscales

Chaque chapitre par pays contient une section qui décrit les équations présentées sous une forme normalisée indiquant les calculs nécessaires pour obtenir le montant de l'impôt sur le revenu, des cotisations de sécurité sociale et des transferts en espèces. Ces algorithmes représentent sous une forme algébrique les dispositions légales décrites dans le chapitre et correspondent aux chiffres indiqués dans les tableaux par pays et les tableaux comparatifs. Cette section décrit les conventions utilisées dans la définition des équations et indique la manière dont elles pourraient être appliquées à d'autres recherches

Les sections précédentes des chapitres par pays décrivent le mode de fonctionnement des systèmes fiscaux et des autres systèmes ainsi que les valeurs des paramètres de ces systèmes, tels que le montant des abattements et des crédits d'impôt et les barèmes d'imposition.

La première partie de la section concernant les équations est un tableau qui décrit brièvement chaque paramètre (tel que le « Crédit d'impôt de base »), indique le nom du paramètre tel qu'il est utilisé dans l'équation algébrique (« Basic_cred ») et la valeur actuelle pour l'année considérée (telle que « 1098 »). Lorsqu'il existe un tableau de valeurs – par exemple un barème des taux d'imposition et des seuils de revenu imposable correspondants –, un nom est donné à l'ensemble du tableau (par exemple « tax_sch »). Ces noms de variables sont ceux qui sont utilisés dans les équations.

À la suite du tableau des paramètres se trouve le tableau d'équations. Les quatre colonnes contiennent les informations suivantes :

- Les deux premières colonnes contiennent une description et indiquent le nom de la variable correspondant au résultat de l'équation mentionnée sur la même ligne. Elles incluent toujours les treize principales rubriques financières des tableaux par pays. Des lignes supplémentaires définissent des valeurs intermédiaires qui sont calculées soit pour faire apparaître de manière plus détaillée les données figurant dans les tableaux (telles que la ventilation des abattements fiscaux totaux entre les différentes catégories) ou des montants qui facilitent les calculs.
- La troisième colonne indique l'intervalle de calcul dans cette ligne. Cette indication est nécessaire pour tenir compte des différents modes de calcul possibles de l'impôt dû par les couples mariés. Les différentes options sont les suivantes :
  - B Le calcul est effectué séparément aussi bien en ce qui concerne le revenu principal que celui du conjoint et en utilisant les niveaux de rémunération de chacun d'entre eux. Cela vaut pour les cas où il y a imposition séparée et aussi en général pour les cotisations de sécurité sociale.
  - P Le calcul s'applique uniquement au revenu principal. On peut citer comme exemple le cas où le titulaire du revenu principal peut utiliser tous les abattements à la base de son conjoint qui ne peuvent être déduits des revenus de celui-ci.
  - S Le calcul s'applique seulement au conjoint dont le revenu est le plus faible.

- J Le calcul est effectué une seule fois sur la base du revenu cumulé. Cela vaut pour les systèmes d'imposition conjointe ou familiale et cette méthode est également courante pour le calcul des prestations en espèces au titre des enfants à charge.

- La dernière colonne contient l'équation elle-même. Celle-ci peut se référer aux variables figurant dans le tableau des paramètres et aux variables qui résultent de l'une des lignes du tableau d'équations lui-même. On utilise également deux variables standards, « marié », qui prend la valeur 1 si la famille est constituée par un couple marié et 0 dans le cas d'un célibataire, et « enfants », qui indique le nombre d'enfants. Parfois, il est fait référence à une variable à laquelle s'ajoute l'affixe « total » qui indique la somme des valeurs des variables à prendre en compte pour le titulaire du revenu principal et son conjoint. De même les affixes « _princ » et « _conjoint » indiquent respectivement les valeurs concernant le titulaire du revenu principal et son conjoint.

Dans les équations, un certain nombre de fonctions sont utilisées. Certaines d'entre elles sont utilisées de la même manière que dans un certain nombre de programmes informatiques d'utilisation courante. Par exemple, MAX(X, Y) et MIN(X, Y) permettent de trouver respectivement la valeur maximum et la valeur minimum. IF (condition, X, Y) choisit l'expression X si la condition est vérifiée et l'expression Y si elle ne l'est pas. Des expressions booléennes sont également utilisées et l'on admet qu'elles ont la valeur 1 si l'expression est vérifiée et 0 si elle ne l'est pas. Par exemple (enfants=2*CB_2 est équivalent à IF(enfant=2, CB_2,0).

Il y a aussi trois fonctions spéciales généralement utilisées qui font apparaître les calculs souvent nécessaires dans le cadre des systèmes d'impôt et de sécurité sociale. Ces fonctions sont les suivantes :

- Tax (taxinc, tax_sch) : cette fonction calcule le résultat obtenu en appliquant le barème d'imposition et les différents seuils dans « tax_sch » à la valeur du revenu imposable représenté par « taxinc ». Cette fonction peut être utilisée dans toutes les parties des équations et non pas seulement dans le calcul de l'impôt sur le revenu. Pour certains pays, elle est utilisée en ce qui concerne les cotisations de sécurité sociale ou même pour les niveaux de prestations qui pourraient dépendre des revenus.
- Positive (X) : cette fonction donne le résultat X lorsque cette valeur est positive et 0 dans les autres cas. Elle est donc équivalente à MAX(0,X).
- Taper (valeur, revenu, seuil, taux) : cette fonction indique le montant représenté par « valeur » si le « revenu » est inférieur au « seuil ». Sinon elle indique la « valeur » réduite par le « taux » multiplié par (revenu-seuil) à moins que cela ne donne un résultat négatif auquel cas on revient à zéro. Cette fonction indique le calcul qui est parfois nécessaire lorsque, par exemple, un crédit d'impôt peut être accordé en totalité sous réserve que le revenu total soit inférieur à un certain seuil mais se trouve ensuite retiré à un taux donné pour chaque unité monétaire à partir de ce seuil jusqu'à son retrait complet.

Dans certains cas, il existe des fonctions spécifiques à chaque pays. Ces fonctions font intervenir un programme conçu pour simplifier les calculs fiscaux. Ce programme repose sur la mesure fiscale décrite dans le chapitre par pays à la partie III. Par exemple, le crédit d'impôt pour les revenus du travail en vigueur aux États-Unis est calculé à l'aide de la fonction EIC.

Quiconque souhaite utiliser ces équations à d'autres fins devra établir des fonctions correspondant à ces fonctions spéciales ou apporter les modifications appropriées aux équations qui les utilisent.

Notes

1. Les organismes nationaux de statistique n'utilisent pas tous la Révision 3.1 ou 4 de la CITI pour classer les secteurs d'activité. Néanmoins, la Nomenclature statistique des activités économiques dans la Communauté européenne (NACE), le Système de classification des industries de l'Amérique du Nord (SCIAN) et l'*Australian and New Zealand Standard Industrial Classification* (ANZSIC) coïncident à peu près avec les Révisions 3.1 et 4 de la CITI au niveau des secteurs C à K et B à N, respectivement.
2. Les estimations des salaires indiquées dans les *Perspectives économiques* sont produites par le Département des affaires économiques (ECO) de l'OCDE. Elles correspondent à l'édition de décembre 2014 de cette publication.
3. Dans ce cas, le montant de l'allégement fiscal est fonction des cotisations de sécurité sociale effectivement versées par le salarié ou retenues sur son salaire ; cette forme d'allégement forfaitaire s'écarte donc à ce titre de la définition générale selon laquelle il n'existe pas de lien entre l'allégement forfaitaire et les dépenses réellement engagées.
4. OCDE, *Statistiques des recettes publiques, 1965-2000*, pp. 28-31.
5. Cette caractérisation doit être considérée comme informelle car il faut, pour déterminer les dépenses fiscales, trouver un système fiscal de référence pour chaque pays ou, mieux encore, une référence internationale commune. Dans les faits, il n'a pas été possible de s'accorder sur le choix d'une référence internationale à cette fin.
6. Voir le tableau D des *Statistiques des recettes publiques* 2014 de l'OCDE.

ORGANISATION DE COOPÉRATION ET DE DÉVELOPPEMENT ÉCONOMIQUES

L'OCDE est un forum unique en son genre où les gouvernements œuvrent ensemble pour relever les défis économiques, sociaux et environnementaux liés à la mondialisation. À l'avant-garde des efforts engagés pour comprendre les évolutions du monde actuel et les préoccupations qu'elles suscitent, l'OCDE aide les gouvernements à y faire face en menant une réflexion sur des thèmes tels que le gouvernement d'entreprise, l'économie de l'information et la problématique du vieillissement démographique. L'Organisation offre aux gouvernements un cadre leur permettant de confronter leurs expériences en matière d'action publique, de chercher des réponses à des problèmes communs, de recenser les bonnes pratiques et de travailler à la coordination des politiques nationales et internationales.

Les pays membres de l'OCDE sont : l'Allemagne, l'Australie, l'Autriche, la Belgique, le Canada, le Chili, la Corée, le Danemark, l'Espagne, l'Estonie, les États-Unis, la Finlande, la France, la Grèce, la Hongrie, l'Irlande, l'Islande, Israël, l'Italie, le Japon, le Luxembourg, le Mexique, la Norvège, la Nouvelle-Zélande, les Pays-Bas, la Pologne, le Portugal, la République slovaque, la République tchèque, le Royaume-Uni, la Slovénie, la Suède, la Suisse et la Turquie. L'Union européenne participe aux travaux de l'OCDE.

Les Éditions OCDE assurent une large diffusion aux travaux de l'Organisation. Ces derniers comprennent les résultats de l'activité de collecte de statistiques, les travaux de recherche menés sur des questions économiques, sociales et environnementales, ainsi que les conventions, les principes directeurs et les modèles développés par les pays membres.

ÉDITIONS OCDE, 2, rue André-Pascal, 75775 PARIS CEDEX 16
(23 2015 02 2 P) ISBN 978-92-64-23055-2 – 2015

www.ingramcontent.com/pod-product-compliance
Lightning Source LLC
LaVergne TN
LVHW080114011026
849160LV00013B/1100
* 9 7 8 9 2 6 4 2 3 0 5 5 2 *